諸子學刊

第十九輯

選堂題

《諸子學刊》編委會 編
方勇 主編
華東師範大學先秦諸子研究中心 主辦

中國社會科學引文索引（CSSCI）來源集刊

上海古籍出版社

諸子學刊（第十九輯）

主 編：
方 勇

副 主 編：
陳 致（香港）

學術委員會：
王鍾陵　　　　　王葆玹　　　　　尹振環　　　　　池田知久［日本］
江建俊（臺灣）　　余英時［美國］　　李澤厚　　　　　李　零
李炳海　　　　　周勳初　　　　　林其錟　　　　　金白鉉［韓國］
涂光社　　　　　孫以昭　　　　　徐儒宗　　　　　莊錦章（香港）
陸永品　　　　　陳鼓應（臺灣）　　陳麗桂（臺灣）　　陳廣忠
張雙棣　　　　　張　覺　　　　　許抗生　　　　　曹礎基
畢來德（J. F. Billeter）［瑞士］　　森秀樹［日本］　　勞悦強［新加坡］
裘錫圭　　　　　蜂屋邦夫［日本］　廖名春　　　　　鄧國光（澳門）
熊鐵基　　　　　劉笑敢（香港）　　劉楚華（香港）　　賴賢宗（臺灣）
賴錫三（臺灣）　　譚家健　　　　　嚴壽澂［新加坡］　羅檢秋

編輯委員會：
丁一川　　　　　尤　銳（Yuri Pines）［以色列］　　　　　白　奚
史嘉柏（David Schaberg）［美國］　朱淵清　　　　　何志華（香港）
李美燕（臺灣）　　尚永亮　　　　　胡曉明　　　　　姜聲調［韓國］
高華平　　　　　徐興無　　　　　耿振東　　　　　陳少峰
陳引馳　　　　　陳繼東［日本］　　陳志平　　　　　張洪興
傅　剛　　　　　湯漳平　　　　　楊國榮　　　　　趙平安
劉思禾　　　　　橋本秀美［日本］　簡光明（臺灣）
魏　寧（Williams Nicholas Morrow）［美國］　顧史考（Scott Cook）［美國］
（以上皆按姓氏首字筆畫排列）

執行編輯：葉蓓卿

封面題簽：集蔡元培字

扉頁題字：饒宗頤

目　　録

"類稱"與"特例"的統一：先秦諸子的求道之思 …………………… 陳衛平（1）
《論語》之"仁"的三重透析 …………………………………………… 田寶祥（9）
孟子性善的内在邏輯 …………………………………………………… 李世平（19）
老子主張"小國寡民"嗎？
　　——兼論判定思想家思想主旨的整體性方法 …………………… 肖俏波（29）
循環之姿與守柔之旨
　　——從《老子》四十二章反思錯簡問題 ………………………… 龍涌霖（41）
老學早期學者對老子無爲思想的拓展 ………………………………… 李秀華（50）
莊子"逍遥遊"詮釋中的歧義現象析論
　　——以"逍遥遊"題解爲中心的考察 ……………………………… 暴慶剛（64）
仁義對道—德的礙阻與中斷
　　——論《莊子·駢拇》對仁義的批判 ………………… 趙帥鋒　郭美華（81）
郭象《莊子注》詮釋學探賾 …………………………………………… 李耀南（95）
論明代莊學中的郭象論述 ………………………………（臺灣）簡光明（123）
莊佛之緣：論晚明學人的"以佛解莊" …………………………… 周黄琴（137）
"道生法"
　　——《黄帝四經》法思想的理路邏輯 …………………………… 向　達（150）
"形名""刑名"之辨
　　——兼論先秦名家的若干問題 …………………………………… 王海成（169）
論《管子》"四篇"中的管理心理學思想 …………………………… 吕錫琛（179）
普世愛人如何可能？
　　——墨家兼愛觀對血親倫理的突破 ………………（香港）黄蕉風（189）

論兵學出土文獻中的"奇正"思想 ………………………………（臺灣）洪德榮（203）
從詞彙學的角度論賈誼《新書》的真僞 ……………………（香港）潘銘基（213）
朱、陸修養方法論的思想淵源及其異同
　　——兼論《宋元學案》編纂者的思想立場 …………………………連　凡（230）
宋元金華義理子學探微 ……………………………………………………李小白（247）
嚴儒法之辨　以平恕爲尚
　　——宋恕思想論衡 …………………………………………［新加坡］嚴壽澂（262）
梁啓超：先秦諸子亦有"教智之言"
　　——梁啓超認識論思想簡論 ………………………………………蔡志棟（277）
現代諸子學發展的學科化路徑及其反省
　　——從胡適、魏際昌到方勇 ………………………………………劉思禾（292）
臺灣近三十年兩漢諸子古籍整理成果及其檢討 ……………（臺灣）陳惠美（317）
集老學文獻之大成
　　——評《子藏·老子卷》……………………………………………陸永品（327）
暨南大學"諸子學的當代開展與創新"高端論壇綜述 ………………黄　效（330）

"新子學"論壇

四論"新子學" ………………………………………………………………方　勇（335）
爲"新子學"再進一解：藉造論開發經中義蘊
　　——以《孟子》"聖之時者"章爲例 …………………………（臺灣）曾昭旭（341）
"新子學"就是"新中國哲學"嗎？ ………………………………………歐明俊（349）
諸子學研究的一個重要問題：從解讀到闡釋
　　——論諸子學研究的深化與提升 …………………………………劉韶軍（360）
在韓"諸子學"發展的反省與重建
　　——兼談引進"新子學"的必要性 …………………………［韓國］姜聲調（376）
"新子學"研究：歷史、現狀、問題與建議 ………………刁生虎　白昊旭（388）
東西文化視野中的"新子學"
　　——韓國"第六届'新子學'國際學術研討會"綜述 …………………劉思禾（418）

學 術 講 演

《子藏》編纂與諸子學的當代發展
　　——2017年5月19日在北京大學中文系的講演 …………………方　勇（421）

Contents

The Synthesis of "Categories" and "Cases": Searching for the Dao in Pre-Qin Thought ·············· Chen Weiping (1)

The Three Aspects of *Ren* (Humaneness) in the *Analects* ············ Tian Baoxiang (9)

The Internal Logic of Mencius' View that Human Nature Is Good ······ Li Shiping (19)

Does Laozi Actually Advocate "A Small State with Few People"? On the Holistic Approach to Understanding a Thinker's Work ······················ Xiao Qiaobo (29)

Cyclical Form and the Theme of Preserving Weakness: Reflecting on the Problem of Transposed Bamboo Slips as in *Laozi*, Chapter 42 ··············· Long Yonglin (41)

The Development of Wuwei(Do Nothing) Doctrine by Early Scholars of *Laozi* ·············· Li Xiuhua (50)

Reconsidering Divergent Interpretations of the "Free and Easy Wandering" Chapter of *Zhuangzi* Based on Its Title ················· Bao Qinggang (64)

Humaneness and Fidelity (*renyi*) as Obstacle and Diversion for the Way and Its Virtue: A Critique of the Humaneness and Fidelity in the "Webbed Toes" Chapter of *Zhuangzi* ·················· Zhao Shuaifeng Guo Meihua (81)

On the Hermeneutics of Guo Xiang's Notes on *Zhuangzi* ················ Li Yaonan (95)

On the Treatment of Guo Xiang in Ming-Dynasty *Zhuangzi* Studies ·············· Chien Kuang-ming (Taiwan) (123)

The Zhuangzi-Buddhism Nexus: On the Tendency of Late-Ming Scholars to Explicate *Zhuangzi* by Means of Buddhism ·················· Zhou Huangqin (137)

"The Way Produces Law" (*dao sheng fa*): On the Argumentative Logic of the Theory of Law in the *Huangdi sijing* ·················· Xiang Da (150)

The Difference Between "Forms and Names" Versus "Models and Names": On Several Issues Regarding the Pre-Qin School of Names ············ Wang Haicheng (169)

On the Theory of Management Psychology in the "Four Essays" of *Guanzi* ·············· Lü Xichen (179)

Is Universal Love Possible? The Breakthough of Mohist Universal Love beyond the Family Ethics ················· Huang Jiaofeng (Hong Kong) (189)

On the Concept of "Marvelous Victory" in Excavated Manuscripts on Military

Strategy ·················· Hung Te-jung (Taiwan) (203)
A Lexicological Analysis of the Authenticity of Jia Yi's *Xin shu*
·················· Poon Ming-kay (Hong Kong) (213)
On the Theoretical Origins of the Self-Cultivation Methods of Zhu Xi and Lu Jiuyuan and Their Distinctions, In Light of the Philosophical Position of the Compilers of the *Songyuan xuean* ·················· Lian Fan (230)
Regarding the Zixue Scholarship of Jinhua during the Song and Yuan Dynasties
·················· Li Xiaobai (247)
Clarifying the Distinction between Confucian and Legalist, and Esteeming Equal Tolerance: Reevaluating the Scholarly Thought of Song Shu
·················· Yan Shoucheng (Singapore) (262)
Pre-Qin Zhuzi Also Had "Words to Teach Knowledge": On Liang Qichao's Epistemology
·················· Cai Zhidong (277)
Reflections on the Transformation of Modern Zhuzi Scholarship into an Academic Discipline: From Hu Shi and Wei Jichang to Fang Yong ·················· Liu Sihe (292)
A Survey and Evaluation of New Editions of Han-Dynasty Zhuzi in Taiwan over the Past Three Decades ·················· Chen Hui-mei (Taiwan) (317)
A Comprehensive Summation of *Laozi* Scholarship: Evaluating the *Laozi* Volumes of the *Zizang* ·················· Lu Yongpin (327)
Report on the Conference Held at Jinan University on "The Innovation of Modern Zhuzi Scholarship" ·················· Huang Xiao (330)

Forum on "New Zixue"

Fourth Remarks on "New Zixue" ·················· Fang Yong (335)
Proposing a New Interpretation of "New Zixue": Using Logical Analysis to Reveal the Meaning of Texts, with Reference to *Mencius*' "The Sage of Timeliness"
·················· Tseng Chao-hsu (Taiwan) (341)
Is "New Zixue" Simply the Same as Chinese Philosophy? ·················· Ou Mingjun (349)
From Reading to Interpretation, A Key Issue in Zhuzi Scholarship: Remarks on Deepening and Improving Zhuzi Scholarship ·················· Liu Shaojun (360)
Reflections on the Development of Korean Zhuzi Scholarship: The Necessity of Introducing "New Zixue" ·················· Kang Seong-jo (Korea) (376)
Research on "New Zixue": Historical Development and Current Progress, Problems and Recommendations ·················· Diao Shenghu and Bai Haoxu (388)
"New Zixue" East and West: Report on the "Sixth International Conference on New Zixue" Held in Korea ·················· Liu Sihe (418)

Academic Lecture

The Compilation of the *Zizang* Collection and the Contemporary Development of Zhuzi Scholarship: Text of a Lecture to the Chinese Department of Peking University Given on May 19, 2017 ·················· Fang Yong (421)

"類稱"與"特例"的統一：
先秦諸子的求道之思

陳衛平

內容提要 哲學作爲"類稱"來說，中西哲學具有共同的理論內涵，這就是探討宇宙人生的普遍性原理和探討人類最根本的價值理想問題，中國哲學的最高概念"道"正體現了這樣的理論內涵。就中西哲學作爲"特例"而言，它們的理論內涵則各具特性，康德的哲學思辨聚焦於如下四個問題：我能知道什麼？我應當做什麼？我能期望什麼？人是什麼？先秦諸子同樣探討了這些問題。即"聞道""遵道""志於道"和"成人"之道；這裏略以康德爲參照，論述先秦諸子的求道之思，體現了"類稱"和"特例"的統一。

關鍵詞 類稱　特例　諸子　康德
中圖分類號 B2

引　言

中國哲學作爲現代學科從誕生於"五四"時期起，就存在着發生學上的糾結：用來自西方的"哲學"詮釋中國傳統的思想內容，這樣的"哲學"還具有中國民族特性嗎？如果否認中國傳統思想具有與西方"哲學"相通的理論內涵，中國傳統思想將無法在世界哲學的智慧長河中顯示價值。爲了解開這個糾結，張岱年曾指出，應當"將哲學看作一個類稱"，是包含了西方哲學、中國哲學等"特例"的"總名"①。以哲學爲"類稱"的前提，是哲學作爲"類"的共同屬性和本質規定是什麼。這實際上就是何謂哲學的問題，對此儘管有不同回答，但在以下兩點是有共識的：一是探討宇宙人生的普遍性原理，一是探討人類最根本的價值理想問題。作爲西方哲學典型代表的康德集中展示了這一點。他以思考頭上的星空和心中的道德律表現了前一方

---

① 張岱年《中國哲學大綱·序論》，中國社會科學出版社1982年版，第2頁。

面,而"三大批判"的論著則表現了後一方面。中國傳統思想則把這兩個方面歸之於對"道"的求索。熟稔傳統儒學的日本明治維新時期的哲學家西周,在首先把 philosophy 翻譯爲"哲學"時,正是這樣以"道"來闡釋何謂哲學:"論明天道、人道,兼立教之方法,稱ヒロソヒ—譯名哲學。""東土謂之儒,西洲謂之斐鹵蘇比(philosophy 的音譯——引者注),皆明天道而立人極,其實一也。"①這裏的天道和人道指向的是關於宇宙人生普遍原理,而立教和立人極指向的是確立最高的價值原則。先秦諸子之"道"正是如此。《莊子·天下》,把諸子作爲"道術將爲天下裂"的產物,所謂的"道術",既是對天下萬事萬物之"宗"(根源)、"精"(精微)、"真"(本質)即宇宙人生本原的探究,又與重建"内聖外王之道"的價值理想相聯繫。就是説,諸子都試圖從不同方面把握宇宙人生的根本性、普遍性之"道",從不同價值取向彰明内聖外王的價值之道。這意味着哲學作爲"類稱"來説,中國哲學與西方哲學具有共同的理論内涵;就兩者作爲"特例"而言,它們的理論内涵則各具特性。哲學的認識宇宙人生普遍性原理和追求真善美價值理想,展開爲一些具體的問題。康德把自己的哲學思辨聚焦於如下四個問題:我能知道什麽? 我應當做什麽? 我能期望什麽? 人是什麽?② 作爲中國哲學根基的先秦諸子同樣探討了這些問題。這借用孔子的話語,就是"聞道""遵道""志於道"和"成人"之道,它們構成了先秦諸子的求道之思,由此奠定了中國哲學的基本傾向。這裏略以康德爲參照,論述先秦諸子的求道之思,體現了"類稱"和"特例"的統一。

一、"聞道"與"我能知道什麽"

康德的第一個問題,是對人的認識活動的思索,如他説的純數學和純自然科學何以可能,即普遍必然的科學知識何以可能等。這在西方哲學是認識論或知識論問題。先秦諸子將認識論與倫理學結合在一起,與康德的認識論和自然科學緊密相關有所不同。孔子主張以學與思而"聞道",作爲最早的教育家,考察知識如何形成無疑是題中之義。對此他提出了很多影響深遠的觀點。如開篇首章的"學而時習之,不亦説乎"(《論語·學而》),認爲完整的認識過程離不開認識(學)和實踐(習)的相互作用;同時在這相互作用中,體會到由成就君子而獲得的人生愉悦;因而此章最後説"人不知而不愠,不亦君子乎"。這表明孔子既從闡發認識的過程來考察認識論問題,又將此與認識主體的德性培育相聯繫,顯示出認識論和倫理學結合。此後的孟子、荀子同樣如此。孟子提出:"盡其心者,知其性也;知其性,則知天矣。"(《孟子·盡心上》)而"心之官則思,思則得之,不思則不得也。"(《告子上》)就是説,認識性與天道,必須盡心即充分發揮理性思維的作用;而盡心的過程則是對天賦的道德"良知"予以自覺反思的過

---

① 轉引自王家驊《儒家思想與日本的現代化》,浙江人民出版社 1995 年版,第 43、40 頁。
② 前三個問題在《純粹理性批判》中提出,第四個問題在《邏輯學講義》中提出。

程,"學問之道無他,求其放心而已矣"(同上)。因此,"學問之道"是盡心即理性思維過程和求其放心即道德自覺過程相融合之道。荀子否定有天賦"良知",但他也很重視心的理性思維作用,稱心爲統帥耳目感官的"天君"(《荀子·天論》)。但是,"凡萬物異則莫不相爲蔽,此心術之公患也"(《解蔽》),事物存在着矛盾的兩個方面,而"心術"的通病是只見一面而不見另一面;要去除這樣的"公患",就需要重視認識主體之"心"的道德修養,"以仁心説,以學心聽,以公心辯"(《正名》)。可見,認識論和倫理學在荀子那裏也有着内在的聯繫。

先秦其他諸子的"聞道"之思,同樣體現了認識論與倫理學的内在聯繫。墨子説"天下之所以察知有與無之道者,必以衆之耳目之實,知有與亡"(《墨子·明鬼下》),以衆人耳目的感覺經驗,作爲判斷事物是否真實存在的認識之道。墨家以"利"爲善(義),以"害"爲惡(不義),而利與害則訴諸喜悦和厭惡的直接感覺,"得是而喜,則是利也","得是而惡,則是害也"(《經説上》)。可見,墨家重視感覺經驗具有認識論和倫理學的雙重意義。老子也説"聞道"(《老子》四十一章)之詞,然而"道常無名"(三十二章),作爲萬物普遍原理的"道",不是名言、概念所能把握的;要認識"道",必須洗滌心靈這面鏡子,使其毫無污染的瑕疵,"滌除玄覽,能無疵乎"(十章)。這是回歸嬰兒純净初心般的厚德,"含德之厚,比於赤子"(五十五章)。顯然,"道常無名"也是認識論和倫理學的結合。法家集大成者韓非指出,"緣道理以從事"(《韓非子·解老》),要求認識一般規律(道)和特殊規律(理);而其法家思想正是"道理之言"(《難勢》)。言此道理則涉及道德品性,如苦樂與利益的關係,"法之爲道,前苦而長利;仁之爲道,偷樂而後苦"(《六反》);如私情與公正的關係,"明主之道,必明於公私之分,明法制,去私恩"(《飾邪》)。名家公孫龍的"白馬非馬",討論"名"與"實"即名稱、概念如何反映客觀實在的認識論問題,但這關聯君臣倫理。"名實無當"會使得"君臣争而兩明",即君臣相争而各自顯明勢力;"兩明而道喪"(《公孫龍子·通變論》),即認識名實關係之"道"陷於淪喪。

二、"遵道"與"我應當做什麽"

康德的第二個問題,主要涉及倫理道德領域,即道德律令對人們行爲的規範性以及這種規範的根據等,這在西方屬於倫理學或道德哲學。康德的倫理學以不依賴於經驗的"實踐理性"爲基礎,以强調意志自由爲核心。與此有所不同,先秦諸子是倫理學與政治哲學相結合,凸顯了與治國理政的緊密聯繫。孔子對於應當做什麽的回答是"遵道而行"(《中庸》),即以道作爲行爲規範;而禮是體現道的具體規範,因而一旦禮崩樂壞,就會"天下無道"。所以,他强調"克己復禮曰仁"(《顔淵》)。要成爲仁德之人,就必須遵照禮,因爲禮具體規定了什麽可以做和不可以做;循禮而行的過程就是"克己"即個人進行道德修養的過程。禮也是施政行爲的規範。孔子説:"爲國以禮。"(《先進》)深得孔子學説精髓的有子,發揮老師的思想説:"禮之用,和爲貴。先王之道,斯爲美,小大由之。"(《學而》)認爲先代君王完美的治國之道,就是無論大事小事都依禮辦理,體現了以和爲貴的精神。孔子用禮來規範個人和國家的行爲,奠定了禮儀之邦以及把個人修身和齊家治國平天下貫通的基礎,關切治國理政的經驗世界,體現了倫理學與政治哲學的結合。這樣的結合在孟子和荀子思想中更爲緊密。孟子的倫理學以性善論爲核心,認爲人性本善即人具有天賦的仁義禮智之善端。這是人們行爲的基礎,《中庸》稱此爲"率性而爲道",孟子稱此爲"由仁義行"(《離婁下》)。然而,這不僅是個體行爲的基礎,也是施行良好政治的基礎,由"人皆有不忍人之心"推出"不忍人之政"即仁政:"以不忍人之心,行不忍人之政"(《公孫丑上》)。仁政注重道德教化,孟子以爲這合乎本善之人性,因而必定深得民心,"善教得民心"(《盡心上》),得民心便能得天下。可見,孟子的性善論是仁政民本政治哲學的基礎。與孟子的性善論相反,荀子的倫理學持性惡論,認爲人生而"好利""好聲色"等,必須用禮義法度予以矯正,此即"化性而起僞"。荀子認爲以此爲基礎才能"循道正行"(《堯問》),形成正確的行爲。這樣的"循道正行"表現於治國理政就是禮法兼施:"聖人以人之性惡……明禮義以化之,起法正以治之,重刑罰以禁之,使天下皆出於治,合於善也。"(《性惡》)荀子以"性僞合而天下治"(《禮論》)揭示了性惡論與禮法兼施政治哲學的內在聯繫。

　　先秦其他諸子的"遵道"亦是如此。墨子也説"遵道"(《天志中》),但其"道"即兼愛,"兼之爲道"(《天志下》)。墨子以愛人如己爲普遍的倫理原則,"天下人兼相愛,愛人若愛其身"(《兼愛上》);實現兼愛的辦法是"交相利",即利益對等互報,如《詩經》所云"投我以桃,報之以李";在實踐上以"言必信,行必果,使言行之合,猶合符節"(《兼愛下》)①來擔保投桃報李的兑現。兼愛之道是針對天下如何由亂而治所提出的,墨子試圖以此改變國與國"相攻"、家與家"相篡"、人與人"相賊"的大亂局,達到社會全面"和調"(《兼愛中》)。因此,從政治哲學上講,"兼者,聖王之道",即"聖王之法,天下之治道"(《兼愛下》《兼愛中》)。"道法自然"(二十五章),就是老子的"遵道而行"。這被稱之"爲無爲,事無事"(六十三章),即效法道之自然無爲而行事。從倫理學角度而言,"爲無爲"是"上德不德,是以有德"(三十八章)。以無意於人爲地執着道德規範爲最高的道德即"上德"。從政治哲學角度來説,"爲無爲,則無不治"(三章),這就是"治大國如烹小鮮"(六十章)。儘量減少干涉民衆,如同烹燒小魚不要多翻動一樣。韓非以法爲道。在政治哲學的意義上,他把人們的行爲軌於法令比喻爲"隱栝之道用也"(《顯學》),就像用隱栝把彎曲的木材矯正爲筆直。而其能夠奏效,則以倫理學上的人性論爲根據:以好利惡害爲"人情"即人性(《八經》),法令正是"因人情"而用賞罰"二柄"使得人們趨利避害。

三、"志於道"與"我能期望什麽"

　　康德的第三個問題,實際是人生理想問題,"期望"即理想。康德以"至善"的道德作爲最

---

① 孔子説:"言必信,行必果,硜硜然小人哉。"(《論語・子路》)孟子説:"大人者,言不必信,行不必果,唯義所在。"(《孟子・離婁下》)他們與墨子上述觀點明顯不同。

高的人生理想。但他認爲道德與幸福在塵世生活中很難一致,德福統一的至善的人生理想只存在於宗教的彼岸世界。而先秦諸子的人生理想則具有現實世界中獲得德福一致的向度。孔子説的"志於道",就是確立人生理想。他又説"志於仁",把統攝道德之"仁"作爲終身追求的人生理想,"君子無終食之間違仁,造次必於仁,顛沛必於仁"(《里仁》),無時無刻都執着於仁。人生理想最根本的是直面生命意義的生死問題,爲了求仁的不惜犧牲生命,"志士仁人無求生以害仁,有殺生以成仁"(《衛靈公》)。之所以不惜生命的代價,因爲"志於仁"正是人生之樂。孔子由此贊揚顏回能够長久地"不違仁",而其他人很難做到,即使"一簞食,一瓢飲,在陋巷,人不堪其憂回也不改其樂"(《雍也》)。就是説,志仁成仁的人生理想體現了道德與幸福的現實統一。這同樣體現於孟子、荀子的人生理想。孟子以實現王道仁政爲人生理想。王道仁政的重要内容是制民以恒産,讓百姓"養生喪死無憾,王道之始也"(《梁惠王上》)。由此聯繫孟子的"居仁由義"(《盡心上》)和"與民由之"(《滕文公下》),可以看到王道仁政的人生理想在義利之辯上是以民衆之利爲義,因而視百姓的憂樂爲憂樂,"古之人與民偕樂,故能樂也"(《梁惠王上》),"樂以天下,憂以天下"(《梁惠王下》)。這表明在孟子那裏對民衆的現實關懷,既是人生理想的道德原則,又是人生理想的幸福所在,此即"尊德樂義,則可以囂囂矣"(《盡心上》)。荀子的人生理想是"上可以王,下可以霸"(《王霸》),由注重實際功業的霸道發展爲以德服人的王道。成就霸道自然要講究功利,但"利克義者爲亂世"(《大略》)。因此,上王下霸的人生理想在義利之辯上是"以義制利"(《正論》)。荀子認爲這樣才能得到現實的幸福,"先義而後利則榮,先利而後義則辱;榮者常通,辱者常窮;通者常制人,窮者常制於人"(《榮辱》)。這意味着德福的統一體現於把道德原則(義)作爲達到榮通(名譽顯貴)的手段。當然,這樣的幸福幾乎是以實際功利爲内涵了。可以説,孔孟和荀子分别從精神超越層面和實際功利層面回答了現實人生的德福統一何以可能。

先秦其他諸子"志於道"的人生理想各有不同,但追求在現實生活中實現德福一致則是同樣的。墨子以兼愛爲道,其"守道"(《修身》)就是篤守兼愛之道的人生理想,它以"興天下之利,除天下之害"(《兼愛下》)爲旗幟,試圖去除三大"民之巨患",即"飢者不得食,寒者不得衣,勞者不得息"(《非樂上》)。這樣的人生理想源自大禹。墨子稱贊大禹"形勞天下",爲天下百姓治水而不辭勞苦;强調墨家必須"以自苦爲極","不能如此,非禹之道也,不足謂墨"(《莊子·天下》)。自苦利他的人生理想,墨子既視其爲自己的道德追求,"獨自苦而爲義"(《貴義》),也視其爲自己的幸福所在,"愛人利人以得福"(《法儀》)。莊子的人生理想是"遊心於物之初"(《田子方》),即"遊心"於道,因爲道爲萬物的初始。"遊心"於道是要破除世俗所有束縛,使心靈像道那樣超越一切而自由自在。《大宗師》中,女偊在回答南伯子葵"道可得學邪"之問時,説明"遊心"於道,首先是"外天下"即遺忘世事,其次是"外物"即拋棄各種名利得失的計較,再次是"外生"即無慮於生死;於是心境"朝徹"即如朝陽一般明朗洞徹。而被世俗桎梏的人生,精神上昏暗茫然,"人之生也,固若是芒乎"(《齊物論》)!兩相對照,"遊心"於道的精神自由"得至美而遊乎至樂"(《田子方》),是完美至樂的人生理想。這與鄙視世俗利益誘惑的節操相一致。楚威王以厚幣相位禮聘莊子,莊子説:不要玷污了我! 我寧願像條魚遊戲污泥濁水中"自快"即自得其樂,求得精神愉快即"以快吾志"(《史記·老子韓非列傳》)。韓非以法爲道,其人生理想是通過變法改革,鼓勵耕戰,實現富國强兵,以此作爲成就統一諸侯各國大業的憑藉,取得三王五帝那樣的名望:"是故無事則國富,有事則兵强,此之謂王資。既畜王資,而乘敵國之釁,超五帝侔三王者,必此法也。"(《五蠹》)面對變法改革的重重阻力,"孤憤"之情鬱積於韓非胸中。不過,齊國改革家田成子的故事使其有所排遣。田成子改革終有成效,百姓歌舞慶頌,"田成氏之德而民之歌舞"(《外儲説右上》)。這意味着韓非堅信自己的人生理想,必將有德於民並獲得爲百姓擁護的幸福感。

四、"成人"之道與"人是什麽"

康德的第四個問題,從"人是目的"出發,注重何謂理想的人。他的回答是每個人在法律保障下達到享受最大自由的理想狀態。先秦諸子的回答則是在實現人生理想過程中造就理想人格。孔子的"人是什麽",首先展開於人禽之辨,"鳥獸不可與同群"(《微子》)。"成人"之道正是對何謂與鳥獸相區別的理想人格的回答①。"成人"作爲全面發展的人格典範,是完美無缺的聖人。然而,其所謂"亦可"意味着現實中没有如此聖人,有的是會犯過錯的君子,因此在理想人格的層次上,君子遜於聖人。這樣的人格設定,一方面是强調君子對於聖人的追求只有進行時,没有完成時,始終持有提升自我的超越性;另一方面是强調聖人由君子拾級而上,具有不脱日用常行的現實性。因此,"君子之道"作爲聖人與君子的互補,是在日常生活中成就理想人格,如《中庸》所説"君子之道,辟如行遠必自邇,辟如登高必自卑"。由近及遠,由低往高,即從身邊事情做起。這就是後來王陽明説的"事上磨練"(《傳習録下》)。由事上磨練而成就的君子人格,與上述"志於仁"的人生理想相聯繫,一方面是把仁内化於心,這就是"克己復禮爲仁"以及種種"克己"的功夫:一方面是承擔起社會中堅的使命,"仁以爲己任","任重而道遠"(《泰伯》)。孔子把這兩個方面概括爲"修己以安百姓",以此回答"子路問君子"(《憲問》)。這實際上是對君子人格予以了内聖外王的雙重規定。孟子、荀子和孔子一樣,認爲君子之道須落實於事上磨練。因此,孟子反對"道在邇而求諸遠,事在易而求諸難"(《離婁上》);荀子則正面表達爲"道雖邇,不行不至;事雖小,不爲不成"(《修身》)。但兩者的事上磨練偏向不同:前者偏向於内聖,後者偏向於外王。這與他們不同的人生理想有關。孟子王道仁政的人生理想以激發個人内在的惻隱之心這樣的善端爲基點,因而君子人格的造就以"存心"即道德意識的涵養爲指向,"君子所以異於人者,以其存心也"(《離婁下》)。荀子的人生理想是由霸而王,他推崇"威動天下"的春秋五霸(《王霸》),表明了極爲重視外在的事功。與此

---

① "成人之道"還指二十而冠的成人禮儀,《禮記·冠義》云"冠而字之,成人之道也"。

相應,君子人格展示了外王的偏向:一是"法後王而一制度"的安邦濟世,"百家之說,不及後王,則不聽也。夫是之謂君子言有壇宇,行有防表也"(《儒效》),君子把以一統天下爲目標的"後王之道"(《不苟》)作爲言行的標準。一是制宰自然的"君子理天地"(《王制》),這就是"經緯天地而材官萬物,制割大理而宇宙理矣"(《解蔽》)。

先秦其他諸子"成人之道"的理想人格風采各異,但都是自身人生理想的承擔者。墨家源於俠,又被荀子稱爲"役夫之道"(《王霸》),平民和俠士的情懷是墨家理想人格的底色。"俠"與"義"相聯,墨子説:"萬事莫貴於義。"(《貴義》)其"義"以"力"爲基礎。墨子説:禽獸的生存無需依賴耕稼紡織,"今人與此異者也,賴其力者生,不賴其力者不生"(《非樂上》)。人與動物的不同,在於只有依賴自身力量才能生存。因此,人之"貴義"必須"賴力"。這有兩個方面:一是譴責"不與其勞,獲其實,以非其所有取之"(《天志下》)即掠取他人所有而歸於己的不勞而獲爲"不義",偷盜的行爲、貴族的奢靡、諸侯間的攻戰、人際間的以強侮弱等,均屬此列。一是以扶危濟弱爲"義",如止楚伐宋①,如提倡"有力者疾以助人,有財者勉以分人"(《尚賢下》),顯然,墨家的貴義賴力是其自苦利人的人生理想的人格反映。道家認爲人應當與以自然爲宗旨的道合一,即莊子説的"不離於宗,謂之天人"(《秋水》)。這與道合一的過程被稱爲"見獨"(《大宗師》),即體悟到道之"獨"。這從道的獨立無待來説,是人生理想上"遊心"於道的精神自由,"獨與天地精神往來"(《齊物論》);從道的獨一無二來説,是在人格上以獨特個性最爲可貴,"獨有之人,是謂至貴"(《在宥》)。後者之"獨"是前者之"獨"的表現,莊子將此稱爲"自得""自適"(《駢拇》)。見獨自得的人格展現出道家隱士群體的清高形象,"不爲軒冕肆志,不爲窮約趨俗"(《繕性》)。法家提出了基於歷史進化觀點的理想人格。韓非説,歷史由"上古"到"中古""近古",直至"當今";如果"今有美堯、舜、湯、武、禹之道於當今之世者,必爲新聖笑矣",因爲死抱住堯舜先王之道者猶如守株待兔(《五蠹》)。這是把與時俱進的"新聖"作爲理想人格,並以此支撐變法圖強的人生理想。韓非深知改革少有勝算,《孤憤》《説難》《和氏》等對此作了冷峻分析,預見自己難逃前輩改革家吳起、商鞅的厄運——"法術之士,雖至死亡,道必不論矣"(《和氏》),生命和學説俱遭毁滅。然而,"新聖"是"強毅而勁直"(《孤憤》),逆襲而進,置生死於度外。這與上述的"孤憤"之情相交織,產生出改革家慷慨悲歌的人格震撼力和感染力。

從上述康德四個問題與先秦諸子求道之思的簡略比較,不難進一步看到了中國傳統哲學與西方哲學既有哲學"類稱"的共性,又有作爲"特例"的個性。同時,先秦諸子的求道之思表現了"道不遠人"的重要內涵,即金岳霖所説"哲學家與他的哲學合一","他的哲學要求他身體力行,他本人是實行他的哲學的工具。按照自己的哲學信念生活,是他的哲學的一部分","在他那裏,哲學從來不單是提供人們理解的觀念模式,它同時是哲學家內心的一個信條體系"。

---

① 《墨子·公輸》記載,墨子得知楚國準備攻打弱小的宋國,跋涉十日十夜趕往楚國予以阻止,冒着爲公輸般所殺的危險,指責他助楚攻宋,違背了"義固不殺人"。

金岳霖同時感歎道: 西方自近代以來,"哲學家與哲學分離已經改變了哲學的價值,使世界失去了絢麗的色彩。"①言下之意,繼承發展中國哲學"道不遠人"的傳統,將使世界哲學的舞臺再現失去的絢麗色彩。

[**作者簡介**] 陳衛平(1951—),男,浙江人。現爲華東師範大學哲學系教授,任中華孔子學會副會長、上海哲學學會副會長、上海炎黄文化研究會副會長、國際儒學聯合會理事和學術委員等職。在《中國社會科學》《哲學研究》等刊物發表論文 200 餘篇,著有《第一頁與胚胎——明清之際的中西文化比較》《孔子與中國文化》《中國近代思想家》《人的全面發展是新社會的本質要求》《徐光啓評傳》等。

---

① 金岳霖《中國哲學》,《道、自然與人》,三聯書店 2005 年版,第 60 頁。

《論語》之"仁"的三重透析

田寶祥

內容提要 《論語》論"仁",並非立於"己",而是將"己"安置於"親親"的倫理序列當中,使個體在血緣家族的關係網絡中獲得確定的身份,因此"親親之仁"比"為己之仁"更為根本,此乃《論語》之"仁"的第一重意涵。《論語》論"仁",往往與"禮""義""智"諸德目相連,然並不意味着"仁"乃"全德之名",也不是說"仁"之內涵就足以覆蓋諸德目,而是說"仁"在邏輯上先於諸德目,亦在價值上高於諸德目,因此"首德之仁"比"全德之仁"更為準確,此乃《論語》之"仁"的第二重意涵。《論語》論"仁",固然有價值訴求之普遍性與價值觀念之內在規定性,即形而上之抽象層面,然其最終指向並不在此,而在人倫關係、群己關係以及道德生活、政治生活,也就是說,內在之德性唯有擴充至外在之人生境域,"仁"的意義才算生成,因此現實之"仁"要比抽象之"仁"更切近孔子原旨,此乃《論語》之"仁"的第三重意涵。

關鍵詞 仁 孝悌 己 心之全德

中圖分類號 B2

學界論"仁",或基於"親親",或立於"己",或訴諸"愛人",但就《論語》的文本而言,"仁"這一價值觀念在內涵上顯然具有多重性,孔子關於"仁"的論述也是多維度的,且各個維度的意涵是相對確定、彼此關聯、互相印證的。孔子在《論語》中雖未對"仁"下直截之定義,但《論語》的文本仍以言不盡意的詮釋方式向我們呈現出孔子"仁"學的整體輪廓。因此,要想充分地把握其輪廓背後的精神實質,就必須透過《論語》對"仁"這一價值觀念做多維之透析。

一、"親親之仁"還是"為己之仁"?

以"愛人"為"仁"之基本內涵,近年來已逐漸成為學界之共識。黃懷信認為《論語》中的'仁'雖在詞義上有仁德、仁人、行仁、仁之聲名等四層含義,但孔子仁學的內涵只是'愛人'一條,無有其他"①。陳來認爲"西周時期的'仁'以愛親爲本義,但到孔子已經將愛親發展爲愛人,並把愛人之'仁'化爲普遍的倫理金律"②,且"孔子以仁爲最高的道德觀念……仁是愛,但愛不必是仁,因爲愛如果是偏私的,則不是仁,仁愛是普遍的、公正無私的博愛"③。陳衛平則認爲"在孔子的仁學裏,愛人之仁的人道原則受到了'愛有差等'的阻遏。就人與人的關係而言,血緣關係的'愛有差等'壓抑了'泛愛衆'所隱含的博愛思想的萌發,而等級關係的'愛有差等'則窒息了推己及人所潛伏的平等精神的生長"④。若説基督教的"博愛"具有宗教信仰意義上的普適性,則可説墨家的"兼愛"具有"滿足大多數人之最大幸福"的功利性,儒家的"仁愛"具有順乎人之本性常情的道德性。相較之下,基督教的"博愛"更具有現代性倫理所倡導的人道主義精神,墨家的"兼愛"、儒家的"仁愛"雖有此方面的價值傾向但並不充分,"兼愛"之説有鮮明的民間立場,"仁愛"之説則有強烈的血緣宗親意識。換而言之,"仁愛""兼愛"雖在價值觀念上具有一定的超越性,但其終究不是宗教信仰意義上的外在超越與絶對超越,而是道德倫理意義上的內在超越與相對超越,進一步講,西方的基督教神學更關注形而上的終極存在,而儒、墨兩家更關注真切的現實社會與鮮活的個體生命,也就是説,"仁愛""兼愛"的落腳點不在幽遠的彼岸,而在真切的當下。反之亦成立,唯有基於現實與歷史的維度,才可洞見"仁愛"與"兼愛"之真義,才可把握二者之本質差别,顯然,儒、墨兩家對現實之"人"的生活方式、生命形態以及人其所處之歷史境域的詮釋與把握截然不同。

就《論語》的文本而言,"仁"與"仁愛"在孔子以及早期儒家那裏已然蕴含"愛有等差"的思想內容。在孟子那裏,"愛有等差"被進一步表述爲"親親而仁民,仁民而愛物",儒家思想得以在中華文化史上長期占據中流砥柱之地位,可説很大程度上歸功於此倫理結構的建立,尤其是以血緣宗親爲本位的"親親之仁",可謂十分切近華夏民族的情感生命。此理論結構雖由孟子提出,但其思想之發端卻是孔子,《論語·學而》曰:"孝弟也者,其爲仁之本與!"那麽,"孝悌"或曰"親親"到底在何種意義上構成仁的邏輯原點呢? 且看《論語》中關於"親親""孝悌"之義的二條論述:

1. 宰我問:"三年之喪,期已久矣。君子三年不爲禮,禮必壞;三年不爲樂,樂必崩。舊穀既没,新穀既升,鑽燧改火,期可已矣。"子曰:"食夫稻,衣夫錦,於女安乎?"曰:"安。""女安則爲之! 夫君子之居喪,食旨不甘,聞樂不樂,居處不安,故不爲也。今女安,則爲之!"宰我出。子曰:"予之不仁也! 子生三年,然後免於父母之懷。夫

---

① 黄懷信《〈論語〉中的"仁"與孔子仁學的内涵》,《齊魯學刊》2007 年第 1 期,第 6~8 頁。
② 陳來《仁學本體論》,三聯書店 2014 年版,第 16 頁。
③ 同上,第 474 頁。
④ 陳衛平《"仁"和"好禮"的緊張——論孔子的人道原則》,《學術界》1996 年第 2 期,第 30 頁。

三年之喪,天下之通喪也。予也,有三年之愛於其父母乎?"(《論語·陽貨》)

2. 有子曰:"其爲人也孝弟,而好犯上者,鮮矣;不好犯上,而好作亂者,未之有也。君子務本,本立而道生。孝弟也者,其爲仁之本與!"(《論語·學而》)

第1條乃孔子和弟子宰我圍繞服喪之禮所展開的一番討論。在孔子看來,一個嬰孩從呱呱落地開始,到能夠立於人世、獨立行走,至少需要三年的時間,其間,無不仰仗父母無微不至的關懷與呵護,現如今,父母薨逝,子女爲其守喪三年,盡之以孝、報之以恩、寄之以情、還之以愛,完全合乎情理。宰我不明此理,自然算不得仁人君子。如果説第1條的道理還隱含於事例之中,那麽第2條則開宗明義地指出"孝悌"爲"仁"之本這一本質。有學者認爲,與其說"孝悌"爲"仁"之本,還不如說"孝悌"爲"人"之本,這種理解當然也有考證之依據,那就是在古文字學上,"仁"乃"人"字之派生,原因有二:第一,就目前出土的甲骨文字來看,"人"字出現的頻次極高,而"仁"字卻極爲罕見;第二,金文當中有多處"人"字旁邊添加兩橫或兩捺的寫法,此乃書寫者出於審美意義上的考慮對古文字所作之改造,亦有可能是"仁"字產生的主要緣由。那麽此處的"孝悌"爲"仁"之本是否可理解爲"孝悌"爲"人"之本呢? 就意涵上看,這種理解是成立的,邏輯上也十分合理。上文已經説過,先秦儒家的倫理結構乃《孟子》所論之"親親而仁民,仁民而愛物",由於"親親""孝悌"之愛是"仁"之起點,"人"乃"仁"之價值主體,"仁"又是"人"的安身立命之本,以此類推,若説"孝悌"爲"仁"之本,即可説"孝悌"是"人"之本,也就是説,在"孝悌爲仁之本"這條文字上將"仁"作"人"解是有效的。

基於以上分析,可知"孝悌爲仁之本"與"仁爲人之本"的內在互動,使得孔子的"仁"學在邏輯上更爲自洽,亦可知"親親"乃孔子論"仁"的邏輯原點。當然,無論是講"親親",還是講"仁",都無法迴避人之爲人的主體性問題,這既包括思維的主體、道德的主體,也包括存在的主體、實踐的主體,講到主體性,就必然要涉及"自我"與他者的關係,而在儒家的語境下,他者是有層次的、有等差的,也就是説,作爲自我,首先要處理的是"己"與"親親"這一層面的倫理關係。許多學者在考察"仁"的內涵與外延時,也將"己"的主體性領域置於其中,如李振綱認爲,"仁者愛人,克己復禮,孝悌爲本,爲仁由己,構成'仁'的四重內涵"[①]。葛榮晉則認爲,"如果把'愛人'看成孔子對'仁'的本質內涵規定的話,那麽在'仁'的外延上,孔子在《論語》中內在地蘊含有'自愛'、'親親'、'仁民'、'愛物'四個層次"[②]。那麽,"己"這一主體性領域要如何被妥當地安置於"親親而仁民、仁民而愛物"的倫理關係當中? "己"在孔子的仁學思想之中又該居於何種之地位? 對此,張美宏認為,"孔子講'仁'是立足於'己'的。在孔子看來,要想在人與人之間能夠'行仁講讓',應當先以'我'("己")爲原點,彰顯'親親爲大'的真性情。另外,'仁'是人最本質的特徵,但凡'知人'者皆具備內省自己('知己')的能力;由'知人'而'知己'

---

① 李振綱《解析〈論語〉的核心理念:仁》,《現代哲學》2007年第5期,第57頁。
② 葛榮晉《孔子論"仁"及其現代價值》,《黨政幹部學刊》2006年第10期,第7頁。

的過程中無不貫穿着對'仁'德的體察。在切'己'、'知人'的前提下,通過'盡己'的方式最後順利實現'行仁'之目的"①。由"知己"到"知人"固然没錯,但問題在於,如果立足於"己"而"知人"、行"仁",豈不是無形中消解了"親親"一環的倫理意義? 没有"親親"作爲依托的"己",要如何在古代的傳統社會真實地呈現其情感生命? 因此,"己"在儒家的倫理結構中並非獨立的個體,而是群體的一員。儒家並不將"己"看作單一的原子,而是將之安置於"親親"的倫理序列之中,使之以血緣宗族成員的身份存在,這一點也可以在《論語》的文本中得到印證,子曰:"夫仁者,己欲立而立人,己欲達而達人。"(《論語·雍也》)又曰:"己所不欲,勿施於人。"(《論語·顔淵》)此二條乃孔子對"仁"的實質性規定,亦可謂孔子仁學的兩大價值準則。孔子意欲"謀求一種新的解決衝突的方法",即"使暴力消融在道德之中,使權力、財産的再分配轉化爲道德的自律原則"②。"仁"如何實現? 在孔子看來,無非"忠恕"二字,具體説來,就是"推己及人""由父及君",如果每個人都能做到"己欲立而立人,己欲達而達人","己所不欲,勿施於人",則仁義之世必然可至。由上可見,如果説《論語》所謂之"爲仁由己"更利於凸顯主體的道德自覺,則"親親而仁民,仁民而愛物"的倫理結構更利於將主體的道德理性轉化爲實踐理性,因此可説"親親之仁"比"爲己之仁"更爲根本,此乃《論語》之"仁"的第一重意涵。

二、"全德之仁"還是"首德之仁"?

由上可見,從"己"與"親親"再到"仁民""愛物",皆是就"仁"的内涵而論,但儒學發展到宋明,這些内涵無一不被擴充至形而上的層面,因此也都具有了義理上的抽象性。南宋理學家陳淳在《北溪字義》中説道"仁者,心之全德,兼統四者(義、禮、智、信)"③,"孔門教人,求仁爲大。只專言仁,以仁含萬善,能仁則萬善在其中矣"④。在陳淳看來,"夫子當時答群弟子問仁,雖各隨其材質病痛之不同,而其旨意所歸,大概不越乎此"⑤。陳淳所論之"心之全德",可代表程朱理學對"仁"這一價值觀念的總體看法,這樣一種近乎形而上學的理解也極大地影響了馮友蘭的哲學史書寫及其對儒學的判斷。在方法論上,馮友蘭固然受到以羅素、懷特海爲代表的新實在論哲學的影響,但在内在的義理闡發上,其並未遠離傳統儒學之脉絡,而是沿着宋明理學尤其是程朱理學的解釋路徑向形而上學的高地又邁進了一步。

在上世紀 30 年代撰寫的《中國哲學史》當中,馮友蘭已明確提出"全德之名"的概念,

---

① 張美宏《切"己"與"盡己"——孔子"仁"學詮釋的内在進路》,《孔子研究》2007 年第 3 期,第 25 頁。
② 張立文《孔子的仁學形上學》,《中國哲學史》1995 年第 5 期,第 16 頁。
③ 陳淳《北溪字義》,中華書局 1983 年版,第 22 頁。
④ 同上,第 25 頁。
⑤ 同上,第 26 頁。

其認爲："《論語》中亦常以仁爲人之全德之代名詞……唯仁亦爲全德之名,故孔子常以之統攝諸德。"①那麼,試問:"仁"在何種意義上能够統攝所有德目?"仁"這一觀念自身難道不具有異於其他德目而獨立自存的價值内涵?張岱年就認爲,"仁兼涵諸德,如忠、恕、禮、恭、敬、勇等,但仁非全德之名。所謂全德之名,即諸德之總稱。而仁非諸德之總稱,其本身亦自爲一德。不過是最高的德,所以兼涵諸德。"②可見,馮友蘭對孔子"仁"論的把握,主要是基於一種分析與綜合的哲學史視野,而非傳統意義上的學術史、思想史的視野。這種把握方式的優點是顯而易見的,那就是使得傳統儒學自孔子到朱熹的發展演變,能够呈現出一條較爲清晰的邏輯綫索,但缺陷在於賦予了"仁""義""禮"等儒家觀念太多形而上學與新實在論層面的内涵,致使道德倫理、現實政治、工夫境界以及個體價值層面的意義有所稀釋。顯然,"邏輯分析所得到的全德之名的結論確實不能讓我們真正體認到仁,它展示給我們的仁是被裁切過的,是被降低了格調的,甚至有導引我們偏離儒學身心性命之學的真問題的危險",對於仁的體認,畢竟要"遵循實踐存養、行用識體的路徑"。"以體用觀之,我們必行其用而識其體,始可融通仁之全體大用,此實孔子'仁'之真精神"③。

值得慶幸的是,晚年的馮友蘭對先前"全德之名"的解釋做了充分修正,其指出:"作爲四德之一的仁,是一種道德範疇倫理概念,對於它的討論,是倫理學範圍之內的事。作爲全德之名的仁,是人生的一種精神境界,對於它的討論,是哲學範圍之内的事。"④此說可謂巧妙地將"仁"從"全德之名"的理論困境中解放了出來,從而使"仁"得以與"義""禮"等德目發生内在之聯繫,如此一來,儒學之觀念網絡形態鮮活了許多。衆所周知,儒家自先秦以來,確立了衆多的德目,其中以"仁""義""禮""智""聖"較爲重要,若就《論語》而言,"仁"的觀念無疑更切近儒學之根本,因此,以"仁"爲軸、其餘諸德爲輔的觀念系統即得以確立。

在"仁"與諸德之關係當中,可説"仁"與"禮"的關係最爲直接,當前的學術界在這方面的研究上也達成了一些理論共識,認爲仁是原生的内在情感,而禮是教化的外在呈現,如顔炳罡所論,"禮是孔子對傳統的繼承,仁是孔子的創辟;仁是内在原則,禮是外在規範;仁是絶對的,禮是相對的;仁是常道,禮是變道。從縱向上講,孔子的仁禮合一是繼承與創新的合一;從横向上説,仁禮合一是内在原則與外在表現形式的合一"⑤,"在傳統禮樂文化中發現仁、引仁入禮、以禮釋仁、賦予禮樂文化以真實意義與内在價值,是孔子對中國文化的巨大貢獻。孔子在中國文化史上創建了以仁爲本源、以禮爲表徵、仁禮合一的思想系統"⑥。而要想從"仁禮合

---

① 馮友蘭《中國哲學史》(上),中華書局1961年版,第101頁。
② 張岱年《中國哲學史大綱》,中國社會科學出版社1982年版,第261頁。
③ 陳聲柏、張曉輝《全德之名與全體大用——孔子之"仁"再認識》,《孔子研究》2014年第4期,第17頁。
④ 馮友蘭《對於孔子所講的仁的進一步理解和體會》,《孔子研究》1989年第3期,第3頁。
⑤ 顔炳罡《論孔子的仁禮合一説》,《山東大學學報(哲學社會科學版)》2001年第2期,第52頁。
⑥ 同上。

一"的互動關係維度契入"仁"以及孔子思想,唯有回溯至《論語》的文本。《論語》當中論及"仁""禮"關係的文字僅有四條,如下所示:

1. 顔淵問仁。子曰:"克己復禮爲仁。一日克己復禮,天下歸仁焉。爲仁由己,而由人乎哉?"顔淵曰:"請問其目。"子曰:"非禮勿視,非禮勿聽,非禮勿言,非禮勿動。"顔淵曰:"回雖不敏,請事斯語矣。"(《顔淵》)

2. 子曰:"人而不仁,如禮何?人而不仁,如樂何?"(《八佾》)

3. 子曰:"恭而無禮則勞,慎而無禮則葸,勇而無禮則亂,直而無禮則絞。君子篤於親,則民興於仁;故舊不遺,則民不偷。"(《論語·泰伯》)

4. 子夏問曰:"'巧笑倩兮,美目盼兮,素以爲絢兮。'何謂也?"子曰:"繪事後素。"曰:"禮後(於仁)乎?"子曰:"起予者商也!始可與言《詩》已矣。"(《論語·八佾》)

第1條其内容之重點在於"克己復禮"四字。畢竟,在整部《論語》當中,"克己復禮爲仁"是最具有内在規定性的一番解釋,也是最合乎現代語言學規範的一種定義。"克己復禮"從涵上可分解爲"克己"與"復禮"兩個環節,"克己"是自我約束,求於内,"復禮"乃使自我的言行合乎"禮",施於外。内外合一,即"克己復禮爲仁"。進一步講,"仁"是"禮"的内在本質,"禮"則是"仁"的外在呈現,也就是說,"仁"更多指向人内在的道德情感,而外在的規範、調節則訴諸"禮",但這並不意味着"仁"與"禮"之間存在道德理性與實踐理性的割裂,《論語》論"仁"恰恰强調二者的統一性,若内、外截爲兩段,則"仁"的意義始終無法生成。第2條的内容十分簡潔,邏輯關係也更爲清晰,就此條文字看,"仁"與"禮""樂"之間的關係可以形象地描述爲"根"與"果""葉"的關係,也就是説在邏輯上,"仁"乃"禮""樂"得以落實的必然條件。换言之,無"仁",則"禮""樂"無從談起。第3條所論之"恭""慎""勇""直",既是"仁"的外在指向,也是"仁"之意涵的擴充。那麽,如何才能使它們不違於"仁"呢?這就需要"禮"作爲中介來加以疏導、制衡,以"禮"爲挈,也就免去了"勞""葸""亂""絞"之禍端與麻煩。第4條中的"巧笑倩兮,美目盼兮,素以爲絢兮",乃出自《詩經·衛風·碩人》,形容女子妝容之美好。所謂"繪事後素",意爲先有白底然後作畫。此章講的是子夏通過與老師的對談,由"繪事後素"一例悟到"禮後於仁"的道理。所謂"禮後於仁",即是説仁在心中,禮的好處自然能夠顯現,倘若心中無仁,禮數再周全,也只是徒有其表,而唯有外在的禮樂教化與内在的道德情感相一致,方可稱得上"君子之道",在這一意義上,亦可説"仁"乃首德之名,而非全德之名。以上四條皆從不同的價值側面印證了"仁"内"禮"外這一倫理範式的正當性與有效性。可見,較之"禮""義""智""聖","仁"在意涵上更貼近儒家精神之根本,由此便可説"仁"在價值上高於諸德目,若從"仁禮合一"的角度而言,則"仁内禮外"無疑,"仁"在邏輯上也要先於"禮"而存在。綜上所述,《論語》論"仁",往往與"禮""義""智"諸德目相連,然並不意味着"仁"乃"全德之名",也不是説"仁"之内涵就足以覆蓋諸德目,而是説"仁"在邏輯上先於諸德目,亦在價值上高於諸德目,因此"首德之仁"比"全德之仁"更爲準確,此乃《論語》之"仁"的第二重意涵。

三、"抽象之仁"還是"現實之仁"?

就整個《論語》的文本而言,孔子並非直接給出"仁"的定義,而是基於不同場域、不同對象、不同問題而反復地討論"仁",這無疑就構成了"仁"之內涵的多重性。據統計,"仁"在《論語》中總共出現了109次,僅孔門弟子問"仁"與孔子答"仁"就有8處之多。如下所示:

1. (樊遲)問仁。曰:"仁者先難而後獲,可謂仁矣。"(《雍也》)
2. 顏淵問仁。子曰:"克己復禮爲仁。一日克己復禮,天下歸仁焉。爲仁由己,而由人乎哉?"(《顏淵》)
3. 仲弓問仁。子曰:"出門如見大賓,使民如承大祭。己所不欲,勿施於人。在邦無怨,在家無怨。"(《顏淵》)
4. 司馬牛問仁。子曰:"仁者,其言也訒。"(《顏淵》)
5. 樊遲問仁。子曰:"愛人。"(《顏淵》)
6. 樊遲問仁。子曰:"居處恭,執事敬,與人忠。雖之夷狄,不可棄也。"(《子路》)
7. 子貢問爲仁。子曰:"工欲善其事,必先利其器。居是邦也,事其大夫之賢者,友其士之仁者。"(《衛靈公》)
8. 子張問仁於孔子。孔子曰:"能行五者於天下爲仁矣。"請問之。曰:"恭、寬、信、敏、惠。恭則不侮,寬則得衆,信則人任焉,敏則有功,惠則足以使人。"(《陽貨》)

以上8條文字,充分證明了筆者的判斷,即《論語》中孔子論"仁",其意涵是具有多重性的,且各個層面的意涵也相對確定、彼此關聯、互相印證。然孔門弟子數次問"仁",孔子每次的回答都不一樣,倘若如此,該如何從若干具體的闡述中推導出關於"仁"的普遍性定義呢?倪梁康就認爲"孔子的'仁'類似於胡塞爾所說的'機遇性的表達',不像'三角形'、'椅子'、'藍天'那樣具有一定的客觀性,而是像'我'、'這裏'、'那時'這些表達一樣,不給出進一步的語境就無法知道它的確切含義。它在孔子那裏幾乎已經相當於既是形容詞又是名詞的'善',只是在具體的語境中才顯露它的實際內涵"[①],因此判定孔子的思想當中缺失一種普遍性的訴求。對此,張祥龍的看法截然相反,其認爲"孔子之仁依語境而得成其意,其中亦可有'一以貫之'的超個別的深徹理解;即便沒有'定義'或'定解',也可以有在語境中被構成和再構成的原義和通解。情況正是如此,不然孟子如何跟得上孔子,尊孔尊了兩千多年的儒家如何有自己的身

---

① 倪梁康《孔子論"仁"及其"相對主義"》,《現代哲學》2013年第2期,第104頁。

份和傳統"①？在筆者看來,孔子所論之"仁"作爲一種價值訴求具有普遍性、作爲一種價值觀念具有内在規定性,這一點毋庸置疑,但孔子仁學之核心意旨不在於此。

《論語》當中,孔子論"仁"總是基於某一問題域,要麽由人倫關係、群己關係深入下去,要麽就政治生活、道德生活延展開來。這就是説,内在之"仁"、抽象之"仁"必然要通過"學""教"以及一系列修身工夫開顯於現實人生之中,否則"仁"的價值普遍性便得不到檢證。《論語·雍也》説道:"回也,其心三月不違仁,其餘則日月至焉而已矣。"孔子爲何會給予顔回如此高的評價？原因就在於顔回作爲孔子的得意門生,不僅對"仁"的思想有深入之理解,還將"仁"之準則附着於日常生活當中,可見,所謂"三月不違仁"絶不只是奉於心底,還要行於生活之綿長細微處。這便説明:孔子論"仁",並不止於價值觀念之層面,除了教化人們的思想,其更希望改善人們的生活方式與生命狀態,將思想的觸角伸向人倫關係、群己關係以及政治生活、道德生活。從詮釋學的角度講,這既是孔子"仁"學之於人倫關係的一次意義拓展,也是儒家思想之於現實人生的一次意義轉向。此處再舉四例加以論述:

1. 宰我問曰:"仁者,雖告之曰:'井有仁焉。'其從之也?"子曰:"何爲其然也？君子可逝也,不可陷也;可欺也,不可罔也。"(《論語·雍也》)

2. 陽貨欲見孔子,孔子不見,歸孔子豚。孔子時其亡也,而往拜之,遇諸塗。謂孔子曰:"來! 予與爾言。"曰:"懷其寶而迷其邦,可謂仁乎?"曰:"不可。""好從事而亟失時,可謂知乎?"曰:"不可。""日月逝矣,歲不我與。"孔子曰:"諾。吾將仕矣。"(《論語·陽貨》)

3. 子曰:"富與貴是人之所欲也,不以其道得之,不處也;貧與賤是人之所惡也,不以其道得之,不去也。君子去仁,惡乎成名? 君子無終食之間違仁,造次必於是,顛沛必於是。"(《論語·里仁》)

4. 樊遲問知。子曰:"務民之義,敬鬼神而遠之,可謂知矣。"問仁。曰:"仁者先難而後獲,可謂仁矣。"(《論語·雍也》)

第1條的内容,表面上看與儒家一貫主張的"見義不爲非君子"之説相悖,但其實並不如此,由於"見義勇爲"的説法在邏輯上並不周全,反而使得"君子可逝不可陷、可欺不可罔"一語之理性氣質更爲醒目。在孔子看來,缺少理性制約的感性衝動、一味地貿然介入,最多觸及問題之小節而無法顧全大局,還容易造成無謂的麻煩。因此,"仁"一旦滑落到現實的層面,就必然要依賴於主觀能動性的發揮,充分地分析"時"與"勢"、動機與效果。第2條亦是如此,在"爲政"的事情上,孔子顯然無需別人提醒,對於每一次的政治選擇,他都無比慎重,只要爲"仁"的時機較爲恰當,必會決然地投身其中。第3條論及"義""利"之關係,雖然儒家始終存在重"義"

---

① 張祥龍《孔子仁説爲何"缺少普遍性訴求"》,《現代哲學》2013年第2期,第106頁。

輕"利"的趨向,但這不意味着其在價值維度上就完全地否定"利"。至少在孔子看來,以不損人、合道德之手段所獲取的"利"在倫理上具有充分的正當性,爲擺脫貧窮之生活現狀而逐利的動機也合乎情理,總之,目的與手段是否合乎"仁",乃評判一個人是"君子"還是"小人"的有效標準。第4條的特別之處在於孔子對"智"與"仁"的一番定義。樊遲問何爲"智",孔子答曰:所謂智者,一是專心致力於日用倫常之道德修持,二是"敬鬼神而遠之"。樊遲又問何爲"仁",孔子明確指出,付出一定的努力從而收穫善的結果,可謂之"仁"。顯然,孔子對"天"與"命"始終保持敬畏之態度,不迷信鬼神,也不主張以演卦占卜的方式推測人生之吉凶,其思想的基本立場在於直面與分析現實、回應政治與人生問題。

由上可見,"仁"這一價值觀念,在孔子那裏主要指向人倫關係、群己關係以及政治生活、道德生活,正如黃玉順所言,"孔子仁學的大本大源、源頭活水,不是既成的形而上的哲學建構,也不是既成的形而下的倫理構造,而是生活本身、存在本身以及生活的情感顯現"①。亦如徐復觀所説,"由孔子所開闢的内在的人格世界,是從血肉、欲望中沉浸下去,發現生命的根源,本是無限深、無限廣的一片道德理性,這在孔子那裏,即是仁"。筆者也認爲,孔子論"仁"之真意,乃是要將内在的道德理性擴充至外在的人生實踐,具體説來,就是"把對客觀世界的知識,作爲開闢内在的人格世界的手段,同時把内在的人格世界的價值,作爲處理、改進客觀世界的動力及原理"②。總之,《論語》論"仁",固然有價值訴求之普遍性與價值觀念之内在規定性,即形而上之抽象層面,然其最終指向並不在此,而在人倫關係、群己關係以及道德生活、政治生活,也就是説,内在之德性唯有擴充至外在之人生境域,"仁"的意義才算生成,因此現實之"仁"要比抽象之"仁"更切近孔子原旨,此乃《論語》之"仁"的第三重意涵。

結　　語

總體而言,"仁"在整部《論語》中的内涵具有多重性,這並不意味着要以"我注六經"的方式無窮地擴展其意義之外延,而是説《論語》中關於"仁"的表述是多維度、多層次的,且幾個維度的意涵是相對確定、彼此關聯、互相印證的。雖然孔子在《論語》中並未給"仁"以直截之定義,但整部《論語》的文本卻以言不盡意的詮釋方式生動地勾勒出孔子的"仁"學圖景。基於此論對《論語》之"仁"做多維之分析,即可得出以下結論:第一,與其説儒家論"仁"是立於"己",還不如説是基於"親親",儒家並非在主觀上削弱或壓制個體,而是將"己"安置於"親親"的倫理序列之中,使個體以血緣宗族之一員的身份而存在;第二,如果説"親親而仁民,仁民而愛

---

① 黄玉順《孔子仁學的現代意義何以可能?——依據生活儒學的闡明》,《理論學刊》2007年第10期,第48頁。
② 徐復觀《中國人性論史(先秦篇)》,三聯書店2001年版,第62頁。

物"乃儒家倫理的基本結構,那麽"孝悌爲仁之本"與"仁爲人之本"的内在互動,便使得孔子的"仁"學在邏輯上更爲自洽;第三,"仁"並不足以統攝或包藴"禮""義""智""聖",只是較之諸德目,"仁"更貼近儒家精神之根本,由此,便可說"仁"在價值上高於"禮""義""智""聖",若從"仁禮合一"的角度而言,則"仁内禮外"無疑,在邏輯上"仁"也要先於"禮"而存在;第四,凡經典文本,皆有教化之功效,《論語》也不例外,"仁"作爲《論語》的核心觀念,一方面具有價值訴求上的普遍性與觀念上的内在規定性,另一方面則指向人倫關係、群己關係以及政治生活、道德生活,在主觀的人格世界與客觀的現實世界之間做了有效的情感連接,具有非凡的實踐導向與充分的現實功效。

[**作者簡介**] 田寳祥(1989—　),男,甘肅慶陽人。首都師範大學中國哲學專業博士生,研究方向爲中國古代哲學。

孟子性善的内在邏輯

李世平

内容提要 孟子性善是由邏輯前提、邏輯展開、邏輯結構和邏輯完成構成的思想體系。其中,孟子區分耳目之欲與仁義禮智之性,視耳目之欲爲命、視仁義禮智爲性,是孟子性善的邏輯前提。孟子性善之性有根據層面的能仁義禮智之性和落實層面的仁義禮智之性,善亦有根據層面的"善根"和落實層面的"善行",是孟子性善的邏輯展開。由能仁義禮智之性、"善根"構成的性善立本,以及由仁義禮智之性、"善行"構成的性善存養,是孟子性善的邏輯結構。由"存心養性"而達"盡心知性",由"盡心知性"貫通性善立本與性善存養,是孟子性善的邏輯完成。

關鍵詞 孟子　性善　立本　存養
中圖分類號 B2

孟子性善是一個長期爭論的理論難題。當代學者對孟子性善的理解存在各種各樣的分歧,有學者認爲孟子性善是性向善[1],也有學者認爲孟子性善是一個過程[2],還有繼續堅持孟子性善的學者。其實,即使堅持孟子性善的學者,對其亦有不同的理解[3]。總之,當代學者對

---

* 本文係國家社科基金項目"當代孟子心性論研究辨正"(項目編號:16XZX006)的階段性成果。
[1] 傅佩榮曰:"人的本性,既非本惡也非本善,而是具有行善之潛能,亦即向善。"見傅佩榮《儒家哲學新論》,臺北業强出版社1993年版,第193頁。
[2] "在孟子看來,人生下來就有成就聖賢的潛質,潛質本身就有發展的能力,順着這種能力而趨,就可以達成善性,所以性善是一個過程。"見楊澤波《孟子性善論研究》(修訂版),中國人民大學出版社2010年版,第80頁。
[3] 徐復觀先生、牟宗三先生、李明輝先生、梁濤先生都堅持性善論,但具體觀點還是有出入的。徐復觀先生從人異於禽獸的幾希處言性善。"孟子不是從人身的一切本能而言性善,而只是從異於禽獸的幾希處言性善。幾希是生而即有的,所以可稱之爲性,幾希即是仁義之端,本來是善的,所以可稱之爲性善。"(徐復觀《中國人性論史·先秦篇》,上海三聯書店2001年版,第143頁。)牟宗三先生從純義理之性角度言性善:"故性是純義理之性,決不是'生之謂性'之自然之質之實然層上的性,故此性之善是定然的善,決不是實然層上的自然之質之有諸般顔色也。"(牟宗三《圓善論》,《牟宗三先生全集》(22),臺北聯經（轉下頁注）

孟子性善究竟是什麽,即孟子性善是什麽樣的性善,尚未形成一致的理解。之所以如此,主要在於當代學者並没有從整體的角度去認識孟子的性善,去認識孟子性善内容的豐富性,不是基於内在邏輯結構理解孟子性善,而是從某一方面去理解孟子性善。也就是説,當代學者對孟子性善的研究不是認識到了孟子性善的這一面,就是認識到了孟子性善的那一面,與此同時不是忽視孟子性善的那一面,就是忽視孟子性善的這一面。這樣,由於當代學者只是認識到孟子性善的某一具體内容,導致他們對孟子性善的理解各不相同。由當代學者認識到孟子性善之一面來看,他們對孟子性善的理解都有其合理的一面;由當代學者忽視孟子性善之另一面來看,他們對孟子性善的理解又都有其不足的一面。正因爲如此,當代學者相互之間形成了既無法説服對方又難以接受對方的觀點,呈現出争執不下的尷尬局面。本文試圖從孟子性善的邏輯前提、邏輯展開、邏輯結構和邏輯完成四個方面融通上述觀點,形成對孟子性善的整體認識。

一、性命之分:性善的邏輯前提

針對孟子性善究竟是什麽樣的性善這一問題,當代學者仍然存在分歧。雖然如此,但他們並没有否認孟子的性善,這是因爲他們都認識到了孟子所言性善之性的獨特性。孟子首先認識到了傳統没有認識到的性,這是孟子建立性善的邏輯前提。孟子所處的那個時代,有着各種各樣的人性論[①],這些人性論雖五花八門,但其要是"生之謂性",是順着傳統即生言性而來的,因爲"性字乃由生字孳乳而來"[②]。性字由生字孳乳而來,造成告子等人對生、性不分,即生言性,這就是告子的"生之謂性"。僅從生的角度言性,性就很難確定是善還是不善,故告子謂"性無善無不善"。

傳統的即生言性,只講"食色,性也",只是從自然生命欲求的角度言性,只看到自然生命

(接上頁注)出版事業有限公司2003年版,第22頁。)李明輝先生從道德自律角度言性善:"孟子底'本心'是能自定法則的道德主體。'雖存乎人者,豈無仁義之心哉?'(11.8)'仁義之心'即是能立法的道德主體。孟子即由此説'性善'。故性善説中即涵着道德主體之自我立法,亦即自律。"(李明輝《儒家與康德》,臺北中研院文哲所2004年版,第66頁。)梁濤先生從超越、先天的和經驗、事實的兩個層面言性善,認爲:"在超越、先天的層面,他肯定惻隱、羞惡、恭敬、是非之心與仁、義、禮、智是一致的,在經驗、事實的層面,他則强調惻隱、羞惡、恭敬、是非之心只是仁、義、禮、智之端,超越、先天層面的一致性保證了經驗、事實層面的可能性,也就是説,只有首先肯定'惻隱之心,仁也',才可以説惻隱之心,仁之端也'。"(梁濤《郭店竹簡與思孟學派》,中國人民大學出版社2008年版,第349頁。)

① 公都子曰:"告子曰:'性無善無不善也。'或曰:'性可以爲善,可以爲不善;是故文武興,則民好善;幽厲興,則民好暴。'或曰:'有性善,有性不善。是故以堯爲君而有象,以瞽瞍爲父而有舜,以紂爲兄之子,且以爲君,而有微子啓、王子比干。'今曰'性善',然則彼皆非與?"《告子上》)可見,孟子之時,至少存在這三種人性論:"性無善無不善"論,"性可以爲善,可以爲不善"論,還有"有性善,有性不善"論。

② 徐復觀《中國人性論史·先秦篇》,第5頁。

之生,這樣,只把耳目之欲視爲性。在這種情況下,就會生、性不分,即生言性,就會講"性無善無不善"。因此,孟子要講性善,就要區分生與性,而要區分生與性,就要發現不同於自然生命之生的新生,才能跳出即生言性的傳統而言性善。孟子發現了"心之生"①,在孟子看來,不僅"生亦我所欲也,義亦我所欲也",人不僅有自然生命之生、耳目之欲之性,亦有心之生、仁義禮智之性,"仁義禮智根於心"(《盡心上》)。也就是説,從傳統的角度來看,只有生理欲求之生,即只有耳目之欲之性。而從孟子的視角來看,不僅食色是性,仁義禮智亦是性。這樣,"順隨衆人言性而言性,與一般人(包括告子、荀子)一樣,孟子也認爲性是人生而就有的本能,在這方面,孟子所認識到的性要比一般人所認識到的更爲寬泛"②。孟子之所以能夠認識到比一般人更爲寬泛的性,就在於他發現了心之生。

其次,孟子辨别了心之生、仁義禮智之性與傳統即生言性、耳目之欲的異同。對孟子來説,二者的相同之處在於,無論是耳目之欲,還是仁義禮智,都是人之所欲,在這個意義上,都是性;另外,它們的實現都有一定程度的命限,在這個意義上,都是命。不過,二者的實現雖然都有一定程度的命限,但二者實現的命限卻有着本質上的差别。仁義禮智實現的命限在於"爲不爲",只要爲,仁義禮智就能實現,因此,君子不把仁義禮智這樣的命限作爲命限,而是把它視爲性去實現,這就是心之生、仁義禮智之性的獨特性所在。此性是"求則得之,舍則失之,是求有益於得也,求在我者也"(《盡心上》)。耳目之欲實現的命限則在於"能不能",即使一個人追求耳目之欲,但也未必一定能夠實現。耳目之欲是"求之有道,得之有命,是求無益於得也,求在外者也"(《盡心上》)。

最後,孟子基於對心之生與自然生命之生的區分,基於耳目之欲與仁義禮智的區分,將仁義禮智視爲性,將耳目之欲視爲命。依據即生言性的傳統,告子講"性無善無不善"有一定的合理性,"但性字之含義,若與生字之本義没有區别,則生字亦不會孳乳出性字"③。事實上,傳統的即生言性以及告子的"生之謂性"都只注重了生、性的相同,而忽視了生、性的差别,忽視了性的獨特性,將性僅僅淪爲一般意義上的生,就此而言,即生言性的傳統以及告子提出的"生之謂性"都有其内在的邏輯缺陷,由此得出"性無善無不善"也有内在的邏輯缺陷。傳統的即生言性在於只講生與性的相同,而忽視生與性的區别。之所以會存在這一内在邏輯缺陷,就在於告子没有認識到新的意義的生,没有發現真正的性,在這種情況下,告子無法區分生與性,只能即生言性,只能講"生之謂性"。而孟子則不同,他發現了新的生並以此爲性,在此基礎上區分了生與性,將心之生視爲性,將傳統的生視爲命,這就是孟子的性命之分。

學界之所以對孟子性善無異議,就在於學者都認識到孟子的性命之分,都認識到了孟子是從仁義禮智之性的角度言性善。然而,學界對孟子性善究竟是什麽樣的性善卻存在分歧,

---

① 唐君毅《中國哲學原論·原性篇》,中國社會科學出版社2005年版,第18頁。
② 李世平《立本與存養——孟子性善論研究》,中央黨校出版社2017年版,第27~28頁。
③ 徐復觀《中國人性論史·先秦篇》,第5頁。

亦即對仁義禮智之性的認識存在分歧：仁義禮智之性究竟是工夫所成，還是先天具有？對此，我們需要進一步認識孟子性善的邏輯展開。

二、性、善雙重内涵：性善的邏輯展開

孟子言性善之性，性不再是告子所言的"生之謂性"的性，而是仁義禮智之性。在《孟子》中，不僅性指的是仁義禮智之性，就是心、情、才亦指的是仁義禮智之性，"情、性、心、才，都只是一般物事"①。且心、性、情、才四字，"性、情、才是虚位字，心才是落實的具體字"②。因此，認識孟子性善之善，關鍵在於認識孟子的心，這也是學界的共識。然而，對於心，孟子卻有兩種不同的表述：一是"惻隱之心，仁也；羞惡之心，義也；恭敬之心，禮也；是非之心，智也"（《告子上》），孟子認爲惻隱、羞惡等"四心"是仁義禮智；二是"惻隱之心，仁之端也；羞惡之心，義之端也；辭讓之心，禮之端也；是非之心，智之端也"（《公孫丑上》），孟子認爲惻隱、羞惡等"四心"是仁義禮智之端。面對孟子對"四心"的這兩種不同的論述，學界爭論很大。

其實，理解孟子對"四心"的這兩種不同的論述，我們不妨回到古漢語用字、用詞的習慣上，在古漢語中，一些字、詞具有現實層面與推進一層的雙重内涵。對古漢語這一用字、用詞習慣，荀子總結道："生之所以然者謂之性。性之和所生，精合感應，不事而自然謂之性。……心慮而能爲之動謂之僞。慮積焉、能習焉而後成謂之僞。……所以能之在人者謂之能。能有所合謂之能。"（《荀子·正名》）荀子總結性、僞、能都有兩個方面的内涵：一是從根源、所以然層面而言的性、僞、能，如"生之所以然者"之性、"心慮而能爲之動"之僞、"所以能之在人者"之能；另一是從落實層面而言的性、僞、能，如"精合感應"之性、"慮積焉、能習焉"之僞、"能有所合"之能。

從古漢語用字、用詞的習慣來理解孟子對惻隱、羞惡等"四心"的兩種不同論述，就比較容易了。孟子講惻隱、羞惡等"四心"是仁義禮智，這是從"四心"具體落實的層面而言"四心"是仁義禮智③，孟子講惻隱、羞惡等"四心"是仁義禮智之端，"端"作"端源""根端"解，"四心"是仁義禮智的端源、根端，這是從惻隱、羞惡等"四心"的根據層，即從根源、所以然層面而言"四心"是成就仁義禮智的能力④，"仁義禮智根於心"（《盡心上》）。

心不僅落實爲仁義禮智，有仁義禮智之義，也是仁義禮智的根據，有成就仁義禮智的能力之義。孟子即心言性⑤，性是緊扣心而言的。與心相應，性也有現實層面的仁義禮智之性，也

---

① 陸九淵《陸九淵集》，中華書局1987年版，第444頁。
② 牟宗三《圓善論》，《牟宗三先生全集》(22)，第353頁。
③ 李世平《從孟子對"四心"的論述看性善》，《内江師範學院學報》2016年11期。
④ 同上。
⑤ "孟子言性，乃即心言性善，及此心即性情心、德性心之義。"見唐君毅《中國哲學原論·原性篇》，第13頁。

有根據層面的成就仁義禮智的能力之性①。

  孟子曰:"乃若其情,則可以爲善矣,乃所謂善也。若夫爲不善,非才之罪也。"
(《告子上》)

這是孟子面對公都子的提問,正面闡述他的性善。根據上下文,"其"指的是上文中提及的"性",孟子對性善的正面論述即是:"就性的實情而言,它有能力表現出現實的善,這就是我所説的性善。要是表現出不善,這並不是性的材質不好造成的。"孟子這裏講的性善之性的實情,不是落實爲現實的仁義禮智之善的行爲,而是成就仁義禮智的能力。即不是從人表現出的仁義禮智之行爲言性善之性,而是從根源、所以然層面言性善之性,從成就仁義禮智之行爲的内在根據言性善之性。當然,孟子言性善之性,不僅從成就仁義禮智的能力一方面言性善之性,亦有從落實層面而言的性善之性。"仁之於父子也,義之於君臣也,禮之於賓主也,知之於賢者也,聖人之於天道也,命也。有性焉,君子不謂命也。"(《盡心下》)這樣,孟子所言的性善之性亦包含兩個層面的内涵:一是落實爲現實的仁義禮智之性,二是由現實的仁義禮智之性溯其本源找到形成其的根據,即成就仁義禮智的能力之性②。

  孟子言性善之性不僅有落實層面的内涵,亦有根據層面的内涵,孟子的這一言説方式也體現在言心性之才上。在《孟子》中,有一些"'才'不指'才能'……它不是一個獨立概念,是指'性'言"③。如"若夫爲不善,非才之罪也"(《告子上》),"或相倍蓰而無算者,不能盡其才者也"(同上),"富歲,子弟多賴;凶歲,子弟多暴,非天之降才爾殊也,其所以陷溺其心者然也"(同上),"人見其禽獸也,而以爲未嘗有才焉者,是豈人之情也哉"(同上)。孟子言心性之才,才也具有兩個層面的内涵。一是"未嘗有才焉者"的"才"字,從語義上來看,是講一個人把曾經有的仁義禮智之才放失掉了,現在人們見他没有了仁義禮智之才,就認爲他曾經也没有仁義禮智之才。可見,孟子此處講的仁義禮智之才是指落實爲現實的仁義禮智之才,這樣的仁義禮智之才既可以養成也可以放失。因而,對於一個人來説,這樣的仁義禮智之才是不穩定的;既然它是不穩定的,也就會造成在不同的人心内它是不同的;這一切源於它是後天養成的④。二是"非才之罪也","不能盡其才者也","非天之降才爾殊也",這三個"才"字是前一個仁義禮智之才溯其根源而言的"才",並不是後天形成的,而是能夠形成仁義禮智之才的能力之才。因此,這樣的"才"在每個人那裏是先天固有的;由於它是先天固有的,因而在每個人那裏是穩定

---

① 李世平《從性善之"性"的雙重内涵看孟子"性善論"》,《宜賓學院學報》2017年第3期。
② 同上。
③ 牟宗三《圓善論》,《牟宗三先生全集》(22),第353頁。
④ 李世平《心性之"才"的雙重内涵與孟子性善》,《孔學堂》2017年第1期。

的;當然,它也不會因不同的人而不同,在每個人那裏都是相同的①。由此可見,孟子對心性之才的使用亦具有兩個層面的內涵:一是落實層面的內涵,這一層面的心性之才是仁義禮智之才,它是後天的、不穩定的(易放失的),對於不同的人來說,它有可能是不同的;二是推進一層的內涵,這一層面的心性之才實際上是形成仁義禮智的能力之才,它是先天的、穩定的,對於不同的人來說,它完全是相同的②。雖然心性之才這兩個層面的內涵不同,需要區分,但並不意味着它們就是割裂的,相反,心性之才這兩個層面的內涵緊密相連。具體就心性之才推進一層的內涵與落實層面的內涵來說,前者是後者形成的根基,後者則是前者的具體落實與顯現,體現了前者實現的程度。

無論是從性善之性的根本上而言的心,還是從性善之性自身而言,以及從性善之性的"才"來看,性善之性都具有根據層面和落實層面雙重內涵。其實,孟子言性善,不僅性善之性有雙重內涵,善亦有雙重內涵。如孟子正面闡述性善:"乃若其情,則可以爲善矣,乃所謂善也。若夫爲不善,非才之罪也。"(《告子上》)此處孟子講了三個善,第一個"可以爲善矣"的"善",和最後一個"若夫爲不善,非才之罪也"的"善",是落實爲現實層面的善或不善③,而中間一個"乃所謂善也"的"善",是現實層面的善溯其根源而言的善,這是從善的內在根源言善④,這一層面所言的善是現實層面所言善的根據⑤。

總之,孟子闡述的性善,無論是性還是善,都有根據層和落實層的雙重內涵,這是孟子性善的邏輯展開。認識到孟子性善的邏輯展開,就可以進一步發現孟子性善的內在邏輯結構。

三、立本與存養:性善的邏輯結構

孟子言性善之性與性善之善既有落實層面的內涵又有根據層面的內涵。孟子性善的這種獨特性,一定程度上亦造成孟子性善的難解以及理解上的分歧。只要沒有認識到孟子性善

---

① 李世平《心性之"才"的雙重內涵與孟子性善》,《孔學堂》2017年第1期。
② 同上。
③ 荀子對善的界定以及傅佩榮先生對善的界說都是這一層面的善。《荀子·性惡》:"凡古今天下之所謂善者,正理平治也。"傅佩榮認爲:"善的界說是:'人與人之間適當關係之實現'。"見傅佩榮《儒家哲學新論》,第188頁。
④ 牟宗三先生、李明輝先生、梁濤先生對善的言說都有這一層面的意義。"文定謂孟子道性善爲贊歎之辭,並非否認性之善,乃只是以爲此善是超善惡相對之至善,並非表現上、事相上、流相上之相對之善,即並非價值判斷上之指謂謂詞之善,乃是稱體而歎之善,非指謂流相之善。"(牟宗三《心體與性體》第二冊,臺北正中書局1968年版,第466頁。)"孟子'道性善'……是以內在的道德品質、道德稟賦爲善,此道德品質、道德稟賦可以表現爲具體的善行,因而是善。"(梁濤《郭店竹簡與思孟學派》,第349頁。)
⑤ 李世平《從善的內涵論孟子性善》,《樂山師範學院學報》2017年第1期。

之性和性善之善根據層面的內涵,就會否定孟子性善的本源性,將孟子性善僅僅理解爲一過程。當然,即使認識到了性善之性和性善之善根據層面的內涵,但卻沒有認識到孟子性善之性和善的落實層面内涵,結果就會將性善之性和性善之善落實層面的内涵根源化。也就是說,這樣的理解會認爲性善之性和性善之善不僅僅是形成仁義禮智的能力、根據,而且亦是仁義禮智之本身,如此就會混淆仁義禮智的落實層面與根據層面,結果只會從根源的層面理解孟子性善而忽視孟子性善的落實層面。

還有,雖然認識到了孟子性善之性根據層面的内涵,但沒有認識到性善之善根據層面的内涵,而是認識到性善之善落實層面的内涵,結果就會將孟子性善理解爲性向善。換言之,如果僅僅從根據層面理解性善,或者僅僅從落實層面理解性善,就會導致所理解的性善不是性善的整體,而只是性善的一個層面,最終形成對孟子性善的不完整解釋。究其根底,就在於這些解釋沒有認識到性善之性和性善之善的雙重内涵,或者只是認識到了性善之性和性善之善的雙重内涵但卻沒有進行區分。這就決定了有必要對性善之性和性善之善的雙重内涵進行區分,貞定孟子性善的内在邏輯結構。

孟子的性善之性與性善之善,雖然既有具體落實層面而言的内涵,又有從根源、所以然層面而言的内涵。但孟子並沒有嚴格區分,這在一定程度上造成了人們對性善之性和性善之善雙重内涵理解的困難,進而造成了人們對性善理解的分歧。爲了消除這種理解上的分歧,有必要對孟子所言的性善之性和性善之善的雙重内涵進行區分,我們將性善之性落實層面的内涵仍然稱爲仁義禮智之性,將性善之善的落實層面的内涵稱爲"善行"[①];而將性善之性根據層面的内涵,即從根源、所以然層面而言的性善之性稱爲能仁義禮智之性,將性善之善的根據層面的内涵,即從根源、所以然層面而言的性善之善稱爲"善根"[②]。這樣,孟子言性善之性和性善之善的雙重内涵分別爲:落實層面的内涵是仁義禮智之性和"善行",根據層面的内涵是能仁義禮智之性和"善根"。由能仁義禮智之性、"善根"言性善,這是從根源、所以然層面而言的性善,是爲成就道德奠立可靠的根基,是每一個人的成善之本,因此,這一層面所言的性善可以稱爲性善立本論。孟子"人皆可以爲堯舜"正是此意,雖然學者們對孟子性善有不同的理解,但都沒有否認孟子所言的這一層面的存在[③]。由仁義禮智之性和"善行"言性善,這是從具

---

① 李世平《從善的内涵論孟子性善》,《樂山師範學院學報》2017年第1期。
② 同上。
③ 徐復觀先生從人異於禽獸的幾希處言性善就屬於根據層面的性善。牟宗三先生認爲性善是表現善的根據亦是根據層面的性善。"性善表示人有表現善的根據,人是可以表現善的。"(牟宗三《圓善論》,《牟宗三先生全集》(22),第353頁。)傅佩榮先生雖然講性向善,但其所言的性向善之性是行善之潛能其實也是根據層面的性。楊澤波先生雖然堅持性善是一個過程,但他認爲的"心有善端可以爲善論"的"善端"其實就是根據層面的性,"性善論確切地説是'心有善端可以而且應該爲善論'而不是'性善完成論'。"(楊澤波《孟子性善論研究》(修訂版),第80頁。)

體落實層面所言的性善,就這一層面的性善而言,它是由能仁義禮智之性、"善根"通過後天的擴充、存養形成的,由於這一層面的性善是由存養而成的,故這一層面的性善可以稱爲性善存養論。孟子性善既有根據層面而言的性善立本,亦有落實層面而言的性善存養,這是孟子性善的内在邏輯結構。

孟子性善是由立本與存養構成的邏輯體系。由能仁義禮智之性、"善根"建立的性善立本論,爲後天的"擴充""存養"確立了先天的道德根據。性善立本重在强調人禽之别,是從"人之所以異於禽獸者幾希"角度而言的性善。由能仁義禮智之性"擴充""存養"落實爲具體的仁義禮智之性、"善行"建立的性善存養論,爲性善的實現提供了可靠的路徑。性善存養重在强調聖凡之别,是從"君子所以異於人者"角度而言的性善。因此,對於孟子的性善,既需要認識到確立道德根基層面的性善立本,亦需要認識到道德實踐工夫層面的性善存養。

雖然性善之性和性善之善具有兩個層面的内涵,但這兩個層面的内涵是相互聯繫的。這在客觀上造成了對性善之性和性善之善的雙重内涵區分的困難。而一旦對性善之性和性善之善的雙重内涵不進行内在區分,就無法認識到孟子性善的内在邏輯結構,結果不是以性善立本論理解孟子性善,就是以性善存養論理解孟子性善,以至於造成不是"學不見道",就是"參之以情識"或"蕩之於玄虚"。不僅如此,還會帶來一些理論難題,如:性善究竟是先天的還是後天的? 如果是先天的,後天的道德工夫又何爲? 如果是後天的,先天的道德根基又何在? 因此,對於性善之性和性善之善必須進行内在的區分,將性善之性區分爲能仁義禮智之性與仁義禮智之性,將性善之善區分爲"善根"與"善行"。這樣才可以將性善之性和性善之善的雙重内涵區分開,並由此認識到孟子性善的内在邏輯結構,避免形成理解孟子性善的各種理論困境與難題。從孟子性善的内在邏輯結構來看,由能仁義禮智之性和"善根"建立的性善立本是先天的;由仁義禮智之性和善行確立存心養性的過程的性善存養是後天的。由性善立本和性善存養構成的性善邏輯結構不僅可以合理地理解孟子的性善,亦可以會通宋明心學與理學,消除理學、心學各自之偏。基於性善立本,就會立於道德根基而不至於"學不見道",而基於性善存養論,就會注重後天的"擴充""存養"而不至於"參之以情識"或"蕩之於玄虚"。

當然,對性善之性和性善之善兩個層面内涵的區分,也是基於它們内在關聯的區分,而不是割裂性善之性和性善之善兩個層面内涵之間的内在聯繫。其中,能仁義禮智之性和"善根"是成就現實的仁義禮智之性和"善行"的内在根據,而仁義禮智之性和善行則是能仁義禮智之性和"善根"的實現。没有能仁義禮智之性和"善根"就不會有現實的仁義禮智之性和"善行",而無現實的仁義禮智之性和"善行",也就無法認識到能仁義禮智之性和"善根"的存在。也就是説,孟子性善雖然可以區分爲性善立本與性善存養兩個層面,但這兩個層面不是割裂的,而是一個有機的整體。孟子在闡述他的性善思想時,總是先確立成就道德的根基,先講性善立本,接着講道德修養工夫,講性善存養。如:《公孫丑上》第六章,先講"四端之心",確立成就道德的根基,是性善立本,最後講"凡有四端於我者,知皆擴而充之矣"等,講"擴充""存養"的重要性,是性善存養。再如:《告子上》第六章,先講有"可以爲善"的性、情、才,説每個人都有成就道德的能力,爲性善立本,再講"'求則得之,舍則失之',或相倍蓰而無算者,不能盡其才者也"。雖然人皆有成就道德的能力,但後天不盡先天賦予的"其才"就會造成"相倍蓰而無算者"的結果,講存養的必要性。

立本與存養是孟子性善的邏輯結構,那麼,這一邏輯結構是如何貫通的以及這一邏輯結構的根本目的、指向是什麼? 這正是孟子性善的核心所在:性善的邏輯完成。

四、盡心知性:性善的邏輯完成

孟子性善是由性善立本與性善存養構成的,這一邏輯結構的根本目的是爲了實現性善的邏輯完成。對於性善的邏輯完成而言,性善立本奠定了可靠的根基,性善存養提供了有效的途徑。性善之本的全部落實和實現是性善的完成,而性善之本的全部落實則需要通過性善存養的工夫來實現。孟子講的"盡才"正是性善之本的全部落實和實現。"盡才"所盡的"才"(形成仁義禮智之才的能力之才)就是性善立本所立的成就道德的能力。"盡才"也關涉到性善的存養,只有"盡才"性善才能夠得到存養,不"盡才"性善就無法進行存養。這樣,"盡才"是性善立本與性善存養溝通的橋樑,"盡才"就是讓性善立本確立的道德根基、成就道德的能力充分實現出來,而此過程就是性善存養。當然,"盡才"的真實意義就是"盡心",由"盡心"可以"知性",這就是性善的邏輯完成。

性善之本的全部落實和實現是"盡心知性",而"盡心知性"需要通過"存心養性"的修養工夫實現。

> 孟子曰:"盡其心者,知其性也。知其性,則知天矣。存其心,養其性,所以事天也。夭壽不二,修身以俟之,所以立命也。"(《盡心上》)

《説文》曰:"盡,器中空也。""盡"本義是"器中空",進一步有"竭盡""全部使出或用出"等義。"盡心"就是將心之所能全部使出或用出,即竭盡心之所能、將心的仁義禮智之能全部使出。而心的仁義禮智之能的使出就會產生仁義禮智的內容。因此,"盡心"就是心的仁義禮智之能全部用盡,心的仁義禮智之內容全部產生。而心的仁義禮智之能全部用盡,心之仁義禮智的內容全部產生,心就可以知自身的能仁義禮智之性和仁義禮智之性。心知自身的能仁義禮智之性和仁義禮智之性,就是知性善立本、知性善存養。當然,心知自身的能仁義禮智之性和仁義禮智之性,也就是知天之所能、所顯,而知天之所能、所顯,即是知天。可見,"盡心"不僅貫通了心的仁義禮智之能和仁義禮智雙重內涵,而且也貫通了性的能仁義禮智之性和仁義禮智之性雙重內涵,貫通了性善立本與性善存養,進而亦貫通了心、性、天,達到天人合一,實現了性善的邏輯完成。

"盡心知性知天"是性善的邏輯完成。但"盡心知性知天"這一心的仁義禮智之能的全部使出卻不是一蹴而就的,而是需要一個"存心養性事天"的過程。也就是說,唯有依靠"存心養性事天"的過程,才能實現性善的邏輯完成。"盡心知性知天"是性善的邏輯完成,而"存心養性事天"則是性善邏輯完成的工夫保障。這樣,"盡心知性知天"的實現過程就是"存心養性事天","存心養性事天"的完成就是"盡心知性知天"。換言之,"盡心知性知天"就是"存心養性事天"修養工夫的完成,而"存心養性事天"修養工夫充其極就是"盡心知性知天",就可以實現性善的邏輯完成。

不過,並不是所有的"存心養性事天"都能夠實現,都能夠充其極而達到"盡心知性知天",從而實現性善的邏輯完成。也就是說,"存心養性事天"的完成、充其極是有命限的。在這樣的情況下,如何能夠始終如一地進行"存心養性事天"以期達到"盡心知性知天",這是性善能不能實現其邏輯完成的關鍵所在。孟子提供的原則是:不管是夭還是壽,都要始終如一地進行"存心養性事天",堅守這樣的原則就可以實現"盡心知性知天",這是達成"盡心知性知天"的存養原則保障,也是實現性善邏輯完成的存養原則保障。"存心養性事天"只有堅守這樣的存養原則,才能保證自身的一以貫之,保證達到"盡心知性知天",保證性善的邏輯完成。當然,性善之所以能夠實現邏輯完成,不僅在於"夭壽不二"的"存心養性事天"的存養原則保障,更在於"仁義禮智根於心"的根源保障。"仁義禮智根於心"決定了"存心養性事天"是由己決定的,這樣,只要堅持"夭壽不二"地"存心養性事天",就可以實現性善的邏輯完成。

由"盡心知性知天"達天人合一,實現性善的邏輯完成是孟子性善論的終極目標。實現這一終極目標不僅需要可靠的道德根基,亦需要經過長期的"存心養性事天"的修養工夫才能達到。因此,孟子性善論不僅有爲成就道德奠定可靠根基的性善立本論,亦有爲道德完成提供切實路徑的性善存養論。性善存養就是爲了落實性善之本,實現性善的邏輯完成,即由"存心養性事天"而達"盡心知性知天"。

總之,孟子性善基於性、命之分,展開於性、善的雙重內涵,形成了立本與存養的內在邏輯結構,完成於"盡心知性"之中,是一個完整的思想邏輯體系。當然,孟子性善思想體系的根本目的、指向還是爲了實施仁政,其中,性善立本爲實施仁政奠定了可靠的根基,性善存養爲仁政的實施提供了有效的方法,而"盡心知性"則指向了仁政的落實。

[作者簡介] 李世平(1972—　)男,陝西橫山人。復旦大學哲學學院中國哲學博士,現爲中共西安市委黨校哲學教研部副教授。主要從事孟子思想研究,專著有《立本與存養:孟子性善論研究》,在《人文雜誌》《學術界》《孔學堂》等學術期刊發表論文30餘篇。

老子主張"小國寡民"嗎？*

——兼論判定思想家思想主旨的整體性方法

肖俏波

内容提要 學界判定老子的政治或社會理想是"小國寡民"已經由來已久，其根據是直接來源於《老子》"小國寡民"章。這種簡單的文本釋讀方法，直接導致讀者片面地認爲老子主張"小國寡民"，而忽視或掩蓋了老子"取天下"的願望與意圖。然而，運用整體性方法進行科學研究發現，老子既不是主張把天下或大國改造成"小國寡民"，也不是主張以大國或小國"取天下"，其真正思想主旨是希望客觀存在的大國與小國皆能無爲而治，"各得其所欲"。

關鍵詞 老子 小國寡民 取天下 整體性方法 思想主旨判定

中圖分類號 B2

引　言

老子，姓李，名耳，字聃。《老子》，亦稱《道德經》。太史公認爲老萊子與太史儋也稱老子，《道德經》是李耳所著（《史記·老子韓非列傳》），但是近世學者多疑之，蕭公權先生便懷疑《道德經》是太史儋所作[1]；而錢穆先生則認爲，"《老子》是戰國一部晚出書，不僅在《論語》後，還應在《莊子》後"[2]。要之，正如劉澤華先生所説，"老子與《老子》一書，是學術界爭訟不決的疑難問題"，"書中的思想大約是老聃提出來的，成書於戰國前期，《老子》一書應是老子一派的共同創作"[3]。本文大體同意劉先生的觀點。

---

* 本文係天津市哲學社會科學規劃項目"中國傳統政治思想資源與推進國家治理現代化的關係研究"（TJZZ15-010）階段性研究成果。

[1] 蕭公權《中國政治思想史》，遼寧教育出版社1998年版，第151頁。
[2] 錢穆《中國思想史》，《錢賓四先生全集》第24册，聯經出版事業公司1998年版，第65頁。
[3] 劉澤華《中國政治思想史（先秦卷）》，浙江人民出版社1996年版，第355～356頁。

老子"小國寡民"思想出於通行本《老子》八十章,其内容是:

> 小國寡民,使有什伯之器而不用,使民重死而不遠徙。雖有舟輿,無所乘之;雖有甲兵,無所陳之;使人復結繩而用之。甘其食,美其服,安其居,樂其俗。鄰國相望,雞犬之聲相聞,民至老死不相往來。①

後世《莊子》《淮南子》《史記》與《論衡》對此皆有引用和發揮②。三人成衆,沿襲成風,後世學者大多執定"小國寡民"是老子的政治或社會理想。比如,研究中國政治思想史之梁任公、蕭公權、楊幼炯、劉澤華、曹德本等先生,研究中國思想史之李澤厚、韋政通與侯外廬等先生,以及研究中國哲學史之勞思光、馮友蘭等先生,皆主"小國寡民"説。

一、"小國寡民"抑或"取天下"?

面對以上如此權威學者的觀點與如此鐵證如山的材料,如果我們仍然要執拗地去追問老子是否真的主張"小國寡民",似乎這是一個非常不明智的行爲。然而,學術乃天下之公器,"自反而縮,雖千萬人,吾往矣"(《孟子·公孫丑上》)。《老子》有言:

> 將欲取天下而爲之,吾見其不得已。天下神器,不可爲也。(二十九章)
> 取天下常以無事,及其有事,不足以取天下。(四十八章)
> 以正治國,以奇用兵,以無事取天下。(五十七章)

以上三章文字,一章説不得已而取天下,兩章説以無事取天下,可見,原來老子也主張"取天下"!

如此,我們便不得不面對這樣一個問題:在同一個《老子》文本裏,同時存在兩個排他性的思想觀點——"小國寡民"與"取天下",我們應該如何解釋和解決這種情況?也就是説,這時需要我們辨正和判定"小國寡民"與"取天下"哪一個才是老子的真正思想主旨。

讓我們先從簡單的數數開始。阮元曾説:

> 孔子爲百世師,孔子之言著於《論語》爲多。《論語》言五常之事詳矣,惟論"仁"

---

① 王弼《老子道德經注》,《王弼集校釋》,中華書局1980年版,第190頁。案:本文下引《老子》原文皆用此本,僅出章名。
② 詳見《莊子·胠篋》《淮南子·齊俗訓》《史記·貨殖列傳》《論衡·説日》。

者凡五十有八章,"仁"字之見於《論語》者凡百有五,爲尤詳。若於聖門最詳切之事論之,尚不得其傳而先其旨,又何暇別取《論語》所無之字標而論之邪?①

正如阮元以"仁"字出現在《論語》中的章數和次數的多少來判定"仁"在孔子思想主旨中的重要性,我們暫且也不妨效仿之。

經查,"小國寡民"出現在八十章,有且僅有 1 章 1 次;而"取天下"分別出現在二十九章、四十八章與五十七章,共 3 章 4 次。另外,"小國"分別出現在六十一章與八十章,共 2 章 5 次;而"天下"在《老子》中,更是多達 33 章 61 次。具體情況詳見下表。

序號	比較對象	章數	次數	出　　處
1	小國寡民	1	1	80
	取天下	3	4	29、48、57
2	小　國	2	5	61、80
	天　下	33	61	2、13、22、25、26、28、29、30、31、32、35、37、39、40、43、45、46、47、48、49、52、54、56、57、60、61、62、63、66、67、70、77、78

注:(1)出處中的數字是指比較對象出現在《老子》裏的位置,比如 80 是指第八十章。(2)由於比較對象可能不止一次出現在同一章,所以存在次數與出處數量不同的情況。比如"取天下"次數爲 4,而出處只見 3 章(29、48、57),這是因爲"取天下"在四十八章出現兩次的緣故。

可見,倘若以數量論之,"天下"與"小國",老子思想更多聚焦的是"天下"而不是"小國";因此,"取天下"比起"小國寡民",似乎更應該被判定爲老子的思想主旨。因爲,"詞頻分析的基本原理在於詞頻與重要性成正比,也就是說,詞頻越高,詞的重要性就越高;相反,詞頻越低,重要性越低。一般來講,這個原理是成立的"②。

當然,研究不是簡單的數數,學術也不是簡單的多數決。爲了能夠圓滿地完成辨正和判定老子思想主旨這一艱巨而光榮的任務,我們還需要繼續加以探討。

思想是思想家個人體悟出來的人生體驗與學問研究的理性產物,此即明道先生所說"吾學雖有所受,天理二字卻是自家體貼出來"③。它與思想家所處時代或時勢、個人經歷或感受、身份或官職皆有關係。

據《史記·老子韓非列傳》,老子"修道德",是周守藏室之史,孔子曾經適周問禮於老子,後見周王室衰微,出關歸隱而去。老子確切的生卒年現已難以考證,但如以孔子生卒年(前 551 年—前 479 年)爲參考,結合《史記》其他材料,我們大致瞭解,老子所處時代及其時勢,已是周平

---

① 阮元《揅經室集》,中華書局 1993 年版,第 176 頁。
② 佟德志《計算機輔助大數據政治話語分析》,《國家行政學院學報》2017 年第 1 期。
③ 程顥、程頤《二程集》,中華書局 1981 年版,第 424 頁。

王東遷之後,此時"周室衰微,諸侯强並弱,齊、楚、秦、晉始大,政由方伯"(《史記·周本紀》),"天子式微,政權下移,割據局面形成,貴族政治衰落,世襲社會逐步解體,這是春秋以來政局發展的大趨勢"①。其時,雖然齊桓公、晉文公、秦穆公、楚莊王等霸主已死,但是霸政余習猶在,老子晚年經歷的正是吳越爭霸之時,感受的正是"天下無道,戎馬生於郊"(四十六章)的時代。

老子,其官職與身份是周守藏室之史,屬於臣職。臣,《説文解字》訓釋爲:"牽也,事君也。"②臣與君對應。《國語·晉語四》説:"事君不貳是謂臣,好惡不易是謂君。君君臣臣,是謂明訓。"因此,即使老子知道天子式微,政權下移,也必然反對諸侯割據與爭奪天下,因爲,"君子思不出其位"(《論語·憲問》),維護周天子尊嚴與周天下(政權)的完整性,無疑是"修道德"的老子必須遵守的明訓與職分。筆者曾讀《老子》,發現有三奇。何謂三奇?《老子》裏有"王",有"聖人",有"聖人之道",卻没有"聖王",一奇也;先秦諸子大多稱贊堯、舜、禹、湯、文、武、周公等聖王,《老子》卻没有,二奇也;先秦諸子也大多批評桀、紂、幽、厲等暴君,《老子》也没有,三奇也。稱贊堯、舜、禹、湯、文、武、周公等聖王,或者批評桀、紂、幽、厲等暴君,這一在其他先秦諸子那裏再平常不過的現象,在老子這裏卻成爲特殊現象,確實不得不讓人稱奇。後來,從老子官職與身份進行思考,此疑問方才迎刃而解。因爲,對於周天子,其他先秦諸子不在臣職之列,所以他們可以有這樣的思與行:稱贊堯、舜、禹、湯、文、武、周公等聖王,或批評桀、紂、幽、厲等暴君,並且欲以其所尊崇的聖王之道遊説諸侯、平治天下;但是老子卻不能有這樣的思與行。因爲這樣的思與行,是與"事君不貳是謂臣"的職分相衝突的,是"非臣子所宜言"③的,也是與老子他所提倡的"道德"和"無遺身殃"(五十二章)的明哲保身之道相違背的。

而從思想與社會互動的角度來説,面對"天子式微,政權下移,割據局面形成"的社會現狀,思想家所思考的定然是治理失範的政治社會秩序,即平治天下、王天下或爲天下王。因此,在《老子》裏,我們發現,老子使用"王"字多達13次。具體情況如下:

> 知常容,容乃公,公乃王,王乃天,天乃道,道乃久。(十六章)
> 故道大,天大,地大,王亦大。域中有四大,而王居其一焉。人法地,地法天,天法道,道法自然。(二十五章)
> 道常無名,樸雖小,天下莫能臣也。侯王若能守之,萬物將自賓。(三十二章)
> 道常無爲而無不爲,侯王若能守之,萬物將自化。(三十七章)
> 侯王得一以爲天下貞。……侯王無以貴高將恐蹶。……是以侯王自謂孤寡不穀。(三十九章)

---

① 陳鼓應、白奚《老子評傳》,南京大學出版社2001年版,第68頁。
② 許慎《説文解字》,中華書局1963年版,第66頁。
③ 案:《明史·錢唐列傳》記載,帝(朱元璋)嘗覽《孟子》,至"草芥""寇讎"語,謂非臣子所宜言,議罷其配享。詔有諫者以大不敬論。

人之所惡,唯孤寡不穀,而王公以爲稱。(四十二章)

江海所以能爲百谷王者,以其善下之,故能爲百谷王。(六十六章)

受國不祥,是爲天下王。(七十八章)

老子認爲,如果能夠做到得一、知常、得道、守道、守樸、無爲,便能成爲與天、地、道三者同大的王,這樣的王,具有江海般善於處下與容納百川的德性,即使遭受國家不祥也能成爲天下王,雖然高貴但是能夠自稱孤寡不穀。其中,道(或得道)最爲老子所貴重。"老子認爲人若明白得此道,可以長生,可以治國,可以用兵,可以交與國,取天下"。① 職是之故,朱熹及其弟子也說"今觀老子書,自有許多說話,人如何不愛!其學也要出來治天下","老子反要以此治國,以此取天下"②。這也就是《漢書·藝文志》與《莊子·天下》所說,老子與其他先秦諸子一樣,在"王道既微,諸侯力政","内聖外王之道,暗而不明,鬱而不發","道術將爲天下裂"的時代,"崇其所善",欲以其道術治國平天下。爲此,錢穆指出:"老子思想,最尚自然,但還是最功利的。"③以其"取天下"之故也。而且,不"取天下",天下無王,王無禮樂征伐之權,則小國必不保,更遑論"小國寡民"(使國小民寡)了。

綜上,從老子所處時代或時勢、個人經歷或感受、身份或官職以及思想與社會互動的角度來說,我們得出較爲合理的結論是:老子思想更多聚焦的是"天下"而不是"小國",是"取天下"而不是"小國寡民",這才是老子的思想主旨。

二、如何解釋和安置老子的"小國寡民"思想?

上面,從質疑"小國寡民"到論證"取天下"才是老子思想主旨,似乎我們已經完成辨正和判定老子思想主旨的工作了。但是,如果不能解釋和安置《老子》的"小國寡民"思想,那麽,既不能令自己心滿意足,也不能令他人心悦誠服。因此,我們還需按捺住"欲速見利"之心④,繼續向前探索。

錢德洪與黃宗羲曾說王陽明爲學與爲教均有三變,爲學則始於詞章,繼而佛老,最後聖人之道;爲教則始於知行合一,繼而靜坐,最後致良知⑤。難道"小國寡民"思想也曾是老子思想,

---

① 錢穆《中國思想史》,第73頁。
② 黎靖德編《朱子語類》,中華書局1986年版,第2987頁。
③ 錢穆《中國思想史》,第74頁。
④ 《論語·子路》記載,子曰:"無欲速,無見小利。欲速則不達,見小利則大事不成。"
⑤ 參見錢德洪《刻文錄叙說》,載於王守仁《王陽明全集》,上海古籍出版社1992年版,第1574頁。也可參見黃宗羲《明儒學案》,中華書局2008年版,第181頁。

只不過後來老子也像王陽明那樣,發生了思想上的變化? 然而,這種致思理論上看似可行,但是實踐上卻難以驗證。因爲,王陽明留存的著述較多,不僅有年譜,而且還有門人弟子傳承佐證,"文獻足",故而能徵驗。而老子雖有《老子》一書傳世,但是各章皆無寫作時間,不僅無年譜,而且也無門人弟子傳述佐證,"文獻不足",故而不能徵驗①。

如此,我們只好改弦易轍。欲解決此問題,我們還得回到老子,回到老子時代,回到老子思想,回到互動之思想與社會。上文已說過,老子所處的時代,是"周室衰微,諸侯強並弱"的時代,這個時代,諸侯之"大欲",是"欲辟土地,朝秦楚,莅中國而撫四夷",是"廣土衆民",各國之間"爭地以戰,殺人盈野;爭城以戰,殺人盈城",此即孟子所說《春秋》無義戰"②。而與老子同時代的孔子,其所作之《春秋》中,"弒君三十六,亡國五十二,諸侯奔走不得保其社稷者不可勝數"(《史記·太史公自序》)。因此,魏源說"老子著書,明道救時","《老子》,救世之書也","藥無偏勝,對症爲功"③。廣土之國即大國,因此,孟子所謂的"廣土衆民",即是商鞅所說的"國大民衆"(《商君書·農戰》);而"國大民衆"之反不就是"小國寡民"嗎? 有此"國大民衆"之病症,便有老子"小國寡民"之藥方。"天地之間,感應而已,尚復何事?"④既有"國大民衆"之感,能無"小國寡民"之應乎? 老子"誠有激而爲是"⑤也。老子云"反者,道之動"(四十章),又云"正言若反"(七十八章),說的難道不正是這個道理嗎?

老子者,孔子有"猶龍"之贊歎(《史記·老子韓非列傳》),莊子有"博大真人"之贊譽(《莊子·天下》),太史公也說老子"著書辭稱微妙難識"(《史記·老子韓非列傳》)。老子自己則說:"古之善爲士者,微妙玄通,深不可識。"(十五章)如此,老子境界豈是容易臻至? 老子思想豈能輕易悟徹? 東漢王符說:"方以類聚,物以群分,同明相見,同聽相聞,惟聖知聖,惟賢知賢。"⑥"其然,豈其然乎?"(《論語·憲問》)

三、"取天下"抑或"各得其所欲"?

《尚書·堯典》言堯"協和萬邦"。《禮記·王制》說"四海之內九州。州方千里,州建百里

---

① 《論語·八佾》記載,子曰:"夏禮吾能言之,杞不足徵也;殷禮吾能言之,宋不足徵也。文獻不足故也,足則吾能徵之矣。"朱子注:"徵,證也。文,典籍也。獻,賢也。"朱熹《四書章句集注》,中華書局 1983 年版,第 63 頁。
② 參見《孟子·梁惠王上》《盡心上》《離婁上》《盡心下》。
③ 魏源《老子本義》,華東師範大學出版社 2010 年版,第 138、19、7 頁。
④ 程顥、程頤《二程集》,第 1226 頁。
⑤ 柳宗元《柳河東集》,上海人民出版社 1974 年版,第 286 頁。
⑥ 王符《潛夫論箋校正》,中華書局 1985 年版,第 93 頁。

之國三十,七十里之國六十,五十里之國百有二十,凡二百一十國","天子之縣内,方百里之國九,七十里之國二十有一,五十里之國六十有三,凡九十三國","凡九州,千七百七十三國。天子之元士,諸侯之附庸,不與"。《荀子·君道》説"古有萬國",姬周"兼制天下,立七十一國,姬姓獨居五十三人"。《孟子·萬章下》述"周室班爵禄"曰:

  天子一位,公一位,侯一位,伯一位,子、男同一位,凡五等也。君一位,卿一位,大夫一位,上士一位,中士一位,下士一位,凡六等。天子之制,地方千里,公侯皆方百里,伯七十里,子、男五十里,凡四等。不能五十里,不達於天子,附於諸侯,曰附庸。

  由此可見,萬邦(或萬國)之説,古已有之。周滅商,周公"封建親戚以蕃屏周"(《左傳》僖公二十四年),分封建國七十一,國之大小(地之大小)一於爵,這是"王制",與後世兼併不同。换言之,大國與小國,亦是古已有之,客觀存在。

  春秋時期,齊、楚、秦、晉、燕等為大國,陳、蔡、滕、莒、杞等為小國。考諸《史記》,這個時期,雖然周室衰微,諸侯争霸,但是名義與形式上,王還是要尊的,諸侯尚且不敢僭越稱王,秦孝公二十年(前342年),秦尚且"使公子少官率師會諸侯逢澤,朝天子"(《史記·秦本紀》),於此可證。而"自春秋時,周室微弱,諸侯強大,互相譏議,臣弑君,子弑父,周天子不能禁御"到"周室微弱,威令不能行於家人,天命已去矣"①,已是戰國以後事。這是一個由來有漸的過程:自齊魏桂陵之戰(前353年)後,"齊最強於諸侯,自稱為王,以令天下"(《史記·田敬仲完世家》);其後,秦惠文君四年(前334年),"齊、魏為王"(《史記·秦本紀》);周顯王四十四年(前325年),"秦惠王稱王;其後諸侯皆為王"(《史記·周本紀》);最後,到秦莊襄王元年(前249年),"東西周皆入於秦,周既不祀"(《史記·周本紀》),周亡。

  可見,老子之時,周室雖微弱,天下名義上還是周之天下。"溥天之下,莫非王土。率土之濱,莫非王臣"(《詩經·北山》)。因此,我們認為,即使《老子》是老子去周之後所撰寫,不論其在臣職之列與否,老子所主張"取天下"之唯一主體,必然只能是周天子而不是諸侯,否則,其所"言道德之意五千餘言"(《史記·老子韓非列傳》)便是"非臣子所宜言",而老子亦不免有不臣之嫌。

  《史記·老子韓非列傳》記載,"孔子適周,將問禮於老子"。《禮記·曾子問》也有相關記載。可見,老子必然是識禮之人,無疑也。孔子説:"安上治民,莫善於禮。禮者,敬而已矣。"(《孝經·廣要道章》)《孟子·公孫丑下》説:"内則父子,外則君臣,人之大倫也。父子主恩,君臣主敬。"《荀子·禮論》説:"禮者,人道之極也。"如果老子首肯諸侯可以取天下,豈非教人不臣? 不臣之人,哪知君臣主敬? 又豈是識禮之人? 而這樣的人,對於主張"君君,臣臣,父父,

---

① 參見胡宏《胡宏集》,中華書局1987年版,第326頁。

子子"(《論語·顏淵》)和"道不同,不相爲謀"(《論語·衛靈公》)的孔子來説,又豈會向他問禮?而老子又怎能配得上孔子"猶龍"與莊子"博大真人"之美譽!嗚呼!曾謂老子,不如林放乎?老子曰:"國家昏亂,有忠臣"(十八章),"我有三寶,持而保之。……不敢爲天下先"(六十七章),"使我介然有知,行於大道,唯施是畏"(五十三章)。然則,如此懂得"國家昏亂,有忠臣""不敢爲天下先"與"唯施是畏"的老子,其必然不是不臣之人,亦可決知也。

但是,爲何説老子所主張"取天下"之唯一主體,必然只能是周天子而不是諸侯,可有説法否?有。説法具列如下:

第一,老子説:"將欲取天下而爲之,吾見其不得已。天下神器,不可爲也。"老子此言之發,不過是勸誡諸侯不要覬覦周之天下神器罷了。因爲,其時,天下雖然名義上還是周之天下,但是已經衰微,"其安易持,其未兆易謀。其脆易泮,其微易散。爲之於未有,治之於未亂"(六十四章),説的就是這個意思。

第二,老子説:"域中有四大,而王居其一焉。"域中四大,王居其一。老子此言之發,不過是説,人如果懂得尊天、地與道的話,那麽也應該懂得尊王。

第三,老子説,"重爲輕根,静爲躁君……奈何萬乘之主,而以身輕天下?輕則失本,躁則失君"(二十六章),"魚不可脱於淵,國之利器不可以示人"(三十六章)。韓非子注釋説:"制在己曰重,不離位曰静","無勢之謂輕,離位之謂躁","勢重者,人君之淵也。君人者,勢重於人臣之間,失則不可復得也","賞罰者,邦之利器也,在君則制臣,在臣則勝君"(《韓非子·喻老》)。可見,老子此言之發,不過是勸諫周天子不可離位,不可失勢,不可無賞罰之權罷了。

第四,老子説,"柔弱勝剛強"(三十六章)、"人之生也柔弱,其死也堅強"(七十六章)、"弱之勝強,柔之勝剛,天下莫不知,莫能行。是以聖人云,受國之垢,是謂社稷主;受國不祥,是爲天下王"(七十八章)。柔弱未必能勝剛強,老子豈不知道?然則,老子此言之發,不過是勸諫周天子不要因爲周室衰微而因此喪志罷了。

第五,老子説"執古之道,以御今之有,能知古始,是謂道紀"(十四章),"道者萬物之奥。……古之所以貴此道者何?不曰以求得,有罪以免邪?故爲天下貴"(六十二章),"善建者不拔,善抱者不脱,子孫以祭祀不輟。修之於身,其德乃真;修之於家,其德乃餘;修之於鄉,其德乃長;修之於國,其德乃豐;修之於天下,其德乃普"(五十四章),"夫物芸芸,各復歸其根。歸根曰静,是謂覆命。覆命曰常,知常曰明,不知常,妄作,凶。知常容,容乃公,公乃王,王乃天,天乃道,道乃久。没身不殆"(十六章),"道常無名,樸雖小,天下莫能臣也。侯王若能守之,萬物將自賓"(三十二章),"道常無爲而無不爲,侯王若能守之,萬物將自化"(三十七章),"侯王得一以爲天下貞"(三十九章),"躁勝寒,静勝熱,清静爲天下正"(四十五章)。老子此言之發,不過是告誡周天子守天下與取天下之道在於執古御今、貴道、修德、知常、容公、守樸、無爲、清静罷了。

至此,我們不但辨正和判定了"取天下"而不是"小國寡民"才是老子思想主旨,而且還明確了"取天下"之唯一主體是周天子。如此,郭世銘《帛書〈老子〉三段另釋》以語言分析和邏輯分析方法分析"小國寡民"章而得出的觀點,與黃忠晶《"無欲"、"愚民"和"小國寡民"——老子社會思想略論》批判郭世銘,兩文皆有未盡善之處①。

那麼,我們的探索之旅完成了嗎?還沒有。我們還沒有完成上文所提客觀存在的大國和小國兩者之間的關係,而這關乎老子思想主旨的最終判定。《老子》六十一章記載:

> 大國者下流。天下之交,天下之牝。牝常以靜勝牡,以靜爲下。故大國以下小國,則取小國;小國以下大國,則取大國。故或下以取,或下而取。大國不過欲兼畜人,小國不過欲入事人,夫兩者各得其所欲,大者宜爲下。

老子認爲,大國善於處下則可以取小國,小國善於處下則可以取大國,對於已然客觀存在的大國與小國兩者之間的關係,其應然狀態是:大國應該兼畜小國,小國應該事奉大國,"兩者各得其所欲"。這種國與國之間"兩者各得其所欲"的關係,與《淮南子·齊俗訓》所謂鄰國"皆各得其所安"、《孟子·梁惠王下》"以大事小者,樂天者也;以小事大者,畏天者也。樂天者保天下,畏天者保其國"的"交鄰國之道"有異曲同工之妙。同時,我們需要特別指出的是,老子這裏只說大國或小國可以取國,並沒有說可以取天下。大國或小國之君是誰?諸侯是也。可見,老子並不主張諸侯取天下。

綜上,有天下,有大國,有小國,這是"自然",是客觀存在。天下者,周天子取之、守之、治之。大國或小國者,諸侯自取之、守之、治之。因其貴道、修德、清靜、知常、無爲、無欲而"皆各得其所欲""皆各得其所安",這樣一個整體的、系統的政治建構整體藍圖,方才是老子的真正政治或社會理想,方才是老子的真正思想主旨。主張"小國寡民"者,忽略了天下和大國,不知倘若周天子無天下,大國不兼畜小國,則小國必不得保其國,如此,"小國寡民"豈能實現?主張"取天下"者,倘若不知"取天下"的唯一主體是周天子,則大國取小國或小國取大國,兼併不止,戰爭不斷,如此,不但與老子貴道、修德、清靜、知常、無爲、知足之思想不符,不能包容"小國寡民",致使《老子》陷入思想的自我矛盾,而且還將老子淪爲不臣之人或教人以不臣之人。唯有明確周天子爲"取天下"之唯一主體,而後天下、大國與小國"皆各得其所欲",如此,不僅解決了《老子》"小國寡民"與"取天下"之內在張力,而且還美譽於老子,爲老子正名。段懋堂曾謂校經之法②,難以做到既不厚誣古人,也不貽誤今人,誠哉斯言!我們辨正和判定《老子》

---

① 詳見郭世銘《帛書〈老子〉三段另釋》,《北京大學學報(哲學社會科學版)》1997年第5期。黃忠晶《"無欲"、"愚民"和"小國寡民"——老子社會思想略論》,《中共浙江省委黨校學報》2008年第1期。
② 段玉裁先生於《與諸同志書論校書之難》言:"故校經之法,必以賈還賈,以孔還孔,以陸還陸,以杜還杜,以鄭還鄭,各得其底本,而後判其義理之是非,而後經之底本可定,而後經之義理可以徐定。不先正注、疏、釋文之底本,則多誣古人;不斷其立說之是非,則多誤今人。"徐世昌等編纂《清儒學案》(四),中華書局2008年版,第3665頁。

思想主旨，也應當以此爲鵠的。那麽，我們是如何做到的呢？我們依靠整體性方法。

四、整體性方法及其在本文之運用

鴛鴦繡了從教看，且把金針度與人。判定思想家思想主旨的整體性方法是一種什麽樣的研究方法？

本文所謂判定思想家思想主旨的整體性方法，是將老子、《老子》、老子思想與時代社會視爲一個整體系統進行研究的方法。其中，老子個人、《老子》文本、老子思想與時代社會又各自是一個子系統。而各個子系統之間，是相互聯繫和作用的關係。在理想狀態下，這個整體系統和各個子系統都是邏輯自洽的系統。凡是放在子系統或整體系統中存在矛盾的思想觀點，都將被判定爲不是老子的思想主旨或思想觀點。當然，這個系統應該是開放性的整體系統與封閉性的子系統相結合的。添加到整體系統中作爲研究要素或視角的子系統越多，越是不違背邏輯體系的自洽性，就越能辨正和判定老子的思想主旨或思想觀點。因爲，"凡是立足於很少的材料，作過多的推演的，結果會變成所説的不是古人的思想，而只是自己的思想。因此，由局部積累到全體（不可由局部看全體），由全體落實到局部，反復印證，這才是治思想史的可靠方法"。①

白春國先生在其《讀"小國寡民"之我見》一文中説道：

> 我認爲任何一部書的任何一個章節，都是該書的一個組成部分，對於全書，它只是一個部分，它既不能代表全書，又不是可有可無的，尤其是精（筆者注："精"當爲"經"字之誤）典著作更是這樣。所以我們在理解某部書的一部分時，只能站在全書的高度去理解，而不能撇開全書的主體思想，單抽出該書的某部分以偏蓋全地片面地去理解。我們要理解《老子》的第八十章"小國寡民"也必須這樣，否則就會犯這樣那樣的錯誤，做出這樣那樣的錯誤判斷。②

以上白春國先生所論也是一種整體性方法。不過，白先生的整體性方法對應的整體系統只是相當於本文中的《老子》子系統。由於子系統過少，所以他在辨正和判定老子思想主旨時，最後得出的結論是：

> 我認爲"小國寡民"不是老子的理想，不是逃避各種現實鬥爭的例（筆者注："例"

---

① 徐復觀《中國思想史論集》，上海書店出版社 2004 年版，第 93 頁。
② 白春國《讀"小國寡民"之我見》，《中國道教》2005 年第 1 期。

当爲"倒"字之誤)退,更不是爲時代開倒車。老子的理想是:"天之道,利而不害;人之道,爲而不争。"①

他將"小國寡民"從《老子》文本中剔除出去了,這種做法恰恰又與他所主張的將《老子》作爲一個整體系統來判定《老子》主體思想的觀點相違背,以己之矛攻己之盾,致使得出錯誤的結論,殊爲可惜。

載之空言,不如見之於行事。整體性方法在本文中辨正和判定老子思想主旨的具體運用如下:

首先,指出前輩們以"小國寡民"作爲老子的政治或社會理想與思想主旨,通過列舉《老子》第二十九、四十八與五十七章中存在"取天下"的思想觀點,由此指出"小國寡民"與"取天下"兩個排他性的思想觀點同時存在於同一個《老子》文本子系統中,在整體性方法指導下,有必要解釋和解決這種思想張力,即辨正和判定"小國寡民"與"取天下"哪一個思想觀點是老子的真正思想主旨,以此彰顯本文的問題意識,體現論題的研究意義與價值。

其次,運用定量與定性研究方法,將老子、《老子》、老子思想與時代社會四個子系統建構成一個整體系統,從老子所處時代或時勢、個人經歷或感受、身份或官職,以及思想與社會互動的角度②,初步揭示出老子思想更多聚焦的是"天下"而不是"小國",是"取天下"而不是"小國寡民",先行辨正和判定前輩們以"小國寡民"作爲老子的政治或社會理想和思想主旨在這個整體系統中不能滿足邏輯自洽的要求。

再次,由於假定《老子》或老子思想是一個自洽的邏輯體系,即使我們已經指出老子思想更多聚焦的是"天下"而不是"小國",是"取天下"而不是"小國寡民",我們仍然需要解釋和安置《老子》爲何存在"小國寡民"思想。文中,我們强調"四個回到":回到老子,回到老子時代,回到老子思想,回到互動之思想與社會。而且,從境界論的角度指出老子境界和老子思想的高明微妙,進而以感應論解釋之——既有"國大民衆"之感,便有"小國寡民"之應,因此,我們仍然需要對《老子》及其思想之子系統保持足夠的敬畏與敬意,不可因此便將"小國寡民"從整體系統中剔除出去。此即徐復觀先生所説:

> 所以治思想史的人,先由文字實物的具體以走向思想的抽象,再由思想的抽象以走向人生、時代的具體。經過此種層層研究,然後其人、其書將重新活躍於我們的

---

① 白春國《讀"小國寡民"之我見》,《中國道教》2005 年第 1 期。
② 劉澤華先生説:"思想與社會無疑可以二分,尤其在研究時更可以作認識性的學科劃分,但就歷史本身而言,兩者是結爲一體的,以致可以説兩者互爲表現,是一種歷史的本體。因此,研究思想與社會的關係是一種整體研究,對此不應有疑問。"參見劉澤華《開展思想與社會互動的整體研究》,載於劉澤華、張分田等《思想的門徑:中國政治思想史研究方法論》,天津古籍出版社 2006 年版,第 78~79 頁。

心目之上,活躍於我們時代之中。……而治思想史之能事畢矣。①

最後,以制度和歷史之維,以君臣名分之禮,以老子思想之義,先行判定老子所主張"取天下"的唯一主體是周天子,進而指出老子希望周天子能夠通過貫道修德的方法成爲擁有禮樂征伐權力以重建和維護天下秩序的王,如此,天下、大國、小國以及其他附庸,"皆各得其所欲",這才是老子的政治建構整體藍圖與思想主旨。它包容了"取天下"與"小國寡民",也解釋與解決了老子的思想張力,使老子、《老子》、老子思想與時代社會這個整體系統始終保持是一個自洽的邏輯體系,證明了判定思想家思想主旨的整體性方法是一個行之有效的方法,值得我們肯定、使用和推廣。

結　　論

學界判定老子的政治或社會理想是"小國寡民"已經由來已久,其根據是直接來源於《老子》"小國寡民"章。這種簡單的文本釋讀方法,直接導致讀者片面地認爲老子主張"小國寡民",而忽視或掩蓋了老子"取天下"的願望與意圖。然而,運用整體性方法進行科學研究發現,老子既不是主張把天下或大國改造成"小國寡民",也不是主張以大國或小國"取天下",其真正思想主旨是希望客觀存在的大國與小國皆能無爲而治,"各得其所欲"。

春秋之世,周室衰微,老子期盼周天子重建和維護天下秩序,希望天下蒼生皆各得其所欲,其理想崇高,其宏願慈悲,但是"天下不一,諸侯俗反,則天王非其人也"(《荀子·王制》)。理想與現實之巨大鴻溝無法填平,老子"居周久之,見周之衰,乃遂去"(《史記·老子韓非列傳》)。這是老子之無奈,也是時代之無奈。

[作者簡介] 肖俏波(1980—　　),男,海南儋州人。中國政法大學法學博士,主要研究方向爲中國政治思想史。現爲天津師範大學政治文化與政治文明建設研究院、政治與行政學院講師,天津師範大學政治學博士後科研流動站博士後。代表作是專著《道義與功利:宋代政治哲學研究》。

---

① 徐復觀《中國思想史論集》,第94頁。

循環之姿與守柔之旨[*]

——從《老子》四十二章反思錯簡問題

龍涌霖

內容提要 《老子》四十二章並非通常認爲的存在上下半章的錯簡,問題出在"萬物負陰而抱陽,沖氣以爲和"的訓釋上。此句實際是講萬物恒常處於蓬勃生長與歸根寂靜的交替循環過程中,以此達到調和狀態。其中,"負陰而抱陽"是在先秦陰陽上下關係的語境中描繪萬物生長之姿,而"沖氣"則是將萬物歸根比喻爲人虛其血氣而無欲無爲的樣子。則此句實爲十六章"夫物芸芸,各復歸其根"的另一表達。而正是在萬物循環一作一靜的調和狀態中,老子更強調"沖氣"的重要性,由此從天道角度推導出下半章的守柔之旨。可見此章自成整體,不可割裂,正反映四十章"反者道之動,弱者道之用"的思想結構。爲避免錯簡誤判,應提倡一種基於四層證據的方法自覺。

關鍵詞 負陰而抱陽　沖氣　循環　錯簡　方法

中圖分類號 B2

《老子》一書頗令人費解。費解之一在於,它往往將看似不相關的句子編聯到同一章內,令讀者困惑不已。高亨先生認爲,這是後世整理者造成的文獻問題:"蓋《老子》原書,本不分章,後人强爲分之,有文意不相聯而合爲一章者,遂加'是以'或'故'等字以聯之,此類甚多。"[①]然而,此類文本現象多次出現,且又能與出土簡帛大致吻合,反倒説明高亨如此判斷,不僅可能打亂《老子》文本的原初面貌,更潛在瓦解《老子》思想結構的危險。那麽,在將傳世文獻判爲錯簡之前,是否應先慎重反思自身的解釋方法?

四十二章就很能説明此問題。其上半章首句講"道生一,一生二,二生三,三生萬物"的類似宇宙創生的過程,繼而次句刻畫了萬物創生後的某種狀態:"負陰而抱陽,沖氣以爲和。"儘

---

[*] 本文係教育部人文社會科學青年基金項目"'圓道'觀念與先秦哲學之研究"(14YJC720024)的階段性研究成果。

[①] 高亨《老子正詁》,《高亨著作集林》卷五,清華大學出版社2004年版,第41頁。

管歷來對首句爭議頗大①,但對次句的意思,學界總體看法較爲一致,即認爲是講萬物由陰陽二氣交沖構成而達到調和狀態②。但這種解釋,則似與下半章所談的王侯自稱"孤、寡、不穀"的守柔之旨無關。基於此,許多學者傾向於將下半章判定爲錯簡③。但是,問題會不會出現在對上半章的解釋自身呢? 如下文將展示的,在對"負陰而抱陽,沖氣以爲和"句的訓釋上,以往的舉證過於單薄。而正出於此種證據意識,本文對此句所提供新解,不僅致力於藉助大量證據疏通此章的内在邏輯及其與十六章、四十章的邏輯同構,更將在此基礎上提煉一種基於本證、内證、外證、思想印證的方法自覺。以下順此句重點概念依次展開辨析。

一、"負陰抱陽"的方位

　　理解"萬物負陰而抱陽"的關鍵,就在於理解"萬物""陰""陽"三者間的關係。說萬物對陰陽二氣加以負、抱,究竟是在描述一種成分上的構成關係,還是空間中的位置關係,抑或其他?

　　依現代學者主流的見解,萬物與陰陽,正是一種構成關係。龐樸先生之說爲典型:"它說萬物也有陰陽,萬物都是陰陽之和;這個陰陽,當然不是日光灑射與否的原始意義,也不簡單就是'六氣'之二,它已經成了一種屬性,一種原力,一種使萬物得以成爲'物'而又分爲'萬'的根源。"④按龐說雖富於思辨,卻忽略《老子》本身對"陰陽"所言極少(止此一處)而有過度詮釋之嫌。關鍵在於,將陰陽理解爲構成萬物的屬性,有抹淡"負""抱"二字所要表達的意味之嫌。而細味此二字會發現,它們並非無足輕重,更像是在提示萬物與陰陽在空間中的某種對待關係。至少,漢代人就這麼理解。如河上公云:"萬物無不負陰而向陽,迴心而就日。"⑤嚴遵說得更清楚:"背陰向陽,歸柔去剛。"⑥這都是在"向背"的維度來理解萬物與陰陽的前後關係。然而,萬物歸陽去陰的理解,顯然與下半章的柔弱之旨扞格,而嚴氏硬以"向陽"爲"歸柔",更是不惜違背當時"陰—柔"的關聯常識。如此看來,"向背"之說實在難通。其實,"負""抱"所揭

---

① 就目前學界的研究進展及掌握材料來看,可以估計對於第四十二章首句的研究還很難有實質性的突破,但這並不妨礙對次句"萬物負陰而抱陽,沖氣以爲和"的探究。徐復觀先生指出次句是"萬物生成以後,萬物將陰陽加以背負懷抱的情形,不是由陰陽而化生萬物的情形",因此,"此句中之陰陽,與上文之化生過程,並無關係"。見徐復觀《中國人性論史(先秦篇)》,九州出版社 2013 年版,第 303 頁。此見甚灼。鑒於此,我們不妨對第四十二章首句存疑。
② 參見陳鼓應《老子注譯及評介(修訂增補本)》,中華書局 1984 年版,第 229 頁。
③ 這是蔣錫昌、高亨、陳柱、嚴靈峰、陳鼓應等諸位前輩學者所持的一般看法。參見陳鼓應《老子注譯及評介(修訂增補本)》,第 230～231 頁。
④ 龐樸《陰陽五行探源》,《龐樸文集》卷一,山東大學出版社 2005 年版,第 339～340 頁。
⑤ 見河上公《老子道德經河上公章句》,中華書局 1993 年點校本,第 169 頁。
⑥ 見嚴遵《老子指歸》,中華書局 1994 年點校本,第 18 頁。

示的空間方位關係，除了向背，此外還可能是上下、南北、左右、內外等等。但究竟哪一種靠譜？

不妨看看先秦的説法。《莊子·田子方》一則記載了老子向孔子透露他"遊心於物之初"的神秘體驗，這首先令人聯想到《老子》四十二章那些描述。而接下來老子的話，似乎正是在解釋四十二章次句，"至陰肅肅，至陽赫赫。肅肅出乎天，赫赫發乎地，兩者交通成和而物生焉"。赫赫之陽從地向天上升，肅肅之陰從天往地下沉。通過"天地"這一參照系可見，這裏陰陽二氣明顯處於上下方位的關係①，即陽在下、陰在上。順此理解，則四十二章所謂"負陰"應指萬物將陰氣背負在上，所謂"抱陽"指萬物將陽氣懷抱在下。而這種上下關係結構，實際上也是先秦的普遍理解。如《逸周書·周月解》"唯一月既南至……微陽動於黄泉，陰慘於萬物"，《國語·周語上》"自今至於初吉，陽氣俱蒸，土膏其動"，《淮南子·氾論訓》"積陰則沉，積陽則飛"，而《管子·形勢解》説得最清楚："春者，陽氣始上，故萬物生。夏者，陽氣畢上，故萬物長。秋者，陰氣始下，故萬物收。冬者，陰氣畢下，故萬物藏。"這些與《田子方》所載類似，陽氣都是從地裏往上竄，陰氣都是從天上往地下沉。應該説，先秦人們頭腦中陰陽二氣的運動，正是在這種上下方位中展開的。

不過事實並非如此簡單。再看《莊子》中另一處説法："我爲女遂於大明之上矣，至彼至陽之原也；爲女入於窈冥之門矣，至彼至陰之原也。"（《莊子·在宥》）上文所見在下之陽氣，其源頭反而在天上；在上之陰氣，源頭反而在地底。不僅源頭相反，實際上陰陽二氣的方位，並非只是陽在下、陰在上。確切説來，兩者應當是不斷在上下之間交替方位，如董仲舒所描述云："夏出長於上、冬入化於下者，陽也；夏入守虚地於下，冬出守虚位於上者，陰也。"（《春秋繁露·陰陽位》）②這裏，陽上陰下與陽下陰上並不矛盾，兩者在一歲的週期内作了一次上下方位的交替，由此不斷循環往復。這種陰陽二氣一上一下交替循環的圖景，其實就是先秦人們對於陰陽二氣具體的運動模式的普遍理解，如《吕氏春秋·大樂》云："陰陽變化，一上一下，合而成章。"還可以看到，盛行於兩漢的易卦氣學以十二辟卦模擬一年十二個月陰陽上下交替循環的思維模式③，正是濫觴於先秦關於陰陽上下的這一早期圖景。

現在的問題是，"萬物負陰而抱陽"描述陽在萬物之下、陰在萬物之上的方位，但這究竟又是什麼樣的情形呢？通過上述文獻考察，已經不難發現，在陰陽二氣上下交替的一歲的週期

---

① 郭静雲通過對卜辭與傳世文獻的研究，指出商代早期的"下上"觀及後來的"上下"觀，藴含了早期古人的"天地"觀念。"上下"實與"天地"同構。見郭静雲《天神與天地之道：巫覡信仰與傳統思想淵源》下編，上海古籍出版社 2016 年版，第 599～611 頁。

② 值得指出的是，陰陽的上下方位觀，在《春秋繁露》其他篇章，進一步被發展爲東西南北、前後左右、出入上下的複雜循環關係。（參《天辨在人》《陰陽出入上下》篇，文長不贅引。）這説明，上引《陰陽位》的較簡單説法，應該是更早的觀念。

③ 參見梁韋弦《漢易卦氣學研究》，齊魯書社 2007 年版，第 65～78 頁。

裏,存在陽下陰上與陽上陰下兩個階段。而前者大致始於嚴冬、終於盛夏;《越絕書·外傳枕中》中有精確描述,即始於"冬三月之時"而終於"夏三月盛暑之時"(同上)。而在漢易卦氣體系裏,這一階段被嚴格對應至從仲冬子月到孟夏巳月這一時期,實際上就是日躔從冬至點行至夏至點的歷程。說到底,陽下陰上,不正是代表着萬物蓬勃生長的季節嗎?那麼,"萬物負陰而抱陽",用老子另外的話表達,其實就是"夫物芸芸"(《老子》十六章)。

二、"沖氣"的隱喻

　　退一步講,即便依主流將"負陰抱陽"理解爲萬物由陰陽二氣構成,那麼由此將"沖氣"解釋爲二氣交沖,也首先存在一個語法漏洞。"萬物負陰而抱陽,沖氣以爲和",此句怎麼看都是一氣呵成的,故"沖氣"前所省去的主語必然是"萬物"。但萬物怎會有能力交沖陰陽呢?想必老子不會同意這種觀點。所以得假設,"沖氣"的主語是某個造物者,或者是"道"。且不說這已造成句意割裂,就算是那個恒常無名無爲的"道",又怎會親力參與交沖二氣呢?恐怕老子也不會同意這種假設吧。於是,最妥當也最符合《老子》"自然"之義的假設,是讓二氣自己交沖。如此,"沖氣"要讀爲"氣沖"。但查遍《老子》所有版本,根本翻不出"氣沖"的情況。看來,"沖氣"還得重新理解。但除了交沖二氣外,還能有其他理解嗎?有,綫索就在《老子》文本裏面。

　　先看"沖氣"之"沖"。主流將它解釋爲交沖,其依據是《説文》"涌搖"之義,引申爲涌搖交蕩之意①。姑不論徑以《説文》釋《老》的做法是否成立,單看《老子》中其他兩處的"沖"字,便知其並非作"涌搖"義。四章云:"道沖而用之或不盈。"四十五章又云:"大盈若沖。"很明顯,此兩處"沖"字的用法都是沖、盈對舉,也就是表達沖虛之義。因而,這兩處"沖"便是"盅"之假借②。"盅"的本義是空虛之器,由此挈出虛義③。那麼,"沖氣"之"沖"是否又是"盅"之假借呢?恰巧,南宋范應元所見的古本,正是作"盅氣"④。還可看到,漢代河上公也是從虛的角度理解"沖

---

① 參見高亨《老子正詁》,《高亨著作集林》卷五,第136頁。
② 段玉裁云:"凡用沖虛字者,皆盅之假借。"(見段玉裁《説文解字注》卷二十一,上海古籍出版社1988年影印本,第547頁。)而第四章與第四十五章的"沖",傅奕本便作"盅"。
③ 《説文解字》:"盅,器虛也。"
④ 范應元《老子道德經古本集注》卷下,黄曙輝點校,華東師範大學出版社2010年版,第77頁。值得注意的是,四十二章的"沖氣",在帛書甲本和北大本中作"中氣"。高明、許抗生先生認爲"中"仍讀爲"沖"。李水海先生認爲應作原字"中",釋爲"中和之氣"。但這樣一來,一者"中氣"實則與下文"以爲和"同義重複;再者,"中"訓"和"在先秦没有明確證據;第三,即便作"和氣"解,也仍無法應對本文所指出的語法漏洞。筆者按,帛書甲這裏的"中氣"之"中",與帛書甲的"不若守於中"之"中"(傅奕本作"盅"),與帛書甲"大盈若浺"之"浺",其本字均爲"盅"。參李水海《帛書老子校箋譯評》上册,陝西人民出版社2014年版,第65～66頁。

氣"之"沖":"若胸中有藏,骨中有髓,草木中有空虛與氣通。"①但即便有版本與解釋的依據,要坐實"盅氣",還得往下看。

次看"沖氣"之"氣"。雖説由"負陰而抱陽"似乎可知"沖氣"之"氣"便指二氣,但不妨先考察《老子》中"氣"的用法。作爲中國哲學史上極爲複雜的觀念,"氣"在《老子》四十二章以外的兩處卻相對容易把握。十章的"專氣致柔"的"氣",無論解釋成精氣或血氣,都與身體密切相關。而五十五章"心使氣曰強"的"氣",不是别的,正是指血氣。在古人的觀念世界裏,血氣往往作爲身體欲望的載質②,能被"心"所主宰③。當"心"選擇放縱欲望而使得血氣"外越"④時("使"),人便呈現出一副爭強好勝之態("強")。而老子此處談血氣,旨在批判統治者的窮奢極欲。那麼"沖氣"之"氣",是否亦是承載欲望之血氣?對此,須從四十二章的修辭仔細推敲。

若依上述推論,"沖氣"實則應讀作"盅氣",意即虛氣、虛其血氣,實質指能動者自己消解其欲望⑤。但這立馬會引起麻煩——虛其血氣乃是指人類活動,而用以描述"萬物",説得通麼?問題並不大。不需繁瑣考證,只消再玩味"萬物負陰而抱陽"一句的修辭,便可明白。這裏的"負""抱"二詞,本身不正是人的動作麼?寬泛一點説,它們最多也只屬於凡有血氣者的動作,而不適用於描述草木乃至山川河流等無生命體(這些也是萬物)。那麼就有理由相信,"負陰抱陽"不過是《老子》這部哲學詩所使用的一個隱喻而已。既然"負""抱"乃是將萬物比擬於人的動作,"沖氣"文勢承上句而來,何嘗不也是一個隱喻?問題關鍵在於,説萬物像人一樣"沖氣"亦即虛其血氣,本質上是要比喻什麼?聯繫《老子》十六章,可知所謂"沖氣",實際就是萬物"各復歸其根"的擬人化表達罷了。此章論萬物之循環往復必然先經過"萬物並作"的階段(也就是"芸芸""負陰而抱陽"),進而"復歸其根",回到起點。如何歸根?老子謂"歸根曰静"。萬物正是通過"静"也就是對"並作"的否定而回到起點的。《老子》一書對"静"的使用,往往是在"作"的對立面來談,而"静""作"對立,背後是不欲與欲的區分⑥。因此,萬物歸根之"静",就是對其自身"化而欲作"(《老子》三十七章)之欲望的否定,而這不正如人虛其血氣而無欲無爲的樣子嗎?不過應注意,萬物歸根本身也是一個植類隱喻。而説到底,萬物歸根也好、沖氣也好,實際上是自然界天時由秋入冬所呈現出來的天地寂寥、萬物閉藏之象。也可以

---

① 見河上公《老子道德經河上公章句》,第169頁。
② 最著名的例子,莫過於《論語·季氏》中孔子在談論"色""鬥""得"欲望的節制時,所援用的人生不同年齡段的血氣發展理論。
③ 如孟子云:"夫志,氣之帥也。"(《孟子·公孫丑上》)
④ 這是借用《文子·九守》的説法:"血氣專乎内而不外越,則胸腹充而嗜欲寡。"
⑤ 這種理解,也可以得到相傳爲老子弟子的文子的印證:"聖人日損而沖氣,不敢自滿。"(《文子·九守·守弱》)
⑥ 如老子云"不欲以静"(三十七章)、"我無爲,而民自化;我好静,而民自正"(五十七章)。這裏的"静",分明是"無爲""不欲"的另一種表達,實即"作"的反面。

説,萬物的"沖氣"就是"負陽而抱陰",也就是對其"負陰而抱陽"的否定。

然而,至此我們還不敢説,對"負陰抱陽"與"沖氣"所提供的新解釋就能夠嚴格成立。因爲,這些解釋只是基於更多的先秦背景文獻、更多的文本内證而已,誰能保證《老子》不會存在超時代之義或者一詞多歧義呢? 我們説,萬物的"負陰抱陽"與"沖氣"是"夫物芸芸,各複歸其根"的另一種表達,是否就能立馬斷定"萬物負陰而抱陽,沖氣以爲和"正如第十六章那樣是在講循環呢? 恐怕還早。而要令人信服地證成,必須深入《老子》思想結構之處動刀,從那得到印證。首先的一步,則要剖析《老子》爲何將萬物的"負陰抱陽"及"沖氣"界定爲"和"。

三、"和"與循環

"萬物負陰而抱陽,沖氣以爲和"的"和",一般有兩種理解。一種認爲"和"是陰陽二氣融合所產生的和氣①。但和氣實際上是先秦較晚出的概念,因此,第二種理解更加貼近實際,即認爲"和"是指某種調和狀態②。

調和什麽呢? 回答此問題之前,有必要稍回顧早期中國史官傳統中的和同之辨。不像今天的社會和諧之義,早期史官口中的"和",更多的是一條世代相傳而卓越的政治智慧。那智慧,就是西周末代史官伯陽爲鄭桓公分析周弊時,所痛惜的幽王朝盡用讒慝小人的"剸同"局面,而丢失了的先王"擇臣取諫工""聲一無聽"的"務和"傳統(《國語·鄭語》)。借晏嬰對齊侯的諫語,就是"君所謂可而有否焉,臣獻其否"(《左傳》昭公二十年),這實質是一種維繫不同政治聲音、政治派别以保君權的統治術。因而,"和"的本質,用伯陽的話概括就是"以他平他",説白就是調和異質、相反的東西。而老子(本身也是史官),正是接續過這一傳統,繼而開創性地將之上升至天道層面,以論天地萬物。因此,四十二章的"和",必是在調和某兩種異質之物。然而,説它調和陰陽二氣,雖符合"和"之傳統,卻除了上文談及的語法漏洞,還要面對最麻煩的問題:即便二氣達到調和之完美狀態,這又與下半章講王公的守柔之術有何關係呢? 顯然,判爲錯簡的做法未免失之草率。調和何種異質之物的問題,還須重新考量。

前面説,"負陰抱陽"及"沖氣"是萬物歷經的蓬勃生長與歸根寂靜的相反的兩個階段。如若接近事實,那麽"以爲和"之"和"便是指萬物在這兩個相反的階段中達到的調和狀態。而本

---

① 參見高亨《老子正詁》,《高亨著作集林》卷五,第136頁。嚴靈峰《老子達解》,華正書局有限公司2008年版,第229頁。古棣、周英《老子校詁》,《老子通》上册,吉林人民出版社1991年版,第25頁。黄釗《帛書老子校注析》,臺灣學生書局1991年版,第232頁。

② 參見陳鼓應《老子注譯及評價(修訂增補本)》,第229頁。

文想指出,通過對《老子》論"和"的結構分析,這種萬物在相反二階段中達到調和狀態的説法可以得到進一步印證。

　　這就得先從五十五章的赤子之"和"談起。此章講嬰兒能够毒蛇猛禽不侵,握力强大,尤其是他"終日號而不嗄"的神奇效果,被好談養生的莊周學派所津津樂道①。雖不免有些誇張成分,但談到赤子"號而不嗄"的緣故,卻值得認真對待——也就是"和之至也"。這個"和",一般被認爲是赤子體内的元氣或和氣,但恐怕有待商榷。不僅因爲和氣、尤其是元氣稍嫌晚出,更因爲此"和"在下文同"復命"(十六章)一樣,都被界定爲"常"、進而被界定爲"知常曰明",如此嚴謹的句式,更説明"和"與"復命"一樣都是指某種狀態,而非氣之類的載質。這個"和"没有别的,就是調和狀態。但調和什麽呢? 這就須注意到,《老子》中的嬰兒形象,無論是"專氣致柔,能嬰兒"(十章)、"爲天下谿"而"復歸於嬰兒"(二十八章),抑或是此章説的"骨弱筋柔",都是其學説核心柔弱之旨的化身。而老子所不明言的,是嬰兒本身就是一種强盛生命力的存在,這由其"未知牝牡之合而全作"的生動描述,便可窺一斑。明此,則知嬰兒之"和",乃是指調和於剛强與柔弱之間的完美狀態。

　　進而可以看到,這個調和剛柔的嬰兒之"和",與第十六章的萬物之"復",在結構上若合符節。萬物歸根在老子看來,就是"静",就是對其蓬勃生長之"作"的否定。繼而,老子將萬物歸根之静比喻爲"復命"("静曰復命"),也就是比喻爲先秦常見的一種肩負君主之授命、完成任務後回去稟復君命的政治儀式,正如孔子"賓退必復命"(《論語·鄉黨》)那樣。而這,實際上就是指萬物在天道中經過一個輪回的歷程。在老子看來,這個歷程是恒常的,也就是循環;而能洞悉這種恒常,便是明智,即所謂"復命曰常,知常曰明"。恰恰五十五章論赤子之"和",也有同樣嚴整句式——"和曰常,知常曰明"(郭店本,通行本"和"上誤衍"知"字,據删),恐非偶然。因爲"常"在老子哲學中有其特定涵義,而前輩學者早已指出,其主要内容便是循環反復,而不容多歧②。這説明,萬物循環之"復命"與嬰孩調和剛柔之"和",結構上存在某種必然聯繫。不難想象,萬物芸芸並生繼而歸根寂静,不正像嬰兒一般在發育與守柔之間達到平衡嗎? 是以不難推知,萬物的循環,正是在一作一静的恒常交替之歷程中達到調和狀態。那麽,第十六章"夫物芸芸,各復歸其根",就是一種天道之"和"。

　　這不正可印證,四十二章"萬物負陰而抱陽,沖氣以爲和"的調和狀態,不是在陰陽二氣之交沖,而是在蓬勃生長與歸根寂静這兩個階段中達到的嗎? 那麽反過來看,萬物"負陰抱陽"及"沖氣"的這種調和狀態,實質上講的就是一種循環。

---

① 《莊子·庚桑楚》載老子《衛生之經》,其中有云:"能兒子乎? 兒子終日嗥而嗌不嗄,和之至也;終日握而手不掜,共其德也;終日視而目不瞚,偏不在外也。"

② 參閱馮友蘭《中國哲學史》,《三松堂全集》卷二,河南人民出版社 2001 年版,第 409~413 頁;張岱年《中國哲學大綱》,北京商務印書館 2015 年版,第 191 頁;勞思光《新編中國哲學史》第一册,三聯書店 2015 年版,第 177~179 頁。

四、循環與守柔

通過上述討論,四十二章的錯簡之惑有望迎刃而解,且本文對"萬物負陰而抱陽,沖氣以爲和"的新解,不僅得到《老子》論"和"之思想結構的印證,而且還將得到整部《老子》更加核心的思想内核(也就是第四十章)的印證。

還是先從四十二章開始。在將萬物一作一静的循環歷程界定爲調和狀態後,老子轉而説:"人之所惡,唯孤、寡、不穀,而王公以爲稱。"乍看似突兀,但結合三十九章"侯王自謂孤、寡、不穀,此非以賤爲本耶"來看,便可明白,此句是藉當時諸侯習語來喻曉侯王以卑賤爲尚的道理。而崇尚卑賤的背後,正是一種"去甚,去奢,去泰"(《老子》二十九章)的寡欲之道。而這,不正是直接緊貼着上文的萬物之"沖氣"而引申出來的嗎?隨後,緊接着談"故物或損之而益,或益之而損"的循環現象,不僅再一次印證了萬物之"和"的循環本質,更道破了老子勸王侯寡欲守柔的真正目的——那便是要最終走向由損而益、以柔克剛的勝利。而由此循環規律反過來看,恃强逞能者則必終走向衰敗式微的境地。故而,末尾便是老子借《金人銘》的警告:"强梁者不得其死!"總的來説,這一章的旨趣,就是老子從天道的角度爲其守柔貴弱之説所提供的一套論證。

最後,放眼整部《老子》更可看到,四十二章所提供的那套論證,其實就是四十章"反者道之動,弱者道之用"的具體拓展,而後者則是《老子》中溝通天道與人道的最核心論説。"反者道之動",郭店竹簡作"返也者,道動也",因此"反"當即"返"之假借,也就是循環之意。但老子所講的循環與今日人們所理解的循環比較,更有其特定内涵。通過上文分析,不難看到,老子眼中的萬物循環,必然經歷了一系列正反的兩方面,如動静、剛柔、强弱、上下、曲直等等,萬物便在這些對反狀態間循環變化,其所走出的軌跡便是"道"①。故通行本"返"作"反",不僅不歧解老子原意,反而切中其循環觀之肯綮。但還應進一步看到,循環中的對反兩面並不對等。如將循環中的動、剛、强等視爲 A,將静、柔、弱等視爲非 A,那麽在世人看來,A 必然恒優於非 A。老子的高明之處,在於他看到 A 與非 A 恒常出於循環轉化之中,並且從長遠的角度看,執迷 A 者必將蒙受慘重損失。因此,他要勸世人選擇非 A,由此推出其"弱者道之用"的處世哲學。這即是老子"貴柔"(《吕氏春秋·不二》)的思想特徵②。而要追問老子對這種事物循環轉化及如何趨避的洞察從何而來,就不能不注意其"周之徵藏史"(《莊子·天道》)的史官身份。

---

① 關於"道"究竟是什麽——規律? 循環? 本體? 本源? 原子? ——歷來頗多説法與爭論,但均不能否認其與循環莫不相關(尤其結合二十五章、四十章來看)。對其展開追問,已超出本文之範圍,容日後專文探討。

② 參閲[英]葛瑞漢《論道者:中國古代哲學論辯》,中國社會科學出版社 2003 年譯本,第 260~261 頁。

探究天象、考察物候而制定曆法的天職,與記録人事成敗的歷史檔案的史職,都是先秦早期史官的最基本職責。而無論是天道的斗轉星移、自然界的一榮一枯,還是人間世的一治一亂,都是老子思索循環現象的豐富源泉。由此可見,第四十二章,就是老子基於其"司天日月星辰之行"(《禮記·月令》)的天職,對"反者道之動,弱者道之用"所提供的一套具體的拓展論證。

結論:證據與方法

至此,本文便對《老子》"萬物負陰而抱陽,沖氣以爲和"句及整個四十二章,提供了一個不同的解讀。但這並非有意貶低現有解釋,而是要在開拓經典解釋多樣性的嘗試中,反思解釋的方法問題。這便是本文開頭所追求的基於四層證據的方法自覺。現在,我們來嘗試作一更清晰概括。換句話說,當我們對《老子》文句提供一種解釋,乃至不得已將其判定爲錯簡之前,不妨先詢問自身的解釋是否符合:

(1) 本證,即解釋是否能與上下文脈邏輯融貫;
(2) 内證,即解釋是否能得到《老子》其他更多章節的佐證;
(3) 外證,即解釋是否能得到更多背景文獻的佐證;
(4) 思想印證,即解釋是否能與《老子》思想結構相通。

可以看到,本文的解釋工作是有意基於此四層證據進行的。當然,不是說每一種解釋都應面面俱到訴諸四層證據,尤其對於(2)(3)(4),具體如何求證應視情況而取捨。但至少在做到(1)的情況下,得到其他方面印證越多,解釋就更具客觀的說服力。那麼在理想的情況下,不同解釋間的切磋,借徐復觀先生的話講,就應是"以證據對證據"[①]。而這似乎就不僅僅局限於《老子》解讀,而具有更普遍的方法意義。

[作者簡介] 龍涌霖(1991—),男,廣東潮州人。現爲中山大學哲學系中國哲學方向博士研究生,研究方向爲早期道家思想。

---

① 見徐復觀《中國思想史工作中的考據問題(代序)》,《兩漢思想史》卷三,九州出版社2013年版,第1頁。

老學早期學者對老子無爲思想的拓展

李秀華

内容提要 老學早期學者,是指春秋戰國之際接受和弘揚老子思想的一批學者,大多是老子的弟子及再傳弟子,以關尹子、文子、列子、楊朱爲代表。他們沿着"内聖"與"外王"的思路,對老子無爲思想作了富有個性的拓展。關尹子談無爲,着重於内在精神的寂清,主張消泯一切自主意識和行爲,完全被動地回應外界,但反對"聚塊""積塵"式的無爲。這對莊子"至人無己"的説法無疑具有直接影響。文子談無爲,注重由内而外的實際功用,主張王者"執一無爲","見小""守靜",融道、德與仁、義、禮於一爐,以期成大功,立大業。文子可謂黄老學者之初祖。列子談無爲,立足於修心養神,主張泯内忘外,彼我不分,以臻至虚静玄妙之境。莊子學派的"坐忘""心齋"理論即來源於此。楊朱談無爲,與列子正相反,主張彼我分明,不相侵越,個人應"貴己""全生",保證自我齊整,以達致整個社會的大治。他們的拓展,在無爲思想的發展過程中具有承上啓下的作用。

關鍵詞 老學 老子 無爲 内外

中圖分類號 B2

導　言

老子雖爲隱士,但曾任周代守藏室之史,聲名頗大。顯然,他不會是獨行者,身邊也會有許多人向他問學,從他遊學,還有一些人作爲他的朋友與其交往。老學憑藉自身的魅力,再經過這些人的傳承和發展,在春秋末與戰國初就產生了巨大影響,衍生出多種學問流派。

《莊子》一書雖然"寓言十九",有的荒誕不經,但是很多寓言故事中的歷史人物並非虛構,不可一概否決。據其記載,向老子問學的有孔子(見《天地》《天道》《天運》《田子方》《知北遊》),有子貢(見《天運》),有崔瞿(見《在宥》),有士成綺(見《天道》)①;從老子遊學的有庚桑楚(見《庚桑楚》),有柏矩(見《則陽》),有陽子居(見《應帝王》《寓言》)②;與老子相友善的有秦失(見《養生主》),有叔山無趾(見《德充符》)。除此之外,班固《漢書·藝文志》載録"《文子》九篇",自注:"老子弟子,與孔子並時,而稱周平王問,似依托者也。"載録"《蜎子》十三篇",自注:"名淵,楚人,老子弟子。"載録"《關尹子》九篇",自注:"名喜,爲關吏,老子過關,喜去吏而從之。"另據《列子·説符》,列禦寇曾求學於關尹喜,所以與老子也有師承關係。

可見,老子學説自誕生以後就不斷得到傳播,尤其是老子的弟子及再傳弟子,如關尹喜、文子、庚桑楚、蜎淵、楊朱、列子等人,將其發揚光大。這些人可稱爲老學的早期學者。他們是道家思想史上不可或缺的承上啓下式的人物,莊子學派、黄老學派、法家學派就是在他們的直接影響下形成和發展的。很可惜,這些老學早期學者的著作大都散佚不存,有關他們的文獻記載也非常稀少,留存至今的一部分著作又被後人定作僞書,爭議不斷。因此,要確切、具體地討論這些學者的思想是非常困難的。鑒於這些學者的重要性,我們在討論老子無爲思想的發展這個問題時,就不應忽視他們,因爲他們是驅動老子無爲思想演變的最初力量。

一、向内收斂:關尹子"貴清"的無爲主張

司馬遷説:"老子修道德,其學以自隱無名爲務。居周久之,見周之衰,乃遂去。至關,關令尹喜曰:'子將隱矣,强爲我著書。'於是老子乃著書上下篇,言道德之意五千餘言而去,莫知其所終。"(《史記·老子韓非列傳》)若太史公所言屬實,那麽關令尹喜便是學習和研究《老子》的第一人。我們知道,關尹喜並非關尹子的真實姓名。現存《關尹子》一書,至南宋陳振孫《直齋書録解題》最早質疑,已基本被認定爲僞書。此書皆以"關尹子曰"起句,是純語録體,無任何寓言説理,確與先秦典籍不類,其内容多談五行之變,談儒家仁義禮智信,亦不近於老子思想,僞書的可能性很大。

如今要討論關尹子的無爲思想,最可靠的辦法就是借助其他文獻的相關引述。《莊子·天下》云:

> 以本爲精,以物爲粗,以有積爲不足,澹然獨與神明居,古之道術有在於是者。關尹、老聃聞其風而悦之,建之以常無有,主之以太一,以濡弱謙下爲表,以空虚不毁萬物爲實。關尹曰:"在己無居,形物自著。其動若水,其静若鏡,其應若響。芴乎若

---

① 其他典籍記載問學老子的還有尹文先生、楊氏之父(見《列子·周穆王》)、南榮疇(見《淮南子·修務訓》,賈誼《新書·勸學》作"南榮跌")。
② 庚桑楚,《列子·仲尼》作"亢倉子";陽子居,《列子·黄帝》作"楊朱"。

亡,寂乎若清。同焉者和,得焉者失。未嘗先人而常隨人。"……關尹、老聃乎! 古之博大真人哉!

顯然,莊子學派是把老子和關尹子歸作同一種思想流派。《莊子》引用關尹子的這段文字,在《列子·仲尼》有更爲詳細的引述,可作參考:

> 關尹喜曰:"在己無居,形物其著。其動若水,其静若鏡,其應若響。故其道若物者也。物自違道,道不違物。善若道者,亦不用耳,亦不用目,亦不用力,亦不用心。欲若道而用視聽形智以求之,弗當矣。瞻之在前,忽焉在後;用之彌滿,六虛廢之,莫知其所。亦非有心者所能得遠,亦非無心者所能得近。唯默而得之而性成之者得之。知而忘情,能而不爲,真知真能也。發無知,何能情? 發不能,何能爲? 聚塊也,積塵也,雖無爲而非理也。"①

與老子相比,關尹子的無爲思想發生了很大變化,其意含更加向内收斂,更加注重精神上的清寂。"在己無居,形物自著",郭象注曰:"物來則應,應而不藏,故功隨物去。不自是而委萬物,故物形各自彰著。"②物來就作出反應,不來就不作出反應,作出反應就無所藏匿,不自以爲主,只是任物去留,而物各自明。這種行爲,就像浮物於水面,隨其而動。這種行爲,就像鏡子,自身虛静,卻能將萬物情態原原本本地照映出來;這種行爲,就像聲音的回響,從不先唱,唯有後和。可見,關尹子主張的無爲,是要求泯滅一切自主的意識和感覺,即"不用耳","不用目","不用力","不用心",做到絶對的無己,所有與外界發生的行爲都只是被動、消極回應的結果。這與老子"損之又損之"和"以輔萬物之自然而不敢爲"帶有積極意義的無爲,明顯具有本質上的不同。此外,老子雖然講"不敢爲天下先",但並未講"常隨人",關尹子則把老子無爲思想中的不争不先,變成了隨波逐流。顯然,這也不符合老氏無爲思想的宗旨。

但在關尹子看來,他所主張的無爲並不是"聚塊""積塵"。宋代江遹説:"聚塊則不爲野馬之飄鼓,積塵則不爲塵埃之飛揚,可謂無爲矣。雖無爲而生理息矣,何貴於無爲哉? 聖人之無爲,則猶坤之厚載,充塞四虛,無心於物,未嘗有爲而萬物生化,終古不息,是真無爲者也。"③聚塊、積塵,無非僵死不化,了無生氣,這樣的無爲不合於道。顯然,關尹子也意識到了"僵死不化"式無爲的危險性,他主張"在己無居",其目的就是爲了排除自我的固執,以及由自我固執而造成與外界的生澀。只有如此,内心才能保持澄明,精神才能達致寂清。這正符合《吕氏春秋·不二》"關尹貴清"的説法。

---

① 楊伯峻《列子集釋》,中華書局1979年版,第144～146頁。
② 郭慶藩《莊子集釋》,中華書局1961年版,第1094頁。
③ 江遹《沖虛至德真經解》,《中華道藏》第15册,華夏出版社2004年版,第140頁。

《吕氏春秋·審己》還記載了列子與關尹子關於射箭的一段對話:"子列子常射中矣,請之於關尹子。關尹子曰:'知子之所以中乎?'答曰:'弗知也。'關尹子曰:'未可。'退而習之三年,又請。關尹子曰:'子知子之所以中乎?'子列子曰:'知之矣。'關尹子曰:'可矣,守而勿失。'"①所謂"守而勿失"之"守",實際上就是《莊子》中提到的"純氣之守"②。純氣之守,本質上還是要讓内心保持澄明,精神保持寂清,没有自主意識與感覺的預先安排,没有外界聲色形貌的妨礙干擾。關尹子的這些思想,直接啟發了莊子學派"至人無己""虚己遊世"的學説。

二、由内而外:文子"執一無爲"的主張

文子,班固説他與孔子同時,其真實姓名和生平事迹難以確考,但文子爲老子弟子這一點,自古及今學者並無疑義。今傳《文子》一書,被大多數古今學者定爲僞書。從定州西漢中山懷王劉修(?—前55年)墓中出土的竹簡《文子》(殘本)徹底否定了《文子》是僞書的論斷。關於竹簡《文子》的成書年代,目前學術界尚在争論中。有一點可以確定的是,今本《文子》雖然有些内容與竹簡《文子》相對應,但在古本《文子》的基礎上作了大規模的竄改,已失古本原貌。因此,竹簡《文子》就成了反映文子思想比較可靠的文獻。鑒於竹簡《文子》的嚴重殘損,我們討論文子的無爲思想,是建立在竹簡《文子》與今本《文子》大致對應的文本之上。

從竹簡《文子》保留的全部内容看,可以説《文子》與《老子》就是傳與經的關係。竹簡《文子》主要反映了文子的治國思想,對老子的無爲之治思想作了更加貼近社會現實的闡述和發揮。其中,最重要的變化就是"執一無爲"説法的提出:

2262 王曰:"吾聞古聖立天下,以道立天下……0564□何?"文子曰:"執一無爲。"平王曰:"……2360"文子曰:"……0870[天]地,大器也,不可執,不可爲,爲者販(敗),執者失……0593 是以聖王執一者,見小也;無爲者,……0775 下正。"平王曰:

---

① 陳奇猷《吕氏春秋新校釋》,上海古籍出版社2002年版,第504頁。
② 《莊子·達生》和《列子·黃帝》都記載了列子和關尹子的一段對話:"列子問關尹曰:'至人潛行不空(《莊子》作'窒'),蹈火不熱,行乎萬物之上而不慄。請問何以至於此?'關尹曰:'是純氣之守也,非智巧果敢之列。姬!魚(當作吾)語女。凡有貌象聲色者,皆物也。物與物何以相遠也? 夫奚足以至乎先? 是色(《莊子》作'形色')而已。則物之造乎不形,而止乎無所化。夫得是而窮之者,焉得而正焉(《莊子》作'物焉得而止焉')? 彼將處乎不深(《莊子》作'淫')之度,而藏乎無端之紀,遊乎萬物之所終始。壹其性,養其氣,含其德,以通乎物之所造。夫若是者,其天守全,其神無郤,物奚自入焉? 夫醉者之墜於車也,雖疾不死。骨節與人同,而犯害與人異,其神全也。乘亦弗知也,墜亦弗知也。死生驚懼不入乎其胸,是故遻物而不慴。彼得全於酒而猶若是,而況得全於天乎? 聖人藏於天,故物莫之能傷也。'"所謂純氣之守、神全、得全於天,都是指保持精神上的純一。

"見小守静奈何?"文子曰:"……0908也,見小故能成其大功,守静□……0806也,大而不衰者所以長守□;0864高而不危,高而不危者,所以長守民。2327[富]有天下,貴爲天子,富貴不離其身。"①

這段文字,今本《文子》有大致對應的記述:

> 文子問曰:"古之王者,以道莅天下,爲之奈何?"老子曰:"執一無爲,因天地與之變化。天下,大器也,不可執也,不可爲也,爲者敗之,執者失之。執一者,見小也,見小故能成其大也。無爲者,守静也,守静能爲天下正。處大滿而不溢,盈而不虧,居上不驕,高而不危。盈而不虧,所以長守富也。高而不危,所以長守貴也。富貴不離其身,禄及子孫,古之王道,俱於此矣。"②

今本《老子》無"執一"一詞,然帛書《老子》、竹書《老子》均出現過 1 次③。在《老子》書中,"執"有四義:一是捕捉罪人,如七十四章:"若使民常畏死,而爲奇者,吾得執而殺之,孰敢?"二是依憑、持守,如三十五章:"執大象,天下往。"三是把持、占有,如二十九章:"天下神器,不可爲也。爲者敗之,執者失之。"四是手拿、手握,如七十九章:"是以聖人執左契,而不責於人。"只有這樣細分出來,我們才能解釋《老子》中"執"與"無執"説法的矛盾。老子講"執"時,取依憑、持守之義,其對象是道、大象、一;講"無執"時,取把持、占有之義,其對象是天下、萬物。

《文子》並没有改變老子對"執"的這些用法,但把"執一"與"無爲"連在一起使用尚屬首次。文子認爲,聖王執一就是見小,無爲就是守静。天地萬物乃大器,所以不能執爲,只能因循。文子這裏説的"一"正與"大器"相對。竹簡《文子》云:"2246文子曰:'一者,萬物之始也。'平王曰:'[何]……'。"④又云:"'0607萬物?'文子曰:'萬物者,天地之謂也。'"⑤可知,天地是萬物的總稱,一即是天地之始。按照老子的説法,"無名,天地之始","道恒無名",因此,"一"可以代稱"道",聖王執一即是依憑和持守道的原理。在文子看來,"以道立天下"的規律,便是"0581産於有,始於弱而成於强,始於柔而……2331於短而成於長,始於寡而成於衆,

---

① 河北省文物研究所定州漢簡整理小組《定州西漢中山懷王墓竹簡〈文子〉釋文》,《文物》1995 年第 12 期,第 29 頁。

② 王利器《文子疏義》,中華書局 2000 年版,第 231~232 頁。

③ 如帛書甲本:"曲則金(全),枉則定(正),窪則盈,敝則新,少則得,多則惑。是以聲(聖)人執一以爲天下牧。"竹書本:"曲則全,枉則正;窪則盈,敝則新;少則得,多則或。是以聖人執一以爲天下牧。""聖人執一以爲天下牧",今本作"聖人抱一爲天下式"。

④ 《定州西漢中山懷王墓竹簡〈文子〉釋文》,第 29 頁。

⑤ 同上,第 32 頁。

始……"①,便是"0899[高始於]下,先始於後,大始於小,多始於少"②。那麼,聖王執一,就是要持守弱、柔、短、寡、下、後、小、少,要"0595 觀之難事,道於易也;大事,道於細也"③。這也就是文子所說的"見小故能成其大功"。文子提出的"執一無爲",顯然是對老子正反相隨、正反互轉理論的運用,也是對帛書《老子》乙本中"曲則全,枉則正,窪則盈,獘則新,少則得,多則惑,是以聖人執一以爲天下牧"觀點的進一步發揮,體現了無爲而無不爲的原則。文子將執一與無爲連用,無疑遵循了老子思想的理路。至於守靜無爲的觀點,亦是源自老子,並無新意。

但值得注意的是,文子的執一無爲,完全是針對統治者而提出。他認爲,能做到見小守靜,就能大而不衰、高而不危,能大而不衰、高而不危,就能富有天下,貴爲天子,長守富貴。這明顯具有世俗功利的目的,與老子不同。竹簡《文子》出現"帝王"3 次,"天子"5 次,"王侯"1 次,"聖王"4 次,"王者"6 次。此足以證明文子提出的執一無爲,正在逐漸演變成帝王之術。文子說:"2419 王者[一道]。"又說:"2385 故王道唯德乎!臣故曰一道。"王者一道,即是執一御多,以易馭難,以小成大,而一道唯在於"德"。"以道王者,德也"④,道與德已合二爲一。可見,文子消除了老子之道的形而上色彩,將其實化。在此基礎上,他明確提出以道德治天下的主張:

> 0885 平王曰:"爲正(政)奈何?"文[子曰:"御之以道,□]0707 之以德,勿視以賢,勿加以力,□以□□2205□[言。"平王曰:"御]……2324□□以賢則民自足,毋加以力則民自……0876 可以治國,不御以道,則民離散不養。……0826 則民倍(背)反(叛);視之賢,則民疾諍;加以以□,0898 則民苛兆(逃)。民離散,則國執(勢)衰,民倍(背)……0886[上位危。"平王曰:"行此四者何如?"文子]⑤

> 文子問政。老子曰:"御之以道,養之以德,無示以賢,無加以力,損而執一,無處可利,無見可欲,方而不割,廉而不劌,無矜無伐。御之以道則民附,養之以德則民服,無示以賢則民足,無加以力則民樸。無示以賢者儉也,無加以力者不敢也。下以聚之,略以取之,儉以自全,不敢自安。不下則離散,弗養則背叛,示以賢則民爭,加以力則民怨。離散則國勢衰,民叛則上無威,人爭則輕爲非,下怨其上則位危。四者誠修,正道幾矣。"⑥

以道德治天下,就要排斥智巧、武力這些導致統治者妄作妄爲的因素。只要統治者以道御民,

---

① 《定州西漢中山懷王墓竹簡〈文子〉釋文》,第 27 頁。
② 同上,第 30 頁。
③ 同上,第 31 頁。
④ 王利器《文子疏義》,第 235 頁。
⑤ 《定州西漢中山懷王墓竹簡〈文子〉釋文》,第 30 頁。
⑥ 王利器《文子疏義》,第 242~243 頁。

以德養民,不用智巧,勿尚武力,民衆自然會依附、臣服,自然會自足、自樸。否則,統治者就要權位不保,國家就要衰微。這些觀點無疑是承自於老子,是對老子無爲之治更加具體,更加實際的闡述。

爲使自己的主張更有吸引力,文子對待仁、義、禮等儒家教義,並没有像老子那樣采取貶斥的態度。相反,他把這三者都納入到了自己的治國思想中,使道、德、仁、義、禮並行而不悖。竹簡《文子》存有大量肯定仁義的殘言斷語,其云:"……0591 踰節謂之無禮。毋德者則下怨,0895 無[仁]0960 則下諍,無義則下暴,無禮則下亂。四 0811[者不]立,謂之無道,而國不[亡者,未之有也]。"①無德、無仁、無義、無禮,則國將不國。可見,文子把老子對仁、義、禮的反感轉變成了親近,有意折衷老子與孔子的主張,使之成爲更容易被統治者接受的一般思想。從這個方面説,文子所主張的無爲之治,已有融合道、儒之趨向。

三、内外俱泯:列子"貴虚"的無爲主張

列子,即列禦寇,與鄭子陽(死於公元前 398 年)同時②,隱姓埋名在鄭國生活了四十年,後入衛國,曾師事關尹喜、壺丘子林和老商氏,亦可謂老子的再傳弟子。司馬遷未爲列子作傳,其生平事迹不詳。據《漢書·藝文志》,有《列子》八篇傳於世。書中多稱"子列子",可知此書是由列子弟子主要追記其師言行編撰而成,但並非全是列子思想的體現。今傳《列子》一書,自柳宗元質疑開始,逐漸被許多學者認定爲僞書,但仍有不少學者認爲是真書,遂形成針鋒相對的兩派觀點。

作爲僞書,《列子》有時被斷定爲漢時作品③,有時被認爲是魏晉人士所造④,有時又被直接認爲是東晉張湛所造⑤。然而,《列子·周穆王》所描述的穆王"駕八駿之乘",與西晉太康二年(281)出土的戰國魏襄王之前(公元前 296 年)的古書《穆天子傳》中的叙述一樣,這就基本

---

① 《定州西漢中山懷王墓竹簡〈文子〉釋文》,第 29 頁。
② 《莊子·讓王》《吕氏春秋·先識覽·觀世》《列子·説符》等篇皆載列子與鄭子陽之事:"子列子窮,容貌有飢色。客有言之於鄭子陽曰:'列禦寇,蓋有道之士也,居君之國而窮,君無乃爲不好士乎?'鄭子陽即令官遺之粟。子列子見使者,再拜而辭。使者去,子列子入,其妻望之而拊心曰:'妾聞爲有道者之妻子,皆得佚樂,今有飢色。君過而遺先生食,先生不受,豈不命邪?'子列子笑謂之曰:'君非自知我也。以人之言而遺我粟,至其罪我也又且以人之言,此吾所以不受也。'其卒,民果作難而殺子陽。"據《史記·鄭世家》,(鄭繻公)二十五年(前 398 年),鄭君殺其相子陽。由此可知,列子生活在公元前 398 年前後,爲戰國初期人。列禦寇當時被稱作有道之士,年齡應該在 60 歲上下,所以列子當生於公元前 458 年前後。
③ 見劉汝霖《周秦諸子考》,文化學社民國十八年版,第 70~72 頁。
④ 見張心澂《僞書通考》,商務印書館 1957 年版,第 825 頁。
⑤ 見梁啓超《古書真僞及其年代》,中華書局 1936 年版,第 48~49 頁。

否定了《列子》是漢魏時人僞造的觀點。此外,《淮南子·繆稱訓》所謂"列子學壺子,觀景柱而知持後矣",其寓言故事僅見於《列子·説符》;皇甫謐(215—282)《高士傳》記壺丘子林與列子談好遊之事、列子與尹生的對話也分別僅見於《列子·仲尼》和《列子·黄帝》;張華(232—300)《博物志》卷八《史補》記"二小兒辯日"事亦自稱出於《列子》。這些材料又相當於否定了《列子》是東晉人張湛僞造的觀點。持僞書觀點的學者,大都犯了以局部否定整體的錯誤。今本《列子》應是在古殘本《列子》的基礎上改動、增益、拼湊出來的,其中保留了古本的部分内容殆無可疑。

我們或許可以借助其他文獻的記載來分辨出古本的一些内容,從而瞭解列子的無爲思想。《吕氏春秋·審分覽·不二》:"子列子貴虛。"關於"貴虛",《列子·天瑞》的記述更爲詳細:

> 或謂子列子曰:"子奚貴虛?"列子曰:"虛者無貴也。"子列子曰:"非其名也,莫如靜,莫如虛。靜也虛也,得其居矣;取也與也,失其所矣。事之破碼而後有舞仁義者,弗能復也。"①

去名之害,莫如虛靜。保持虛靜,方能使心有所安。向外界不停地索取贈與,只會導致心無所處,即使舞弄仁義,也不能補救這種心無所安的混亂狀態。顯然,列子反對世俗的取與之爲,強調内心的虛靜與安穩。這是對老子虛靜無爲思想的繼承。

又《莊子·逍遥遊》:"夫列子御風而行,泠然善也,旬有五日而後反。彼於致福者,未數數然也。此雖免乎行,猶有所待者也。"關於列子御風,《列子·黄帝》也有相關記述:

> 列子師老商氏,友伯高子,進二子之道,乘風而歸。尹生聞之,從列子居,數月不省舍……列子曰:"曩吾以汝爲達,今汝之鄙至此乎。姬!將告汝所學於夫子者矣。自吾之事夫子友若人也,三年之後,心不敢念是非,口不敢言利害,始得夫子一眄而已。五年之後,心庚念是非,口庚言利害,夫子始一解顔而笑。七年之後,從心之所念,庚無是非;從口之所言,庚無利害,夫子始一引吾並席而坐。九年之後,横心之所念,横口之所言,亦不知我之是非利害歟,亦不知彼之是非利害歟;亦不知夫子之爲我師,若人之爲我友:内外進矣。而後眼如耳,耳如鼻,鼻如口,無不同也。心凝形釋,骨肉都融,不覺形之所倚,足之所履,隨風東西,猶木葉幹殼。竟不知風乘我邪?我乘風乎?今女居先生之門,曾未浹時,而慼憾者再三。女之片體將氣所不受,汝之一節將地所不載。履虛乘風,其可幾乎?"尹生甚怍,屏息良久,不敢復言。②

---

① 楊伯峻《列子集釋》,第28~29頁。
② 同上,第46~48頁。

列子的這番長篇大論,是對虛靜無爲觀點的進一步闡述,描繪了自己從不敢言是非利害,到率性而言是非利害,再到分辨不清彼我之是非利害,再到人我、物我兩忘的修心過程。可見,他所主張的無爲,要求完全消泯個人的主觀意志和情感,甚至自身感官的感覺差别,就像乾枯的樹葉皮殼一樣,以此達到一個彼我不分、内外俱泯的玄妙之境。莊子學派的"心齋""坐忘"理論,即是來源於此。列子將虛靜無爲引向一種極端的彼我不分、内外俱泯的精神境界,這顯然是老子無爲思想中所不包含的新觀點。

又《淮南子·繆稱訓》:"列子學壺子,觀景柱而知持後矣。"《列子·説符》亦有更爲詳細的記述:

  子列子學於壺丘子林。壺丘子林曰:"子知持後,則可言持身矣。"列子曰:"願聞持後。"曰:"顧若影,則知之。"列子顧而觀影:形枉則影曲,形直則影正,然則枉直隨形而不在影,屈申任物而不在我。此之謂持後而處先。①

形是實,影爲虛;形是主,影爲客;影隨形變。把自我置於影(虛像)的這面,不取實而取虛,不爲主而爲客,不執於自我而順應萬物之自然。這就是持後論的内涵②,用之於修身處世,則常常能獲得"處先"的效果。顯然,列子的持後論是對老子不爭不先、外身身存、後身身先觀點的形象化闡述,並無有實質性的突破。

以上討論的都是列子以無爲來修身處世的思想,《戰國策》則有一段文字反映了他以之治國的理念:

  史疾爲韓使楚,楚王問曰:"客何方所循?"曰:"治列子圉寇之言。"曰:"何貴?"曰:"貴正。"王曰:"正亦可爲國乎?"曰:"可。"王曰:"楚國多盗,正可以圉盗乎?"曰:"可。"曰:"以正圉盗,奈何?"頃間有鵲止於屋上者,曰:"請問楚人謂此鳥何?"王曰:"謂之鵲。"曰:"謂之烏,可乎?"曰:"不可。"曰:"今王之國有柱國、令尹、司馬、典令,其任官置吏,必曰廉潔勝任。今盗賊公行,而弗能禁也,此烏不爲烏,鵲不爲鵲也。"③

史疾研習列子言論,這說明列子的學說曾經受到重視,也可以作爲《列子》一書在先秦時期即已形成的一個證據。"烏不爲烏,鵲不爲鵲",説明的是名不副實,所以"正"就是正名。列子重

---

① 楊伯峻《列子集釋》,第239頁。
② 唐代盧重玄解釋説:"夫影由形立,曲直在於形生。形由神存,真僞在於神用。若見影而形辯,知形而神彰。不責影以正身,不執身以明道;觀其末而知其本,因其著而識其微,然後能常處先矣。"(高守元《冲虛至德真經四解》)此引入"神"一詞,不符合列子原意。
③ 劉向集録《戰國策》,上海古籍出版社1985年版,第992頁。

視正名,這可能與他接受早期名家和黃老學派的學説有關,但與孔子的正名思想還是有區別的。孔子之正名主要强調身份等級的不可僭越,列子之正名則强調循名責實,百官各司其職,各行其是,必須名實相副。正名做好了,君主就可以無爲而治了。可見,列子"貴正"的觀點,與老子主張無名的説法相距甚遠,是對老子無爲之治的改造。

四、内外分明:楊朱"貴己""全生"的無爲主張

《孟子》《莊子》《韓非子》等典籍,皆將楊朱、墨翟並稱,並記載了楊、墨的學説盛行一時的歷史事實①。由此可知,楊朱的生活年代當與墨子很接近,或許比列子要更早一些。楊朱學説雖盛行一時,但很快被邊緣化,隨即沉寂、失傳。導致這一情况的最大原因,可能是受到了同時代及後來一些學者的激烈批判和排斥。如今,記載楊朱及其思想的可靠文獻屈指可數,而且大都只是隻言片語。《列子》被視作僞書後,其《楊朱》篇也變得不可靠了。很多疑古者時有主觀臆測,其結論自然難以服衆人之心。《列子》張湛序説:"遭永嘉之亂,與潁根同避難南行……先君所録書中有《列子》八篇,及至江南,僅有存者。《列子》唯餘《楊朱》《説符》《目録》三卷。"②遭遇世亂,書籍散失是很正常的事情,張湛没有理由爲了作僞而編造這樣的經歷。《楊朱》篇極有可能就是今本《列子》所保存的古本内容之一。爲謹慎起見,筆者討論楊朱的無爲思想也將以其他文獻所記爲主,以《列子·楊朱》的相關内容爲輔。

對於楊朱思想,朱熹有一段評論:"楊朱看來不似義,他全是老子之學。只是個逍遥物外,僅足其身,不屑世務之人。只是他自要其身界限齊整,不相侵越,微似義耳,然終不似也。"③認爲楊朱的學説全部來自老子,楊朱本人是一個逃避俗務、明哲保身的人,非儒家眼中的義士。但朱熹所總結的"自要其身界限齊整,不相侵越",可以説是對楊朱思想的精準把握,爲我們理解楊朱的無爲主張提供了極好的注腳。所謂"界限齊整",就是要内外分明,即"我"與"天下"界限分明;所謂"不相侵越",就是要各守其界,即"我"不利"天下","天下"亦不爲"我"。"我"不利"天下",即是"貴己";"天下"不爲"我",即是"全生"。只要社會中每個個體都能"貴己""全生",即"人人不損一毫,人人不利天下",那麽社會就會不治而治,終得大治。此便是楊朱無爲之治思想的精髓。

"貴己"是取於《吕氏春秋·不二》"陽子貴己"之説。但孟子卻用"爲我"一詞來批判楊朱,他説:"楊子取爲我,拔一毛而利天下,不爲也。墨子兼愛,摩頂放踵,利天下,爲之。"(《孟子·

---

① 如《孟子·滕文公》:"聖王不作,諸侯放恣,處士橫議,楊朱、墨翟之言盈天下,天下之言,不歸楊則歸墨。"《莊子·胠篋》:"削曾、史之行,鉗楊、墨之口,攘棄仁義,而天下之德始玄同矣。"
② 楊伯峻《列子集釋》,第279頁。
③ 黎靖德編《朱子語類》,中華書局1986年版,第1321頁。

盡心》)又說:"楊氏爲我,是無君也;墨氏兼愛,是無父也。"(《孟子·滕文公》)楊朱"拔一毛而利天下,不爲也"的說法,又詳見於《列子·楊朱》:

> 楊朱曰:"伯成子高不以一毫利物,舍國而隱耕。大禹不以一身自利,一體偏枯。古之人,損一毫利天下,不與也;悉天下奉一身,不取也。人人不損一毫,人人不利天下,天下治矣。"禽子問楊朱曰:"去子體之一毛,以濟一世,汝爲之乎?"楊子曰:"世固非一毛之所濟。"禽子曰:"假濟,爲之乎?"楊子弗應。①

從這段文字看,孟子以"爲我"來批判楊朱,顯然不夠妥當。孟子只看到了"損一毫利天下,不與也"的這一面,卻沒有注意到"悉天下奉一身,不取也"的另一面。韓非子批評楊朱,也犯了與孟子同樣的錯誤。他說:"今有人於此,義不入危城,不處軍旅,不以天下大利易其脛一毛。世主必從而禮之,貴其智而高其行,以爲輕物重生之士也。"(《韓非子·顯學》)在楊朱看來,傷害自己去爲天下謀求好處,或者征服天下以滿足自己,都是不足取的。因此,用"爲我"或者"輕物重生"來解釋楊朱"拔一毛"之說都是片面的。尤其是孟子的說法,容易使人誤解爲楊朱只是個自私主義者。楊朱"不與""不取"的說辭,顯示出他慎重於有爲的態度,此與老子的無爲是相通的,只是老子立足於道,而楊朱立足於個人本身。

楊朱認爲,如果社會的每個個體都能管理好自身,不越過自然的、法定的或約定俗成的界限,去侵犯其他個體,不自負地以社會爲己任,那麽整個社會就能不治而治。很顯然,這是對老子無爲自化思想的改造和應用。老子的無爲之治,僅對統治者提出了要求,並未對社會個體提出要求。在老子的眼中,只要統治者不違背道的性質和原理,守持無爲、好静、無事、無欲的原則,社會個體自然可以自化、自正、自富、自樸,整個社會自然可以不治而治。楊朱則罕言天道,將思考的着力點放在了個人之本身。他深刻地洞悉了人性,把無爲之治建立在對社會個體的規範之上,自律則是規範社會個體最重要的手段。這不能不說是楊朱對老子無爲思想的一種發展。

雖然楊朱提出了一種嶄新的無爲而治的社會治理模式,但他沒有深入討論下去,而是把更多的精力花費在思考個人的生命與價值等問題上。《淮南子·氾論訓》云:"兼愛尚賢,右鬼非命,墨子之所立也,而楊子非之。全性保真,不以物累形,楊子之所立也,而孟子非之。"②楊朱非議墨子,應該是基於墨子不顧自身而自負地以天下爲己任的主張和行爲③。與墨子相反,

---

① 楊伯峻《列子集釋》,第230頁。
② 張雙棣《淮南子校釋(增訂本)》,北京大學出版社2013年版,第1407頁。
③ 《莊子·天下》説:"今墨子獨生不歌,死不服,桐棺三寸而無槨,以爲法式。以此教人,恐不愛人;以此自行,固不愛己。未敗墨子道。雖然,歌而非歌,哭而非哭,樂而非樂,是果類乎? 其生也勤,其死也薄,其道大觳;使人憂,使人悲,其行難爲也,恐其不可以爲聖人之道,反天下之心,天下不堪。墨子雖獨能任,奈天下何! 離於天下,其去王也遠矣。"從莊子學派對墨子的這些批評中,我們也能大致瞭解楊朱的意見。

在社會與個體的權衡上，楊朱顯然更注重於後者，同時更明白社會是由個體組成的道理。所以，他強調個體生命的重要和自得，提倡社會個體的全生保真。《淮南子》"全性保真，不以物累形"之說，在《列子·楊朱》闡述得很詳細：

> 人肖天地之類，懷五常之性，有生之最靈者也。人者，爪牙不足以供守衛，肌膚不足以自捍御，趨走不足以從利逃害，無毛羽以禦寒暑，必將資物以爲養，任智而不恃力。故智之所貴，存我爲貴；力之所賤，侵物爲賤。然身非我有也，既生，不得不全之；物非我有也，既有，不得而去之。身固生之主，物亦養之主。雖全生，不可有其身；雖不去物，不可有其物。有其物有其身，是横私天下之身，横私天下之物。不横私天下之身，不横私天下之物者，其唯聖人乎！①

楊朱講"全生"，但同時也講"身非我有"，故與貪生不同；楊朱講"存我"，但同時也講不侵占外物，故與自私不同。可見，楊朱關於全生的思考是非常理性的，與老子隨順自然、反對厚身益生的無爲修身思想是一致的。楊朱與孟孫陽的一段對話，進一步體現了這些主張：

> 孟孫陽問楊朱曰："有人於此，貴生愛身，以蘄不死，可乎？"曰："理無不死。""以蘄久生，可乎？"曰："理無久生。生非貴之所能存，身非愛之所能厚。且久生奚爲？五情好惡，古猶今也；四體安危，古猶今也；世事苦樂，古猶今也；變易治亂，古猶今也。既聞之矣，既見之矣，既更之矣，百年猶厭其多，況久生之苦也乎？"孟孫陽曰："若然，速亡愈於久生，則踐鋒刃，入湯火，得所志矣。"楊子曰："不然。既生，則廢而任之，究其所欲，以俟於死。將死，則廢而任之，究其所之，以放於盡。無不廢，無不任，何遽遲速於其間乎？"②

貴生非能存生，愛身非能厚身，生命與身體都是自然所賦予的，人之有意作爲都不能增益其間。以不死和長壽爲目的的貴生愛身行爲，皆非楊朱所主張的全生。"廢而任之"是其全生的根本方法。廢，即無意於樂生惡死；任，即不壓制自然的欲望和行爲；廢而任之，即是無條件順應人自然的生死過程和原始欲望。與老子相比，楊朱不再強調道的根據，不再強調"鎮之以無名之樸"。因此，他所主張的全生容易帶來縱欲的危險。

---

① 楊伯峻《列子集釋》，第234～235頁。五常之性，張湛注曰："類同陰陽，性稟五行也。"其中"五常"，非董仲舒所指的仁、義、禮、智、信。這段引文從開頭至"任智而不恃力"，班固《漢書·刑法志》作："夫人宵天地之貌，懷五常之性，聰明精粹，有生之最靈者也。爪牙不足以供者欲，趨走不足以避利害，無毛羽以禦寒暑，必將役物以爲養，任智而不恃力。"當是襲用《列子》而來，由此更可證明《列子·楊朱》的真實性。
② 楊伯峻《列子集釋》，第229～230頁。

当然,杨朱也看到了这一点,对老子"名与身孰亲,身与货孰多,得与亡孰病"的观点作了详细阐发。他说:"生民之不得休息,为四事故:一为寿,二为名,三为位,四为货。有此四者,畏鬼,畏人,畏威,畏刑,此谓之遁民也。可杀可活,制命在外。不逆命,何羡寿?不矜贵,何羡名?不要势,何羡位?不贪富,何羡货?此之谓顺民也。"①顺民与遁民的差别,就在于能否抑制不顾自身而向外逐物的行为,能否做到不逆命、不矜贵、不要势、不贪富。即使是社会所认同的善行、善名,在杨朱看来也需要慎重为之②。这说明杨朱在一定程度上是要求控制欲望的,反映了他以无为而全生、顺自然而养生的思想主张。

刘笑敢先生说:"对于老子来说,无为可以导致一个更好的人类社会,引导一个更加自然而平和的发展。而杨朱的无为则在于全身,没有任何社会性的目的。这是无为理论的第一次转变。"③认为杨朱的无为思想没有任何社会性的目的,似乎不合于事实。依笔者看,杨朱无为而全身的主张,正是为了造就适应其无为之治模式的理想社会个体。全生保真就是人人不损一毫,不以物累形就是人人不利天下,由此达到天下大治的社会效果。所以,杨朱并未割裂其全生理论与社会治理的关联。以每个个体的全生保真来实现整个社会的无为而治,尽管理想色彩依然浓厚,但确是老子无为思想的一次大转变。

结　语

总之,以关尹子、文子、列子、杨朱为代表的老学早期学者,基本上是沿着内以修身、外以治国的方向,对老子无为思想作了富有个性的拓展。关尹子谈无为,着重于内在精神的寂清,主张"在己无居",消除一切自主意识和行为,完全被动地与外界回应,做到绝对的无己,以保持内心的澄明,但并不是"聚块""积尘"式的僵死不化的无为。这些主张直接启发了庄子"至人无己"的观点。文子谈无为,注重由"内圣"达到"外王"的实际功用,主张王者应"执一无为","见小""守静",以期成大功,立大业,并主张把道、德与仁、义、礼融于一炉,用以治国。从这个方面说,文子可谓黄老学者之初祖,其无为思想已有融合孔、老的趋向,具有明显的用世精神。列子谈无为,则立足于修心养神,主张渐泯于内而终忘于外,彼我不分,物我同一,以臻

---

① 杨伯峻《列子集释》,第235~236页。
② 《韩非子·说林》记载:"杨子过于宋东之逆旅,有妾二人,其恶者贵,美者贱。杨子问其故,逆旅之父答曰:'美者自美,吾不知其美也;恶者自恶,吾不知其恶也。'杨子谓弟子曰:'行贤而去自贤之心,焉往而不美。'"最后一句,《列子·黄帝》作:"弟子记之!行贤而去自贤之行,安往而不爱哉!"《列子·杨朱》载杨朱之语:"行善不以为名,而名从之;名不与利期,而利归之;利不与争期,而争及之:故君子必慎为善。"皆能表明这一点。
③ 刘笑敢《无为思想的发展——从〈老子〉到〈淮南子〉》,《中华文化论坛》1996年第2期,第95页。

至虛静玄妙之境。列子的無爲主張,與關尹較爲接近,都是要達到精神上的虛静之境,但列子更加强調物我的相通合一。他的這些主張直接影響到了莊子學派"坐忘""心齋"的理論。楊朱談無爲,正與列子相反,要求分清彼我,不要相互侵越各自的界限,主張個人應"貴己""全生","人人不損一毫","人人不利天下",以保證每個個體的自我齊整,從而達到整個社會的大治。可以説,楊朱"貴己"的無爲而治思想,是對老子思想的全新改造,是一次理論上的大轉變,可惜未能爲世人所認同。這些老學早期學者對老子無爲思想的拓展,都是有益的探索,極大豐富了它的内涵,在其發展過程中具有承前啓後的地位。

[**作者簡介**] 李秀華(1976—),男,江西新餘人。華東師範大學文學博士、復旦大學哲學學院博士後,現爲台州學院副教授,主要從事先秦兩漢子學研究,著有《〈淮南子〉許高二注研究》,發表學術論文 30 餘篇。

莊子"逍遙遊"詮釋中的歧義現象析論*

——以"逍遙遊"題解爲中心的考察

暴慶剛

内容提要 《逍遙遊》向來被認爲是莊子著作中最爲重要的篇章,代表了莊子最爲重要的思想,然歷來對《逍遙遊》主旨的理解卻衆説紛紜,頗多歧義。題解作爲對詩文典籍題目的注解,反映了注者對文本主旨的整體看法。以"逍遙遊"題解爲視角去揭示注者對莊子逍遙遊思想的不同理解是一種新穎而可行的路徑。文章通過對莊子"逍遙遊"題解較爲詳細的考察,揭示了歷代注者從自性、心、樂、無爲、遊於道、破知見得解脱、養氣、大同等方面對莊子"逍遙遊"主旨進行的不同詮釋。從經典詮釋的角度而言,"逍遙遊"題解中的這一歧義現象,涉及經典詮釋中的諸多問題,更多地關聯到新思想的創造,故有其合理性與必要性。同時,爲了較爲客觀地理解某種思想或文本,在考察各種相關的詮釋時,進行文本固有思想與詮釋者思想的區分也是十分必要的。

關鍵詞 莊子 逍遙遊 題解 經典詮釋

中圖分類號 B2

作爲《莊子》開篇的《逍遙遊》,向來被認爲是莊子著作中最爲重要的篇章,代表了莊子最爲重要的思想,甚至可稱之爲莊子思想的綱領。根據莊子對"逍遙"一詞的表述①及其在《逍遙遊》中所闡述的思想,可以大致確定其所説的逍遙,指的是通過"無己""無功""無名"的心靈境

---

* 本文是國家社會科學基金項目"儒釋道三教融合視閾下的宋代《莊子》解釋學研究"(16BZX045)的階段性成果。

① 如《莊子·逍遙遊》曰:"今子有大樹,患其無用,何不樹之於無何有之鄉,廣莫之野,彷徨乎無爲其側,逍遙乎寢卧其下,不夭斤斧,物無害者,無所可用,安所困苦哉!"《莊子·大宗師》曰:"芒然彷徨乎塵垢之外,逍遙乎無爲之業。彼又惡能憒憒然爲世俗之禮,以觀衆人之耳目哉!"《莊子·達生》曰:"子獨不聞夫至人之自行邪? 忘其肝膽,遺其耳目,芒然彷徨乎塵垢之外,逍遙乎無事之業,是謂爲而不恃,長而不宰。"

界提升、擺脱世俗之累而獲得的一種博大無礙、物我相冥的自由境界。然歷來對《逍遥遊》主旨的詮釋卻衆説紛紜,頗多歧義。值得注意的是,在注解或詮釋莊子此篇的著作中,有不少注者都對之作了題解。題解作爲對詩文典籍題目的注解,反映了注者對文本主旨的核心理解和整體看法。因此,通過管窺題解以瞭解注解者對文本思想的認識和看法是一種新穎而可行的路徑。本文即試圖通過對"逍遥遊"題解①的詳細考察,揭示莊子"逍遥遊"詮釋中的歧義現象,並對之進行學理的分析。

一、立足於"自性"解逍遥

《世説新語·文學》劉孝標注引魏晉時期向秀和郭象的"逍遥義"可以看作是已知最早的"逍遥遊"題解,其言曰:"向子期、郭子玄《逍遥義》曰:'夫大鵬之上九萬,尺鷃之起榆枋,小大雖差,各任其性。苟當其分,逍遥一也。然物之芸芸,同資有待,得其所待,然後逍遥耳。唯聖人與物冥而循大變,爲能無待而常通,豈獨自通而已。又從有待者不失其所待,不失,則同於大通矣。'"②因現存郭象《莊子注》是郭象在向秀注的基礎上"述而廣之"的結果,所以上述逍遥義被稱作"向郭義"。據上所述,向秀、郭象認爲逍遥分兩個層次:聖人之無待逍遥與衆生之有待逍遥。聖人能因循變化而與物冥合,"無待而常通",所以聖人不受任何外在條件的限制而常得逍遥。而芸芸衆生皆爲"有待"的存在,衆生之有待,實源自其各自性分的限制,但衆生只要得其所待,也即"各任其性,苟當其分"也同樣能得到逍遥,聖人之逍遥與衆生之逍遥在本質上是一樣的。今本郭象《莊子注》"逍遥遊"的題解是:"夫小大雖殊,而放於自得之場,則物任其性,事稱其能,各當其分,逍遥一也,豈容勝負於其間哉!"③在郭注的題解中,原來向郭義中的聖人無待逍遥一層未被提及,而是從"任其性""稱其能""當其分"一端突出強調了逍遥的足性内涵,反映了郭象對逍遥的側重理解,因此郭象的逍遥義被稱爲"適性逍遥"。

就向秀、郭象逍遥義來説,其對聖人無待逍遥的理解與莊子是一致的,但其足性逍遥之説顯然有違莊子的逍遥之義。若以足性爲逍遥,則取消了通達逍遥境界的艱苦提升工夫而淪爲自性簡單的現實滿足,消解了逍遥的心靈超越性,實有價值下墮的危險。這種適性逍遥論的

---

① 若不作特别説明或注解,所引文獻均是各注者對"逍遥遊"所作題解的内容,引文僅標注題解所在的著作名稱。方勇先生主持編纂的《子藏·莊子卷》集歷代《莊子》注解之大成,而其《莊子纂要》又將歷代注解分門别類,以箋注、點評、分解等形式分列於《莊子》每節原文之後,尤爲條理井然。上述著作爲研究莊子及其思想提供了極大便利。爲行文及檢索之方便,本文所引"逍遥遊"題解的内容均以方先生的《莊子纂要》爲準,特此説明。
② 余嘉錫《世説新語箋疏》,上海古籍出版社1993年版,第220頁。
③ 郭象《莊子注》,方勇《莊子纂要》(壹),學苑出版社2012年版,第1頁。

出現受到當時才性論的影響①，更爲重要的是，此論因爲順應了魏晉士人追求個性、縱情肆意和自我解放的時代要求，所以此義一出即影響整個士林而爲時人所普遍接受，以至於"諸名賢所可鑽味，而不能拔理於郭、向之外"②。

向、郭以足性言逍遥的思路在後世亦有承接者，但對其魏晉時代特有的玄學思辨色彩則進行了淡化，而側重於自然天性的保持與呈現。如清周金然説："豁開眼界，廣宗明大也。大則無可用，無可用則無困苦，大鵬大雲大椿大瓠大樹，大而御風，乘雲氣御飛龍，無用之用，皆天遊也，何其逍遥也！"③其義爲，逍遥在於闡明"大"的道理，莊子《逍遥遊》中所説的大鵬、大雲、大椿、大瓠、大樹乃至列子御風及神人乘雲氣御飛龍，皆因其大而不能爲世所用。然正是此所謂大而無用避免了爲世所用的困苦，故皆能保持其自然天性，此即謂"天遊"，此即謂逍遥。爲明此義，周氏又以《秋水》《馬蹄》《山木》爲證。認爲《秋水》篇所論大小之辨、濮水濠梁上的魚樂之歎，及彷徨乎無爲，逍遥乎寢卧等，皆在於明天遊之逍遥；《馬蹄》則反言以見趣，馬受羈衡之苦，渾沌被鑿七竅而亡，皆因其自性之喪而失逍遥之趣；《山木》篇則就"無所用，安所困苦"下一轉語，以雁因不鳴無用而見殺，説明自然天性之保存與否無關於材與不材，其要則在於"乘道德而浮遊，一龍一蛇，與時俱化"，無論表現爲材與不材，其要皆以天性之保持爲鵠的。故周氏認爲，"上三篇即《逍遥遊》傳注也"④。由上可知，周氏以自然本性之絶對保持爲逍遥。

就以自性解逍遥的致思路徑而言，周氏與向、郭適性逍遥之義具有一定的承接性，但在思想實質上則又有所不同。因爲周氏完全基於萬物的自然本性而立説，而向、郭則將人爲的因素也歸併於萬物之自性，其所説的適性不僅包括對自然之性的順從，同時也包括對人爲因素的順從，如《莊子注·秋水》中説："人之生也，可不服牛乘馬乎？服牛乘馬，可不穿落之乎？牛馬不辭穿落者，天命之固當也。苟當乎天命，則雖寄之人事，而本在乎天也。"⑤《莊子注·馬蹄》中也説："馬之真性，非辭鞍而惡乘，但無羨於榮華。"⑥又説："夫善御者，將以盡其能也。……若乃任駑驥之力，適遲疾之分，雖則足迹接乎八荒之表，而衆馬之性全矣。"⑦這就將莊子所批判的服牛乘馬及落馬首穿牛鼻的人爲行爲也納入牛馬的自然之性，順從之即爲適性。就此而言，周氏的觀點實與莊子一致而與向、郭異其旨趣。

---

① 參見陳寅恪《逍遥遊向郭義及支遁義探源》，《陳寅恪集·金明館叢稿二編》，三聯書店2011年版，第93頁。
② 劉義慶《世説新語·文學》，余嘉錫《世説新語箋疏》，第220頁。
③ 周金然《南華經傳釋》，方勇《莊子纂要》（壹），第7頁。
④ 同上。
⑤ 郭慶藩《莊子集釋》，中華書局1961年版，第591頁。
⑥ 同上，第331頁。
⑦ 同上，第333頁。

二、立足於"心"解逍遥

向秀、郭象的適性逍遥義一直獨霸士林,直到東晉僧人支道林出纔一改這種狀況,並以自己的新義取而代之。慧皎《高僧傳·支遁傳》載,支遁曾在白馬寺與劉系之等談論莊子《逍遥遊》,劉系之等即以適性爲逍遥,支遁明確反對説:"不然,夫桀蹠以殘害爲性,若適性爲得者,彼亦逍遥矣。"於是,"退而注《逍遥篇》。群儒舊學,莫不歎伏"。①《世説新語·文學》説:"支道林在白馬寺中,將馮太常共語,因及《逍遥》。支卓然標新理於二家之表,立異義於衆賢之外,皆是諸名賢尋味之所不得,後遂用支理。"②劉孝標對支道林卓然標新的逍遥義有以下注引:"夫逍遥者,明至人之心也。莊生建言大道,而寄指鵬鷃。鵬以營生之路曠,故失適於體外;鷃以在近而笑遠,有矜伐於心内。至人乘天正而高興,遊無窮於放浪,物物而不物於物,則遥然不我得。玄感不爲,不疾而速,則逍然靡不適,此所以爲逍遥也。若夫有欲當其所足,足於所足,快然有似天真,猶饑者一飽,渴者一盈,豈忘烝嘗於糗糧,絶觴爵於醪醴哉!苟非至足,豈所以逍遥乎!"③由上觀之,支遁逍遥義之主旨是"明至人之心",也即逍遥指的是至人的一種精神境界,只有至足才能逍遥,那些自足其性、足於所足的芸芸衆生不能稱作逍遥。在向、郭逍遥義中,本有聖人無待逍遥一層,但支遁避開了這一層意涵,而將衆生之有待逍遥作爲其竭力批駁的對象。其理由有二:一是人的無窮欲望會導致對外物的無窮追逐,欲望的滿足雖然也能獲得"快然有似天真"的逍遥境界,但這種滿足僅能足於一時,只能是"猶饑者一飽,渴者一盈"的暫時快樂,並不能保證"忘烝嘗於糗糧,絶觴爵於醪醴",而有隨時下墮破裂的可能;二是以適性爲逍遥可能導致以殘害爲逍遥的危險,這爲社會道德所不容。因此,只有從心上超克一己之欲,在心上達到至足,才能從根本上獲得逍遥的境界。

支道林的逍遥義直接否定了向、郭以足性言逍遥的説法,將逍遥的關鍵由"性"扭轉到"心",這與莊子的本義倒比較接近。這種轉向的出現,學界一般認爲是受到了佛理的影響,如湯用彤先生認爲,支氏此論實爲佛教般若學之格義,與支道林所持的佛教即色義相一致④;陳寅恪先生則進一步説,支道林"借用道行般若之意旨,以解釋莊子之逍遥遊,實是當日河外先舊之格義。但在江東,則爲新理耳"⑤,也即佛學在江北傳播時此義就已存在,並非支氏首創。因此,説支遁"卓然標新理於二家之表,立異義於衆賢之外,皆是諸名賢尋味之所不得",雖有

---

① 慧皎等《高僧傳合集》,上海古籍出版社1991年版,第28頁。
② 余嘉錫《世説新語箋疏》,第220頁。
③ 見《世説新語·文學》劉孝標注引,方勇《莊子纂要》,第1頁。
④ 湯用彤《釋道安時代之般若學述略》,《湯用彤選集》,天津人民出版社1995年版,第154頁。
⑤ 陳寅恪《逍遥遊向郭義及支遁義探源》,《陳寅恪集·金明館叢稿二編》,第96~97頁。

過譽,但其在客觀上確實使"群儒舊學,莫不歎伏",並且取向郭義代之而被普遍接受,以至於後遂用支理,則是不爭的事實。可以說,支遁從"心"上進行的詮釋是魏晉時期對莊子逍遥思想認識的重要轉向,不僅意味着向、郭適性逍遥義在當時的終結,而且從某種意義上說也意味着向莊子逍遥本義的回歸。

以心體言逍遥的致思路徑,在後世的莊學詮釋中成爲主流,就對《逍遥遊》的題解而言亦代不乏人。明陸西星說:"夫人必大其心,而後可以入道,故内篇首之以《逍遥遊》。遊謂心與天遊也。逍遥者,汗漫自適之義。"①陸西星所理解的"遊",指通過"大其心"的提升工夫而使心與道合而爲一,與道合一即"心與天遊";而逍遥則指心體汗漫自適無所拘束之自得狀態。從其邏輯上看,遊是逍遥之前提,由遊而逍遥。在陸氏的理解中,"大其心"的工夫尤顯重要,他認爲"人之心體本自廣大,但以意見自小,横生障礙"②,也即因私意之見而使本自廣大的心體横生障礙而不得提升,所以莊子《逍遥遊》就"極意形容出個致廣大的道理,令人展拓胸次,空諸所有,一切不爲世故所累,然後可進於道"③。但陸氏所說的"致廣大"的道理,卻並非莊子道家所說的超越,而是儒家心學所說的氣節度量,他說:"昔人有云:'振衣千仞岡,濯足萬里流。'士君子不可無此氣節。海闊從魚躍,天高任鳥飛,大丈夫不可無此度量。白沙先生亦云:'若無天度量,爭得聖胚胎?'意蓋如此。"④從之可見濃厚的陽明心學與白沙心學的色彩。蓋陸氏注《莊子》已是在陽明心學廣泛流行之後,故不能不受時代思潮的影響,在理解莊子逍遥之義時摻入了儒家心學的因素。

明末的錢澄之認爲莊子之學在於一"遊"字,講的是出世之事,而遊之旨在於"無心",他對《逍遥遊》所作的題解是:"《易》之道盡於時,《莊》之學盡於遊。時者入世之事也,遊者出世之事也。唯能出世,斯能入世,即使入世,仍是出世。古德云:'我本無心於事,自然無事於心。'斯妙得遊之旨乎!七篇以《逍遥遊》始,以《應帝王》終,謂之應者,惟時至則然也。又曰:'應而不藏。'此其所以爲遊,此其所以逍遥歟?"⑤錢氏將《周易》之時變與莊子之遊並列而言,認爲"時"講入世之事,"遊"講出世之事,出世與入世並非隔絶而是密切相關,唯有出世方能入世,以出世之心入世,即使入世仍爲出世。而欲出世必須"無心",所謂"無心"即是時至則然、應而不藏,這就是逍遥遊。因此在錢氏看來,莊子之學與《易》道深相貫通。錢氏此論,蓋與其晚年經歷有關。錢澄之作爲明末遺民,身經鼎革動亂之後,在"徵召之命遍於岩穴"的境況下直接面臨的是如何出處進退的問題,錢氏通過注解《莊子》而從中獲得了通過"無心"以遊世的方法,其中實含有萬般無奈的悲情。正如《清史稿》本傳所說:"蓋澄之生值末季,離憂抑鬱,無所

---

① 陸西星《南華真經副墨》,方勇《莊子纂要》,第3頁。
② 同上。
③ 同上。
④ 同上。
⑤ 錢澄之《莊子詁》,方勇《莊子纂要》,第6頁。

泄,一寓之於言,故以《莊》繼《易》。"①四庫館臣則更爲明白地説:"蓋澄之丁明末造,發憤著書,以《離騷》寓其幽憂,而以《莊子》寓其解脱。"②由此觀之,錢氏對逍遥遊的詮釋實寄託了自身如何處世的思考,並從莊學中獲得了行事的方法啓示。

此外,明代李光縉所説的"遊者,心有天遊也;逍者,灑也;遥者,遠也。逍遥遠去,優遊自在也"③,沈一貫所説的"逍遥者,放任自得之名也。至人獨往獨來而敖倪於萬物之上,舉世無以纓紼其心,安往而不自得哉! 俯而視之,世味皆腥螻膻惡,世搆皆累塊積蘇而已"④,以及清孫嘉淦所説的"《逍遥遊》者,莊子之志也。……徒以有我之故,遂有功名,是生利害,故必無己,然後心大而能自得矣"⑤,如此等等皆是立於心體而言逍遥。

民國時期的李大防則直接説莊子之學是心學,其在"逍遥遊"題解中説:"《莊子》七篇,皆心學也。《逍遥遊》居七篇之首,尤爲莊子心學之綱宗。讀者宜知其主旨之所在。"⑥據此批評了以尺鷃未得逍遥而大鵬乃能自適和以大鵬、尺鷃各得逍遥的觀點,認爲前一種觀點"貴大賤小,顯失莊子齊物之旨,不攻自破矣"⑦,後一種觀點"於齊物之旨似合,而與此篇前後文義扞格難通"⑧。進而申述曰:"夫尺鷃騰躍,數仞而自矜,猶之乎智效一官者也。大鵬高飛,待風而後舉,猶之乎御風而行者也。此皆有所囿者也,此皆有所待者也,以此而謂之逍遥,則乘天地之正,御六氣之辯,以遊無窮者,又將何以名之哉?"⑨所以上述兩種觀點都是"不可通之説"。由此,"則知此篇所謂逍遥,非大鵬、斥鷃各適其適之所得而竊,必屬無己、無待之至人無疑也"⑩。據此指出:"(郭象)乘天地之正者,即是順萬物之性也;御六氣之辯者,即是遊變化之塗也"的觀點,"足知大鵬斥鷃、靈椿朝菌,萬物自然之變化,皆在至人順字、遊字之中,適成至人之逍摇矣。"⑪對於支遁"逍遥者,明至人之心也"和郭嵩燾"逍遥遊者,莊子用無端厓之詞以自喻也"的觀點深表贊同,認爲"詮釋甚當"。所以他説:"此篇以'至人無己'一句爲主旨,既無己,自無待,更何有乎功名? 故'神人無功'、'聖人無名'二句,亦是賓;'無己'二字,爲莊子心學之第一義,故於首篇揭明之。"⑫以至人無己爲逍遥遊主旨可謂深明莊子之義,然將其稱之爲心學則又

---

① 趙爾巽等《清史稿·錢澄之傳》,中華書局1977年版,第13843頁。
② 紀昀等《〈莊屈合詁〉提要》,《欽定四庫全書總目》卷一百三十四,中華書局1997年版,第1766頁。
③ 郭良翰《南華經薈解》引,方勇《莊子纂要》(壹),第4頁。
④ 沈一貫《莊子通》,方勇《莊子纂要》(壹),第4頁。
⑤ 孫嘉淦《南華通》,方勇《莊子纂要》(壹),第7~8頁。
⑥ 李大防《莊子王本集注》,方勇《莊子纂要》(壹),第10頁。
⑦ 同上。
⑧ 同上。
⑨ 同上,第10~11頁。
⑩ 同上,第11頁。
⑪ 同上。
⑫ 同上。

明顯帶有儒學的色彩,莊子之學非僅心學所能涵蓋。

從心體言逍遥,雖然延續了莊子論逍遥的致思路徑,但在觀點上又有明心、大其心、無心等說法,各家注者在闡述各自觀點的過程中融入了不同的思想因素,因此與莊子的逍遥本義又表現出旨趣上的差異。

三、以"無爲"解逍遥

《莊子·天運》言:"古之至人,假道於仁,托宿於義,以遊逍遥之虚,食於苟簡之田,立於不貸之圃。逍遥,無爲也;苟簡,易養也;不貸,無出也。"①又《大宗師》曰:"芒然彷徨乎塵垢之外,逍遥乎無爲之業。"②《達生》曰:"芒然彷徨乎塵垢之外,逍遥乎無事之業,是謂爲而不恃,長而不宰。"③莊子又以逍遥與無爲並言,表達至人心遊物外不爲世俗所拘的超然狀態。故後世亦有以無爲言逍遥的觀點。

唐成玄英《莊子序》引顧桐柏的觀點說:"逍者,銷也;遥者,遠也。銷盡有爲累,遠見無爲理。以斯而遊,故曰逍遥。"④顧氏爲何時人不見記載,成玄英將其觀點列於支遁之前,以此推測當爲魏晉時人。顧氏以有爲爲累,故當銷盡之,以此而顯無爲之理並以之而遊,即爲逍遥。顧氏所言逍遥之境,實與莊子相一致。只是在莊子的思想中,至人、真人或聖人本就是無己、無功、無名,故其當下即爲逍遥;而顧氏所言逍遥則突出"銷盡有爲累"的條件性及由此而獲致逍遥的過程性。

逍遥乎無爲在莊子那裏主要體現爲個體的超脫心境,包括超越於現實的政治之上。清楊沂孫則進一步突出其政治意涵,以政治上的無爲來闡釋逍遥。他說:"逍遥遊者,至人所遊道德之鄉也。一念不留,無入而不自得,一塵不染,無時而不自然,此其境矣。"⑤這種一念不留一塵不染的境界並非指至人不沾滯世俗的超越之境,而是指至人通過無爲之治使人各盡其職天下安静無事的社會和諧之境。對此楊氏認爲:"莊子學於子夏,希顏希孔,又服老子道德爲依歸,其學無所不窺,負内聖外王之具,抱起衰救敝之心,使其得位,則轉文勝而醇樸,息浮議而質行,删無謂之禮樂,祛欺世之仁義,俾卿相舉其綱,百官盡其職,工商用其能,士庶安其業,大君垂拱無爲而天下安静無事焉,此所謂道德矣。"⑥這是從莊子無爲的政治理想來闡述其逍遥

---

① 郭慶藩《莊子集釋》,第519頁。
② 同上,第268頁。
③ 同上,第663頁。
④ 同上,第6～7頁。
⑤ 楊沂孫《莊子正讀内篇》,方勇《莊子纂要》(壹),第8頁。
⑥ 同上。

之境:一方面莊子服膺老子之學,故必删無謂之禮樂,袪欺世之仁義;另一方面莊子又學於子夏,希顔希孔,所以必要的社會秩序又必須保留,即大君垂拱無爲而卿相百官士庶工商各安其職各盡其能。這種説法與郭象"各司其任,則上下咸得而無爲之理至矣"①的觀點非常相似,具有非常明顯的調和儒道的傾向。這就將莊子所説的逍遥由個體精神境界的提升拓展爲政治秩序的構建,從個體精神層面拓展爲群體的社會層面。而這種各安其位的和諧秩序需要至人的"無己","故曰:至人無己,神人無功,聖人無名。能無己而後能無功、無名,能無功無名而後能逍遥遊"②。至人其實所代表的就是現實中的君王。楊氏根據其對逍遥遊的理解,批評了現實社會中的有爲政治,"末世沾沾於仁義禮樂以爲治,皆未離乎功與名也。有功名之見存,即有己之見存,斯不能無爲而治,遠於道德之鄉,安可與言逍遥遊哉"③。楊氏此論帶有一定的社會批判性,是對莊子無爲逍遥觀點的進一步闡發。

四、以"樂"解逍遥

按逍遥本義即含自適自得之"樂"義,如唐陸德明説:"《逍遥遊》者,篇名,義取閑放不拘,怡適自得。"④但此中之所謂"樂",偏於心靈之灑脱閑放無拘無束,其中之"樂"實内含而未發。宋林希逸則直接説逍遥遊即是一"樂"字:"《逍遥遊》者,此篇所立之名也。内篇有七,皆以三字名之。遊者,心有天遊也;逍遥,言優遊自在也。《論語》之門人形容夫子只一'樂'字;《三百篇》之形容人物,如《南有樛木》、如《南山有臺》曰'樂只君子',亦止一'樂'字。此之所謂逍遥遊,即《詩》與《論語》所謂樂也。一部之書,以一'樂'字爲首,看這老子胸中如何?"⑤林氏將莊子的逍遥遊理解爲悠遊自在的心與天遊,從字面上看與莊子之意甚爲一致。然從其後面的論述來看,其所説的心與天遊卻並非莊子所説的經由無己無功無名而獲得的超脱自在,而是儒家所説的"樂",即如孔子"飯疏食飲水,曲肱而枕之,樂亦在其中矣"⑥之樂,也如顔回"一簞食,一瓢飲,在陋巷,人不堪其憂,回也不改其樂"⑦之樂,也是《詩經》中"樂只君子"之樂。顯然,林氏所説之樂包含有濃厚的儒家道德意藴,是在世俗社會中通過道德的修養而保持寬闊的胸襟和高潔的情趣,此種之"樂"正是宋代理學家所追求的理想人生境界,也即所謂"孔顔樂處"。

---

① 見郭象《莊子注·天道》,郭慶藩《莊子集釋》,第466頁。
② 楊沂孫《莊子正讀内篇》,方勇《莊子纂要》(壹),第8~9頁。
③ 同上,第9頁。
④ 陸德明《經典釋文》,方勇《莊子纂要》(壹),第2頁。
⑤ 林希逸《南華真經口義》,方勇《莊子纂要》(壹),第2頁。
⑥ 《論語·述而》,程樹德《論語集釋》,中華書局1990年版,第465頁。
⑦ 《論語·雍也》,程樹德《論語集釋》,第386頁。

以此而言,即將莊子的逍遥遊詮釋爲一種胸襟開闊的聖人氣象,顯然是理學思潮影響的結果,也是通過以儒解莊將莊學納入儒學之中而對儒學正統的堅持。對此林氏在《莊子口義發題》中説得更爲明白,他説讀《莊子》"是必精於《語》《孟》《中庸》《大學》等書,見理素定,識文字血脉,知禪宗解數,具此眼目而後知其言意一一有所歸着,未嘗不跌蕩,未嘗不戲劇,而大綱領、大宗旨未嘗與聖人異也"①,這就將莊子之學在大綱領大宗旨的層面與儒家之學進行了統一。

理學家所着意追求的"孔顔樂處",與理學對天理流行的道德體認直接相關,因此,與林氏所説的"樂"義相關,又有從天理活潑的層面闡釋莊子的逍遥遊之義。如清吳世尚即以"大"爲《逍遥遊》之綫索,但其所謂"大"則是指由天理流行所呈現之生機活潑。其言曰:"'逍遥遊'即今方言'活潑潑'三字也。'活潑潑'者,内外、本末、巨細、精粗,全體大用,兼該畢貫之謂也。是故鳶飛魚躍,道之活潑潑也;必有事焉而勿正,心之活潑潑也;四時行,百物生,天地之間無一而不活潑潑也。'活潑潑'所以爲大也,故一篇以'大'字作綫索。"②吳氏此論之"鳶飛魚躍""活潑潑",正是宋儒程子和朱熹所常討論的内容,吳氏用以形容莊子的逍遥遊,於道則表現爲天理流行的自然之妙;於人則表現爲通過心有專注克制私欲而達到的私欲净盡的境界;於物則表現爲四時有序百物自生的和諧狀態。凡此種種無一不是天理流行發用於日用之間的狀態寫照,若能體認此天理活潑流行,自能與天地上下同流,此即爲"性天之樂",這也正是清梅沖《莊子本義》對"逍遥遊"所作的題解:"逍遥,廣大自得之意。遊者,活潑流行,惟意所適也。此篇專言得道者之樂,至德凝道成聖之時,上下同流,性天之樂全焉,斯堯舜孔顔合一之詣也。"③故吳氏、梅氏之論皆是引莊子以比附儒家,受宋代儒學之影響至爲明顯。

五、以"遊於道"解逍遥

"道"作爲道家哲學的核心概念,不僅被設定爲世界的本原與本體,而且也是人的精神所能達到的一種最高境界。莊子《逍遥遊》所説的"若夫乘天地之正,而御六氣之辯,以遊無窮者,彼且惡乎待哉"④,以及《天下》中所説的"獨與天地精神往來而不敖倪於萬物,不譴是非,以與世俗處"⑤,所表徵的即是通過境界提升工夫而達到的與道合一狀態,在這種狀態中,人的精神超越物我的拘限而獲得絶對的自由自在,故與道合一狀態與莊子所説的逍遥遊具有内在本質的一致性。因此,後世亦不乏從"遊於道"的視角闡述逍遥遊者。

---

① 林希逸撰,周啓成校注《莊子盧齋口義校注》,中華書局1997年版,第1~2頁。
② 吳世尚《莊子解》,方勇《莊子纂要》(壹),第7頁。
③ 梅沖《莊子本義》,方勇《莊子纂要》(壹),第8頁。
④ 郭慶藩《莊子集釋》,第16頁。
⑤ 郭慶藩《莊子集釋》,第1098~1099頁。

宋劉辰翁在"逍遥遊"題解中説:"舊見郭解,以逍遥遊爲大小各適其分,意亦是之。今見林解,又以爲形容胸中廣大之樂,近之而非也。此篇文意,專主至大正(疑應"大"字斷句,"正"屬下讀。——作者注),不以二蟲小知爲然,郭解乃篇外意,林則知《逍遥》之名篇矣,不知《莊子》一部書專説遊意。其所謂遊,非縱觀宇宙之大而已,則其所謂樂者,亦非勝於蜩鳩斥鷃與爲人所羨而已,其必有所得也。老子曰:'吾遊於物之初。'莊子著書之意,欲人知天遊之樂,然終非耳目間意,……其第一義,使人知是寓言,且識所以遊者,則是書大略可睹已。"①在歷代逍遥遊詮釋中,郭象和林希逸的觀點非常具有代表性,劉辰翁則對之提出批評。雖然以前劉氏認爲郭象以足性言逍遥的説法是對的,但現在卻認爲其偏離了莊子的原義,因此説"郭解乃篇外意"。而林希逸以"形容胸中廣大之樂"解釋逍遥遊的觀點則"近之而非",因爲其只是固執於"逍遥遊"的篇名,以爲只要能够"縱觀宇宙之大"和"勝於蜩鳩尺鷃"就達到了逍遥。郭象和林希逸的觀點在劉氏看來都只不過是局限於"耳目間"的所謂逍遥遊,並非莊子所説的真正的逍遥遊。在劉氏看來,莊子的《逍遥遊》專門在於闡述"遊"的意涵,而所謂"遊"就是"天遊",就是老子所説的"吾遊於物之初"之"遊","物之初"即道,遊於物之初即是遊心於至大至虛的大道之境,故逍遥遊就是心遊於道。劉氏所言,比郭象、林希逸更接近莊子的逍遥遊本義。

明釋性通以道、德二字概括《莊子》的内外篇主旨,他認爲,所謂内外就是"道""德"二字,内以道言,外以德言。雖然内篇有七,但只發揮"道"之一字,而"道"之真諦在於治身,所以言内。外篇有十五,但只發揮"德"之一字。無爲爲之之爲德,其緒餘以爲天下國家,所以言外。這就使《莊子》内外篇有了一種邏輯上的聯結關係。因釋性通以"道"概括内篇的主旨,所以就"逍遥遊"而言:"逍遥遊者,遊於道也。惟道集虛,人能虛己遊世,其孰能害之?人之所以不得逍遥者,只爲有己私己愛,是以觸處罣礙。惟至人乘天地之正,遊於無何有之地,是以好惡不驚,死生不變,解脱無礙,入出自由,此其所以爲逍遥遊也。"②其義爲,道體虛寂,若能虛己以遊世則可與物無忤,故物不得相害。不得逍遥之根源在於心存私愛,故處處罣礙難通。唯有得道之至人能够與道相遊,乘天地之正,超越世俗好惡生死之累,故可解脱無礙入出自由,此即爲逍遥之遊。性通此解與莊子之意較爲契合,而其所謂"觸處罣礙""解脱無礙"諸語顯然有得於佛理,其作爲佛門高僧雜以佛理闡釋莊學亦在情理之中。

時至清代,以與道相遊解逍遥之義者尤爲多見。高秋月説:"逍遥,廣大自得之意。遊者,與道遊也。蓋聖人無我,心與道遊,則自然廣大。衆人爲形骸所累,役役於行名榮辱之間,甘爲世用,以入困苦之場,豈知聖人之心,超然物外,廣大自得者哉?"③高氏此論可謂深得莊子逍遥之義,並進而申述説,至人無己,神人無功,聖人無名,許由讓天下,神人不以天下爲事,堯見四子,窅然喪其天下,皆忘己忘功忘名者,凡此種種都在於闡明一個廣大的道理。此廣大並非

---

① 劉辰翁《莊子南華真經點校》,方勇《莊子纂要》(壹),第2頁。
② 釋性通《南華發覆》,方勇《莊子纂要》(壹),第3頁。
③ 高秋月《莊子釋意》,方勇《莊子纂要》(壹),第6頁。

世人所懷疑的大而無用,所以莊子又以大瓠、大樹作喻,言大則不當小,用無所可用,則無所困苦,而與道遊,這就是真正的逍遥遊。高氏還認爲《逍遥遊》統攝整個内篇,"此篇之義實該内篇,見其大則無我無物,而物論齊矣;無所困苦則神全精一,而養生得矣;遺名去智則物莫之傷,而人間可處矣;至人無己則外其形骸,而德充於内矣;逍遥自足則生死俱忘,而天下一矣;凝神自化則無爲而治,而混沌全矣"①。這就將《逍遥遊》主旨貫穿於整個内篇,使莊子逍遥的思想更爲凸顯。

劉鴻典則用與道冥一小大相齊的齊物論思想解釋逍遥遊:"道得於身,則天地非大,而吾身非小,其中妙境,有非可以言語形容者。"②莊子的逍遥之論正是"莊子於無可形容中,而以寓言出之,假形設象,極宇宙之奇觀,實只道其胸中所得耳"③。這是將逍遥遊理解爲莊子的自抒胸臆。

王闓運以"識道"解釋逍遥遊,但他所説之"道"似與莊子之道相去甚遠,而指向儒家的仁義之道。他説:"《消摇遊》者,言識道也。夫大化無朕,含生有智,智則七情之所由,情則至道之所蔽,苟不能冥歸草木,頑比金石,抑其智而將決,任其情而必争,争則害物者少,而害己者弘矣。夫伏屍於蝸角,不自知其國之微也;結昏於蟁睫,不自知其巢之危也。"④王氏認爲,人生而有智,智生七情,任情則生争奪。但人卻不知所争者至微而危害卻甚大,其原因就在於情對道的遮蔽而使人不知對智進行抑制。萬物之間相使相役都是因爲智的發用,所以最重要的不是如道家所説的絶聖棄智,而是要對智有所抑制,使之有利於仁,所以説"絶聖棄智,非有本之談,下學上達,乃天知之詣,傳曰'仁者安仁,知者利仁',《消摇遊》之義也"⑤。因此,王氏所説的"識道"並非識莊子道家之道,而是通過抑智息争而達到的儒家仁義之道。以此而解逍遥遊之義,顯然偏離了莊子的逍遥之趣而具有明顯的儒學化傾向。

相對於王闓運所闡釋的逍遥之義,郎懋學和陸樹芝的理解更契合莊子的本義。郎懋學説:"逍遥,汗漫自適之意。大意言道在天地之先,包天地,彌古今,體此道者,識趣高遠,胸襟闊大,快然自足於無爲無用之内而自適也。"⑥此言體認無限永恒之道,則識趣高遠胸襟闊大而得逍遥。陸樹芝則説:"南爲離明之方,華爲精英之發,言發揮道妙,光明英華也。遊者,身之所寄;逍遥者,徜徉自得,高遠而無拘束也。莊子以爲人當全體太極,直與天地同運,乃與造物者遊,而爲逍遥之極則。"⑦以此立論,陸氏認爲如鵬之飛搏,自凡鳥觀之大且遠矣,然必待風而

---

① 高秋月《莊子釋意》,方勇《莊子纂要》(壹),第 6～7 頁。
② 劉鴻典《莊子約解》,方勇《莊子纂要》(壹),第 9 頁。
③ 同上。
④ 王闓運《莊子内雜篇注》,方勇《莊子纂要》(壹),第 9 頁。
⑤ 同上。
⑥ 郎懋學《南華經參注》,方勇《莊子纂要》(壹),第 8 頁。
⑦ 陸樹芝《莊子雪》,方勇《莊子纂要》(壹),第 8 頁。

後可;列子御風而行,自衆人視之大且遠矣,然亦有待於天地之以風相吹,與大鵬無異。故鵬與列子皆"非逍遥之至也"。真正的逍遥在陸氏看來正是莊子所説的"乘天地之正,而御六氣之辯",所以,"唯配陰陽而順六氣,以遊無窮,斯真逍遥之極矣"①。由此可見,陸氏所論正是以莊解莊,甚契合於莊子之旨。

六、以"破知見""得解脱"解逍遥

佛教自漢初傳入中國就開始了與中國固有文化相互滲透的過程,尤其與道家思想結合得更爲緊密,最初的佛教格義主要就是以道家的概念範疇和義理解釋佛理。在佛道逐漸融合的過程中,亦出現用佛理解釋道家思想的情況。最早以佛理詮釋莊子思想的當屬支遁,已如前述。但支氏的詮釋僅限於受佛理的影響,還未廣泛地引用佛學的概念和義理。在後世亦很少有全以佛理詮釋莊學者,多是將佛理雜糅於其他思想之中。不過在對"逍遥遊"的題解中卻不乏以佛理進行詮釋的明確表達,以此可見注者以佛理理解"逍遥遊"的旨趣所在。

明釋德清在"逍遥遊"題解中説:"此爲書之首篇,莊子自云言有宗,事有君,即此便是立言之宗本也。逍遥者,廣大自在之意,即如佛經無礙解脱。佛以斷盡煩惱爲解脱,莊子以超脱形骸、泯絶知巧、不以生人一身功名爲累爲解脱。"②釋德清作爲佛門高僧,對莊子逍遥遊的理解自然會受到佛理的影響,他認爲廣大自在是《逍遥遊》立言之宗本,而廣大自在就如佛教所説的無礙解脱,就解脱而言莊子與佛教相一致。不過釋德清只是將無礙解脱與逍遥主旨進行了類比,並未將二者完全等同,且對二者進行了區分,即佛教所説的無礙解脱是斷盡煩惱,而莊子所説的解脱則是超越形骸的拘限、泯絶智巧、擺脱功名之累。進而釋德清分析了世人不得逍遥的原因,就在於被一個"我"字所拘礙,他説:"世人不得如此逍遥者,只被一個'我'字拘礙,故凡有所作,只爲自己一身上求功求名。自古及今,舉世之人,無不被此三件事苦了一生,何曾有一息之快活哉?"③也即"我"以及因"我"而生的功、名之念這三件事是人生不得逍遥快活的根源,世人"無不被此三件事苦了一生",則有借於佛教中"苦"的觀念。更爲可悲的是,"世人迷執拘拘,只在我一身上做事,以所見者小,不但不知大道之妙,即言之而亦不信"④,莊子《逍遥遊》中所説的"小知不及大知"説的就是沉迷功名之中不知醒悟的世人。唯有那些能够忘懷上述三件事的大聖人才能得逍遥自在,"獨有大聖人,忘了此三件事,故得無窮廣大自

---

① 陸樹芝《莊子雪》,方勇《莊子纂要》(壹),第 8 頁。
② 釋德清《莊子內篇注》,方勇《莊子纂要》(壹),第 5 頁。
③ 同上。
④ 同上。

在逍遥快活。……學者若識得立言本意,則一書之旨了然矣"①。所以,德清所理解的逍遥遊,顯然受到佛教解脱論尤其是破除"我執"思想的影響。

與釋德清相比,明代吴伯與"逍遥遊"題解中的佛學色彩更爲突出。他説:"道無爲也,無爲故無累,我相且空,知見盡脱,遊於無小無大,冥乎不死不生。故大鵬爲至物,方知世界之寬;蜩鳩以近笑遠,局於知見,則莊子'不亦悲乎'者是已。此立言之旨也。"②雖然吴伯與是從無爲無累理解逍遥之義,但他所説的無爲無累並非莊子所説的無己無功無名的境界提升,而是佛學中的空我相、脱知見。以佛教理論,衆生本是五藴和合而成,無所謂實體之我,但衆生卻妄計我爲實有,故有我執我相,此種認識是依據自己的思慮分別而立的種種見解,即爲知見。只有將我相和知見破除,才能無小大死生之别,此即爲逍遥。在吴氏看來,莊子《逍遥遊》的立言之旨就在於通過小大之辨以空我相而破知見,所以他認爲蜩鳩對大鵬的以近而笑遠就是局於知見,至於宋榮子的猶然笑之,雖然能够譽不勸、毁不消,定内外、辯榮辱,但仍然未能齊大小而離是非,仍爲知見所拘。即如列子御風而行,雖然能够泠然是非之外,但也只是破知見而已,"猶非無待也"。而所謂"無待",就是"無我",就是"空我相而破知見",這才是逍遥之大旨,"無待者,無我者也,故曰至人無己。己且無之,又何功何名之與有?無己這一句,説他空我相而破知見,是逍遥徹上徹下之大旨。"③至於莊子《逍遥遊》中所説的堯讓許由、姑射神人、大瓠大樗,皆在於闡明無待逍遥之義,對此他説:"故引堯由以爲聖人無名之證,引姑射神人以爲神人無功之證,皆所爲至人之無待而逍遥也。大瓠大樗,至末又以用字結之,謂我之大,自有用處,只看大瓠以虚中自全,大樗以深根自固,便見吾人學問歸著,去蓬心之累,棲心於何有廣莫,是乃用而無用,無所待而逍遥者也。"④所以,吴氏在詮釋逍遥遊時雖然也説無己、無功、無名,但卻完全以佛理解之,其所謂逍遥也就成了佛教所説的斷除煩惱而得大自在大解脱的境界,從而具有了濃厚的佛學内涵,已非莊子的道家之義了。

清末陶濬宣也從佛學的超脱自在境界以解逍遥遊,他説:"人之初生,偶攖塵網,漸有知覺,乃有好惡。由是愛憎恩怨,紛然俱來,如繭自纏,如蠶自縛,死生之死,無由自拔,生爲天囚,死迷鬼趣。"⑤陶氏認爲,人出生之後,因爲與塵世相接而有知覺,於是生出好惡之情,由此愛憎恩怨等諸般情景紛然俱來,人陷於此等境況如繭蠶的自纏自縛,又迷於生死困境而無由超脱。陶氏稱此種境況中人生如天囚,天囚即受上天懲罰的囚犯,如莊子所説的遭受天刑之人,表示因嚴重背離大道自然而遭受懲罰;此種境況中人又死迷鬼趣,鬼趣即鬼道,乃佛教六道之一,佛教認爲,世間衆生因造作善不善諸業而有不同業報,如前生造惡業多貪多欲,死後

---

① 釋德清《莊子内篇注》,方勇《莊子纂要》(壹),第5頁。
② 吴伯與《莊子因然》,方勇《莊子纂要》(壹),第4頁。
③ 同上。
④ 同上,第4~5頁。
⑤ 陶濬宣《南華經講義》,方勇《莊子纂要》(壹),第10頁。

即生爲餓鬼,常受饑渴之苦。此種論述顯然有借於佛教的六道輪回之説。在陶氏看來,正是出於對衆生的悲憫,莊子作《逍遥遊》,希望衆生能够超脱世間之苦而得自在解脱,所以,"南華老人悲憫爲懷,授以玄悟,竭彼愛河之水,化爲慧日之光,此鯤鵬之密義也。鯤化爲鵬,喻學人之得道者,參大解脱,得大自在,悟第一義,入不二門,身棲六合之内,神遊六合之外,無以形容,姑名之曰逍遥焉爾"①。陶氏認爲,《逍遥遊》開篇鯤化爲鵬的寓言就在於比喻學人得道的境界,這種境界就是佛教所説的參大解脱,得大自在,悟第一義,入不二門。所謂得大自在大解脱,就是從世俗煩惱的束縛中解放而超脱迷苦;悟第一義,即透悟佛教緣起性空的道理;入不二門,即能够用佛教超越相對和差别的中道方法去認識世界而不落對待兩邊。這種境界也就是佛教所説的"空"觀。由此可看出,陶氏不僅幾乎全以佛理解釋逍遥遊,而且在莊子那裏,鯤化爲鵬依然屬於有待逍遥之境而非真正的無待逍遥,陶氏將其比喻爲神遊六合之外的絕對逍遥之境,則有違莊子逍遥本義也。

七、以"養氣"解逍遥

"氣"也是莊子著作中經常使用的概念,如《人間世》:"無聽之以心而聽之以氣。"②《秋水》:"自以比形於天地而受氣於陰陽。"③《知北遊》:"人之生,氣之聚也;聚則爲生,散則爲死。"④《達生》:"未嘗敢以耗氣也。"⑤如此等等。此外還有很多與氣相關的合成詞,如噫氣、純氣、出氣、定氣、合氣、馮氣、盛氣、血氣等等。雖然氣是莊子思想中的一個重要概念和觀念,但以之去解釋逍遥遊則非常少見,而明陳治安在對逍遥遊的詮釋中就引入了氣的觀念。在對"逍遥遊"所作的題解中,陳治安説:"逍遥遊者,處廣莫而無爲,乘正氣以自得,暝心無礙,遇事不膠,故稱逍遥遊也。蓋宇内衆靈,均一氣所爲,故神人但知御氣,而衆靈自攝,萬用俱周。……首言鯤鵬之南徙,必憑九萬里之風力,見遍宇宙,皆一氣所積,有大力者,用此氣爲憑藉。如蜩鳩決起,不過榆枋間,其決起榆枋者,亦氣也,但未能盡此氣之力量。神人乘雲御氣,而陶鑄堯舜,盡氣之力量矣。而原本於無何有,以不用爲用,故堯有天下而思治,則不逍遥,必窅然喪其天下,而天下自治,堯斯逍遥矣。"⑥以陳氏所言,所有生靈皆一氣所爲與氣相關,鯤鵬之南徙、蜩鳩決起榆枋間皆有憑藉於氣,只不過未能盡氣之力量。而神人之乘雲御氣則盡氣之力量,

---

① 陶濬宣《南華經講義》,方勇《莊子纂要》(壹),第10頁。
② 郭慶藩《莊子集釋》,第563頁。
③ 同上,第147頁。
④ 同上,第733頁。
⑤ 同上,第658頁。
⑥ 陳治安《南華真經本義》,方勇《莊子纂要》(壹),第5頁。

故而可使衆靈自攝萬用俱周。所謂逍遥遊就是乘正氣以自得,暝心無礙,也就是神人盡氣之力量的乘雲御氣,這就將《逍遥遊》的旨趣闡發爲"養氣"。這一主張在陳氏著作中多有明確的表達,如《南華真經本義叙四》説:"解《逍遥遊》者,謂隨物大小,各有逍遥,趣在逍遥而已,乃莊子則趣在養氣。《達生》篇曰'至人行於萬物之上而不慄',可以當'逍遥'矣。而謂是'純氣之守',故知'乘天地之正而御六氣之辯'者,是《逍遥》要旨也。"①又如《達生》題解:"讀《逍遥遊》,何寥廓曠垠哉!今繹《達生》之要在凝神,爲純氣之守,若關尹告列子,是其所以能逍遥者也。痀僂承蜩,紀渻養雞,没人操舟,丈夫蹈水,梓慶削鐻,工倕旋規,無不可以凝神,無不可以養氣,故人無不可以逍遥遊。"②陳氏以"養氣"解逍遥,可能與其多病的身體狀況有關,其在《南華真經本義叙一》中自謂:"予生而多病,嘗欲治之,昨離去簿書,得取《莊子》爲之解,比三十三篇解竟,病亦良已。"③又説:"《莊子》三十三篇,道家也,其旨在凝神葆息,與天合體,清净無爲,而使物自正。"④由此可知,陳氏注解詮釋《莊子》的重要目的之一是在於養生和治病,故對於其中的"養氣"思想尤爲關注。雖然陳氏以養氣解逍遥遊的觀點十分新穎,但不可否認的是,這一思路與莊子本義存在較大的差别,莊子逍遥遊中所特别强調的"無待""無己"等觀念並没有得到充分的説明。

八、以"大同"解逍遥

大同之説本是儒家對理想社會的一種設想,清末王樹枏則以之去解釋莊子思想,并認爲"莊子爲孔子再傳弟子,專明孔子大同之道"⑤,對《莊子》中的至德之世、無爲、無用、萬物爲一等思想皆以大同之説釋之。對於《逍遥遊》一篇之旨,王樹枏在題解中説:"此篇專言地之廣大,以引起大同之治。"⑥對於地之廣大,王氏認爲,對地球的認識,古代的典籍一定有相關的記述,其中的軼説時時見於《山海經》,比如《山海西經》中的長股、白民諸國就是現在歐洲的種族。還有讖緯諸書中國九州、四大部洲、五大洲的説法都是有關地球的説法。進而舉《逍遥遊》鵬徙南冥的例子,認爲這是"就一周地球而言",對於大鵬水擊三千里,引《王制》篇中"四海之内,方三千里爲中國之地也"的説法,認爲這是在説中國之地;對於大鵬摶扶摇而上者九萬里,引鄭康成注《周禮》"方三萬里"的説法,認爲"徑一周三,故九萬里者,謂九州之地也"。對

---

① 方勇《莊子纂要》(捌),第785頁。
② 方勇《莊子纂要》(肆),第844頁。
③ 方勇《莊子纂要》(捌),第781頁。
④ 同上,第780頁。
⑤ 王樹枏《莊子大同説·弁言》,中國國家圖書館館藏陶廬精抄本。
⑥ 王樹枏《莊子大同説》,方勇《莊子纂要》(壹),第9頁。

於《逍遥遊》中所説的"風",王樹枏認爲風即氣,而"地球爲氣所包舉",此即《逍遥遊》所説的"莫之夭閼"。由此認爲"西人説地諸書,莊子早已數語括之。此可證西人之説,皆東來之學也"。此外又引《秋水》"計四海之在天地之間"諸論,及《則陽》篇蝸角蠻觸的寓言,認爲都是在"明夫地之小大,皆地球之説也"①。由上所述,可見王氏之説多牽强附會,確有强説生解之弊,於莊子之義甚相偏離,然也反映出其時國人放眼觀察世界的客觀實際。王氏是立足於全人類的視野來詮釋大同之治,小大之辨是相對於全人類而言的,蜩鳩之言則代表了西方人狹隘的觀念。因此應去除國界之限,實現全人類的大同。在清末西學已趨强勢並且國人對西學狂熱追求的背景下,王氏發掘出莊學中所内含的近代科學知識及其所體現的大同之説,並以之爲"西人之説皆東來之學"的論據,表現出較爲明顯的民族文化本位的傾向。

總　　結

以"逍遥遊"題解爲視角來揭示對《逍遥遊》義旨的不同理解,雖然不免有挂一漏萬之弊,然已可以充分看出歷代對逍遥遊之義的詮釋確實頗多歧義,這種歧義現象涉及經典文本詮釋的諸多問題。那麽我們現在需要解釋的問題是:同是對莊子逍遥遊的理解,爲何會衆説紛紜? 在中國經典詮釋的視域中應如何看待這種歧義現象? 文本詮釋中的歧義與文本原意之間的關係應如何處理?

首先,對文本的理解會受到理解者所處社會環境、歷史環境、文化環境乃至政治環境的影響,所以,具體文本的真實意義"並不依賴於作者及其最初的讀者所表現的偶然性。至少這種意義不是完全從這裏得到的。因爲這種意義總是同時由解釋者的歷史處境所規定的,因而也是由整個客觀的歷史進程所決定的"②。同時,對既定文本的理解還會受到理解者的思想觀點及傾向、思維方式、認識水準、情趣愛好、人生經歷等因素的影響,所以不同理解者在面對同一個文本時會出現理解上的差異甚至會出現完全相反的理解。這就使得文本的意義永遠會超越它的作者,"因此,理解就不只是一種複製的行爲,而始終是一種創造性的行爲"③。

其次,從中國經典詮釋的傳統而言,有兩種基本路徑:一是强調對經典"原意"的探尋,要求在解釋經典過程中必須嚴格尊重經典,以經典爲依據而不能"離經叛道",如漢代的章句訓詁傳統;二是力求對經典所藴含的"微言大義"的揭示,要求不能拘泥於經典的字面含義而要闡發其言外之意。前者也就是所謂"我注六經"的漢學傳統,表現爲對經典原意的繼承,雖然在此過程中也會不可避免地加入經典解釋者的個人思想,但其理解和注解經典的指導思想卻

---

① 以上引文均見王樹枏《莊子大同説》,方勇《莊子纂要》(壹),第9～10頁。
② [德]加達默爾著,洪漢鼎譯《真理與方法》,上海譯文出版社2004年版,第383頁。
③ 同上。

在於客觀地呈現經典的原意,因此這一傳統中的經典詮釋者都認爲自己的理解是對文本原意的揭示;後者即所謂"六經注我"的宋學傳統,表現爲思想上的創造,因爲此一傳統中的理解者在詮釋經典文本時都會有意加入自己獨特的理解,對經典的注解更多的是表達自己思想和觀點的一種手段。就中國經典詮釋的客觀情況而言,後者表現得更爲突出。通過注解古代典籍而實現思想的創造是中國文化發展的主要方式,"從孔子開始的古代解釋者在主觀上認爲他們只是恢復過去的東西,講述聖賢的意思,而客觀上他們所述的東西已經是立足於自己的時代而進行的思想創造"①。也可以説,經典注解只是一種形式,借經典以抒己意才是真正目的之所在。所以,"經典解釋者常常在注釋事業中透露他個人的精神體驗,於是經典注疏就成爲回響並落實到個人身心之上的一種'爲己之學'"②。

通過上述分析以及對莊子"逍遥遊"題解所作的考察,我們就可以理解,爲何在這一問題上會出現理解上的衆多分歧。雖然有些觀點明顯背離了莊子的本義,但從文本詮釋的創造性角度來看,又有其必然性和必要性,它是生發新思想的一種重要方式,是可以被理解和接受的。同時應該注意的是,對經典文本的詮釋並非完全脱離文本甚至忽視文本的胡思亂想和任意發揮,也不是與既定文本的完全割裂甚至對立,成功的詮釋應是對文本原義的深化和合理延伸。以此之故,在進行文本詮釋時必須對既定文本給予一定程度的尊重,唯有如此,才能形成於理可通的詮釋,這也正如德國詮釋學大師加達默爾所説:"所有正確的解釋都必須避免隨心所欲的偶發奇想和難以覺察的思維習慣的局限性,並且凝目直接注意'事情本身'(這在語文學家那裏就是充滿意義的本文,而本文本身則又涉及事情)。"③因此,在詮釋經典的過程中,對文本原義的理解和尊重就顯得十分重要和必要。而爲了較爲客觀地理解某種思想或文本,在考察各種相關的詮釋時,進行文本固有思想與詮釋者的思想的區分是十分必要的,雖然有時這種區分比較困難。

[作者簡介] 暴慶剛(1976—),男,河北省曲周縣人。哲學博士,現爲南京大學馬克思主義學院副教授,研究方向爲儒道哲學。主要專著有《反思與重構:郭象〈莊子注〉研究》《千古逍遥:莊子》《天籟之音:〈莊子〉》,已發表學术論文30餘篇。

---

① 郭御、温春峰《中國解釋學的特質》,《太原師範學院學報》,2007年第1期。
② 黄俊傑《中國孟學詮釋史論》,社會科學文獻出版社2004年版,第422頁。
③ [德] 加達默爾著,洪漢鼎譯《真理與方法》,第344~345頁。

仁義對道—德的礙阻與中斷

——論《莊子·駢拇》對仁義的批判

趙帥鋒　郭美華

內容提要　人的自然形體有駢拇枝指，精神生命則有仁義禮樂，二者都是對於人之本性的背離與扭曲。特定個體的駢枝之物（即仁義），通過與權力的沆瀣一氣而僞造爲普遍之物，吞噬了整體世界的自在性與道的客觀性，使得無數他者喪失自身的自在性與差異性。仁義作爲扭曲與虛妄的掩飾物，阻斷了道與德之間自由而暢然的往復交通，成爲回到真實整全世界與真實個體之間的障礙。《駢拇》對於仁義的批評，集中指出了：仁義不等於道德，反而是道德的反面與阻礙；仁義不但不是人的真實本性，反而是人之真情實感的虛僞化；道作爲真正的秩序是"讓"每一物在其自身，而"仁義"作爲虛妄的秩序，卻以"使"每一物喪失自身爲其自身；仁義顛倒了真實與虛妄，使得流俗世界陷入以無本爲本質的荒謬境況；只有捨棄仁義，才能返歸整全之道與本真之德的自由順暢之溝通，才能讓萬物整體與每一物回到自身的自然真實。

關鍵詞　駢拇　道—德　仁義　礙阻　自然

中圖分類號　B2

　　《莊子》之書，歷來以內七篇爲其核心所在，外篇、雜篇爲其輔翼。這個説法，是的當之論。不過，外篇之論，雖有拉雜過激之處，但非淺薄無益之論。況且，就歷史影響而言，《莊子》作爲一個整體，不能任意剖裂，需渾然視之。即使就文字而言，外篇也是"文字華密，如美錦然。古今多少筆法，自此萌發而生出！或曰外篇文粗，誤矣"[①]。

　　內七篇是以文義撮要爲篇名，外篇、雜篇則是取章首二三字以爲篇名。以義爲題當然更爲顯豁，但以章首爲題也並非與主旨毫無關聯。實際上，作爲外篇首篇，《駢拇》開篇所謂"駢拇枝指"，關聯於性、德、形而論"侈"，其間的義理並非直接顯明的，而有晦澀深邃之處。作爲譬喻，它突出仁義之爲侈。從仁義是對人之存在的"侈"——即多餘之物出發，《駢拇》實質上突出的主題是：仁義作爲造作之物，是對於道—德之間自然暢然關聯的阻礙和中斷。《駢拇》

[①] 林希逸撰，周啟成校注《莊子鬳齋口義校注》，中華書局1997年版，第147頁。

從道—德之本然而然之關聯出發對仁義的批判,彰示了人之生存的自然性深度與厚度,其整體性不容仁義之遮蔽與隔阻。

本文依據《駢拇》篇本文的分節,展開爲五個部分的闡釋。正文分節采用陳鼓應版本①,每節的闡釋,基本依從本文順序,但所作的闡釋本身,對《駢拇》篇中道—德與仁義的本質之別,則基於生存論的視野,作出了入乎其內而又出乎其外的義理闡釋與邏輯重構。

一、仁義並非道德之正

> 駢拇枝指,出乎性哉!而侈於德。附贅懸疣,出乎形哉!而侈於性。多方乎仁義而用之者,列於五藏哉!而非道德之正也。是故駢於足者,連無用之肉也;枝於手者,樹無用之指也;駢枝於五藏之情者,淫僻於仁義之行,而多方於聰明之用也。
>
> 是故駢於明者,亂五色,淫文章,青黃黼黻之煌煌非乎?而離朱是已。多於聰者,亂五聲,淫六律,金石絲竹黃鐘大呂之聲非乎?而師曠是已。枝於仁者,擢德塞性以收名聲,使天下簧鼓以奉不及之法非乎?而曾、史是已。駢於辯者,纍瓦結繩竄句棰辭,遊心於堅白同異之間,而敝跬譽無用之言非乎?而楊、墨是已。故此皆多駢旁枝之道,非天下之至正也。

駢拇,大腳趾與二腳趾相連不分;枝指,多生一指,俗稱六指。駢拇、枝指在什麼意義上可以理解爲"出於性而侈於德"?而附贅懸疣又在什麼意義上稱爲"出於形侈於性"?

開篇這一節,《莊子》所要提示的是"道德之正"或"至正"。那麼,究竟何以謂之"道德之正"或"至正"?如果不對侈與性、德、形的關聯有一個恰切的理解,所謂"正之所以爲正",就不能得到真正的領會。

林希逸説:"與生俱生曰性,人所同得曰德。駢拇枝指皆病也,本出於自然,比人所同得者則爲侈也。侈,剩也,附贅懸疣,亦病也。駢枝則生而有之,懸贅生於有形之後,故曰出於形而侈於性。"②這個説法不準確,但有啓發。駢拇、枝指,是形體生命降生之初就有的;附贅懸疣是形體生命降生之後才長出來的。問題在於:在何種意義它們都是"侈",乃至於稱爲"病"?駢拇枝指也是形,附贅懸疣也是形,爲什麼駢拇枝指是出於性侈於德,而附贅懸疣是出於形而侈於性?林希逸以同衆人相比而言"侈"論"病",有所及而不確。

駢拇是相對於特定個體之行走的不便,枝指則是相對於個體執拿的不便。駢拇枝指之爲"侈",基於特定個體的生命本身之展開而言,才能有其確切意義。因爲其有礙於個體自身生

---

① 《駢拇》篇,參見陳鼓應《莊子今注今譯》,中華書局1983年版,第231~243頁。
② 林希逸撰,周啓成校注《莊子鬳齋口義校注》,第138頁。

命的自然暢然之展開，所以爲"侈"。而不是說與別人相比而言，其他大多數人都缺少這個東西，特定個體之駢拇枝指才被稱之爲"侈"或"病"。實質上，在與衆人相比的意義上，天生形體上的"多"，並不必然就是"侈"而"病"，也可能是"少"而"病"。換言之，一個人形體上的大小、多少，在與他人相比較而言的意義上，根本不能確切地説究竟是"侈"與"病"，而必須與其自身生命存在之展開相關聯才能確定。通過與他人相比較而言的侈、病，是一種外在性的侈、病；與自身生命存在展開過程的整體相關聯而言的侈、病，則是一種内在性的侈、病。

從根本上説，性出自天，而德源自道。天與道兩者，究極而言，區別在於：天更多地指本然根源性，道則更多意指存在及其生化的過程性與秩序性。作爲本然根源性的"天性"，一成永成；作爲過程秩序性的道，則無所成而成。駢拇枝指作爲天性所有，無所謂大小多少好壞之得失；但在生而即有的生命延展中，作爲自身綿延的秩序性本身之不絶如縷，是確定作爲自身間斷性之既成所有物（所謂德）的根據——源於生命綿延展開的前行之自爲肯定而有的生命内容，當然不是侈與病；悖於其自爲肯定之延展的摻入物，則是侈與病。所謂駢拇枝指作爲天生之"侈"，是基於生命延展自爲肯定的前行而言的，即二者悖於、礙於生命的自爲肯定的展開。而附贅懸疣作爲生命展開過程中的衍生物，因其悖於生命展開的自爲肯定，所以侈於德而爲病。天生所有之駢拇枝指，相對於生命存在自爲肯定的展開過程，因其悖逆、礙阻此過程，而被視爲侈與病；後天生命展開而衍生的附贅懸疣，它們悖於此過程，而無與於天生之性，是侈於性而爲病。

駢拇枝指只是一個取譬之論，《莊子》要説的不是單純的形體生命，而要討論道德生命。真正的道德——道是生命自身綿延展開而自爲肯定的秩序，德是由此有序展開而生成的生命内容。就任何生命存在而言，這是根源性的道德，亦即道德之正。但是，當道德在流俗中衍化而爲仁義，或以流俗仁義爲道德，便失去了根源性的道德，而非道德之正了。

駢拇枝指、附贅懸疣，就其屬於特定個體而言，本已是有礙於其自身之生命存在之物，倘若其悖逆而爲，兀自標榜起來，以爲他人沒有駢拇枝指、沒有附贅懸疣是生命之缺失，反而強求他人也"普遍一律"地具有"駢拇枝指、附贅懸疣"，這豈不是喪失道德之正而至爲不正嗎？

在此，《駢拇》篇以仁義與個體的有形五臟性質相關而言（所謂肝仁、肺神、心禮、腎智、脾信），明確其爲有形生命之駢拇枝指或附贅懸疣。駢拇對於行走是多餘與礙阻，枝指對於執拿活動是不便與妨礙，仁義則是對於五臟活動與耳目聰明活動的支離與乖僻。這個支離、乖僻是雙重性的，既是對於自身生命存在的支離，也是對於他者生命存在的乖僻。

駢，是一種無用的關聯；多，是一種無益的增加；枝，是一種有害的推擴；旁，則是對於多餘之物的依賴。離朱之生命，侈於其眼睛之明，本無益於生命之本質，卻背棄自身當作了生命的本質，並衍化爲流俗對於色彩的追逐，從而淆亂了人天然之眼神，也攪擾了自然之色調；師曠侈於其耳朵之聰，本無用於其生命之延展，卻被師曠作爲了其生命之本，流俗且以之爲人所同求的美聲，從而戕害了他人的耳朵，也弄亂了自然之音聲；曾參、史魚作爲五臟稟性侈於其性者，以一己肝之仁爲普遍之德，標榜拔擢以爲至道，阻塞人性以求聲譽，讓他人汲汲於競逐他們天性所不及之物,荼毒他人生命、扭曲天下之大道;楊朱、墨子天生辯才,佞於言語之敏捷使用,對於語言加以無謂有害的糾結、疊覆,在虛妄的堅白、同異之分中,邁着病態的步伐,誇耀無用的"自私用智的思辨之言",迷離了人心、雜亂了語言。

流俗世界總是充斥着"多、駢、旁、枝之道",根本無與於真實生命的存在及其自爲展開,喪失了天下之爲天下的至正之則與至正之態。

究實而言,生命自爲展開的"天下整體"與"個體自身"被雙重湮没與扭曲,這是流俗邪曲之道的根本所在。

二、仁義是對自然真實之情的虛僞化

> 彼至正者,不失其性命之情。故合者不爲駢,而枝者不爲跂;長者不爲有餘,短者不爲不足。是故鳧脛雖短,續之則憂;鶴脛雖長,斷之則悲。故性長非所斷,性短非所續,無所去憂也。意仁義其非人情乎!彼仁人何其多憂也?
>
> 且夫駢於拇者,決之則泣;枝於手者,齕之則啼。二者,或有餘於數,或不足於數,其於憂一也。今世之仁人,蒿目而憂世之患;不仁之人,決性命之情而饕貴富。故曰仁義其非人情乎!自三代以下者,天下何其囂囂也?

真正的"正",奠基於性命之情——性者成於生之展開,命者前定於生命之開啓①;二者在現實人生展開過程之中的交織渾融即是性命之情,换言之,即生之實情。人生之至正,以生命存在自身的真實展開爲根源與目的。

駢拇者之手指粘合在一起,枝指者之多生一指,"粘合而生"與"多生一指"誠然爲生之實情,但並非就是價值意義上的佞、病之"駢""枝"。面對手指之粘合與多生一指的實情,情緒與價值的附加摻入,有兩種極端:(1) 駢拇者與枝指者以其駢、枝爲天下之正而正天下,遂使天下及其萬物皆失其正;(2) 世俗執無駢無枝以爲正而以正駢拇者與枝指者,遂使駢枝者失其正。前者是"聖人"的獨斷,後者是"衆人"的强制,皆非生命之正。流俗之大失其正,恰好是僞以爲聖者,假衆人之盲從而妄立仁義之名以爲正。

從每一物自身之自爲展開而言,粘合而生者不一定是駢,多生一指者不一定爲枝——合於自身則非駢非枝,不合於自身則爲駢爲枝。流俗爲着某種治理的方便而統一的"度量",往往成爲戕殺人之生命存在的利器。實質上,一物之顯現爲長,就流俗而言似乎是有多餘之處,但就在其自身而言,只是自足於自身而無所多餘;一物之顯現爲短,就流俗而言似乎是有不足

---

① 船山説"生而然者則謂之性",這個是可以的;但説"性因乎氣質"則是遷就注疏習慣的説法。見王夫之《莊子解》,中華書局1981年版,第77頁。

之處,但就在其自身而言,只是自足於自身而無所不足。恰如野鴨子的腿很短,但因其自足於自身之生存,如果"愛之而續長之",則野鴨子的生命本身即陷入於"憂"了;同樣地,對於長腿之鶴而言,其頸長自足於其自身之生存,如果"愛之而截短之",則鶴的生命本身就陷入於"悲"了。

就每一物而言,長短之在其自身是否多餘或不足,由其自身生命存在及其展開之"自爲肯定與否定"爲標準。由此而言,何以爲憂? 自有駢枝者,以爲天下皆有缺失而憂,遂愛以駢枝天下,這正是天下失去其正的根源;而無駢無枝者之怠惰與懦弱,任由駢枝者之駢枝、戕害天下,自失其正更無論天下之正。僞以爲聖者之言曰:樂以天下、憂以天下。天下何以需要一個人去爲之樂、爲之憂? 天下因其憂樂而失天下之正。《莊子》的告誡在於:僞以爲聖者之憂,是天下之大患,這是我們必須警惕的。當然,《莊子》並沒有明言:倘若粘合而生的指頭與多生一個的指頭本身有礙於特定個體自身生命存在的展開,於其自身而言爲駢枝之侈、病,是否可以截長續短? 個體自身並非總是內在自足的,相與共在與相助而生具有本體論上的意義,這並沒有逸出《莊子》的視野。只是,他轉化了問題自身顯現的角度——走向自然而真實,而非矯飾以虛僞。

在道德—政治哲學領域內,就流俗之展開而言,對天下的仁愛與對天下的傷害,二者交織爲用,實質上是一個永恒的難題。就仁義而言,到底是不是人生存的實情呢?《莊子》也會說"君臣父子無所逃於天地之間",似乎是承認仁義爲有人生存之天下的實情;而且,《莊子》的隱者一如《論語》中所展現的隱者,他們也有妻兒與朋友。即便從現代政治而言,可以撇開君主不論;即便從邪惡的生育計劃而言,撇開兄弟姐妹不論,人總是生而即有父母的。如果仁義即是指父母與子女之間源初的情感—倫理關係,那麼,以仁義爲憂者究竟錯失在哪裏呢? 那些自稱爲仁義之人或僞以爲聖者,究竟憂慮的是什麼?

對合於自身生命存在展開的"粘合而生"者或"多生一指"者,以之爲駢、枝而剖分之、切除之,實際上是傷害其生命,小者使之痛而哭泣,大者使之殘而死去。爲什麼非得剖分其駢和枝? 爲什麼非得切除其多生之指?

流俗於此有一個"憂"——以一個"超越於每一個體自身生命之上的抽象普遍之數",斷定駢合者"少"於此"數"而"枝指者"卻"多"於此"數"。在流俗對於人生實情的閹割中,它所憂的是"普遍自身的實現",而不是"每一物自身的實現"。而那個所謂的"普遍之數",並非天下及其萬物自身的自然,而是假仁義以憂天下者"蒿目"所僞造之物。所謂"蒿目",即"半閉其目"①。半閉其目而遮蔽天下,卻以其閉目所見爲天下普遍之物,這就是"憂世之患而自勞"以爲"仁"②。郭象說"仁義自是仁之情性",應當"任之","恐仁義非人情而憂"是多餘的"憂"③。

---

① 林希逸撰,周啓成校注《莊子鬳齋口義校注》,第140頁。
② 同上。
③ 郭象著,成玄英疏《南華真經注疏》,中華書局1998年版,第185頁。

這個説法,没有抵達《莊子》的本意。

天下之大僞,不外乎兩種表現:一是説天下及其萬物是神聖之物或人創造的,一是把天下本來自然平常之物説成是自己賦予高深意義的。就第一個方面而言,如果是宗教信仰,那另當别論。如果是哲學、道德或政治,顯然經不住反思與推敲。問題在第二方面:父母之生兒育女乃天下一個樸樸素素、平平常常、自自然然的實情,有何可憂之處?僞以爲聖者以仁義爲憂,究竟是要做什麽呢?一個平凡的生命個體,難道没有另一個僞以爲聖者或自稱爲仁義者來標榜仁義,就不知道父母兄弟之愛了?

首先,僞以爲聖者或自稱仁義者,以一己之私爲天下之公(個人的愛被視爲普遍的愛),將自然之愛神秘化(不是自然的愛)、玄虚化(不是真切的愛),阻礙甚至剥奪了無數他者、每一個人返回自身去沉淪於愛的道路與通道。愛在真實而具體的個體之間自然綻放,各切於相與者自身生命存在及其體驗的内在渾融,需要什麽人去給予他們雙方什麽呢?父母子女之愛,太自然平凡不過了,那是生命交融者之間的情感渾融一體,不必需要任何人去爲之憂。

其次,每一個體都各自處在自然相愛之中,不同的個體因愛而有多重面向。父母與子女既共處愛的共同體,又相互各爲自身——愛的共同體不能剥奪各爲自身的獨立性,而各自各爲自身之獨立性也不損害愛的共同體;不同的愛之共同體及其中的個體彼此之間,又共存於一個更大的關係共同體,此共同體有着不同於愛的共同體的秩序與情感——就此共同體而言,其秩序只能奠基於所有個體的相互關係,而不是其中某一特定個體的個體意志。因此,需要明確:(1)在愛的這個小共同體中,其自然而然的愛與關聯,不能過渡爲廣闊範圍之内關係共同體的秩序;(2)無論是小的愛的共同體還是大的關係共同體,任何個體都不能作爲超越之物,而站在共同體之上來爲共同體以及共同體之中的成員,來加以外在的"憂";(3)相互關係構成秩序,此秩序對於共同體並没有外在性,但對於共同體中的每一個個體則具有一定的外在性,秩序本身的合道德性,必須以秩序對於所有個體、每一個體的一定外在性爲基礎;(4)實質上,基於共同體及其成員的相互關係而有的秩序,其外在性,相應着每一個體反求諸己、切己而行的覺悟與自身有限性的自我領悟,整體以及整體中的他者與自身作爲個體的異質性必須成爲一致性的前提與基礎;(5)實際上,將自然而然之情拔高爲天下的神秘之物,就是以仁義道德爲牌坊掩藏無恥之盗娼。

若非如此,僞以爲聖者、自以爲仁者,便塞目杜撰虚無之物而爲天下憂;由於其沉灤於權力而戕害天下,萬民皆失其性情之真,而以富貴爲人生之飽足。人們本來自然而真實地處在相愛之中,流俗僞善者、權力者竊之以爲遮羞布,假意宣揚而行盗娼之實,自失其正並使得天下以及萬物失其正。

每一個體都處在愛與秩序之中,這是生命之實情。但在流俗囂囂之仁、義的意識形態宣教中,真愛成爲虚僞,秩序成爲強權,人生成爲苟活。

三、本真之序"讓物成其爲自身"

> 且夫待鈎繩規矩而正者,是削其性者也;待繩索膠漆而固者,是侵其德者也;屈折禮樂,呴俞仁義,以慰天下之心者,此失其常然也。天下有常然。常然者,曲者不以鈎,直者不以繩,圓者不以規,方者不以矩,附離不以膠漆,約束不以繩索。故天下誘然皆生而不知其所以生,同焉皆得而不知其所以得。故古今不二,不可虧也。則仁義又奚連連如膠漆繩索而遊乎道德之間爲哉,使天下惑也!

每一物都在與他物的關聯之中而存在。相互關聯具有一定的秩序。此關聯及其秩序,具有超越於相互關聯物之上的超越性與普遍性。每一物存在於相互關聯的整體及其秩序之中,必須以合於整體及其秩序爲前提。

但是,問題在於:(1)整體及其秩序是否爲相互關聯者中的某一個別物所徹底而完滿地體現,甚而至於某一個體就成爲整體及其秩序本身?(2)整體及其秩序是否就成爲其中每一個體自身存在的全部內容或最爲本質之處?(3)處於整體及其秩序中的每一物是否可以而且可能持有自身對於整體及其秩序的選擇、批判、否定等權能?

無疑地,沒有任何一物可以僭越地以自身爲整體及其秩序。但在很多自以爲聖的個體那裏,這卻成爲一個隱秘的顛倒。《莊子》的批判,在這裏具有其恒久的意義。

趨同求名可能是人自身存在的某種本能,乃至於個體生命的歷程,成爲獲得他人承認的一場表演。而獲得他人承認,依賴於流俗之名——空乏無實的普遍之物。對於他者肉體的消滅能力,對於物利占有的數量大小,作爲人類自身獸性的殘存物,卻成爲標誌人類自身具有"偉大成就之個體"的標誌。

天下之物,豈有任何一物非其自身?

只有當一物扭曲其自身,它才以它物反而約束自身;一物以它物約束自身之異在爲其自身,進而以自身對於它物的約束爲它物之自身。即便一物之異在是"被"扭曲,也不能證成其對它物的扭曲。只有以自身之異在爲自身,從而以扭曲它物爲它物之自身,才有所謂"使某物成爲其自身"。破除"使"的扭曲,必須揚起"讓"的回返。

一物之爲物總是在其自身,彼物對於此物,根本沒有"使其成爲自身"的可能,只有"讓其成爲自身"的可能。讓它物成爲它物自身,之所以是"讓",就是在於領悟自身之有限性、惡性、渺小性等等。如此之"讓",是"拒斥它物之使我成爲我自身"與"克制我使它物成爲它物自身"兩方面的統一。如此拒斥與克制相統一的"讓",是整體及其秩序最爲本真的顯現樣式。這是《莊子》仁義批判的重要意義所在。

就自然物而言,儘管在這個屬人的世界裏,本然自在的物是一種近乎想象的東西。但是,内在於人自身的器物製作活動,可以有自我警醒的反思。基於自身的實踐需要,人類假物以爲用。物的現實性質,以人類的需要爲判斷的終極準則。人類的準則,在器物製作活動中,體現爲鈎、繩、規、矩。儘管人不能脱離鈎繩規矩的使用而認識草木瓦石等自然物的性質,但是,人類在其器物製作活動中領悟着一個"實情",即被施加以鈎繩規矩的草木瓦石自身有着並非曲、直、方、圓可以囊括至盡的自在性。物的自在性在人類器物製作活動中的顯現,是人類生命活動可以深邃自身並寬容萬物的根據。

因人之需而進行的器物製作活動,草木瓦石有着超出於人類需要之物,便以鈎繩規矩而剪裁草木瓦石,這是"人類需要之正"(準則),但恰好是草木瓦石自身本性之削弱毁損;因人之需要而進行的器物製作活動,草木瓦石有着少於人類需要之物,便以繩約膠漆而捆縛粘結草木瓦石,這是人類需要的加固,但卻是對於草木瓦石的附贅懸疣,是對其內在之德的強加入侵。

就仁義禮樂而言,以人身體的歪曲、扭折爲禮樂之行,以裝腔之言語、作勢之舉動爲仁義之施;如此仁義禮樂以寬慰、釋解天下人之心,反而正是對人心恒常所是之自然狀態的戕害與丟失。

天下及其萬物,本在其自身,而在其自身之自在自然就是其常然——恒在其自身之所是。每一物總是永遠自在其自身,一物自身以曲爲自身,不依賴於外在地加以鈎之使用;一物以直爲其自身,也不依賴於外在地加以繩之使用;一物以圓爲其自身,也不依賴於外在地加以規之使用;一物以方爲其自身,不依賴於外在地加以矩之使用;一物自身之不足而內在自生自長以加益自身,不依賴於揠苗助長式的外在捆縛粘結。以鈎繩規矩的使用而爲物之曲、直、方、圓,以膠漆墨索的捆縛粘結而爲物之自生自長——這就是以物之偶然(外在偶然施爲)爲物之常然(內在恒常自然)。

揭開遮蔽於物的偶然之異在扭曲,物的恒然常在之自身自然顯露。天下及其萬物油然自然而顯現自身,並不需要一個外加的使得其顯現得以可能的根據;每一物自得其生,而無需一個何以得其生的理由;天下及其萬物在自身的顯現與生成中自得其自身,而無需一個何以得其自身的外在根據。天下整體及其萬物之如其自身,其根據就是自爲自身。爲天地立一個心作爲根據,爲他人立一個命作爲根據,這不是天地及其萬物的自身,而是對於天地及其萬物的侵奪與砍削——或者強加了物,或者搶奪了物。

天下及其萬物亘古處在一個自然而自相連續的進程之中,天下與萬物都"處身於"一個整體及其流程之"道",並遊於道而得其自身"德"。道與德——整體與每一物之自身,原本就處在本然暢通無礙的往復洄遊之中。無論是道之整體還是德之整全,乃至從道往德與從德返道的通道自身,都不能加以任何外在的損益盈虧。

然而,仁義禮樂是什麽意思呢? 它們摻入於道—德之間,它們強行居間,侵入之間。富於侵奪性的仁義禮樂,強行規定爲人的本質和世界的本質,阻斷了整體之道與個體之德本然而自然、自由而暢然的往復交通。它們這樣自身的侵奪與礙阻本性,自我誇飾爲因愛而有之聯結的"繩索膠漆"。"捆縛以釋放,膠固以通暢",這顯然是雙重的扭曲——剝奪自由以捆縛,卻以虛幻的自由來論證捆縛;戕害自然以粘結,卻以虛幻的完善來論證戕害。

沒有任何人來誇飾地舉起仁義的大旗,每一個人都自在而自然地處在父母兄弟相濡以沫的本然之境,在此本然之境,整體之道與個體之德自由自在地渾然一體。一個自以爲是天地大道的掌有者,誇飾地侵奪性地主張仁義禮樂,無疑是對天下的戕賊、對萬物的禍害及對其他每一個人的惑亂。

四、流俗仁義以僞本質爲人之本質

夫小惑易方,大惑易性。何以知其然邪?有虞氏招仁義以撓天下也,天下莫不奔命於仁義,是非以仁義易其性與?故嘗試論之,自三代以下者,天下莫不以物易其性矣。小人則以身殉利,士則以身殉名,大夫則以身殉家,聖人則以身殉天下。故此數子者,事業不同,名聲異號,其於傷性以身爲殉,一也。臧與穀二人相與牧羊而俱亡其羊。問臧奚事,則挾筴讀書;問穀奚事,則博塞以遊。二人者,事業不同,其於亡羊均也。伯夷死名於首陽之下,盜跖死於東陵之上,二人者,所死不同,其於殘生傷性均也。奚必伯夷之是而盜跖之非乎!天下盡殉也,彼其所殉仁義也,則俗謂之君子;其所殉貨財也,則俗謂之小人。其殉一也,則有君子焉,有小人焉;若其殘生損性,則盜跖亦伯夷已,又惡取君子小人於其間哉!

人本然地處於自身真實之中,此真實奠基於道—德之間自然暢然的往復交通。流俗僞道學宣揚的仁義是道—德之間自然聯結的阻礙物,它以強加一個某些特定個體虛構的"應然"之途的方式,中斷了每一物在其自身的自在展開。每一物的存在及其展開,其本質性的道路即是道—德之間自然暢然的往來交通,卻被虛構的仁義教條遏斷了每一物之本己的道路,給出一條扭曲的異己虛設之路。由此而言,對仁義的標榜與宣揚,淺而小則迷惑每一個體人生的路向;深而大則迷惑每一個體自身的真性。

因此,仁義作爲"應然"要求,以有虞氏(舜)爲表徵,有三個基本的特點表明仁義是對於人的本己道路的遮蔽乃至對人之本己真性的淆亂、戕害:其一,舜一己的特殊生存之路,被視爲所有人應然的生存之道,其他個體用理智之光來關注舜之所以爲舜,而遺忘其自身之爲自身,只要以某些人(比如杜撰的聖人)的特殊之見誇大爲普遍之物,就必然有對天下萬物自性的遮蔽與侵奪;其二,那個作爲特定個體的舜,不管其個人的事實之行在仁義上具有何種真實性,但他之所以能"普遍地以仁義強天下之所有人",是因爲其特殊的社會地位,即擁有最高權力的帝王,他假權力之手以宣揚所謂仁義,天下之人就因其"權力之命"的疲於奔命,根本就無法回到自身;其三,每一物存在的真實,只能源自其自身本己自然的綻放,至上權力與普遍之物的"沉瀣",將本己自然而真實的綻放可能連根拔除了。因此,流俗僞道學所宣揚的仁義,給出了一條脫離天下人本己綻放的路徑,爲每個人、天下人給出了一個他們自身之外的"心"以作主宰,一個他們自身之外的"普遍道路"以作引導——即"以仁義扭曲人性",這除了增加天下之惑,增加人性之亂之外,別無他是。

權力與僞道學之仁義的糾合沉瀣,有一個疊加累進的爲惡效果。舜之把持權柄,宣揚仁義以淆亂天下、迷惑生存路徑、戕害人生本性,經過其後夏、商、周的長久衍化,從外在強加的迷惑、禍害,轉而爲個體自身內在的順從——外在強加的戕害,轉爲內在自我強加的戕害。仁義作爲僞道德與權力勾結所造成的毒性浸淫日久,人性長久喪其真,人生恒久喪其途,其具體表現就在於時間性上的歷久之害,轉爲空間性上普遍的彌漫之害,即"天下莫不以物易其性"——天下整體及其萬物,都以自身之外的虛構物來取代、遮蔽了自身內在的真性。

如此"以物易性",流俗的本質就是其以無本質和僞本質爲本質——流俗已然喪失了本質,卻僞造出一個虛假的本質,並由此虛假本質對人加以"存在等級"的劃分,即分爲小人、君子(士)、大夫(賢人)和聖人(帝王)。流俗以爲聖人以天下爲懷,大夫以家國爲憂,士以名譽爲念,這些都"高於"一般百姓之以物利爲求。這個"高於"是一個杜撰的、虛假的"應然"。實質上,聖人、大夫與君子以這個虛構的"應然"(仁義)與權力沉瀣,掩蓋他們對於天下之利的攫取,美化他們對天下百姓的魚肉、收割。聖人、大夫及士根本不能有真誠的"仁義"之行,因爲他們所宣揚的"仁義"本身就是虛假的。虛假的仁義作爲迷幻劑,實際上不單單迷幻了被他們收割的天下百姓,也反過來迷幻了他們自身。從他們一開始就喪失的那個真正的自然真實之本質而言,帝王以生命追逐天下以至於死亡,大夫以生命追求家國以至於死亡,士以生命尋求名譽以至於死亡,與一般百姓以生命追求物利以至於死亡本質是完全一樣的——一般百姓求利以滿足生命需求,反而以物利作爲目的,以生命作爲手段,當其有形之生尚在,其無形之生早已死滅。表面上,流俗在聖人、大夫、士與小人之間作出所謂價值上的"區分",給予不同價值意味的"名稱";實際上,他們都一樣地喪失了自身的真正本質,他們的所作所爲都是"損害自身本性而以身死於身外之物"。

在流俗的價值區分中,讀書乃爲善,賭博好利則爲惡。這個區分是虛妄的,沒有意義的。正如一個好讀書之人,比如臧;一個好利賭博之人,比如穀。假若二人都放牧羊群,都丟失了羊群,二者雖有讀書與好利之異,但是就牧羊之人生而言,他們都是丟失了人生之本(丟失其羊)。讀書與好利賭博,作爲表面的形式區別,當其從流俗僞道學虛構的仁義價值加以強化和突出的時候,實際上就是喪失了本質而後以無本質爲本質(掩藏的是人類之喪失本質之後的以獸性爲本質)。

伯夷身死於仁義,盜跖身死於貨財。流俗以伯夷爲君子,以盜跖爲小人。實際上,伯夷與盜跖,就如讀書丟羊的臧與好利賭博丟羊的穀一樣,他們的區別只是虛假的形式上的區別,實質上都是"喪真於僞"的捨己殉物(無論是貨財之力還是仁義之名)。

置身流俗僞道學的"仁義世界",每一個人都殘賊自身本真的生命,損害自己自然的真性。

没有真生命,没有真性情,伯夷與盜跖都同樣如此,對二人進行虛妄的君子與小人之劃分究竟奠基於何處?

究極而言,仁義作爲流俗的價值,根底上就是喪失本性與離棄本真之物。無根無本的流俗仁義,在歷史中蔓延長存,這無疑是人類存在的悲劇。而流俗及其僞道學"煞有介事"地以悲劇當作喜劇,以虛無當成真實,則是悲劇之最大者,是惡作劇——以惡作戲,以自己虛假遊戲的劇本當作天下及其萬物的生命內容。

五、捨棄仁義而回返自身

> 且夫屬其性乎仁義者,雖通如曾、史,非吾所謂臧也;屬其性於五味,雖通如俞兒,非吾所謂臧也;屬其性乎五聲,雖通如師曠,非吾所謂聰也;屬其性乎五色,雖通如離朱,非吾所謂明也。吾所謂臧者,非仁義之謂也,臧於其德而已矣;吾所謂臧者,非所謂仁義之謂也,任其性命之情而已矣;吾所謂聰者,非謂其聞彼也,自聞而已矣;吾所謂明者,非謂其見彼也,自見而已矣。夫不自見而見彼,不自得而得彼者,是得人之得而不自得其得者也,適人之適而不自適其適者也。夫適人之適而不自適其適,雖盜跖與伯夷,是同爲淫僻也。余愧乎道德,是以上不敢爲仁義之操,而下不敢爲淫僻之行也。

人自身本己的自爲存在,自然切於自身而展開,即爲其自身之善。自爲肯定的存在之善,是道與德之間自然而暢然的往復交通。流俗雜然相就的仁義,卻是對於道—德順暢交通的礙阻與中斷。

人自身如何選擇、歸屬自身的本性,這是其存在展開之旅的本質之處。此本質必然歸於道—德之間的順暢交通,而不能歸屬於任何他物。

如果將人自身的本性歸屬於"仁義",即使這仁義如同曾參、史魚那麼"通達",那也不是真正的、基於道—德順暢交通的自身的肯定性展開之善。因爲第一,曾參、史魚所通達的"仁義"是有虞氏(舜)擾亂天下的虛文之仁義,有一個基於權力強制的向外奔命,即強迫每個人丟失自身去疲於奔命;第二,曾參、史魚僅僅是某些具有"附贅懸疣"之性的個體,其個體特殊性恰好可以"敏於"追求有虞氏所命的仁義,但以他們作爲所有人的命之所向,則是本末倒置;第三,曾參孝其父之仁,史魚敬其兄之義,不在仁義之名教,而在仁義之爲事親從兄之實情,本然存身於父母兄弟之家,自然有着父母之愛與兄弟之情,只有自身的情感、覺悟與行動渾然融於此本然自然之中,才是生命的實情與自身之本質(德),那個系屬於曾參、史魚的"仁義"之名反倒成爲生命實情與本質之德的篡奪物。人本身處在道—德彼此往復交通之中而自爲其善,仁義作爲"虛名(抽象概念)",無論從理智上給出多少"規定性",那都是歧出與扭曲;如果進而將仁義之虛名,與曾參、史魚或者別的什麽具體人物"融合"一處,以爲他們就是那個抽象概念的理想化實現之典型,每個人只需模仿、效法,那更是加倍的歧出與扭曲。善,是真實之源與切己之行的不間斷的往復流通之展開。借助於曾參、史魚、有虞氏而宣顯的"仁義",則是間斷、礙阻、誤導。

每個人都喜歡美味、美色、美聲,可是,真正的關鍵並非色、聲、味有一個"獨立自在的抽象物",似乎此抽象物"使得"我們產生了"喜歡"。流俗的掩匿妄行之一,就在於遺忘了"喜歡"而突出"色、聲、味"。"喜歡"總是有一個"我","喜歡"也總是有一個"物",我與物在"喜歡"中融爲一體。遺忘、丟失了"我",單純"喜歡"與"物"相連,"喜歡"本身也就逐漸消退,而"物"成爲決定性的東西。流俗的荒謬之處就在於遺忘我、丟失喜歡,卻競逐於色、聲、味。於是,色、聲、味成爲某些"傑出的手藝人",甚至是某些"天才"的"創造物"。就味而言,一個人本當在其本然的對於味的喜歡中,沉醉於此"喜歡"而充溢完滿地實現自身而善;然而,一個人卻以擅長美味的他者(俞兒)之味爲味,讓"我"自身的口舌成爲他者本性的實現,這不是"我"的實現,也就不是我的善。

我的耳朵可能與他人有一些相通相似的構造,所以也能聆聽某些共同的聲音。但是,不同的人,也有着耳朵構造的差異,可以讓每個人聽到與他人不同的聲音。天地之間萬物並作,聲豐音富,每一個不同的耳朵,都可以找到屬於自己聲音。每一個人的耳朵,其聆聽的本性,就實現在其聆聽的活動之中。每個人都可以有自己喜歡聆聽的聲音,不同的人既有可能共同喜歡聆聽某些聲音,更有可能分別喜歡聆聽一些不同的聲音。但不管如何,真正重要的是去讓自己的耳朵自身去聆聽美妙的聲音,並喜悅於聆聽活動。耳朵在喜悅、沉醉於聆聽美妙之聲音中,肯定着自身聆聽本性的實現,這是耳朵之聰。師曠彈奏出樂聲,只是人籟;耳朵的聆聽如果系屬於師曠所奏之聲,便遺忘了天地整體之聲——天籟。讓耳朵保持對於天籟的開放性,是耳朵的聰;爲師曠所奏樂聲繞梁三月不絕,則導致耳朵的聾而不善。在流俗的音樂中,當然是耳朵馳騖了自身而不善。即如在所謂高雅的音樂中,它們也並不開啓所有人的耳朵通向其耳朵之聰。當所謂高雅音樂被視爲少數傑出天才的創造物之際,"我"逼迫自己的耳朵變形去"領悟"那個與"我"自身相異者所製作的"聲音",並不能在本質上證成"我"耳朵之聰。而且,"我"的耳朵對於美妙聲音的聆聽,實現我的耳朵之聰,是我的耳朵與聲音之間的交融,是"我"的喜悅與沉醉,而非通向、也無法通向那個作爲演奏者的師曠的耳朵與喜悅。

眼睛對於顏色的觀看與喜悅也是如此。離朱有他自身天生善於辨色的眼睛,但是,我的眼睛只能自己辨色。不是因爲外面有個色,我去辨識之;而是,眼睛自身內蘊着辨色的本質,而於物實現之。眼睛並非逢物即見有色,眼睛總是只看到自己願意、喜歡看到的色。喜悅於色,基於我能辨色。眼睛的辨色與我的喜悅渾然不分。離朱所喜之色,因爲他喜歡而以之爲美,不是因爲那色自身美而離朱喜悅之。離朱能辨色而喜,而賞美而悅。這是離朱自身眼睛之觀賞本性的實現。我不能以離朱之眼作爲自己的眼,我不能以離朱的喜悅爲自己的喜悅。我的眼睛之明,是我眼睛的辨色活動與我的喜悅之感的渾一相融。

简而言之,口之於味、耳之於聲及目之於色,正如"疼痛不能被代替"的"冷暖自知",是自己體味而喜、自己聆聽而悦、自己觀賞而樂,並自悟此體味、聆聽與觀賞的活動與滲透其間的喜樂之情①。因此,本性並不在五味、五聲、五色,而在口之體味、耳之聆聽、眼之觀賞活動本身的切己展開(内藴着喜悦、沉醉與覺悟)。

就人的整體存在而言,其存在之善,就不是有虞氏、曾參、史魚所標舉的仁義——將人們自身的平凡而質樸的、父母兄弟共處的生存實情加以剥奪,外在强加地"謂之爲仁義",以此將個人的狹隘自私之個體性,杜撰爲普遍實在性。通向如此"主觀謂之的仁義",實質上就是對於衆多他者每一個切己生命過程的扭曲,不是其自爲肯定展開的善,而是遏斷其自身過程的惡。真正本己生命存在之善,是自身本然之所得的綻放和實現,是順任自身本性實情的流淌與綿延。這就是道與德之間没有阻滯的順然而暢然的往復交通。

因此,真正耳之聰,不是歸屬於一個"外在的聲音"或者一個善於演奏的樂師,聲音和樂師是所聆聽的異在之彼,耳之聰要矗立於自身之能聽與在聽之中而自得自身;目之明,不是歸屬於一個在彼之顏色與辨色審美之他者,而要矗立於自身之能看與在看之中而自得自身。不讓眼睛的觀看實現於眼睛的觀看活動之中,而給出一幅圖畫及其作者,那就不是自身眼睛的本己實現,而是自己的眼睛成爲他者及其作品的實現②。一個人的生命存在,不以自身内在之所有爲得,而以有虞氏之所謂爲得,那就是將自身作爲有虞氏這個他者之所得(使得自身成爲他者的實現),而不是讓自身之所有真實地展開、實現爲實有諸己之物;這就是不從自身本己之德出發,走自身生命實情所指引的通向道的大路,而走一條有虞氏强予的、引向歧途的扭曲之徑。

有虞氏之所强予的仁義,本身即是流俗之物,它流行於流俗之中,强化了流俗之爲流俗的流俗性,使得自然和真實越發被遮蔽而難以顯露。仁義是流俗自身的自我加强,其表現就是它在其自身之内割分出伯夷之爲君子與盗跖之爲小人。伯夷之死義,盗跖之死利,其區分及

---

① 維特根斯坦在語言與感覺關係的討論中,認爲别人不能感覺我的痛是一個没有意義的表達。維氏的側重點在於"語言表達"的私人性的否定,但是,我們恰好在此看到:疼痛的表達與疼痛本身的本質區别。在前語言、非語言表達的切己生存中,"痛"之展開,並非是一個茫昧無覺的過程。不單單是痛的語言表達不同於痛本身,而且,經由語言對痛的表達而實現的他者理解,也不是痛本身。儘管在倫理—道德上(並非莊子意義的道德),同情被賦予了本質性的意義,但在生存論上,痛之在其自身的展開,卻具有更爲根源性的意義。參見[奥地利]維特根斯坦著,李步樓譯《哲學研究》第一部分,第 244 節(商務印書館 2000 年版,第 133 頁),以及後面若干討論。
② 《駢拇》篇這一段關於眼、耳、口、鼻與色、聲、香、味的討論,與《孟子·告子上》"心之所同然"章的討論,具有很大的義理關聯性。值得注意的是,即便在孟子那裏,也不是給出一個抽象而超越的普遍本質(理義),而是在體用不二的意義上,突出個體心—身統一於主體性行動的"切己性",即耳朵之聽聲音,是通過耳朵對心與耳整體的實現,而非單純耳朵的外在聆聽。區别在於,孟子突出的是狹義的道德性生存(即莊子所謂的仁義),莊子突出的則是廣義的道德性生存。

此區分的固化,是流俗自身内在惡性自我掩飾的伎倆。實質上,伯夷所爲之而死的義,與盜跖爲之而死的利,就其殘生傷命不得其死的實際而言,二者都悖於其自身生命存在的本然之德與自然之道。就伯夷、盜跖二人都没有從自身本然之德出發、没有遵循自然之道而行來説,二人都同爲悖亂、邪僻之惡,根本不存在伯夷善好、盜跖壞惡之别。

領悟於自身的本然之德與自然之道,時時自警於道—德之間順暢交通被阻礙的可能性,一方面要拒斥流俗所謂"上德"的仁義之操行,一方面要遠離流俗所謂"下德"的聲色犬馬之行。競於仁義,逐於物利,都是邪曲、悖亂之行。

綜上所述,《駢拇》對於流俗仁義的批判,透顯了人自身更爲淵深廣博的存在。道—德自身的自然性之立定,是個人自然整全生命得以可能的基礎,也是世界整體得以可能的基礎。如果將仁義誇張爲存在的最高價值,進行人爲的設計與外在強加,既剥奪了他者的自在與自然生命,也遮蔽了天地整體自身的自在與自然。《駢拇》的如此批判,契合於哈耶克所討論的"行動的自然性而非人爲設計"之意①,使得我們必須注意後世經過郭象(比如郭象對下一篇《馬蹄》的解釋)而有的,以人爲造作、主觀設計作爲"自然",將人類的自然生存不斷窄化與虛化,使得自然整體性與自由個體性不斷喪失了其可能性。

[作者簡介] 趙帥鋒(1986—),男,河南鄭州人。華東師範大學哲學系博士。郭美華(1972—),男,四川富順人。華東師範大學現代思想文化研究所研究員、上海財經大學人文學院教授、博士研究生導師。

---

① 哈耶克反對單純的自然與人爲的二分,提出了在二者之間有一個"人類行動卻非人類設計"的第三項,這在本質上使得我們理解莊子哲學中的自然更爲"開闊",就是自然真實的生命活動,自我領悟卻並非人爲設計(同時也彰顯了道作爲普遍秩序的自然性,即與所有人作爲整體的行動相關,但卻並非任何有限個體的認知與作爲所設計)。參見 F.A.Hayek, *Studies in Philosophy*, Politics and Economics, the University of Chicago Press, 1967, pp.96~105。

郭象《莊子注》詮釋學探賾

李耀南

內容提要 本文旨在探析郭象《莊子注》的詮釋學。追尋"莊生之旨"是郭注的主觀取向，郭注駁正有關莊子的各種誤解，并有大量對於莊文的詞義訓釋、通釋文意及以《莊》解《莊》的注文，凡此無不透露郭象對於莊文本義的重視。郭象承繼了漢代經學的傳統。郭注有誤讀《莊子》處，當《莊子》文意與郭象對於莊子的理解以及價值關切相齟齬時，郭注不惜曲解、背離莊文。郭象注《莊》有明確的方法自覺，在不同層次上"寄言出意"既是郭象所理解的莊子思想的表達方法，也是郭象解《莊》的方法，這種方法使郭象可以不受文本的制約，從容處理《莊子》外雜篇那些批評儒家的內容。郭象運用"要其回歸而遺其所寄"的方法，來化解《莊子》與儒家的緊張對峙。郭象以"迹"與"所以迹"這組概念，將《莊子》對於聖王、聖人以及工具化、形式化的儒家道德觀念的批評挪向聖王、聖人之"迹"，以"所以迹"開顯《莊子》要返回聖人的至德聖性以及找回儒家道德的真精神，在深層意義上會通《莊子》與儒家。

關鍵詞 郭象　莊子之意　誤讀與曲解　寄言出意　迹與所以迹

中圖分類號 B2

郭象《莊子注》（下文或稱郭注）是史上諸多注《莊》解《莊》之作中最具獨創性而備受推揚的一部。南宋妙總禪師云："曾見郭象注《莊子》，識者曰，卻是《莊子》注郭象。"[①]此言本是以郭注與《莊子》（以下隨文或稱莊書、莊文）的關係爲喻，來褒贊馮楫居士對於唯儼禪師初參石頭後禮馬祖之公案的神會妙解，然因其禪鋒雋永而爲後人多所稱引，尤其"《莊子》注郭象"已成評價郭注的俊語，道出了郭注之孤詣獨造，迥出尋常。王弼《老子注》《周易注》和朱熹《四書章句集注》都是經典注釋中的佳構，但未聞史上有《老子》《周易》注王弼、《四書》注朱熹之説。本文在深入對比郭象《莊子注》與《莊子》的基礎上，研探郭象《莊子注》中的詮釋學問題。

---

* 本文係中央高校基本科研業務費資助項目（2019WKYXZD003）的研究成果。文稿承廖曉煒副教授和李智福博士審讀，特此致謝！

① 普濟著，蘇淵雷點校《五燈會元》，中華書局1984年版，第1348頁。

一、《莊子》"故是涉俗蓋世之談"

郭象注《莊》有一個基本的解釋立場：把《莊子》引入社會政治，把儒學納入對《莊子》的理解與詮釋中。郭象之前，《莊子》多被理解爲一種超世高蹈之學。荀子批評莊子"蔽於天而不知人"①，昧於人治之道。《史記》本傳稱莊子唯務恣意縱放地表達自己的思想，莊子之學因其超世的品格，見棄於王公大人。略早於郭象的阮籍《達莊論》認爲，莊子雖然深察人生的迷惘，講述道德的奧妙，叙説無爲的根本，然僅聊以娱悦其無爲之心，而逍遥自足於人世，莊子根本無意於藉自己的學説去做王城中的權謀之士，獲取政治利益，更無意與稷下之士争辯是非，阮籍所理解的莊子之學也遠離現實政治。直到今天，人們依然神往於莊子高邁超脱的精神，逍遥遊放的格調。

郭象則不然，其《莊子序》對於莊子既有檢討批評也有稱賞褒贊：

> 夫莊子者，可謂知本矣，故未始藏其狂言，言雖無會而獨應者也。夫應而非會，則雖當無用；言非物事，則雖高不行；與夫寂然不動，不得已而後起者，固有間矣，斯可謂知無心者也。夫心無爲，則隨感而應，應隨其時，言唯謹爾。故與化爲體，流萬代而冥物，豈曾設對獨遘而遊談乎方外哉！此其所以不經而爲百家之冠也。②

"狂言"語出《知北遊》，郭象把狂言理解爲至言③，世人未達至言之妙，竟以至言爲狂言，所以狂言是俗人對於至言的指稱。《莊子序》以莊子的"知本"之言爲"狂言"，特指莊子之言境界雖然高遠，卻不關涉現實事務，説理雖然切當，卻不發生現實的影響和作用，故此世間無人應會，只不過是莊子自説自應，所以無用於現實④。從郭象批評莊子"雖高不用"，見出莊子之言與郭象所極重視的"用"之間的溝壑，也見出作爲"百家之冠"的莊子與郭象所處時代現實需要之間的疏離⑤。所

---

① 王天海校釋《荀子校釋》，上海古籍出版社 2005 年版，第 839 頁。
② 郭慶藩撰，王孝魚點校《莊子集釋》，中華書局 1961 年版，第 3 頁。
③ 同上，第 755 頁注 4。
④ 案：王叔岷先生對於郭序"言非物事，則雖高不行"理解爲"似亦謂莊子未引事務以體驗其言"(《莊子校詮》，臺北"中研院"歷史語言所專刊之八十八 1988 年版，第 1432 頁)，於義未安。
⑤ 潘德榮提出詮釋學之興盛是經典"詮釋的困境"的産物，這個困境包括：一是經典不同理解之間的衝突，二是"經典所由之而出的時代精神以及它所表達的信念"與"人們的現實生活之間的""某種程度的矛盾與衝突"。(潘德榮《西方詮釋學》，北京大學出版社 2016 年版，第 493 頁。)此説甚精。聯繫中國的訓詁學，陳澧有言："時有古今，地有東西，有南北，相隔遠，則言語不通矣。地遠則有翻譯，時遠則有訓詁。有翻譯則能使别國如鄉鄰；有訓詁，則能使古今如旦暮，所謂通之也。"(陳澧《東塾讀書記(外一種)》，三聯書店 1998 年版，第 218 頁。)訓詁之通古今實際上也包括溝通經典與現實的疏離與衝突，郭象注《莊》這方面的意向極爲醒豁。

謂"用"當然是郭象所關切的現實社會對於理論的需要,思想對於現實政治社會人生重要問題的回應。

如果説《莊子序》揭示了莊子與郭象所處現實時代之間的距離,《莊子注》就是要把郭象對於現實政治的關切帶入注《莊》中來,經由頗具匠心的詮釋,把先前視爲不事王侯、高蹈世表的《莊子》引入現實,使其在現實政治、社會人生方面發揮作用,從而賦予《莊子》以淑世的品格。郭象反對將莊子與治國之道割裂開來。《逍遥遊》"堯讓天下於許由"章郭注:

> 夫治之由乎不治,爲之出乎無爲也,取於堯而足,豈借之許由哉!若謂拱默乎山林之中而後得稱無爲者,此莊老之談所以見棄於當塗。當塗者自必於有爲之域而不反者,斯之由也。①

郭象認爲,莊老爲"當塗者"棄置不用的原因在於世人誤解老莊,把莊老的無爲理解爲如同許由那樣"拱默乎山林",遠離現實政治,無所作爲。當塗者認爲治國理政必須有爲,所以自必於有爲的閾限。當塗者在誤解無爲的同時也誤解了有爲,昧於無爲與有爲的内在聯繫,將二者對峙起來。實則有爲出於無爲,治天下出於不治,故此莊子要藉堯許之事闡明以不治而治天下的治道。《大宗師》"孔子使子貢助治子桑户喪事"章郭注:

> 夫理有至極,外内相冥,未有極遊外之致而不冥於内者也,未有能冥於内而不遊於外者也。故聖人常遊外以冥内,無心以順有,故雖終日見形而神氣無變,俯仰萬機而淡然自若。夫見形而不及神者,天下之常累也。是故睹其與羣物並行,則莫能謂之遺物而離人矣;睹其體化而應務,則莫能謂之坐忘而自得矣。豈直謂聖人不然哉?乃必謂至理之無此。是故莊子將明流統之所宗以釋天下之可悟,若直就稱仲尼之如此,或者將據所見以排之,故超聖人之内迹,而寄方外於數子。宜忘其所寄以尋述作之大意,則夫遊外冥内之道坦然自明,而莊子之書,故是涉俗蓋世之談矣。②

首先,郭象把莊子之書視爲"涉俗蓋世之談"。"俗"指方内世俗社會,"涉俗"是説莊子之學關乎方内世俗,介入世俗,在世俗中發生作用與影響,實際上就是爲社會政治現實人生指點要津。"蓋世"是説莊子之學超出當世,而"涉俗"則是莊子超出當世的根由。西晉以來,門閥世族成爲現實政權的根基,社會階層劃分嚴格,每個人在社會中的政治地位取決其出身門第,而出身門第來自先天血統,表現在郭注之中就是以"性分"概念爲人在社會政治中的貴賤等級提供先天根據。性是自生而成的自然性,其中包含人的社會性及道德性,分是性的界限、領域、

---

① 郭慶藩撰,王孝魚點校《莊子集釋》,第 24 頁。
② 郭慶藩撰,王孝魚點校《莊子集釋》,第 268 頁。

範圍。性分是任何一物之爲其物的先天根據,任何物的存在都是性分在現實中的具體展開,太山之巨,秋毫之微,鯤鵬扶摇九萬而斥鷃遊於蓬艾,皆是性分使之然。人的智愚之别,人之能知與不能知的界限,人之年壽的修短久暫,人所處社會層級的高低貴賤率決於性分,天子之爲天子,臣妾皂隸之爲臣妾皂隸皆系於性分①。性分是先天自生而成,無法通過任何後天的努力而改變,一如人的貴賤尊卑也是出於門閥等級,無法通過後天的任何方式得到改變一樣。郭象特别强調人當安於性分之内,無窺於性分之外,實際上就是主張人人安於給定的貴賤等級,安於門閥制度。郭象把性分當作人在社會中所處不同等級的先天根據,正是通過對於莊子的新的詮釋,讓原本"雖當無用""雖高不行"的莊子,從一個方面來爲現實的門閥制度之合理性提供理論依據。郭注中的其他重要思想諸如君上臣妾皂隸乃至萬物俱各適性逍遥,有爲、無爲、真爲之間的貫通,君道與臣道既是有爲也是無爲,治之與不治的内在關聯,都有濃厚的現實政治色彩,從中窺見郭注的用心是要在史上的《莊子》和現實政治之間架設津梁,使得莊學能夠進入當世的現實,回應社會政治與現實人生的問題,將莊子的無用之言詮釋爲一種淑世之學。

其二,郭注的"遊外冥内"最見出莊子的"涉俗"之意。莊文之孔子使子貢助治子桑户的喪事,意在貴方外而斥方内,本來無涉帝王之道。郭象則拆解方内方外之間的藩籬,從中引申出"遊外冥内"的帝王道術。《莊子》的方内方外之"方"不是空間概念,而是"禮法禮教"。方内指禮法之内,此孔子之所執持;方外指禮法之外,此孟子反等冥一死生、臨屍琴歌而遊於天地一氣之境界②。郭象之方内方外與莊子迥然異趣,方内指世俗社會,方外則指"神氣無變""淡然自若"不爲俗事攖心的精神境界。郭象認爲,至極之理就是方内之俗世與超然的方外境界泯然不二,能貫通方内方外的只有聖人,唯聖人能夠"遊外冥内"。所謂"冥内",是説聖人無己,内忘其身,外忘萬物,玄同四海,與俗内泯然無際,廓然無所不包,故爲天下所共推而爲百姓所不能離,終能會通群品之性而化成天下。所謂"遊外",是説聖人應物而不累於物,躬身應世而有萬機之勞,但猶如處身山林一樣,其心閒適恬淡,能於因應俗務之中坐忘而自得。郭象看來,如果把孔子看作是拘於方内而不達方外,由此而排斥孔子,這是未達莊子"述作之大意"。莊文之中,孔子是遊於方内的俗士,子桑户、孟子反等代表齊死生忘哀樂的方外至人。郭象則不然,他把孔子使子貢助治喪事解釋爲聖人從俗順世冥合方内的所顯之迹,子桑户、孟子反、子琴張等輩生死兩忘則是聖人因應俗内世事所具的一種超然曠達的精神境界。聖人雖處萬機之中,其心閒暇自適,絲毫沒有感覺到萬機之事經由自身,這就是"遊外"的體現。這樣孔子與孟子反等非但不相對立,而是共同闡明"遊外冥内"的帝王之道,也就是内聖外王之道。

"内聖外王之道"的詮釋是郭象以《莊子》爲"涉俗蓋世之談"最爲重要的體現。"内聖外王

---

① 李耀南《論郭象玄學中的自生、性分和逍遥》,《鵝湖月刊》,2006年第31卷第11期。
② 李耀南《難"〈莊子序〉非郭象所作説"》,《中國哲學史》2005年第2期,第75頁注1。

之道"語出《天下》,與"古之道術"密切相關。根據馬叙倫的看法,古之人得道術之全,故爾"内聖外王"①,如此則内聖外王之道可看作"古之道術"的全體。梁啓超謂内聖外王之道"其旨歸在於内足以資修養而外足以經世"②。這是後世對於内聖外王之道的一種解釋,從《天下》的論述來看,内聖外王之道相形於後世作爲單純的治理天下之理想的政治觀念遠爲豐富寬泛。内聖外王之道是百家之學的源頭,但百家之學"皆囿一方,而非内聖外王之道"③,"諸家各取道術之一部分以自鳴"④。所以嚴格説來,真正的内聖外王之道只存在於往古之世而湮没於爾後,百家之學諸如墨翟、禽滑厘,稷下的宋鈃、尹文、彭蒙、田駢、慎到等都只是對於内聖外王之道某個方面的繼承與發揮,按照《天下》的邏輯理路來看,即便備極推尊的老子、關尹和莊子也未得古人之全,其學也不是全體的内聖外王之道。莊書雖對内聖外王之道間有闡發,如《天道》有"帝王之德配天地""帝王無爲而天下功"⑤"古之王天地者……天地而已矣"⑥,這是説帝王德侔天地,帝王之治天下取法天地,但《莊子》只能説是得内聖外王之道的緒餘⑦,不是全體的内聖外王之道。

　　將《莊子》解成一種内聖外王之道的淑世之學,郭象起了重要作用。《莊子序》稱莊子昌明"内聖外王之道"。郭注的聖王雖應萬機之務而其心無異於山林,其融通有爲與無爲,以不治爲治之所出,凡此均是内聖外王之道的具體内容。郭象的内聖外王之道與莊子極不相同,莊子之内聖是指聖人體法大道貫通天地的内在德性,外王則是這種德性在治理天下中的具體顯用。由於道在郭象這裏只有虛設的意義,天地也没有作爲萬物父母的本原意義,所以郭象的内聖没有莊子的那種貫通天地、取法大道的意涵,而是超然物外的精神境界,其内聖外王之道

---

① 馬叙倫《莊子天下篇述義》,張豐乾編《莊子天下篇注疏四種》,華夏出版社 2009 年版,第 252 頁。
② 梁啓超《莊子天下篇釋義》,《飲冰室合集》之專集七十七,中華書局 1989 年版,第 4 頁。
③ 劉鳳苞撰,方勇點校《南華雪心編》,中華書局 2013 年版,第 773 頁。
④ 高亨《莊子天下篇箋證》,張豐乾編《莊子天下篇注疏四種》,第 171 頁。
⑤ 郭慶藩撰,王孝魚點校《莊子集釋》,第 465 頁。
⑥ 同上,第 476 頁。
⑦ 吕惠卿認爲"莊周乃得古人之全者"(吕惠卿撰、湯君集校《莊子義集校》,中華書局 2009 年版,第 588 頁),這是吕氏對於莊學的一種解讀,莊子固未嘗以此自許。鍾泰謂"莊子之學,實爲'内聖外王'之學,其所以著書,即爲發明此'内聖外王'之道也"(鍾泰《莊子發微》,上海古籍出版社 2002 年版,第 756 頁)。鍾泰認爲《莊子》不屬於道家而是儒門經典,故有此説,質之莊子,則知言不允當。錢基博認爲:"'内聖外王之道',莊子所以自名其學,而奥旨所寄,盡於《逍遥遊》《齊物論》兩篇。"(錢基博著、曹毓英選編《錢基博學術論著選》,華中師範大學出版社 1997 年版,第 359 頁。)實際上,《天下》及《莊子》其他各篇均未見莊子有直以"内聖外王之道""自名其學"的説法,錢先生之説亦難成立。另有王樹柟謂莊書"《内篇》即内聖之道,《外篇》即外王之道,……《雜篇》者,雜述内聖外王之事"(轉引自顧實《漢書藝文志講疏》,上海古籍出版社 2009 年版,第 119 頁),如此則一部《莊子》盡是内聖外王之道,此言作爲一種主觀上的解讀自無不可,質之莊書則乏力據而疏闊已甚。

實際上就是聖王以其內心的寧靜淡遠來處理世俗的各種事務。相形之下,郭象內聖外王是玄學化的理想人格,內聖外王之道更具魏晉之世的特點。

二、追尋"莊生之旨"及誤讀、曲解《莊子》

(一) 郭注以追尋"莊生之旨"爲鵠的

後世多將郭注視爲郭象藉《莊子》來表述自己的玄學清言,然深察郭象注文,迹尋其注《莊》之素心,卻會發現郭象注《莊》的主要目的是要發明莊子原意,得"莊生之旨"。"注釋的目的在於詮釋古籍,而其最高境界乃是追尋原意,求契作者之初心。"①"傳注的職責,既以解説古書爲主,自以不失古人原意爲最大目的。"②這些非常適合用以説明郭象注《莊》之用心。郭象的"莊生之旨"包含兩重意義,一是指作爲作者的莊子之意;一是指《莊子》一書的原意。這兩者在郭象注文中都有根據。今天看來,作爲作者的莊子之意難以把捉,郭象所追求的莊子之意,實際上只能説是《莊子》之意,莊子之意見於《莊子》之文,對於莊子之意的追尋實際上變換爲對《莊子》本意的探尋,郭象對於莊書之意的搜討就是對於莊子之意的探究。我們可從主客兩方面加以檢討。

郭象有明確的追尋莊子之意的主觀意向。《逍遥遊》題下郭注云"夫莊子之大意,在乎逍遥放"③,《大宗師》郭注曰"是故莊子將明流統之所宗以釋天下之可悟"④,郭象揭示莊子通過孔子區分方内方外所要達到的主觀意趣。《天地》"一之所起,有一而未形"⑤文下郭注:

> 一者,有之初,至妙者也,至妙,故未有物理之形耳。夫一之所起,起於至一,非起於無也。然莊子之所以屢稱無於初者,何哉? 初者,未生而得生,得生之難,而猶上不資於無,下不待於知,突然而自得此生矣,又何營生於已生以失其自生哉!⑥

郭象把莊文的"一"理解爲萬物發生之初的狀態,萬物發生之初至爲玄妙,尚未有具體的物理形態,郭象認爲作爲萬物發生之初的"一",是起於至一,而不是"無"。郭象推問莊子屢屢"稱無於初"的用意何在,也就是莊文"泰初有無"究竟是什麽意思,實際上在是討求莊子之

---

① 許逸民《古籍整理例釋》,中華書局2014年版,第47頁。
② 張舜徽《中國文獻學》,上海古籍出版社2005年版,第144頁。
③ 郭慶藩撰,王孝魚點校《莊子集釋》,第3頁。
④ 同上,第268頁。
⑤ 同上,第424頁。
⑥ 同上,第425頁。

意。莊文是説宇宙太初之時只有"無",郭象將"初"理解爲"未生而得生",也就是"生與未生之間的狀態"①,郭象把莊子的"泰初有無"理解爲萬物得生之初,物生之初向上説是不憑藉無,也就是萬物不是生於"無";向下説是不待於萬物的"知",也就是萬物都是不自知其生而生,因而萬物是倏然自得其生。既是自得其生,就不必於已生之後而營謀其生,而失萬物自生之真意。郭象認爲這才是莊子"泰初有無"的本意。《山木》"莊子行於山中"章郭注:"故莊子亦處焉。"②莊文的"乘道德而浮遊"是"神農黄帝之法則",郭象認爲莊子也采取這種處世原則。《徐無鬼》"射者非前期而中"章郭注:"莊子以此明妄中者非羿而自是者非堯。"③此正揆度莊子之意,顯明莊子之用心。《天下》"芴漠無形"一章是通論莊子之學,郭象有注:"莊子通以平意説己,與説他人無異也。"④郭象認爲莊子將自己與他人平等對待,反省自身與批評他人没有區别。這些無不顯示郭象主觀上以莊子之意爲注《莊》歸趣的明確取向。郭象每有表達對於莊子之意的推測。如《齊物論》"大知閑閑……大恐縵縵"文下郭注:"此蓋知之不同……此蓋言語之異……此蓋寤寐之異……此蓋交接之意……此蓋恐悸之意。"⑤句中"蓋"是疑詞,表揣測和推原其故,這種句式表達了對於莊子之意的謹慎推度。

　　郭注追尋莊生之旨的取向更見於駁正各種有關莊子之意的舛謬之見。《逍遙遊》"子治天下,天下既已治也"文下郭注:"而或者遂云:治之而治者,堯也;不治而堯得以治者,許由也。斯失之遠矣。夫治之由乎不治,爲之出乎無爲也,取於堯而足,豈借之許由哉!"⑥這是郭象批評一種有關莊文之帝堯和許由關係的觀點,"而或者遂云"以下四句是郭象轉述這種觀點的基本內容:堯是治天下而使天下治理好的,許由是不治天下而爲堯得以治,郭象認爲此說"失之遠矣"。"失"是指失卻莊子本懷,而郭象自認爲他的理解契合莊子之旨,成玄英也肯定郭象此處的理解"探微索隱,了文合義"⑦。《馬蹄》:"及至伯樂……而馬之死者過半矣"文下郭注:

　　　　有意治之,則不治矣。治之爲善,斯不善也。⑧
　　　　夫善御者,將以盡其能也。盡能在於自任,而乃走作馳步,求其過能之用,故有不堪而多死焉。若乃任駑驥之力,適遲疾之分,雖則足迹接乎八荒之表,而眾馬之性

---

① 北京大學哲學系中國哲學史教研室選注《中國哲學史教學資料選輯》,中華書局 1981 年版,第 441 頁。
② 郭慶藩撰,王孝魚點校《莊子集釋》,第 669 頁。
③ 同上,第 838 頁。
④ 同上,第 1102 頁。
⑤ 同上,第 51、52 頁。
⑥ 同上,第 24 頁。
⑦ 同上。
⑧ 同上,第 331 頁。

全矣。而惑者聞任馬之性,乃謂放而不乘;聞無爲之風,遂云行不如卧;何其往而不返哉! 斯失乎莊生之旨遠矣。①

郭象批評對於莊文之治馬和無爲兩者的錯誤理解。在他看來,那種認爲任放馬之真性就是將馬放走而不乘騎,把莊子的無爲理解爲無所作爲,這些都已悖離"莊生之旨"。按照郭象的理解,莊子肯定治馬,肯定人對於馬的乘用,善於用馬的人在於盡馬的能力,任馬之性,讓馬根據自身力量的或駕或驟來作或遲或疾的奔跑,不超過各自材能的限度,這樣即便是遠行八荒之表,各種馬的本性都可以完足無損,郭象認爲這才是"莊生之旨"。《至樂》"莊子之楚見空髑髏"章郭注:

> 舊説云莊子樂死惡生,斯説謬矣! 若然,何謂齊乎? 所謂齊者,生時安生,死時安死,生死之情既齊,則無爲當生而憂死耳。此莊子之旨也。②

"舊説"顯系郭象所看到的對於莊子此文的一種理解。"舊説"以爲此章表達莊子"樂死惡生"之意,郭象認爲"舊説"和莊子的"齊"相抵觸。如果莊子樂死惡生,那什麼叫作"齊"呢? 郭象理解莊子的"齊"就是均等之意,"齊死生"就是死生均等,既是均等,那麼莊子之意就不是"舊説"的"樂死惡生",也不是貪生惡死,而是順任大化,安於或生或死,這才是生死齊一。既是生死齊一,就不必當生之時而憂死後,郭象認爲莊子之旨正在此處。《讓王》篇"湯讓瞀光、卞隨"章郭注:

> 舊説曰:"如卞隨、務光者,其視天下也若六合之外,人所不能察也。斯則謬矣。夫輕天下者,不得有所重也,苟無所重,則無死地矣。以天下爲六合之外,故當付之堯舜湯武耳。淡然無係,故汎然從衆,得失無概於懷,何自投之爲哉! 若二子者,可以爲殉名慕高矣,未可謂外天下也。"③

"舊説曰"以下三句是郭象復述他所見到的一種觀點,郭象認爲這一舊説與莊子相乖謬。在郭象看來,莊子本意在於,真正輕天下的人就無所輕無所重,無所輕重的人就不會有死地,務光、卞隨之流果如"舊説"那樣是輕天下而不受商湯之讓,就應該把天下托付給堯舜湯武,這樣就會淡然無所系着,得失不掛於懷,哪裏會有務光的赴水投淵之舉呢。所以卞隨、務光還是不達大道,只是殉名於外,並不是真正的外天下。

---

① 郭慶藩撰,王孝魚點校《莊子集釋》,第333頁。
② 同上,第619頁。
③ 同上,第986~987頁。

郭象駁正各種舊説，其注重正確理解莊子之意的取向較然可睹。今天看來，郭注指謬舊説，責其非莊子之意，然郭注本身亦有乖違莊生之旨，這意味着追尋莊生之旨的郭注客觀上未必盡合於莊文之意。但是部分郭注客觀上未能如其自期那樣契合莊子文意，並不能否定郭象注《莊》存有追尋莊生之旨的主觀訴求，本文在此只是要通過郭象批評那些誤解莊子原意的舊説，彰顯郭象以追尋莊子文意爲其主觀目的。

另從客觀來看，郭注存有大量對於莊文的詞義訓釋以及通釋文意的注文，凡此均見郭注以切合莊子之意爲鵠的。詞義訓釋方面，筆者通檢郭注，共得八十五條詞義訓釋的注文，分佈於《莊子》二十五篇的郭象注文之中。具體類型包括：1. 單字解釋。如《養生主》"刀刃若新發於硎"郭注："硎，砥石也。"① 2. 雙音詞義解釋。如《知北遊》"天地之强陽氣也"郭注："强陽，猶運動耳。"② 3. 近義詞辨析。如《齊物論》"有競，有争"郭注："並逐曰競，對辯曰争。"③這是區分"競、争"這組近義詞的細微差别。4. 人名解釋。如《德充符》"遊於羿之彀中"郭注："羿，古之善射者。"④ 5. 名物訓釋，如《徐無鬼》"君亦必無盛鶴列於麗譙之間"郭注："鶴列，陳兵也。麗譙，高樓也。"⑤ 6. 隨文釋義，就是解釋某字詞在《莊子》上下文中與文意相關的具體意義。如《徐無鬼》"彼之謂不道之道，此之謂不言之辯"郭注："彼，謂二子。此，謂仲尼。"⑥這裏根據上下文解釋"彼、此"之所指涉，徐仁甫稱"郭注已得文意"⑦。7. 先釋詞義，然後串通文意。如《列禦寇》"緣循，偃佒，困畏不若人，三者俱通達"郭注："緣循，杖物而行者也。偃佒，不能俯執者也。困畏，怯弱者也。此三者既不以事見任，乃將接佐之，故必達也。"⑧體例上看，郭注的詞義訓釋當屬訓詁學中的"故體"⑨。郭注的詞義訓釋與漢儒解經具有一致性，都是追求字詞釋義的準確，在這方面，可謂繼承了漢代訓詁之學的遺風，郭注的詞義訓釋多爲後世的解《莊》者和訓詁家所采納。

郭注還在詞義訓釋的基礎上展開思想分析。《庚桑楚》"因以己爲質"郭注："質，主也。物各謂己是，足以爲是非之主。"⑩郭象首先解釋"質"的字義，"物各謂己是，足以爲是非之主"是思想分析，物各以己爲是，就會以他人爲非，如此自己就成爲是非之主。郭注的思想分析基於對"質"的字義分析，但不受限於字義。郭象大量的詞義訓釋與文意疏解與其追尋莊子之意具

---

① 郭慶藩撰，王孝魚點校《莊子集釋》，第 122 頁。
② 同上，第 740 頁。
③ 同上，第 85 頁。
④ 同上，第 199 頁。
⑤ 同上，第 828 頁。
⑥ 同上，第 853 頁。
⑦ 徐仁甫著，四川省文史研究館整理《諸子辨正》，中華書局 2014 年版，第 96 頁。
⑧ 郭慶藩撰，王孝魚點校《莊子集釋》，第 1059 頁。
⑨ 馮浩菲《中國訓詁學》，山東大學出版社 1995 年版，第 91 頁。
⑩ 郭慶藩撰，王孝魚點校《莊子集釋》，第 807 頁。

有内在聯繫。郭象要尋求莊子之意,必從語言出發,語言首先要理解詞義,接着是疏通《莊子》文句的意義,這是理解莊子之意的出發點。劉咸炘嘗言:"魏晉人訓詁既有所承,又長理學,如司馬紹統崔譔不讓郭子玄,而其注今已遺佚,不克與郭《注》相參證以求完足。"①劉氏本是爲《莊子》司馬彪注張目,認爲司馬彪注《莊》不下郭象,然其"魏晉人訓詁既有所承,又長理學"一語同樣適合用來評説郭象的《莊子注》。尋常多以爲郭注盡是玄言,這是應該予以糾正的誤見,實則郭象非止注重義理的闡發,文詞詁訓與義理闡明兩者兼具於郭注。

郭象有不少隨文疏通串解《莊子》的注文,都很貼合莊子文意,從中同樣看出郭象重視理解莊子原意。《齊物論》"今者吾喪我"文下郭注"吾喪我,我自忘矣"②,可謂切中文義。《徐無鬼》"莊子送葬"章郭注:"非夫不動之質,忘言之對,則雖至言妙斫而無所用之。"③郭在貽稱郭注"寥寥數語,卻能講得清晰透徹。"④《駢拇》"夫適人之適而不自適其適,雖盜跖與伯夷,是同爲淫僻也"郭注云:"苟以失性爲淫僻,則雖所失之塗異,其於失之一也。"⑤莊文以盜跖舍己逐物,伯夷舍己殉仁義,二者所爲對於自己的性命而言都是淫僻邪行。郭象説,如果以失卻自己的本性爲淫僻,那麽盜跖與伯夷所失的途徑不一,人們對他們的評價也有善惡之別,但就失性這一點而言,二人是一致的。郭注可謂透達文意。《庚桑楚》"至禮有不人,至義不物"郭注:"不人者,視人若己。視人若己則不相辭謝,斯乃禮之至也。各得其宜,則物皆我也。"⑥禮以別尊卑序長幼,就有人我之分,有人我之分就不是至禮。至禮"不人","不人"是不把他人當作與我相分別的人來看,而是對待他人與自己一般無二,人我之間没有分別,没有分別就不用行有分別之禮的那一套"辭謝"之儀,没有這一套禮儀就是視人若己,這就是"至禮"。什麽是"至義"呢? 義者宜也,萬物人我各得其宜,如此則無物我人我之別,無分別則可以説人即是我,我即是人,這就是義的至極之境。應該説郭象對於至禮至義的分析,既切合文意,又很好地發明了莊文的深藴。《山木》:"莊子笑曰:'周將處乎材與不材之間。材與不材之間,似之而非也,故未免乎累。'"郭注:"設將處此耳,以此未免於累,竟不處。"⑦郭注以"設"解"將",意爲此乃莊子假設之詞。莊文"將處於材與不材之間",郭注莊周假設自己將處於材與不材之間,極爲準確。莊文材與不材之間仍然不免乎累,郭象説莊周終不處材與不材之間,甚契莊文。《天下》:"墨翟、禽滑厘之意則是,其行則非也。將使後世之墨者,必自苦以腓無胈、脛無毛相進而已矣。亂之上也,治之下也。"郭注:"意在不侈靡而備世之急,斯所以爲是。爲之太過故也。亂

---

① 劉咸炘《〈莊子〉釋滯》,《推十書》(增補全本)乙輯第二册,上海科學技術文獻出版社2009年版,第519頁。
② 郭慶藩撰,王孝魚點校《莊子集釋》,第45頁。
③ 同上,第844頁。
④ 郭在貽《訓詁叢稿》,上海古籍出版社1985年版,第241頁。
⑤ 郭慶藩撰,王孝魚點校《莊子集釋》,第329頁。
⑥ 同上,第809頁。
⑦ 同上,第668頁。

莫大於逆物而傷性也。任衆適性爲上，今墨反之，故爲下。爲其真好重聖賢不逆也，但不可以教人。"①莊文稱許墨翟的本意爲"是"，郭注則揭示莊子稱許墨子的原因在於墨子反對侈靡，主張節儉。莊文認爲墨子之説影響後世之墨者"必自苦"，郭注解釋"必自苦"的原因在於"爲之太過"。莊文視墨子之説最爲擾亂天下，郭注對於"亂"加以分疏，最大的亂就是逆物之情，傷物之性。莊文以墨子之説於治世而言是爲最下，郭注解釋墨子治世之所以爲最下的原因。郭象對於這段文字的分疏準確，同時又把莊文的藴義充分揭發出來。通觀郭象《莊子注》，其中疏通文意的注文占有相當大的篇幅。

郭象還有不少以《莊》解《莊》的注文。1. 引《莊子》同篇上文來解釋下文。如《大宗師》"子輿與子桑友，……裹飯而往食之"郭注："此二人相爲於無相爲者也。今裹飯而相食者，乃任之天理而自爾耳，非相爲而後往者也。"②此以同篇前文的"相與於無相與"解釋本處的子輿裹飯爲病中的子桑送食非是刻意而爲，而是一種以無相親愛的方式來相親愛的表現。2. 引《莊子》不同篇章的内容來相解釋。如《天地》"漢陰丈人"章郭注："此宋榮子之徒，未足以爲全德。子貢之迷没於此人，即若列子之心醉於季咸也。"③此以《逍遥遊》之宋榮子來解釋漢陰丈人，漢陰丈人抱甕灌園，拒絶用力少而見功多的桔槔，這種不達時變有如宋榮子之内我而外物，不能泯除物我之分，未足以爲"全德"之人，同時又以《應帝王》中的列子之醉心於季咸來擬况子貢對於漢陰丈人的無端傾慕。此類注文屢見於郭注。以《莊》解《莊》屬於解釋學的循環，意味着郭象把《莊子》視爲意義融貫互洽的有機整體，《莊子》各篇之間存在意義關聯，因而同篇之内和不同篇目之間可以互相解釋，互相參證，其歸趣依然是求得莊子之意。

上面從郭象注《莊》的主觀取向和注文的客觀表現兩方面共證郭象注《莊》以追尋"莊子之大意"爲目的。郭注因爲切合莊子之意而爲後世稱道。陸德明《莊子音義·序録》："唯子玄所注，特會莊生之旨，故爲世所貴。"④《天下》篇末陸德明注釋："子玄之注，論其大體，真可謂得莊生之旨矣。"⑤陸氏以爲郭注爲世所貴的原因就在於能得莊生之旨。後來注家如成玄英等因郭注肖神莊生而多采其説。由於郭注重視追尋莊子之旨，可憑以迹尋莊文之舊，後世多據以勘定《莊子》之文字訛誤，如于省吾《雙劍誃諸子新證·莊子新證》全文辯證《莊子》"僞誤"共六十六條，其中二十三條引郭注，既有采納又有駁正。當然，後世訾詆郭注錯失背離莊子之意者間亦有之。姚鼐認爲："若郭象之注，昔人推爲'特會莊生之旨'，余觀之特正始以來所謂清言耳，於周之意十失其四五。"⑥清人方潛則對於《莊子》郭象注有全盤之否定："世稱郭象善解《莊》，

---

① 郭慶藩撰，王孝魚點校《莊子集釋》，第 1080～1081 頁。
② 同上，第 286 頁。
③ 同上，第 437 頁。
④ 同上，第 4 頁。
⑤ 同上，第 1115 頁。
⑥ 姚鼐《莊子章義序》，姚鼐著、劉季高標校《惜抱軒詩文集》，上海古籍出版社 1992 年版，第 33 頁。

郭象惡知《莊》。……若郭象之徒者,莊子之罪人耶。"①

爲什麽郭注以追尋莊子之旨爲注《莊》目的,卻被後人認爲錯失莊周之意,乃至與莊周之意大相乖謬呢?這中間隱含着重要的解釋學問題。

首先,今天看來,郭注除了上文所述的很多注文契合《莊子》文意之外,郭注對於《莊子》尚存有誤讀、背離、曲解、牽合、調和、引申乃至批評等多種關係,故此後人批評郭象有失莊旨確有根據。

其二,對於郭注背離莊旨的批評正好表明,推求莊子之意基本堪稱歷來注《莊》者的共同取向。北宋王雱説"讀《莊子》者,宜求莊子之意"②,"世之讀《莊子》之書者,不知莊子爲書之意,……吾甚傷不知莊子之意,故因其書而解焉"③。此見王雱作《南華真經新傳》的目的與郭象一樣,也是要發明莊子之意。南宋湯漢稱褚伯秀撰《南華真經義海纂微》是爲了索求千載之上的莊子之"初意"④,南宋羅勉道感慨《莊子》一書"寥寥千八百載間,作者之意郁而未伸"⑤,其所撰之《南華真經循本》用心即在尋繹莊子本旨。

其三,既然注《莊》者都以求索莊旨爲目的,可是爲什麽各家所理解的莊子之意並不相同呢?這是因爲作爲作者的莊子及其後學的撰作之意我們永遠無法知道,作爲《莊子》文本中的莊子之意不是一個客觀的認識對象,郭象注《莊》也不是對於《莊子》的一種客觀認知活動,郭象無法獲得有關《莊子》之意的確定不易的知識。郭象與後世諸賢所獲得的莊子之意,與各家所運用的解《莊》方法,解釋立場,所處的歷史時代,所接受的歷史文化背景以及現實關切均有内在聯繫。從郭象到成玄英,降及今日之解《莊》名家,都有自己對於莊子之意的理解,也就有各種各樣的莊子之意。因而當發現他人對於莊子的理解與自己相合時,便許爲切合莊子;與自己心目中的"莊子之意"相悖時,就會責其背離莊子之意。郭象的莊子之意只是作爲解釋者的郭象對《莊子》的理解詮釋之意,是郭象以其價值立場,現實取向,所擁有的知識與思想背景與《莊子》文本互動的結果,其他注《莊》解《莊》者例皆如是。郭象的莊子之意不同於後人所理解的莊子之意,故此後世在批評郭象的同時,實際上是在認定自己真正理解了莊子之意。稍加反省就不難見出,這種自我認定與當日郭象以求取莊生之旨爲鵠的之自期雖然遥隔千數百年,而歸趣無殊。郭象所得"莊子之意"後世則斥之爲非,後世解《莊》當不乏自以爲深得莊子之意者,然留待他年他人,焉知不會落於類似郭象的境地?故此從郭象的莊子之意到成玄英、林希逸以至今日各家的莊子之意,盡不相同,這本身意味着"莊子之意"是一個歷史性的概

---

① 方潛《文通先生書郭象注莊子後》,方勇撰《莊子纂要》第八册,學苑出版社 2012 年版,第 1134 頁。
② 王雱《南華真經新傳》卷九,王水照主編《王安石全集》第九册,復旦大學出版社 2016 年版,第 33 頁。
③ 王雱《南華真經新傳序》,王水照主編《王安石全集》第九册,第 191 頁。
④ 湯漢《南華真經義海纂微序》,褚伯秀撰、張京華點校《莊子義海纂微》,華東師範大學出版社 2014 年版,第 3 頁。
⑤ 羅勉道《南華真經循本釋題》,羅勉道撰、李波點校《南華真經循本》,中華書局 2016 年版,第 2 頁。

念。自今觀之,不同時代,不同文化背景的個體讀《莊》解《莊》都會有各自的莊子之意,因而各家解《莊》所得的莊子之意共聚於"莊子之意"這個名號之下,而同一個名號之下的莊子之意之間會有疊合呼應的方面,歧異抵牾亦複不少。儘管如此,並不意味着所有的各種莊子之意具有同等的意義,這之間仍有高低分別,判別其高低的依據還是各自的理解與文本的關係。對於莊子的深度理解爲世所重,膚泛淺陋的理解儘管也自稱爲符合莊子之意,但終會銷落湮沉。

(二) 郭注對於《莊子》的誤讀、曲解

郭象固然以求取莊子之意爲鵠的,但郭注對於《莊子》之誤讀、背離、曲解、牽合、調和、引申乃至批評等等,亦毋爲諱。限於篇幅,本文只討論郭注對於《莊子》的誤讀與曲解二類,進而尋求其中的解釋學問題。

1. 誤讀。本文所謂誤讀是指解《莊》者本意乃在正確理解文意,但是由於理解的差失而導致錯誤的解釋,這種錯誤因其非是主觀有意而爲,故稱"誤"讀。郭注誤讀《莊子》有多種情況。(1) 詞義的誤解。如《大宗師》"夫道,有情有信"文下郭注"有無情之情"①,郭注第一個"情"指是非好惡的情感之情,第二個"情"指沒有是非好惡之情的情感,莊文的"情"應爲情實、真實之意,郭象誤解"情"字。如《天地》"厲之人"郭注云:"厲,惡人也。言天下皆不願爲惡。"②莊文"厲"是病癩之意,"厲之人"是得了癩病的人。郭注將"厲"解釋爲德性上惡的人,誤解"厲"的詞義,由此對整個文句皆有誤讀。(2) 文意上的誤讀。如《天地》:"忘乎物,忘乎天,其名爲忘己。"③郭注:"天物皆忘,非獨忘己,復何有哉?"④莊子意在忘物忘天就是忘己,忘己是忘物和忘天的名稱,忘物忘天是忘己的具體內容。郭象卻解釋爲,非但忘己,兼忘天、物。莊子忘物、忘天之於忘己是隸屬關係,郭象忘己、忘物、忘天是並列關係,顯然誤讀莊文。又如《達生》"工倕旋而蓋規矩"郭注曰:"雖工倕之巧,猶任規矩,此言因物之易也。"⑤莊文是說工倕不用規矩隨手畫圓畫方,就合乎用規矩所畫的方圓。郭注卻解釋爲工倕雖巧也要任用規矩,完全誤讀。有學者以爲郭象是中國哲學史上第一個"誤讀天才"⑥,此意郭象之天才最見於其"誤讀"《莊子》,此說誣枉郭象甚深,誤導今人不淺。通檢郭象注文,嚴格意義上的誤讀並不多見,郭注更不以誤讀見長,不可誇大郭象對於《莊子》的誤讀。

2. 曲解。曲解是郭象在顯然明瞭莊子之意的情況下,在莊文之意與郭象對於莊子思想的

---

① 郭慶藩撰,王孝魚點校《莊子集釋》,第 247 頁。
② 同上,第 452 頁。
③ 同上,第 428 頁。
④ 同上,第 429 頁。
⑤ 同上,第 662 頁。
⑥ 傅偉勳《從西方哲學到禪佛學》,三聯書店 1989 年版,第 404 頁。

整體理解以及自己的解釋立場相牴觸時,郭象就會放棄莊文之意,主觀上根據自己的思想立場,作出偏離莊子乃至與莊子思想截然對立的解釋,這種詮釋對於莊文而言是一種曲解或背離。

郭象爲回護仁義作爲根本的道德價值而曲解莊文。《駢拇》:

> 駢拇枝指,出乎性哉! 而侈於德。……多方乎仁義而用之者,列於五臟哉! 而非道德之正也。①

郭注:

> 夫長者不爲有餘,短者不爲不足,此則駢贅皆出於形性,非假物也。然駢與不駢,其性各足,而此獨駢枝,則於衆以爲多,故曰侈耳。而惑者或云非性,因欲割而棄之,是道有所不存,德有所不載,而人有棄才,物有棄用也,豈是至治之意哉! 夫物有小大,能有少多,所小即駢,所多即贅。駢贅之分,物皆有之,若莫之任,是都棄萬物之性也。②

莊文原意是以駢拇枝指譬喻仁義,仁義猶如多長出來的駢拇枝指那樣是無用之物,非道德之正。郭象則從自己的性分理論出發,認爲天下之物大的對小而言就是駢,才能多的對於才能小的而言就是贅,駢贅現象普遍存在於人與萬物之中。駢拇枝指較之常人雖是多出的部分,但與常人的不駢不枝一樣也是出於自然之性,原無高下,但當任之。所以郭象認爲駢枝即是道德之正,而割棄駢枝就是割棄萬物自然之性,非道德之正。由此郭象認爲多方乎仁義就是一家的道德之正,視仁義爲駢贅而非道德之正是不明性分之理,未能冥合於物的表現。郭注明顯背離莊文。莊子認爲"意仁義其非人情乎! 彼仁人何其多憂也"③,郭象則認爲"仁義自是人之性情,但當任之耳。恐仁義非人情而憂之者,真可謂多憂也"④。莊文推度仁義不是出自真實的人性,郭象卻説仁義就是人的情性;莊文因爲仁義非出人性之真,才有仁人之"多憂",郭象卻解釋爲擔心仁義非出人情純係多餘之憂。莊文將仁義與道德對峙起來,主張捨棄仁義而回歸道德;郭象則認爲本性所具的仁義各有定分,有的人生性多於仁義,有的人生性少於仁義,只要各守其定分,都可以各得其所,而如莊文宣示之舉天下棄仁義是完全錯誤的。郭注竟與莊文截然對立。值得注意的是,郭注對於莊文原意的背離、對立並非因爲誤讀,而是刻意地

---

① 郭慶藩撰,王孝魚點校《莊子集釋》,第311頁。
② 同上,第312頁。
③ 同上,第317頁。
④ 同上,第318頁。

曲爲之說。曲解莊文的原因在於郭象是要維護仁義作爲根本的道德價値,曲解的目的是要化解莊文之道德與儒家之仁義的對立關係,曲解的方式是將駢拇枝指、仁義置於自己的性分概念之上加以新的解釋。

郭象爲貫徹所謂君臣上下各適其性各盡其分的作爲都是無爲的觀點而曲解莊文。《天地》:

> 故古之人貴夫無爲也。上無爲也,下亦無爲也,是下與上同德,下與上同德則不臣;下有爲也,上亦有爲也,是上與下同道,上與下同道則不主。上必無爲而用天下,下必有爲爲天下用,此不易之道也。①

郭注:

> 夫工人無爲於刻木而有爲於用斧,主上無爲於親事而有爲於用臣。臣能親事,主能用臣;斧能刻木而工能用斧;各當其能,則天理自然,非有爲也。……夫用天下者,亦有用之爲耳。然自得此爲,率性而動,故謂之無爲也。……故雖舜禹爲臣,猶稱有爲。故對上下,則君靜而臣動;比古今,則堯舜無爲而湯武有事。然各用其性而天機玄發,則古今上下無爲,誰有爲也!②

莊文意爲主上之德無爲,臣下之德有爲;郭象則認爲,從主上到臣下各司其職,各守其責,各爲其職分之所當爲,都是有爲。莊子認爲如果主上臣下都是有爲,那是君濫臣道,君濫臣道則不合君道;主上臣下都是無爲則是臣僭君德,臣僭君德就不合臣道。郭象主張君臣各爲其職分之所當爲,本是天理之自然,所以主上臣下又都是無爲。郭象背離了莊子以無爲爲君德,有爲爲臣德的思想,認爲君臣在不同層次上旣可以說是有爲,也可以說是無爲,則無爲非止君道,亦爲臣道;有爲非止臣道,亦屬君道。郭象曲解莊文,目的在於打通有爲與無爲的壁壘,君臣上下在各司其任、各盡其分這一點上都是自爲,自爲就是無爲,上下都是率性自爲,因而同歸於無爲。

郭象從自己的萬物自生獨化的立場出發而曲解莊文。《庚桑楚》:

> 天門者,無有也,萬物出乎無有。有不能以有爲有,必出乎無有,而無有一無有。聖人藏乎是。③

---

① 郭慶藩撰,王孝魚點校《莊子集釋》,第 472 頁。
② 同上,第 465、466 頁。
③ 同上,第 800 頁。

郭注：

> 天門者，萬物之都名也。……死生出入，皆欻然自爾，未有爲之者也。然有聚散隱顯，故有出入之名；徒有名耳，竟無出入，門其安在乎？故以無爲門。以無爲門，則無門也。夫有之未生，以何爲生乎？故必自有耳，豈有之所能有乎！此所以明有之不能爲有而自有耳，非謂無能爲有也。若無能爲有，何謂無乎！一無有則遂無矣。無者遂無，則有自欻生明矣。任其自生而不生生。①

天門、萬物在莊子分屬不同層次，天門是真實存在的萬物生於斯而歸於斯之本原；郭象把天門解釋爲萬物之總名，消解了莊子"天門"作爲萬有本原的意義，否定了天門的存在。莊子之萬物死生皆經由天門，郭象解釋爲生者自成其生，死者自成其死，沒有一個終極的東西造就了萬物的生死出入。莊子説萬有不能從有中産生，必從無有中産生；郭象把"有不能爲有"解釋爲沒有創造萬物的造物者，一切都是萬有自生自有，自己成爲自己的存在。莊子對於天門之於萬有關係的論述結穴於聖人藏身於天門，就是與道悠遊，與化俱往；郭象則解釋爲聖人任萬有自生而不影響不干擾萬有之生。這個意思也與莊文不合。郭象否定"天門"的存在就是否定造物者，主張萬物自生自成，爲其性分論提供生成論的理論根據，服務於其君臣上下臣妾皂隸各安其分的思想。可見當莊子文意與郭象的基本觀念、價值立場發生抵觸時，文字的意義就要遷就於郭象所要達到的解釋目的，郭象曲解文意也就在所難免。

郭象爲了確立自己的適性逍遥論而曲解莊文。《刻意》：

> 刻意尚行，離世異俗，高論怨誹，爲亢而已矣；此山谷之士，……吹呴呼吸，吐故納新，熊經鳥申，爲壽而已矣；此道引之士，養形之人，彭祖壽考者之所好也。②

郭注：

> 此數子者，所好不同，恣其所好，各之其方，亦所以爲逍遥也。然此僅各自得，焉能靡所不樹哉！若夫使萬物各得其分而不自失者，故當付之無所執爲也。③

莊文所謂山谷之士、平世之士、朝廷之士、江海之士和道引之士五種人的行徑都是矯厲其形，刻意而爲，都不自在自適，其人格精神俱低於具有天地之德的聖人。郭象則認爲這五種人所

---

① 郭慶藩撰，王孝魚點校《莊子集釋》，第801～802頁。
② 同上，第535頁。
③ 同上，第536頁。

好不同,各自恣其所好,各造乎其所適宜的方所,俱各適性自得,俱各造乎逍遙。這種釋義與莊文完全相悖。郭象進而認爲這五種人僅能自得而已,成就自身的逍遙,不能使萬物各得其性,讓萬物各得其性分的只有"無所執爲"的聖人。這種解釋與郭象臣妾皂隸得其所待各安性分的有待逍遙,以及冥合萬物的聖人順任萬物各得其性的無待逍遙正相呼應。郭象爲了維護孔子至聖的位置而曲解莊文。《漁父》篇郭象只有一條注文:

> 此篇言無江海而閒者,能下江海之士也。夫孔子之所放任,豈直漁父而已哉?將周流六虛,旁通無外,蠕動之類,咸得盡其所懷,而窮理致命,固所以爲至人之道也。①

莊文叙寫孔子向漁父請益解惑,卒至欲從漁父受業而學大道;漁父以孔子湛於仁義俗情,乃舍孔子而去,莊文盛稱漁父而貶抑孔子。郭象則以孔子優於漁父,漁父是處身江海而閒,孔子則是無江海而自閒,唯其如此,孔子方能對漁父如此謙下。孔子的閒適放任遠非漁父的遊於江海可比,遊於江海是外形上的,孔子則是精神上周流六虛,旁通無外,不只是人,即使蠕動之蟲以及百物無不因爲孔子之閒適而各得其所,各盡其懷,唯有孔子才能讓萬物窮理致命,所以孔子所行是爲至人之道。郭象的解釋與莊文完全相反。郭象這種曲解文意、背離莊旨的解釋貫徹了他的尊孔立場,目的是爲了維護孔子作爲聖人至人的極高位置。

三、《莊子注》三種解釋方法的考察

上文所論及的字義疏證和文意串解也應看作郭象解《莊》的方法,下文着重討論郭象解《莊》的另外三種重要方法。

(一)寄言以出意:郭象所理解的莊子之思想表達方法與郭象注《莊》的方法

對於郭象之"寄言以出意"有兩種看法:一是湯用彤先生視之爲"莊子郭注"之方法②。湯一介先生已見出"寄言出意"是郭象所理解的莊子論事的方法,但未詳論,終將"寄言出意"認定爲郭象注《莊》的方法加以分析③。學界亦多將"寄言出意"歸爲郭象注《莊》之方法,少有從莊子論事方法角度討論"寄言出意"。二是簡光明力主"寄言出意"是"莊子表意的方式",不是郭象注《莊》的方法④。本文認爲,從不同層面來看,"寄言出意"既是郭象所理解的莊子表達思

---

① 郭慶藩撰,王孝魚點校《莊子集釋》,第 1035 頁。
② 湯用彤《魏晉玄學論稿》,人民出版社 1957 年版,第 108〜109 頁。
③ 湯一介《郭象與魏晉玄學(增訂本)》,北京大學出版社 2000 年版,第 203 頁。
④ 簡光明《郭象注解〈莊子〉的方法及其影響》,《高雄師大國文學報》,2013 年第 18 期。

想的方法,也是郭象解《莊》的方法。

1. "寄言出意"是郭象對於莊子語言風格及其思想表達方法的概括。郭象提出"寄言出意"當歸本於《莊子》而非玄學,莊子特殊的寓言、重言、卮言的表達方式是郭象提出"寄言出意"的直接根據。郭象所説的"寄言"之"言"是指莊子的寄意之言,"出意"之"意"是指言中所藴涵的莊子之意。《山木》"莊周遊於雕陵之樊"章最後一條郭注:"夫莊子推平於天下,故每寄言以出意,乃毁仲尼,賤老聃,上掊擊乎三皇,下痛病其一身也。"①此中"寄言以出意"的主詞是莊子而不是郭象,郭象將"寄言出意"視爲莊子表意的方法。莊子爲什麽要使用"寄言"呢? 郭象有他的看法。《齊物論》:

> 今且有言於此,不知其與是類乎? ……請嘗言之。②

郭注:

> 今以言無是非,則不知其與言有者類乎不類乎? 欲謂之類,則我以無爲是,而彼以無爲非,斯不類矣。然此雖是非不同,亦固未免於有是非也,則與彼類矣。故曰類與不類又相與爲類,則與彼無以異也。……至理無言,言則與類,故試寄言之。③

郭象認爲莊子主無是無非,與夫有是有非的各家本非同類。然而莊子的"無"是非與各家的"有"是非,這一"無"一"有"兩相對反,構成更高層次上的是非關係。這樣主無是非的莊子,與主有是非的各家又成爲同類,莊子的無是非之言在另一層次上也落入了是非之中,成爲是非之言。是什麽原因將無是非的莊子之言帶入是非之中呢? 郭象認爲,無是無非的"至理"是言所不能達到的,言所不能達到的至理一旦運用言説就潜藏着一種隱患,就是將自己的無是無非之言帶入是非之中,從而與儒墨的有是有非之論成爲同類了,這就是"言則與類",這是郭象對於言與至理關係的一種深刻檢討。"至理"終極意義上只能"無言"。然而道賴言明,不言則無以明道,故此莊子只能試着采取"寄言"的方式來説無是無非的至理。既然是"寄言",我們就不能把言所直接給出的意義當作莊子的至理,而應跳開言的局限,直會言中所"寄"之意,也就是至理。可見郭象以爲,"寄言"是莊子因爲至理無法用語言直接陳述而采取的一種言説方式。

2. "寄言出意"作爲郭象注《莊》的方法。有論者否定以"寄言出意"爲郭象注《莊》方法的觀點,並檢討以"寄言出意"爲郭象注《莊》方法所存在的六個問題④。筆者以爲,僅就郭象注

---

① 郭慶藩撰,王孝魚點校《莊子集釋》,第699頁。
② 同上,第79頁。
③ 同上。
④ 簡光明《郭象注解〈莊子〉的方法及其影響》,《高雄師大國文學報》,2013年第18期。

《莊》所使用的語言及其思想方法這一特定層面，確實不能説"寄言出意"是郭象注《莊》的方法。因爲從"言"來看，郭注所用的"言"不是"寄言"，不是"言在此而意在彼"的隱喻性語言，而是解釋説明和論述性的語言。從"意"來看，郭注直接陳述自己對於莊子的理解，而不是將自己所理解的莊子之意寄托於一種類似於莊子的寓言、重言之中，曲折隱晦地表達自己對莊子的見解。我們理解郭注，不需要如同讀《莊》那樣從其注文中尋覓郭象隱喻蓄藏的某種言外之意。所以，郭注的言、意之間的確不存在"寄言出意"的關係。

然而，在另一層面上，"寄言出意"確是郭象解《莊》的方法，不加分別地籠統否定"寄言出意"爲郭象解莊方法恐或未達一間。問題是，以"寄言出意"爲郭象解《莊》方法，學界多有之，但"寄言出意"何以爲郭注的方法，則鮮有深究。如不能給出充足的學理論述，則以"寄言出意"爲郭注方法就有獨斷之嫌，終究無法對於那種否定"寄言出意"爲郭注方法的觀點做出有力的回應。爲此本文首先考察這一基礎性問題。當郭象將莊子的思想表達方法概括爲"寄言出意"時，"寄言出意"就是郭象對於《莊子》語言與其思想之關係的一種理解和詮釋。郭象已經在區分《莊子》"寄言"之言的兩層意義，一是語言直接表述的人和事的意義，一是這些人和事所寄托隱含的意義。"寄言出意"否定了《莊子》的語言與其真正思想之間的直接關係，肯定了意之於言的寄托隱含關係。在郭象看來，《莊子》語言直陳的人和事並不是莊子要向我們傳達的意義，而人和事所寄托的意義才是莊子的用心所在。理解《莊子》固然要從"寄言"之言出發，如果執着於文字表面的意義，那就會錯過"莊子之意"，而把握《莊子》所寄托於人與事中的意義才是郭象解《莊》要抵達的目的，也是莊子所要訴諸我們的本衷。如此一來，"寄言出意"就成爲郭象注《莊》解《莊》的方法。

以"寄言出意"作爲郭象注《莊》的方法，與西方解釋學史上斐洛解釋《聖經》所用的隱喻解經方法極爲類似[①]。斐洛認爲《聖經》不是叙述性語言，而是采取隱喻式的表達方法，斐洛對於《聖經》表達方法的理解，正如郭象將《莊子》之言看作"寄言"，將"寄言出意"看作是莊子思想的表達方法一樣。既然《聖經》運用"隱喻"的方法，斐洛就順理成章地把"隱喻"作爲自己理解《聖經》的方法，成爲《聖經》解釋史上的一種重要解讀。郭象也是如此，既然莊子是用"寄言出意"的方法，那就根據莊子語言與其思想之關係的特點去解釋《莊子》，揭示《莊子》"寄言"中的"意"。

當郭象認爲莊子是在"寄言出意"的時候，莊文哪些地方是"寄言"，這取決於郭象的理解和認定；這"寄言"所表出的是何種"意"，則取決於郭象的解讀，郭象解讀出來的莊子之"意"實際上已經融匯了郭象的解釋立場、價值關懷和他自己對於莊子的獨到理解，因而在此意義上，將"寄言出意"作爲郭象解《莊》的方法是完全可以成立的。把"寄言出意"視爲郭象注《莊》解《莊》的方法，主要側重在郭象基於《莊子》的語言與思想之關係的理解所展開的對於莊子之

[①] 有關斐洛的隱喻解釋學，參潘德榮《西方詮釋學史》第三章《斐洛：從叙事到隱喻》，第74~94頁；斐洛著、石敏敏譯《論凝思的生活》，中國社會科學出版社2008年版，第1~88頁。

"意"的闡釋揭示,而不是説郭象是在使用"寄言"來表達自己的思想。《逍遥遊》"藐姑射之山"一章郭注:

> 此皆寄言耳。夫神人即今所謂聖人也。夫聖人雖在廟堂之上,然其心無異於山林之中,世豈識之哉!……今言王德之人而寄之此山,將明世所無由識,故乃托之於絶垠之外而推之於視聽之表耳。①
>
> 四子者蓋寄言,以明堯之不一於堯耳。夫堯實冥矣,其迹則堯也。自迹觀冥,内外異域,未足怪也。世徒見堯之爲堯,豈識其冥哉! 故將求四子於海外而據堯於所見,因謂與物同波者,失其所以逍遥也。②

首先,郭象將《莊子》藐姑射之山的神人、"四子"視作《莊子》的"寄言"而非實事。既然是寄言,郭象就可以不必泥於《莊子》的語言脉络去理解莊子之意,而是在《莊子》"寄言出意"之思想方法的名義下來解釋出自己所尋求的莊子之意。在這個意義上,郭象把他所理解的《莊子》"寄言出意"的方法,又變成了自己解讀《莊子》的一種方法。莊文的神人高於聖人堯、舜,郭象認爲莊文所説的神人就是聖人,"聖言其外,神言其内"③,把聖人與神人視爲莊子理想人格的不同指稱,這樣莊文所講神人的一切也就是聖人。《莊子》本是尊神人而貶堯、舜,神人的塵垢糟粕猶可陶鑄人間的堯、舜,以示治天下之堯、舜乃是不治天下之神人的塵垢糟粕。郭象則認爲作爲聖人的堯、舜必有神人之實,堯、舜只是外顯之名,聖人無心應物,體化合變,會通萬物之性,從而成就了堯、舜的聖人之名。堯、舜之名非堯、舜之實,所以堯、舜之名才是莊子所説的塵垢糟粕。莊子的神人居於遠離世俗的姑射之山,郭象認爲這是莊子的寄意之言,莊子將"王德之人"寄托於如此遥遠的姑射山,象喻了"王德之人"寄坐萬物之上而遊心深邃邈絶之境,這種精神境界不爲世俗所知,所以莊子才用人們視聽所不能及的遥遠的姑射山的神人、"四子"來寄寓此意。莊文之堯所往見的"四子"是指神人,郭象則認爲"四子"是"寄言",象喻了堯的遊心於絶冥之境而遊無窮的表現。堯之應萬機勞世務,與物同波是神人的外顯之迹,而"四子"是堯的深遠不可睹的内在德性的象徵,堯與"四子"是迹冥外内的關係,合而構成聖人的遊外冥内之道。莊文原本是説堯治天下功成事遂,終爲神人超越世俗的高遠境界所感動,故爾往見藐姑射之山的"四子",卒至忘其天下。在郭象這裏,堯之遺天下反而爲天下所宗仰,如此遺天下就是不治天下,爲天下所宗就成了堯以不治而治成天下。世俗中人總是把治與不治,有爲與無爲對峙起來,認爲廟堂聖人日有萬機之勞,精神憔悴,身心都不自在逍遥。郭象認爲這都是對於聖人的誤解,昧於聖人之德造乎至極之境,實則聖人不以外傷内,不會因爲世俗之

---

① 郭慶藩撰,王孝魚點校《莊子集釋》,第28頁。
② 同上,第34頁。
③ 同上,第945頁。

事而勞瘁其神明,聖人雖在廟堂,然其心逍遥閒適,無異於處身山林之中。我們看到,郭象既没有從文面去理解莊子之意,也没有拋開莊子的"寄言"完全自説一套,而是把莊文中的"神人""堯舜""藐姑射之山""塵垢粃糠""四子""遺天下"等等要素及其相互關係納入自己的解釋體系中來,基於自己所理解的莊子之意對於莊文進行重構,重構的結果就是聖人精神玄遠寧静,應物而不累於物。郭象把這視爲莊子"寄言"所隱含的"意",這個"意"全然是郭象解釋的結果,而"寄言出意"是郭象獲得這一結果的解釋方法。

《盗跖》"孔子往見盗跖"章郭注:"此篇寄明因衆之所欲亡而亡之,雖王紂可去也;不因衆而獨用己,雖盗跖不可御也。"①今天看來,"孔子往見盗跖"章完全是叙事文字,不是"寓言",但是郭象卻將其認定爲"寄明"之言。"寄明"即寄托闡明,是"寄言出意"的另一説法。既然是"寄明"之言,郭象就能不從文面直接去理解"孔子往見盗跖"一事,而是抉發莊子通過這件事情所要"寄明"的義旨:孔子本欲説服盗跖而反遭詬詈,這并不是莊子在批評孔子,而是借孔子不聽柳下季之規勸而執意往見盗跖一事,表明"不因衆而獨用己"是無法調御感化盗跖的,所以郭象將本章的主旨解釋爲因順從衆而反對執着己見。這些意思直接從莊文完全看不出來,只能説是郭象以寄言出意的方法藉莊子之文衍生出的道理,郭象正是通過"寄明"完成了對於本章的一種獨特解讀。由此看來,"寄言出意"作爲郭象概括的莊子之思想表達方法只是一種外在形式,郭象以"寄言出意"的方法來解釋《莊子》則是這種形式所包含的實質。

值得注意的是,莊子很多藴涵勝義的"寓言"郭象並没有視之爲"寄言出意"之文,郭象"寄言出意"的方法主要用來處理莊文那些批評聖人、非毁仁義的内容。當莊子批評儒家的内容與郭象引儒入莊的意圖相抵觸的時候,郭象則視之爲"寄言出意"之文,避免從字面去理解《莊子》。"寄言出意"的方法給郭象留下了開放的解釋空間和自由的解釋方向,讓郭象在《莊子》的文面意義與背後意義,乃至完全是自己的一種主觀理解之間遊刃恢恢。他既没有完全拋開莊文,又不爲莊文所限,郭象以這種解釋方式維護聖人至高的位置以及儒家的道德價值,化解莊子與儒家的緊張關係,達到自己引儒入莊的目的,郭象很多創造性的解讀就經由"寄言出意"的方法闡發出來。

(二) 要其回歸而遺其所寄

《逍遥遊》郭注:

> 鵬鯤之實,吾所未詳也。夫莊子之大意,在乎逍遥遊放,無爲而自得,故極小大之致以明性分之適。達觀之士,宜要其會歸而遺其所寄,不足事事曲與生説,自不害其弘旨,皆可略之耳。②

---

① 郭慶藩撰,王孝魚點校《莊子集釋》,第1008頁。
② 同上,第3頁。

湯用彤先生嘗以"要其回歸,遺其所寄"爲郭象"告吾人讀莊之法"①,本文以爲"要其會歸而遺其所寄"首先是郭象自己的解《莊》方法。"會歸"就是《逍遙遊》所講的人和事都結穴於逍遙遊放,"要其會歸"就是求得莊子逍遙遊放這一旨歸,莊生弘旨之所"寄"的言語人事,比如鯤鵬之實究竟是什麽不必深究,因爲這個不影響莊子大意的把握,故可遺棄忘卻。就内在理路來看,"要其會歸而遺其所寄"是從"寄言出意"而來,既然言不過是莊子"意"之所"寄",領會了莊子之意,作爲意之所寄的言就可以忘卻。質言之,"要其會歸"就是"得意","遺其所寄"就是"忘言","要其會歸而遺其所寄"就是莊子"得意忘言"的郭象表述,是郭象以莊子之法解《莊子》。郭注的"不足事事曲與生説,自不害其弘旨,皆可略之耳"是對"遺其所寄"的補充説明,示人以"遺其所寄"的具體方式:一是對於那些表達大義弘旨的文字得意之後,就當遺棄寄意之言;一是不必對於莊文的每人每事都曲折煩瑣地講出一個道理來,舉凡無關大義弘旨的内容均可略而不論。且看《天地》"堯治天下"章郭注:

> 夫禹時三聖相承,治成德備,功美漸去,故史籍無所載,仲尼不能閒,是以雖有天下而不與焉,斯乃有而無之也。故考其時則禹爲最優,計其人則雖三聖,故一堯耳。時無聖人,故天下之心俄然歸啓。夫至公而居當者,付天下於百姓,取與之非己,故失之不求,得之不辭,忽然而往,侗然而來,是以受非毁於廉節之士而名列於三王,未足怪也。莊子因斯以明堯之弊,弊起於堯而釁成於禹,況後世之無聖乎!寄遠迹於子高,便棄而不治,將以絶聖而反一,遺知而寧極耳。其實則未聞也。夫莊子之言,不可以一途詰,或以黄帝之迹禿堯舜之脛,豈獨貴堯而賤禹哉!故當遺其所寄,而録其絶聖棄智之意焉。②

這是最能表明郭象如何以"要其會歸而遺其所寄"之法解《莊》的一條注文。郭象認爲莊子所説的黄帝、堯、舜之事並非史實而是"寄言",既然是寄言,就"不可以一途詰",亦即不能囿於莊文叙述的事情這一固定的途徑去推究其義。郭象認爲《莊子》這一章的要義是"絶聖棄智",郭象所遺棄的是莊文批評禹治天下的種種弊端。具體而言,莊文伯成子高認爲禹治天下不及於堯,顯然貴堯而賤禹,郭象卻説莊子並不真的貴堯而賤禹,他化引孔子"舜、禹之有天下也,而不與焉"③爲莊文作解,認爲大禹之時,禹與堯、舜可謂三聖相承,都是以其聖德受禪而有天下,天下治成而三聖德性完備,他們的事功和美名漸漸湮没,史上也没有載録三聖具體的事迹,即使孔子也不能分别堯、舜、禹之間的高下。不難見出,郭象是以孔子之説來化解莊文對於大禹的貶責。郭象還認爲,在伯成子高與禹對話的當世,三聖之中以大禹最爲優異,儘管莊子將三

---

① 湯用彤《魏晉玄學論稿》,第38頁。
② 郭慶藩撰,王孝魚點校《莊子集釋》,第424頁。
③ 皇侃撰,高尚榘校點《論語義疏》,中華書局2013年版,第198頁。

聖之美一歸於堯,但是莊文之伯成子高對於堯的稱讚實際上也包括了對於禹的稱讚。郭象的這個解釋與莊文完全相悖。莊文伯成子高批評禹的原因在於天下之德因禹治天下而衰敗,後世之亂始於夏禹。郭象對此完全不提,這大概就是他的"遺其所寄""不必事事曲與生説"的表現。莊文根本未提及禹傳天下於啓一事,郭象卻將伯成子高面責大禹一事歸因於禹傳天下於啓,致使夏禹之後的天下再無堯、舜、禹那樣的聖人,禹作爲天下至公至當之聖把天下付與百姓,讓百姓來決定誰爲天子,當時天下人心歸向於啓,如此則啓之承繼大統,並非禹之私有天下而私授其子,而是天下歸心於啓的選擇,也是禹至公至當的表現,而伯成子高不明就里,非毀大禹,致使禹只是名列三王而不被伯成子高視爲聖人。今天看來,這些全然不是莊文之意,而是郭象所詮釋出來的意義,旨在曲爲回護聖王夏禹。郭象進而認爲伯成子高批評禹的這件事情本身未曾有聞,也不必深究其事之有無。如此一來,伯成子高對於大禹的批評不過是莊子的寄意之言,就中莊子所寄之真意究竟是什麼呢?郭象認爲伯成子高對於禹的批評不是批評聖人本身,而是對於從堯到禹的聖智之治迹所產生的歷史弊端的批評,是莊子用來寄托遠離聖智之迹而返歸冥一的高遠之意。如此"絶聖棄智"就成了"堯治天下"一章的"會歸",對於伯成子高批評大禹一事本身,郭象則以未聞其實而不加深究,這就是他的"遺其所寄"。

(三)"迹"與"所以迹"的區分
——維護聖人與儒家道德價值的解釋方法

"迹"與"所以迹"的區分見於《天運》,文中老子認爲孔子所治之六經是先王治國留下的陳迹,不是先王的"所以迹","所以迹"指先王之道。郭象基於《莊子》"迹"與"所以迹"的區分,將其凝練爲一組解《莊》的重要概念,專門對治《莊》書尤其外、雜篇中那些批判反思聖人聖王、仁義禮樂的内容,成爲一種特定的解《莊》方法,以此化解《莊子》與儒家價值的對峙衝突,爲納儒入《莊》清除思想上的底滯障礙。

郭象如何理解"迹"與"所以迹"呢?"所以迹者,真性也。夫任物之真性者,其迹則六經也。"①"迹"與"所以迹"分處不同理論層面,"所以迹"是聖人聖王的聖德真性,見於政治層面就是治天下的根本之道。"所以迹"沒有形色音聲之迹,沒有名稱。"迹"不能視爲"所以迹"的静態顯現,而是作爲"所以迹"的先王之聖德聖性在特定歷史情境下的具體發用與作爲。"迹"則是聖王、聖人以其真性任放天下人物各得其真性,人物各得其真性就是聖治的顯迹,見諸載籍就是六經,六經只是聖治讓天下人各得真性的記錄,不是聖治本身。這是郭象對於"迹"與"所以迹"的基本規定,在具體的注文中又有特殊的意義。

1. 郭注以"迹"與"所以迹"的區分化解莊子對於伏戲、黄帝、堯、舜、禹、湯等聖王的批評,維護聖王的崇高位置。《田子方》:

---

① 郭慶藩撰,王孝魚點校《莊子集釋》,第 532 頁。

仲尼聞之曰:"古之真人,知者不得説,美人不得濫,盗人不得劫,伏戲黄帝不得友。"①

郭注:

> 伏戲黄帝者,功號耳,非所以功者也。故況功號於所以功,相去遠矣,故其名不足以友其人也。②

郭注認爲伏戲、黄帝只是用來標記其功業的稱號,不是其"所以功","所以功"是成就功業的根本的東西,也就是伏戲、黄帝之聖性。"所以功"與"功號"相去甚遠。郭象依於"功號"與"所以功"的區分,把莊子原文所説的伏戲、黄帝不能成爲古之真人的友朋,解釋成了作爲功業之名號的伏戲、黄帝不能成爲古之真人的友朋。莊文襃稱古之真人而貶抑伏戲、黄帝,郭象以"功號"與"所以功"的分别,既保留了莊文對於古之真人的尊崇,同時又把莊子對於伏戲、黄帝的批評轉向了伏戲、黄帝的功迹名號,使得作爲"所以功"的聖王伏戲、黄帝免於莊子的呵責。《在宥》:

> 堯舜於是乎股無胈,脛無毛,以養天下之形,愁其五藏以爲仁義,矜其血氣以規法度。……夫施及三王而天下大駭矣。③

郭注:

> 夫堯舜帝王之名,皆其迹耳,我寄斯迹而迹非我也,故駭者自世。世彌駭,其迹愈粗,粗之與妙,自途之夷險耳,遊者豈常改其足哉!故聖人一也,而有堯舜湯武之異。明斯異者,時世之名耳,未足以名聖人之實也。故夫堯舜者,豈直一堯舜而已哉!是以雖有矜愁之貌,仁義之迹,而所以迹者故全也。④

莊文批評堯、舜勞心耗神以施仁義,苦其血氣制作法度,但是並未治好天下,以至到了三王之世天下大亂。郭象認爲,莊文的堯、舜、湯、武是指帝王的名迹,不是作爲"所以迹"的聖王本身。堯、舜、湯、武之爲堯、舜、湯、武乃在於其至德聖性,至德聖性是"所以迹","所以迹"無迹

---

① 郭慶藩撰,王孝魚點校《莊子集釋》,第727頁。
② 同上。
③ 同上,第373頁。
④ 同上,第375頁。

可求。聖王之道一以貫之,無爲而治天下,任物各得其宜。但時世不同,世路有夷險之分,聖人秉其常道以應世,具體的應世方式各異,比如堯、舜禪讓而湯、武征伐,禪讓與征伐都是聖治的外迹。世人用禪讓征伐這些不同的名謂來指稱堯、舜、湯、武應世的不同舉措,並把堯、舜、湯、武之迹視爲聖王本身,這是世人對於聖王的誤解,真正的堯、舜、湯、武根本不是人們通常所説的名迹意義上的堯、舜。世人驚駭崇尚於堯、舜、湯、武之治迹,以聖王之迹爲聖王本身,於是舍本逐迹,執定聖迹而攪擾人心,使天下有"矜愁之貌",這些都是聖王遺留之迹以及世人崇尚聖迹所導致的歷史弊端,其咎不在聖王本身,作爲"所以迹"的聖王之聖性是完足無缺的。這樣莊文對於堯、舜、湯、武的批評經由郭象"迹"與"所以迹"的區分就轉向了對於聖王之迹以及世人崇尚聖迹的批評。《庚桑楚》:

> 吾語女,大亂之本,必生於堯舜之間,其末存乎千世之後。千世之後,其必有人與人相食者也!①

郭注:

> 堯舜遺其迹,飾僞播其後,以致斯弊。②

莊文意思是堯、舜所倡導的那些東西是天下大亂的根本。郭注認爲這是因爲堯、舜無爲之治而有治迹,正是堯、舜聖治之迹爲後人所追逐崇尚,後世之人不思返回内在性情而崇尚外在聖迹,於是各種巧僞傳播流衍,就產生了莊文所説的人相食的慘禍。郭象的解釋將歷史的罪惡歸咎於聖治之迹和後人對於聖人之迹的崇尚一途。

2. 郭象以"迹"與"所以迹"的分别來回護孔子。《德充符》"魯有叔山無趾"章郭注:

> 今仲尼非不冥也。顧自然之理,行則影從,言則響隨。夫順物則名迹斯立,而順物者非爲名也。非爲名則至矣,而終不免乎名,則孰能解之哉! 故名者影響也,影響者形聲之桎梏也。明斯理也,則名迹可遺;名迹可遺,則尚彼可絶;尚彼可絶,則性命可全矣。③

莊文之叔山無趾對老聃批評孔子未達至人之境,因爲孔子未脱名網。郭象認爲,孔子並不爲名,其聖德深冥不可睹,所以孔子實際上已造乎至極之境。但是,如同人之行走就會有影子跟隨,發出言語就有回響呼應,主觀上孔子本是順物自然不立名迹,但客觀上卻不免有順物自然

---

① 郭慶藩撰,王孝魚點校《莊子集釋》,第775頁。
② 同上,第777頁。
③ 同上,第206頁。

的名迹隨之而生,原不爲名的孔子終不免乎名,這是無法避免的歷史悖論。郭象以其名、迹概念的區分,把叔山無趾對於孔子的批評挪移到孔子順物自然之名迹的方面,而不是對於作爲具有聖德的孔子的批評,這樣既巧妙地回護孔子,維護了孔子的聖人位格,又讓莊子的批評有了着落。既然名迹非是聖人之本,而是聖人之桎梏,就當斷絕對於聖人之名迹的崇尚,回到内在的真性,如此性命就可以完足整全了。

3. 聖迹的工具化是天下禍亂的根源。爲什麽執定、崇尚聖人之迹就會有淆亂天下的弊端呢?"聖人則有可尚之迹"①,聖人應世不能不留下聖迹,也不能使世不崇尚聖人,而世人並不真正理解聖人,所崇尚的聖人也只是聖人之迹。聖人應物無方,其所爲者都是因應具體的歷史情境,歷史情境不同,聖人的施設也就不同。因此,不能將聖人的任何舉措自其特定歷史情境中剥離出來,當作普遍性原則、措施加以運用。時過境遷,如果執定過往的聖人之迹來對治新的歷史問題,其結果必然方鑿圓枘,扞格不通。"器猶迹耳,可執而用曰器也。"②聖迹有如"器",器就是工具,聖迹作爲工具就會被人利用。郭象説:"聖法唯人所用,未足以爲全當之具。"③"當"是正確的意思,"全當"就是任何歷史情境下都正確。聖法雖然出自聖人,但工具化的聖法并不具有普遍的有效性,更不能保證其現實的運用必然產生正確的社會效果。一當聖法成爲可被利用的工具時,不同的人可以利用人們對於聖法的尊崇來實現各自不同的政治目的,所以聖法不是一個"全當之具"。"桀跖之徒亦資其法"④,夏桀和盜跖之流正是利用了聖法的權威以及天下人對於聖人的崇尚來成就自己的暴虐。"言暴亂之君,亦得據君人之威以戮賢人而莫之敢亢者,皆聖法之由也。向無聖法,則桀紂焉得守斯位而放其毒,使天下側目哉!"⑤"夫桀紂非能殺賢臣,乃賴聖知之迹以禍之。"⑥因爲世人對於聖法的崇尚,那些效法聖人的人無論做了什麽事情,天下人都會信服他,聖法就成了桀紂這樣的暴君誅戮賢人的工具。因爲有聖法作爲依據,所以無人敢於反對,可見没有聖法,桀紂也不能守住其天子之位而荼毒賢士。非但聖治之迹貽害後世,史上那些廉貞之士同樣有其弊端。《讓王》"伯夷叔齊"章郭注:

此篇大意,以起高讓遠退之風。……夷、許之弊安在?曰:許由之弊,使人飾讓以求進,遂至乎之噲也;伯夷之風,使暴虐之君得肆其毒而莫之敢亢也;伊、吕之弊,使天下貪冒之雄敢行篡逆。⑦

---

① 郭慶藩撰,王孝魚點校《莊子集釋》,第339頁。
② 同上,第354頁。
③ 同上,第345頁。
④ 同上,第351頁。
⑤ 同上,第346頁。
⑥ 同上,第419頁。
⑦ 同上,第989頁。

郭象雖然盛稱夷、齊、許由等廉貞之士的高讓廉退對於社會風教的意義足以與稷、契、伊、呂這些王佐之臣相亞，但是廉退高讓之迹的弊端也不容諱言。後世姦宄會僞裝出種種謙讓之舉，利用世人對許由之行的稱許，從而求得進身之資，終以高讓遠退的方式濟其私慾。夷、齊不受武王之賞，恥食周粟餓死首陽山下，後人敬仰，但是夷齊守節之影響後世，會讓那些暴虐之君在恣縱其毒時，衆人噤若寒蟬，無人挺身阻止暴君的惡行。伊、呂輔助聖王而建不世之勳，其弊在於使後世的那些權臣梟雄功高蓋主，甚或妄行篡逆。

郭象更有對於形式化之仁義的一種深刻反思。《駢拇》：

> 自虞氏招仁義以撓天下也，天下莫不奔命於仁義。①

郭注：

> 夫與物無傷者，非爲仁也，而仁迹行焉；令萬理皆當者，非爲義也，而義功見焉；故當而無傷者，非仁義之招也。然而天下奔馳，棄我徇彼以失其常然。故亂心不由於醜而恒在美色，撓世不由於惡而恒由仁義，則仁義者，撓天下之具也。②

莊文本意是説帝舜標榜仁義擾亂天下，郭象則認爲是人們崇尚形式化的仁義之迹造成了天下之亂，這樣郭象完全把帝舜從莊子的批評中解救出來。崇善去惡是天下普遍的道德取向，桀跖雖有累累惡行，但他們同樣愛惜善名，也會自認爲求善去惡，而不會以惡自許，所以爲人所共棄的"惡"不能成爲擾亂天下的工具。相反，正是人們所肯定的仁義卻會成爲禍亂天下的淵藪。爲什麼以"善"爲歸趣的仁義反會背離善而禍亂天下呢？關鍵在於仁義的形式化和工具化。帝舜無爲而治天下，本無所謂仁義，但帝舜的"與物無傷"就有了仁之迹，"令萬理皆當"就有了義之迹。天下所稱的仁義只是帝舜無傷萬物而萬理皆當的外顯之迹，也就是形式化的東西，不是作爲帝舜之"所以迹"的真性。天下人崇尚帝舜，卻昧於帝舜之仁義的實質就是讓人各複其性命之真，而徒事追逐帝舜的仁義之迹，仁義就成了外在於本性的一種缺乏道德性的空洞形式和獲取利益的工具，人們在追逐仁義的過程中失去了自己的性情之真而巧僞滋生，導致天下大亂，這樣帝舜的仁義之迹就成了禍亂天下之具。

仁義作爲形式化的道德規範可以爲人用以濟私售奸，成爲竊國大盜所把持的利器。《胠篋》郭注："五者所以禁盜，而反爲盜資也。"③ "五者"是指莊文中的聖、勇、義、知、仁，這些原本用來禁絶盜竊的聖法，因其形式化和工具化而爲大盜所利用。聖人所製作的軒冕、斧鉞、權

---

① 郭慶藩撰，王孝魚點校《莊子集釋》，第323頁。
② 同上，第323～324頁。
③ 同上，第347頁。

衡、仁義這些都是天下的重器，大盜全部竊爲己用，然後就可以擁立爲諸侯，實現自己的目的，成爲大盜。《天地》郭注："田桓非能殺君，乃資仁義以賊之。"①仁義作爲工具化的聖迹是齊國的田桓子弑殺齊君之具。莊文的"絕聖"經由郭象的詮釋變成了棄絕崇尚工具化和形式化的聖人聖迹，絕聖的目的原本是爲了人人各得性命之真，不是爲了禁絕盜賊。只要放棄對於外在的聖人聖法聖迹的崇尚，人各守其素樸自然的本性，這樣以清心寡欲取代外在的强制禁令，自然也就没有人去作奸犯科，盜賊也就不會産生了，這就是莊子掊擊聖人的原因，郭象將莊文的掊擊聖人轉換成了對於形式化之聖法的抨擊。郭象以仁義爲"撓天下之具"不是否定儒家道德價值，而是深察形式化的仁義也已喪失真正的道德精神。郭象這種反思的啓示在於，任何道德價值一旦脱離内在人性的根基而成爲可供效仿的外在形式，都會走向道德的反面，導致社會道德的淪喪。

今天看來，郭象以"迹"與"所以迹"的區分，來處理《莊子》外、雜篇對於聖人、聖王以及仁義禮智的抨擊這部分内容，其於《莊子》文義多不相合，其於思想的創造性以及解釋方法上的卓越運用，則實堪稱賞。郭象這種處理方法的高妙之處在於，既不否定莊子的批判精神，又將聖人聖王和儒家道德價值從莊子的批判中釋放開來，把莊子的批判引向了聖人聖王的外顯之迹，認爲莊子批判的是形式化、工具化的仁義，莊子並不否定聖人、仁義。相反，經過郭象的解釋，《莊子》外、雜篇的那些批評儒家的内容非但和儒家不相對立，莊子對於外顯之迹的仁義和聖人的批判，恰恰是要回到聖人的至德聖性本身，其深藴是爲仁義禮樂找回真正的道德性，恢復儒家失落的真精神。

進而言之，郭象"迹"與"所以迹"的區分隱含的深層詮釋學問題是，作爲經典文本的《莊子》同樣只是莊子之"迹"，不是莊子的"所以迹"，作爲"迹"的《莊子》與現實之間也必然存在脱節與抵觸，與新的社會政治之間存在不能忽視的隔膜。郭象爲了讓莊子的真精神進入現實，調和經典與現實之間的溝壑，從而對社會政治現實人生産生積極的作用，因而不從文本字面去解釋莊子，這是不拘於莊子之"迹"；揭示莊子對於形式化、工具化的道德觀念以及聖人、聖王的批判，爲當世召唤真正的道德精神，這是莊子的"所以迹"。如此一來，郭象將其"迹"與"所以迹"的區分貫徹到對於《莊子》的解讀本身，爲他解《莊》之中對於《莊子》文意的大量背離提供了解釋學上的依據。

[作者簡介] 李耀南(1962—)，男，湖北人。華中科技大學哲學系教授，從事老莊哲學、魏晉玄學、東晉佛學以及美學的研究與教學。

---

① 郭慶藩撰，王孝魚點校《莊子集釋》，第419頁。

論明代莊學中的郭象論述

(臺灣)簡光明

內容提要 郭象《莊子注》是莊子學史上最權威的注疏,對於歷代莊子學產生深遠的影響。明代莊學發展相當多元,士人對於郭象《莊子注》的接受與評論,可分爲四項說明:一、贊譽:如楊慎《丹鉛餘錄》認爲郭象與莊子的襟懷筆力略不相下,陶宗儀《説郛》謂《莊子注》"真足羽翼莊氏而獨行天地間",高龔《郭子翼莊》只摘錄郭注,都是對《莊子注》的肯定。二、援用:明代《莊子》注疏多有徵引郭象注者,楊慎《丹鉛餘錄》認爲,郭象《莊子注》多俊語,拔俗而有韻致,受到李白與蘇軾的欣賞;三、批判:主要在於郭象抄襲向秀注文以及注解比文本更爲難懂,趙撝謙《趙考古文集》説"不布於名位在上而後爲人竊爲己物者亦有之如郭象之《莊子注》",唐順之《稗編》則説"經文易通而注語難曉使人有莊子注郭象之歎"。四、繼承:郭象以"忘言存意"爲注解方法,認爲唯有不執着於《莊子》批判孔子的寓言,才能得到《莊子》稱贊孔子的言外之意,明代焦竑《莊子翼》引進佛教"訶佛罵祖"之説以繼承此方法,"夫訶與罵者爲皈依贊歎之至也",唯有不執着於《莊子》對孔子的"訶佛罵祖",才能知道《莊子》對孔子"皈依贊歎之至"。本論文透過考察明代士人對郭象《莊子注》的接受與評論,闡發明人對《莊子注》多元的詮釋與評論之觀點,期能略補當代對於歷代郭象《莊子注》接受史研究的不足。

關鍵詞 莊子 郭象 莊子注 得意忘言 訶佛罵祖
中圖分類號 B2

前　　言

《莊子》號稱難讀,歷代注家往往藉助前人的注疏,才能深化詮釋的内涵。在各家所參考的注家中,郭象《莊子注》是最重要的一種,其權威地位在莊子史上產生深遠的影響。

《世説新語·文學》説:"初,注《莊子》者數十家,莫能究其旨要。向秀於舊注外爲解義,妙析奇致,大暢玄風。"①相對於"莫能究其旨要"的諸家注解,向秀《莊子注》顯然是較能"究其旨要"。郭象《莊子注》多有繼承向秀之處,因此魏晉以降的學者常透過郭象的詮釋來了解莊子思想的宏旨。唐代陸德明《經典釋文》説:"其内篇衆家並同,自餘或有外而無雜。唯子玄所注,特會莊生之旨,故爲世所貴。徐仙民、李弘範作音,皆依郭本,以郭爲主。"②成玄英《莊子序》説:"玄英不揆庸昧,少而習焉,研精覃思三十[年]矣,依子玄所注三十[三]篇,輒爲疏解。"③其注解以郭注爲本,而進行補充説明。郭象《莊子注》,不但爲當世所貴,因陸德明之"釋文"與成玄英之"義疏",而權威地位益形鞏固④,成爲唐代最重要的注本⑤。宋代學術以儒家爲主流,力闢佛學與老子,唯對於莊子,雖有所批評,亦多所贊譽,並主張莊子思想與儒家不異,可以看出郭象莊學對於宋代莊學史與宋代文學史的影響。

爲深入探討郭象《莊子注》在中國莊學史的影響,筆者以"郭象《莊子注》的接受與評論"爲題申請科技部專題研究計劃,獲得補助,自 2010 年 8 月開始執行計劃以來,發表論文有《成玄英對郭象莊子注的接受與評論》⑥《宋人對郭象〈莊子注〉的接受與評論》⑦《郭象注解〈莊子〉的方法及其影響》⑧《當代學者以"寄言出意"爲郭象注〈莊〉方法的檢討》⑨《臺灣郭象莊學研究之評價論題》⑩,本篇論文則聚焦在郭象《莊子注》對明代莊學的影響。

明人閲讀《莊子》,多有透過郭象《莊子注》者,譚元春《遇莊·序》説:"童年讀《莊》,未有省也。十五年間,凡六閲之。手眦出没,微殊昔觀。其間四閲本文,一閲本文兼郭注,一閲郭、吕

---

① 劉義慶《世説新語》卷上之下,《叢書集成初編》,中華書局 1991 年版,第 49 頁。
② 陸德明《經典釋文·序録》,中華書局 1983 年版,第 17 頁。陸德明又説:"子玄之注,論其大體,真可謂得莊生之旨矣。郭生前歎膏粱之塗説,余亦晚覩貴遊之妄談,斯所謂異代同風,何可復言也。"(《經典釋文》卷二十八,第 405~406 頁。)
③ 郭象注,成玄英疏《南華真經注疏》,中華書局 1998 年版,第 3 頁。
④ 王淮《郭象之莊學》,臺北印刻出版社 2012 年版,第 1 頁。該書原名《郭象注莊之檢討》,國家科學委員會論文 1972 年。
⑤ 仲寅《1980 年以來中國大陸郭象〈莊子注〉研究述評》説:"郭象《莊子注》問世以來,因其卓異的哲學品質和精煉整齊的思想體系,得到思想界的廣泛認同,之後的莊學研究大多以郭象本作爲底本作爲進一步研究的基礎。"(《高校社科動態》2012 年第 3 期,第 28 頁。)
⑥ 簡光明《成玄英對郭象莊子注的接受與評論》,"國立"臺南大學國語文學系主編《第六屆思維與創作學術研討會》,"國立"臺南大學國語文學系 2012 年 9 月,第 233~246 頁。
⑦ 簡光明《宋人對郭象〈莊子注〉的接受與評論》,《諸子學刊》第八輯,上海古籍出版社 2013 年版,第 191~214 頁。
⑧ 簡光明《郭象注解〈莊子〉的方法及其影響》,《國文學報》(高雄師範大學)2013 年第十八期,第 37~60 頁。
⑨ 簡光明《當代學者以"寄言出意"爲郭象注〈莊〉方法的檢討》,《諸子學刊》第六輯,上海古籍出版社 2012 年版,第 159~185 頁。
⑩ 簡光明《臺灣郭象莊學研究之評價論題》,江陵原州大學校人文學研究所主辦"第六屆新子學國際學術研討會",韓國江陵原州大學 2018 年 6 月 26~29 日。

注,旁及近時焦、陸諸注,又回旋本文,撰《遇莊總論》三十三篇,如其篇數。"①在多次閱讀中,包括郭象《莊子注》、吕惠卿《莊子義》、焦竑《莊子翼》、陸西星《南華真經副墨》,其中第一次閱讀就是透過郭象《莊子注》,後來重讀,該注也是重要參考。馬鴻雁《郭象〈莊子注〉文獻學研究綜述》述及明人對於郭象《莊子注》的接受與評論:

> 明人基本上傳承了宋、元以來對郭注的批駁之風,但到了明中葉,莊學顯示出"復興"的迹象。時人楊慎的《莊子解》可以説是考辨類著作中力倡郭注之書。雖然書中對郭象釋字之誤有所指摘,但73條札記中有專論"郭象注莊子"部分。他認爲,郭注"襟懷筆力"皆不下莊子,引録郭注中多處超然物外的"俊語";同時認爲李白、蘇軾等詩文也由其生發而來。到了嘉靖末至崇禎時期,莊學逐漸走向繁榮。沈一貫《莊子通》全書稱引最多的雖是郭注,卻認爲其"殊未暢於人心",在每節通論中多處指出與莊子本意乖離之語,如"顧與上文不相蒙耳""此亦其道之一端也,非莊子本意也"等,述論莊文之旨時卻又暗自吸納發揮了郭注中的獨化論等思想。焦竑《莊子翼》采集郭注等舊注49種,其中郭注及音義是其主要稱引者。焦氏以"筆乘"發表己見,以郭注推理莊文句讀,也有論郭注釋字斷句之正誤者。明代文學流派衆多,如公安派陶望齡《解莊》、竟陵派譚元春《莊子南華真經(評點)》,也從義理的角度評論了郭注不足之處。晚明莊學的繁盛甚至波及到了一批明遺民、文人。錢澄之《莊子詁》專詁内七篇,對郭注附會之處時有批評。傅山《莊子批點》中大多數的質疑都是針對郭注的,如"像胡説""奴人奴見""可笑語""與本文不合"等,以批評郭注文字訓詁爲主,對其"無是非"等觀念也進行了批判。除此以外,明人高弇的《郭子翼莊》,摘録郭注81條,重新整理爲八十一章,以示"其言真足羽翼莊氏而獨行天地間"。②

從此一概括的叙述,可以了解明人對於郭象《莊子注》既有贊揚,也有批判。沈一貫《莊子通》、陶望齡《解莊》、譚元春《莊子南華真經評點》、錢澄之《莊子詁》、傅山《莊子批點》等書都有關於郭象的評論,這類的分析較爲瑣碎,此外,像張四維《莊子口義補注》説"此言物之大小雖殊,逍遥一也。郭注得之"③,"道訓言,郭、向同,但不若訓理爲優。蓋言事必合理,乃可樂成也"④,都屬細部優劣評論。唯考察略欠完整,尤其有關郭象注解方法的影響,則未見提及。

本論文透過考察明代士人對郭象《莊子注》的接受與評論,期能闡發明人對《莊子注》多元的詮釋與評論之觀點,並略補當代對於歷代郭象《莊子注》接受史研究的不足。明代莊學發展相當

---

① 譚元春著,陳杏珍標校《譚元春全集》第二册,上海古籍出版社1998年版,第902~903頁。
② 馬鴻雁《郭象〈莊子注〉文獻學研究綜述》,《成都大學學報(社科版)》2012年第4期,第84頁。
③ 張四維《莊子口義補注》,嚴靈峰編《無求備齋莊子集成初編》第九册,臺北藝文印書館1972年版,第11頁。
④ 同上,第139頁。

多元,士人對於郭象《莊子注》相關評論不少,可分爲四項説明:一贊譽,二援用,三批判,四繼承。

一、明人對《莊子注》的贊譽

《莊子注》是中國莊學史最爲權威的注解,受到歷代莊學注家的贊譽相當多,明代士人對《莊子注》的稱贊主要有三:郭象誠儁識者,郭象能得《莊子》義理之妙處,莊文郭注爲其佛法之先驅。

(一) 郭象誠儁識者

焦竑《莊子翼》收録明代以前《莊子》注疏與文章,爲明代著名的莊學注家,其《讀莊子》説:

> 按《漢·藝文志》"莊子五十三篇",郭象去其巧雜,定爲三十三篇,則今之所存,特十之四耳。嚴書出象前,其所引皆其逸篇,可知也。子瞻謂《讓王》《説劍》《盜跖》《漁父》四篇爲僞撰,羅勉道者又疑《刻意》《繕性》亦復淺膚,定爲二十六篇,大抵語意精麤居然別矣。若君平所引,其爲象所删,無足疑者。噫!象誠儁識者哉。①

《漢書·藝文志》:"《莊子》五十二篇。"所謂"五十三篇"顯然有誤。從五十二篇到三十三篇,顯然有亡佚的篇章,嚴君平《老子指歸》保留不少逸篇的文字。焦竑認爲,如果逸篇爲郭象所删,那麽把巧雜的篇章删除,正顯示郭象具有很高的識見。

方以智《藥地炮莊》説:"莊多忿設溢巧、自責自毁之詞,而郭注平和,恰是賢智消心用中之妙藥。"②這是稱贊郭象的注解較莊子爲佳。

(二) 郭象能得《莊子》義理之妙處

宋人對於郭象《莊子注》的思想,批判者多,明人則多有贊譽者。馮夢禎《莊子郭注序》説:

> 注《莊子》者,郭子玄而下凡數十家,而清奧淵深其高處有發莊義所未及者,莫如子玄氏。蓋莊文日也,子玄之注月也,諸家繁星也,甚則爝火、螢光也,子玄之注在前而諸家不熄,譬之毛嬙、西施在御而粉白黛緑者猶然纍纍争憐未已也。近世金陵焦弱侯並行《老莊翼》,蓋全收郭注,而旁及諸家。趙女吴娃俱充下陳,余則去諸家而單宗郭氏,回頭一顧六宫無色。昔人云"非郭象注《莊子》,乃《莊子》注郭象",知言哉。余故進之,進之與莊子等也。③

---

① 焦竑《莊子翼·讀莊子》,《文淵閣四庫全書》,臺北商務印書館1986年版,第9頁。
② 方以智著,張永義注釋《藥地炮莊·總論篇》,華夏出版社2013年版,第65頁。
③ 《國立中央圖書館善本序跋集録·子部(四)·道家類》,臺北"中央"圖書館1993年版,第344頁。

如果《莊子》是太陽，郭象的《莊子注》是月亮，其餘的《莊子》注解就只是繁星、燭火、螢光。如果郭象的《莊子注》是毛嬙、西施，其餘的《莊子》注解就只是六宮中的粉白黛綠。由此可見馮夢禎對於郭象注解推崇備至。

郭象與其他注家既然注解《莊子》的成就相差懸殊，馮夢禎對於焦竑《莊子翼》全收郭注而旁及諸家的做法不以爲然，認爲會導致"趙女吳娃俱充下陳"的情況，因而主張"去諸家而單宗郭氏"，這樣才能達到"回頭一顧六宮無色"的成效。

馮夢禎認爲，郭象雖是注解《莊子》，"而清奧淵深其高處有發莊義所未及"，故將郭象的地位提升到與莊子相等，並視前人"非郭象注《莊子》，乃《莊子》注郭象"的説法爲知音。

楊慎認爲郭象與莊子的襟懷筆力略不相下，《莊子解·郭象注〈莊子〉》説：

> 昔人謂："郭象注莊子，乃莊子注郭象耳。"蓋其襟懷筆力，略不相下。今觀其注，時出俊語，與鄭玄之注《檀弓》亦同而異也。洪容齋嘗録《檀弓》注之奇者於《隨筆》，予愛郭注之奇，亦復録於此。如《逍遥篇》注云："大鵬之與斥鷃，宰官之與御風，同爲累物耳！"《養生主》注云："向息非今息，故納養而命續；前火非後火，故爲薪而火傳。"又，"以生死爲瘠瘵，以形骸爲逆旅。"又云："多賢不可以多君，無賢不可以無君。"又云："通彼而不喪我，即所謂'惠而不費'也。"又云："天性在天寶乃開。"又云："堯有亢龍之喻，舜有卷婁之談，周公類之走狼，仲尼比之逸狗。"又云："律吕以聲兼形，玄黄以色兼質。"又云："生之所無以爲者，分外物也；知之所無奈何者，命表事也。"此語尤精，可比於荀、孟。①

"襟懷"是胸襟氣度，"筆力"是創作手法，注解者與創作者的"襟懷筆力，略不相下"，郭象才有能力注解《莊子》，並且不爲語言文字所拘，闡發義理之外，時出俊語。奇特的注文，爲楊慎所選録，其中思想精警者，可與《荀子》《孟子》相比。

李調元《郭子翼莊序》説：

> 晉郭象注《莊子》，人言郭注得莊妙處，果然。若文如海之疏，吕吉甫、王元澤之注，遠不逮矣。而世又謂向秀所爲象竊取之，或未必然。然要足以羽翼莊子，故高允叔擇其元之又元者，爲八十一章，名曰翼莊，惜世無善本，因力爲讎校以付梓焉。童山李調元鶴洲序。②

"元之又元"即"玄之又玄"，語出《老子》一章。郭象的注解得《莊子》妙處，爲文如海、吕惠卿、

---

① 謝祥皓《莊子序跋評論輯要》，湖北教育出版社2001年版，第265頁。
② 高允叔《郭子翼莊》，《無求備齋莊子集成初編》第十一册，臺北藝文印書館1972年版，第1頁。

王元澤的注解所遠遠不及,高允叔的做法與馮夢禎有異曲同工之妙,都是只録郭象注,不取其他家的注解。李調元嘗試爲《世説新語》關於郭象竊取向秀注的公案辯護,可惜只説"或未必然",缺乏完整的論述,殊爲可惜。

陶宗儀《説郛》謂"莊子注""真足羽翼莊氏而獨行天地間"①,胡震亨《唐音癸籤》則説"郭象解莊即與作者語意不盡符,而玄言玄理往往角出,盡拔驪黄牝牡之外"②,也都贊揚郭象《莊子注》。

焦竑《向秀莊義》説:

> 《竹林七賢論》云:"向秀爲莊義,讀之者無不超然,若已出塵埃而窺絶冥。始了視聽之表,有神德元哲,能遺天下、外萬物,雖復使動競之人顧觀所徇,皆悵然自有振拔之情矣。"今觀其書,旨味淵元,華爛映發,自可與莊書並轡而馳,非獨注書之冠也。嗣後解者數十家,如林疑獨、陳祥道、黄幾復、吕惠卿、王元澤、林希逸、褚秀海、朱得之諸本,互有得失。然視子元奚啻霄壤。希逸乃曰:"欲爲南華洗去向郭之陋",不知陋之一言,竟誰任之。③

"褚秀海"應該是褚伯秀,著有《南華真經義海纂微》。郭象注解《莊子》采用"隱解"的方式,發明奇趣,大暢玄風,宋代林希逸對於這種注解形式有所批評,《莊子口義原序》説:"自謂於此書稍有所得,實前人所未盡究者。最後乃得吕吉甫、王元澤諸家解説,雖比郭象稍爲分章析句,而大旨不明,因王吕之言愈使人有疑於《莊子》。"④林希逸面對前人的缺失,他所采取的注解方式爲"著其篇焉,分其章焉,析其句焉,明其字焉,使篇無不解之章,章無不解之句,句無不解之字"⑤,並且嘗試説明莊子思想的宗旨與儒家不異。林希逸批評郭象注解大旨不明,頗爲淺陋,在焦竑看來,真正淺陋的是林希逸。

(三)莊文郭注,其佛法之先驅

玄佛交融時代,廢言落筌之詮釋方法已經普行,而通釋佛經者,只要略其名相,取其大旨,以"得意忘言"的注解方法溝通佛學。而般若義理也是不落言詮,合乎超越物象、意在言外的玄學精神。精神上的相契,使玄學與佛學相與合流。故湯用彤《魏晉玄學論稿》説:"般若方便

---

① 陶宗儀《説郛》,《文淵閣四庫全書》,第3卷下,第24頁。
② 胡震亨《唐音癸籤》卷三十二,《文淵閣四庫全書》,第5頁。
③ 焦竑《焦氏筆乘》卷二,臺灣商務印書館1983年版,第29頁。
④ 林希逸著,周啓成校注《莊子鬳齋口義校注》,中華書局1997年版,第2頁。
⑤ 林同《莊子鬳齋口義校注·跋》,第515頁。

之義,法華權教之説,均合乎寄言出意之旨。"①

馮夢禎《莊子郭注序》説:

> 余弱冠時,所遭多變,掩户日讀莊文郭注,沉面濡首,廢應酬者幾盡兩月。嗣遂如癡如狂,不復與家人忤,亦遂不與世忤,一切委順,蕭然至今。後讀佛乘,漸就冰釋,然則莊文郭注,其佛法之先驅耶?②

從思想的發展來看,魏晉時期玄學盛行,經典之中以《老》《莊》《易》最受歡迎,清談三玄使魏晉人士更具玄思,替佛學的發展提供一個比漢代更爲適合的環境。道家的"無"雖與佛學的"空"不同,但當時人以爲有其相似之處,當時便大多透過老莊來格義。老莊之中,莊子的影響更爲深遠。兩晉般若佛學的空觀從不同方面來接受莊子的影響。兩晉如此,後來佛學中國化,尤其唐末以後禪宗獨盛,受莊子影響更深。郭象是注解《莊子》的權威,在佛教中國化過程中,是玄學過渡到佛學的橋梁,所以馮夢禎説"莊文郭注,其佛法之先驅耶"③。

二、明人論歷代士人對《莊子注》的援用

郭象注文,素爲後代文學家所稱贊,而其主要原因在於注文多勝語。焦竑《向秀注多勝語》説:

> 郭象注,《世説》謂爲向秀本,象竊之耳。其自注者,獨《秋水》《至樂》兩篇。《世説》去晉未遠,當得其實。其中頗多勝語,略拈一二。如曰:"天者,萬物之總名也。"曰:"統大小者,無小無大者也。苟有乎小大,雖大鵬之與斥鷃;宰官之與御風,同爲累物耳。齊死生者,無死無生者也,苟有乎死生,雖大椿之與蟪蛄,彭祖之與朝菌,均於短折耳。"曰:"有情以爲離曠而弗能也。然離曠以無情而聰明矣。有情以爲聖賢而弗能也,然聖賢以無情而聖賢矣。故嬰兒之始生也,不以目求乳;不以耳向明;不以足操物;不以手求行,豈百骸無定司,形貌無素主,而專由情以制之哉?"曰:"世不知知之自知,因欲爲知以知之,不見見之自見,因欲爲見以見之,不知生之自生,又將

---

① 湯用彤《言意之辨》,《魏晉玄學論稿》,臺北里仁書局 1984 年版,第 41 頁。
② 《國立中央圖書館善本序跋集錄·子部(四)·道家類》,第 344 頁。
③ 劉侗《徐曙庵先生南華日鈔序》説:"《南華》,尊儒之書也。仲尼弟子稱引數,尊六經,別百家,見於終篇。自儒者以列道藏,而郭、吕注之,其藴不出禪玄,唯先生注之以儒。"(徐曉《南華日鈔》,《莊子集成續編》第 23 册,第 8~9 頁。)劉侗對於郭象《莊子注》"其藴不出禪玄",評價較低,與馮夢禎不同。

爲生以生之。故心神奔馳於内,耳目喪竭於外。"曰:"生者方自謂生爲生;而死者方自謂生爲死,則無生矣。生者方自謂死爲死;而死者方自謂死爲生,則無死矣。"曰:"夫安於所傷,則物不能傷,傷不能傷,而物亦不傷之也。"曰:"凡非真性,皆塵垢也。"曰:"哀樂生於失得,任其所受,則哀樂無所措於其間。"曰:"知以亡涯傷性,心以欲惡蕩真。"曰:"聖人在天下,暖然若陽春之自和,故潤澤者不謝,淒乎若秋霜之自降,故凋落者不怨。"曰:"當其時則無賤,非其時則無貴。"曰:"生之所無,以爲身外物也。知之所無,奈何命表事也。生爲我時,死爲我順,時爲我聚;順爲我散,聚散雖異,而我皆我之,則生故我耳,未始有得,死亦我也,未始有喪。"如此類,豈後世詞人所能辦哉? 吕安歎莊生爲不死,有以也。①

劉孝標注《世説新語・文學》引《向秀别傳》提道:"後秀將注《莊子》,先以告康、安,康、安咸曰:'此書詎復須注? 徒棄人作樂事耳!'及成,以示二子。康曰:'爾故復勝不?'安乃驚曰:'莊周不死矣!'"向秀想要注《莊子》,嵇康認爲没有必要,向秀完成注解後,吕安乃驚曰:"莊周不死矣!"意指向秀完全能掌握《莊子》的思想,仿佛讓莊子又活了起來。郭象繼承向秀的觀點,因此,焦竑套用在郭象《莊子注》,認爲郭象的注解是讓莊子又活了一次。郭象注文多勝語,"豈後世詞人所能辦哉"! 可見焦竑對郭象注文的文學性之推崇。

楊慎《丹鉛餘録》認爲,郭象《莊子注》多俊語,拔俗而有韻致,受到李白與蘇軾的欣賞。楊慎《郭象注〈莊子〉》説:

  (郭象)又云:"草不謝榮於春風,木不怨凋於秋天。"李太白用爲詩語,而人不知其本於象云耳!②

李白《日出入行》的詩句,與郭象注《大宗師》"聖人之用兵也,亡國而不失人心,利澤施乎萬世,不爲愛人"的文字,確實可以作意涵上的聯結③。

三、明人對《莊子注》的批判

  自從《世説新語》以爲郭象《莊子注》竊自向秀,歷代學者多承其説,趙撝謙《趙考古文集》

---

① 焦竑《焦氏筆乘》卷二,第 30 頁。
② 楊慎《升菴集》卷四十六,《文淵閣四庫全書》,第 7~8 頁。
③ 王應麟《困學紀聞》卷十曰:"郭象《注》曰:'聖人之在天下,煖然若陽春之自和,故澤榮者不謝;淒乎若秋霜之自降,故凋落者不怨。'李太白云:'草不謝榮於春風,木不怨落於秋天。'其語本此。"可見楊慎的説法繼承王應麟。

説"不布於名位在上而後爲人竊爲已物者亦有之如郭象之《莊子注》",兹不贅論。明人對《莊子注》的批判主要有四:(1)經文易通而注語難曉;(2)注不了經,何取於注;(3)郭象陷《莊子》爲齊物之書;(4)郭象"莊子不經而爲百家之冠"之説,非爲的論。

(一) 經文易通而注語難曉

明代唐順之《漢儒以漢法解經》説:

> 漢儒以漢法解經,如《周禮》中五齊二酒皆以東漢時地名酒名言之,更代易世,但見經文易通而注語難曉,使人有《莊子》注郭象之歎。鶴山魏了翁《江陽周禮記聞》,後人稱《周禮折衷》,多摘注解之尤繆者斥言之,如九賦注以漢法口率出泉,《周禮》賦法豈是口率出泉,八柄奪以馭其貧注以漢法没入家財,三代之君豈有没入人臣家財之法?國服爲息,便以莽法證之,是以王荆公惑焉!鶴山先生曰:"王荆公學術誤天下,漢儒學術誤後世。"①

所謂"經文易通而注語難曉,使人有《莊子》注郭象之歎"。注解的意義本來是要將艱深的古書説明清楚,郭象注語難曉,使人難於領會《莊子》要旨,因而受到批評②。

(二) 注不了經,何取於注

注解本來是用以解釋經書,郭象《莊子注》並未扣緊《莊子》的文本,常有發揮自己觀點之處③,明代陳治安《南華真經本義附録》説:

> 昔人言:"郭象注《莊子》,乃《莊子》注郭象。"用此褒美,亦似譏彈。注不了經,何

---

① 唐順之《稗編》卷三十六,《文淵閣四庫全書》,第40頁。
② 胡楚生説:"在閲讀古籍時,我們往往會有這種經驗,只看正文,還多少看得懂,越看注文,卻越發覺得迷糊,甚至連原先懂得一點的正文,都不敢確認於心了。這種情形,在一般經書與子書的注解中,比較容易見到,像《莊子·養生主》:'吾生也有涯,而知也無涯。'郭象注:'所稟之分,各有極也。'又:'夫舉重攜輕而神氣自若,此力之所限也。而尚名好勝者,雖復絶脰,猶未足以慊其願,此知之無涯也。故知之爲名,生於失當而滅於冥極。冥極者,任其至分而無毫銖之加,是故雖負萬鈞,苟當其所能,則忽然不知重之在身;雖應萬機,泯然不覺事之在己。此養生之主也。'郭象雖然是在闡述此篇的哲理,但是,在本篇一開始的這兩句並不過艱深的文句下,郭氏便急不及待地注釋了一大篇較之正文更爲難懂的注文,真可能將讀者嚇得望之卻步呢!"(《訓詁學大綱》,臺北蘭臺書局1985年版,第149~150頁。)
③ 朱熹説:"自晉以來解經者卻改變得不同,如王弼、郭象輩是也。漢儒解經依經演繹,晉人則不然,捨經而自作文。"所謂"捨經"説明郭象不像漢儒一樣依經演繹注解《南華真經》,"自作文"更點出郭象的注解已脱離《莊子》而成爲郭象的思想。黎靖德編《朱子語類》卷六十七"方子"條。

取於注。今録數則,以把其玄奧逸麗之風,不必爲解《莊》之藉也。①

"郭象注《莊子》,乃《莊子》注郭象。"前文提到諸人以爲"褒美",做正面解釋,認爲郭象的胸襟筆力與莊子相當,才有此種評論,陳治安則顯然不以爲然,認爲是"譏彈"。注以解經,郭象《莊子注》注不了《莊子》,不能透過郭象的注解來了解《莊子》,如此一來,就不能成爲理解《莊子》的憑藉。

(三) 郭象陷《莊子》爲齊物之書

宋代黃庭堅不滿意郭象的注解,《莊子內篇論》説:"莊周內書七篇,法度甚嚴。……二十六篇者,解剥斯文,爾由莊周以來,未見賞音者,晚得向秀、郭象,陷莊周爲齊物之書,潛潛以至今,悲夫!"②郭象注《逍遥遊》説:"夫小大雖殊,而放於自得之場,則物任其性,事稱其能,各當其分,逍遥一也。豈容勝負於其間哉!"③又説:"苟足於其性,則雖大鵬無以自貴於小鳥,小鳥無羨於天池,而榮願有餘矣。故小大雖殊,逍遥一也。"④一再强調,物形雖有大小,逍遥則無分別,因此黃山谷認爲郭象"陷莊周爲齊物之書"。

明代對於此一觀點,多所繼承。譚元春《閲齊物論第二》説:

> 人傳吕惠卿讀至"參萬歲而一成純",遂悟性命之理。昔有悟《法華》者,因"無所住而生其心"一句,遂爾大悟,吉甫奸人,效顰盜竊之事耳,未必真爾也。雖然,遇所解觸,直可坐悟。如此妙論,被向秀、郭象陷《莊子》爲齊物之書,真古今一恨。⑤

據傳吕惠卿讀《莊子》而悟性命之理,譚元春不相信此一傳説,但對於閲讀《莊子》可以悟性命之理卻深信不疑。《莊子》的"逍遥"是體道的境界,必須經過工力歷程才能達到。郭象《莊子注》卻説"小大雖殊,逍遥一也",無法彰顯莊子的境界。譚元春將這件事情列爲"古今一恨",可見其重視的程度。明代陳治安《南華真經本義》説:

> 郭子玄與莊意不相合,自昔至今,無不尊信……今見山谷《內篇論》曰:"二十六篇解剥斯文爾。"又曰:"向秀郭象陷莊子爲齊物之書,潛潛以至於今",可謂見天日。⑥

---

① 陳治安《南華真經本義附録》卷三,第52頁。
② 黃庭堅《山谷集》卷二十,第11~12頁。
③ 郭象《莊子注》卷一,第1頁。
④ 同上,第2頁。
⑤ 譚元春著,陳杏珍標校《譚元春全集》,第905頁。
⑥ 陳治安《南華真經本義》卷六,第135頁。

歷代注解《莊子》之書不少，郭象雖然是莊學權威，卻未能了解內七篇所論各有不同，而以"齊物"的觀點詮釋全書，"陷莊周爲齊物之書"，而又因爲郭象的影響既深且廣，使後人嚴重地"誤解"了莊子的思想。黃庭堅對郭象的批判，不可謂不重，明代學者多有繼承其説以批判郭象者。

（四）評郭象"莊子不經而爲百家之冠"之説

郭象雖然注解《莊子》，卻未許莊子爲聖人，而"尊孔抑莊"①，《莊子序》説：

> 夫莊子者，可謂知本矣，故未始藏其狂言，言雖無會而獨應者也。夫應而非會，則雖當無用；言非物事，則雖高不行；與夫寂然不動，不得已而後起者，固有間矣，斯可謂知無心者也。夫心無爲，則隨感而應，應隨其時，言唯謹爾，故與化爲體，流萬代而冥物，豈曾設對獨遘而游談乎方外哉！此其所以不經而爲百家之冠也。②

《莊子注》強調"内聖外王"，以孔子爲聖人而老莊不及聖，因而，僅許莊子爲知言而未稱莊子爲聖人，並且以爲其"不經而爲百家之冠"。

明代孫應鰲對此有所批評，《南華真經原序》説：

> 世評莊子"不經而爲百家之冠"，夫不經何足冠百家？蓋徒見絕聖智棄仁義諸語爲悖堯、舜、周、孔，皆泥其辭，不達其意。……此本堯、舜、周、孔之宗緒，莊子窺見之，遂以陶鑄《南華》，因鼓舞縱横其辯博，以自成曠古之奇談，正言若反，何謂不經？苟但襲堯、舜、周、孔爲名高，而小大是非成毀生死得喪禍福，日樊籠膠漆其中，何謂經？是莊子所姍笑也。③

莊子能夠窺見堯舜周孔的宗緒，其用心與儒者相同，不悖堯舜周孔之道，《莊子》中"絕聖智棄仁義"的言論，實爲莊子"鼓舞縱横其辯博，以自成曠古之奇談"，郭象以莊子爲"不經"，在明代孫應鰲看來，是"泥其辭，不達其意"，故"莊子不經而爲百家之冠"非爲的論。莊子的理想人格爲内聖外王，孫應鰲"堯、舜、周、孔之宗緒，莊子窺見之，遂以陶鑄《南華》"的觀點，與郭象的觀點没有不同，郭象所謂"不經"是就語言風格而論，孫應鰲則認爲莊子"正言若反"，不應視爲"不經"。

---

① 湯用彤《向郭義之莊周與孔子》，收入《魏晉玄學論稿》，上海古籍出版社 2005 年版，第 86～93 頁。
② 郭象《莊子注》，第 1 頁。
③ 孫應鰲《南華真經原序》，收入王雱《南華真經新傳》，第 1 頁。

四、明人對郭象注解《莊子》的方法之繼承

關於郭象注解《莊子》的方法,應留意"寄言出意"與"得意忘言"兩個術語。"寄言出意"一詞出於郭象注解《莊子·山木》"栗林虞人以吾爲戮,吾所以不庭也"的注文:"夫莊子推平於天下,故每寄言以出意,乃毁仲尼,賤老聃,上掊擊乎三皇,下痛病其一身也。"① 莊子采用"寄言出意"的論事方式,將"意"寄於"言",對於注家而言,他只能看到"寄言",必須超越"寄言"才能了解莊子的"意",而後能在注文中指出莊子的"意"。在郭象看來,《莊子》中有關"毁仲尼,賤老聃,上掊擊乎三皇,下痛病其一身"的叙述,都屬於"寄言",莊子真正想要表達的思想在於"推平於天下"。

《逍遥遊》"鯤化鵬徙"寓言,郭象注:"達觀之士,宜要其會歸而遺其所寄,不足事事曲與生說。自不害其弘旨,皆可略之耳。"② 《逍遥遊》"堯讓天下於許由"寓言,郭象注:"今許由方明既治則無所代之,而治實由堯,故有'子治'之言,宜忘言以尋其所況。"③《大宗師》"彼遊方之外者也;而丘遊方之内者也,外内不相及,而丘使女往弔之,丘則陋矣"句,郭象注曰:"宜忘其所寄以尋述作之大意,則夫遊外冥内之道坦然自明,而莊子之書,故是涉俗蓋世之談矣。"④"遺其所寄",即"忘其所寄",寓言是讀者了解莊子思想的工具,透過寄言了解莊子思想之後,就應該遺忘莊子所寄之言,也就是"忘言"的意思;"要其會歸",即"尋其所況",亦即"尋述作之大意",尋找莊子所比擬譬喻的大意,"尋意"而後能"得意",也就是"得意"的意思。由此可見,郭象注解《莊子》的方法是"得意忘言"。

郭象以"忘言而存意"爲注解方法,將《莊子》批判孔子的寓言,詮釋爲稱贊孔子,明代焦竑《莊子翼》繼承此方法,《讀莊子》説:

> 史遷言莊子訿訾孔子,世儒率隨群和之,獨蘇子瞻謂其實予而文不予,尊孔子者無如莊子。噫!子瞻之論蓋得其髓矣。然世儒往往遷於文而莫造其實,亦惡知子瞻之所謂乎!何者?世儒之所執者,孔子之迹也,其糟粕也;而莊子之所論者,其精也。譬之扁鵲見垣五藏而製爲方,有學之者二人焉,一不能見五藏病也,而第執其方;一如扁鵲之見垣五藏也,而以意爲方,不必盡出於師也,則爲扁鵲者,將善其守吾方者歟?抑善夫以意爲方者歟?釋氏之論,酬恩者必訶佛罵祖之人,夫以訶佛罵祖爲酬

---

① 郭象注,成玄英疏《南華真經注疏》,中華書局1998年版,第399頁。
② 同上,第1頁。
③ 同上,第10頁。
④ 同上,第155頁。

恩,則皈依贊歎者爲倍德矣,又孰知夫訶與詈者爲皈依贊歎之至也。不然,秦失之弔,嘗非老聃矣;栗林之遊,又嘗自非矣。而亦爲詆訾聃、周也,可乎?①

西漢司馬遷《莊子傳》論莊子思想定位,以爲"要本歸於老子之言","作《漁父》《盜跖》《胠篋》以詆訾孔子之徒,以明老子之術"。北宋蘇軾《莊子祠堂記》對於司馬遷的莊子思想定位頗爲不滿,提出新的觀點:"此知莊子之粗者,予以爲莊子蓋助孔子者,要不可以爲法耳。楚公子微服出亡而門者難之,其僕操箠而罵曰:隸也不力。門者出之。事固有倒行而逆施者,以僕爲不愛公子則不可。故莊子之言皆實予而文不予,陽擠而陰助之,其正言蓋無幾也。至於詆訾孔子,未嘗不微見其意。"②蘇軾沒有否認《莊子》中有詆訾孔子的寓言,因此透過辨僞,刪除《盜跖》《漁父》《讓王》《說劍》四篇,其他篇章則"詆訾孔子,未嘗不微見其意"。

蘇軾的詮釋方式還是將《莊子》寓言的"言"與"意"作分別觀,寓言故事是"言",雖然有"詆訾孔子"的情節,若能穿透寓言表面的情節而了解寓言背後的"意",就可以"微見其意",所謂"其意"就是"尊之也至矣"。換句話說,"詆訾孔子"是"陽擠",也就是"文不予";"尊崇孔子"才是"陰助",也就是"實予"。如此一來,除了僞作的四篇之外,所有詆訾孔子的寓言,都可以解讀成爲尊崇孔子的結果。

焦竑的做法相當徹底,他以佛教作爲比喻,佛教"酬恩者必訶佛詈祖之人,夫以訶佛詈祖爲酬恩,則皈依贊歎者爲倍得矣","皈依贊歎"是表達敬佛祖的一種方式,而"訶佛詈祖"則爲另類的方式,另類的方式反而更能得到加倍的效用,因此,"訶與詈者爲皈依贊歎之至也"。同樣的道理,世人稱譽孔子是尊敬孔子的一種方式,而詆訾孔子則爲尊敬孔子的另類方式,相較而言,"詆訾孔子"比"稱譽孔子"更有效用。

焦竑從莊子對待老子與對待自己的態度作說明,《養生主》提到秦失弔老聃之死,秦失指出:"始也吾以爲其人也,而今非也。向吾入而弔焉,有老者哭之,如哭其子;少者哭之,如哭其母。彼其所以會之,必有不蘄言而言,不蘄哭而哭者。是遁天倍情,忘其所受,古者謂之遁天之刑。"可見《莊子》有非老聃的言論;《山木》提到莊周遊於雕陵之樊,看到蟬得美蔭而忘其身,螳螂見得而忘其形,異鵲見利而忘其真,自己則執彈而忘其身,可見《莊子》有非莊周的言論。如果這些言論都不足以說明莊子"詆訾聃周",則《莊子》中批評孔子的言論,也可以作如是觀。

楊慎認爲莊子沒有非毀孔子,《莊子憤世》說:

> 莊子,憤世嫉邪之論也。人皆謂其非堯舜、罪湯武、毀孔子,不知莊子矣。莊子未嘗非堯舜也,非彼假堯舜之道而流爲之噲者也;未嘗罪湯武也,罪彼假湯武之道而流爲白公者也;未嘗毀孔子也,毀彼假孔子之道而流爲子夏氏之賤儒、子張氏之賤儒

---

① 焦竑《莊子翼》,《文淵閣四庫全書》,第6~7頁。
② 蘇軾《東坡全集》卷三十六,第15頁。

者也,故有絶聖棄智之論。又曰:"百世之下必有以詩禮發冢者矣!"詩禮發冢,談性理而釣名利者,以之其流莫盛於宋之晚世,今猶未殄,使一世之人吞聲而暗服之,然非心服也。使莊子而復生於今,其憤世嫉邪之論將不止於此矣。①

把"孔子之徒"與"孔子"分開,子夏與子張不等於孔子,莊子"毀彼假孔子之道而流爲子夏氏之賤儒、子張氏之賤儒者也,故有絶聖棄智之論",因此,才説"人皆謂其非堯舜、罪湯武、毀孔子,不知莊子矣",若知莊子,則了解其未嘗毀孔子,而只毀未能繼承孔子真義的孔子之徒。

焦竑《莊子翼》的觀點與方法,與郭象以"忘言而存意"爲注解方法,將《莊子》批判孔子的寓言,詮釋爲稱贊孔子,如出一轍,可見其繼承之關係。

結　　語

《莊子》號稱難讀,歷代注家往往藉助前人的注疏,才能深化詮釋的内涵。在各家所參考的注家中,郭象《莊子注》是最重要的一種,其權威地位在莊子史上產生深遠的影響。明代莊學發展相當多元,士人對於郭象《莊子注》相關評論不少,可分爲四項説明:一、贊譽:如楊慎《丹鉛餘録》認爲郭象與莊子的襟懷筆力略不相下,陶宗儀《説郛》謂《莊子注》"真足羽翼莊氏而獨行天地間",胡震亨《唐音癸籤》則説"郭象解莊即與作者語意不盡符,而玄言玄理往往角出盡拔驪黄牝牡之外"。二、援用:明代《莊子》注疏多有徵引郭象注者,楊慎《丹鉛餘録》認爲,郭象《莊子注》多俊語,拔俗而有韻致,受到李白與蘇軾的欣賞;三、批判:趙撝謙《趙考古文集》説:"不布於名位在上而後爲人竊爲己物者亦有之如郭象之《莊子注》",唐順之《稗編》則説"經文易通而注語難曉使人有莊子注郭象之歎"。四、繼承:郭象以"忘言而存意"爲注解方法,將《莊子》批判孔子的寓言,詮釋爲稱贊孔子,明代焦竑《莊子翼》繼承此方法,將之視同佛教論"訶佛罵祖","夫訶與罵者爲皈依贊歎之至也",可見莊子贊歎孔子。

[作者簡介] 簡光明(1965—　),男,臺灣高雄人。臺灣師範大學國文系博士,現任臺灣屏東大學中文系特聘教授兼人文社會學院院長。著有《宋代莊學研究》《蘇軾〈莊子注祠堂記〉的接受與評論》等書,有關莊學、通識教育、文學與電影的學術論文數十篇。近期主要興趣在於司馬遷《莊子傳》的接受史以及林希逸《莊子口義》在東亞的接受史。

---

① 楊慎《升菴集》卷四十六,《文淵閣四庫全書》,第 7 頁。

莊佛之緣：
論晚明學人的"以佛解莊"*

周黄琴

内容提要 就莊學史而言，"以佛解莊"之舉不僅綿延不絕，一直延續至今，爲解莊主路向之一，而且在不同的歷史潮流中，其解讀者的身份、解讀目的與意涵都在發生着不同的演變，並在大的趨勢上呈現出由少量引佛走向大量、由寬泛的"以佛解莊"到具體的"以禪解莊"的逐步推進的態勢。而到晚明時，學人們的"以佛解莊"之舉可謂是達到了頂峰，即無論僧人、道士，還是儒者，其注莊作品中無不存有"以佛解"之現象。雖然，相對於歷史上的"以佛解莊"，晚明學人的"以佛解莊"僅是一個片段，但卻在一定程度上既可折射出當時社會的整體文化氛圍與學人們的精神面貌，亦可反襯出隱藏在學人内心深處的强烈救教、救宗、救世的責任意識。

關鍵詞 晚明 學人 以佛解莊

中圖分類號 B2

其實，《莊子》與佛教不僅在義理上分屬於不同的思想系統，而且在産生的地域上亦是不同的，因而看似難有交集，但有意思的是，史上莊佛關係卻時常處於糾纏不清之狀態——既有儒者們的佛竊莊論，亦有僧人們的莊爲佛説，還有道士們的佛爲道論。即使抛開三教互諍之論，但"以莊解佛""以莊護佛""以莊傳佛""以佛解莊"等現象亦是層出不窮，並相互交織。甚至到晚明時期，由於莊學的興盛，無論是僧人、道士，還是儒者，其注莊作品中無不存有"以佛解莊"之迹。鑒於此，本文打算以晚明學人的"以佛解莊"爲基點，來揭露歷史上的演變狀態與晚明"以佛解莊"之現象，以及其背後所藴含的原因與意圖。

---

* 本文係廣東省哲學社會科學規劃項目"晚明儒釋道與基督教的異質碰撞及關係演變研究"（GD18XZX04）的研究成果。

一、"以佛解莊"的由來與演變

　　從現有史料來看,儘管學界在佛教的傳入時間上存有一定分歧,但大量資料卻無不在佐證一個事實,即在佛教傳入的早期,國人更多地把它視爲一種祭祀方術,甚至一度淪爲"道術之附庸"。但隨着玄學的盛行,學人逐漸對祭祀方術產生厭惡與鄙視之情,其中不免包括對佛教的批判。然爲了回應時代之要求,當時僧人與愛好佛教的名士不僅援引老莊思想來回擊當時的批佛之舉,而且亦用老莊思想來闡釋佛教義理,即走上了依附玄理的階段,並以"格義化"的方式使《莊子》與佛教連結起來,從而使以莊解佛、以莊護佛、以佛解莊等多維度的關係得以開啓。

　　據記載,不僅早期高僧們在講解佛法時會時而借助《莊子》來傳播其思想,而且還曾一度把《莊子》視爲捍衛佛法的重要工具。如慧遠在講法中,"嘗有客聽講,難實相義,往復移時,彌增疑昧。遠乃引《莊子》義爲連類,於是惑者曉然"[①]。據《弘明集》的記載,不僅孫綽在《喻道論》開篇處就大量援引《莊子》中的語詞來捍衛佛教,而且慧遠在《明報應論》中還援引了《德充符》《大宗師》《知北遊》等篇中的"視喪其足猶遺土""假於異物,托於同體",以及人之生死乃氣之聚散等思想來抨擊世人對佛教的批評。事實上,就佛教在中國的發展歷程而言,其實以莊傳佛的進路在佛教界一直有所呈現,不僅僧人們在佛教傳入初期會經常使用此策略,而且即使到佛教發展與鼎盛的唐宋時期,仍可在吉藏、宗密、釋法琳、澄觀、契嵩、圓悟克勤、宗杲、釋志磐、贊寧、釋道原等高僧的作品中看到援引《莊子》思想闡釋佛理之現象。如釋法琳在《辯正論》中既援引了《齊物論》《養生主》《天運》等篇中的"有大覺而後知此其大夢也""老聃死,秦失吊之,三號而出""孔子行年五十有一"之思想,而且還把《德充符》中的王駘、《庚桑楚》的庚桑、《至樂》篇中的"妻死鼓盆而歌"之故事亦運用到了佛理的闡釋中[②]。

　　但相對於以莊解佛與以莊護佛的連綿與強大性而言,那以佛解莊起初則要顯得弱得多。據《世說新語》的記載,作爲僧人的支遁不僅援引莊子思想解讀佛教義理,而且還運用佛教思想注解《逍遥遊》,並使"一往雋氣"的王羲之都"披襟解帶,留連不能已"。儘管此文已遺失,但從"支卓然標新理於二家之表,立異義於衆賢之外,皆是諸名賢尋味之所不得"的表述來看,其注必超越了玄學的束縛,而注入了佛教之新意,才可出現"立異義於衆賢之外"之現象[③]。如若說以莊解佛或護佛之舉在中國史上乃是極爲常見之現象的話,那支遁的《逍遥遊》,重要的是不僅開啓了僧人主動解莊之面向,而且還開拓出了"以佛解莊"之向度。至此以後,雖偶有道

[①] 湯用彤《湯用彤全集》第六卷,河北人民出版社1996年版,第172頁。
[②] 釋法琳《辯正論》,《大正新修大藏經》第52册,No.2110。
[③] 劉義慶撰,劉孝標注《世説新語》,《諸子集成》第十卷,岳麓書社1996年版,第53~54頁。

士與儒者出現"以佛解莊"之舉,但卻一度不再有僧人主動運用佛教思想來注解《莊子》,直至晚明才再度出現僧人以佛解莊之作品,如憨山德清的《莊子內篇注》、俍亭浄挺的《漆園指通》等。

但有意思的是,若説支遁的《逍遥遊》有着不得已的情勢的話,即爲了通過注解《逍遥遊》來擴大佛教的影響,那不可思議的是,作爲唐朝的道士,成玄英在《莊子疏》中亦時常用佛教思想來疏解《莊子》,並成爲第一位用佛法解讀《莊子》的道士。就現有史料來看,其實成玄英之舉不僅是出於把《莊子》打造成"鉗鍵九流,括囊百氏"之考慮,亦是對吉藏的道家、道教在深度上不如佛教論點的一種回應。所以,在《莊子疏》中,他企圖通過運用佛教中觀派的"雙遣雙非"之思維方式與"諸法皆空"的般若思想,來凸顯莊子思想理論的深度性。他在《齊物論》的疏解中不僅援引了"空""寂""諸法""虛幻""三界""四生"等大量佛教用語來揭示《莊子》中所藴含的"空寂"與虛幻之思想,而且還把"雙遣雙非"的思維方式注入到"重玄"的理論之中。如對於《齊物論》中的"類與不類,相與爲類",成氏則疏解爲:"群生愚迷,滯是滯非。今論乃欲反彼世情,破兹迷執,故假且説無是無非,則用爲真道。是故復言相與爲類,此則遣於無是無非也。既而遣之又遣,方至重玄也。"①但就莊學史的情況來看,成玄英雖爲"以佛解莊"的第一位道士,但卻不是唯一的,在他所開啓的道路上不斷出現程度不等的援引佛教思想解讀《莊子》的作品,如褚伯秀的《南華真經義海纂微》、陸西星的《南華真經副墨》等。

其實,在晚明之前,除了以上僧人與道士們的"以佛解莊"之舉外,還有儒者們的"以佛解莊"之舉,如宋儒林希逸的《南華真經口義》。林希逸在《南華真經口義》既援引了"六根""四緣假合""法身""世間法""做話頭""戒生定,定生慧""是法平等,無有高下""反流全一,六用不行""説無覺者,亦復如是"等大量佛教術語,亦引用了"兩個泥牛鬥入海,直到如今無消息""將心來,與汝安""久客還家"等禪宗公案來解讀《莊子》。但我們又需明白的是,林希逸雖然在文本中引用了大量佛教思想,但其目的不僅不同於支遁的借莊傳佛,亦不同於成玄英的借佛興莊,而是企圖把佛教消解在《莊子》中,從而達到排佛之意。因爲,林希逸既在《發題》中提出了"《大藏經》五百四十函皆自此中抽繹出"之論,而且在《南華真經口義》文本中亦多次出現《大藏經》與佛書"皆原於此"之語②。

可見,"以佛解莊"雖源於僧人,但在隨後的歷史潮流中,不僅其解讀者的文化身份不斷發生着演變,即由僧人到道士、儒者,而且在看似相同行爲的背後,亦藴含着各自不同的意圖。儘管解讀者都是從自身學派或宗派的發展需要來考慮如何"以佛解莊",但其舉卻無意中强化了莊學與佛教的連接度,而且亦爲莊學的發展打開了新的發展向度,不斷擴大與豐富了莊學的內涵與影響度,亦促進了佛教的傳播與發展。因而,從深層次上看,"以佛解莊"的互滲行爲既爲思想的創新與發展提供了動力,亦爲各自的發展注入了新內容。

---

① 郭象注,成玄英疏,曹礎基點校《南華真經注疏》,中華書局 2008 年版,第 41 頁。
② 林希逸著,周啓成校注《莊子鬳齋口義校注》,中華書局 1997 年版,第 1、99、170、335 等頁。

二、晚明"以佛解莊"之狀態

然而,到晚明時期,隨着莊學的極度興盛,時人注解《莊子》的作品可謂是汗牛充棟,非常繁多,而且注解者的文化角色亦非單一,而是多重的,即使就"以佛解莊"的單一解讀維度來看,其仍是涉及儒者、道士、僧人等多種身份。故爲了論述的方便與内容的條理化,以下之論述則要分類進行,既要從儒釋道的文化角色層面上擇取部分學人有代表性的"以佛解莊"之狀作出縷析,亦要從時間脉络上把各學人之論點加以有效例證與比較分析。

首先,就晚明儒者解莊作品的内容來看,其實無論是沈一貫的《莊子通》、焦竑的《莊子翼》,還是袁中道的《導莊》、李騰芳的《説莊》,以及傅山的《莊子批點》與王夫之的《莊子解》等作品中無不存有"以佛解莊"之内容。

據記載,朱得之(1485—?)雖在《刻莊子通義引》中認爲《莊子》與儒學異於"辭",而不異於"道",並在《莊子通義》中既把史上所載的孔子問禮於老子之事化爲師生間的"受授"關係,而且還時常引用《孟子》中的"過化存神""命""性""君子有三樂""非禮之禮"等思想來解讀,甚至把《養生主》之宗旨等同於孟子的"養性之旨",從而達到把《莊子》化爲孔子思想的傳播載體之目的。無疑,對一位儒者而言,朱得之的意圖不外乎企圖通過"以儒解莊"之徑路來化解莊儒之矛盾。但不可忽視的是,朱得之的《莊子通義》中仍存有"以佛解莊"之現象,即以"大解脱"與"終日皆負死屍走來走去"解讀《養生主》的"帝之縣解"和《在宥》篇的擾擾者。

然沈一貫(1531—1615)卻並非像朱得之那樣一味地彌合莊儒矛盾,而相反的是,既在《讀莊概辨》對《莊子》的社會危害性表現出强烈的憂慮感。在他看來,《莊子》雖"近理",但其社會危害卻要比佛教大得多,即"佛之起教在出世,故其言非無與吾合者,而窮竟旨歸,則出世焉,止矣。故曰易辨也。《莊》則不然。亦以'内聖'自許,而放於逍遥之場;亦以'外王'自許,而終不可施之實用;引而置之門牆,謂其語天而遺人可也;麾而擯之夷裔,謂其罪浮於桀紂可也。毫芒之際,最難辨哉"①。基於此,沈一貫隨後則從"道德仁義""性心""道體"等方面對莊儒思想之異作了詳細分析。

但有意思的是,他在《莊子通序》中卻又云"莊子本淵源孔氏之門,而洸洋自恣於方外者流,竺乾氏未東來,而語往往與之合,故當居三教間"②。很明顯,在沈一貫的觀念世界中,《莊子》中既存有與儒學相通之處,亦與外來佛教存有相合之處,所以在注解《莊子》的過程中會出現"以儒解莊"與"以佛解莊"並存之現象。如沈一貫在《山木》篇就援引了孟子的"以德服人者,中心悦而誠服也,如七十子之服孔子也"來解讀孔子問子桑雽的"吾犯此數患,親交益疏,

---

① 謝祥皓、李思樂輯校《莊子序跋論評輯要》,湖北教育出版社 2001 年版,第 285 頁。
② 同上,第 55 頁。

徒友益散,何與"之問。而在《達生》篇,沈一貫則把孟子的"養氣在乎集義,從心性上用工夫"之論與莊列的"養氣在於窮元氣之初,從天命上用工夫"作比較,並得出"此世出世間之別"之論。而在具體文本的解讀中,沈一貫又運用了大量的佛教思想,如在《齊物論》《至樂》《田子方》《庚桑楚》《天下》諸篇中就分別援引了佛教的"以空爲宗""轉世既轉一世""六道輪回""無修無得""仙爲不了事""弄精魂"等論。而在《庚桑楚》篇,沈一貫不僅援引了"佛家謂衣曰蓋死屍,食曰塞饑瘡"來解釋"備物以將形",而且還引用《金剛經》的"應無所住而生其心"來解讀"藏不虞以生心"①。

　　事實上,從晚明儒者的解莊作品内容來看,其實很難找到一部完全無涉佛教思想的作品,而相反的是,皆有呈現,只是程度存有深淺不同而已。如焦竑(1540—1620)於《莊子翼》就認爲《徐無鬼》中"心與耳、目並言"之舉與佛教中把"意"同眼、耳、鼻、舌、身合爲"六根"之狀乃爲"同意其平",並援引了《維摩詰經》中"不二法門"與佛教的"五種眼"思想來解讀《知北遊》中知三問無爲謂而不答之狀與《列禦寇》中的"凶德有五,中德爲首"之語②。在韓焕忠看來,不僅從焦竑的讀書札記中可以看出佛教思想對焦竑理解《莊子》產生了重大影響,而且在焦竑視域中,"《莊子》的許多思想和見解就是在強調對執着的破除",並"以佛教的悟道者來詮釋《莊子》理想中得道者的人生境界,認爲只有那些破除了各種執着、解脱了生死煩惱的至人、神人、聖人、真人,得以'執古之道',才能够實現真正的住世,'以禦今之有',爲道家的理想人格戴上了佛菩薩的光環"③。

　　甚至清代學人顧華如認爲李騰芳的《説莊》與袁中道的《導莊》乃爲"貝葉文"④。其實袁中道(1570—1626)曾在《導莊》的總題解中就已經非常清晰地陳述了其撰此文之緣由與目的,即"莊生内篇爲貝葉前茅,暇日取其與西方旨合者以意箋之,覺此老牙頰自具禪髓,固知南華仙人的是大士分身入流者也。作導莊"⑤。確切點説,袁中道的《導莊》乃是"以佛解莊"之產物。而李騰芳(1573—1633)在《説莊》不僅直接援引佛理進行解讀,而且還引用佛教一些公案進行闡釋。如在《齊物論》篇,他既援用了"佛説四相,先有我相"思想來解讀"喪我",亦援用了"嚴陽尊者問趙州"的佛教公案來解讀"化聲之相待,若其不相待"與"罔兩問景",即"嚴陽尊者問趙州:'一物不將來如何?'州曰:'放下着。'嚴云:'一物不將來,放下個什麽?'州曰:'恁麽則擔取去。'尊者言下大悟。讀此則知是非夢覺,放下擔取,一齊都休,哪裏又有待與不待? 知道無待、無不待則撲地斷,窣地碎,平生求所謂我者,了不可得'喪'之一字,將何處著? 莊子之'物化'正其樣也。"⑥

---

① 沈一貫《莊子通》,明萬曆刻本,第131~167頁。
② 焦竑《莊子翼》卷之八,清文淵閣四庫全書本,第141、122、172頁。
③ 韓焕忠《借助佛智翼南華——焦竑對〈莊子〉的佛學解讀》,《宗教學研究》2014年第3期,第134頁。
④ 方勇《莊子纂要》,學苑出版社2012年版,第923頁。
⑤ 袁中道《珂雪齋集·前集》卷二十一《雜文》,明萬曆四十六年刻本,第388頁。
⑥ 李騰芳《説莊》,《子藏·莊子卷》第65册,國家圖書館出版社2011年版,第173頁。

而傅山(1607—1684)於《莊子批點》中不僅批駁郭象的大鵬與蜩之等量齊觀論,還援引了佛教的"金屑雖貴,着之眼中,何異砂石"與禪師的"金屑雖貴,落眼成翳"之語來消解世間榮華富貴的重要性。而且,他還分別援引了《增一阿含·五戒品》的"吾者神識也,我者形體之具",慧遠《沙門不敬王者論·形盡神不滅第五》中的"火之傳異薪,猶神之傳異形,前薪非後薪,則知指窮之術妙;前形非後形,則悟情數之感深。惑者見形朽於一生,便謂終期都盡,可乎",《金剛經》的"心不住法,而行佈施,如人有目,光明照見種種色"諸思想來解讀"吾"與"我"之內涵、"指窮於爲薪,火傳也,不知其盡"與"在己無居,形物自著"等內容①。

即使對王夫之(1619—1692)而言,他儘管認爲"強道以合釋"乃是"誣道"之舉,但在其《莊子解》中仍不免出現"以佛解莊"之現象。無疑,對王夫之而言,其文中所出現的"以佛解莊"處不是"強道以合釋",而是佛道的相通或相異處。就文本的具體內容來看,王夫之不僅在《胠篋》《在宥》《天運》《知北遊》等文本中與《刻意》《達生》篇的題解中引用了"動身發語""法由心生""四生""相分滅而見分未滅""皮囊""守屍鬼"、佛教中死之思想等來解讀"竊仁義""頌論形軀""烏鵲孺,魚傳沫,細要者化""狂屈似之,我與女終不近"等思想,以及批評《刻意》篇的"嗇養精神"之舉與襯托莊子生死之論的正當性,而且在《達生》篇甚至認爲佛教的"牛過牎櫺,尾不能過之喻"亦是出自"善養生者,若牧羊然,視其後者而鞭之"。同時,在《天下》篇,王夫之認爲莊子興起卮言之論乃在於"救道於裂",而"非毀堯舜抑揚仲尼者",正如"後世浮屠訶佛罵祖之意",並在篇末認爲惠施之論與佛教《傳燈錄》中的"止一翻字法門""略同"②。

實際上,自宋朝儒者援佛道入儒之後,其實儒者們在作品中所表達的思想就很難決然與佛道分離,再加上王陽明"心學"對佛道的進一步援引,更強化了晚明儒者對佛道的認可度,致使儒者們的莊學作品中會時常出現"以儒解莊""以佛解莊""以老解莊"的三教合釋之局面。同時,亦因個人的學識程度、意圖、觀念等因素之異,而使看似相同的"以佛解莊"之舉卻能導致出不同的解莊相貌。

其次,就晚明僧人"以佛解莊"的情況來看,其實亦非單一化,而是多元化的面向,即既有憨山德清的融佛道之論,亦有覺浪道盛的以禪宗與佛教的關係模式來論證"莊爲儒宗別傳"之論,還有佷亭淨挺的莊爲"釋家教外別傳"之論。

據《莊子內篇注》的記載,憨山德清(1546—1623)雖開篇即云:"《莊子》一書,乃《老子》之注疏",但在具體文本中,其既把莊子的逍遙游等同於佛教的"無礙解脫",而且還用佛教的"假我""破執""止觀""六根"等佛語來解讀《莊子》中的"我""齊物""不測之境""六骸"等③。只是需注意的是,其實憨山德清所援引的佛教思想並不是那麼純粹,而是把道佛思想加以融合運用。如對於"逍遥遊",憨山德清並沒有全然按照佛教思想來消解《莊子》中的本體論思想,而

---

① 傅山著,劉如溪點評《霜紅龕雜記》,青島出版社2005年版,第75頁。
② 王夫之著,王孝魚點校《老子衍·莊子通·莊子解》,中華書局2009年版,第259、233、354、360頁。
③ 憨山德清《莊子內篇注》,《憨山大師法匯初集》第八冊,香港佛經流通處1997年版,第1頁。

相反的是,他延續了《莊子》原文中的"道""真宰""真君"的本體概念,甚至認爲真正之逍遥不是超越"道"或"真宰",而是與其合一。實際上,對憨山德清而言,其在《莊子内篇注》中所要做的工作不是要凸顯《莊子》與佛教的差異與矛盾,而是要想辦法化解兩者之間的矛盾性,並極大彰顯出其相通性,所以在解讀《莊子》的過程中,憨山德清對佛、道衝突之處作了一些有效處理。

然對於憨山德清的"以佛解莊"之範式,僧人俍亭净挺(1615—1684)卻並不滿足,而是親撰了《漆園指通》,把"以佛解莊"之路徑向前極大地推進了一步,即其不僅打破了史上原有的解莊之表達範式,而建構出了"通云"之簡練形式,而且在内容上亦援引了《大方廣佛華嚴經》《法華經》《法華文句記》《維摩詰經》《觀音玄義記》《壇經》等大量佛教典籍之思想與衆多禪宗公案來解讀。如以《逍遥遊》爲例,作者雖然只於文中選取了十二句話來解讀,但卻援引了"佛身非身""阿僧祇""那由他""大身""三世諸佛""窟宅""惡鬼""火輪""七寶""執善財手""毘目""千年滯貨""世尊良久""一刹那"等三十多個佛教語詞與近十個佛教典故來解讀①。可以説,整部《漆園指通》乃是佛理的大交匯。所以,許承家在《漆園指通後序》中指出:"今俍和尚復爲通之,以進於禪解,則南華一編且開白馬傳經之始。"②

而對於覺浪道盛、釋性通的解莊之舉,儘管主流學界把其歸爲"以儒解莊"與"以莊解莊"之向度,但從文本内容來看,其實他們的解莊作品中仍不乏"以佛解莊"之迹。例如道盛(1592—1659)雖然在《莊子提正》中極力彰顯莊爲"儒家教外别傳"思想,但他卻不僅時常運用禪宗中的呵佛罵祖等不拘一格的修行方式來比擬《莊子》中的詆毁聖人之舉,而且還以佛教與禪宗的關係模式來推演與論證儒學與《莊子》之關係,甚至發出"獨惜莊子未見吾宗,而又獨奇莊子之絶似吾宗"之歎③。而釋性通則在《南華發覆·齊物論》題解中提到"此身空洞無物",亦在隨後文本中發出"假我不實""形影夢幻不實"之聲④。

可見,儘管同爲僧人,但在解讀《莊子》的過程中,其各自的解莊維度卻仍是存有很大的差别,即憨山德清融合佛道、覺浪道盛化莊爲儒、釋性通"以莊解莊"、俍亭净挺"以禪解莊",但若就"以佛解莊"的基點而言,其仍有一定的共通性。無疑,其中既存有僧人有意的"以佛解莊"之舉,亦不可否認還存有無心之舉,但不管如何,都在一定程度上折射出了佛教對僧人們的熏陶與浸染之深。

最後,就道士陸西星的注莊内容來看,儘管他在序文與《南華真經副墨》文本中多次强調《莊子》乃《道德經》之注疏",並在題解與文本中亦反復引用《老子》之語來闡釋,甚至達八十次之多,但在《南華真經副墨》中仍不乏大量援引佛教思想來解讀文本之現象。

具體來看,其主要表現在以下幾方面:其一,在宏觀上,陸西星(1520—1606)把整部《莊

---

① 俍亭净挺《漆園指通》,《嘉興大藏經》[續藏]第34册,臺北新文豐出版社1988年版,No.B296。
② 同上,第28頁。
③ 覺浪道盛《天界覺浪盛禪師全録》卷三十,《嘉興大藏經》第34册,No.B311。
④ 釋性通《南華發覆》,《續修四庫全書》第957册,上海古籍出版社1995年版,第18~27頁。

子》視作中國之佛經,如其不僅在序文中提出了《莊子》乃"竺西之貝典"之論,而且在《南華真經副墨》的具體文本中仍多次提出《莊子》實爲"中國佛經"之論①;其二,他運用禪宗中的呵佛罵祖之範式來解讀《莊子》中的詆毀聖賢之舉,以達消解《莊子》與儒學的矛盾。如其在《讀南華真經雜説》中云"其詆侮聖賢,正如禪宗中喝佛罵祖,見釋迦始生,手指天地,作獅子吼,便要一棒打殺,與狗子喫了,貴在天下太平。此中深意如何理會?識者謂其深報佛恩。於此悟入,然後許讀此書"②;其三,在《南華真經副墨》的具體解讀文本中,陸西星既直接援引了永嘉禪師之法語與《金剛經》《金剛科儀》《圓覺經》《圓覺經疏》等典籍之思想,亦引用了"隨順不二""真主人""水中鹽味,色裏膠青,決定是有,不見其形""無我相,無人相""涅槃""生滅滅已,寂滅爲樂""幻法""不二法門""義諦""不壞世相而成實相""輪回""三界唯心,一切唯識""世法""出世法""於世法中而行出世法""我於燃燈佛所,於法實無所得""金屑雖貴,着之眼中,何殊砂土""斷滅相""三災""元性""阿耨多羅三藐三菩提""大乘法藏""保任此事,終不虛""能所"等佛語達四十多次。

但就《南華真經副墨》援引佛教的情況來看,其實陸西星更側重於援引禪宗方面的內容。如在《齊物論》篇,陸西星就用禪家的"這個""真主人"與"水中鹽味,色裏膠青,決定是有,不見其形"來闡釋"真宰"與真宰的"有情而無形"③。而對於《知北遊》中的"聖人行不言之教",陸西星則運用南宗的棒喝方式來解讀,即"禪家往往以此勘人,一擊粉碎。有問'如何是西來意'者,德山、臨濟之徒非喝即棒,直是絶人之路,斷人之道,使人迷悶莫前,久之各各自有透悟。昔南泉斬貓,舉示趙州,趙州脱卻草履,頭頂而出,南泉卻説:'使趙州當機,恰救得此貓在。'於此薦得,方知聖人行不言之教者,其旨深,其意遠,等閒不得拈出,直令自悟可也。"④

可見,在晚明時期,"以佛解莊"既非單個個體之舉,亦非單個群體之所爲,而是在儒釋道等不同文人群體的作品中皆有相關之體現。雖然對於"以佛解莊",歷代學人皆有不同之見,即既有批駁之聲,亦有贊賞之語,還有貶褒相兼,甚至在批駁他論中又會在自文中出現"以佛解莊"之現象。如羅勉道曾指出,"牽聯禪語"之解,亦"多非本文指義"⑤。劉辰翁雖批評林希逸在《莊子口義》中曾對《莊子·德充符》中的常辭——"死生亦大也","勤拳豎拂,大驚小怪,又非此中意旨",可在《莊子南華真經點校》中仍留有"以佛解莊"之迹⑥。

而錢澄之在《内七詁引》既"不敢信"史上的"禪家以其得宗門之旨趣"的解莊之論,甚至認爲那些持"三聖人之學本同"論者的"取三家語句之相似者,影響印合,又不深暢其旨,但略一

---

① 陸西星著,蔣門馬點校《南華真經副墨》,中華書局2010年版,第402頁。
② 同上,第8頁。
③ 同上,第18~20頁。
④ 同上,第310~311頁。
⑤ 謝祥皓、李思樂輯校《莊子序跋論評輯要》,第32頁。
⑥ 方勇《莊子學史》(第二册),第183頁。

拈提，使人自悟"的解莊之舉不過是"借莊子發擄己見以自成其一家之言"，而"於莊子實未解也"，可他卻未對焦竑《莊子翼》中的頗多援引佛道"二氏之言"之狀作出批評，反而認爲其"皆取以證明《莊》旨，要是釋《莊》，非自立說"①。同時，爲了避免犯前人的自立其說之誤，錢澄之盡廢自己的前解，而采取訓詁之方式來解讀，以試圖使原本之《莊子》能得以呈現出來，但在他的《莊屈合詁・莊子內七詁》中仍不乏引佛解莊之例。如在《齊物論》篇援引了《維摩詰經》的"是身如野馬，渴愛疲勞，不可自解"來解讀形與物的相交之狀，亦在《大宗師》用"從衆生異類中行"之佛語來闡釋"將游於物所不得遁"之意②。

即使到今天，仍有學人比較欣賞"以佛解莊"之模式。如李凱在《從〈齊物論〉論"至知"看以佛解莊之合理性》中認爲解讀"至知"方面存有"宇宙論""本體論""認識論""境界論"四種解讀模式，但相較而言，他更傾向於"境界論解讀模式"，而"在境界論解讀模式中"，他"又更加認同章太炎先生的以佛解莊模式"，認爲"以佛解莊乃至以空解無有相當的合理性"③。所以，《莊子》與佛教雖分屬於不同的思想系統，但無論是出於僧人的無奈之舉，還是思想義理層面上某種契合性，自以莊"解佛"與"護佛"路向的開啓後，實際上，莊佛關係就難以決然地分裂開來，反而是不斷地糾結在一起，以致日後歷朝歷代都有不同程度的"以佛解莊"之表現。

實際上，就晚明學人"以佛解莊"的情狀來看，其"以佛解莊"的內容雖看似存有差異，但實質上其背後卻存有一些互釋性的共同話題。儘管沈一貫在《讀莊概辨》中對《莊子》與佛教、儒家在"道體""心性""生死"等方面的差異作了剖析，但不可否認的是，《莊子》與佛教不僅在語詞上自魏晉"格義"起，就一直存有"假借"或"互用"之現象，更爲甚者，兩者在義理面向上亦存有很多互通的思考基點，如兩者都源於對生命的"內在體驗"，都看到了人世間的痛苦與違性之舉，並表現出了強烈的憂慮之情，都對"生死問題"高度重視，都企圖認清世界真相，"擺脫世間束縛，追求無限自由或脫離苦海"④。而且，在佛教中國化的過程中，原始佛教的一些義理亦發生了中國化的演變，以致莊佛之間有了更多的相通或契合之處，如逍遙與解脫、齊物與破執、形與神、生死等問題。

但又需注意的是，晚明學人們在"以佛解莊"的過程中雖很大程度上是把莊佛思想等同化，但亦存有以佛教論點來區分兩者思想之異的現象。如李騰芳不贊同學人援引慧能的"不思善，不思惡，正與麼時，那個是明上坐本來面目"之語來解讀《養生主》中"爲善無近名，爲惡無近刑"，認爲"祖意直指性體"，而"莊子之意卻向在作用上"，兩者"精粗迥別"⑤。在《達生》篇的題解中，王夫之則對佛教與莊子的生死觀作了不同的解讀，並對佛教死之觀念作了批判，即

---

① 錢澄之著，殷呈祥校點《莊屈合詁》，黃山書社1998年版，第3頁。
② 錢澄之著，殷呈祥校點《莊屈合詁》，第25~102頁。
③ 李凱《從〈齊物論〉論"至知"看以佛解莊之合理性》，《中州學刊》2016年第4期，第111頁。
④ 周黃琴《緣合的碰撞——論〈莊子〉與佛教的關係演變》，《肇慶學院學報》2012年第4期，第1~2頁。
⑤ 李騰芳《說莊》，第242~243頁。

"釋氏專於言死,妄計其死之得果",反而認爲莊子的"能移以相天"思想,"則庶乎合幽明於一理,通生死於一貫"①。

　　無疑,晚明"以佛解莊"的現象既彰顯出了晚明特定時代的文化融合之特色,同時也折射出了異質文化在歷史長河中的互滲與融合之演變趨向。但我們還需看到的是,不僅歷史淵源與當時社會氛圍,而且衆文人的個人情趣、文化涵養等因素,都爲"以佛解莊"之現象起了一定的催化作用。但更爲重要的是,在"以佛解莊"深淺程度之異的表象下,其實還蘊含了更大的意旨之異,甚至在某種程度上可以説是一種南轅北轍。如陸西星道士"以佛解莊"不過是借此手段來達到抬高《莊子》,以及道家之目的;而儒者們的"以佛解莊"主要是爲了彌合三教矛盾,並企圖通過對佛道之吸取來壯大儒學之力量;而僧人們的"以佛解莊",雖有精神慰藉之因,但更爲重要的是,乃爲傳播與壯大佛教本身而服務的。質言之,很多時候"以佛解莊"不過是一種手段或表象而已,其背後卻蘊含了不同之意旨。

三、"以佛解莊"的背後之因

　　儘管同爲"以佛解莊",但我們不僅要看到此舉在程度上的差異性,而且還要明白其中所蘊藏的文化演變之因素與晚明時代獨特的文化特色所起的推動作用,以及晚明學人"以佛解莊"背後之不同意旨。

　　首先,就三教文化的演變情況來看,儘管儒釋道屬於不同的思想系統,而且還一度各自爲政,相互攻擊,但不可否認的是,各派在批評中卻又相互吸取對方之有效成分來豐富與壯大自己的派别,致使出現你中有我,我中有你,三者難以決然分割之局面。

　　更爲重要的是,在佛教中國化的長河中,《莊子》思想不斷爲其助力,使其由一異質文化不斷轉化爲中國文化的一部分。正如崔大華在《莊子思想與中國佛學的發展》中所指,佛學離開印度佛學的主軌而轉向中國傳統思想之軌的過程中,"莊子思想起了重要的作用","這不僅是指在佛學初傳的漢魏和佛學繁榮的兩晉南北朝時期,佛教學者經常援用《莊子》中的概念、思想來'格義''連類'佛經,而且更重要的是指當隋唐時期中國佛教進入鼎盛階段,天台宗、華嚴宗的'判教',天台宗的'性具實相'和華嚴宗的'法界緣起',以及禪宗的'識心見性'等中國佛教獨特的理論,都是在不同程上感受或接受了莊子思想中的歷史觀念、總體觀念和自然觀念影響的結果"②。這樣的話,其實佛學與《莊子》實際上早就在很多問題上搭上了對話的橋梁,甚至兩者還在某些問題上存在着一定的雷同化傾向。因而,史上的這種狀態無疑爲後來學者們的"以佛解莊"奠定了相關基礎。

---

① 王夫之著,王孝魚點校《老子衍·莊子通·莊子解》,第 228 頁。
② 崔大華《莊子思想與中國佛學的發展》,《中國社會科學》1991 年第 1 期,第 137 頁。

如對佛教而言，儘管爲外來宗教，但在中國化的過程中，不僅在早期用格義化的方式使佛教與老莊道家、儒學思想聯繫起來，以使佛教得以傳播與壯大，而且在與儒道的歷代鬥爭中，其亦不斷把儒道中的有效成分融入佛教思想系統之中，從而使其在中華大地上獲得生存之土壤與活力。

而對於儒者而言，雖然在佛教初傳時期，就對佛教展開了不斷地批判，《理惑論》對之有相關記載，而且即使到唐朝，仍不斷有儒者對佛教發起批判與攻擊，如傅奕、韓愈等。但當面對佛教雖受打擊卻不滅絕，反而呈現活力四射之狀時，唐朝有些儒者開始放棄武斷棄佛之方式，轉向對佛教誘人處的研究，並試圖將其融入儒學之中去。這種思路在宋儒處得到了很好的承繼，並加以踐行。據記載，無論是張載、二程，還是朱熹，都曾出入於佛道幾十年。所以，自晚唐之後，儒者們並非只局限於儒家作品，而是儒釋道兼容。因而，在儒者解莊的作品中，其實早就出現"以佛解莊"之現象，只是被強大的"以儒解莊"的現象所遮蔽，而沒引起重視而已。如王雱的《南華真經新傳》就出現用佛教的"身徧法界""不增不減""大神大明"等思想來解讀"逍遙遊""注焉而不滿，酌焉而不竭者""神明者"之現象。

而從道家面向而言，由於沒有獨立延續的學派人士，而只有史上道士們出於護教之考慮而對老莊作品作出新解讀。但從記載上來看，當面對儒釋之攻擊，史上的道士們不僅爲了維護道教典籍的神聖性，亦爲了有效回應批判，故在注解老莊作品亦會把儒釋思想滲入其中。如史上不僅有成玄英的"以佛解莊"之舉，而且褚伯秀的《南華真經義海纂微》中亦存有"以佛解莊"之現象。如在《徐無鬼第二》中，褚伯秀即援引了佛教的"六識""禪家牧牛""慧能反六情"等思想來解讀。而對於《列禦寇》中的"凶德有五，中德爲首"之語，褚伯秀則援引了佛教"五種眼"來解讀，即"唯天眼、肉眼在面，慧、法、佛眼皆在心"①。

其次，就晚明的文化特色而言，其中三教合一趨向較爲凸顯，致使晚明學人在解莊中總會出現儒釋道同解之現象，因而無論儒者、僧人，還是道士，其解莊作品中都無一例外地存有"以佛解莊"之迹。

事實上，自東漢到晚明，儒釋道之間已經經過了一千多年的碰撞與融合，因而晚明無論是"心學"，還是"禪宗"，其實都已是儒釋道融合之產物，故而對當時的儒者、僧人、道士而言，三教儘管在形式與意圖上存在差異，但在深層次上是一致的，即皆以"救人爲本""教人爲善"。

而且，從晚明文人涉獵的領域來看，亦非單一，而是三教兼容。就儒者而言，其實早在程朱時期，就強調要兼容釋道，即使到陽明時期，仍是彰顯"佛老莊皆吾之用"的融合意旨，所以晚明通達之儒者必然會兼顧三教之思想。而晚明僧界又長期受到官方儒學化教育模式的制約與影響，從而不僅導致僧人們從小就被強化儒學思想的教育與三教融通之意識，而且更重要的是，晚明還有一批僧人曾是儒者，如釋性通、方以智、俍亭淨挺、永覺元賢、屈大均等，後因

---

① 褚伯秀《南華真經義海纂微》，華東師範大學出版社 2014 年版，第 769、989 頁。

各種原因而入佛門的,因而其骨子裏無疑具有一定的融通傾向。如袾宏認爲三教"理無二致","同歸一理"①。而憨山德清則云:"嘗言爲學有三要,所謂不知《春秋》,不能涉世;不精《老》《莊》,不能忘世;不參禪,不能出世。此三者,經世出世之學備矣。"②而作爲道士的陸西星,獻身道教前苦讀了幾十年的儒家經典,入道後不僅研讀了道教之典籍,還研讀了大量佛教典籍,並撰有《金丹就正篇》《老子玄覽》《陰符經測疏》《周易參同契測疏》《金丹大旨圖》《南華真經副墨》《楞嚴經説約》《楞嚴經述旨》《楞伽要旨》等道佛作品。

質言之,晚明無論是儒者、僧人,還是道士,其實皆是三教兼涉。正如唐大潮在《明清之際道教"三教合一"思想論》中所指,"理學家談禪,講內丹;佛教徒論正心誠意,治國平天下;道教徒講明心見性,談解脱。這一切,都成爲一種普遍現象"③。因而,就當時文化氛圍而言,其實在晚明文人注《莊》作品中所出現的"以佛解莊"之舉乃是一極度平常之現象,其中不免有文人們的一種無心之舉,即並非有意"以佛解莊",而是有些佛教思想早已内化到了他們的骨子裏。正因如此,朱得之、沈一貫等儒者儘管極力調和與化解莊儒矛盾,並在文本中呈現出"以儒解莊"之傾向,但仍會出現"以佛解莊"之現象。

更爲甚者,作爲僧人的釋性涌在《南華發覆·自叙》中曾直接批判史上已有之注《莊》行爲,即"皆己之《南華》,非蒙莊之《南華》",並旗幟鮮明地標注自己撰《南華發覆》之目的在於爲莊子吐"生平之氣"。爲踐行此目的,他在《南華發覆》中既把《老子》中的"道"與"德"作爲解讀整部《莊子》的總體框架與脉絡,並盡力使用《莊子》中的語詞,以避免"己之《南華》",而達"蒙莊之《南華》"之目的。儘管他如此用心,但不可忽視的是,《南華發覆》中仍不免"以佛解莊"之迹。所以,晚明有些文人在解莊作品中所出現的"以佛解莊"之舉並非有着更爲深層的其他目的,而僅是融入骨子裏的佛學思想的一種自然表現而已。

最後,就晚明文人解莊目的來看,無疑,其解莊既不是出於學術任務的要求,亦非爲了挣錢,而是出於自我精神與情感的需求,着重解決自我生命的安放問題,以及借此以達對社會現狀的一種批判與反思的目的。因而,在這個過程中,其既會結合自我生命的體驗而把史上各派就一些共同議題下的論點融合或貫通起來,亦會因自我身份、學識、立場、觀念等諸因素共同催化下所建構的不同意旨而作出各自精神世界中最好的解讀。正因如此,即使當文人們面對共同的問題,並用相同的"以佛解莊"之解讀模式,但卻仍能解讀出不同之《莊子》。

無可否認,有些學人的"以佛解莊"之舉的背後並不藴含深層之意圖,而只不過是一種自我生命的體悟之表現而已,但亦不可忽視的是,有些學人的"以佛解莊"背後卻藴含着深層之意圖。如對於僧人憨山德清而言,其"以佛解莊"之舉並非隨意的,而是有意圖的。一方面,他企圖通過"以佛解莊"之舉來回擊當時世人以莊批佛之舉,從而達到化解莊佛矛盾之目的;另

---

① 蓮池大師著,孔宏點校《竹窗隨筆》,北京圖書館出版社2005年版,第192頁。
② 憨山大師著,孔宏點校《憨山老人夢游集(下)》,北京圖書館出版社2005年版,第205頁。
③ 唐大潮《明清之際道教"三教合一"思想論》,宗教文化出版社2000年版,第143頁。

一方面,他企圖借助晚明莊學極度興盛之勢,以《莊子》爲載體,來達到傳播佛學之目的。質言之,憨山德清的"以佛解莊"不僅可以達到化解三教衝突之目的,而且亦把《莊子》化爲傳播與重振佛學的一個重要手段與載體①。

可對於覺浪道盛與俍亭净挺而言,雖然兩人亦爲僧人,但其"以佛解莊"之意旨不僅不同於憨山德清的,而且其各自亦有差異。如覺浪道盛的《莊子提正》中雖出現"以佛解莊",但其目的既不是要以莊傳佛,更不是要化莊爲佛,而是試圖借助於禪宗與佛教的關係模式,以及禪宗的思維方式來爲其"以儒解莊"服務,從而達到化解莊儒矛盾與保存儒釋道三教精髓之目的。而從《與青原和尚書》的記載來看,俍亭净挺的"以禪解莊"卻恰是對覺浪道盛與方以智"以儒解莊"之舉的一種不滿與回應。如其云:"三千里外,煞有淆訛。讀《庖莊》一書,自與天界老人提正家風相爲表裹。弟近亦有《漆園指通》,正在剞劂,當就明眼人請正也。"②

而且,爲達其莊爲"釋家教外别傳"之目的,俍亭净挺在《漆園指通·自序》中從三方面對史上的莊佛關係作了舉證。其一,他從史上僧人援引《莊子》的事實經驗的角度上對唐朝澄觀大師把老莊判爲"外道"之舉提出了質疑與批判;其二,他從史上佛、道論戰的經文裹找出了道、佛相通之例證,即"百家皆禪也,豈獨猶龍?豈獨漆吏?《大權經》云:'老子是迦葉菩薩化游震旦。'道家之言曰:'老聃之師爲釋迦'";其三,他從"破執"的面向來論證莊禪之間的相通性,即"善言禪者,即'倩女離魂''明皇斬閬州守',百家小說無往不是,況漆園吏耶?"③故而,整部《漆園指通》則始終圍繞着莊禪内在相通性之主題來展開注解的。

無疑,對道士陸西星而言,其在《南華真經副墨》中雖亦援引了大量佛教思想來解讀《莊子》,但是其目的決然不是如僧人那樣化莊爲佛,而恰是相反,即化佛入莊。雖然,從表面上看,陸西星亦是如僧人那樣强調莊佛之間的相通性,化解莊佛矛盾,但其深層之目的卻在於以《莊子》爲載體來會通三教,並間接地凸顯與强化《莊子》的地位,從而達到抬高道家之目的。

綜而言之,看似相同的"以佛解莊"之舉,其實不僅解讀者的身份不是恒定不變的,而且其意涵與目的亦發生着不斷的演變,甚至一度還呈現出逐步推進之勢,即在量上由少量走向大量,由寬泛的"以佛解莊"到具體的"以禪解莊"。而晚明學人的"以佛解莊"不過是史上"以佛解莊"的一個縮影或片段,但卻不僅在一定程度上折射出當時社會的整體文化氛圍與學人們的精神面貌,同時亦可反襯出隱藏在學人們内心深層的救教、救宗、救世的責任意識。

[作者簡介] 周黄琴(1973—),女,湖南人。中山大學中國哲學博士,現爲廣東石油化工學院副教授,主要從事莊學研究,現已出版專著《歷史中的鏡像——論晚明僧人視域中的〈莊子〉》,並發表學術論文 30 餘篇。

---

① 周黄琴《歷史中的鏡像——論晚明僧人視域中的〈莊子〉》,巴蜀書社 2015 年,第 105~110 頁。
② 俍亭净挺《雲溪俍亭挺禪師語録》,《嘉興大藏經》第 33 册,No.B294。
③ 同上。

"道生法"

——《黄帝四經》法思想的理路邏輯*

向 達

内容提要 《黄帝四經》是黄老學的奠基之作。其思想主旨是"案(按)法而治"。在闡述此思想主旨時,《黄帝四經》運用了比較特出的理路邏輯,彰顯了黄老學獨具魅力的特徵。這種特色表現在它以道爲理論基礎,在"推天道以明人事"的邏輯基礎上,借助"一""二""多""名""分""無爲而治"等範疇,演繹了"道法"的創生、執法、司法、保障及監督等一套較爲完整的法度體系。雖然《黄帝四經》的法治主旨比較明確,但畢竟爲時代所限,相關的理論闡釋並不系統,但其在"道法"基礎上演繹凝練的"隆禮重法"思想對後世治道精神和治道模式產生了奠基性影響,故有必要對其道法思想的理路邏輯進行梳理。

關鍵詞 道生法 《黄帝四經》 無爲而治 隆禮重法

中圖分類號 B2

《黄帝四經》是戰國中後期黄老學的經典之作。對《黄帝四經》的學術主旨可總結爲以下三派:第一,以陳鼓應先生爲代表的"主道派",認爲《黄帝四經》屬於道家的著作,主要從"道"的哲學角度解讀《黄帝四經》;第二,以唐蘭先生爲代表的"主法派",他們認爲《黄帝四經》屬於法家著作,從法的角度解讀《黄帝四經》;第三,以裘錫圭先生爲代表的"道法派",主張不能簡單地把《黄帝四經》歸屬於道家或法家,而是視爲道家和法家智慧的綜合。這派影響最大,在日本的代表爲金谷治和池田知久,我亦遵從此説。

《黄帝四經》洋洋灑灑一萬餘言,歸其宗即一個"法"字,這是符合黄老應時精神的。難能可貴的是,在衆多黄老著作中,唯有《黄帝四經》將"法"作爲宗旨來思考論證,從而創立了獨具中國特色的"道法"思想體系。整本書以"道法"爲中心建構了一個具有中國特色的法度體系,

---

* 本文爲國家社科基金項目"傳統信仰文化與中國當代信仰建設研究"(12XKS026)、陝西省社科基金項目"《黄帝四經》'法主德輔'思想與中國治道模式構建研究"(2016C009)、湖南省社會科學成果評審委員會課題(社科聯)(XSP19YBC063):"中國特色法治理論建設的歷史資源:黄老學'隆禮重法'治道思想研究"研究成果。

提煉出"隆禮重法"的治理精神,對中國治理精神產生了奠基性影響。就禮與法而言,《黃帝四經》傾向於"法主禮輔"。雖然《黃帝四經》的法治主旨比較明確,但畢竟爲時代所限,相關的理論闡釋並不系統,學界對其法思想也缺乏系統而細緻的研究,所以有必要對其道法思想的理路邏輯進行梳理。本文旨在通覽研磨全著的基礎上,梳理其法思想建構的理路邏輯。

一、道 生 法

司馬遷言,黃老之學皆源於老子之意,在各自的歷史背景、階級、學術立場發揮其道意。那麼作爲黃老之學最早最完整的經典之作——《黃帝四經》的道意發揮在於"道法"。"道法"概念的提出,顯然是黃老學用老子意修正原始法家,避其法出無根、嚴苛少恩的弊端。當然在這種修正中,《黃帝四經》也吸收了儒、墨、名、陰陽等家思想,形成一個豐滿的具有立體感的法治理論系統,這也是黃老之學"道術將爲天下合"的時代背景和理論特徵之體現。

《黃帝四經》原老子之意,提出"道生法"的命題,但其重心在法不在道,"道"只是將法帶入道的世界的鑰匙,整部書基本是論證法是怎樣發揮道意的。《經法·道法》開篇言:"道生法。法者,引得失以繩,而明曲直者也。故執道者,生法而弗敢犯也,法立而弗敢廢也。故能自引以繩,然後見知天下而不惑矣。"①首先從謀篇佈局看,作者在點出"道生法"的立場後,接下來並沒有對道進行贅述,而是接續"法"字展開論述,通篇觀之,我們可串意爲:法爲道所生,法是明是非曲直的繩墨,所以統治者制定法後所有的人都不能違犯,也不能隨意廢棄之。統治者更是要嚴格要求自己,自覺帶頭遵守法律,如此則"一天下"就不難了。以此觀之,此段話核心是言法的,也是整部書的主旨所在,《黃帝四經》援道言法之用意已昭然若揭。

道爲何物?《黃帝四經》爲何要援道言法? 在《黃帝四經》的作者看來,道是天地萬物之源泉,萬物流化的規律,法生於道,因而也蘊含了道的神聖性和必然性。《黃帝四經》雖只對道進行兩次正面定義,但道的影子充盈於整部書之中。陳鼓應先生説:"'道'指宇宙實體、萬物本原和普遍規律,爲老子首創的哲學專用名詞,並成爲中國哲學的最高範疇。"②老子之前,古籍中有"道"字出現,但不具有深刻的哲學寓意,老子創立道家學派,將"道"發展成一個神秘莫測、包攬萬象的哲學範疇,並成爲中國哲學最高的範疇。這是東周之際,華夏民族思維理性化的歷史結晶。

《黃帝四經》以道言法的用意大概可概括爲以下幾點:首先,以道言法可加深法的神聖性,從而提高法的權威性和執行力;其次,法的客觀性、正義性、規律性、必然性源於道,並且只有源於道的法才是"良法",才值得人們遵守。所以作者雖然提出"道生法"的命題,但後面又

---

① 陳鼓應《〈黃帝四經〉今注今譯——馬王堆漢墓出土帛書》,商務印書館2007年版,第2頁。
② 同上,第2~3頁。

強調"執道者生法",用意在於只有道的理念深入人們尤其統治者的内心,才能確保所生之法爲良法;如果失去了"道"的原則,統治者所定之法難免偏頗,民衆也無所措手足了。

　　道生之法即道法,它不是道與法的簡單疊加,二者具有内在的邏輯因果關係:道是法的因,法是道的果,是道的具化,同時是道的表現。這裏的法是法度的意思,是治理社會國家的規範體系。《黄帝四經》中"道""法"同文共有四處:其一,《十大經·觀》及《十大經·姓爭》:"其明者以爲法而微道是行。"其二,《稱》:"馳欲傷法,無隨傷道。"其三,《道原》:"抱道執度(法)。"第一句話說明了法與道是現象與本質的關係,緊密聯繫。第二句認爲人若放縱自我,將違犯法律,若盲目迷亂會違背道,可見二者是一體的。第三句強調在執法過程中要遵循道的原則。這四處的道法同文,再一次強調了道與法的緊密關係。

　　道法同文在其他文獻中也有,這些思想與《黄帝四經》有一定的關聯。如《管子·法法》曰:"憲律制度必法道。……明王在上,道法行於國。"①這裏不僅道法同文,而且連言,顯然沿襲了《黄帝四經·經法·道法》的用語。《鶡冠子·兵政》言:"賢生聖,聖生道,道生法,法生神。"此句話,從因果遞進推理看,仿佛賢最高,依次遞減爲聖、道、法、神,這種理解其實是錯誤的。其本意是由賢者產生統治者,統治者明達通道,依道制法執法,以法度治理天下。這句話之所以易讓人產生歧義,主要是因爲身爲楚國人的鶡冠子,像莊子那樣放達狂野,文風迷離。

　　《荀子·致士》也有道法連用之例:"無道法則人不至。……君子也者,道法之總要也。"②荀子認爲道法能招徠人們,但只有明道的君子才能正確地理解道而制定良法,因此君子是制定和執行道法的基礎。這句話有幾點值得注意:第一,荀子作爲稷下學宫三爲祭酒的儒家集大成者,居然提倡道法,說明稷下學宫學術融合是相當成功的;第二,荀子提倡道法,說明黄老道家乃至《黄帝四經》對其影響是很大的,二者皆爲戰國中後期"道術將爲天下合"的典範。荀子道法觀是對《黄帝四經》道法的發展。

　　道法體現了《黄帝四經》的本質特徵,是其建構法度的理論基礎。當然道法的制定和執行,需要執道者(君子、統治者)在充分悟道的基礎上才能實現,期間還有一座"名"的橋梁,此邏輯路徑可概括爲:道—名—法。

二、握一以知多:守道成法的功效

　　"道生法",道爲法之母,二者的邏輯推衍體現了一與多的特徵,是道生法的具象。關於此,有幾個問題:第一,一爲何物? 第二,多爲何物? 第三,何以守道? 最後,守道何以成法? 本部分即以此四個問題爲中心,進一步解析《黄帝四經》道法的理論邏輯。

---

① 管子《管子》,齊魯書社2006年版,第136頁。
② 荀況《荀子》,山東友誼出版社2001年版,第348~349頁。

（一）一與多的問題

"一"字在《道德經》中合共出現 5 次，區區五千餘言，字字珠璣，老子竟捨得 5 個字的篇幅，説明在他心目中"一"字何其重要。爲何重要呢？因爲"一"是"道"的化身，也是道從無到有化生萬物的突破口，這看起來比較抽象、神秘，常被王夫之在《老子衍》中大加諷刺，但從邏輯上看，體現了老子邏輯之精妙、寓意之深刻，難免讓唯物的王夫子有諷意。

老子曰："道生一，一生二，二生三，三生萬物。萬物負陰而抱陽，沖氣以爲和。"①老子在此構建了一幅道生萬物的生動畫面。這段話包含了以下幾個意思：第一，此處的"一"，是道之子，是道從無到有的過渡，是化生萬物、從抽象到具化的窗口；第二，陰陽是創生萬物的動力，萬物既生，仍懷抱陰陽，二者的辯證互動衍生萬物，即"和"；第三，雖然説萬物繁多，但其原在道、在一，因此要認識和改造世界尤其以法度治理天下，首先要把握道，以達"握一以知多"之效。王夫之認爲陰陽是道生萬物的動力和原理，是道的内在屬性，所以道生萬物也是陰陽生萬物。

老子通過精心的邏輯建構，提出"一"的範疇，而且不惜在短短五千餘言的著作中五次對"一"展開論述，從而建構了道創生萬物的邏輯體系。如果没有具體而又可把握的"一"，混沌之道只能停留於虛無。老子創生"道"，目的是想"合天下"，爲宇宙人生尋找終極的解決之途。所以才有接下來的"一""二""三"的創生。作爲宗老子的《黄帝四經》當然不會放棄老子這一根本宗旨，而且它更傾向實用，所以在《黄帝四經》中，"一"的出現次數不亞於"道"，目的就是"握一以知多"，爲其法度體系的建構作邏輯鋪墊。下面看看《黄帝四經》是怎樣用"一"作邏輯鋪墊的。

"一"在《黄帝四經》中出現的情況如下：《經法・論》2 次，《十大經・成法》19 次，《十大經・順道》1 次，《十大經・名刑(形)》1 次，《道原》6 次，合計 29 次，遠遠高於《老子》的 5 次。這個數字與黄老之學的實用傾向是相契的。下面看看這些"一"在《黄帝四經》中的具體涵義。

首先看《經法・論》中的"一"多問題。此篇論述天道和人道，天道即"八政""七法"，人道即"六柄""三名"②，統治者應推天道以明人事。此篇對名實關係也作了一定論述，概念較多，哲理性較強，這也是其用"一"較多的原因之一。

《經法・論》曰："天執一，明三定二，建八正，行七法。"③此句話的意思是：上天依靠道的力量，生成日、月、星辰，建構陰陽法則，然後建構和運行八政、七法。這裏的"一"，很顯然是道的意思。爲何不直接用"道"而以"一"代之呢？原因是，相比於道，"一"更顯明具體，是道的具

---

① 王孝魚《老子衍疏證》，中華書局 2014 版，第 148 頁。
② 八政：春、夏、秋、冬、外、内、動、静。七法：明以正、適、信、極而反、必、順正、有常。六柄：一曰觀，二曰論，三曰動，四曰榑(轉)，五曰變，六曰化。三名：一曰正名立而偃(安)，二曰倚名法而亂，三曰強主滅而無名。
③ 陳鼓應《〈黄帝四經〉今注今譯——馬王堆漢墓出土帛書》，第 126 頁。

化,同時"一"與後面的"三""二"形成呼應,是道運化的邏輯軌迹。道運化的總體邏輯是由一到多,所以後面的"三""二""八""七"便順理成章了。緊接着《經法·論》曰:"岐(蚑,多足動物。——筆者注)行喙息,扇飛蠕動,無□□□□□□□□□不失其常者,天之一也。"①此句話是對第一句話的申衍,是對"道"或"一"的具體論證描述,天下之所以這樣和諧,就是因爲萬物遵循了普遍之一(道)。《經法·論》中所見"一",僅此兩處,此兩處的"一",是《黄帝四經》"推天道以明人事"邏輯過渡的典型,也是由握道之"一"以知人類社會法度之多的典型。

其次看《十大經·成法》中的"一"多問題。《十大經》是《黄帝四經》的第二部分,此部分共計15篇,其中大部分是黄帝與其大臣的對話,可以看出此部分的主旨是緊續《經法》對道法的論證後對其具體執行的問題。《十大經·成法》"一"字出現19次,其中作道解者計13次,出現之多當屬《黄帝四經》諸篇之冠。一篇400餘字的小文,同一個字出現這麽多次,足見此字的特殊意義。篇首黄帝便問其大臣力黑(力牧)説,自己以一人之力怎樣對付奸猾之徒。力黑説:"循名復一,民無亂紀。"由此可知"名"與"一"皆爲道通向法的中介,不過"一"比"名"的層次更高,二者是一與多的關係,要使道幻化爲具體之道,首先必須給事物定名,定名的依據是"一",所以曰"循名復一",名定之後,又成了法度的依據。此段點出了"成法"即"循名復一",復一守道。

黄帝進一步問道:請問天下真的有道嗎? 力黑肯定地回答: 有的。黄帝又問:"一者一而已乎? 其亦有長乎?"意思是"一難道只能以'循名復一'一言而解釋,没有更多的涵義嗎"? 力黑於是對"一"展開了一番解釋:"一者,道其本也……握一以知多……抱凡守一,與天地同極,乃可以知天地之禍福。"②一是道的具化,它無所不在,無時不有,所以要守一,握一以知多,那麽天下的法度就不會偏頗了。《十大經·成法》用如此多的"一",所要表達的無非是要勸人守道,爲民立極,遵循道來治理天下。以"一"言"法",此篇尤其突出,表現了非凡的推衍智慧。

《十大經·順道》裏,"一"僅出現一次,因爲此篇主要目的是强調雌節問題,這裏"一"幻化爲雌節問題,成爲"一"中之多的一極,是治理天下的重要法度之一。爲此作者從正、反、合三個維度論證了雌節的重要性。但雌節之根即在一。力黑説:"中請(静)不刾(流),執一毋求。"③意思是堅守道意,心静如水,毋馳於外。雌節的卑下柔弱,需以心静毋躁爲基礎,而堅守道方能毋躁,所以最終又歸屬"執一"。

《十大經·名刑(形)》主要解析名形、無爲,因此"一"在此篇幻化爲名形和無爲。文章開頭即强調:"欲知得失請(情),必審名察刑(形)。"④這裏顯然把名形相合作爲治理效驗的標準,在此,名是法的抽象表達。作者認爲只要名形分定、名副其實,那麽萬物將自化,社會自安定,

---

① 陳鼓應《〈黄帝四經〉今注今譯——馬王堆漢墓出土帛書》,第126頁。《新語·道基》和《淮南子·原道》皆引用此句,證明《黄帝四經》在戰國、秦漢之際是很有影響的。
② 陳鼓應《〈黄帝四經〉今注今譯——馬王堆漢墓出土帛書》,第291頁。
③ 同上,第330頁。
④ 同上,第336頁。

統治者可收"無爲而天下治"之效。無爲之境的基礎是什麼呢？那就是"一"。"能一乎？能止乎？"只要做到一，就能用心專一、虛壹而靜①。

從題名和實際內容看，《道原》是論述道體與道用之本質的。道要從其原始點出發流化萬物，就得尋找中介和過渡，這個中介和過渡就是"一"，"一"就像"道"穿越到自己幽深隧道的大門，出了這個大門，道就幻化爲萬物了，包括有形的物質和無形的精神及法度。如此則過渡到道用了。道用在人類社會的最大表現就是法度。它的工作機制是：推天道以明人事，握一以知多，審分定名，如此則萬物自定、萬民不爭，可收無爲而治之效。因此《黃帝四經》的法度與純法家的法度不同，它是通過道來發揮作用的，把一切都拉到道的軌道上來，有一套特定的運行邏輯和機制，比較抽象，而且主要借助於人對道的了悟。

因爲《道原》主要是原道，因此"一"字出現的也比較多，共計 6 次，僅次於《十大經·成法》的 19 次，在整部《黃帝四經》中居第二。《道原》主要論證道體道用，落腳點放在"一"上，"一"在有無的關口，既是道體又是道用，是整部《黃帝四經》乃至整個道家學派僅次於"道"的最關鍵範疇，也是理解道家思想的一把智慧之鑰。《道原》開篇即言："恒無之初，迵同大（太）虛。虛同爲一，恒一而止。"②這裏的"恒無之初""太虛""一"，對道體進行了多方位的展現。第二自然段的開頭，作者對道作了總結："一者其號也，虛其舍也，無爲其素也，和其用也。"③"一"是道的稱呼，虛爲道的居舍，無爲爲道之本質，和諧天下爲其用。這裏的"和"在人類社會中的應用便是道法，因此可以說道法的特性即在和。《道原》認爲只有聖人能洞悟道，"抱道執度，天下可一"④。統治者了悟道、抱道執度（法度）便可和天下。

綜上所述，"一"既是道的稱號，又是道從道體到道用的過渡和關卡，是理解道的一把智慧之鑰，也是聖王治理天下的妙法。

（二）守道成法問題

守道成法是"握一知多"的結果，是"一"應用於人類社會治理的具體表現，二者存在着遞進的邏輯關係。《黃帝四經》對守道成法有一定的論述，主要集中在以下四篇中：《經法·名理》《十大經·正亂》《十大經·行守》《道原》。分述之如下。

《經法·名理》是《經法》的末篇，與首篇《道法》相呼應，邏輯意涵上也頗多應合。《名理》首先強調了道的神妙、循名究理的重要性，然後正話反說，用反面例子強調守道成法的重要

---

① 《莊子·庚桑楚》言："老子曰：衛生之經，能抱一乎？……能止乎？"《管子·心術下》也言："能專乎？能一乎？……能止乎？"此兩處與《十大經·名形》的"能一乎？能止乎"雷同，顯然是二者引《黃帝四經》之意的結果，再一次證明了《黃帝四經》在戰國中後期學界的重要地位。
② 陳鼓應《〈黃帝四經〉今注今譯——馬王堆漢墓出土帛書》，第 399 頁。
③ 同上，第 402 頁。
④ 同上，第 409 頁。

性。但是整篇只提一次"守道",講的是逆例,即君主如果守道不徹底,就會招致禍亂,反襯守道之重要。《經法·名理》言:"重逆①□□,守道是行,國危有央(殃)。"②國內積重難返之際又發兵攻打外國,即使再守道,都有亡國的危險。因此不論何時都應該"處於度之内",堅持守道成法,才能和諧天下。

《十大經·正亂》是《黄帝四經》討論"王術"尤其是戰爭的文章,黄老道認爲"治國以正、用兵以奇",但反對不義之戰,反對陰謀,主張"寢兵""銷兵",這一點與老子之術似相契合。但是比老子走得更遠的是,《黄帝四經》不廢仁義,提倡隆禮重法,這一點與老莊之南方道家截然不同,當然也體現了戰國中後期稷下黄老道"合天下"的旨趣。本篇主要是黄帝與其大臣力牧及太山之稽③討論戰爭尤其是攻打蚩尤的經驗總結。黄帝最後總結發言:"謹守吾正名,毋失吾恒刑,以視(示)後人。"④這裏守名即是守道。名是《黄帝四經》概念體系中僅次於"道""一"的範疇,是道體向道用過渡的中介之一,是聖人立法的依據,所以黄帝才説"守吾正名,毋失恒刑",守名在先,恒刑(法)在後。

《十大經·行守》雖無明文"守道"字眼,但從其文章的主旨看就是探討守道問題的。《行守》認爲治國、爲人都不應"刑於雄節",而應守雌節,講信用,"言之壹,行之壹"。即爲國之謀、爲人之守最終應落腳於道,這個道無形無名,是天地之母,無時無刻不在創生運化萬物。因此行守就是守道。

《道原》是專門論述道體與道用的,前半部分論道體,後半部分論道用,强調統治者要"察無形,聽無聲",定名形,"授之以其名,而萬物自定"。最後總結道:"抱道執度,天下可一。"⑤《道原》是比較集中地論述道體的篇章,其他篇章只是把道體夾雜在行文中,缺乏系統的專門論述。作者欲以《道原》對整個《黄帝四經》作總結,所以後半部分不忘道用的論述,道體與道用合一,這正是《黄帝四經》的主旨所在,概之曰"守道成法"。

三、得道以審分定名

道、一、二、名、法是黄老道家獨具特色的範疇,道———二—名—法是其獨具特色的邏輯

---

① 這裏的"重逆"是指内憂外患,《周書·謚法》稱這種狀態爲"荒"。
② 陳鼓應《〈黄帝四經〉今注今譯——馬王堆漢墓出土帛書》,第192頁。
③ 在此要説明一點,即陳鼓應先生認爲太山之稽就是黄帝,此説應該是不確切的,理由是《淮南子·覽冥訓》言:"昔者黄帝治天下,而力牧、太山稽輔之。"高誘注:"力牧、太山稽,黄帝師。"高誘説太山之稽是黄帝師,結合《黄帝四經》他們之間説話的語氣看,太山之稽要麽是黄帝老師,要麽是軍師,反正年齡比黄帝大、智慧比黄帝高是無疑的。
④ 陳鼓應《〈黄帝四經〉今注今譯——馬王堆漢墓出土帛書》,第261頁。
⑤ 同上,第406、409、409頁。

鏈條,當然戰國、秦漢之際的儒家(如荀子、董子等)受這種邏輯影響頗深,其於中國封建主流統治模式——"隆禮重法"的形成有參驗合力之功。除了儒家,戰國、秦漢之際的法家和名家受黃老道家影響也頗大,如申不害、慎到、韓非子、鄒衍等,以至於司馬談在《論六家要指》中介紹這些人時常以"其本歸於黃老"作總結。在道——一——二——名——法的邏輯鏈條中,道為宗,一、二、名、法為繼嗣,把道的精神意涵像血液一樣傳遞給下位階的範疇,因而也是一個實用性逐漸遞增的過程。以上分析了道、一這兩個範疇,接下來看"名"。

從題目"得道以審分定名"看,有幾個問題需說明:第一,名比分重要,理由是:① 從《黃帝四經》相關語境看,名的内涵與外延都要比分大;② 從《老子》開篇即言"名可名,非常名"看,名這個範疇的地位遠比"分"高;③ 從黄老道家的邏輯鏈條看,名與道、一、二、法的邏輯相關性更強;④ 一般情况下,名的内涵中的名分義涵括了"分"的意義,因此此節棄"分"而留"名",僅對名作細緻地梳理。第二,名是道的演化之物,其存在的本質取決於道,"道正"或曰"守道"則有正名,不守道則有奇名甚至無名;名是道建立天地秩序規則的直接依據,是道生法的具體基礎。第三,道是法之宗,名是法之父,因此名在《黃帝四經》中非常重要。第四,名在黄老道家中的含義較多,要之有:道名、規律、本質、秩序、名稱、稱呼、稱號、稱謂、名分、名位、法度等。第五,這樣的意義定格,其源在《老子》,其流在《黄帝四經》《管子》《韓非子》等其他著作中,下面就相關問題分述之。

(一) 名之源泉:《老子》

名之重要,其源在《老子》。《老子》有"名"的篇章共計10章,除了第一章的"名"哲學意味較強外,其餘多表示稱謂、名稱等,哲學意味不強。《老子》開篇即言:"道可道,非常道。名可名,非常名。無名,天地之始;有名,萬物之母。"這句話共有5個"名",其中第一和第三個"名"意思是道,但又不完全是道,是道的衍生物,可稱之為"道名"。因為可以稱謂的名"非常名",也即不是像道那樣具有恒常意義的名,所以這兩個"名"的意思是道名。其餘三個"名"皆為稱謂之意,但在有無之間,意思又稍有差異。這裏的"無名"實指道,即道為無名的存在,是天地之始元。這裏的"有名",實指"一",是道化生萬物的開端,"一"是可認識的,所以是有名的。有名的"一",也是法度之原。總觀《老子》之"名",可明白以下幾點:首先,"名"在《老子》中雖應用較多(泛見於10章),但相比於《黃帝四經》,其哲學意味不強、內涵不多、外延不大,可見《黃帝四經》宗於老子,以敏感的思想嗅覺捕捉到了《老子》"名"之精義,並發展之。第二,作為以"道術將為天下合"為己任的《黃帝四經》對《老子》"名"作了充分發展,豐富了其內涵,拓展了其外延,但主要在法度,包括法度的内涵、外延、建構、執行等意義。這其實是《黃帝四經》"道生法""案法而治"内在邏輯的應有之義。

(二)《黃帝四經》對老子之名的發展

"名"在《黃帝四經》中合計出現15次,這給我們傳遞了一個重要信息:"名"在《黃帝四經》

乃至黄老道家中很重要。《黄帝四經》的《經法》計9篇,《十大經》15篇,《稱》和《道原》獨立成篇,合計26篇,在26篇中有15篇言及"名",這遠遠高於《老子》的10∶81的比率,而且更重要的是,《黄帝四經》還有專門論述"名"的《經法·名理》,可見"名"在《黄帝四經》中的重要性。"名"在《黄帝四經》中這樣頻繁出現,其用意何在? 愚以爲其最大的目的是爲"道生法"找到一條切實可行的邏輯路徑,以此契合其"道生法""案法而治"的寫作宗旨。

《經法·道法》主要講的是道生法的問題,但是作者兩次提到名形問題,分别是第三自然段和倒數第二自然段。倒數第二自然段是對第三自然段的重複和强調。第三自然段的名形是作者在對道進行了一番描述後自然過渡而來的,即道雖虛無縹緲,但"虛無有,秋稿(毫)成之,必有刑(形)名",即只要我們心在虛無有的狀態,那麽就可洞察秋毫,明白事物的形名及其關係。接着作者説明了刑(形)名的意義:"刑(形)名立,則黑白之分已。……刑(形)名已立,聲號已建,則無所逃迹匿正矣。"①這裏名指名稱、名號、概念,形即事物的形狀、外貌、形體,形名即事物的形態與概念,也可理解爲名實。道在創生萬物之後,人類應該要對這些事物進行認知,給它們分門别類,爲了不混淆,所以有必要給不同的事物取不同的名字,標準即是名實相符。所以這個"名"是内涵和外延非常廣泛的概念,因爲它與事物是對等的關係。以此觀之,"名"比"法"要高一個位階,要抽象些,"法"懲罰已犯,名理重在預防,與禮相類。但是作爲道的演化者,"名"具有理和秩序之意,所謂"循名究理",是法制定和執行的依據。本段所説的聲號即爲法度,是顯明的"名",追其源爲道。所以本段的邏輯是只要心虛無有,歸於道,那麽就可以洞察道所創生的世界之奧妙,依形立名,依名立法,則天下萬物無所逃匿道,則天下是非分明,黑白有度,自然和諧了。最後作者强調説:"名(刑)形已定,物自爲正。"②如此則統治者可收無爲而治之效了。

《經法·論》中提及"名"者有4處。主要有兩層意思:第一層是法度之名;第二層是把"名"作了正名、奇名、無名的劃分。從第二種意思看,"名"有正名,即天定的順道之名;有奇名和亂名,即人定的亂道之名。奇名是中性詞,褒貶視其語境而定,例如本篇曰"倚(奇)名,法而亂",認爲奇名會導致法度之紊亂。但是在戰爭中未必爲壞事,老子便主張"以正治國,以奇用兵",《孫子兵法》也認爲"兵無常勢,水無常形",主張"出奇制勝"。可見在和平的守成社會,要用正名,在戰爭中要用奇名。《黄帝四經》將"名"作了三種劃分,顯然是拓展了"名"的内涵和外延,是對老子之名的發展。《經法·論》曰:"七法各當其名,胃(謂)之物。"七法即明以正、順正、信、適、必、極而反、有常,這七種法應當與其名稱、本質相符合,才能算是達到了事物的本然狀態,意即順道。這裏所言"名"爲天然名,即道名、正名。接着作者提出審"三名"的問題:"審三名,……達於名實(相)應,盡知請(情)僞而不惑,然後帝王之道成。"如果大家都"循名復一"走正道就没有壞人壞事了,但是人是自主和自我的動物,所以難免會出現偏離道的情况,

---

① 陳鼓應《〈黄帝四經〉今注今譯——馬王堆漢墓出土帛書》,第10頁。
② 同上,第25頁。

看來三名的劃分實出無奈。所以帝王要對人的言行進行觀察,哪些是符合名的、哪些不符合,然後獎賞正名者、懲罰和禁止無名及非戰爭的奇名,如此社會才會日趨向好,霸業指日可待。接着作者對"三名"進行了描述:"三名:一曰正名,立而偃(安);二曰倚(奇)名,法而亂;三曰強主威(滅)而無名。三名察則事有應矣。"正名則國安,奇名則法亂,無名則強主滅。勸導人們要分清"三名",多用正名,戰用奇名,不用無名。最後作者總結道:"名實相應則定,名實不相應則静(争)。勿(物)自正也,名自命也,事自定也。三名察則盡知請(情)偽而[不]惑矣。"①此點出了作者的寫作目的,就是要統治者"名實相應",以取"物自正、名自命、事自定"的無爲而治之功,大大降低統治成本。

《經法・論約》有兩個地方提到"名",第一個地方曰:"功不及天,退而無名。功合於天,名乃大成。……逆則死,失□□名。"這裏有三個"名",前兩個當作名聲、建樹解,最後的"名"可作正名或名聲解。第二個地方曰:"故執道者之觀於天下也,必審觀事之所始起,審其刑(形)名。刑(形)名已定……之謂有道。"②此處之"名"作本質、名稱解。《論約》之"名"是對《論》之"名"的補充,没有新的意義突破。

《經法・名理》是《黄帝四經・經法》的末篇,唯一以"名"爲篇名,但"名"僅在一處出現,提出了一個新概念:循名究理。循名究理是其論證的主題,所以《名理》的篇名當作"循名究理"解較爲貼切。《經法・名理》曰:"天下有事,必審其名。名□□循名廄(究)理之所之,……是非有分,以法斷之。虚静謹聽,以法爲符。"③天下之事,必有其名,循名究理以定法,是非紛争以法斷之,虚静謹聽能入道境,法度是道境之顯像。此段話最大的特點是道出了道、名、法的邏輯關係,循名究理的目的是爲了法治。此篇與首篇《道法》首尾呼應,形成一個完整的邏輯鏈條:首篇提出"道生法""案(按)法而治"的主題,經過一系列的邏輯論證,尾篇點出了道生法的邏輯,强調了"是非有分、以法斷之"的法治主旨。以此看來,邏輯這樣緊密,風格如此相似,可以推斷至少《經法》的九篇係出自一人之手。

下面看看《十大經》15 篇中的"名"。《十大經》大多是黄帝與其大臣(軍師)的對話,是黄帝踐行道法的經驗之談。15 篇占了總篇幅 26 篇的一半多,彰顯了《黄帝四經》黄學④的實用特色。當初班固將此書取名《黄帝四經》,其主要依據可能在此。如果説《黄帝四經》是黄老之學的代表作,那麽《經法》《十大經》是黄學集中部分,《稱》《道原》是老學集中部分,合之爲黄老之學,隆禮重法,重仁尚義,崇道法,尚功用,是典型的南北文化合流的產物。《十大經》以黄學爲

---

① 陳鼓應《〈黄帝四經〉今注今譯——馬王堆漢墓出土帛書》,第 130～142 頁。
② 同上,第 169～173 頁。
③ 同上,第 187 頁。
④ 戰國初年,田齊代替姜齊後祀崇黄帝爲祖,以與姜齊祖炎帝區别開來,所以齊國出現了一系列以黄帝命名的學術著作,尤其稷下學宫存續的 150 年間更是如此。這就是黄學,重法强兵,崇仁尚義,與老子道合流,遂成黄老道,隆禮重法,重功用,崇道名,與南方的老莊原始道有一定的區别。

主,因此理論色彩稍遜於其他三部,但是在交談的言語間也流露出道法的邏輯張力。"名"的字眼有出現,但很少有大段的相關論述,多爲一句帶過。這種結構布局可能與談話體的文風邏輯有關,語言的靈活性和互動性讓深入某個概念或理論不太可能。

《十大經·立命》曰:"吾(黄帝)受命於天,定立(位)於地,成名於人。"① 從語境和語言邏輯結構看,此處之"名"應爲名位、名望的意思,即我黄帝最終征服了百姓,獲得了帝王的名位。這裏的"名",與道相去甚遠。《十大經·觀》中"名"出現了兩次,都未作深入論證。第一個"名"是力黑要布制建極,以改變"静作無時,先後無名"的混亂狀態。第二個"名"上接自然秩序下續人倫日常,與法度相關,彰顯了《黄帝四經》道生法之邏輯。《十大經·觀》曰:"其時贏(盈)而事紲(縮),陰節復次,地尤(氘)復收。正名修刑,執(蟄)蟲不出。"② 贏指春夏,爲生發,當賞,紲指秋冬,爲收藏,當刑殺,此乃順天時。意指春夏之際,陽氣勃發不應行肅殺嚴苛之政,否則陰氣就會乘機搗亂,陽氣得不到升華,如果違背天時布德施賞決獄刑罰,蟄蟲將春眠……以此觀之,名法是建立在順應天時的基礎上的,而天時是順應道的,所以名法應遵道而行,否則將適得其反,塗亂天下。《十大經·果童》中"名"只出現一處二次,黄帝曰:"地俗(育)德以静,而天正名以作。……兩若有名,相與則成。"③ 這兩個"名"都可作名分、秩序解,意即地以静養德,天以動正名……天地陰陽若都按規矩運行、相互配合則萬物生、萬事成。此篇之"名"與《觀》相似,都是把"名"作爲道法的過渡來論證。《十大經·正亂》中提到"名"者有三次,其中第二次是説戰勝蚩尤後,割下其頭髮裝飾旗杆並高高懸掛,"名曰之(蚩)尤之胥(旌)",此處"名"顯然是"稱"的意思,第一、第三個"名"則是名位、秩序之意。值得一提的是第三個"名",黄帝曰:"謹守吾正名,毋失吾恒刑。"④"名"和"刑"連用且"名"在前,這種句式在《黄帝四經》中多次出現,説明"名"是"刑"的基礎,其内涵外延皆大於"刑",其意義之張力要遠勝法,也可以説,"名"是法制定和執行的原理和基礎,是其自然法淵源。

《十大經·姓争》説:"居則有法,動作循名,其事若易成。"⑤ 這是《姓争》中唯一提及"名"的地方,其意當爲名分、規則。這裏將"法"與"名"連用,但是一反其常,將"法"放在"名"前面。乍看好像使"法"的意義位階高於"名",實際此處的邏輯是遞進關係,是綜合法而非演繹法,因爲顯然動作比静居要複雜得多,因此需循名,僅有法尚不足以成事。這兩句話的含義很微妙,稍不留心就會産生錯覺或誤解。

《十大經·成法》中雖只三次提及"名",但意義非凡,因爲作者在此篇中將"名"與道、法作了比較完整的邏輯論證,這在《黄帝四經》中是比較難見的。從邏輯上看,此篇是《經法·道

---

① 陳鼓應《〈黄帝四經〉今注今譯——馬王堆漢墓出土帛書》,第196頁。
② 同上,第223頁。
③ 同上,第241頁。
④ 同上,第258～261頁。
⑤ 同上,第269頁。

法》的邏輯解析,二者遥相呼應,共同述説着《黄帝四經》"道生法"的旨趣,形成比較完整的邏輯鏈條。這一點再一次成爲整部《黄帝四經》乃同一人所作的佐證。此篇對道生法的邏輯解析,主要是通過新概念——"循名復一"來進行的。《成法》是黄帝問其大臣是否有成法來治理天下的對話。力牧認爲成法即"循名復一"。他説:"吾聞天下成法,……循名復一,民無亂紀。"①從整篇文章的語境看,"成法"的意思是現成、先天之法,顯然是探討道法的原理與基礎或曰自然法淵源的,所以本文没有提及具體之法,其是中國古代少有的一篇法哲學論文。有自然法的追求和論證正是《黄帝四經》的可貴之處。自然法具有普遍性、永恒性,是能跨越時空的宇宙法則,是人定法的基礎。梅因在其《古代法》中對自然法進行了高度評價:"受法律和習慣統治的一切國家,部分是受其固有的特定法律支配,部分是受全人類共有的法律支配。……由自然理性指定給全人類的法律則稱爲'國際法',因爲所有的國家都采用它。"②在自然理性指導下所制定的法律具有普遍性,所以受到所有國家的尊重,成爲國際法的法哲學基礎。梅因認爲一個民族所制定的法律是"民事法律",是特定法律,只在一國之内遵行。我倒覺得,不管是一國之法還是國際法,甚至習慣法,都有共同的法理基礎,那就是自然法。難能可貴的是,在幾千年前的戰國時期,居然有專門論證法律原理的法哲學著作,表明先秦之際中國先祖的思維之發達、邏輯之嚴密、理性之高超都是值得我們學習的。尤其《成法》篇,更是其精華。

《十大經·前道》中兩次提及"名"。第一次言:"天下名軒執□士於是虚。"軒,本義爲士大夫所乘車輛,引申爲士大夫;虚作聚集解,這都没有異議。名,陳鼓應先生作"大"解,我以爲值得商榷,軒在此是用其引申義,即士大夫,如果真如陳老師所説作"大"解,那麽名軒連用意爲大士大夫,這顯然不通順,我以爲作"著名"解更妥帖,那麽名軒即爲名士。再有,□裏缺字陳老師認爲應該是"國",理由是下文有"國士也"的用語,然而連用爲"執國士"不太通順,我認爲缺字爲"道"較妥,連用爲"執道士",執道士即執道者,這個稱謂《黄帝四經》多處使用,符合其用語習慣。因此這裏的"名"與道、法關聯不大。第二個"名"即:"□[名]正者治,名奇者亂。正名不奇,奇名不立。"③這裏的"名"意爲刑名,正名即正定刑名、名副其實。其涉及了名法問題,認爲正定刑名是天下治的前提條件。

《十大經·行守》目的是勸人守道。作者最後總結道:"無刑(形)無名,先天地生,至今未成。"④這句話是對全文的總結,也是對道的描述,此"名"當理解爲"名稱""名狀",無形無名,即道是無可名狀的,此句與《老子》"名可名,非常名"相呼應。

---

① 陳鼓應《〈黄帝四經〉今注今譯——馬王堆漢墓出土帛書》,第286頁。
② [英]梅因《古代法》,商務印書館1996年版,第27頁。
③ 陳鼓應《〈黄帝四經〉今注今譯——馬王堆漢墓出土帛書》,第314頁。
④ 同上,第323頁。

《十大經·名刑》提及"名"者僅一處,即"欲知得失請(情),必審名察刑(形)"①。這裏提出了個新概念——審名察刑(形),是"名"邏輯走向的下滑綫,上滑綫爲"循名復一",通道境,下滑綫通萬事萬物,即刑(形),力求上要"循名復一",下要"名副其實"。當然法度屬於刑(形)中的一種形態。"名"在此與法度相連了。

《稱》爲《黄帝四經》的第三篇,没有分章,獨立成文。主要論證的是陰陽、動静、正奇、内外等矛盾雙方對立轉化中的平衡。全文爲格言集萃,缺乏整體的連貫邏輯,但所選之言,皆屬黄老無疑。此篇"名"字在兩處出現。第一處:"建以其刑(形),名以其名。"②即依據其形體而用之,依據其名稱而稱之。第一個"名"爲動詞,即稱謂,第二個"名"爲名詞,即名稱。此處與道、法相關性不大。第二處"名"言:"帝者臣,名臣,其實師也。王者臣,名臣,其實友也。"③此處論述五種臣名義與實質的差別。如帝者臣,名義上爲臣,實質是帝之導師。這裏的"名"顯然作"名義"解,與道、法關聯不大。

《道原》是《黄帝四經》的收官之作,其中"名"字出現了兩次。第一次曰:"人皆以之,莫知其名。"④這裏"名"爲其本意——名稱。第二個"名"意義稍微複雜些。《道原》曰:"授之以其名,而萬物自定。"⑤根據事物各自的名稱而給予正確的界定,使各歸其位,則萬物自定。這裏的"名"我以爲不僅僅是名稱,而且有名分的含義⑥。

值得一提的是作爲黄老學派最早最完整的法哲學著作,其重"名"思想對《管子》《尸子》《尹文子》《韓非子》⑦等黄老其他著作產生了較大影響。在維繫黄老學體系中,"名"這個範疇無疑是非常重要的。作爲法哲學專著,《黄帝四經》論述"名"主要是銜接人類社會的法度,而以上所說的其他著作未必都能實踐如此的邏輯圓融。

綜上所述,《黄帝四經》中的"名"是其法哲學邏輯體系中的一個非常重要的概念,它上承道、一、二,下啓法,是作者精心建構的一個法哲學範疇。應該說"名"和其上位的道、一、二構成了人定法度的自然法基礎,爲良法的創生與執行提供了强有力的道義支援,這種嚴謹的邏輯思維是《黄帝四經》的特出之處,是其能擔當"道術將爲天下合"歷史大任的智識基礎,也是其與商鞅、吳起等純法家的區别之所在。

---

① 陳鼓應《〈黄帝四經〉今注今譯——馬王堆漢墓出土帛書》,第336頁。

② 同上,第345頁。

③ 同上,第352~353頁。

④ 同上,第399頁。

⑤ 同上,第409頁。

⑥ 谷斌、張慧姝、鄭開所注《黄帝四經注譯·道德經注譯》認爲此處之"名"爲名稱之意,我以爲這種含義只是此處"名"之意義的一半,除了名稱,還有名分、等級秩序的含義,這樣才足以在邏輯上與下句"而萬物自定"銜接,因爲僅僅作"名稱"意缺乏萬物自定的驅動力。參見谷斌、張慧姝、鄭開《黄帝四經注譯·道德經注譯》,中國社會科學出版社2004年第2版,第89頁。

⑦ 見《管子·七臣七主》《尸子·發蒙》《尹文子·大道上》及《韓非子·主道》《揚權》《詭使》等篇。

四、審分定名以萬民不爭

　　審分與定名雖然具有先後的邏輯差異，但是兩者的意義很接近。從某種程度而言，審分即定名，定名即審分。因爲審分的過程和結果必須以不同的名來進行界定，而定名的過程和結果本身就是分判的過程。

　　標題"審分定名以萬民不爭"可以"定分止爭"概括。"定分止爭"首出《管子·七臣七主》。各家之言，其旨必在止爭，但路數有別。法家以法分止爭，儒家以禮分止爭，原始道家以道合止爭，墨家以博愛止爭，兵家以兵戰權謀止爭，名家以名分止爭，黃老道兼提名分和法分止爭。與《老子》一樣，《黃帝四經》鮮提"分"，通覽全書，提及"分"者僅2處。這是因爲"分"與"名"意義相當，所以多以"名"字代替"分"字，以定名止爭代替定分止爭。應該注意的是，從語言學角度看，"分"字的抽象性比名字低，在意義指涉上要比"名"清晰，所以也可把"分"看成是"名"的具化過渡關口，此關係頗類道與一的關係。道即一，但一的指涉更具體，二者能指一樣但所指有一定差別。正因爲此，所以《管子》提出了定分止爭的範疇，是對《黃帝四經》"定名止分"的繼承和發展，以此將道法逐漸明朗化，形成一條"道——一—二—名—分—法"的清晰的邏輯鏈條。下面看看《黃帝四經》止爭的路數。

　　前面我們對"名"已經進行了詳盡的析述，此部分將"名"與"分"、止爭聯繫起來，深入挖掘"名"在《黃帝四經》中的意義，也只有與"分"、止爭聯繫起來，才能使"名"在《黃帝四經》中的意義變得圓融起來。正如以上所述，"名"是《黃帝四經》中非常重要的概念，原因在於它是道通達法的橋梁，沒有名，道要實踐它的法意，完成接地氣的化生之旅很難。所以"名"在《黃帝四經》中頻繁出現，26篇中15篇都涉及"名"。下面看《黃帝四經》是怎樣通過名分來止爭的。

　　從邏輯上看，不管其具體涵義如何，"名"本身內在地具有"分"的屬性。如公孫龍所言"白馬非馬""離堅白"，其依據即在白馬、馬、堅和白是不同的概念，即不同的"名"，分別代表不同的事物。因此每個"名"都代表某個或某類特定的事物，這些不同的事物及其名之間是有區別的，反之正是根據這些差別才判定事物的特性並給予其特定的名稱，這就是"分"。從大的方面看，有時"名"代表規律、規則、秩序，不同的規則就是"分"。因此從邏輯上看，名分止爭是貫通一氣的。這就是爲何《黃帝四經》大談特談"名"的原因，其目的在"分"，在法，在止爭。

　　雖說"名"內在地隱含"分"之意，但《黃帝四經》直接談名分者僅四篇，即《道法》《大分》《名理》和《道原》。《大分》是直接以"分"命名的專門談及"分"的，其餘三篇僅是提及。但是在《黃帝四經》有限的26篇中能有一篇專論"分"，說明它對"分"還是很重視的，或曰特意以此篇說明"分"的意義，綜述"名"之"分"之意。《經法·道法》曰："刑(形)名立，則黑白之分已……聲號已建,則無所逃迹匿正矣。"①前一句論證的是刑(形)名已定,是是非非就有明確的標準了。後一句説的更具體,即刑(形)名立,法制建,天下萬物皆按照刑名、法度運行,違背了刑名、法度就要遭到懲罰。這裏的物自爲正,當然包含了萬民不争。這裏面也藴含着無爲而治的意涵,當然這種無爲是建立在"執道者生法"的有爲基礎上的。

《經法·大分》,陳鼓應先生作"六分",作"大分"是李學勤和余明光先生的觀點。陳鼓應先生作"六分"解,恐是看文章裏有"六逆""六順"的論述。至於"分"字,陳鼓應先生作"分際、界綫"解,而谷斌、張慧姝、鄭開注釋爲"大義、要領",我以爲這些解釋都符合"分"的廣義,但具體意義則要視其語境而定。從全文的邏輯結構看,作者首先提出"六逆、六順",然後對這些現象進行哲理分析,宗旨是論證治國的方略。所以在文章的後部作者提出了"道",將思維的觸角深入到最高深的範疇。如此看來,要全面深入地理解"分"之義,得將其放在"道——一——二——名—分—法"這一黄老特有的邏輯體系中進行,從這個角度看,似乎題名定爲《大分》更貼切。《經法·大分》言:"六順六逆□存亡[興壞]之分也。主上者執大分以生殺,以賞[罰],以必伐。……王天下者之道,有天焉,有地焉,又[有]人焉。参[三]者参用之,□□而有天下矣。"②從此段行文看,作者完全是從道的整體邏輯來論證治道的,因此"分"也必須放在這個整體邏輯體系中進行理解。第一個"分"可理解爲"分際、界綫、大義、要領",第二個"分"外延更廣,除了包含了第一個"分"的意義外,還可理解爲"規則、法則、名分"等,總之是僅低於"名"的邏輯範疇,比"名"要具體但比法又抽象些,是統治者治理天下時應切實注意分辨的一些帶有原則性的問題。

"分"要達到的最終目的就是分清是非好壞、等級名分、職責分工,以便"是非有分,以法斷之"(《經法·名理》)。《經法·名理》就表達了這樣的觀點。從整體角度看,《經法·名理》還是對道作接地氣的解析,其中"道""名形""分""法""剛柔"等《黄帝四經》的基礎範疇都出現了,再一次彰顯了《黄帝四經》邏輯的嚴密性。整篇《名理》中,"分"僅出現一次,即"是非有分,以法斷之"。這裏的"分"是是非之分,與具體的人定法接近,是人定法遵循的準則,這好比是道派遣的使者,專門管理、引領人定法。

《道原》中的"分"也是在道法的整體邏輯系統中展開的,是道生法的一個重要環節。在對道進行一番描述後,作者言:"分之以其分,而萬民不争;授之以其名,而萬物自定。不爲治勸,不爲亂解(懈)。"③第一個"分"爲動詞,意爲使之分明,第二個"分"爲名詞,意爲名分、職

---

① 陳鼓應《〈黄帝四經〉今注今譯——馬王堆漢墓出土帛書》,第10頁。
② 同上,第86~87頁。
③ 此段話可與《尸子·發蒙》《尹文子·大道上》等篇相關表述比對,可見後二者相關文句和文意顯然引述了《道原》。《尸子·發蒙》曰:"若夫名分,聖人之所審也……審名分,群臣莫敢不盡力竭智矣。天下之可治,分成也;是非之可辯,名定也。"《尹文子·大道上》言:"名定則物不競,分明則私不行。"參見陳鼓應《〈黄帝四經〉今注今譯——馬王堆漢墓出土帛書》,第409頁。

分、分界①,只要以名分、分界將萬物分判清楚,則萬物自定,萬民不爭。下一句的"授之以其名,而萬物自定",與第一句是雙關語,兩句文義互見,所以第一句也包含了"萬物自定"的意思。第三句是總結,即只要授之以名、分之以分,則萬物自定、萬民不爭,人們不會只在國家安定時努力謹守本分,在國家混亂時也不會懈怠,這就臻於無爲而治之境了;《黃帝四經》所要探討的就是道法的這種最高的治理境界。這裏的無爲不是絕對的無爲,而是相對的,包含着必然的有爲成分,比如"執道者生法""抱道執度""案法而治"、國人對道法的遵守等等。因此道法存乎有無之間。

綜上所述,不管儒家、法家還是黃老家,都有審分定名的表述,其目的皆在"止爭"。但不同的是正如以上所述,儒、法審分定名的邏輯性、深刻性、體系性、哲理性都不如《黃帝四經》。在止爭方面,《黃帝四經》的止爭已臻於無爲之境,存乎有無之間,既有高大上的理論,又不乏接地氣的法度,充分彰顯了其自然法的根蒂,爲有根之法,因此更具有生命力、説服力。

五、無爲而治:法之迥(洞)同太虚的妙用

《黃帝四經》道法之無爲妙用當然是延續老子無爲而治的範疇。所以先從老子處挖掘無爲之根。

無爲是老子創生的範疇,與有爲是對立,且具有辯證一體性,是老子思想體系中非常重要的概念。作爲"君人南面之術"的《老子》,其"南面之術"的核心即"無爲",無爲是道的本質,也是道運化天下的方式。老子運用其高超的哲學智慧將一個普通詞彙——無——賦予了迥(洞)同太虚的本質和智慧,成爲中華民族和合文化辯證的化身,其智不可謂不高,其功不可謂不大。

《老子》八十一章中,有"無"字出現者計35章,可見"無"在老子心目中的地位。概之這35處"無"字意義主要有三:第一,爲無的本意,與"没有"同;第二,爲道的代名詞或描述;第三,無爲而治。作無爲而治解者多以"無爲"字眼出現,有的雖無"無爲"字眼,但意義與無爲同。以上三種意義,第三種與本節主題相切,特分解如下。

老子對無爲十分重視,對其進行了多方解説,其認爲無爲的本質是道的存在和運化萬物的方式,最終上升到自然。老子創生無爲的理論,目的是展開其"君人南面之術",奉勸世人尤其統治者要尊重事物的發展規律,順其自然,不妄爲,尤其對於社會人世的治理更是要遵循無爲之道,"以無事取天下",才能收無不爲之功。《黃帝四經》正是接續了老子無爲之意進行政治言説的。

作爲黃老學最早最完整的經典著作和稷下學宫最完整最深刻的法哲學著作,《黃帝四經》

---

① 名分、職分主要用於人,分界主要用於事物。

以黃帝、老子爲宗,這一點以其整部著作的結構佈局爲證,即其整部著作中充滿了老子和黃帝思想觀點的交織,其中黃帝思想主要集中在《十大經》的15篇中,當然這15篇處處也充斥着老子的道意,老子思想在《經法》9篇、《稱》《道原》中比較集中。當然《黃帝四經》提出"道法"的主旨思想,與黃帝及齊文化重兵戰有一定關係,可以説《黃帝四經》思想是以黃帝、老子、齊法家爲主的整個戰國文化的綜合,其胸懷與氣魄體現了"道術將爲天下合"的精神。因爲黃帝太久遠,其思想難考,所以在理論基礎方面《黃帝四經》以老子爲宗是自然的事,這就是爲何在專論黃帝思想的《十大經》15篇中充斥着老子思想的原因。而重事功的齊文化内在要求《黃帝四經》在吸取老子智慧時應重在應用,所以《黃帝四經》創生了"道法"理論,着重論述道生法的邏輯及其功用,因此無爲而治便赫然於《黃帝四經》的邏輯鏈條中。

如果説《老子》的無爲太抽象太理想化,那麼《黃帝四經》對其作了具體化的發揮,即將無爲運用於"道生法"的邏輯鏈條中,對具體法度的生成及應用從無爲角度作了比較系統的論述。如果説《老子》之旨在"無爲而治",那麼《黃帝四經》之旨在"道法之治",從這個立場看,無爲而治僅是論證和升華"道法之治"的工具。所以整部《黃帝四經》有無爲而治之意者6篇①,其中直接涉及無爲者僅3篇。文墨雖少,但並不代表無爲不重要,其集中體現了"道法"之道的精神内涵,是解析《黃帝四經》"道法"無爲之妙用的鑰匙。

《經法·道法》言:"刑(形)名立,則黑白之分已。故執道者之觀於天下也,無執也,無處也,無爲也,無私也。"②從此段可看出《黃帝四經》的一個特點,即論證無爲時多與刑(形)名之論夾雜在一起,這説明其重心在形名,因爲形名與人定法關聯緊密,因此在提到形名聲號的功用時才提及無爲,認爲只要"循名復一""名符其實"、行無爲之道,則"無不自爲刑(形)名聲號",收無爲而無不爲之功效。

《經法·論》没有直接提及無爲,也是在論述刑(形)名時闡述了關於無爲而治的理論。《論》曰:"名實相應則定,名實不相應則静(争)。勿(物)自正也,名自命也,事自定也。"③《論》的作者認爲只要名實相應則物自正、事自定,可收無爲而無不爲之效。在此"物自正""事自定"即物事順應了道,無需人爲的作爲,否則反而會擾亂事物的正常運行和發展。所以無爲的前提是一切人、物、事都回歸道,回到自然本身,即如胡塞爾所言的"回到事物本身"。

《十大經·五正》也無直接提及無爲者,但無爲之意可從其中推斷出來。例如黃帝在與蚩尤决一雌雄之前在博望山上"談(恬)卧三年以自求",修煉内功,將治理之事交給大臣,以無爲治理天下,結果終於戰勝蚩尤,統一天下。這是作者用實例説明無爲而治的功效。《十大經》最後一篇《名刑》言:"刑(形)恒自定,是我俞(愈)静。事恒自施,是我無爲。"④此處論證無爲的

---

① 即《道法》《論》《五正》《名形》《稱》《道原》。
② 陳鼓應《〈黃帝四經〉今注今譯——馬王堆漢墓出土帛書》,第10頁。
③ 同上,第141頁。
④ 同上,第336頁。

邏輯與以上各篇同,是在刑(形)名自定基礎上確定事恒自施,然後提出無爲之功效。《稱》也沒有直接提及無爲,但能從其文意中推斷出來。例如"天有明不憂民之晦也。(百)姓辟其戶牖而各取其昭焉。天無事焉"①。此段話是借天之明比喻道無爲之功,道創生萬物後,將道的精神灌注其中,成爲事物之本質,讓事物按其本質自行運行,道無事了,這個無事就是無爲。

《道原》是《黃帝四經》的最後一篇,也是提及無爲思想的最後一篇。作者把《道原》放在最後,無疑是以之作爲整部《黃帝四經》的總結②。因爲是總結,所以本篇幾乎囊括了整部《黃帝四經》所有重要的範疇,如道、太虛、一、陰陽、刑(形)名、無爲、稽、極、分、抱道執度(法)等,《黃帝四經》所言之要即是由這些重要的範疇構成的邏輯體系。作爲總結之篇,相較於其他各篇,本篇無爲思想更具有體系性和邏輯性。《道原》曰:"一者其號也,虛其舍也,無爲其素也,和其用也……分之以其分,而萬民不争。授之以其名,而萬物自定……抱道執度,天下可一也。"③第一句中的四個分句都是從不同角度對道描述和界定,第四句道出了其和用之功。和即和諧,包括自然内部、社會内部及自然和社會之間的和諧。爲何道能實現這些和諧? 是因爲道清虛守静、無爲無欲,定名刑(形)、建聲號,以道創生萬物,創生後又使事物回到自身,回歸自然,所以萬物自定,天下和諧。值得一提的是此章還是將無爲而治放在道、刑(形)名、名分的整體邏輯中探討,沿襲了其一貫重邏輯的文習。最後作者總結道"抱道執度,天下可一",度即法,所以又可表述爲"抱道執法,天下可一",這句話既點出了《道原》的主題,又是整部《黃帝四經》的思想總結,與首篇《道法》的"道生法。法者……[故]能自引以繩,然後見知天下而不惑矣"④之言遥相呼應,形成一個完整的邏輯鏈條。

結　　語

自 1973 年長沙馬王堆漢墓帛書出土以來,《黃帝四經》備受關注,其爲黃老學之經典也漸爲學界肯定。在"道術將爲天下合"⑤的歷史背景下,《黃帝四經》"援道言法""因陰陽之大順,采儒、墨之善,攝名、法之要",凝塑成獨具特色的"隆禮重法"治道精神,"是理性和智慧的化身,爲中國'隆禮重法'的治道模式的形成奠定了基礎"⑥。通過道、一、二、名、分、法等範疇,《黃帝四經》"推天道以明人事",證成自己"無爲而治"之功,形成一套具有嚴密理路邏輯的法

---

① 陳鼓應《〈黃帝四經〉今注今譯——馬王堆漢墓出土帛書》,第 381 頁。《淮南子·詮言訓》引述了這段話。
② 由此再一次證明整部《黃帝四經》具有邏輯連貫性,係出自同一作者之手的可能性很大。
③ 陳鼓應《〈黃帝四經〉今注今譯——馬王堆漢墓出土帛書》,第 402~409 頁。
④ 同上,第 1 頁。
⑤ 向達《〈黃帝四經〉"法主德輔"的治道精神及其意義》,《南昌大學學報(人文社會科學版)》,2017 年第 5 期。
⑥ 向達《〈黃帝四經〉的"案(按)法而治"三題》,《理論導刊》,2016 年第 6 期。

度體系。《黄帝四經》"隆禮重法"的道法之治對六國時齊國及漢初的政治實踐具有直接影響，在理論方面對荀子、陸賈、賈誼、韓嬰、董仲舒等儒家產生了重大影響，尤其荀子、董子的"隆禮重法"思想的基本框架即建基於《黄帝四經》，不過他們傾向於"德主法輔"而已。漢武帝"罷黜百家，獨尊儒術"後，黄老道法之治逐漸退出歷史舞臺，爲儒家的"德主法輔"所替代。《黄帝四經》"隆禮重法""法主德輔"的法治思想"適合現當代中國社會，應對其歷史和現代價值進行應有的肯定"①。筆者水準有限，相關研究難免不足，不求文章千古，但祈抛磚引玉。

[**作者簡介**] 向達(1976—　)，男，湖南保靖人。北京航空航天大學博士，現爲陝西理工大學副教授、碩士生導師，陝西省法律文化研究會常務理事，漢中市民商法研究會副主任委員。近年來主要研究黄老學的法思想，以及法理學、法史學。著有《〈黄帝四經〉法思想探析》《中國法律思想史》《在理性與非理性之間——中國法律現代化之文化解讀》《主體現象學——主體的自由之旅》等，發表學術論文60餘篇。

---

① 向達《〈黄帝四經〉的"案(按)法而治"三題》，《理論導刊》，2016年第6期。

"形名""刑名"之辨

——兼論先秦名家的若干問題

王海成

内容提要 從近年出土的簡帛文獻來看，先秦至東漢中期以前只有"刑（荆）"字而無"形"字，"形"字晚出。今人所謂"形名"與"刑名"的關係問題是一個僞問題，因爲今人所説的"形名"在先秦皆作"刑名（荆名）"。"刑名"由"刑""名"兩個意義相近的單音節詞組合而成，二者皆有法律、規範之意。名家以"刑名學"爲研究對象，而"刑名學"本質上是一種研究法律制定、應用的原理和規則的政治哲學。今人所謂研究語言、邏輯問題的"形名學"是"刑名學"的衍生品，是爲其服務的工具性學問。

關鍵詞 形名　刑名　名家

中圖分類號 B2

班固《漢書·藝文志》著録名家七人，著作三十六篇。但漢代以後，名家著作亡佚甚多。西晉魯勝《墨辯注叙》云：

> 自鄧析至秦時，名家者世有篇籍，率頗難知，後學莫復傳習。至於今五百歲，遂亡絶。《墨辯》有上下《經》，《經》各有《説》，凡四篇，與其書衆篇連第，故獨存。今引説就經，各附其章，疑者闕之。又采諸衆雜集爲《刑名》二篇，略解指歸，以俟君子。

一千七百多年後的今天，名家著作之亡佚更甚至於西晉，魯勝所集之《刑名》二篇亦早已不存。故今人於名家之源流、"刑名學"之内容衆説紛紜，莫衷一是。近百年來部分早佚的先秦及秦漢文獻重見天日，使今人得窺前人之所未窺。近年來，研究者以之爲基礎，結合傳世文獻，對名家和刑名學提出了一些新的認識。在此基礎上，我們對"形名"和"刑名"的關係進行了進一步的考辨，並試圖對與先秦名家有關的若干問題作一些探討。

一、"形名"即"刑名"

司馬遷在論及申不害的思想淵源時説:"申子之學本於黄老而主刑名。"其論韓非則曰:"韓非者,韓之諸公子也。喜刑名法術之學,而歸本於黄老。"(《史記·老子韓非列傳》)傳統上,研究者認爲這裏的"刑名"即"形名",二者没有區别。如汪榮寶曰:

> "刑"讀爲"形",古字通用。申子之書,今無可考。韓非多以形名或刑名並言。如《主道》云:"有言者自爲名,有事者自爲形,形名參同,君乃無事焉。"又云:"同合刑名,審驗法式,擅爲者誅,國乃無賊。"《揚權》云:"上以名舉之。不知其名,復脩其形。形名參同,用其所生。二者誠信,下乃貢情。"明"刑名"即"形名"也。①

譚戒甫於《公孫龍子·迹府》中"公孫龍者,平原君之客也,好刑名"一語下注曰:"刑與形通用。"②汪奠基認爲:"形名即刑名,而刑名又連及法術。"③

但也有研究者認爲,二者不能通用而是各有所指。伍非百認爲先秦形名之學衍而爲六派,而這六派,"大别之,歸於'政治''語言',而總其極於'形名'"④。伍氏又曰:"後世稱爲'刑名'的,實即'形名學'之末流,不過'刑名'二字内涵比'形名'更窄了。"⑤鄭開認爲"刑名"主要在政治語境中討論相關問題,"形名"則更爲抽象,更具有哲學意味,後者是前者的發展⑥。祝捷則更詳細地分析了二者的區别:

> 對於"形名"與"刑名",我們應當確立如下觀念:1."形名"之學與"刑名"之學的用語絶不僅僅是"形"與"刑"之間的通假字關係,兩者都有明確的學術指向;2."形名"家主要指先秦的名家學者如惠施、公孫龍等,他們關注於純粹邏輯學理論而較少現實思考;3.漢代學者始稱的"刑名"家主要指注重名學推理的法家學者;4."形名"邏輯理路爲各家學派所吸收,即使道家學者反對"形名"也不得不條分縷析地探討"形""名"之謬;5.注重"刑名"名學推理的法家學者必得吸收"形名"學者的"形""名"

---

① 汪榮寶《法言義疏》,中華書局1987年版,第133頁。
② 譚戒甫《公孫龍子形名發微》,中華書局1963年版,第10頁。
③ 汪奠基《中國邏輯思想史》,上海人民出版社1979年版,第25頁。
④ 伍非百《中國古名家言》,四川大學出版社2009年版,第6頁。
⑤ 同上,第1頁。
⑥ 見鄭開《道家"名學"鈎沉》,載《哲學門》第六卷第一册,北京大學出版社2005年版。

思想,他們探討"形""名"但不是絕對意義上的"形名"學者。①

祝捷認爲"形名"與"刑名"並非簡單的通假關係。他進一步發展了伍非百、鄭開的觀點,指出形名家才是真正的先秦名家,而所謂刑名家實皆法家學者。相應地,形名學才是真正的先秦名學,即當代哲學學科劃分中所説的邏輯學,而刑名學實即部分法家學者在吸收了名學的"形名"思想後發展而成的法家思想。上述認爲"刑名"與"形名"各有所指的研究者普遍認爲"刑名"的出現晚於"形名"。我們的看法與之相反。

首先,以傳世文獻爲依據無法得出"形名"之出現早於"刑名"的結論。"刑名"和"形名"於今本先秦諸子書中皆有出現,例如:

> 凡治之極,下不能得。周合**刑名**,民乃守職。(《韓非子·揚權》)
> 以**刑名**收臣,以度量準下,此不可釋也。(《韓非子·難二》)
> 凡亂者,**刑名**不當也。(《吕氏春秋·正名》)
> 是故古之明大道者,先明天而道德次之,道德已明而仁義次之,仁義已明而分守次之,分守已明而**形名**次之,**形名**已明而因任次之,因任已明而原省次之,原省已明而是非次之,是非已明而賞罰次之。賞罰已明而愚知處宜,貴賤履位,仁賢不肖襲情。(《莊子·天道》)

莊子活動之年代雖早於韓非子及《吕氏春秋》之成書年代,但先秦諸子書經過兩千多年的傳寫、傳刻,今人已經很難弄清最初的文本中出現的究竟是"形名"還是"刑名"。例如諸多研究者都曾提到《戰國策·趙二·秦攻趙》中"夫形名之家,皆曰'白馬非馬'也"一語,但其中的"形名"一詞在元至正十五年(1355)刊本(即鮑本)《戰國策》和清代士禮居叢書本《戰國策》中皆作"刑名"②。可見,僅僅依據今本古籍,我們無法得出"刑名"相對於"形名"爲"後起",或"漢代學者始稱"的結論。

其次,根據近代以來出土的簡帛文獻及青銅器銘文,"刑"字較"形"字早出。迄今爲止出土的諸多先秦簡帛文獻及青銅器銘文中,雖未見"刑名"一詞,但"刑"字卻屢有出現:

> 朕沖人非敢不用明刑。
> 敷明刑。
> 迺弗肯用先王之明刑。(清華簡《皇門》)③

---

① 祝捷《論刑名之學》,《雲南師範大學學報(哲學社會科學版)》,2014年第6期。
② 此處記載,伍非百、祝捷皆有引用,作"形名之家"。《四部叢刊》影印元至正十五年刊本(即鮑本)此條記載在《秦策》。
③ 李學勤主編《清華大學藏戰國竹簡(壹)》,中西書局2010年版,第164頁。

中刑懲,贖台半鈞。(《子禾子釜》銘文)①
亦帥刑法則,公正德。(《司馬楙編鎛》銘文)②
唯人有司刑考,凡十又五夫。(《散氏盤》銘文)③

上面幾例中,散氏盤銘文之年代最早,爲西周晚期,可見至遲在西周晚期"刑"字就已經出現。然而我們遍查不同時期出土的先秦簡帛文獻及青銅器銘文,卻並未發現"形"字。馬王堆三號漢墓出土簡帛文獻多種,其中"刑"字屢有出現,也沒有"形"字。馬王堆三號墓下葬於漢文帝十二年,即公元前168年。比馬王堆三號漢墓時代稍晚的銀雀山漢墓中出土的竹簡文獻情況與之類似,也是"刑"字屢現,而沒有"形"字。除此以外,額濟納、武威等地所出漢簡皆有"刑"字而無"形"字④。長沙馬王堆三號漢墓出土的《黄帝四經》中不但有"刑"字出現,而且已經出現"刑名"一詞:

見知之道,唯虛無有。虛無有,秋毫成之,必有刑名;刑名立,則黑白之分已。……是故天下有事,無不自爲刑名聲號矣。刑名已立,聲號已建,則無所逃迹匿正矣。……正奇有位,而名(刑)弗去。凡事無小大,物自爲舍。逆順死生,物自爲名。名刑已定,物自爲正。(《經法·道法》)

故執道者之觀於天下也,必審觀事之所始起,審其刑名。刑名已定,逆順有位,死生有分,存亡興壞有處,然後參之於天地之恒道,乃定禍福死生存亡興壞之所在。(《經法·論約》)

刑名出聲,聲實調和。(《經法·名理》)

---

① 馬承源主編《商周青銅器銘文選》,文物出版社1990年版,第554頁。
② 山東省博物館編《山東金文集成》,齊魯書社2007年版,第104頁。
③ 馬承源主編《商周青銅器銘文選》,第298頁。
④ 除上面列出的出土文獻外,下述出土文獻中亦未見"形"字:《上海博物館藏戰國楚竹書》《包山楚簡》《郭店楚簡》《新蔡葛陵楚簡》《睡虎地秦簡》《侯馬盟書》。下列出土文獻之"文字編"亦未收"形"字:湯志彪《三晉文字編》,吉林大學博士學位論文;李守奎等《上海博物館藏戰國楚竹書——五》文字編,作家出版社2007年版;張守中《包山楚簡文字編》,文物出版社1996年版;張守中等《郭店楚簡文字編》,文物出版社2000年版;張守中等《睡虎地秦簡文字編》,文物出版社1994年版;陳松長等《馬王堆簡帛文字編》,文物出版社2001年版;張新俊、張勝波《新蔡葛陵楚簡文字編》,巴蜀書社2008年版;郭若愚《戰國楚簡文字編》,上海書畫出版社1994年版;滕壬生《楚系簡帛文字編》,湖北教育出版社2008年版;王夢鷗《漢簡文字類編》,臺北藝文印書館1974年版;山西省文物工作委員會編《侯馬盟書字表》,文物出版社1976年版;孫剛《齊文字編》,福建人民出版社2010年版;李學勤《清華大學藏戰國竹簡(壹—叁)》,中西書局2014年版;方勇《秦簡牘文字編》,福建人民出版社2012年版;張守中《中山王厝器文字編》,中華書局1981年版;曾憲通《長沙楚帛書文字編》,中華書局1993年版;湯余惠等《戰國文字編》,福建人民出版社2001年版。

馬王堆漢墓帛書的出土證明，"刑名"一詞至遲在西漢初年已經出現。據筆者之所見，"形"字之出現不早於東漢延熹元年(即公元158年)所立之鄭固碑。如果"形"字晚至東漢後期方才出現，則"形名"一詞之出現當與此同時或更晚，自不可能比"刑名"一詞的出現更早。換言之，在"形"字於東漢後期出現之前，只存在"刑名"與刑名學，不存在所謂的"形名"與形名學。漢魏之際興起的刑名思潮並非此前流行的形名學之末流或形名學思想在政治方面之應用，而是被漢代數百年間占統治地位的儒家思想所遮蔽的刑名學之復興，其之所以作"刑名"而不作"形名"不過是去古未遠，尚存其真而已。

二、"刑名"本"荆名"

成書於東漢的《説文解字》中無"刑"字，與"刑"字有直接關聯的是"荆""刭"二字。《説文解字》釋"刭"字："刭，刑也。從刀，巠聲。"段玉裁注：

> 荆者，五刑也，凡荆罰、典荆、儀荆皆用之。刭者，到頸也，横絶之也。此字本義少用，俗字乃用刑爲荆罰、典荆、儀荆字。不知造字之恉既殊，井聲、巠聲各部，凡井聲在十一部，凡巠聲在十二部也。①

可見，"刭"之本義爲大罪斷頸之刑，與"荆"在聲、形上皆有嚴格的區別。後世"刭""荆"混用，而有刑罰、典刑、儀刑等詞，實皆形近而誤。"刑"之本字當爲"荆"，上文提到的出土文獻中的"刑"字更準確地講其實皆作"荆"，"刑名"即"荆名"。《説文解字》釋"荆"字："荆，罰罪也，從井刀。《易》曰：'井者法也。'井亦聲。""罰罪也"不是"荆"之本義，但"井"確爲"荆"之本字。陳夢家曰：

> 西周金文隸定爲井者，可分爲兩式：第一式是範型象形，井字兩直畫常是不平行而是異向外斜下的，中間並無一點。……第二式是井田象形，井字兩直畫常是平行的，中間常有一點。②

據陳夢家之説，"井"字有兩源，一爲模型，一爲井田，前者作"井"，後者則作"丼"。"荆"之本字只能是"井"，"井"之本義爲模型，典型、法度、效法、刑罰等諸義皆由此義衍生而來。"井"字發展至西周晚期而出現"荆"字，但此字的使用並不廣泛。近年出土的先秦簡帛中，出現較多的

---

① 段玉裁《説文解字注》，中華書局2013年版，第184頁。
② 見《古文字詁林》，上海教育出版社2006年版，第267頁。

是"型""垩"二字①。例如：

> 長耑之相型也。(《老子》甲本)
> 《吕垩》員：……五瘧之垩曰瀘。(《緇衣》)
> 未型而民悝。(《性自命出》)
> 乍豐樂，折垩法。(《六德》)②

此外，在郭店1號楚墓出土的《五行》《成之聞之》《唐虞之道》等文獻中，"刑"亦作"型"。在上海博物館收藏的戰國竹書中，"刑"亦作"型"，其用法與郭店楚簡相似。綜合上述情況，"井""垩""型""刑"之關係應該是這樣的："井"爲"垩""型""刑"之本字，其本義爲模型，從此引申而有典型、規範之義，又進一步衍生出作動詞的效法之義。即使在今日中國，農村制作土坯之模具仍作"井"形。古人埏埴以爲器，故"井"下加"土"而有"垩"字。以土爲器先需制泥坯，然後再入窯燒制。制坯時，工匠需將胚泥放入模具之中壓實，然後再以刀刮去模具之上多餘之胚泥，故"型"字之"刀"，非《春秋元命苞》所謂以刀守井之象，乃制坯時以刀刮去模具之上多餘胚泥之象。"井"字的"刑罰""罰辠"義即從此引申而來，都含有以强制力迫其就範之義。

在漢語詞彙的發展過程中，雙音節詞往往由詞義相近或相關的單音節詞組合而成，如精神、道德、性命等，刑名一詞亦是如此。"刑名"由"刑""名"兩個單音節詞組合而成，在古漢語中，"名"字除了有概念、名稱之意外，亦有名稱、名號之意，有某某名稱、名號即意味着要遵守某種規範，與"刑"之古義相近。如前文所述，"刑名"一詞在馬王堆漢墓出土的《黄帝四經》中已屢次出現。

曹峰認爲："這裏的'刑名'是一個詞組，不必將它當作'名''形'相對的概念來看待，'刑'也罷，'名'也罷，其實都是與秩序、標準相符合的姿態。"③我們認爲，這裏的"刑名"是一個詞，由意義相近的"刑""名"組合而成，指法律、規範。"刑名"有時也作"名刑"，例如"正奇有位，而名形弗去……名刑已定，物自爲正"(《經法·道法》)，但義與"刑名"並無不同。《黄帝四經》中之所以屢次出現"刑名"一詞，卻很少探討"刑""名"之關係，原因亦在於"刑"即"名"、"名"即"刑"，二者並無明顯的區别。只有法律、規範建立起來了，才能據此判斷是非黑白，此即"刑名立，則黑白之分已"。正是因爲制度、規範的極端重要性，不管是"天下有事"，還是"執道者之觀於天下"，"刑名已立"與"審其刑名"都被作者放在首要位置。這一意義的"刑名"在傳世文獻中亦有出現：

---

① 先秦簡帛中，"型"之上半部皆作"刑"。
② 這四條均引自劉釗《郭店楚簡校釋》，福建人民出版社2005年版，第2、50、91、107頁。
③ 曹峰《近年出土黄老思想文獻研究》，中國社會科學出版社2015年版，第419頁。

是故古之明大道者,先明天而道德次之,道德已明而仁義次之,仁義已明而分守次之,分守已明而形名次之,形名已明而因任次之,因任已明而原省次之,原省已明而是非次之,是非已明而賞罰次之,賞罰已明而愚知處宜,貴賤履位,仁賢不肖襲情,必分其能,必由其名。以此事上,以此畜下,以此治物,以此修身,知謀不用,必歸其天,此之謂太平,治之至也。故書曰:"有形有名。"形名者,古人有之,而非所以先也。古之語大道者,五變而形名可舉,九變而賞罰可言也。(《莊子·天道》)

在這段話中,莊子把"大道"區分爲九個層次:天—道德—仁義—分守—形名—因任—原省—是非—賞罰,"形名"(即刑名)在九個層次中排在第五。"形名者,古人有之,而非所以先也"這句話透露出來的信息有三:其一,"形名"的出現離作者所處時代必已相當久遠,否則不當説"古已有之";其二,當時肯定有學派將"形名"放在大道之首,否則作者不當有針對性地説"非所以先";其三,這裏的"形名"顯然沒有循名責實的意思,也不是韓非所謂"形名參同",因爲後兩者其實包含在大道九個層次中的因任、原省、是非、賞罰之中,是被作者明確地列在"形名"之後的。因此,這裏的"形名"和《黄帝四經》中所屢言的"刑名"意義是一致的,指法律、規範。

　　綜上所述,"刑名"之"刑"本字當作"荆","刑名"本當作"荆名",由"荆""名"兩個意義相近的單音節詞組合而成,其意爲法律、規範。"荆名學"爲研究"刑名",即研究法律、規範之學問。

三、名家的分派問題

　　名家又稱刑名家,以刑名學爲主要研究對象。至於刑名學的内容,漢代以後的人就已經不甚了了。唐顔師古、裴駰、司馬貞等皆從劉向之説,以其爲以循名責實爲主要内容的法家統治術。例如《漢書·元帝紀》:"(元帝)壯大,柔仁好儒。見宣帝所用多文法吏,以刑名繩下。"唐顔師古注:

　　晉灼曰:"刑,刑家;名,名家也。太史公曰:'法家嚴而少恩,名家儉而善失真。'"師古曰:"晉説非也。劉向《别録》云申子學號刑名。刑名者,以名責實,尊君卑臣,崇上抑下。宣帝好觀其《君臣篇》。繩謂彈治之耳。"①

　　晉灼認爲"刑名家"是"刑家"和"名家"的合稱,這一理解顯然並不正確。裴駰、顔師古、司馬貞等皆從劉向之説,以"刑名"爲以循名責實爲主要内容的法家統治術。但今人多不認可漢唐人的這一理解。陳鼓應曰:"'刑名',即形名。形,指客觀事物的形體、狀態。名,指事物的名稱、

---

① 班固《漢書》,中華書局 1962 年版,第 278 頁。

概念。形名之説,原是就事物的形體和名稱的關係而言,認爲事物標誌的'形'和事物稱謂的'名'必須相當。"①陳氏此説可爲今人之代表。

以"刑名"爲"形名",又以"形名"之"形"爲形體、狀態,以"形名"之"名"爲名稱、概念,故當代研究者便不能不認爲名家研究的内容就是所謂的語言、邏輯問題。然而上述觀點征之古代文獻又不盡然,故當代研究者又不能不將先秦名家劃分爲二派。不同研究者對其劃分的名家二派有不同的命名,但其所謂二派之範圍則基本一致:一派專注於邏輯學理論之研究,以惠施、公孫龍、後期墨家爲代表;另一派則更注重將邏輯學辨名析理運用到政治領域,以古籍所載"刑名家"爲代表。例如白奚曰:

> 進入戰國以來,名家思想遂向兩個方向發展:一部分人將名家理論同當時的變法實踐結合起來,以名論法,形成"名法派",或稱"形名法術派",此一派學説見於《黄帝四經》《管子》《尹文子》等書中。另一部分人專從形式邏輯的角度發揮名家理論,形成"名辯派",此一派以惠施、公孫龍和後期墨家爲代表。②

曹峰則認爲司馬談《論六家要指》中所論的"名家","其實包含着兩種不同的'名家':一種是倫理學政治學意義上的;一種是語言學邏輯學意義上的"③。

但今人將傳統所謂名家劃分爲兩派的根據並不充分。首先,學派的劃分應以學派自身之分化爲依據,而學派的分化是由於不同傳承者對該學派所共同關注的核心問題採取不同的研究態度和方法,從而持不同的觀點和立場所致,不是由於學派傳承者分别研究不同的學科而導致。西漢初年司馬談於《論六家要指》中所列的六家分别是儒、墨、名、法、陰陽、道德。名家和其他五家一樣"皆務爲治",今人所謂探討語言學、邏輯學問題的"形名家"並不在司馬談的視野之内。儘管當代學術界並不都贊同司馬談六家"皆務爲治"的觀點,但當代學術界不管是在劃分先秦各學派,還是在劃分各家内部的學派時所根據都是其人其作品的思想觀點的差異,而非按學科來進行劃分。將名家劃分爲專注於邏輯、語言問題研究和專注於政治哲學研究的兩派從本質上講是根據邏輯學和政治哲學分屬不同學科而進行的劃分。這一劃分標準和學術界對整個先秦諸子百家,包括各家内部各學派的劃分標準都是無法協調的。百家爭鳴必是百家之間有共同的問題才可以爭,如果百家歸屬不同學科,没有共同的問題,那又如何爭呢?

其次,目前尚無充分證據斷定惠施、公孫龍只關注邏輯學理論的研究而不涉及政治。惠施並無著作流傳,但他與莊子過從甚密,其學説、思想與事迹散見於《莊子》《吕氏春秋》《戰國

---

① 陳鼓應《〈黄帝四經〉今注今譯——馬王堆漢墓出土帛書》,商務印書館 2007 年版,第 12 頁。
② 白奚《稷下學研究——中國古代的思想自由與百家爭鳴》,三聯書店 1998 年版,第 203 頁。
③ 曹峰《對名家及名學的重新認識》,《社會科學》,2013 年第 11 期,第 103~110 頁。

策》等古籍之中。在上述古籍關於惠施事迹、言論的記載中,除了《莊子》中記載較爲詳細的"歷物十事"外,最爲集中的是惠施曾爲"梁相"。此外,據《韓非子》之記載,惠施曾主"偃兵"之説,並諫魏王勿伐齊、荆;據《吕氏春秋》之記載,魏惠王欲讓國於惠施;據《淮南子》之記載,惠施曾爲魏惠王"爲國法"①。以上記載不必盡爲事實,然亦足證惠施非只專注於邏輯學理論之研究的學者。

據吴毓江統計,今本《公孫龍子》合計不過三千一百餘字,和"詭辭數萬"差距甚大,散佚極爲嚴重②。根據今本《公孫龍子》之内容而得出公孫龍是專注於邏輯學的學者的這一結論並不可靠。古籍所載公孫龍之事迹少於惠施。然《吕氏春秋》載公孫龍亦主"偃兵"之説,且分别以"偃兵"説於燕昭王、趙惠文王。揚雄《法言·吾子》載:"或問:'公孫龍詭辭數萬以爲法,法與?'曰:'斲木爲棋,捖革爲鞠,亦皆有法焉。不合乎先王之法者,君子不法也。'"公孫龍"詭辭數萬"的目的是"以爲法",這個"法"顯然不是泛指的規則,也非邏輯學辨名析理的規則,因爲"不合乎先王之法者,君子不法也"。異類不比,换言之,公孫龍之"法"與"先王之法"必爲同類方才有比較的可能性。揚雄《法言·吾子》一篇大體爲絀雜學尚儒學而作,其所謂"先王之法"是儒家所推崇的"先王之法",不可能是邏輯學的辯論規則,因此,公孫龍"詭辭數萬以爲法"的"法"也必然是具有社會性的與"禮"相對而言的"法",即與惠施爲魏惠王"爲國法"的"國法"同類。

再次,名家以刑名學爲主要研究對象,而刑名學本質上是一種政治哲學。在本文的第一、二兩部分,我們以出土文獻爲基礎,論述了先秦無"形"字,"形名"即"刑名",而"刑名"本又當作"荆名",意爲法律、規範。因此,所謂的刑名學其實也就是研究法律、規範的學問,本質上是一種政治哲學。刑名學的産生與春秋末期各諸侯國法律混亂的背景有關。《淮南子·要略》曰:"新故相反,前後相繆,百官背亂,不知所用,故刑名之書生焉。""新故相反,前後相繆"反映的就是當時法律條文混亂,前後不一致的情況。法律作爲社會規範,應具有普遍性、一致性的特點,"新故相反,前後相繆"導致的後果是"百官背亂,不知所用","刑名之書"的産生就是爲了解决這一社會現實問題。

最後,今人所謂研究語言、邏輯問題的"形名學"是"刑名學"的衍生品,是爲其服務的工具性的學問。鄧析被公認爲名家的創始人,劉向《鄧析子校叙》言其"好刑名"。《左傳》定公九年載:"鄭駟歂殺鄧析,而用其《竹刑》。"至於鄧析被殺的原因,《吕氏春秋·離謂》有記載:

> 子産治鄭,鄧析務難之。與民之有獄者約,大獄一衣,小獄襦袴,民之獻衣襦袴而學訟者不可勝數。以非爲是,以是爲非,是非無度,而可與不可日變。所欲勝,因

---

① 惠施相梁事見於《莊子·秋水》《莊子·至樂》《吕氏春秋·開春》。惠施以"偃兵"諫魏王事,見於《韓非子·内儲説上》。惠施爲魏惠王"爲國法"事見於《淮南子·道應訓》。

② 吴毓江之統計見其所著《公孫龍子校釋》,上海古籍出版社2001年版,第1頁。

勝。所欲罪,因罪。鄭國大亂,民口讙譁。子産患之,於是殺鄧析而戮之。民心乃服,是非乃定,法律乃行。

鄧析的《竹刑》早佚,其内容難以判定,但從《吕氏春秋》的上述記載來看,鄧析應當具有高超的論辯技巧,他在研究"刑名"的同時已經涉及語言學或邏輯學問題。立法是一個非常嚴肅、縝密的過程,一字之差,制定出來的法律條文可能和立法者之本意差之千里,這要求立法者必須掌握相應的語言學、邏輯學知識;訴訟免不了辯論,這要求訴訟人掌握相應的辯論技巧,而這也與語言學和邏輯學相關。因此,刑名學從一開始就包含語言學和邏輯學的相關内容,只不過這些内容是工具性的,是服務於法律的制定和應用的。王沛曰:

> 在刑名學發展演變的過程中,"刑"之含義承自西周,泛指規則法度,而"名"之含義則指對規則法度的概括與命名,刑名學之本義,正是由此衍生,指研究立法原理和立法技術的學説。這種學説以尋求法律規範之終極依據、建立完善的律令體系爲目標,同時亦極爲重視研究法律語言之表述。至於刑名的其他含義,則爲逐步分化演變而來。[1]

我們同意上述看法。刑名學之内容既包括"刑名"即法律、規範的制定,也應該包括其應用。從刑名學的發展來看,其在不同時期研究的側重點不同:早期主要研究"刑名"即法律、規範制定的原理和技巧,在後期則主要研究"刑名"即法律、規範的應用技巧。法律應用的關鍵是判斷行爲和法律條文是否相符,在這一過程中,法律條文是"名",而行爲是"形""實"。正是從這一過程中衍生出了法家的"形名參同"和"循名責實"。

[作者簡介] 王海成(1982—),男,湖南省祁東縣人。2010 年畢業於華東師範大學哲學系,獲哲學博士學位。研究方向爲古代哲學、倫理學。2010 年迄今,任教於西北農林科技大學馬克思主義學院,發表論文 20 餘篇。

---

[1] 王沛《刑名學與中國古代法典的形成——以清華簡、〈黄帝書〉資料爲綫索》,《歷史研究》,2013 年第 4 期,第 17 頁。

論《管子》"四篇"中的
管理心理學思想*

吕錫琛

内容提要 《管子》"四篇"作爲稷下黄老道家的作品,繼承發展了先秦道家身國同治的思路,對管理者的心理素質及其在管理活動中的心理調控等問題予以高度的關注。提出了心治則形全、天下治的論斷。作者揭示了爲政者自身的心性修養水準和心理素質與決策水準和治國能力的密切關係;分析了在管理過程中,管理者的言行對被管理者的心理、行爲及其走向的影響;進而提出了管理者如何提高對情感、欲望和注意力的調控能力的修養途徑。從操作的層面深化和拓展了道學的管理理論。這些思想對於提高現代管理者的心理素質,促進管理主客雙方的和諧互動,建設有中國特色的管理心理學理論,皆具有積極的意義。

關鍵詞 管子四篇　管理心理學　心治　氣意得而天下服　心静氣理

中圖分類號 B2

《管子》一書是稷下學派的代表作之一。現存的《管子》一書爲西漢人劉向所編寫,雖然學術界對《管子》中哪些屬於稷下道家宋鈃、尹文或慎到、田駢等人的思想,哪些屬於管仲學派的言論尚未形成定論,但它至少是綜合了稷下黄老學派思想的文集,其中不少作品以老子思想爲宗,繼承北方道家及《黄帝四經》思想並兼收儒、法、名諸家主張,特別是其中的《心術》上下篇、《内業》《白心》這四篇作品,更是明顯地以《老》爲宗,貫通百家,被學界公認爲稷下黄老學者的作品(以下簡稱"四篇")。"四篇"的作者既繼承了先秦道家遵道而爲、致虚守静等主張,又具有黄老道家重視經世致用的特點。與此相聯繫,作者對管理者心理素質問題十分關注,

---

* 本文爲湖南省高校創新平臺開放基金項目"道家倫理智慧在現代社會的應用"子課題、中南大學教師研究基金"道家哲學的應用與文化强國建設研究"項目子課題。

留下了值得珍視的管理心理學思想①,本文擬就這一問題進行探討。

一、心治則天下治

重視爲政者自身的管理,這是中國傳統管理思想的重要特點,諸子百家皆强調"正己正人""修己治人",認爲管理好自己是教化他人、管理民衆的基礎和前提。但在自我管理方面,道家比儒家等其他諸家的主張更爲全面,蓋不僅重視"修己",强調爲政者的道德修養,而且重視心理層面的修煉,深刻認識到爲政者自身的道德水準和心理狀態對於社會治理所產生重要影響。

在這方面,《管子》"四篇"藴含了豐富的思想資源。作者繼承發展了先秦道家身國同治的思路,提出了心治則形全、天下治的論斷,强調爲政者自身的心性修養水準和心理素質將直接關係到決策水準和治國能力。《内業》中指出:"執一不失,能君萬物。君子使物,不爲物使。得一之理,治心在於中,治言出於口,治事加於人,然則天下治矣。一言得而天下服,一言定而天下聽,公之謂也。"②所謂"治心",是指個體的道德和心理皆處於和諧有序的良好狀態,具有較高的心性修養境界和心理調控能力。有此"治心",則能出言謹慎恰當,做事得體周全,進而就能實現"天下治""天下服""天下聽"的管理目標,可見要實現有效的社會管理,形成社會的優序良俗,取决於管理者是否擁有良好的心理素質,能否調控自己的心性,管理好自己的情緒。

這一看法極具前瞻意義。兩千多年以後產生的現代管理心理學亦認識到,具有高度的自制力是一種可貴的管理心理素質。在管理活動中,僅能管好他人是遠遠不夠的,只有那些有能力管好自己、特別是能夠控制自己的情緒和欲望的人,才能營造出和諧的管理環境,順利地實現管理目標。

爲了促使管理者對心性修養的重視,作者進一步從身心關係來論述"心"的重要作用。書中指出,"心"與"身"是相互影響的,心理健康與身形(肉體)的健康是緊密相連的,心志平和、情緒穩定乃是身心健康的保證,"凡人之生也必以平正"③。故務必求得精神與身體的和諧,使

---

① 管理心理學是 20 世紀中期形成的西方心理學分支,是適應西方現代生産力、生産技術發展,社會化大生産的需要而產生的學科。它主要研究組織管理過程中人們的心理及行爲現象、心理過程及其發展規律。中國古代雖然不存在心理學或管理心理學的學科及其系統理論,但卻對人性、人心以及人的管理等問題有着深刻的認識,積累了豐富的心理學和管理心理學思想,本文試從這一視角對《管子》"四篇"中的相關思想進行論述。
② 《管子·内業》,《二十二子》,上海古籍出版社 1986 年版,第 155 頁。
③ 同上。

之相互護養——"和以反中,形性相葆"①,"定心在中,耳目聰明,四肢堅固","和乃生,不和不生"②。作者還認識到,心是否處於安和有序狀態,不僅對人體其他器官的功能以及整體的身心健康起着決定性作用,更將影響事業的成敗禍福。請看下面這段話:

> 我心治,官乃治;我心安,官乃安。治之者,心也;安之者,心也。……精存自生,其外安榮。內藏以爲泉原,浩然和平以爲氣淵。淵之不涸,四體乃固;泉之不竭,九竅遂通。乃能窮天地,被四海,中無惑意,外無邪災,心全於中,形全於外,不逢天災,不遇人害,謂之聖人。③

也就是説,具有良好的心理調控能力和心志平和的良好心態,才能保證五官和形體的安和,"心全於内"則"形全於外",有效地保持身心健康和四肢九竅的功能。不僅如此,保持良好的心態還能夠更好地感悟天地自然之理,提高自身的認知水準,更好地協調與自然、社會和人際之間的關係,成爲能夠抵禦或化解天災、人害的聖人。

以上論述雖然過分强調了"治心"的作用而忽略了制度建設等因素對於政治治理的重要性,其缺陷顯而易見。但我們也要看到,其中的一些看法與現代心身醫學和心理學理論頗有相通之處。現代心理學研究表明,心理狀態的確會影響肉體的健康和能力的發揮。穩定平和的心理狀態使人體内各個組織系統處於協調有序的狀態,有助於身心健康,亦有助於思維能力的提高與潜能的發揮。反之,如果内心長期處於焦躁不安、沮喪憂慮狀態,則將會導致神經系統,特别是大腦功能紊亂失調,降低個體創造性思維活動的水準,減弱自我控制能力,甚至會發生行爲偏差。這對於普通人而言,將會損害行爲主體的身心健康與立身處世,而對於手握大權的管理者則可能産生難以估量的嚴重後果:不僅會傷害身心健康,更可能對其行政決策能力和執政能力産生各種負面影響,從而殃及臣民和社稷。

"四篇"的作者還深刻地認識到,社會管理需要組織和協調衆人的行爲,需要衆人同心協力,決不能依賴强權和暴力手段。因此,在組織協調衆人行爲的過程中,管理者的人格魅力是不容忽視的因素,他的言行舉止的善或惡,將直接對被管理者形成影響:"善氣迎人,親於弟兄;惡氣迎人,害於戎兵。不言之聲,聞於雷鼓。"④管理者以和善謙下的態度待人,會讓被管理者如沐春風,上下之間將和睦相處,親如兄弟;管理者如果態度傲慢、舉止粗暴,那就如同刀兵一般會傷害下屬或民衆。以上兩種藴含着善意或惡意的不同管理模式,即使没有説出來的聲音,但其透露出的善意或惡意,卻比打雷擊鼓還傳遞得更快,將産生迥然不同的管理效果。由

---

① 《管子·白心》,《二十二子》,第146頁。
② 《管子·内業》,《二十二子》,第155頁。
③ 同上。
④ 《管子·心術》,《二十二子》,第145頁。

此,作者進一步強調,提升管理者的道德心理素質是優化管理,實現管理目標的基礎。文中總結説:"賞不足以勸善,刑不足以懲過,氣意得而天下服,心意定而天下聽。"管理者治心修德,慈愛民衆,公正無私,爲天下作出道德表率,必然得到民衆心悦誠服的推戴擁護,從而起到凝聚民心,激發民力的作用,達到"氣意得而天下服,心意定而天下聽"的管理目標。

作者重視管理者的心性修養和道德行爲,主張通過尊重民衆、善待民衆來感化治理對象,獲得他們的認同,從而自覺地服膺於社會管理者,同心同德地構建社會的優序良俗,這些思想至今仍然是具有啓示的管理心理學智慧。

二、道滿天下,取則得福

是否具有哲學思維能力和洞察能力,這也是良好心理素質的重要内容。如何能夠透過現象看本質,洞察事物的發展規律,從戰略高度來把握事物的發展趨勢,這是高明的管理者必不可少的能力。在《管子》"四篇"中,作者關於"道"的論述就包含了這方面的智慧。

作者對《老子》的"道"作了進一步的豐富,在該書中,"道"不僅具有形而上的特徵,又是實用性非常強的方法和原則,這與《黄帝四經·道原》中萬物皆包含"道""人皆用之"等看法一脉相承,鮮明地呈現出戰國中期黄老道家經世致用的特點。

作者描述"道"的性質説,"凡道,無根無莖,無葉無榮。萬物以生,萬物以成,命之曰道"①,"道在天地之間,其大無外,其小無内","道也者,動不見其形,施不見其德,萬物皆以得,然莫知其極"②。這就是説,"道"既是萬物的本源,又充塞於天地之間,貫穿於萬物之中,它無形無象,不可感知,但卻又成就着、支配着萬物。文中沿循《老子》"道常無爲而無不爲"的主旨,更爲具體地論述了"道"的實用功能:"道"雖然不可言,不可見,但並非虚無縹緲,而是貫穿於人倫日用之中,是人們立身處世的行動指南——"道滿天下,普在民所,民不能知也","彼道不遠,民得以産,彼道不離,民因以知","人之所失以死,所得以生也;事之所失以敗,所得以成也"③。"道"是取之不盡,用之不竭的源泉,人們服從於"道"的程度將直接影響到行爲者禍福成敗的大小:"道者,一人用之不聞有餘,天下行之不聞不足。此謂道矣。小取焉則小得福,大取焉則大得福,盡行之而天下服。"④作者在這裏雖然將"道"視爲一切個體和普天之下的人們皆可通用的根本原則,但其顯然還是側重於將其作爲一種能夠使"天下服"的治國之術來應

---

① 《管子·内業》,《二十二子》,第155頁。
② 《管子·心術上》,《二十二子》,第143頁、144頁。
③ 《管子·内業》,《二十二子》,第155頁。
④ 《管子·白心》,《二十二子》,第145頁。

用。因此，書中接着又告誡說："殊無取焉則民反，其身不免於賊。"①這就明白地向統治者指出，如果完全不遵循"道"這一根本原則，違逆大道，則"民反"必至，難免於衆叛親離而身遭傷害的可悲下場。作者進而指出，守虛去盈、功遂身退的"天之道"亦是保國、保家、保身的人之道，書中說："持而滿之，乃其殆也，名滿於天下不若其已也。名進而身退，天之道也。滿盛之國不可以仕任；滿盛之家不可以嫁子；驕倨傲暴之人不可與交。"②這些思想反映出作者將《老子》尊道、謙退等思想運用於立身處世和社會管理實踐之中。

《白心》的作者強調，社會管理者必須樹立遵循規律、遵循時勢、順應民心的觀念。文中說："建當立有，以靖爲宗，以時爲寶，以政爲儀，和則能久。非吾儀雖利不爲，非吾當雖利不行，非吾道雖利不取。上之隨天，其次隨人。"要求管理者要樹立常道、常規，以虛靜不擾民爲基本原則，以合於時宜爲貴，以公正不偏爲準則。這三個方面協調一致，就能夠持久不敗。在這裏，作者所強調的"吾儀""吾當""吾道"不是指出於自我之私利的"儀""當""道"，而是作爲一個合格的管理者所應固守的基本原則，這個原則就是下文所說的"上之隨天，其次隨人"，將能否順應天道時勢和人心作爲進行行政決策的標準。不合乎這些原則，雖然有利也不去做；雖然有利也不推行；雖然有利也不采用。

在作者看來，作爲手操生死大權和天下治亂安危之柄的管理者，必須尊崇大道、體察大道進而遵循大道，決不能逞一己之私，主觀妄爲，這是影響行政決策和政治活動之成敗的關鍵。這些真知灼見至今依然啓示現代管理者，應當注重提升自己的理性思維水準，既要有爲民造福的良好願望和滿腔熱情，更要能夠洞察和尊重事物的發展規律，善於透過現象看本質，順應時勢、順應民意，公正不偏，成爲既能有所作爲但決不任意妄爲的合格管理者。

三、"心能執靜，道將自定"

《管子》"四篇"中不僅深刻地揭示了"道"的實際應用功能以及由"道"而產生的決策時所應當遵循的理論和原則，而且就如何體"道"、悟"道"以及相關的認識論問題作了探討，這對於提高社會管理者的政治判斷能力、識別能力以及決策能力都具有積極意義。

作者認識到，在現實生活中，真正能夠體悟大道並自覺地奉行和遵從大道的人的並不多，因爲體認大道並非輕而易舉之事。《心術》這樣表述說："道不遠而難極也，與人並處而難得也。虛其欲，神將入舍，掃除不潔，神乃留處。"這些表面看來有幾分神秘的話語告訴人們，"道"雖然就在我們身邊但卻不易得到，什麼是得"道"的訣竅呢？寡欲净心以安定精神，這就是得道的基本條件。保持心靈的清静和虛靜無爲，才能認識和掌握大道："必知不言、無爲之

---

① 《管子·白心》，《二十二子》，第145頁。
② 同上，第146頁。

事,然後知道之紀。"①而在《内業》篇中,作者進一步指出,如果人的心中常常充滿着憂悲喜怒等情緒,那麽道就將無法存在,一顆時常被憂悲喜怒等情緒所支配的心靈之中,道是無法存在的,即"憂悲喜怒,道乃無處"②。這就啓示人們,作爲身居要職的管理者,在處理政治事務或制定政治方略的時候,必須注意排除外界的干擾,保持内心的冷静和清静,而不能感情用事,輕易被憂悲喜怒等情緒所干擾或支配,從而影響政治決策的理性選擇。

作者進一步指出了管理者不能控制情緒的危險性,書中將過喜或過怒稱爲傷害身體的"二凶"③。而過分地追求外物和感官享樂,亦是一種有害的心態,將會影響人的感官功能正常發揮。文中以心喻君,以九竅喻群臣,説明心求嗜欲的害處。其文曰:"心之在體,君之位也;九竅之有職官之分也。心處其道,九竅循理;嗜欲充益,目不見色,耳不聞聲。"因爲視聽之事不是心的職能而是由耳目來擔任的,"心而無與於視聽之事,則官得守其分矣"。而如果心追求感官之欲,好比君主越其位而代司臣下之職,將導致心和耳目皆不能很好地發揮各自的功能,進而影響身心健康,即"夫心有欲者,物過而目不見,聲至而耳不聞也"。在這種狀態下,必然"上離其道,下失其事"④。因此,無論是養生還是治國,皆必須讓心竅各復其位,君臣各司其職,而復位的一個重要方法就是致虚守静。

作者繼承了老子致虚守静等心性修養方法,《心術》云"無以物亂官,毋以官亂心。此之謂内德"⑤,"形不正,德不來;中不静,心不治"⑥。虚静守道就能役使萬物,而不爲外物所役使,這是實現"治心"的基礎。作者進而提出了虚欲、守一、安神、定心等修養方法。書中闡述説,安心養心之法在於精神内守,進行自我心理調控,"自充自盈,自生自成",其具體内容是保持情緒的穩定平和節制物質欲望——"食莫若無飽,思莫若勿致,節適之齊,彼將自至"。能夠做到寡欲節食適思,持中平和,精神内守,進行自我心理調控,才能達到目的:"凡心之刑(刑,通"形",指形態、情形)自充自盈,自生自成,其所以失之,必以憂樂喜怒欲利。能去憂樂喜怒欲利,心乃反濟。彼心之情,利安以寧,勿煩勿亂,和乃自成。"⑦"憂樂喜怒欲利"將破壞内心寧静、精氣充盈的良好狀態,去除這些過分的情緒和欲望,節制物質欲望,保持情緒的穩定平和,則和氣自然充滿於胸中。能夠做到内心平正,控制情緒,"不喜不怒,平正擅胸"⑧,則將達到養生健體的目的。在這裏,作者並非要禁絶物欲或强行排除喜怒哀樂等情感,而是强調過度

---

① 《管子·心術上》,《二十二子》,第143頁。
② 《管子·内業》,《二十二子》,第154頁、156頁。
③ 同上,第156頁。
④ 《管子·心術上》,《二十二子》,第143頁。
⑤ 《管子·心術下》,《二十二子》,第144頁。
⑥ 《管子·内業》,《二十二子》,第155頁。
⑦ 同上,第154頁。
⑧ 同上,第156頁。

的情緒波動或過分追求欲利對於身心健康的危害，力圖達到"平正擅胸"，保持平和穩定的心理狀態，這是實現"天下治"的前提。作者認識到"平正擅胸"與"天下治"的密切聯繫，這的確揭示了社會管理者特別是最高管理者保持情緒的穩定與冷靜對於行政決策和社會治理的重要作用，強調應當注重培養管理者穩定的心理素質，這些至今仍然是管理心理學中值得研究的問題。特別是作者提出的虛欲、守一、安神、定心等概念，實際上類似於現代管理心理學主張的控制欲望以及靜坐等心理調節方法，不得不令我們贊歎道家先人的心理保健智慧。

在《内業》一文中，作者還闡述了靜心、安心與得"道"的密切聯繫："凡道無所善，心安愛。心靜氣理，道乃可止。"道無偏好，唯愛心安，只有當人們內心處於安定狀態，心神寧靜，才可能體悟大道，"心能執靜，道將自定"。"人能正靜，皮膚裕寬，耳目聰明，筋信而骨強"，在這種身心健康的狀態之下，就能夠將人的認識能力提高到極限，"乃能戴大圓，而履大方，鑒於大清，視於大明，敬慎無忒，日新其德，遍知天下，窮於四極"。在這裏，作者向人們描繪了一個持守正道同時又具有卓越的政治洞察能力的社會管理者的理想人格形象，而這一政治理想人格的實現途徑則是以靜心安心爲基礎的。作者希望通過保持心理上的貞正寧靜而實現道德人格上"敬慎無忒，日新其德"，在認識能力上"遍知天下，窮於四極"，這種試圖通過一系列心理訓練而提高人的素質，開發潛能的思路，值得現代人進一步研究探討。

愚意以爲，上述通過"心靜氣理"以悟道並養心健身以及虛欲清心"然後知道之紀"等思想，類似於老莊致虛守靜以體悟大道的方法，其實質是試圖通過排遣意識干擾、保持內心虛靜而實現身心健康，進而獲得卓越的認知能力。這是一種與西方理性認識完全不同的認知方法和心性修煉方法，類似於現代認知科學和心理學所說的直覺認識方法。這一方法在西方傳統的主客二分的理性思維方式和實驗心理學的視域下是難以理解和解釋的，但在榮格、鈴木大拙等現代心理學家那裏卻可以找到知音。日本禪學大師鈴木大拙就十分推崇通過"受過訓練的無意識"來體驗把握實在的認知方法[1]。著名的瑞士心理學家榮格也曾指出："某些心理內容來自一個比自覺意識更大更完整的心理。它們往往擁有意識還無法形成的更爲優異的分析、洞察和知識。"榮格將其稱之爲直覺，在他看來，這種直覺來自人類心理結構中的潛意識部分[2]。現代心理學和思維科學研究也發現，人類的想象力與創造力常常是在輕鬆、自然、安靜甚至在半意識或潛意識的狀態下才易於表露出來。這就啓示我們，上述關於虛欲清心"然後知道之紀"其實是一種特殊的認知方式，它是通過"心靜氣理"即自覺地停止意識活動而進入潛意識層面，以圖"知道之紀"——獲得對於世界本質的體悟，獲得直覺這種異於甚至優於自覺意識的洞察能力。深入研究上述認知方式，對於發展人類的認知能力，提高管理者行政決策水準，具有積極的意義。

---

[1] ［美］弗洛姆《精神分析與禪宗》，遼寧教育出版社1988年版，第158頁。
[2] ［瑞士］榮格《榮格文集》，改革出版社1997年版，第343頁。

在《心術》《内業》中,作者還提出了"專意"以"知遠"的認知方法:"專於意,一於心,耳目端,知遠之證。"①專心一意,認真地詳審事物,就能認識未來之事的征表。預測未來之發展走向。"摶氣如神,萬物備存。能摶乎?能一乎?……思之思之,又重思之。思之而不通,鬼神將通之。非鬼神之力也,精氣之極也。四體既正,血氣既靜。一意摶心,耳目不淫,雖遠若近。"②將精氣團聚起來,就會將萬物收存於心中,心意專一地思索,再三思索,就好像會得到鬼神的幫助一樣而豁然通曉,但這並非鬼神之力,而是精氣專一到極點的結果。這種心理狀態能够幫助人達到"四體正,血氣靜"的身心和諧狀態,又能優化人的道德心理活動,"耳目不淫,雖遠若近",不爲耳目感官享樂所擾,從而能超越感官和地域的局限,獲得某種靈感或感悟。這段頗有些神秘色彩的話語,其實包含了值得現代決策者重視的合理因素。文中要求管理者排除感官享樂等外部的干擾,注重行爲和精神意識的修養,專心一意,平心靜氣,以達到精神、心理與生理的良性互動,這一方法揭示出了行爲端正、節欲自律等道德行爲對於身心健康,特別是對於提高人的認識能力的積極作用。對於一個社會管理者來說,保持"四體正,血氣靜""耳目不淫"等良好的精神、心理和生理狀態,不僅有助於培養廉正不奢的管理道德,亦有助於提高管理中的識別能力、決策能力和協調能力。

四、舍己以物,因其能者

作者還將老子無爲而治的主張視爲治心之術,並將這種治心之術與治國之術統一起來。在《心術》中,作者借治心之術喻治國之方説:"心術者,無爲而制竅者也。"治心的方法是無爲而治,而無爲即是因循無事,蓋"無爲之道,因也"。在這裏,作者將"因"作爲無爲之道的内涵,文中還將"因"作爲道的重要特性:"故道貴因"。因此,我們有必要對"因"這一概念作進一步的考察。根據作者的論述,"因"包括以下幾重意義。第一,恬靜去智,捨棄主觀成見而順應物性:"君子恬愉無爲,去智與故(故,事也),言虛素也。其應非所設也,其動非所取也。此言因也。因也者,舍己而以物。"第二,因才而用,順應時勢:"因者,因其能者,言所用也。君子之處也,若無知,言至虛也……若影之象形者,響之應聲也。故物至則應,過則舍矣。舍矣者,言復所於虛也。"③第三,因循而無益損,即"因也者,無益無損也。以其形因爲之名,此因之術也"④。第四,去詐守樸和順自然而治的君人之術:"有道之君,其處也若無知,其應物也若偶之,靜因之道也。""知"與"智"通,無知,即去智守樸;偶,即是符契自然而合之。此話的意思是

---

① 《管子·心術下》,《二十二子》,第144頁。
② 《管子·内業》,《二十二子》,第155頁。
③ 《管子·心術上》,《二十二子》,第144頁。
④ 同上。

说,持守静因之道的君主能够守樸去智,使自己符契自然而合之。因此,有道之君就會注意發揮衆人之聰明才智,而不會越俎代庖——"毋代馬走,使盡其力,毋代鳥飛,使弊其羽翼,毋先物動,以觀其則"①。

從管理心理學的視角來看,上述以"因"爲核心的思想包含了值得重視的管理心理智慧:

第一,"舍己而以物","因其能者"。它要求管理者去除自我爲中心和個人的主觀執着,以客觀事物的實際情況爲依據,以虛懷若谷的胸懷容納不同的意見,尊重和因順各方面的能者,發揮他們的能力和長處。

第二,"毋代馬走","毋代鳥飛"。它啓示現代管理者,應當自覺地限制自以爲是、自以爲能的心態,不越俎代庖,不隨意干涉下屬的工作,更不要取代下屬的職能。

第三,"毋先物動,以觀其則"。這一主張啓示管理者,不能輕舉妄動,隨意地搶風頭、瞎指揮,遇事應當首先冷靜地進行觀察,瞭解民情民心和事物的實際情況,從中發現事物的發展規律而後行動。這實際上是對《老子》"不敢爲天下先,故能成器長"這一管理原則的具體發揮。

這些思想與美國著名人本心理學家馬斯洛所倡導的"道家式尊重"的管理理念相當吻合。這位從道家智慧中吸收了諸多營養的大師,在生命的最後十年將他的心理學理論用於管理實踐之中。他在美國的薩加公司訪學調研,在訪學的研究論文中他強調,管理者應當踐履"道家式的尊重",在管理活動中"尊重、允許並鼓勵他人去確認自己的偏好和進行自己的選擇",而不能運用手中的權力"一味塑造人、支配人、指使人或控制人。管理中的道家式的尊重還包括通過改善作出自我選擇可采用方法來努力對所有的回饋作出積極的反應"②。在管理實踐中馬斯洛深深地體會到,對於公司員工來說,"做一個積極的行動者感覺與受控制、受支使、受支配等的感覺是完全相反的",因爲任何人都不願意"像軟弱無助任人擺佈的棋盤上的棋子"。馬斯洛的這些思想影響了美國新一代的管理理論家和實踐者,也促使薩加公司管理者的管理工作更爲有效③。馬斯洛的上述理論及其運用於管理實踐中的功效,相當有力地證明了《管子》"因其能者""毋代馬走""毋代鳥飛"等智慧對管理活動中人的心理特點及其發展規律的洞察,其現代價值很值得我們進一步發掘。

由"舍己而以物""因其能者"和因順自然等思想出發,也就邏輯地引出了貴公去私的觀念。作者將天地自然那種無目的、無意志的屬性賦予"無私"的德性,啓發管理者效法這種公正無偏之德。作者說:"是故聖人若天然,無私覆也;若地然,無私載也。私者,亂天下者也。凡物載名而來,聖人因而財之,而天下治,實不傷。"④又說:"苞物衆者莫大於天地,化物多者莫

---

① 《管子·心術上》,《二十二子》,第143頁。
② [美]馬斯洛著,[美]霍夫曼編,許金聲譯《洞察未來——馬斯洛未發表的文章》,改革出版社1998年版,第179頁。
③ 同上,第180~181頁。
④ 《管子·心術上》,《二十二子》,第144頁。

多於日月。……然而天不爲一物枉其時,明君聖人亦不爲一人枉其法。天行其所行,而萬物被其利;聖人亦行其所行,而百姓被其利。"①作者深刻地認識到,在社會管理中,管理者若是爲私徇私,將是導致"亂天下"之根源。管理者能否在管理實踐中效法天地自然的"無私"之德,履行貴公去私的原則,將直接關係到管理目標能否實現。一個高明的管理者應當公正地進行行政裁量和決策,稟公而行,就會如同天地日月利澤萬物那樣,使百姓受其利澤,促進社會公序良俗的形成。這些思想突破了封建專制君主的一己之私利,強調社會管理者必須以公共利益爲重,順應廣大民衆的利益和意願,而不能徇私枉法,這不僅具有歷史意義,而且對當代管理者仍然不失爲苦口之良藥。

身處稷下這一當時的學術文化中心,《管子》四篇的作者不僅繼承發展了老子的無爲而治、致虛守靜、慈柔處下、以百姓心爲心等管理思想,而且以其獨特的眼光揭示了管理者的心理素質在管理活動中的重要作用,並具體分析了在管理過程中,管理者的言行對被管理者的心理、行爲及其走向的影響,進而提出了管理者如何加強對情感的控制、對欲望的控制、對注意力的控制等修養途徑,因而深化和拓展了道學的管理理論。這些思想對於提高現代管理者的心理素質,促進管理主體與客體的和諧互動,建設有中國特色的管理心理學理論,皆具有積極的意義。

[作者簡介] 吕錫琛(1953—),女,湖南長沙人。現爲中南大學哲學系教授、中南大學道學國際傳播研究院執行院長,兼任全國"老子道學文化研究會"副會長、中央民族大學"道教與術數學研究中心"研究員等,從事道家道教文化、中國傳統倫理思想研究。著有《道家與民族性格》《道家道教與中國古代政治:道家道教政治倫理闡幽》《道德經緯》《善政的追尋——道家治道及其踐行研究》等。

---

① 《管子·白心》,《二十二子》,第145頁。

普世愛人如何可能？
——墨家兼愛觀對血親倫理的突破

（香港）黄蕉風

内容提要 先秦墨家給人的普遍印象是一個倡導和平主義的學派團體，其兼愛交利的思想主張和止戰非攻的偉大事迹，爲歷代所傳頌。墨家兼相愛、交相利、不相攻的特色"愛觀"被後世人們表彰爲最能代表其思想特色的部分，及至當代仍被認爲具有從中挖掘普世價值並進行現代化詮釋與轉化的重要意義。《天志下》曰"順天之意何若？曰：兼愛天下之人"，"兼愛"之源起在"從天所欲"，應用在"興利除害"。前者爲後者所行之目的，後者爲實現前者之途徑。今人論及墨家兼愛，大抵留心於致用層面探討其可行性，未多措意兼愛之超五倫、超血親的倫理論述。有鑒於是，筆者將在下文加以申説。

關鍵詞 兼愛　普世主義　血親倫理
中圖分類號 B2

一、兼愛：超血親倫理的特色愛觀

孟子批評墨家尤烈，其辟墨觀點在儒術獨尊之後，更被後世儒者推重，舉爲不刊之論。孟子一方面承認墨子親身踐行兼愛、摩頂放踵利益天下的力行精神，一方面又認爲墨家兼愛説實爲無父的禽獸之道。從其言辭中可見幾點客觀事實：第一，彼時社會上已流傳有墨家的兼愛思想；第二，楊、墨之言的興起嚴重衝擊了儒家的思想陣營；第三，孟子以兼愛最是誣民之邪説，將蹈社會於仁義充塞、率獸食人的危險境地。有上述三者於此，是以孟子不得不挺身護教，自詡聖人之徒而非之。

孟子之外，尚有荀子對墨家兼愛説提出嚴厲批評。荀子辟墨較孟子更成體系，其主要的辟墨言論見諸《非十二子》《王霸》《富國》《禮論》《解蔽》《成相》《天論》七處。除《富國》篇批評墨家"非樂""節用"，《王霸》篇批評墨子親力親爲是役夫之道，《成相》篇批評墨家不合禮樂之外，其餘四處皆與兼愛説有關。《非十二子》曰"上功用、大儉約而僈差等"。墨家視人如己的平等之愛與儒家強調等級秩序的"差序愛"截然不同，故荀子非之；《天論》曰"有見於齊，無見於畸"。周代社會,合人成家,合家成宗,天下之宗又同宗天子,層層向上而宗以構成有嚴格等級的宗法制度。墨子提倡"人無幼長貴賤,皆天之臣也",挑戰了宗法威權,荀子亦非之;至於《禮論》《解蔽》篇所謂墨子兩喪禮義性情、"蔽於用而不知文",乃基於儒家立場認爲墨家苛刻人性,重質輕文,違反禮教,同時批評墨家將兼愛作爲"興天下之利"的動機有問題。荀子此處論"用"與"文",與孟子將"義"與"利"對立的邏輯論式在價值層面趨於同構①。

作爲墨家論敵,孟、荀辟墨固有從護教角度出發所作的偏激之語,不過從二子論述中不難看出,他們之所以反對兼愛學説,主要是認爲兼愛學説壞人倫、僈差等,有違儒家基於血親倫理原則所演繹出來的禮樂觀。由是我們必然要問,墨家"兼愛"的原意究竟如何? 其對五倫關係、血親倫理(Consanguinitism)②的突破在哪裏?

欲究原意,須察本源。根據墨家言説,"兼愛"首先是本於宗教上的天的意志,而非儒家式的血親倫理。《墨子》書《法儀》篇曰"今天下無大小國,皆天之邑也。人無幼長貴賤,皆天之臣也",《墨子》書《天志中》篇曰:"然則孰爲貴? 孰爲知? 曰: 天爲貴,天爲知而已矣",無論貴賤賢愚、王公大臣都要"法天",此類似發端於基督教信仰的近代西方憲政的立法預設——由"上帝之下,人人平等"推展至"法律之下,人人平等"的普遍主義精神。"天志"既然作爲社會公義的終極保證,那麽儘管人與人之間確實存在血緣遠近、關係好壞的不同,在天看來都是自己的臣民。墨家將天意上升爲普遍性原則,則天志作爲評判人言行的終極標準就具備了普世價值的意義。兼愛爲天之所欲,力行兼愛是順天之意,由此墨家所把握的"施愛"原則也就不再局限於一家一宗之内,而必須層層上同於天了。此亦可見,墨家的"兼愛"更像是一條關乎道德的律令,而非一種道德德性③——其既在兼愛理念的推導上承認經驗的局限性和不可聚合(從人之常情中可提取出普世原則),也就同時肯定了人認識能力的有限(須訴諸天志下貫的抽象立法)。墨家訴諸道德律令的"兼愛"與儒家依賴於"推恩"的仁愛在愛觀的層次上本質不同,

---

① 《孟子·滕文公上》篇中孟子在與夷子辯論愛之等差時批評墨家施愛的動機論有問題。孟子之意,乃謂墨者視其母本無異於路人恰是"二本"非"一本"。

② 所謂的"血親倫理"(Consanguinitism),是指把建立在血緣關係基礎上的血親情感看成是人們從事各種行爲活動的本原根據,並且由此出發論證人的行爲活動的正當合理性。劉清平先生認爲,把血緣親情當做本根至上的儒家血親主義就是血親倫理。見劉清平《論孔孟儒學的血親團體性特徵》,《哲學門》2000 年第 1 卷,第 15 頁。

③ 葛瑞漢先生認爲墨家關於"名"的論述已經指出天下間沒有共名能被理解(On his theory of naming, no common name could be understood)。筆者以爲此言甚當。正是由於沒有共名可以被理解,故基於人的經驗聚合而成的共識並不可靠亦不可能,這就是墨家"無知論"的邏輯起點——因爲自限而訴諸天志。又由於訴諸天志,於是兼愛成爲外於心的道德律令(而非内於心的道德醒覺)。見[英]葛瑞漢著、張海晏譯《論道者——中國古代哲學論辯》,中國社會科學出版社 2003 年版,第 169 頁;A. C. Graham, *Disputers of the TAO: Philosophical Argument in Ancient China* (Chicago: Open court publishing company, 1991), p.144.

故很難純以"血親倫理"的標準進行考量①。因爲血親倫理本身就是由經驗聚合爲共識而後推導出來,不像自由民主平等博愛人權等西方普世價值觀或墨家兼愛乃訴諸天意下貫、"天賦人權""人生而(被造爲)平等"②的抽象立法。

由於兼愛說的"超血親倫理"性質,墨家常被詬病爲缺乏情感上的分疏,以致淪爲對路人的愛與對父母的愛沒有分別。其實墨家主張"兼以易別",並不試圖取消父母與路人的區別,其"爲己猶爲彼"的特色愛觀要求目的與實效的統一③。《大取》曰"愛人,待周愛人而後爲愛人;不愛人,不待周不愛人;不周愛,因爲不愛人矣",周愛的原則就是無所不包地愛利一切人,如果只願愛利一些人,而不愛利另一些人,就是"別愛",即不愛人。周愛的對象既然指向所有人,自然包括血親和君父。所以墨子並非否認血親關係厚薄多寡各異的社會現實,而是要求設置一個倫理道德下限,即愛利自己的同時不能戕害別人。也就是說墨家是設置一個道德下限作爲社會群體必須遵守的共義,而倫理高標則是在保守住這個底綫的基礎上賦予個體去進行追求。

由己身及於他者,由自心及於外物,先"親親"而後"仁民",這是儒家式的推愛方式。這種推愛方式決定了其愛能周延的範圍不出五倫限度,存在損人利己的腐敗隱患和自我消解的困局。墨家的倫理愛觀是由天志推出兼愛的由上而下的縱貫系統,這套承認施愛方和受愛方、各受愛方之間的主體地位平等的獨特表述超出五倫和血親的範疇,直達"第六倫"甚至"第七倫"——即在五倫綱常倫理之外,兼具愛陌生他者的"第六倫"和與陌生人雙向互動的兼愛交利"第七倫"。

二、爲彼猶爲己:以兼愛消解群己矛盾

任何一個宗教、文化中的個人與群體置身於社會生活當中,首先要處理的即是"群己之

---

① 類如墨家的"兼愛說"中的利愛原則——《經上》曰"義,利也",《經說上》曰"義。志以天下爲芬而能能利之。不必用",就都不是從經驗處境出發來考慮(類如儒家以義者宜也)。因爲處境的問題由處境來解決,乃是基於經驗論,而利愛無法從經驗上被推導,就類似於絕對律令。即便是倫理學上不可繞開的"孝親觀"亦復如是——《經上》曰"孝,利親也",《經說上》曰"孝。志以利親爲芬,而能能利親。不必得",其所體現的墨家特色的、基於"兼愛"的"孝",乃是作爲一種普世共通的人類心理需求。由是,基於"兼愛"的"孝",必然要求平等,亦要求重視整體利益(普世)甚於重視局部利益(血親)。

② 今人多援美國《獨立宣言》中言"人生而平等"來解釋人權理念,其實是一錯譯或錯解。其原文"We hold these truths to be self-evident, that all men are created equal, that they are endowed by their Creator with certain unalienable Rights, that among these are Life, Liberty, and the pursuit of Happiness"中的"all men are created equal"實譯爲"人人生而被上帝造爲平等",指示了人權的來源是神授,一如天志下貫。

③ "周愛"是爲了興利害並且防止別相惡交別相賊,"兼以易別"則爲實現"周愛"的方法途徑,體現了墨家"志功相從"的一貫邏輯。孫中原先生指出墨家的"爲己猶爲彼"與"志功爲辯"共同構成了"周愛"在目的論和實踐果效的統一場域。見孫中原《墨學通論》,遼寧教育出版社 1993 年版,第 35 頁。

辯"問題。"群己之辯"側重探討人與群體之間的關係以及相應的社會結構及其制度安排,是中國傳統文化和普世諸宗教文明所共同關注的重要倫理問題①。對群己觀的探討,在倫理學層面猶重邊界意識,嚴復先生當年翻譯英國功利主義哲學家約翰·斯圖亞特·穆勒(John Stuart Mill)著作《論自由》(On Liberty)時即以《群己權界》作爲中譯名,並指出群者社會公域也,己者個人私域也②。在政治哲學層面,則重對個人權利和公共責任的析辨,比如當行動自由即刻與社會制裁發生矛盾等具體處境時,個人和政府該如何作爲。當然,劃分群己、公私,絕非是指它們在倫理學和政治哲學層面截然二分或對立,類如公域講權力,私域講權利;公域講民主,私域講自由,這樣的化約式理解。中國傳統文化及普世諸宗教文明皆有指示它們之間是一而二、二而一的統合關係的論述。

　　儒家的"群己之辯"發端於孔子。《論語·衛靈公》有言"君子矜而不争,群而不黨",人須置身群體當中以群體的反映來定位己身,同時應該自持操守做到不結黨營私,其群己觀包含活潑的情感因素;孟子"推己及人"的心性哲學繼承了孔子"忠恕之道"的思想,希望藉由同理心的外推擴展,來達成社會秩序的和諧安排;荀子則言"能群"有利於合衆人之力以制命。故有論者認爲,就原始教義而言,儒家群己觀論述居處個體主義(Individualism)與集體主義(Collectivism)這兩極之間的中道③。

　　不過筆者以爲,此所謂"中道"的觀點,尚有可待商榷之處④。儒家的群己表述有三個顯見特徵:其一,以社會身份或親緣身份來界定自己與對方的交往空間和行爲規範;其二,在血親關係深度角色化的倫理圈層當中,個人或社群與自己的關係越近血緣越厚,對他們的信任程度越高。與自己的關係越遠血緣越薄,則信任度隨之降低;其三,推恩推愛是以一己爲中心向外輻射,層層外推至各個層級的他者,最終形成彼此互動的關係網狀結構。由"五倫""十義"所構成的等差之愛在由個人私域向他者公域的躍進過程當中,不可避免地要面對一個實際操作上的困境,即"差序格局"中的"愛之衰減效應"⑤。

---

① 蔣孝軍《傳統"群己之辯"的展開及其終結》,《哲學動態》2011 年第 9 期,第 43 頁。
② [英]約翰·斯圖亞特·穆勒著、嚴復譯《群己權界論》,商務印書館 1981 年版,第Ⅴ～Ⅹ頁。
③ 余英時先生認爲就原始教義而言儒家居處個體主義(Individualism)與集體主義(Collectivism)的中道,《墨子·尚同》《商君書·一教》皆屬於集體主義的範疇,楊朱的《爲我》、莊子的《逍遥遊》以至《吕氏春秋》中的《重生》《貴己》等篇則代表了先秦中國個體主義的一面。見余英時《現代儒學論》,上海人民出版社 2010 年版,第 237 頁。
④ 筆者認爲,當留意後世學者對孟子辟楊、墨理路的路徑依賴。類如孟子"辟楊、墨"把楊朱"爲己"與墨子"兼愛"置於個人主義與集體主義的兩極,顯然爲了論戰的需要將楊、墨群己表述推到了極端。後世繼承孟子精神譜系的儒家學者循其理路,多少遮蔽了兼愛學説"爲己"的面向。
⑤ 費孝通先生在其社會學著作《鄉土中國》中以"差序格局"來形容中國傳統社會的人際關係。他指出中國人的邊界感並不清晰,私人關係的緊密程度決定了人我、人群之間的邊界。由一己出發,外推的範圍可以無限大,甚至大至天下;同樣也可無限小,小到個人。由己到家到國到天下,是一層層外推出　(轉下頁注)

由於"愛的衰減效應"是客觀存在的事實，故無論是"修身齊家治國平天下"治平之術，還是"親親而仁民，仁民而愛物"的仁愛主義，儒家言說傳統中的外推理路，並不能完全做到對一己血親和陌生他者的一視同仁——在血親倫理的差序格局當中，與己身關係越遠，對他者施愛就越薄；與己身關係越近，對他者施愛就越厚；由是把愛層層向外推展，至極處也就稀薄得近乎等於無有。其實，彼時所謂的"逃墨必歸於楊，逃楊必歸於儒"的儒墨楊三方關係，在某種意義上揭示了儒家推愛觀近楊朱而遠墨翟、先己身而後他人的本質。儒楊二家論愛，論理邏輯上同構，相異僅在推展程度——儒家尚且"泛愛衆"，同情心的擴充至少籠罩到血親、五倫的範圍，雖然施行上未必有效，然作爲"雖不能至而心嚮往之"的社會理想，本身無可厚非；至於楊朱純乎私愛的"拔一毛以利天下而不爲"，則只關照個人不關照他者。個人與他者、與社群之間沒有聯結，個人是完全孤立的原子化存在。由是可理解爲何孟子將墨家作爲頭號論敵的原因。蓋以孟子立場來看，人要愛人必先預設愛己、愛血親，此爲天理人情；由此天理人情出發擴充此愛以至於普世，方能保證倫理動機和實踐果效上的相一致。墨家"兼愛"雖然陳義甚高，但因缺乏"爲己"的維度，可能導致實踐上的失敗（違反人之常情）和倫理上的悖逆（破壞差序格局）。觀諸現儒家言說傳統，其中類如"家國同構""移孝作忠""君父同倫"等理論思想都是以"私己"的個體主義精神爲起始而建構。由己身至家國天下是一條單向度的路徑，其中次序不能反過來，其中環節也不能缺一個——人若不愛己就一定不可能愛他人，自然也就無父無君如同禽獸。此正是孟子所謂"楊近墨遠"背後的隱微之義。

　　孟子辟墨的思路得到後世諸多論者的繼承，大抵皆言墨家缺乏"爲己"的倫理層次，此誠爲誤解。墨家兼愛乃關注己身且預設自愛（Self-concern）的。《墨子·大取》篇曰"愛人不外己，己在所愛中"，即言愛人即爲愛己，二者不相矛盾。該書《兼愛中》曰"視人之國若視其國，視人之家若視其家，視人之身若視其身"，則在群己關係上的表述與儒家相反。"視人若己"是由他者到己身，由群體籠罩到個人；孟子的"老吾老以及人之老，幼吾幼以及人之幼"的"以己度人"，則是由己身及他者，由個人推展至群體。由此可知，儒墨論愛，邏輯論式縱有不同，但謂墨家全然否定"爲己"的意義，則顯爲偏頗之論了。

　　墨家以"兼"爲"仁"，以"體愛"訓仁，《經上》曰："仁，體愛也。"《經說下》釋曰："仁：愛己者非爲用己也，不若愛馬者。"在墨家看來，"仁"就是以同理心投入對方的情景，設身處地爲他人著想。"仁"須通過"體愛"得以落實，於內以己量人，於外視人猶己。《經說下》設喻指出愛人的目的不是基於功利主義考量的施恩求回報——既以愛己非爲用己，則同樣愛人非爲用人，

（接上頁注）去。在這個次序中，最重要的是"己"的利益，次而及家及國及天下。費先生舉一個比喻來描述這種差序格局："好像是把一塊石頭丟在水面上所發生的一圈圈推出去的波紋，每個人都是他社會影響所推出去的圈子的中心。被圈子的波紋所推及的就發生關係。每個人在某一時間某一地點所動用的圈子是不一定相同的。"見費孝通《鄉土中國》，北京出版社2004年版，第39頁。

否則"是所愛必有所爲,愛之愈甚,而責報愈深,是則與愛人之仁相遠矣"①,與愛馬是爲用馬無異。墨家又以"體"釋"兼",《經上》曰"體,分於兼也"。體爲局部,兼爲整體,前者被包含於後者,若綫由點所組成,一由二中分出。沒有點就沒有綫,沒有一也就沒有二。墨家對"兼"的定義十分明確,個體雖然從屬於群體,但是群體也不害個體的獨立。

由墨家對"兼愛"的闡釋可以看出,墨家群己觀的表述雖然不如儒家依五倫層層推恩那樣次序明確,但並未否認個體之價值以及個人連於群體的正當性。既注重個體也注重群體,肯定自己的當下也肯定了他者,避免了"愛的衰減效應"。在連接自己與他者、自己與群體的關係過程中,未使所施之愛隨五倫層級的向外推展而逐次衰減,突破了儒家對差序格局的講求,從而賦予"群"與"己"一種特別的身份和地位。

三、爲何利他與如何利他:以墨家"利親"論述爲例

墨家兼愛說的倫理向度可從群己觀、孝親觀、利他觀三個方面來綜合考察,這三個方面分別對應置身於某一宗教、文化傳統下的群己關係、孝親精神和利他主義;具體展現爲該宗教、文化傳統影響下的人如何看待自己、看待家人(家庭)、看待鄰人(陌生人)的態度;以及在社會功用層面如何處理人與人、人與社會之間的關係。而由天志下貫、超五倫關係的墨家"兼愛"如何平衡"孝親"與"利他"二者的關係、如何解決"忠孝不能兩全""損別家利己家"的雙重悖論,這些倫理辯難又是考察墨家"兼愛"學說是否具備普世價值的重點。

過去十五年間,漢語學界發生了一場影響深遠的思想論戰,學者圍繞儒家"血親倫理""親親相隱"等課題展開學術爭鳴②。對儒家持批判態度的劉清平先生認爲,個體性(道德小我通過文化陶冶的實現)、社會性(人文大我通過仁愛外推的實現)和孝愛(血親之愛)三者之間的矛盾使得儒家不可能通過親親而利他,内蘊差序愛的"推恩"在實際踐履中存在無法化解的內

---

① 王贊源主編,姜寶昌、孫中原副主編《墨經正讀》,上海科學技術文獻出版社 2011 年版,第 8 頁。
② 自劉清平先生於 2002 年在《哲學研究》第 2 期發表《美德還是腐敗——析〈孟子〉中有關舜的兩個案例》一文以來,有關孔孟儒學是否"堅持把血親情理作爲本根至上的基本精神,最終使得儒家思潮在本質上呈現血親團體特徵"的辯難,引起了學術界尤其是儒學界的熱烈討論。此後劉清平先生又據此提出"批判人本主義"和"後儒家精神",即以"不可坑人害人,應該愛人助人"爲判斷依據來考量儒家血親倫理是否具備普遍主義精神和普世價值,從而引發了一場長達十年的有關"親親相隱""東西方容隱制""儒家腐敗"的學術論戰。這場論戰中的正反兩方面觀點被收錄於《儒家倫理爭鳴集——以"親親相隱"爲中心》。詳參郭齊勇主編《儒家倫理爭鳴集——以"親親相隱"爲中心》(湖北教育出版社 2004 年版)、劉清平《忠孝與仁義——儒家倫理批判》(復旦大學出版社 2012 年版)、林桂榛《"親親相隱"問題研究及其他》(中國政法大學出版社 2013 年版)、陳壁生《經學、制度與生活——〈論語〉"父子相隱"章疏證》(華東師範大學出版社 2010 年版)、郭齊勇主編《〈儒家倫理新批判〉之批判》(武漢大學出版社 2011 年版)。

在悖論①,其所產生的負面效應是"爲某些特殊性團體情感置於普遍性群體利益之上的腐敗現象的產生提供了適宜的温床"②,亦即爲了一己血親之利益可能謀親屬之利而損害他人,在利他上始終無法跨出血親倫理的範圍,走向一己血親以外的他者和社群③。針對劉清平先生的觀點,郭齊勇先生提出反駁。他認爲儒家倫理並非狹隘的血親之愛,而是以親親爲起點而實行外推的普世之愛。"仁者愛人"的普遍主義在"父慈子孝"的特殊性上能够得到彰顯,之中存在經與權的彈性和張力④;賴品超先生亦不同意劉清平先生的看法,他認爲以血親情理作爲道德修養之起點在原則上不排斥互惠利他,甚至有利於將利他行爲從有血緣關係者之間的親族利他擴展到無血緣關係者的互惠利他⑤。這場論戰帶出了一個重要問題,即"由親親而利他"在倫理上和實踐上是否可能?可惜學者的討論尚少來自墨學之維的考察,是爲缺憾。筆者以下嘗試從墨家兼愛交利的角度介入探討。

　　囿於過往陳見和孟、荀辟楊、墨的遺傳,後世對墨家利他主義的評價常居於兩極。或以其爲近乎宗教徒情結的"純粹利他不利己"——與人己之親無分,目的高尚而實際難行;或以其爲極端功利主義的"爲利己而利他"——以功利實用爲務,利他的動機不純⑥。面對這種混雜

---

① 劉清平《論孔孟儒學的血親團體性特徵》,載郭齊勇主編《儒家倫理争鳴集——以"親親互隱"爲中心》,湖北教育出版社 2004 年版,第 854 頁。
② 劉清平先生認爲,孔孟儒學宣揚的血緣親情賦予了親情以本原根據的意義,從而使之具有至高無上的地位。劉清平《論孔孟儒學的血親團體性特徵》,《儒家倫理争鳴集——以"親親互隱"爲中心》,第 855 頁。
③ 同上,第 856 頁。
④ 郭齊勇先生質疑劉清平先生以血親倫理爲儒家倫理學核心的觀點。他認爲天賦的道德心與人的天性才是這一核心。見郭齊勇《也談"子爲父隱"與孟子論舜:兼與劉清平先生商榷》,載郭齊勇主編《儒家倫理争鳴集——以"親親互隱"爲中心》,第 12 頁。
⑤ 賴品超《從基督宗教、儒家及演化論看利他主義》,《漢語基督教學術論評》,臺北中原大學宗教研究所 2013 年 6 月號,第 192 頁。
⑥ 此即關係到利他主義(Altruism)的道德動機(Moral Motivation)問題。利他主義在生物學、社會學、心理學上有不同的定義,一般研究的是利他主義的生成動機和行爲果效,將從生物學和進化論角度介入的探討限定在前者,將由普世主流宗教和文化(如儒家和基督教)介入的探討限定在後者。安樂哲先生就曾指出,道德就其客觀而言,是社會一致遵循某種既定行爲準則的結果,譬如當"愛"施於人時便成爲被普遍認同的道德教義。然而當施"愛"僅爲求取自身回報,就喪失其道德認同(Moral Attractiveness),進而產生某種道德上的敗壞(Molally Repugnant)。以"施愛"來比擬"施利",道理亦復如是,通常認爲利益他人是一種道德上的善舉,而利益自己則可能爲自私或者僞善,其間之差異即在於以何者爲中心,前者乃以他人爲中心,後者乃以自己爲中心。意即,若以自我作爲道德思想的基本準則和道德行爲的原始初衷,不但不能導人或社會以向善,反會使此向善之行爲轉變爲一種自私、僞善的惡行——"Apparently the injection of self into code of moral precepts transmutes socially redeeming conducts into socially abhorrent behavior"。參 Roger Ames, *The Art of Rulership: A Study of Ancient Chinese Political Thought* (New York: New York University Press, 1994), p.154.當然,目的和果效,動機和行爲,這絕非截然二分,比如對於墨家學説中的利他主義傾向,就很難定義其是以"利他"形成的結果來論證生成"利他"的動機,還是從"利他"生成的動機來推演"利他"造成的果效。

性，筆者以爲須回到《墨子》原典，探究其相關義理才能清楚。墨家不同於儒家，在"義利之辯"中提出了與儒家"義者宜也"所不同的"義，利也"的原則，直接將"義"界定爲"利"，從理論上取消了二者的對立。表現在利他主義上，就是"義利同一"——利他的同時就是利自己利親族，兼愛的同時就是愛自己愛親族。墨家對義利關係的定義，顯示其超越血親倫理的性質，但並不否定血親倫理的正當性。

《經上》篇曰："孝，利親也。"《經説上》釋曰"孝，以利親爲分，而能能利親，不必得"。"孝親"就是"利親"，做對父母有利的事即爲行孝道。《經上》又曰："利，所得而喜也。"《經説上》釋曰"利：得是而喜，則是利也。其害也，非是也"，能給心理帶來歡愉的事情就是"利"，反之則爲"害"。此外，墨家還主張愛與利要合一，志與功要相從，既考量行爲動機又考量客觀果效——《大取》曰"義，利；不義，害。志功爲辯"，《經説下》曰"仁，愛也；義，利也。愛、利，此也；所愛、所利，彼也。愛、利不相爲内、外，所愛、利亦不相爲外、内。其爲仁内也，義外也，舉愛與所利也，是狂舉也。若左目出，右目入"。以上四條目對觀可得，墨家不但不反對孝親，反而極力鼓勵孝親；不但極力鼓勵孝親，還主張孝親應滿足人的實際情感需求（滿足物質利益需求，當然也是滿足情感心理需求的重要内容）。

不同於儒家嚴等差別親疏、先親親而後利他的"孝親"表達方式，墨家是平等差別親疏、交利及於親親，其愛的施放對象不限一己血親，還及於陌生他者和外在社群。由之產生一個問題，即按照對親者厚、對疏者薄的人之常情，墨家希望兼顧陌生他者和一己血親之利益的利他主義，在實踐上如何可能？《兼愛下》曰：

> 然而天下之非兼者之言，猶未止。曰："意不忠親之利，而害爲孝乎？"子墨子曰："姑嘗本原之孝子之爲親度者。吾不識孝子之爲親度者，亦欲人愛、利其親與？意欲人之所惡、賊其親與？以説觀之，即欲人之愛、利其親也。然即吾惡先從事即得此？若我先從事乎愛利人之親，然後人報我愛利吾親乎？意我先從事乎惡賊人之親，然後人報我以愛利吾親乎？即必吾先從事乎愛利人之親，然後人報我以愛利吾親也。然即之交孝子者，果不得已乎？毋先從事愛利人之親者與？意以天下之孝子爲遇，而不足以爲正乎？姑嘗本原之。先王之所書《大雅》之所道，曰：'無言而不讎，無德而不報。投我以桃，報之以李。'即此言愛人者必見愛也，而惡人者必見惡也。不識天下之士所以皆聞兼而非之者，其故何也？"①

"吾先從事乎愛利人之親，然後人報我以愛利吾親"，墨家此種"投桃報李"的"利親"方式似乎給人以施恩圖報的功利印象。其實不然。筆者引英國功利主義哲學家約翰・斯圖亞特・穆勒（John Stuart Mill）的論説以資探討。穆勒認爲正義和功利並非二元對立，從本質上説功利

---

① 畢沅校注、吴旭民校點《墨子》，上海古籍出版社 2014 年版，第 71 頁。

还是正义的基础①。当有相应的不义产生时,必有相应的权利被侵犯。由是他主张个人行为和群体决策应以大多数人的利益为依归②。墨家"以义为利"的思想观念与穆勒十分相近,也强调最大的利就是最大的善。因为忠亲之利本在兼爱天下的范围之内,故爱利他者的同时就是爱利一己血亲③。《兼爱上》曰:"若使天下兼相爱,视父兄与君若其身,恶施不孝?"对一己血亲之爱与对陌生他者之爱,在此意义上于"兼爱"中得到统一。

葛瑞汉(A. C. Graham)先生在对比孔墨二家的伦理层次后指出,孔子是把爱理解为一种"杂驳的礼的义务之网的指南"(A guideline through the variegated web of ritual obligations),而墨子则把它抽象为礼仪角色将由之判断的超验原则(Transcendent Principle)④。换言之,"兼爱"是由天志下贯的道德原则,类于康德(Kant)"绝对命令"(Categorical-Imperative)式的定言判断。故不同于儒家是以亲亲为本而后向外扩展可以利他的个体和社群,墨家乃是以天志为本而后

---

① 参[英]约翰·斯图亚特·穆勒著、叶建新译《功利主义》,九州出版社2007年版,第97页;John Stuart Mill, edited by George Sher, *Utilitarianism* (Indianapolis: Hackett Publishing Company, Inc, 2001), p.42.
② 穆勒在《功利主义》中提出:"我质疑那些脱离于功利而建立某种虚构的正义标准的理论观点。相反,我主张基于功利之上的正义才是整个道德的主要组成部分,具有无可比拟的神圣性和约束力。"(While I dispute the pretensions of any theory which sets up and imaginary standard of justice not gruonded on utility, I acount the justice which is grounded on utility to be the chief part, and incomparably the most sacred and binding part, of all morality). 参[英]约翰·斯图亚特·穆勒著、叶建新译《功利主义》,第137页;John Stuart Mill, edited by George Sher, *Utilitarianism* (Indianapolis: Hackett Publishing Company, Inc, 2001), p.59.
③ 需要指出的是,此处笔者谓墨家之兼爱交利与穆勒的功利主义有可通约处,并非将二者简单等同。穆勒的功利主义推演到极处,可能产生极端形式,即根据功利估计的原则(Valuation by Utility),为了集体价值而抹杀个人价值,从而变成多数人的暴政。伦理学界经典的思想实验"电车讨论"(The Trolley Problem)即是一例:一个疯子把五个无辜的人绑在电车轨道上。一辆失控的电车朝他们驶来,片刻后就要碾压到他们。在另一条轨道上也绑了一个人。此时你在边上,可以拉一个拉杆让电车开到只有一个人的轨道上,以一命换五命。当然也可以什么都不做。根据功利主义原则,应该拉杆,因为符合最多数人的利益。而道德论者则批评这种结果导向的观点,因为纵使能够挽救更多人的生命,但拉杆的行为将使自己陷入不义的境地——照顾到最大多数人利益的抉择,并不能使得自己免除道德上的审判。墨家以杀一辜者得不祥,杀一人以救天下非利天下。"兼爱"绝非冰冷的利益计算,而是包含情感的交互和良心的决断。故墨家并不赞同为谋求最多数的幸福可以侵犯少数人的利益,若墨家同样面对"电车悖论",可以显见其断不会以"杀一命救五命"为不假思索的正义的决断行为。
④ 参[英]葛瑞汉著、张海晏译《论道者——中国古代哲学论辩》,第54页;A. C. Graham, *Disputers of the TAO: Philosophical Argument in Ancient China* (Chicago: Open court publishing company, 1991), p.42.

推出親親也落在兼愛的範疇之内①。墨家承認人有欲利的本性——"天下之利歡"(《大取》),故"能利親"才爲"孝",要達到"孝"的目的又必須"兼愛交利"。由此通過天志的權威(天欲人相愛)爲人類的理性(趨利以避害)作了保證,"爲何要利他"和"利他何以可能"在"兼愛"中得到了統一。綜上可得墨家以兼愛爲中心的利他主義的推展圖譜(見表一):

(表一)

	利他的來源	利他的動機	利他的目標	利他的範疇
出處	天之欲人相愛,不欲人相惡(《天志上》)	莫若法天(《天志上》)	仁人之事者也,必務求興天下之利,除天下之害。(《兼愛下》)	愛人不外己,己在所愛中。(《大取》)人無幼長貴賤,皆天之臣也。(《法儀》)
内容	兼愛爲天志的要求	當以天爲法行兼不行别	兼愛目標:興利除害	既含納一己血親,又超越一己血親。消解群己矛盾,突破差序格局。

四、普遍主義之思:兼愛作爲一種另類的倫理黄金律

今人所謂"普世價值"(Universal Value,又作"普適價值")是指那些出於人之良知與理性,具有超越宗教國家民族人種性别之分别,並爲普世人類所共同承認的理念共識。評價某一宗教傳統、文明傳統中具備多少的"普世價值"乃是以其所内藴的普遍主義精神之多少爲衡量標準。在人文社會科學範疇内,與"普世價值"直接相關的一般而言爲倫理道德方面的思想資源。概言之,若一個宗教傳統、文明傳統的倫理道德只適用於其所能發生作用的特定地域或特定社群,那麽它就是"特殊主義"的,不具備普世適用性;若一個宗教傳統、文明傳統的倫理道德不僅適用於其所能發生作用的特定地域或特定社群,同時還能跨越其所籠罩的地域和社群,爲其他宗教傳統、文明傳統的地域、社群所共同接受,那麽它就是"普遍主義"的,也就具

---

① 葛瑞漢先生指出,"兼愛"應該是平等地關懷每個人(Concern for Everyone)而不論他是否與自己有血緣親屬關係,這正是全體的利益,即每個人應該把對自己親人的關愛包括在他的義務之中,故而它是一種道德原則而非社會平等原則("Concern for everyone" is a principle of moral but not social equality)。根據葛瑞漢先生所言繼續推演,則必然可得——與孔子不同,墨子把兼愛原則放在血緣親情之上,即不同於孔子以孝悌爲本推出仁愛,墨子是以兼愛利他推出孝悌,在邏輯和實踐上消解"損人利己""忠孝兩難全"的邏輯困難。參[英]葛瑞漢著、張海晏譯《論道者——中國古代哲學論辯》,第54頁;A. C. Graham, *Disputers of the TAO: Philosophical Argument in Ancient China* (Chicago: Open court publishing company, 1991), p.43.

有了"普世價值"的意義。普世諸宗教文明傳統都承認"愛人"爲一無可争議的"普世價值",而墨家又是中國傳統文化中最講"愛"(兼愛)的學派團體。是故考察墨家"兼愛"是否具備普遍主義的維度,有利於我們在"普世"的坐標下對墨家的特色倫理愛觀給予恰當定位。

　　論到"普世價值"中的倫理愛觀,猶以從基督教教義源發出來的"博愛"精神爲代表。英文語境當中,墨家"兼愛"與基督教"博愛"經常被同作以"Universal Love"來翻譯,意爲"普世愛人"。基督教"愛人如己"的誡命,在表述上確實與墨家"視人若己"有某些相近。近代以來,西方傳教士爲了福傳工作的需要,通過索引中國古代文獻,從先秦諸子的論著中重新發現了墨家"兼愛"的價值意義。他們以神學的視角考察墨家兼愛,並將其與基督教博愛的理念進行比較①。傳教士的成果拓展了自利瑪竇以來慣常以儒家仁愛爲基督教博愛在東方世界之投射和參照的思想路徑,具有突破性。其後民國基督徒知識分子從中國傳統文化的角度介入"耶墨對話",其成果往往兼具儒耶墨三方的比較,對墨家"兼愛"的認識亦較傳教士更爲全面。當代亦不乏學者從各自的角度出發比較墨家"兼愛"和基督教"博愛",雖所論各異,不過基本傾向於二者有諸多相通之處,至少比之儒家的"仁愛",墨家"兼愛"與基督教"博愛"能夠互相對話的空間更大一些②。

　　基督教之"博愛"與墨家之"兼愛"會在某種意義上被目爲等同,蓋因兩者較之儒家的倫理愛觀(如仁愛、孝愛),似乎更具有超越血親、五倫而走向普遍性愛人的普世維度。畢竟儒家囿於血親倫理的限制,始終無法解決"普遍性愛人"(人性原則)和"特殊性本根"(最高原則)的内在悖論。劉清平先生指出,由一己血親出發層層向外推恩的"泛愛衆",很可能在某些時候因爲要首先照顧到一己血親的利益而不得不枉顧陌生他者和社群的利益,從而導致"損人利己""損别家益己家"的腐敗效應③。同心圓式的差序格局的存在,使得儒家倫理愛觀只能成爲一適用性受限的局域性倫理。

---

① 傳教士"耶、墨對話"中涉及"兼愛和博愛"比較的成果,有[英]艾約瑟《評墨子人格及其作品》(香港皇家亞洲文會中國支會會刊 1858 年版)、[英]威廉姆森《墨子:中國的異端》(濟南大學出版社 1927 年版)、萬斯伍德《墨子著作中的宗教因素》(《教務雜誌》1931 年)、樂靈生《墨子的倫理價值》(《教務雜誌》1932 年)、Wilbur H. Long《中國古代哲學家墨子的兼愛觀》(北京加州學院中國分校 1934 年)等。參褚麗娟《文明碰撞與愛的重構——墨子兼愛與耶穌之愛的學術史研究(1838—1940)》(東京白帝社 2017 年,第 25~27 頁。)
② 這部分的研究,見徐長福《差等之愛與平等之愛——對儒家、墨家、基督教有關愛的觀念的一個比較》,載《維真學刊》2002 年第 2 期;黄燕妮《墨家兼愛與基督教等愛之異同》,《學理論》(上)2010 年第 5 期;鄧萌萌《墨子"兼愛"思想與基督"愛人如己"思想的異同》,《文學教育》2012 年第 5 期;馬騰《與正義關係理論研究——以"聖愛"與"兼愛"爲類型》,《中山大學法律評論》2011 年第 9 卷第 2 輯;張天傑《譚嗣同仁學與基督教思想》,《世界宗教研究》2008 年第 4 期;張少恩、孫秀芳、田會輕《仁愛、兼愛與博愛——儒、墨倫理文化與基督教倫理文化比較》,《貴州社會科學》2014 年 5 月總第 293 期第 5 期。
③ 劉清平《論普遍之愛的可能性——儒家與基督宗教倫理觀比較》,載謝文郁、羅秉祥主編《儒耶對談——問題在哪裏》,廣西師範大學出版社 2010 年版,第 335 頁。

誠然,比之儒家,基督教"博愛"與墨家"兼愛"是"超血親倫理"的①。然則評價某個宗教文明傳統的倫理愛觀是否具備普世價值,則其倫理愛觀中包含多少"超血親倫理"的成分,只能作爲其中的一個因素來進行考量。類如基督教的"愛人如己"是包含在"愛神愛人"兩大誡命之中,"愛神"爲宗教第一要義,"愛人"從屬於"愛神",且"愛人"是上帝規定的必須恪守的律法,已然不是一般性的個人道德自覺②。劉清平先生指出,這樣可能會導致另一個倫理悖論,即信徒因爲愛神而不得不恨惡不信神的罪人③。由是觀之,"超血親倫理"之愛固然超越了血親之愛的範疇,然若未超越其他的"特殊性本根",如獨愛某個神祇、種族、主義、國家等,仍不算是全然具有普遍主義精神的。

　　儒耶二家倫理愛觀的悖論,其實就是"普遍性愛人"(人性原則)和"特殊性本根"(最高原則)之間的悖論。今人論到儒家和基督教的倫理愛觀均缺乏對其概念的必要分疏,慣以"仁愛""博愛"以爲全稱泛指,容易忽視其中普遍主義精神與特殊主義倫理之間的内在張力。儒家"仁愛"觀的普遍主義之維是經由血親之愛層層外推而來,"泛愛眾"(普遍性愛人)和"親愛"(特殊性本根)是一組矛盾;基督教"博愛"則有"愛神"和"愛人"兩個層次,"愛人如己"以上帝規定信徒必須奉行的宗教信條的形式而來,"神本"(特殊性本根)和"人本"(普遍性愛人)是一組矛盾。在某些特定處境下,譬如要求"普遍性愛人"與"特殊性本根"兩者必須選擇其一的時候,儒耶二家可能就不得不尊重後者的最高要求,而捨棄前者的人性原則。由是觀之,是否墨家的"兼愛"也同樣存在類似"以特殊性本根壓倒普遍性愛人"的倫理悖論? 例如當天下之大利(愛天下人)與某個人或某部分的利益(愛某個人或某部分人)發生衝突時,可以只愛前者不愛後者,或爲了前者而捨棄後者呢?

　　筆者以爲,墨家不存在上述倫理悖論。儒家與基督教的倫理愛觀之有缺憾,在於二者"泛愛眾"與"愛人如己"的普遍主義精神之上,尚懸置一個價值層級更高的特殊性倫理以爲規限。故在外推其愛以及於普世的過程當中,並不能保證對一己血親和同一認信群體之外的陌生他者和社群,仍能保持一視同仁的善意和慷慨。墨家則不然,《經上》曰"任,士損己而益所爲",

---

① 筆者此處所謂墨家與基督教比之儒家更具有"超血親倫理"的性質,乃是相對而言。在前文中已論述到,墨家倫理愛觀的超血親倫理是指其倫理愛觀之維能夠籠罩超越血親倫理的範疇,而非指全然否定血親倫理。基督教的情況亦同此類。基督教的倫理愛觀雖然是神本主義,但在"摩西十誡"第五條亦記曰:"當孝敬父母,使你的日子在耶和華你神所賜你的土地上得以長久",亦一樣承認要孝順父母,承認血親之愛的存在。見香港聖經公會《舊約》,《聖經新標點和合本——新標準修訂版》,香港聖經公會 2014 年版,第 111 頁。本文如無特別說明,凡引用《聖經》文段皆出自該版本。
② 《聖經·新約·馬太福音》22 章第 37 到 40 節記載耶穌對門徒的教訓:"耶穌對他說,你要盡心,盡性,盡意,愛主你的神。這是誡命中的第一,且是最大的。其次也相仿,就是要愛人如己。這兩條誡命,是律法和先知一切道理的總綱。"見《聖經新標點和合本——新標準修訂版》,第 41 頁。
③ 劉清平《論普遍之愛的可能性——儒家與基督宗教倫理觀比較》,載謝文郁、羅秉祥主編《儒耶對談——問題在哪裏》第 339 頁。

《經説上》釋曰"任,爲身之所惡,以成人之急也"。參照墨家摩頂放踵以利天下的學派風格以及《經説》《經説上》對"任"的兩條釋文,看起來似乎是墨家將天下之大利作爲具有至高地位的特殊價值,爲了滿足這一特殊價值可以犧牲其他一切,甚至包括自己的生命。然而《大取》篇又曰"殺一人以存天下,非殺一人以利天下也;殺己以存天下,是殺己以利天下",墨家認爲殺了自己來保全天下是殺了自己有利於天下,殺了別人來保全天下則不能説是殺了別人而有利於天下,因爲天下人中已有一人被殺(利天下的目的没有達到)。此處猶當留意,所謂任者犧牲自己以求有益天下,是主動抉擇的個人行爲,其決斷僅由個人操持,其後果也僅由個人承擔。同樣,天下之大利固爲墨家所看重,在必要的時候可以損失個人以保全天下,但前提是基於自願原則,不能夠採取強制手段——人可以選擇殺自己,但没有權力和資格要求别人也一樣"殺身成仁"①。當人要求爲了"愛(利)天下人"而"不愛(利)某個人或某些人"的時候,這個行爲本身就已經不是"愛天下人"了。又《經説上》釋"同"曰"(同)不外於兼,體同也",釋"異"曰"(異)不連屬,不體也","不外於兼"乃"不相連屬"的反義,經由《墨經》的訓釋可見"兼愛"之"兼"含納有相互聯繫、相互合同的意思。正因爲墨家"兼愛"是一種把所有人看作相聯合、屬同類的倫理愛觀,所以其施愛能夠做到"不分貴賤,不別親疏,當下肯定對方的存在,極容易形成平等的觀念"②。由此可見,在墨家語境當中並不存在"普遍性愛人的人性原則"與"特殊性本根的最高原則"之間相互矛盾的倫理悖論。(見表二)

(表二)

倫理悖論	特殊性本根（優先級）	普遍性愛人（次一級）	兩 難 處 境	後 果
基督教	愛 神	愛人如己	爲了愛神而恨惡不愛神的罪人及不信仰此宗的非信徒、異教徒。	引發宗教戰爭、宗派仇殺。
儒 家	血親之愛	泛愛衆	爲了照顧一己血親之利益而不惜損人利己、損别家益己家。	導致血親腐敗、裙帶關係。
墨 家	愛利天下與愛利個體不矛盾,普遍主義與特殊主義相統一。			

综合而言,筆者以爲,墨家"兼愛"之道較之儒、耶二家之"愛"觀陳述,更能作爲一種基於普遍主義精神的、爲普世人類所共同接受的"倫理黄金律"(Golden Rule)③。蓋因其具有以下

---

① 墨家"施愛""利天下"的"非強制"原則,在《墨子》書其他篇章亦有體現。類如《大取》篇曰"義可厚厚之,可薄薄之",即言量力而行地考量人因應處境和人際關係的變化所能施愛的能力和意願,並非做出任何強制性的要求。
② 顔炳罡、彭戰果著《孔孟哲學之比較研究》,人民出版社2012年版,第284頁。
③ 伴隨冷戰結束後傳統東方意識形態陣營的崩潰以及地緣政治的急速變化,一種新的處理全球關係的全球倫理呼之欲出。1993年在美國芝加哥召開的世界宗教議會大會上,由天主教神學家孔漢思(Hans Kung)起草並由大會通過的《走向全球倫理宣言》裹,明確提出了"全球倫理"之於人類作爲整全形體（轉下頁注）

特質：第一，"兼愛"是本質的愛，乃作爲一種道德要求而非道德自覺；第二，"兼愛"充分考量了人性，預設了"自愛"和愛親族的空間；第三，"兼愛"建立於社會的共同規則和底綫共義的基礎之上，"成於共義，止於共義"，視乎人能力的不同，遵循"非强制"原則；第四，"兼愛"是走出自己走向别異的行動；第五，"兼愛"既講求主觀善念，也注重實踐果效。以上特質共同構成了墨家普遍主義的倫理維度——提倡愛人利人，反對坑人害人①；主張以"己之所欲，慎施於人"的精神來裁决利益衝突、調和社會矛盾、處理人際關係；走一條兼顧"能動有爲的利他主義"與"消極無傷害原則"的中道路綫。

[作者簡介] 黄蕉風(1988—   )，男，廈門人。香港浸會大學饒宗頤國學院博士。研究領域爲諸子學研究、經學研究與宗教對話。現任香港墨子協會主席。主編有《非儒——該中國墨學登場了》《立墨——墨學經義釋詁》《歸正墨學》。

(接上頁注)(或至少針對幾個主要文明形態)，在倫理道德上存在某些相同或相近的普世性的共識。《全球倫理宣言》的文獻中提出了"推己及人"的"倫理黄金律"(Golden Rules)問題，該律常規而言有肯定式和否定式兩種。"肯定式"爲《聖經·新約·馬太福音》第七章第十二節和《聖經·新約·路加福音》第六章第三十一節的"(如果)你們願意别人怎樣待你們，你們也要怎樣待别人"(基督教金律)；"否定式"爲孔子的"己所不欲，勿施於人"(儒家金律)。參[瑞士]孔漢思著，鄧建華、廖恒譯，楊熙生校《世界倫理手册》，三聯書店2012年版，第130～147頁。

① 在"儒家血親倫理争鳴"中，對儒家持批判態度的劉清平先生提出了"去忠孝，取仁義"的"後儒家"理論——以"不可坑人害人，而要利人助人"作爲普世價值的底綫倫理。劉先生的觀點給予筆者很大啓發。筆者認爲，墨家之"兼愛"，正是既鼓勵愛人利人(能動有爲的利他主義)，又堅持不可坑人害人(恪守消極的無傷害原則)。畢竟，儒耶二家陷於普遍主義精神與特殊主義倫理之間不可調和的矛盾，墨家的"兼愛"表述更能作爲一種普世人類能够廣泛接受的底綫共識。見劉清平《忠孝與仁義——儒家倫理批判》，復旦大學出版社2012年版，第5～7頁。

論兵學出土文獻中的"奇正"思想*

(臺灣)洪德榮

内容提要 中國古代兵學思想自《孫子兵法》有《形》《勢》兩篇分論,其後諸多兵學文獻都論及了關於形、勢的思想,《漢書·藝文志》中將"兵形勢"列爲兵學四個思想分類之一,也可見其重要性。奇正是古代兵學思想中重要的一環,《孫子兵法》對此有專門闡述,《唐太宗李衛公問對》則以奇正爲核心構成問對的思想主體,闡發奇正相應、變化無窮的道理。銀雀山漢簡本《奇正》篇反映奇正思想在先秦兩漢之際的內涵,其特點在於以"形名"爲辨物識形的基礎,在其中找到作戰致勝之機。《奇正》篇的出土,對於我國兵學思想的探索有莫大的助益。

關鍵詞 《孫子兵法》 奇正 銀雀山漢簡 兵形勢

中圖分類號 B2

一、問題的提出

在中國古代兵學思想中,形、勢觀念向爲兵家所重,自《孫子兵法》有《形》《勢》兩篇分論,《吴子》《尉繚子》《六韜》《三略》都論及了關於形、勢的思想,因此《漢書·藝文志》將"兵形勢"列爲兵學四個思想分類之一,也可見其重要之處。不過,《漢書·藝文志》中著録的相關圖書幾乎亡佚,當中只有《尉繚三十一篇》傳世。《漢書·藝文志·兵書略》中對"兵形勢"定義的小序曰:"形勢者,雷動風舉,後發而先至,離合背鄉,變化無常,以輕疾制敵者也。"其實,由此還不能完全理解兵形勢真正的内涵,但卻能與《孫子兵法》相互參照,如"雷動風舉"即《孫子兵法·軍爭》"故其疾如風,其徐如林,侵掠如火,不動如山,難知如陰,動如雷霆"。若再進一步探討兵形勢觀念中的思想核心,對於"奇正"的討論與實踐必然是不可忽略的部分。

"奇正"一語最早見於《老子》:"以正治國,以奇用兵,以無事取天下。"後被兵家引入作戰觀念中,《孫子兵法》也對"奇正"加以論述,如"三軍之衆,可使必受敵而無敗者,奇正是也""凡

---

* 本文係國家社科基金青年項目"簡帛及傳世文獻中的兵家學派研究"(18CYY035)的階段性成果。

戰者,以正合,以奇勝。故善出奇者,無窮如天地,不竭如江河,終而復始,日月是也""戰勢不過奇正,奇正之變,不可勝窮也。奇正相生,如循環之無端,孰能窮之哉"。以"奇"相對於"正",出奇之際的變化無窮,生生不息,由此得到致勝之機,而奇與正之間也相應相生,循環無窮,此則奇正思想的精妙之處。

在兵書中,《唐太宗李衛公問對》全書以"奇正"爲思想主軸闡述用兵之道,《四庫全書總目提要》評論曰:"特其書分別奇正,指畫攻守,變易主客,於兵家微意,時有所得。"其書雖然爲後人依托唐太宗與李靖之名而作,但其中關於奇正的論辯仍可見兵學家對此一觀念的理解。《問對》强調奇正之間交互運用的觀念,如"善用兵者,無不正,無不奇,使敵莫測。故正亦勝,奇亦勝";"凡將,正而無奇,則守將也;奇而無正,則鬥將也;奇正皆得,國之輔也"。《問對》的思想雖源於《孫子兵法》,但對奇正的闡釋仍具有相當獨特的價值。

與奇正相仿,兵家的形、勢之間並非兩個完全獨立的概念,可以相互分合、互相連動而相輔相成,形其中會隱含勢,勢的改變也會影響形的應用,如《形》中說"勝者之戰民也,若決積水於千仞之谿,形也"。

而對於出土文獻的相關探索,也對此一問題的研討帶來新的空間和材料,20世紀70年代出土的被譽爲重大考古發現的銀雀山漢簡,收錄了多種古兵書及有關兵學的文獻,對於增進古典兵學研究具有着巨大的貢獻,其中《奇正》篇是關於古兵家奇正理論的記載中較爲完整的篇章,其中許多字句和觀念能與傳世文獻相應。在2010年出版的《銀雀山漢墓竹簡〔貳〕》中將其歸入"論政論兵"之屬,其內容對於探究古代兵學中的"兵形勢"亦有所幫助,因此本文擬以《奇正》篇爲主,對其中的奇正理論、兵學思想、字詞詁訓、出土與傳世對比校勘等方面進行探討。

二、《奇正》篇的內容與編成

《奇正》篇全文約五百字,是傳世與出土文獻中少見的以奇正爲主題的文獻。1975年出版的《孫臏兵法》影印本和釋文,將全書分爲上、下兩編,將其視爲全書的一部分,銀雀山漢簡整理小組對此次編定的理由也提出了說明:

> 本書分上下兩編。上編前四篇記孫臏擒龐涓事迹以及孫臏與齊威王、田忌的問答。其他各篇篇首都稱"孫子曰",但內容書體都與銀雀漢墓所出《孫武兵法》佚篇不相類,所以可以肯定是《孫臏兵法》。下編各篇沒有提到孫子,今據內容、文例及書體定爲《孫臏兵法》。由於竹簡殘斷散亂,而《孫臏兵法》又早已亡佚,無從核對,整理工作中肯定會有錯誤。本書中可能有一些本來不屬於《孫臏兵法》的內容摻雜在內,請讀者指正。①

---

① 銀雀山漢墓竹簡整理小組編《孫臏兵法》,文物出版社1975年版,第27頁。

1985年,《銀雀山漢墓竹簡〔壹〕》出版,銀雀山漢墓竹簡整理小組再次編纂《孫臏兵法》上、下編時,採取了較爲謹慎的方式,將存有爭議的"下編"從《孫臏兵法》中移出,對此調整,編者云:

> 墓中所出竹簡中有很多是不見流傳的佚兵書。其中肯定有我們所不知道的佚書,但是也可能有一些是未被我們識別出來的《孫子》佚篇和孫臏書。尤其是《十陣》《十問》《略甲》《客主人分》《善者》等篇,篇題寫在簡背,與《孫子》和孫臏書相同,書法和文體也分別跟《孫子》或孫臏書中的某些篇相似,但由於缺乏確鑿的證據,我們没有把這幾篇編入《孫子兵法》和《孫臏兵法》,而把它們暫時收在本書第二輯"佚書叢殘"中。①

相隔二十多年後,在2010年出版的《銀雀山漢墓竹簡〔貳〕》再次對《孫臏兵法》"下編"的歸屬問題作出說明:

> 論兵之篇中,有不少篇過去曾編入《孫臏兵法》下編,但是都缺乏確屬孫臏書的證據。其中《將敗》《兵之恒失》二篇,篇名與《王道》等論政之篇同見於一塊標題木牘,其非孫臏書尤爲明顯。所以現在把這些篇全都改收入本輯。②

從上引《孫臏兵法》篇目的分合過程可以發現,原屬"下篇"的內容因爲找不到確切的證明,因此整理者採取審慎的態度,將其另歸爲"佚書叢殘"的"論政論兵"之屬,筆者認爲此做法十分合理,在古書文獻單篇成書的觀念中,難以定下邏輯關係和歸屬的文獻都應先"從其分"而不"從其合"。雖然亦有學者從《奇正》篇中關於"形""勢"的思想推論與"形名"的關係,發現名家對兵家思想的滲透,透露出的"名"之自覺,亦將《奇正》篇的寫作時間引向了稷下學宮時期,從而進一步將此篇的作者指向孫臏或其弟子,應是《孫臏兵法》中一篇③。但在有明確的歸屬證據前,筆者認爲《奇正》篇是當時受到孫子學派影響的作品,但難以確論其屬於以下何種情況:一、屬於某一兵家古書的篇章;二、含有兵學思想而雜抄於不同家派的古書文獻中;三、古書單篇別行。

三、《奇正》篇與傳世古書的相互比對

《奇正》篇有許多文句可以和傳世典籍對比,劉嬌曾針對《奇正》篇與傳世典籍相似的內容

---

① 銀雀山漢墓竹簡整理小組編《銀雀山漢墓竹簡〔壹〕·編輯說明》,文物出版社1985年版,第8頁。
② 銀雀山漢墓竹簡整理小組編《銀雀山漢墓竹簡〔貳〕·編輯說明》,文物出版社2010年版,第1頁。
③ 秦飛、黄樸民《〈奇正〉之作者考——以〈奇正〉所透露的"名"的自覺爲綫索》,《浙江學刊》,2014年第2期,第62～72頁。

進行整理①,筆者再結合原整理者所述,羅列如下:

《奇正》	相 似 文 字	出 處
天地之理,至則反,盈則敗,□□是也。——七七	天道之數,至則反,盛則衰。	《管子·重令》
代興代廢,四時是也。有勝有不勝,五行是也。——七七 有生有死,萬物是也。——七八	臣聞之物至則反,冬夏是也。死而復生,四時是也。	《黄歇上秦昭王書》(載《戰國策·秦策四》《史記·春申君列傳》《新序·善謀》等)《孫子·勢》
故有——七八 刑(形)之徒,莫不可名。有名之徒,莫不可勝。——七九	有形者必有名。	《尹文子·大道》
戰——七九 者,以刑(形)相勝者也。——八〇	夫有形埒者,天下訟(公)見之;有篇籍者,世人傳學之。此皆以形相勝者也。	《淮南子·兵略》
故聖人以萬物之勝勝萬物,故其勝不屈。——七九	物物而不物,故勝而不屈。	《淮南子·兵略》
刑(形)莫不可以勝,而莫智(知)其所以勝之刑(形)。——八〇	形見則勝可制也……諸有象者莫不可勝也。諸有形者莫不可應也。人皆知我所以勝之形,而莫知吾所以制勝之形。	《淮南子·兵略》《孫子·虛實》
以一刑(形)之勝勝萬刑(形),不可。——八一	人皆知我所以勝之形,而莫知吾所以制勝之形。	《孫子·虛實》曹操注:"不以一形之勝萬形。"
見勝如見日月。其錯勝也。——八三	因形而錯勝於衆,衆不能知。	《孫子·虛實》
刑(形)以應刑(形),正也;無刑(形)而裚(制)刑(形),奇也。——八三	制刑(形)而無刑(形),故功可成。	《淮南子·兵略》
奇正無窮,分也。——八四	奇正之變不可勝窮也。奇正發於無窮之源。	《孫子·勢》《六韜·龍韜·軍勢》
同不足以相勝也,故以異爲奇。是以静爲動奇,失(佚)爲勞奇,飽——八五 爲飢奇,治爲亂奇,衆爲寡奇。——八六	故静爲躁奇,治爲亂奇,飽爲飢奇,佚爲勞奇。	《淮南子·兵略》
有餘奇者,過勝者也。——八七	在權,故生財有過當。在埶(勢),故用兵有過勝。	《鶡冠子·兵政》
後不得乘前,前不得然(蹨)後。——八八	陳卒正,前行選,進退俱,什伍摶,前後不相撚,左右不相干。	《淮南子·兵略》

---

① 劉嬌《西漢以前古籍中相同或類似內容重複出現現象的研究》,復旦大學出土文獻與古文字研究中心博士論文 2009 年版,第 245～247 頁。

續 表

《奇正》	相 似 文 字	出 處
故戰埶(勢),勝者益之,敗者代之,勞者息之,飢者食——九一—之。——九二	民之所望於主者三:饑者能食之,勞者能息之,有功者能德之。	《淮南子·兵略》
使民唯(雖)不利,進死而不旬(旋)踵,孟賁之所難也,——一九〇 而責之民,是使水逆留(流)也。——一九一	不明於決塞而欲驅衆移民,猶使水逆流。	《管子·七法》

對此一現象,裘錫圭先生亦指出:

> 《奇正》又説:"以一形之勝勝萬形,不可。"這一句可以校正《孫子》曹操注的一處脱文。《孫子·虚實》"人皆知我所以勝之形,而莫知吾所以制勝之形",曹注:"不以一形之勝萬形。"據上引《奇正》文可知曹注"勝"字下脱落一重文。看來曹操也是讀過《奇正》篇的。①

裘先生又説:

> 銀雀山竹書中的《奇正》篇説"故聖人以萬物之勝勝萬物,故其勝不屈"。這一句可以校正《淮南子·兵略》的一處衍文。"屈"字古訓"盡"。這句話的意思是説,聖人掌握萬物的特性,知道該用什麽去制服什麽,所以他的勝利是無窮無盡的。《淮南子·兵略》裏有不少與《奇正》篇相合的内容,大概在編寫《兵略》的時候,《奇正》篇是很重要的參考資料。《兵略》説:"物物而不物,故勝而不屈。"這句話應該是脱胎於上引《奇正》篇的那句話的。"物物而不物",就是超出萬物而駕馭萬物的意思,跟"聖人以萬物之勝勝萬物"的意思是相通的。前面已經説過,"勝不屈"是勝利無窮無盡的意思,《兵略》"勝"字下的"而"顯然是衍文,應據《奇正》刪去。《御覽》卷二七一引《淮南子》此句,"勝"下無"而"字,所據尚爲未訛之本。②

《奇正》篇和傳世文獻的内容相似之處是十分值得再探的問題。首先,傳世兵學文獻與《奇正》篇之間少見重出或相似的文句,主要還是以《孫子兵法》爲主,諸如"錯勝""制勝之形""奇正",都是先秦古書罕見的詞語,僅見於《孫子兵法》,此點也是《奇正》篇與孫子兵學家派之間有所

---

① 裘錫圭《考古發現的秦漢文字資料對於校讀古籍的重要性》,《中國出土古文獻十講》,復旦大學出版社 2004 年版,第 112 頁。
② 裘錫圭《考古發現的秦漢文字資料對於校讀古籍的重要性》,《中國出土古文獻十講》,第 111~112 頁。

聯繫的證明,但仍不足以論斷其歸屬於《孫臏兵法》中的一部分。其次,《奇正》篇與《淮南子·兵略》中文句及觀念的相似之處還更多於《孫子兵法》,因此如前述裘錫圭先生的看法,認爲"《淮南子·兵略》裏有不少與《奇正》篇相合的内容,大概在編寫《兵略》的時候,《奇正》篇是很重要的參考資料"。此一現象亦與《兵略》中呈現的思想主體相關。

《淮南子》全書内容豐富,涵蓋廣博,高誘在書序中言:"其旨近老子淡泊無爲,蹈虚守静,出入經道。言其大也,則燾天載地;説其細也,則淪於無垠;及古今治亂存亡禍福、世間詭異瑰奇之事。其義也著,其文也富,物事之類無所不載。然其大較,歸之於道。"指出此書的思想内容以道家爲本,但整體而言是博采雜家的,但在《兵略》中除了提及政治上的治道得失;將帥統兵、用兵之要,其兵學思想的核心正在於《奇正》當中所説的:"有所有餘,有所不足,刑(形)埶(勢)是也。故有刑(形)之徒,莫不可名。有名之徒,莫不可勝。""刑(形)莫不可以勝,而莫智(知)其所以勝之刑(形)。刑(形)勝之變,與天地相敝而不窮。"一切有形的萬物都在相互的辯證、對比的相生相勝之中應對。這從上表的整理中可以很明顯地看出來。秦飛與黄樸民也探討過《奇正》篇中對"名"觀念的自覺及"形名"思想轉化在兵學的表現;谷中信一也指出《兵略》與《孫臏兵法》有十四處,與《孫子兵法》有十二處的内容有明顯的應對關係①,再據《吕氏春秋·審分覽·不二》所言"陽生貴己,孫臏貴勢",《兵略》與《孫臏兵法》的内容重合。這也正説明《淮南子》的兵學觀念立基在"勢"與"形"的奇正相應上,並相當程度地引用孫子學派對於"勢"的思想,構成篇中思想的要旨。而《奇正》篇也應是當時單篇别行的圖書,但全篇的重要思想基礎在論"形",被《兵略》的編纂者吸收引用。

《奇正》篇中與其他古書語句相類的並不多,這也正展現出了奇正思想的特色。《管子·重令》《尹文子·大道》《六韜·龍韜·軍勢》《鶡冠子·兵政》都是編成狀況較爲複雜的古書,也都非一時一人之作,應該都不同程度地吸收了《奇正》篇一類的兵學文獻,但這幾種古書並未將"形"或"勢"等觀點作爲其書涉及兵學思想的主體。例如,《鶡冠子》書中包含黄老道家、刑名、陰陽術數、兵家等思想,主要與兵學有關的篇目是論人世間的戰争,講用兵之道及戰争一般規律的《世兵》,及論兵政之始末在"道"與"神明"的《兵政》。

四、《奇正》篇中的思想析論

在《孫子兵法》中將兵學的"形""勢"分篇而論,竹簡本《勢》篇在《形》篇前,似乎更符合孫子的思想。"形"含有形象、形體等義,是指戰争中客觀、常有、易見的諸因素,它主要同實力與

---

① 秦飛、黄樸民《〈奇正〉之作者考——以〈奇正〉所透露的"名"的自覺爲綫索》,《浙江學刊》,2014年第2期,第62~72頁;谷中信一《從〈兵略訓〉看齊文化對〈淮南子〉成書的影響》,《管子學刊》,1993年第3期,第43~44頁。

優勢的概念有關;"勢"含有態勢之義,是指戰争中人爲、易變、潛在的諸因素①。形、勢之間相輔相成,形其中會隱含勢,勢的改變也會影響形,如《形》中説:"勝者之戰民也,若決積水於千仞之谿,形也。"如果以戰争實際的情況而言,軍隊的人數、陣式、器械都是實際可見的形,而《形》中也説:"勝可知,而不可爲。"現實勝敗的條件都不難理解,但即便强求達成,也不保證可以獲勝。還有戰争相關的物質準備也屬於基本條件,故孫子也説:"地生度,度生量,量生數,數生稱,稱生勝。"具體的物質條件影響自我的整體實力。但形的優勢不完全是戰争勝負的保證,背後隱含的勢卻常成爲決定勝敗的關鍵,《勢》中説:"凡戰者,以正合,以奇勝。"奇正之術就是勢的展現,透過軍事上不同的配置及變化,讓敵方無從預料準備,爲自己製造優勢。

以《奇正》全篇的内容來看,有兩個相互支持的觀點是篇中思想主體,一是"奇正",一是"形"。"形"是"奇正"運用的基礎,筆者認爲本篇是以論形爲主的兵學文獻,在目前所見的兵學文獻中十分少有,其中言"故有刑(形)之徒,莫不可名。有名之徒,莫不可勝"。原整理者也指出此句與戰國時期流行的形名學説有關,如《孫子兵法·勢》:"鬥衆如鬥寡,形名是也。"曹操注:"旌旗曰形,金鼓曰名。"梅堯臣注:"形以旌旗,名以采章,指麾應速,無有後先。"②此處的形名指的是軍隊指揮號令的體系,故《軍争》篇言:"《軍政》曰:'言不相聞,故爲金鼓;視不相見,故爲旌旗。'夫金鼓旌旗者,所以一人之耳目也;人既專一,則勇者不得獨進,怯者不得獨退,此用衆之法也。"曹操注:"旌旗曰形,金鼓曰名。"在《奇正》篇中"形"不一定如《孫子兵法》指軍隊指揮號令的體系,而是與作戰有關的現實條件,從指揮號令、人員、後勤、軍陣陣法等無一非此,因此"戰者,以刑(形)相勝者也。刑(形)莫不可以勝,而莫智(知)其所以勝之刑(形)"。戰争其實就是在形的相對與變化之間應對取勝的過程,變化没有窮盡之時,故"刑(形)勝之變,與天地相敝而不窮"。其中"敝"訓爲"盡",原整理者已經指出③。

在"形"的觀念提出之後,"奇正"是全篇的核心所在,也就是一切的"形"都要在應對變化中找到制勝的條件,萬不可拘於一格,度量敵我之間的長短及不足、有餘之處,正如《孫子兵法·形》所言:"昔之善戰者,先爲不可勝,以待敵之可勝,不可勝在己,可勝在敵。故善戰者,能爲不可勝,不能使敵之可勝。"因此在篇中舉出的静動、佚勞都是相互應對的,即所謂的"正""奇"對比,但關鍵在於作戰時能跳脱一般認知上的表象與形式,運用另一種思維邏輯對應,是作戰制勝的重要條件,因此在簡文一一八六至一一八七中提到"奇發而不報,則勝矣。有餘奇者,過勝者也",即便掌握到了奇的條件得以發揮而不使敵方覺察,則是勝,下句則言當奇的條件能運用有餘的時候,則能得到較大的勝利,"有餘奇者,過勝者也",原整理者認爲"餘奇,過

---

① 李零《吴孫子發微》,中華書局1997年版,第56、62頁。
② 孫武撰,曹操等注,楊丙安整理《十一家注孫子》,中華書局2013版,第79~80頁。
③ 沈培也對漢鏡銘中的"壽敝金石"一語作分析,並討論了"敝"訓爲"盡"的理據,可參。沈培《説"壽敝金石"和"壽敝天地"》,武漢大學簡帛網(http://www.bsm.org.cn/show_article.php?id=520),2007年2月10日。

勝,未詳";張震澤認爲"似謂用奇有餘則過勝,過猶不及,過勝謂有不勝,即不得全勝之意";李若暉引《吕氏春秋·論威》、《通典》卷一百四十八引司馬穰苴語,認爲"此句之意蓋爲有機動兵力方能取勝",又引《古文尚書·五子之歌》、僞孔《傳》言"過勝",但無進一步解説①。

筆者認爲本句之意似可再論,"餘奇"見於《通典》卷一百四十八"兵一"《立軍》引司馬穰苴曰:"五人爲伍,十伍爲隊,一軍凡二百五十隊,餘奇爲握奇。故一軍以三千七百五十人,爲奇兵隊七十有五,以爲中壘。"《太平御覽》"兵部"二十九《軍制》亦引《穰苴兵法》,内容與此相類。從《穰苴兵法》所言,"餘奇"指的是一軍中另再編制"奇兵",用以出其不意襲擊敵方的軍隊,而"餘"正有"多出"之意。但筆者認爲,該詞在《奇正》篇中的意義恐不局限於此,而是在掌握了"奇"的形勢下,仍能有更寬裕的"奇"能夠運用。

"過勝"則見《鶡冠子·兵政》:"在權,故生財有過當。在執(勢),故用兵有過勝。"《吕氏春秋·論威》:"義也者,萬事之紀也,君臣上下,親疏之所由起也;治亂安危,過勝之所在也。過勝之,勿求於他,必反於己。"高《注》:"得紀則治而安,失紀則亂而危也。過猶取也。勝,有所勝也。""過"有"超出、超越"之意,《鶡冠子·兵政》所説的是在掌握了"勢"的條件下,得到的勝利將超越原本預期的情況,但《吕氏春秋·論威》中的"過勝"並非詞組,而是同指"超出、超越"之意,即言人若不以義爲綱紀,則逾越義理之事必然出現。因此結合上論,"有餘奇者,過勝者也"可理解爲當掌握了奇的形勢,而又更有餘裕的奇可以運用,則能取得超乎預期條件之下的勝利。

值得注意的是漢簡本《奇正》全篇雖以論形爲主,但最末談到了關於勢的問題,大致涉及排兵布陣、號令指揮、使民令民、作戰後勤等思想,而以《孫子兵法》中對勢的論述與理解,勢是作戰中的潛在因素,是隱而未發的優勢及變化,《奇正》篇中提到"大陳(陣)□斷,小陳(陣)□解。後不得乘前,前不得然(蹂)後。進者有道出,退者有道入"。句中的兩處殘泐之處據字形殘畫及文意應可補爲"大陳(陣)弗斷,小陳(陣)無解",排兵布陣雖然是具體可見的狀態,但人員的作戰意識及訓練素質這些隱而未發的潛在變因,正是"勢"的體現,"大陳(陣)""小陳(陣)"原整理者並無詳説,張震澤認爲"大陣由小陣組成(見《八陣》篇注),可言斷,不可言解;小陣乃作戰單位,故言解而不言斷"②。大陣、小陣一語見《孫子兵法·勢》"鬥衆如鬥寡,形名是也"句下杜牧注語:"《戰法》曰:'陳間容陳,足曳白刃。'故大陳之中,復有小陳,各占地分,皆有陳形。"③《唐太宗李衛公問對》:

---

① 銀雀山漢墓竹簡整理小組編《銀雀山漢墓竹簡〔貳〕》,第156頁;張震澤《孫臏兵法校理》,中華書局1984年版,第200頁;李若暉《銀雀山漢簡兵書〈奇正〉語詞劄記》,張顯成主編《簡帛語言文字研究》第二輯,巴蜀書社2006年版,第207頁。

② 張震澤《孫臏兵法校理》,第201頁。

③ 孫武撰,曹操等注,楊丙安整理《十一家注孫子校理》,中華書局2013年版,第80頁。

太宗曰:"朕與李勣論兵,多同卿説,但勣不究出處爾。卿所制六花陣法,出何術乎?"靖曰:"臣所本諸葛亮八陣法也,大陣包小陣,大營包小營,隅落鈎連,曲折相對。古制如此,臣爲圖因之。故外畫之方,内環之圓,是成六花,俗所號爾。"①

　　在上引文中説明陣式是由小單位間彼此緊密連結成大單位的,在古陣法中,陣法的組成都有其形式,正如藍永蔚的分析,春秋時期一個基本的步兵方陣是由位(即步卒的位置)、列(即伍的隊形)、行(即隊形的横向面排)等要素組成的,《司馬法·嚴位》也對構成陣的基本要素"位"提出論述:"凡戰之道:等道義;立卒伍;定行列;正縱横;察名實。立進俯;坐進跪。畏則密;危則坐。"在步卒嚴守定位排列後才能有效地實行陣式及戰術的要求②。因此《奇正》篇中的"大陳(陣)""小陳(陣)""後不得乘前,前不得然(蹨)後""進者有道出,退者有道入"等,指的便是作戰單位層次間的緊密連結,這樣的人員訓練及作戰意識仍歸屬在"勢"的體現之中。

　　此外,將"民"的因素納入"勢"當中是《奇正》篇的特出之處,因爲"民"雖然不屬於作戰的前綫,但戰争的成敗實不能没有人民的支援,因此也成爲潛在的因素之一。《孫子兵法》也討論到戰争與民的問題,如《計》:"道者,令民與上同意也,可與之死,可與之生,而不畏危。"《行軍》:"令素行以教其民,則民服;令不素行以教其民,則民不服;令素行者,與衆相得也。"但未將民列入勢的觀念中,而是戰争中不可或缺的一環。"民"除了是士卒的來源,也是作戰後勤資源的供給者,更是守備作戰時與士卒不可分割的一體,如《墨子·城守》諸篇就大量記載了人民在作戰中的角色與重要地位,諸如"人衆以選,吏民和""女子到大軍,令行者男子行左,女子行右,無並行,皆就其守,不從令者斬"。而《奇正》篇言"故民見□人而未見死,道(蹈)白刃而不笱(旋)踵。——九二","賞高罰下,而民不聽其令者,其令,民之所不能行也。——八九——九〇","用民得其生(性),則令行如留(流)——九三",足見民的條件作爲勢之潛在因素的重要性。

結　　語

　　奇正是古代兵學思想中重要的一環,也是古代兵學中兵形勢家的核心思想。在《孫子兵法》中首見闡述與發揮,但未立專篇論之,而是見於《勢》篇,如"凡戰者,以正合,以奇勝"。其後有《唐太宗李衛公問對》又以奇正爲核心構成問對的思想主體,闡發奇正相應、變化無窮的道理,如"善用兵者,無不正,無不奇,使敵莫測。故正亦勝,奇亦勝"。漢簡本《奇正》的出土,

---

① 吴如嵩、王顯臣校注《李衛公問對校注》,中華書局 2016 年版,第 48 頁。
② 藍永蔚《春秋時期的步兵》,中華書局 1979 年版,第 162~164 頁。

更讓學者看到奇正思想在先秦兩漢之際的内涵,其特點在於以"形名"爲辨物識形的基礎,以奇正爲應對萬物變化的思考,在其中找到作戰致勝之機。《奇正》篇的出土,對於探索我國兵學思想有莫大的助益。

[**作者簡介**] 洪德榮(1986—),男,臺灣基隆人。臺灣東華大學中國文學所博士,現任鄭州大學漢字文明傳承傳播與教育研究中心副教授。主要從事出土文獻、古文字、文獻學與兵學思想研究,著有《先秦符節研究》《先秦兩漢出土文獻中的兵學研究》,另有學術論文 20 多篇。

從詞彙學的角度論賈誼《新書》的真僞

（香港）潘銘基

内容提要 賈誼《新書》五十八篇，其真僞頗受學者關注。陳振孫《直齋書録解題》謂賈誼《新書》"其非《漢書》所有者，輒淺駁不足觀，決非誼本書也"，《四庫全書總目》謂"其書多取誼本傳所載之文，割裂其章段，顛倒其次序，而加以標題，殊瞀亂無條理"，皆以爲今本《新書》乃割裂《漢書》而來。近代以來，余嘉錫詳細考證，以爲《新書》並非僞書。至其所論重點，皆在《新書》與《漢書》互見者較爲可信，非《漢書》所有者自成討論真僞之關鍵所在。本文以賈誼《新書》及其互見文獻作爲考察對象，聚焦於詞彙學角度，摘取《新書》之常用詞彙，以及獨見《新書》之詞彙，利用排比對讀之法，以較爲科學之態度探究賈誼《新書》之真僞，望能補苴前人舊説，結合詞彙學與辨僞學的討論。

關鍵詞 詞彙學 《新書》 辨僞

中圖分類號 B2

歷代學者於《新書》之真僞多有爭論，或以爲真，或以爲僞，亦有半真半僞之説。今《漢書·賈誼傳》載有賈誼（前200—前168）諸疏①，其中《陳政事疏》與賈誼《新書》之對讀，往往爲學者討論今本《新書》真僞之依據。《陳政事疏》（又名《治安策》）亦見《新書》，然其文分散各篇，不如《漢書》所載勒成一文，是以學者校理賈誼《新書》，每謂《漢書·賈誼傳》所載比《新書》完整，因而動輒以《漢書》校改今本《新書》，如盧文弨（1717—1796）抱經堂校定本《新書》便輒

---

① 今《漢書·賈誼傳》載有賈生《陳政事疏》《請封建子弟疏》《諫立淮南諸子疏》，《漢書·禮樂志》則載有《論定制度興禮樂疏》，而《漢書·食貨志》則載《論積貯疏》《諫鑄錢疏》。

據《漢書》校改《新書》①,俞樾(1821—1906)譏之爲"是讀《漢書》,非治《賈子》也"②。盧文弨校改《新書》,倘遇文理不通,盡以《漢書》所載爲準,故俞樾所譏甚是。及至清末,王耕心(1846—1909)《賈子次詁》亦如盧氏删《新書》之法,一以《漢書》所載者爲是,故於盧删以後復加删削③。王念孫(1744—1832)亦嘗謂今本賈誼《新書》所以訛誤,部分乃"後人以誤本《漢書》改之耳"④。陶鴻慶(1859—1918)亦謂:"後人依《漢書》以改《賈子》,則上下文語意不貫。"⑤《漢書》廣爲流傳,《新書》少人誦讀,《漢書》所載,固有勝處,唯若只據《漢書》以校改《新書》,實未能稱善。近人余嘉錫(1884—1959)《四庫提要辨證》云:

> 凡載於《漢書》者,乃從五十八篇之中擷其精華,宜其文如萬選青錢。後人於此數篇,童而習之,而《新書》則讀者甚寡。其書又傳寫脱誤,語句多不可解,令人厭觀。偶一涉獵,覺其皆不如見於《漢書》者之善,亦固其所。⑥

余嘉錫所言是也。世人多是《漢書》而非《新書》,此其主因。

《四庫全書總目》嘗謂賈誼《新書》"多取誼本傳所載之文,割裂其章段,顛倒其次序,而加以標題,殊瞀亂無條理"⑦,然《漢書·賈誼傳》明言《陳政事疏》乃掇賈誼書五十八篇之文,故余嘉錫謂"試取《漢書》與《新書》對照,其間斧鑿之痕,有顯然可見者"⑧,指出《漢書》《陳政事疏》實有經過剪裁拼合之痕迹。可見余嘉錫並不完全認同《四庫全書總目》之説,然余説引起後世學者如黄雲眉(1898—1977)⑨、陳煒良等非議。其中陳煒良《賈誼〈新書〉探源》反駁余嘉錫甚

---

① 案劉師培云:"盧校雖宗建、潭二本,然恒取資他本,以己意相損益。誼若罕通,則指爲衍羡之文,由是有誤增之失,有誤删之失,又有當易而不易,當衍而不衍之失。"(劉師培《賈子新書斠補自序》,《劉申叔遺書》,江蘇古籍出版社 1997 年版,第 1B 頁。)此皆盧校本多所删削之失也。據閻振益、鍾夏《新書校注》統計,抱經堂校定本《新書》"任意删削多達三十六處六百二十三字。此外尚有若干臆删臆改而不出校語或校語模糊其辭的現象"(閻振益、鍾夏《新書校注》,中華書局 2000 年版,第 5 頁)。
② 俞樾《諸子平議》卷二十七,臺北世界書局 1991 年版,第 318 頁。
③ 案《新書校注》評王耕心《賈子次詁》云:"王耕心校本除沿襲盧氏所删之外,復删六處一百九十字。"閻振益、鍾夏《新書校注·前言》,第 6 頁。
④ 王念孫《讀書雜志·漢書弟九》,上海古籍出版社 2015 年版,第 764 頁。
⑤ 陶鴻慶《讀諸子札記》卷十,臺北藝文印書館 1971 年版,第 307 頁。
⑥ 余嘉錫《四庫提要辨證》卷十,中華書局 1980 年版,第 542 頁。
⑦ 永瑢等《四庫全書總目》卷九一,中華書局 1965 年版,第 771 頁。
⑧ 余嘉錫《四庫提要辨證》卷十,第 544 頁。
⑨ 黄雲眉《古今僞書考補證》云:"余氏駁《提要》割裂章段之説,未是。《新書》割裂之迹顯然,何得援古書分章段之例擬之?"(黄雲眉《古今僞書考補證》,齊魯書社 1980 年版,第 263 頁。)可見黄氏反對余嘉錫所言,仍謂賈誼《新書》乃《漢書》割裂而來。

詳,論點其實與《四庫全書總目》相近,皆謂《新書》乃由《漢書》誼疏中割裂而成①。陳氏並附上兩表,分別爲"《新書》與他書互見表""《漢書》與《新書》互見表",唯二表只條列出互見之書名、篇名,未有細意逐句對勘。

近世以來,有關西漢文獻之詞彙研究漸豐,就賈誼《新書》而言,有胡春生《賈誼〈新書〉反義詞及〈漢語大詞典〉相關條目研究》、姚艷穎《〈新書〉複音詞研究》、余莉《〈新書〉詞彙研究》等②。然而,此等研究鮮有全面探究《新書》詞彙之整論性,更遑論以此討論《新書》之真僞。本文所論《新書》詞彙,以《〈新書〉詞彙資料彙編》所載爲基礎。此中論及其收錄及整理《新書》詞彙之過程和原則,其云:

> 本書在漢達文庫數據庫的基礎上,甄別適當材料,設計中國古代雙音節及多音節詞彙資料庫自動編纂程式系統,從而分析語言材料,統計詞頻,檢出各類詞頻計量清單,對文獻進行縱向和橫向的比較。透過電腦程序的計算與分析,並參考大型詞典、專書詞典所收錄的詞彙,重新建構"完整詞單",收錄合共 350 343 個二至四音節詞彙,然後將此批詞彙全數"注入"漢達文庫先秦兩漢一切傳世文獻的文檔中,核算數據。通過上述檢索過程,檢得《新書》雙音節或多音節詞彙 6 397 個,總詞頻量爲 14 097。在這原始資料之上,我們再逐一判斷各個詞彙組合是否成功構詞,抑或只是不成意義的偶合。最後得出《新書》詞彙 4 545 個,總詞頻量爲 9 761。③

本文所據賈誼《新書》詞彙,即本《〈新書〉詞彙資料彙編》。至於在詞彙 4,545 個之中,部分頻次較多,當爲《新書》常用詞彙。茲篇之撰,以詞彙學之角度,利用排比對讀互見文獻之法,重新考察賈誼《新書》之真僞,望能補苴舊説,從較爲科學之角度進行辨僞。

一、賈誼《新書》常用詞彙

賈誼《新書》常用詞彙,如按照《〈新書〉詞彙資料彙編》統計,自以一般先秦兩漢典籍所

---

① 陳煒良《賈誼〈新書〉探源》,載江潤勳、陳煒良、陳炳良《賈誼研究》,香港求精印務公司 1958 年版,第 4 頁。
② 詳參何志華、朱國藩編著《〈新書〉詞彙資料彙編·序》,香港中文大學出版社 2013 年版,第 279 頁。又,上舉三文,詳見胡春生《賈誼〈新書〉反義詞及〈漢語大詞典〉相關條目研究》(湘潭大學碩士論文 2006 年)、姚艷穎《〈新書〉複音詞研究》(陝西師範大學碩士論文 2007 年)、余莉《〈新書〉詞彙研究》(華中科技大學碩士論文 2008 年)。此外,尚有陳霄英《賈誼〈新書〉動詞研究》(中國人民大學碩士論文 2007 年)、黎路遐《〈新書〉虛詞研究》(安徽大學碩士論文 2006 年)、于員玉《〈新書〉副詞研究》(華東師範大學碩士論文 2007 年)、陳慧娟《〈新書〉同義詞研究》(山東師範大學碩士論文 2012 年)等。
③ 何志華、朱國藩編著《〈新書〉詞彙資料彙編》,第 280 頁。

常見者爲主,據"《新書》與先秦兩漢古籍詞頻對照表"所示,《新書》首五位常用詞彙分別是①:

	詞彙	《新書》詞頻	其他先秦兩漢典籍詞頻
1	天下	213	10 476
2	謂之	125	5 070
3	諸侯	120	5 649
4	天子	107	4 249
5	陛下	99	1 344

據上表,此五者爲《新書》最常用之詞彙,然非《新書》獨用。觀其見於其他先秦兩漢典籍出現之頻次,則亦他書習見詞彙。至於《新書》詞頻高於其他先秦兩漢典籍者,則最爲重要,乃係《新書》用詞特色。《〈新書〉詞彙資料彙編》載有"《新書》詞頻高於先秦兩漢典籍詞頻總和表",剔除人名、地名等,賈誼《新書》較爲常用之於詞彙如下:

	詞彙	《新書》詞頻	他書詞頻
1	七福	4	3
2	五餌	4	1
3	六行	10	5
4	北房	2	1
5	召幸	3	1
6	先醒	5	1
7	地制	4	1
8	奸人	5	1
9	曲縣	2	1
10	尾大不掉	2	1
11	卑號	2	1
12	倒縣	5	3
13	接遇	2	1
14	陳紀	2	1
15	痛惜	2	1
16	絶尤	2	1

---

① 何志華、朱國藩編著《〈新書〉詞彙資料彙編》,第326頁。

續　表

	詞　彙	《新書》詞頻	他書詞頻
17	頓顙	2	1
18	緣道	3	2
19	輸將	5	1
20	選吏	2	1
21	競高	2	1
22	黥罪	7	4

以上詞彙,屬《新書》使用頻次較諸其他先秦兩漢典籍爲多者。其中部分詞彙頗具特色,舉例如下:

1. 七福

七福所指爲朝廷控制鑄錢後所產生之七件福事。"七福"二字《新書》出現四次,其他先秦兩漢典籍僅見《漢書·食貨志下》出現三次。兩段文字可以排比對讀如下:

《新書·銅布》	今博禍可除,七福可致。何謂七福? 上收銅勿令布下①。
《漢書·食貨志下》	今博禍可除,而七福可致也。何謂七福? 上收銅勿令布。
《新書·銅布》	以與匈奴逐爭其民,則敵必懷矣,此謂之七福。
《漢書·食貨志下》	以與匈奴逐爭其民,則敵必懷,七矣。
《新書·銅布》	故善爲天下者,因禍而爲福,轉敗而爲功。今顧退七福而行博禍②。
《漢書·食貨志下》	故善爲天下者,因禍而爲福,轉敗而爲功。今久退七福而行博禍。

細意考之,《漢書·食貨志》所言"七福"者與《新書》完全相同,是其貌似二源其實並出一轍。又,《新書》載有"七福"四次,皆出《銅布》。盧文弨云:"此下潭本有一'七'字。案下云'此謂之七福'句,相比近,則'七'字可省。"③可知《新書》潭本有"七"字,《漢書·食貨志下》存其舊貌。總之,"七福"二字雖然出現七次,然而《漢書》所載三次根本與《新書》來源相同,故"七福"二字其實亦賈誼所獨創。

2. 五餌

原爲賈誼提出的懷柔、軟化匈奴的五種措施,後泛指籠絡外族的種種策略。賈誼《新書·匈奴》載"五餌"四次。其所謂"五餌"者,《新書·匈奴》云:"故牽其耳,牽其目,牽其口,牽其

---

① 閻振益、鍾夏《新書校注》卷三,第111頁。

② 同上。

③ 賈誼《新書》卷三,抱經堂校定本,第8B頁。

腹,四者已牽,又引其心,安得不來,下胡抑忕也,此謂五餌。"①賈誼指出對待匈奴人的政策,應該是要調動起他們的聞聽慾、觀看慾、飲食慾,以及對物質的佔有慾,四種慾望調動起來以後,再吸引匈奴人不安貧困之心,如此便可使其人趨來依附。除賈誼《新書》外,《漢書·賈誼傳》"贊曰"有"五餌"一次,其文如下:

及欲改定制度,以漢爲土德,色上黄,數用五,及欲試屬國,施五餌三表以係單于,其術固以疏矣。②

班固於此用"五餌三表"以概括賈誼的匈奴政策,可見《新書·匈奴》此文雖未全載於《漢書·賈誼傳》之中,然此"五餌"云云,蓋爲賈誼所獨創之詞彙。

3. 六行

據賈誼《新書·六術》《道德説》兩篇,知所謂"六行"指仁、義、禮、智、聖、樂。在兩篇裏,賈誼將"五行"和"六行"分成了兩個境界。"人有仁、義、禮、智、聖之行",此五行皆有,方有第六行——"行和則樂與"。"五行"與"六行"有着境界上的差别:五行和爲人道,六行和爲天道。人道與天道有着顯著之差别。此乃賈誼道德觀體系較爲特别的觀點③。先秦兩漢尚有其他典籍載有"六行",然其意義内涵卻與《新書》所載相去甚遠。例如:

《周禮·地官·大司徒》	二曰六行,孝、友、睦、婣、任、恤。
《管子·幼官》	六行時節,君服黑色,味鹹味,聽徵聲,治陰氣,用六數,飲於黑后之井,以鱗獸之火爨。"《兵法》:"定一至,行二要,縱三權,發四機,施五教,設六行,論七數,守八應,審九章,章十號。
《中論·治學》	教以六行,曰孝、友、睦、婣、任、恤。

以上三書皆載有"六行",但所指與《新書》有所不同。《周禮》與《中論》所言相同,皆以"六行"爲"孝、友、睦、婣、任、恤",《管子》之"六行"所指爲水氣運行,尹知章注:"水成數六。水氣行,君則順時節而布政也。"④準此而論,賈誼所倡"六行"與《周禮》《管子》皆不同。細究其説,賈誼《道德説》整篇的架構與帛書《五行》頗爲相類。帛書《五行》分爲"經""説"兩部分,《道德説》的結構形式特别,全文分爲兩大部分,首部分主要解釋德之六理、六美,以及德之六理、六美如何

---

① 閻振益、鍾夏《新書校注》卷四,第137頁。
② 班固《漢書》卷四八,中華書局1962年版,第2265頁。
③ 詳參拙作《賈誼用六思想之淵源——兼論〈六術〉〈道德説〉之成篇年代》,《諸子學刊》第十四輯,上海古籍出版社2017年版,第161~183頁。
④ 宋翔鳳《管子校注》卷三,中華書局2004年版,第157頁。

體現在六藝之中。次部分花了大段篇幅以解説"六理""六美";最後詳細闡析六藝與祭祀之内容,以解説前文所述六藝。簡言之,首部分類於"經",次部分類於"説",與帛書《五行》結構相類。賈誼《新書·六術》《道德説》當撰成於其任長沙王太傅期間。就二篇與簡帛《五行》、郭店竹簡《六德》的關係,可見賈誼撰文之時曾受與《五行》和《六德》相類近的思想所影響。陳振孫《直齋書録解題》嘗謂賈誼《新書》不見於《漢書·賈誼傳》的部分乃"淺駁不足觀"①,今觀此"六行"之説,系統完整,自成一説,未可深非。

4. 先醒

先醒便是先覺之意,賈誼《新書》有一篇題爲"先醒",故《新書》所見五次"先醒",俱出此篇之中。至於先秦兩漢典籍另一次出現"先醒",乃在《韓詩外傳》卷六,然而細考此文,可知其所本亦來自《新書·先醒》。二書之對讀排列如下:

《新書》	懷王問於賈君曰:"人之謂知道者爲先生,何也?"
《韓詩外傳》	問者曰:"古之謂知道者曰先生,何也?"
《新書》	賈君對曰:"此博號也,大者在人主,中者在卿大夫,下者在布衣之士。乃其正名,非爲先生也,
《韓詩外傳》	
《新書》	爲 先醒也。彼世主不學道理 ,則嘿然悟於得失,
《韓詩外傳》	"猶言先醒也。 不聞道術之人,則 冥於得失。
《新書》	不知治亂存亡之所由,忳忳然 猶醉也。
《韓詩外傳》	不知 亂 之所由,眊眊乎其猶醉也。
《新書》	而賢主者學問不倦,好道不厭,惠然獨先迵學道理矣。故未治也知所以治,未亂也知所以亂,未安也知所以安,未危也知所以危,故昭然先寤乎所以存亡矣。故曰先醒,辟猶俱醉而獨先發也。
《韓詩外傳》	
《新書》	故世主有先醒者,有後醒者,有不醒者。"②
《韓詩外傳》	故世主有先生者,有後生者,有不生者。"

"先醒"即是率先覺悟之意,《新書·先醒》選取歷史上先覺醒(楚莊王)、後覺醒(宋昭公)和不覺醒(虢君)的君主事迹,藉以説明覺悟先後對國家興亡的重要性。以上爲篇中提綱挈領的首段,《新書》始於懷王與賈君之對話,顯而易見,懷王即梁懷王,賈君即賈誼,此篇乃出於賈誼爲

---

① 陳振孫《直齋書録解題》卷九,上海古籍出版社 1987 年版,第 270 頁。
② 閻振益、鍾夏《新書校注》卷七,第 261 頁。

梁懷王太傅之任上①。何孟春云："《漢書》誼爲梁懷王太傅。懷王,文帝少子,愛而好書。故令誼傅之。此篇乃誼自記其答問之辭。今載《韓詩外傳》。然《韓詩外傳》不云爲誼告王言也。不知何謂此與《外傳》所載者,特詳略小異耳。"②據何氏之言"今載",是《韓詩外傳》此文乃本賈誼《新書·先醒》,其説有理。就以上比對所見,《新書》乃懷王與賈君之對話關係,《韓詩外傳》則無之,"問者"二字顯係省卻《新書》"懷王問於賈君"六字而來。此下文字兩相比較,亦可見《新書》所載較爲詳審,較諸《韓詩外傳》而言更爲完整。上舉《韓詩外傳》"不知亂之所由"句,其"亂"字明顯爲《新書》"治亂存亡"之約取,《韓詩外傳》的斧鑿痕迹大抵明確。

5. 倒縣

倒縣(或作"倒懸")比喻處境非常困苦危急。賈誼《新書》有《解縣》之篇,篇中主要分析匈奴對於漢室的威脅,以爲當時中國形勢如同人之倒懸,急需解脱。篇中出現五次"倒縣",賈誼開宗明義云:"天下之勢方倒縣,竊願陛下省之也。"③指出當時天下形勢就像是倒吊着的人,賈誼希望漢帝能夠察覺此狀況。至於《漢書·賈誼傳》三次出現"倒縣"之文,其實皆本諸《新書》本篇。今排比對讀如下:

《新書》	天下之勢方倒縣,竊願陛下省之也。凡天子者,天下之首也。何也? 上也。
《漢書》	天下之勢方倒縣。　　　　　　凡天子者,天下之首　,何也? 上也。
《新書》	蠻夷者,天下之足也。何也? 下也。
《漢書》	蠻夷者,天下之足　,何也? 下也。
《新書》	蠻夷徵令,是主上之操也;天子共貢,是臣下之禮也。足反居上,首顧居下,
《漢書》	◀④夷狄徵令,是主上之操也;天子共貢,是臣下之禮也。足反居上,首顧居下,
《新書》	是倒縣之勢也。天下倒縣　,莫之能解,猶爲國有人乎? 非特倒縣而已也,
《漢書》	倒縣如此,莫之能解,猶爲國有人乎? 非亶倒縣而已　,

---

① 盧文弨云:"篇中有'懷王問於賈君'之語,誼豈以'賈君'自稱也哉!"又曰:"吾故曰是習於賈生者萃而爲之,其去賈生之世不大相遼絶可知也。"(盧文弨《書校本〈賈誼新書〉後》,《抱經堂文集》,中華書局 1990 年版,第 141 頁。)盧氏以爲《新書·先醒》出於賈誼後學之手,故篇中題有"賈君"字;然此後學時代亦不會與賈誼之生活時代相距太遠。《賈誼集校注》云:"賈誼於文帝七年(公元前 173 年)任梁懷王太傅,於文帝十二年(公元前 168 年)卒於梁地,故知本篇應作於這段時間。文中個別詞句可能經過後人整理,改動。"(吳雲、李春臺《賈誼集校注(增訂版)》,天津古籍出版社 2010 年版,第 211 頁。)此説以爲《先醒》內容出於賈誼任梁王太傅之時,部分文字或經後學修訂,持論最爲通達,有理可信。
② 賈誼撰,何孟春注《賈太傅新書》卷七,岳麓書社據南京圖書館藏何孟春訂注《賈太傅新書》影印 2010 年版,第 3B 頁。
③ 閻振益、鍾夏《新書校注》卷三,第 127 頁。
④ 案對讀文字中有"◀"符號者,代表該段文字並不接續同書上文。

《新書》	又慮虘,且病痱。夫虘者一面病,痱者一方痛。今西爲上流,東爲下流,
《漢書》	又類辟,且病痱。夫辟者一面病,痱者一方痛。
《新書》	故隴西爲上,東海爲下,則北境一倒也, 西郡北 郡,雖有長爵不輕得復,
《漢書》	今西邊北邊之郡,雖有長爵不輕得復,
《新書》	五尺以上不輕得息,苦甚矣! 中地左戍,延行數千里,糧食餽饟至難也。
《漢書》	五尺以上不輕得息,
《新書》	斥候者望烽燧而不敢臥,將吏戍者或介胄而睡,而匈奴欺侮侵掠,未知息時。
《漢書》	斥候 望烽燧 不得臥,將吏被 介胄而睡,
《新書》	於焉信威廣德難。臣故曰:一方病矣。醫能治之,而上弗肯使也,
《漢書》	臣故曰 一方病矣。醫能治之,而上不 使 。
《新書》	天下倒縣甚苦矣,竊爲陛下惜之。
《漢書》	

　　通過以上對讀,顯而易見,《漢書・賈誼傳》所載文字較爲簡約。《漢書・賈誼傳》之"倒縣",亦皆見諸《新書》。《漢書・賈誼傳》蓋本《新書・倒縣》而來。《新書》有"今西爲上流,東爲下流,故隴西爲上,東海爲下,則北境一倒也"句,盧文弨云:"'今'字下建、潭本有'西爲上流,東爲下流,故隴西爲上,東海爲下,則北境一倒也'二十三字,係妄竄當删。《漢書》作'今西邊北邊之郡'。"①盧氏校定《新書》,功亦大矣,然其書多有據《漢書》而校改《新書》者②,俞樾譏之爲"是讀《漢書》,非治《賈子》也"③。盧文弨校改《新書》,倘遇文理不通,盡以《漢書》所載爲準,故俞樾所譏甚是。考此本文,當時漢朝與匈奴接壤之地正是隴西、北地、上郡、雲中、上谷、雁門、右北平等郡,故云"隴西爲上,東海爲下",意謂北方匈奴較漢室更強大,北方的形勢便如倒縣,句意合理無誤。

　　"倒縣"亦作"倒懸",此詞並非賈誼首創。孟子嘗用"倒懸",孟子謂齊王只要能行仁政,生活在暴政下的百姓定必非常高興,就好像被人倒掛着而給解救了一樣。《孟子・公孫丑上》云:"當今之時,萬乘之國行仁政,民之悅之,猶解倒懸也,故事半古之人,功必倍之,唯此時爲

---

① 賈誼《新書》卷三,抱經堂校定本,第14B頁。
② 案劉師培云:"盧校雖宗建、潭二本,然恒取資他本,以己意相損益。誼若罕通,則指爲衍羡之文,由是有誤增之失,有誤删之失,又有當易而不易,當衍而不衍之失。"(劉師培《賈子新書斠補序》,《劉申叔遺書》,第1B頁。)此皆盧校本多所删削之失也。據閻振益、鍾夏《新書校注》統計,抱經堂校定本《新書》"任意删削多達三十六處六百二十三字。此外尚有若干臆删臆改而不出校語或校語模糊其辭的現象"。(《新書校注・前言》,第5頁。)
③ 俞樾《諸子平議》卷二七,第318頁。

然。"①孟子以爲要行仁政當在此時。劉殿爵翻譯"解倒懸"爲"released from hanging by the heels"②,賈誼《新書·解縣》五用"解縣"一詞,與《孟子》取意相同。《孟子》成書年代雖然未明,大抵乃出於孟子及其弟子共同編定,故距離孟子離世應當未遠③,則《孟子》當成書於戰國時代。考今所見漢前典籍用"倒縣"(或"倒懸")者,唯有《孟子》而已,蓋爲賈誼行文所本。

就以上所舉諸例所見,皆爲賈誼《新書》全書所用詞詞頻高於其他先秦兩漢典籍者,乃係《新書》用詞特色。此中數例如"七福""五餌""解縣"等,其實亦見《漢書》各篇,如取二書互見文字逐字逐句排比對讀,可見當爲《漢書》取用《新書》,然則《新書》所載詞彙乃爲《漢書》所本,實屬前漢之文。至於"六行""先醒"一類詞彙,不互見於《漢書》,似乎《新書》相關篇章便是真僞存疑,實不必然。"六行"一詞,牽涉賈誼以六爲論的哲學思想,雖不見載於其他典籍,仍無載其屬西漢時期思想,觀乎簡帛《五行》、郭店竹簡《六德》即可知。"先醒"雖未見於《漢書》,但互見於《韓詩外傳》。《韓詩外傳》的作者是韓嬰,據《史記》《漢書》所載,韓嬰乃漢文帝時博士,於武帝時嘗與董仲舒辯論。大抵《韓詩外傳》亦屬西漢作品,蓋較賈誼略遲。且細加比較,亦可見《新書·先醒》所載較《韓詩外傳》詳審,當爲《韓詩外傳》約取文辭所致。準此所論,即使未互見《漢書》者,《新書》亦有許多足觀之處。

二、賈誼《新書》獨用詞彙

本文另一考察對象,乃是賈誼《新書》所獨用之詞彙,即僅見《新書》之罕用詞。不過,如果只錄詞彙極爲罕用,只有一次,其代表意義也少不免發人深思。《新書》專用詞彙,若包括只出現一次者,共343個。具體統計數字如下:

	出 現 次 數	詞 彙 數 量
1	1次	306個
2	2次	30個
3	3次	3個
4	4次	2個
5	8次	1個
6	16次	1個

---

① 《孟子注疏》卷三上,《十三經注疏(整理本)》,北京大學出版社2000年版,第84頁。
② D. C. Lau (Trans.), *Mencius*. HongKong: The Chinese University Press, 1984, p.53.
③ 董洪利援引《孟子》成書之三種說法,一爲孟子及其弟子共同編定,二爲孟子自撰,三爲孟子弟子根據孟子生前言論綴輯而成,最後以爲第一種的說法最爲正確。詳參董洪利《孟子研究》,江蘇古籍出版社1997年版,第151~154頁。

準上所見,只出現一次的詞彙共 306 個,本文暫且不論,而只討論最少出現兩次或以上的《新書》獨用詞彙。相關詞彙具見如下:

	詞 彙	《新書》詞頻		詞 彙	《新書》詞頻
1	大佛	2	20	暯暯	2
2	中央之弧	2	21	皜皜	2
3	内度	2	22	賢正	2
4	主主	2	23	澤燕	2
5	希心	2	24	縣愍	2
6	希旰	2	25	膩炙	2
7	典方	2	26	蹎逆	2
8	官駕	2	27	彌道	2
9	物形	2	28	简泄	2
10	宥謐	2	29	薰服	2
11	帝義	2	30	孽妾	2
12	容志	2	31	伋伋	3
13	悈憚	2	32	經立	3
14	善佐	2	33	縣網	3
15	順附	2	34	奉地	4
16	廉醜	2	35	微磬	4
17	惛渠	2	36	六法	8
18	經坐	2	37	六理	16
19	過敗	2			

今舉例分析如下:

1. 六法

"六法"即陰陽、天地、人三者把道、德、性、神、明、命等六理存之於内而次序分明。賈誼《新書·六術》云:"是以陰陽、天地、人盡以六理爲内度,内度成業,故謂之六法。六法藏内,變流而外遂,外遂六術,故謂之六行。……陰陽、天地之動也,不失六律,故能合六法;人謹修六行,則亦可以合六法矣。……是故内法六法,外體六行,以與《書》《詩》《易》《春秋》《禮》《樂》六者之術以爲大義,謂之六藝。……六行不正,反合六法。藝之所以六者,法六法而體六行故也,故曰六則備矣。……六律和五聲之調,以發陰陽、天地、人之清聲,而内合六法之道。"[①]誠如前文所論,以六

---

① 閻振益、鍾夏《新書校注》卷八,第 316~317 頁。

爲論乃賈誼哲學思想體系之一隅，一般以爲出於賈誼任長沙王太傅之任上。此等思想與出土文獻關係密切。又據《史記》《漢書》本傳所載，賈誼在文帝即位之初提出"色尚黄，數用五"之改革，可是文帝"謙讓未遑"①，未有立刻施行。至文帝十四年(前166)，魯人公孫臣"上書陳終始傳五德事，言方今土德時，土德應黄龍見，當改正朔服色制度"②。然而，當時任丞相的北平侯張蒼以爲漢乃水德，以爲公孫臣所言非是，請罷之。是知"色尚黄，數用五"至文帝十四年仍未采用。翌年，"黄龍見成紀，天子乃復召魯公孫臣，以爲博士，申明土德事"③，土德尚黄用五至此方見受重用。大抵賈誼提出"色尚黄，數用五"之時，文帝未有采用，退至長沙，復思用六之可行性，賈誼主張"六行"爲"仁""義""禮""智""聖""樂"，唯六者之關係並不平衡，必待"五行"和而後得"樂"，故其"六行"之關係乃爲五加一，而非六者地位均等④。賈誼貶謫長沙以後，定必反復思量，修訂當日上疏文帝的部分建議，"數用五"既然不被采納，《六術》《道德説》的"用六"正是折衷於故秦"數用六"與前説"數用五"的結果。誠如前文所論，賈誼"用六"之説並非單純以六爲尚，其所謂"六"者每每是"五"加"一"的結果，如五行和則"樂"，仁、義、禮、智、聖、樂則謂之"六行"；又《書》《詩》《易》《春秋》《禮》五者俱備，與"德"相符，而《樂》則由此而生。龐樸以爲賈誼"六行"之説"明顯地帶有湊數的痕迹"⑤，所言值得深思。據上文考證，可知賈誼"用六"之説代表了學術的發展，留下了時代的痕迹；賈誼的"六行"説正是"五行"和"六行"兩種説法的折衷⑥。

除"六法"外，"六理"一詞在賈誼《新書》出現16次，所指爲道、德、性、神、明、命等六理，盡在《新書·六術》之中。王力《理想的字典》云："中國字典對於時代性，雖没有明顯的表示，似乎也不無綫索可尋。《康熙字典》的舉例，大概是以'始見'的書爲標準的。現代的字典，也大致依照《康熙字典》的規矩。因此，如果某一個字義始見於《詩經》，可見它是先秦就有的；如果某一個字義始見於宋人的詩文，可見它是靠近宋代才有的。如果完全不舉例，就多半是新興的意義。"⑦可見字典、詞典的書證出處，大抵即是典源。相宇劍云："《漢語大詞典》是我國目前最權威的漢語工具書之一，但筆者在使用過程中發現，雖然在詞義溯源方面作了很大努力，但其書證晚出現象還是很多。"⑧翻檢《漢語大詞典》，"六行""六法""六理"等賈誼所提出的理念，前二者俱嘗載之，後者則完全不載。考諸"六行"與"六法"，《漢語大詞典》之釋義亦與賈誼所論毫無關係，如釋"六行"時，援引《周禮·地官·大司徒》之"孝、友、睦、婣、任、恤"，以及《管

---

① 《史記》卷八四，第2492頁。
② 《史記》卷十，第429頁。
③ 《史記》卷十，第430頁。
④ 潘銘基《論賈誼"用六"思想之淵源——兼論〈六術〉〈道德説〉之成篇年代》，《諸子學刊》第十四輯，第177頁。
⑤ 龐樸《帛書五行篇研究》，齊魯書社1980年版，第13頁。
⑥ 潘銘基《論賈誼"用六"思想之淵源——兼論〈六術〉〈道德説〉之成篇年代》，《諸子學刊》第十四輯，第181～182頁。
⑦ 王力《理想的字典》，《王力文集》(第十九卷)，山東教育出版社1990年版，第58頁。
⑧ 相宇劍《〈漢語大詞典〉書證溯源拾遺》，《景德鎮高專學報》2009年第3期，第68頁。

子·幼官》"六行時節"句尹知章注"水成數六"云云爲説,並無收録賈誼仁、義、禮、智、聖、樂之釋義①。至於"六法",《漢語大詞典》亦只録有北齊劉晝《新論·適才》之"規、矩、權、衡、準、繩",以及南朝謝赫《古畫品録》謂繪畫有六法等,亦不及賈誼之論六法②。"六理"一詞,《漢語大詞典》並無收録。其實,細考賈誼用六之詞彙,自成一體,可供解釋漢代文化、五德終始説等使用,後世詞書如能以《新書》所載爲據新增義項或典源,方始爲功。

2. 微磬

"微磬"即上身稍稍彎曲,以示恭敬之意③。磬乃古代打擊樂器,形如曲尺,故以形喻鞠躬時的身體④。"微磬"一詞見於《新書·容經》5次⑤,而其他先秦兩漢典籍没有此詞用例,故爲賈誼所專用。《漢語大詞典》有收録"微磬"一詞,其所舉書證亦爲《新書·容經》之文,可見此例爲最早書證。《新書·容經》云:"行以微磬之容,臂不摇掉……趨以微磬之容,飄然翼然……旋以微磬之容,其始動也,穆如驚鰷……跪以微磬之容,揄右而下,進左而起。"⑥考《新書·容經》前半部分叙述在各種場合待人接物應掌握的儀容規則,下半部分則有與《大戴禮記·保傅》互見之文。以上"微磬"一詞,見於《新書·容經》上半部分。《新書》保留"微磬"之用例,吉光片羽,彌足珍貴。《賈誼集校注》云:"從文字上看來,本文前後的體例並不一致,特别是前半篇中,賦的味道甚濃,這在《新書》中是少見的。篇中有幾處脱文,有些詞語也較費解,可能是在傳鈔過程中出現的訛誤。"⑦此説通達有理。賈誼《新書》不必由賈誼親撰,宜乎由其後學輯定。然而,篇中内容不屬後人僞撰,黄雲眉《古今僞書考補證》云:"《漢志》著録之《賈子》,當爲戰國時所依托,而今本《賈子》,如《四庫提要》所言,唐以來依仿賈誼所引,撰爲贋本,則毋寧謂今本《賈子》,與今本《新書》,皆唐以來人所依托,而其有心相避,或者竟出於一手,亦未可知也。"⑧黄氏以爲《新書》乃"唐以來人所依托",實屬推論太過,所言未是。

賈誼《新書》"微磬"一詞,對後世禮書解釋亦有影響。洪頤煊《讀書叢録》卷十五"掉磬"條云:"《容經篇》'行以微磬之容,臂不摇掉'。頤煊案:《禮記·内則》鄭注:'雖有勤勞,不

---

① 羅竹風主編《漢語大詞典》,漢語大詞典出版社1990年版,第1774頁。
② 同上,第1779頁。
③ 參《〈新書〉詞彙資料彙編》,第347頁。
④ 參李爾鋼《新書全譯》,貴州人民出版社1998年版,第269頁。
⑤ 案《〈新書〉詞彙資料彙編》録爲4次,然《新書·容經》尚有"體不摇肘曰經立,因以微磬曰共立,因以磬折曰肅立,因以垂佩曰卑立"句,其中"微"字原脱,《新書校注》云"兹據程本補"(第234頁)。《新書校注》所補是也,故《新書》載録"微磬"一詞實爲5次。盧文弨云:"建、潭本脱'微'字,别本有。"(《新書》卷六,抱經堂校定本,第5B頁。)盧氏以别本據補,盧説是也。
⑥ 閻振益、鍾夏《新書校注》卷六,第228頁。
⑦ 吴雲、李春臺《賈誼集校注(增訂版)》,第191頁。
⑧ 黄雲眉《古今僞書考補證》,第119頁。案:鍾肇鵬以爲黄雲眉此説"未免懷疑過甚"(鍾肇鵬《賈子校理》,中華書局2010年版,第111頁)。鍾説是也。

敢掉磬.'義即本此。《釋文》引《隱義》云:'齊人以相絞訐爲掉磬.'崔云:'北海人謂相激事爲掉磬.'非也。"① 鄭玄東漢末年人,洪頤煊以爲鄭氏注《禮記·內則》之文有本諸《新書·容經》"行以微磬之容,臂不搖掉",洪說是也。準此,《容經》此文雖不互見於《漢書》,仍有可足采處。

3. 廉醜

"廉醜"即廉恥之意,在先秦兩漢典籍中唯有《新書·俗激》出現 2 次。《新書·俗激》云:"夫邪俗日長,民相然席於無廉醜……今世以侈靡相競,而上無制度,棄禮義,捐廉醜,日甚,可爲月異而歲不同矣。"② 此處牽涉兩段文字,其中後半段有與《漢書·賈誼傳》和《禮樂志》互見,今可對讀如下:

《新書·俗激》	今世以侈靡相競,而上無制度,棄禮義,捐廉醜,日甚,
《漢書·賈誼傳》	今世以侈靡相競,而上亡制度,棄禮誼,捐廉恥,日甚,③
《漢書·禮樂志》	漢承秦之敗俗,廢禮義,捐廉恥,④

"廉醜"典籍罕用,獨賈誼愛之,此處《漢書·賈誼傳》《禮樂志》皆作"廉恥",班固以爲"廉醜"罕用,遂以"廉恥"易之。《漢語大詞典》載錄"廉醜"一詞,亦援引《新書·俗激》"棄禮義,捐廉醜"爲書證⑤,可知此詞實爲賈誼所獨用。《新書校注》云:"醜,即恥,誼習用醜爲恥。"⑥ 在《新書·階級》,有"故化成俗定,則爲人臣者,主醜亡身,國醜亡家,公醜忘私,利不苟就,害不苟去,唯義所在,主上之化也"句,並互見於《漢書·賈誼傳》,可對讀如下:

| 《新書·階級》 | 故化成俗定,則爲人臣者,主醜亡身,國醜亡家,公醜忘私。⑦ |
| 《漢書·賈誼傳》 | 故化成俗定,則爲人臣者 主耳忘身,國耳忘家,公耳忘私。⑧ |

以上可見《新書·階級》作"醜",《漢書·賈誼傳》作"耳",王先謙《漢書補注》云:"建本《新書》'耳'皆作'醜',醜亦恥也。諸本皆作'爾'。"⑨ 王先謙先引賈誼《新書》作"醜","醜"義爲恥;及

---

① 洪頤煊《讀書叢錄》卷十五,清道光二年富文齋刻本,第 17A~B 頁。
② 閻振益、鍾夏《新書校注》卷三,第 91 頁。
③ 班固《漢書》卷四八,第 2244 頁。
④ 班固《漢書》卷二二,第 1030 頁。
⑤ 羅竹風主編《漢語大詞典》,第 4666 頁。
⑥ 閻振益、鍾夏《新書校注》卷三,第 93 頁。
⑦ 閻振益、鍾夏《新書校注》卷二,第 82 頁。
⑧ 班固《漢書》卷四八,第 2257 頁。
⑨ 王先謙《漢書補注》卷四八,上海古籍出版社 2008 年版,第 3694 頁。

其所見《新書》有作"耳"及"爾"者。劉師培《賈子新子斠補》以爲《漢書》作"耳"者乃"恥"字殘闕"心"旁所致，"恥""醜"同義，則賈誼《新書》作"醜"是也①。後人每有據誤本《漢書》校改《新書》，此亦其例。程榮《漢魏叢書》本《新書》即作"主爾亡身，國爾忘家，公爾忘私"②，《兩京遺編》本亦作"王爾亡身，國爾亡家，公爾亡私"③。其作"爾"者乃"耳"之訛。劉師培所論比王先謙深邃，其言甚是。然則後人據誤本《漢書》校改《新書》，亦不一而足。今本《新書》作"醜"④，"醜"與"恥"義同，則可證《漢書》當作"恥"，今作"耳"者誤矣。

至於"廉醜"之用詞，尚有一例。賈誼《新書·時變》"然不知反廉恥之節、仁義之厚"句，亦互見於《漢書·賈誼傳》，可排比對讀如下：

《新書·時變》	然不知反廉恥之節、仁義之厚。⑤
《漢書·賈誼傳》	終不知反廉愧之節，仁義之厚。⑥

可見以上《新書·時變》"廉恥"二字，《漢書·賈誼傳》作"廉愧"。王念孫《讀書雜志》云：

> 古無以"廉愧"二字連文者，"愧"當爲"醜"，字之誤也。"廉醜"即"廉恥"，語之轉耳，故《賈子·時變篇》作"廉恥"。又下文"棄禮誼捐廉恥，禮義廉恥，是謂四維"，《賈子·俗激篇》竝作"廉醜"。凡賈子書"恥"字多作"醜"，《逸周書》亦然。故知此"廉愧"爲"廉醜"之誤。⑦

王念孫謂賈誼《新書》"恥"字多作"醜"，二字相通。《漢書》"廉愧"當作"廉醜"。由是觀之，此亦《新書》是而《漢書》非。又，以賈誼習用"廉醜"一詞，則《時變》之"廉恥"或亦本作"廉醜"，《漢書》襲之而誤爲"廉愧"，《新書》則因讀之未明而逕改爲"廉恥"。總之，"廉醜"爲賈誼慣用語，即其未有互見於《漢書》者，亦可信爲賈誼文字。

4. 主主

"主主"即君主克盡爲君之德。在先秦兩漢典籍唯有《新書》嘗有 2 例，一見《俗激》，一見《禮》。《新書·俗激》云："豈如今定經制，令主主臣臣，上下有差，父子六親各得其宜，奸人無

---

① 劉師培《賈子新書斠補》卷上，《劉申叔遺書》，第 6B 頁。
② 賈誼《新書》卷二，臺北新興書局《筆記小説大觀三編》據程榮《漢魏叢書》本影印 1978 年，第 9A 頁。
③ 賈誼《新書》卷二，臺灣商務印書館據上海涵芬樓 1937 年影明萬曆刻本《兩京遺編》本影印 1969 年，第 14A 頁。
④ 今賈誼《新書》四部叢刊本及抱經堂校定本俱作"醜"。
⑤ 閻振益、鍾夏《新書校注》卷三，第 97 頁。
⑥ 班固《漢書》卷四八，第 2244 頁。
⑦ 王念孫《讀書雜志·漢書弟九》，第 759～760 頁。

所冀幸,群衆信上而不疑惑哉。"①《禮》云:"主主臣臣,禮之正也。"②《漢語大詞典》收録"主主"一詞,亦援引《新書·俗激》所載爲書證③。賈誼《新書·俗激》之文,《漢書·賈誼傳》載之並改爲"君君臣臣"④。"君君臣臣"與"主主臣臣"於義無别,然學者慣用"君君臣臣","主主臣臣"則罕爲之用矣。考之一切傳世典籍,用"主主臣臣"入文者萬中無人,極爲罕見。其實,"君君""主主"意義相同,只是後人習《漢書》多,習《新書》少而已。《漢書》用通用字改易罕用字,自爲合理;倘以漢以後人據《漢書》而僞作《新書》,以罕用字替代常用字,則是於理未合,亦不符合詞彙發展之規律。

覃勤《先秦古籍字頻分析》指出先秦古籍字頻統計結果顯示,使用一次的字佔單字量的24.87%。先秦古籍字頻總體呈現常用字高度集中、低頻字數量大而使用率極低的態勢⑤。在先秦時期,古籍篇幅較短,罕用字的數目較多;到了兩漢,古籍篇幅漸多,罕用字的比例亦隨之下降。有些罕用字未能流傳至今,少人使用,有些則與其他字組合成爲現代漢語複音節詞。"主主"的第一個"主"是名詞,第二個"主"是動詞,如此配合,後世罕有用例,故賈誼《新書·俗激》實在保留了重要的詞彙資料。

5. 希盱

"希盱",盧文弨云:"喜悦皃。"⑥知"希盱"乃喜悦之貌。賈誼《新書·匈奴》載有2例,先秦兩漢典籍亦僅《新書》載之。《新書·匈奴》云:"一國聞之者、見之者,希盱相告,人人忣忣唯恐其後來至也。"⑦又云:"一國聞者、見者,希盱而欲,人人忣忣唯恐其後來至也。"⑧其意蓋指匈奴舉國聽到和看到相關情況後,便皆喜悦互告,人人皆争先恐後地争相投降漢室。《漢語大詞典》亦采録"希盱"一詞,並以《新書·匈奴》所載爲書證⑨。"希盱"後世罕有用例,自爲賈誼遺文,非出後世僞托。

結　　語

宋人朱熹云:"賈誼《新書》除了《漢書》中所載,餘亦難得粹者。看來只是賈誼一雜記藁

---

① 閻振益、鍾夏《新書校注》卷三,第92頁。
② 閻振益、鍾夏《新書校注》卷六,第214頁。
③ 羅竹風主編《漢語大詞典》,第696頁。
④ 班固《漢書》卷四八,第2247頁。
⑤ 覃勤《先秦古籍字頻分析》,《語言研究》2005年第4期,第113頁。
⑥ 賈誼《新書》卷四,抱經堂校定本,第4B頁。
⑦ 閻振益、鍾夏《新書校注》卷四,第136頁。
⑧ 同上,第137頁。
⑨ 羅竹風主編《漢語大詞典》,第4102頁。

耳,中間事事有些。"①以爲賈誼《新書》不過是賈誼的一堆雜記稿,其中只有載於《漢書》者爲精粹。明人何孟春(1474—1536)《賈太傅新書序》云:"朱子嘗言誼學雜,而文字雄豪可喜,《治安策》有不成段落處,《新書》特是一雜記藁耳。誼蓋漢初儒者,不免戰國縱橫之習,其著述未嘗自擇,期以垂世。而天年蚤終,傳之所掇已未盡,然亂於他人者,何足爲據?誼之才實'通達國體',言語之妙,後儒良不易及。此論篤君子所以雖或病其本根,而終不能不取其枝葉也。"②何氏承接朱熹所論,以爲《新書》因賈誼早卒,未及修訂,故爲雜記稿矣。今據上文討論,賈誼《新書》詞彙即使不在《漢書》互見者,仍然珍貴足采,誠如何氏所謂"後儒良不易及"也。《四庫全書總目》批評《新書》,以爲"其書不全真,亦不全僞"③,值得深思。

上文從詞彙學角度出發,摘取了兩類《新書》之詞彙,一爲常用詞彙,二爲獨用詞彙。就常用詞彙而言,《新書》與其他兩漢典籍有互見之文,詞彙釋義無別。至於獨用詞彙,如"六法""六理""微磬"之類,皆獨見於《新書》某些篇章,此等詞彙非但前無所承,後世亦罕有傳習。因此,如就全書詞彙以作考察,《新書》無疑乃是兩漢舊典,殆無可疑。

《新書》各篇文章當爲賈誼作品,唯至賈生離世之時,尚未結集成書。其後學遂將遺文重新編輯,因成《漢書·藝文志》之"《賈誼》五十八篇"④。今所見《新書》各篇文章,撰成年代不一,所闡發的思想亦呈現不同程度的差異,但皆保留西漢初年賈誼的思想。書中詞彙豐富多姿,且有不少獨用詞彙,則全書雖有未能盡善之處,仍不失爲反映兩漢語言之重要典籍。

[作者簡介] 潘銘基(1977—   ),男,香港人。現爲香港中文大學中國語言及文學系副教授、博士生導師、中國文化研究所劉殿爵中國古籍研究中心名譽副研究員。研究興趣爲先秦兩漢文獻、古籍校勘等。已發表學術論文60餘篇,著有《賈誼〈新書〉論稿》《顏師古經史注釋論叢》《賈誼及其〈新書〉研究》等。

---

① 黎靖德編《朱子語類》卷一三五,中華書局1994年版,第3226頁。
② 何孟春《賈太傅新書·序》,第5B~6A頁。
③ 永瑢等《四庫全書總目》卷九一,第771頁。
④ 班固《漢書》卷三十,第1726頁。

朱、陸修養方法論的
思想淵源及其異同*

——兼論《宋元學案》編纂者的思想立場

連 凡

内容提要 朱熹在繼承程頤"理一分殊"與"居敬窮理"思想基礎上,通過對《中庸》《易傳》《大學》《孟子》及周敦頤、張載思想的闡發,從理事並進、知行互發的立場出發,確立了"尊德性"與"道問學"並行的修養論。陸九淵遠承孟子大體説,近承程顥識仁説,從心即理立場出發,確立了以發明本心的"尊德性"爲宗旨統攝道問學的修養論。朱、陸修養方法論在來源、内涵及地位上的差異,直接導致朱、陸易簡與支離的教育方法、踐履與講學的教育内容,以及禪學與俗學的門户之争。其實儒、釋之辨只在於是否承認天理,陸、王心學只是將天理收歸道德本心,並未喪失儒家的道德本位立場。《宋元學案》的編纂者在傾向於心學的同時,又折衷朱、陸而會歸於一,體現了清代浙東學派一本萬殊的思想立場。

關鍵詞 朱熹　陸九淵　修養方法論　《宋元學案》　一本萬殊
中圖分類號 B2

以朱熹爲代表的"理學"與以陸九淵爲代表的"心學"是南宋中後期道學陣營中最爲重要的兩個學派。朱、陸生前,兩派已經爆發了"鵝湖之會"(修養方法論)與"無極太極之辯"(道器本體論)等激烈論戰,並對後世産生了深遠影響。根據學界目前的研究①,朱、陸的思想異同主

---

* 基金項目:國家社科基金後期資助項目"《宋元學案》綜合研究"(17FZX013)。

① 到目前爲止,中文方面以朱、陸異同,特别是以"尊德性"與"道問學"爲論題的專題論文已有不少,並且已出現以之爲課題的專著。如彭永捷《朱陸之辨——朱熹陸九淵哲學比較研究》(人民出版社 2002 年版)、王大德《朱陸異同新論——以"心與理、心與物"爲向度之新綜析》(臺北文史哲出版社 2009 年版)等。此外,許多著作都論及於此論題。日文方面的與朱陸異同相關的論文也有不少,雖然以"尊德性"與"道問學"爲題的專題論文尚未見,但一些著作也論及於此。如岡田武彦《王陽明と明末の儒學》第　(轉下頁注)

要涉及以太極説爲中心的道器論,以"性即理"與"心即理"爲中心的心性論,以"道問學"與"尊德性"爲中心的修養方法論(工夫論)等方面①。但在朱、陸自身看來,雙方都以成聖成賢作爲其學問的最終目的,只不過在爲學方法上存在一些差異罷了,説得更明白一些的話,也就是"尊德性"與"道問學"的修養方法論及其派生出來的教育方法上的差異。朱、陸異同作爲貫穿整個道學史的中心課題之一,時至今日依然不斷引起人們的思索和探討,其中朱、陸修養方法論的思想淵源,特別是其與先秦思孟學派及作爲道學創始人的周敦頤、張載、二程(程顥、程頤兄弟)之間的思想繼承關係,還有進一步檢討之必要②。因此下文以歷代學者的論述爲基礎,討論朱、陸修養方法論各自的淵源及其內涵,進而以《宋元學案》編纂者的論述爲中心,探討其詮釋及思想立場。

一、朱熹修養方法論的淵源及其內涵

"尊德性"與"道問學"向來被作爲朱、陸兩派修養方法論的主旨,但令人感到意外的是,朱熹與陸九淵的著作中直接提到"尊德性"與"道問學"的地方卻很少③。這決不意味着這兩者在朱、陸二人的思想中地位不重要,而是因爲它們往往通過其他概念表述出來的緣故④。其中就包括"存心"與"致知"、"主敬"與"窮理"、"誠明"與"明誠"、"德性之知"與"聞見之知"等多對概念。以下即圍繞着這些概念對朱熹的修養方法論進行一些探討。

(接上頁注)一章"序論"第二節"朱學の源流(朱陸同異源流考)"(東京明德出版社 1970 年版,第 26~43 頁)、吉田公平《陸象山と王陽明》"Ⅱ 陸象山"(東京研文出版 1990 年版)等。
① 參見友枝龍太郎《朱陸の學の異同とその背景》(《廣島大學文學部紀要》第 26 卷第 3 號 1966 年,第 108~111 頁)及《朱子の思想形成》(東京春秋社 1969 年版,第 471~476 頁)。
② 王孝廉在其論文《二程子修養方法論及其對朱陸的影響》(《西南學院大學國際文化論集》第 6 卷第 1 號 1991 年,第 71~82 頁)中,論述了二程的修養方法論(識仁、主敬、窮理等)與朱、陸之間的繼承關係。筆者除了從若干方面對其進行補充之外,另對周敦頤、張載相關思想進行闡述,以較全面地論述朱、陸修養方法論的淵源及其繼承關係。
③ 朱熹的《文集》與《語類》等著作時至今日尚有龐大的數量留存下來,但其中直接論及"尊德性"與"道問學"的地方不過數十條,而且大部分集中在《朱子語錄》卷六十四中解釋《中庸》的部分。而陸九淵的著作中直接論及"尊德性"與"道問學"只有一條語錄(共五次),見於《象山語錄》卷一中。
④ 陳榮捷先生指出:朱熹常以並行的兩種主張作爲其思想之宗旨,如所謂"知行並進""居敬窮理""明誠兩進""敬義夾持""博文約禮""持敬致知"等即是如此,而這些對概念其實與"尊德性而道問學"內涵相同或相近。參見陳榮捷《朱子新探索》,華東師範大學出版社 2007 年版,第 189 頁。

(一)"尊德性"與"道問學"

"尊德性"與"道問學"原本出自《中庸》。《中庸》説:"故君子尊德性而道問學,致廣大而盡精微,極高明而道中庸。温故而知新,敦厚以崇禮。"按照朱熹的解釋,"尊"指"恭敬奉持",即以恭敬之心來奉養持守,依據程、朱的"性即理"説,"德性"是指天所賦予而存於心之天理,也就是所謂"義理之性"①。所謂"尊德性"即尊奉天理,也就是存養心中所存之天理(即"存心"),其目的在於"極道體之大",也就是使心中没有私意和私欲,並通過保存恭敬之狀態來涵養天理,即所謂"存天理,滅人欲"。另一方面,"道"訓爲"由"(通過),所謂"道問學"即指通過問學的工夫來推廣知識使之無所不至(即"致知"),其目的在於"盡道體之細",即窮究作爲道體(天理)之具體表現的"理義"與"節文"等。因此,"尊德性"與"道問學"即是"存心"與"致知"的過程。兩者都是修德體道過程中不可或缺的工夫手段②。

(二)"存心"與"致知"

"存心"原本出自《孟子》。孟子説"君子所以異於人者,以其存心也。君子以仁存心,以禮存心"(《離婁下》),又説"盡其心者,知其性也。知其性,則知天矣。存其心,養其性,所以事天也"(《盡心上》),從其四端説出發將存養仁禮於心中視作有德君子之特徵,同時又發揚人的主體能動性,從天道性命相貫通的立場出發,提倡通過"盡心"與"存心"工夫使人(心性)合於天道的天人合一思想。宋代理學奠基人程頤回答弟子"問:孟子言心、性、天,只是一理否。曰:然。自理言之謂之天,自禀受言之謂之性,自存諸人言之謂之心"③,從其天理論出發用理(道)來貫通心、性、天(命),因此主張"性即理""心即性""心與理同"④,認爲只有這樣,心才能没有限量,天地萬物皆具於性中,從而便能够"盡心知性"了⑤。朱熹接受程頤的思想,進而指出"盡心知性而知天,所以造其理也。存心養性以事天,所以履其事也。不知其理,固不能履其事。然徒造其理而不履其事,則亦無以有諸己矣"⑥,從其理事並進、知行互發的立場出發,將"盡心"的工夫作爲體認天理的手段,將"存心"的工夫作爲踐履行事的手段,認爲前者是後者的前

---

① "心者,人之神明,所以具衆理而應萬事者也。性則心之所具之理,而天又理之所從以出者也。"(朱熹《四書章句集注》,中華書局1983年版,第349頁)"'德性'猶言義理之性。"朱熹著,黎靖德編,王星賢點校《朱子語類》第四册,中華書局1986年版,第1585頁。

② "尊者,恭敬奉持之意。德性者,吾所受於天之正理。……尊德性,所以存心而极乎道體之大也。道問學,所以致知而盡乎道體之細也。二者修德凝道之大端也。"朱熹《四書章句集注》,第35~36頁。

③ 程顥、程頤著,王孝魚點校《二程集》第一册,中華書局1981年版,第296~297頁。

④ 參見盧連章《程顥程頤評傳》,南京大學出版社2001年版,第162頁。

⑤ "孟子曰:'盡其心,知其性。'心即性也。在天爲命,在人爲性,論其所主爲心,其實只是一個道。苟能通之以道,又豈有限量?天下更無性外之物。若云有限量,除是性外有物始得。"《二程集》第一册,第204頁。

⑥ 朱熹《四書章句集注》,第349頁。

提(充分條件),後者是前者的保證(必要條件)。另一方面,"致知"原本是《大學》中的"八條目"之一,《大學》中説"致知在格物",强調通過應接事物來獲取知識。朱熹接受程頤的"理一分殊"思想,認爲萬事萬物中皆有其分殊之理,而吾心中之性即是天地萬物之理的全體,這樣一來,通過窮究天下萬物之理以獲取知識的"格物致知"工夫便可窮盡至吾性中天理的各個細微之處,這種工夫積累下去的話,一旦産生理性的飛躍,便會達到"衆物之表裏精粗無不到,而吾心之全體大用無不明"①的豁然貫通境界,即得以窮盡道體(天理)之全體大用了。

(三)"主敬"與"窮理"

朱子學中的"尊德性"與"道問學",與程、朱的主敬(居敬)窮理(格物)的工夫論相當②。按照黄宗羲在《宋元學案》中的看法,宋代理學奠基人程顥、程頤兄弟之思想主旨(天理論)雖大體相同,但其人格氣象與修養方法上存在着一些差異③。具體説來,二程早年的老師周敦頤提倡"主靜"的修養工夫。程顥接受周敦頤思想的同時,又考慮到專在靜處下工夫的話,則動時工夫欠缺,容易産生喜靜厭動的弊病,因此以《周易・文言傳》中"敬以直内,義以方外"的"合内外之道"來修正周敦頤的"主靜"工夫,從而提倡貫通動靜(動靜合一)的"敬"之工夫,同時又主張通過"識仁"體認得到作爲天地生生之功用的仁體(天理),接着只需以誠敬工夫存養此仁體,摒棄人爲的防檢和窮索,敬與義兩者都是誠敬存養的工夫。

與其兄程顥合形上形下爲一體的思路不同,程頤將本體與工夫視作形而上與形而下的二元關係,提倡下學而上達,認爲如果專門致力於内在的居敬涵養的話,便會欠缺下學的工夫。因此他以"窮理"來解釋《大學》的"格物"並將其作爲"致知"的方法④,使之與内在的居敬涵養相表裏。"涵養須用敬,進學則在致知"即是其工夫論的主旨。具體來説,心之涵養("存心")體現在"敬"之工夫中,程頤説"收其心而不放"⑤,主張在做格物窮理工夫的同時,心中有主宰而不使注意力分散,即將意識集中一點之上的"主一之謂敬,無適之謂一"的主敬工夫,這樣主敬與致知便被視作没有前後順序而能同時完成的工夫了。另一方面,程頤又將兩者視作一系列持續的工夫,説道"入道莫如敬,未有能致知而不在敬者"⑥,將主敬視作致知的前提條件了。

其後,朱熹繼承程頤的思想將主敬置於格物致知之前。他在"己丑之悟"以後提出的"中

---

① 朱熹《四書章句集注》,第7頁。
② 明代的朱子學者徐問指出:"世學或謂心中不須用一個敬字,且病宋儒程、朱'主敬'及'主一'之説。不知敬非别物,只是尊德性,常以心爲天、爲君、爲嚴師,翼若有臨而不敢怠放。"黄宗羲著,沈芝盈點校《明儒學案》下册,中華書局2008年版,第1247頁。
③ 參見《宋元學案》卷十六《伊川學案下》中的黄宗羲案語(《宋元學案》第一册,第652頁)。
④ "格猶窮也,物猶理也,猶曰窮其理而已也。窮其理,然後足以致之,不窮則不能致也。"《二程集》第一册,第316頁。
⑤ 《二程集》第一册,第316頁。
⑥ 《二程集》第一册,第66頁。

和新説"中强調主敬的"涵養工夫",即"存養於未發之前""先涵養後察識"的觀點。朱熹主張將這種主敬的涵養工夫作爲格物致知的主觀條件,進而再通過博學、審問、慎思、明辨的讀書窮理工夫來窮究事物之理,然後反過來再以這些體得的義理作爲心之主宰。朱熹認爲只有這樣方才能够實現從格物致知到治國平天下的内聖外王之道①。值得注意的是,程、朱所謂格物的對象雖然是包括人自身在内的天地萬物,但其着眼點還是在於人自身的道德修養,而格物致知的過程即在於發明天賦之善性。從知行的關係來看,致知的過程即是追求"真知",這其中已經包含有篤行實踐的意思在裏面(所謂"真知必能行"②)。朱子學中的"存心致知"或者"居敬窮理"的工夫雖也囊括了社會實踐(外王)的内容,但仍然是以發明人倫道德(内聖)爲其最終目的的。

(四)"自誠明"與"自明誠"

朱熹的"尊德性"與"道問學"之工夫論,與《中庸》之"誠""明",《易傳》之"盡性""窮理",以及張載的"德性所知""聞見之知"等有密切的關係。追根溯源的話,東漢鄭玄在注釋《禮記·中庸》的"尊德性而道問學"章時,指出"德性,謂性之至誠者","問學,學誠者也",以《中庸》的"誠"來解釋"德性"與"問學"。其後,唐代的孔穎達在其《禮記正義》中則以"勤學"來解釋"問學"③。相比較而言,鄭玄的解釋側重於"尊德性",孔穎達的解釋則更强調"道問學"。二人之説可謂分別開啓了所謂"德性之知"與"聞見之知"的争論,甚至可以説爲後來朱、陸之争埋下了伏筆④。這裏首先從朱熹對《中庸》"誠明"説的詮釋開始探討。

《中庸》説:"誠者,天之道也。誠之者,人之道也。"依據朱熹《中庸章句》的解釋,"誠"本是真實無僞,也是天道的本來面貌。"誠之"則是雖未達到真實無妄的"誠"之境界,但朝着這一方向努力,是人道的當然之則⑤。《中庸》又説:"自誠明,謂之性。自明誠,謂之教。誠則明矣。明則誠矣。"按照朱熹的解釋,其意思是説聖人之德本來就真實無僞而無所不明,這是本性所固有的,也就是天道;賢人之學則只能先發明其善性,然後才能達到真實無僞,因此必須由教

---

① "程子曰:'涵養須用敬,進學在致知。'蓋窮理以此心爲主,必須以敬自持,使心有主宰,無私意邪念之紛擾,然後有以爲窮理之基。……《中庸》'尊德性道問學'章與《大學》此章皆同此意也。"真德秀《西山先生真文忠公文集》,王雲五主編《萬有文庫》本,商務印書館1937年版,第527頁。
② 陳來《朱子哲學研究》,華東師範大學出版社2000年版,第323~324頁。
③ "此一經明君子欲行聖人之道,當須勤學。前經明聖人性之至誠,此經明賢人學而至誠也。"鄭玄注,孔穎達疏《禮記正義》,北京大學出版社2000年版,第1699頁。
④ 路新生《〈尊德性〉還是〈道問學〉——以學術本體爲視角》,收入楊國榮主編《思想與文化》第八輯《現代性的中國視域》,華東師範大學出版社2008年版,第224~225、227~228頁。
⑤ 朱熹:"誠者,真實無妄之謂,天理之本然也;誠之者,未能真實無妄,而欲其真實無妄之謂,人事之當然也。"《四書章句集注》,第31頁。

化以入門,這也就是人道;由"誠"則自然"明",由"明"也可以達到"誠"的境界①。由此可知,《中庸》之"誠"作爲天賦德性之本源,"自誠明"其實屬於"尊德性"的工夫;"明"作爲教化學習之手段,"自明誠"其實屬於"道問學"的工夫。

另一方面,《周易·説卦傳》説"窮理盡性以至於命"。張載結合《中庸》與《易傳》,主張"'自明誠',由窮理而盡性也;'自誠明',由盡性而窮理也"②,提出了性、教二分的爲學徑路,但其着眼點還是在於"自明誠"的教化路數上,即認爲做學問應當從探究禮樂制度之理(窮理)入手,先盡己之性(發明善性),再盡人之性,推而廣之盡萬物之性,經過這樣的順序方能最終達於天道(天命、天性)③。針對張載關學這種窮理—盡性—至命三階段的漸修工夫,二程從其天理論出發,將理、性、命視作一體之三個方面,認爲窮理、盡性、至命是没有先後順序而可一併完成的④,因此強調"誠即明矣",即發明天賦之本性(善性)即是窮理,没必要像張載那樣先窮理後盡性終至於天命(天道)。由"盡性"至"窮理"屬於"尊德性"的工夫,由"窮理"至"盡性"屬於"道問學"的工夫。朱熹則從其先事而後理、先小學而後大學的工夫論立場出發,在傾向於張載的"自明誠"與"窮理盡性"的漸修工夫的同時⑤,對於二程的"誠即明矣"的頓悟主張則提出了質疑⑥。

(五)"德性之知"與"聞見之知"

孟子提倡"盡心知性知天",認爲人心的認識(體認)能力可知天命,張載進而提出了"大心"説來解釋孟子的"盡心"説⑦。在張載看來,世人或者因耳目之見聞而障蔽其心,從而導致

---

① 朱熹:"德無不實而明無不照者,聖人之德。所性而有者也,天道也。先明乎善,而後能實其善者,賢人之學。由教而入者也,人道也。誠則無不明矣,明則可以至於誠矣。"《四書章句集注》,第32頁。
② 張載著,章錫琛點校《張載集》,中華書局1978年版,第21頁。
③ 《二程遺書·二先生語》第十"洛陽議論":"二程解'窮理盡性以至於命':'只窮理便是至於命。'子厚謂:'亦是失於太快,此義盡有次序。須是窮理,便能盡得己之性,則推類又盡人之性。既盡得人之性,須是並萬物之性一齊盡得,如此然後至於天道也。其間煞有事,豈有當下理會了?學者須是窮理爲先。如此則方有學。今言知命與至於命,盡有近遠,豈可以知便謂之至也。'"《二程集》第一册,第115頁。
④ 《宋元學案》卷十三《明道學案上》:"'窮理、盡性、以至於命',三事一時並了,元無次序。不可將窮理作知之事。若實窮得理,即性命亦可了。"(《宋元學案》第一册,第552頁。)"窮理、盡性、至命,一事也。纔窮理便盡性,盡性便至命。……理、性、命,一而已。"(《二程集》第二册,第410頁。)《二程遺書·伊川先生語》第四:"窮理盡性至命,只是一事。才窮理便盡性,才盡性便至命。"《二程集》第一册,第193頁。
⑤ "理,謂隨事得其條理,析言之也。窮天下之理,盡人物之性,而合於天道。"朱熹《周易本義》,朱傑人、嚴佐之、劉永翔主編《朱子全書》第一册,上海古籍出版社、安徽教育出版社2002年版,第153頁。
⑥ 陳榮捷《朱子新探索》,第191~193頁。
⑦ "大其心,則能體天下之物。物有未體,則心爲有外。世人之心,止於聞見之狹。聖人盡性,不以見聞梏其心。其視天下,無一物非我,孟子謂盡心則知性知天以此。天大無外。故有外之心不足以合天心。見聞之知,乃物交而知,非德性所知。德性所知,不萌於見聞。"《張載集》,第24頁。

不能盡其心,其原因即在於不知"心"之本源①。具體説來,"有無一,内外合"即是心之所由來②。張載在《正蒙·太和》篇中説"由太虚,有天之名;由氣化,有道之名;合虚與氣,有性之名;合性與知覺,有心之名"③,認爲心包括性(本體)與知覺(功用)兩個方面,性則包括太虚(氣之本體)與氣兩個方面,因此心其實出自作爲氣(萬物)之本體的太虚(天)。張載的"合天心"説其實包含有使"心"(人)與"天"合爲一體的天人合一論的意思在裏面。張載認爲如果想要"盡心"的話,就必須"大其心",將無形之太虚(天)與有形之氣化(道)、外部之耳目見聞(知覺)與内在之德性(天性)合而爲一。按照朱熹的詮釋,張載的"太虚"其實是指"理"④,而其"大心"説是依據其本體論(理氣)而來。因爲性理之流行貫通天下萬物而無處不到,因此如果有一物未體認到,便有未至之處而包括不盡,這樣便會外之於心了;這樣有私意在其間隔斷的話,物與我便會對立起來,即使對於我們的至親,也不免將其見外了⑤。因此聖人才要盡性,不以見聞來束縛其心,從而便能體認天下萬物而到達"物我爲一"的境地。這樣,朱熹便從其"天人一理"的觀點出發解釋了張載基於"天人一氣"的"合天心"説。

張載的"大心體物"説的歸結點在於"德性所知"(後來程朱稱之爲"德性之知")與"見聞之知"(又稱"聞見之知")的認識論(也是修養論)。"見聞之知"是耳目與事物相交接而來的認識,"德性所知"則是不由見聞而來的"天德良知"⑥,即"德性所知"不依賴於外部之見聞,其實是依據對本心良知的内省而來。由此可見,張載從其"大心"説出發提出了"德性所知"與"見聞之知"的"合内外"的認識論,但其"德性所知"與朱熹"主敬"的"尊德性"不太相同,卻與陸九淵"發明本心"的"尊德性"相近。因此朱熹不像張載那樣强調"不萌於見聞"的"德性所知"對"見聞之知"的超越性⑦,同時又從其理一分殊的立場出發將張載的"見聞之知"與程頤的格物窮理説結合了起來,從而重新解釋了"德性之知"與"見聞之知"的關係,即認爲做學問應該先從"見聞之知"開始,不斷積累做工夫的話,便會達到"脱然貫通"的境地而體悟至天下萬物其實只是"一理",這也就是體悟到"德性之知"了⑧。

---

① "天之明莫大於日……必知心所從來而後能。"《張載集》,第25頁。
② 《張載集》,第63頁。
③ 同上,第9頁。
④ "問'合虚與氣有性之名,合性與知覺有心之名'。曰:'虚,只是説理。'"《朱子語類》第四册,第1432頁。
⑤ "'大其心,則能遍體天下之物。'體,猶'仁體事而無不在',言心理流行,脉絡貫通,無有不到。苟一物有未體,則便有不到處。包括不盡,是心爲有外。蓋私意間隔,而物我對立,則雖至親,且未必能無外矣。'故有外之心,不足以合天心。'"《朱子語類》第七册,第2518頁。
⑥ "誠明所知,乃天德良知,非聞見小知而已。"《張載集》,第20頁。
⑦ 陳來《朱子哲學研究》,第275頁。
⑧ "'世人之心止於見聞之狹,聖人盡性,不以見聞梏其心。'伯豐問:'如何得不以見聞梏其心。'曰:'張子此説,是説聖人盡性事。如今人理會學,須是有見聞,豈能舍此? 先是於見聞上做工夫到,然後脱然貫通。蓋尋常見聞,一事只知得一個道理,若到貫通,便都是一理,曾子是已。盡性,是論聖人事。'"《朱子語類》第七册,第2519頁。

總之,朱熹遠溯《中庸》"誠明"說、《易傳》"敬義"與"窮理盡性"、《大學》"格物致知"、《孟子》"存心盡心"等思想,近承程頤的"主敬窮理"與張載的"德性所知見聞之知"等思想,從其理事並進、知行互發的立場出發,確立了"尊德性"與"道問學"並行的工夫論。

二、陸九淵修養方法論的淵源及其内涵

衆所周知,陸九淵以孟子所謂"先立乎其大者"的主張作爲其思想主旨,那麽所謂"大者"究竟所指爲何呢? 從思想淵源上來看,孟子提出"大體""小體"說(《告子上》),認爲只要能體認得天賦之德性("大者"),那麽飲食等肉體感官欲望("小者")就不能動摇其精神志向,從而能够成爲"大人"。到了宋代,周敦頤據此來解釋"孔顔樂處"(《通書》"顔子"章),提倡在天人合一("聖同天")的境界中體認仁體①。周敦頤向二程傳授的所謂"尋孔顔樂處"即指此。學界一般認爲二程思想差異是其後陸、王心學與程、朱理學分化的開端,而程顥的思想中有心學傾向。具體來説,程顥在周敦頤思想的基礎上,將"識仁"作爲其思想宗旨②,以體認"仁體"作爲其最重要的工夫③。所謂"仁體"其實是作爲天地生生之德的天理、道體。程顥認爲體貼出天理的話,接下來只需要通過誠敬來存養它,應事接物便自然無不中節,不需要像張載那樣做苦心窮究萬物之道理的"防檢窮索"工夫。另一方面,程顥又基於其天人、内外合一的立場解釋了《易傳》的敬義工夫,認爲萬物一體之仁體現在敬(内)與義(外)兩個方面,敬是隨内心而存,義是隨外物而存,兩者都是存養的工夫,這樣誠敬即是存養,而防檢、窮索也不是追求外物之道理的格物窮理,其實是克服私欲與發明善性,兩者皆包含於存養的過程之中。因此行仁義的過程(方外)也即是"直内",内外合一的話,便可到達與物同體的天人合一境界④。

程顥所説之"仁"作爲放之四海皆準的普遍原則,其實與陸九淵思想中作爲宇宙本體的本

---

① 曹端在其《通書述解》卷下中指出"今端竊謂孔、顔之樂者仁也。非是樂這仁,仁中自有其樂耳",認爲"孔顔樂處"即在於仁中。曹端著,王秉倫點校《曹端集》,中華書局 2003 年版,第 79 頁。
② "學者須先識仁。仁者,渾然與物同體。義、禮、知、信皆仁也。識得此理,以誠敬存之而已。不須防檢,不須窮索。……此道與物無對,大不足以名之。天地之用皆我之用。孟子言:萬物皆備於我。須反身而誠,乃爲大樂。"《二程集》第一册,第 16~17 頁。
③ "學者識得仁體,實有諸己,只要義理栽培。如求經義,皆栽培之意。"《二程集》第一册,第 15 頁。
④ "孟子曰:仁也者人也。合而言之道也。《中庸》所謂'率性之謂道'是也。仁者,人此者也。'敬以直内,義以方外',仁也。若以敬直内,則便不直矣。行仁義豈有直乎。'必有事焉而勿正',則直也。夫能'敬以直内,義以方外',則與物同矣。故曰:敬義立而德不孤。是以仁者無對。放之東海而準,放之西海而準,放之南海而準,放之北海而準。醫家言四體不仁,最能體仁之名也。"《二程集》第一册,第 120 頁。

心(天理)相當①,而程顥思想中"誠敬存之"的"識仁"本體工夫論與陸學中"發明本心"的"尊德性"一脉相承,兩者都是對本心(天理、善性)的體認工夫。事實上,陸九淵將孟子所説的愛親、敬兄、惻隱、羞惡、辭讓、是非,以及《周易》中的敬(内)、義(外)都視作本心、天理。另一方面,讀書窮理時必須心中有主宰然後才能不迷惑,不可一味做泛觀博覽的外求工夫②,因此陸九淵教人先發明其本心以立本體,這是基於孟子的四端擴充説③,同時又與從程顥"識仁"之旨派生出來的湖湘學派"先識仁體""察識端倪"説相呼應。其着眼點在於心明則本立,涵養省察的工夫從而也有施行之處,也就是説先立本體之後方才容易下工夫。陸九淵進而從其"心即理"的立場出發,强調"收拾精神,自作主宰。萬物皆備於我,有何欠闕。當惻隱時自然惻隱,當羞惡時自然羞惡"④,認爲能够體得本心(天理)的話,便自然能够處理事物,這樣便將本體(尊德性)與工夫(道問學)合而爲一了。

總之,陸九淵遠承孟子的"大體""四端擴充"説,近承程顥的"識仁"説⑤,從其"心即理"的立場出發,確立了其以發明本心的"尊德性"爲宗旨統攝"道問學"的修養方法論。

三、朱、陸修養方法論的異同
——《宋元學案》編纂者的詮釋及其立場

以上論述了朱熹與陸九淵思想中"尊德性"與"道問學"的修養方法論的淵源與内涵。朱熹以"涵養須用敬,進學則在致知"爲其工夫論的主旨,在做居敬涵養的道德修養(尊德性)的

---

① "宇宙便是吾心,吾心便是宇宙。千萬世之前有聖人出焉,同此心同此理也。千萬世之後有聖人出焉,同此心同此理也。東南西北海有聖人出焉,同此心同此理也。"(陸九淵著,鍾哲點校《陸九淵集》,中華書局1980年版,第273頁。)"蓋心,一心也;理,一理也。至當歸一,精義無二,此心此理,實不容有二。故夫子曰:'吾道一以貫之。'孟子曰:'夫道一而已矣。'又曰:'道二,仁與不仁而已矣。'如是則爲仁,反是則爲不仁。仁即此心也,此理也。……此吾之本心也。"《陸九淵集》,第4~5頁。
② "前言往行所當博識……耗氣勞體,喪其本心。非徒無益,所傷實多。"《陸九淵集》,第162頁。
③ "人非木石,安得無心。……存之者,存此心也,故曰'大人者不失其赤子之心'。四端者,即此心也。天之所以與我者,即此心也。人皆有是心,心皆具是理,心即理也。"(《陸九淵集》,第149頁。)"萬物森然於方寸之間,滿心而發,充塞宇宙,無非此理。孟子就四端上指示人,豈是人心只有此四端而已。又就乍見孺子入井皆有怵惕惻隱之心一端指示人,又得此心昭然,但能充此心足矣。"《陸九淵集》,第423頁。
④ 《陸九淵集》,第455~456頁。
⑤ 夏尚樸指出:"象山之學,雖主於尊德性,然亦未嘗不道問學,但其所以尊德性、道問學,與聖賢不同。程子論仁,謂識得此理,以誠敬存之而已。又謂識得仁體,實有諸己,只要義理栽培。蓋言識在所行之先,必先識其理,然後有下手處。象山謂能收斂精神在此,當惻隱自惻隱,當羞惡自羞惡,更無待於擴充。"《明儒學案》上册卷四"崇仁學案四",第72頁。

同時，特別重視窮究事物之道理的格物致知（道問學）工夫①，認爲兩者不可偏廢，並且在"鵝湖之會"關於修養方法的辯論之後，朱熹也力圖吸收容納陸九淵的"尊德性"主張，提出了"反身用力，去短集長"②的折衷意見。但是陸九淵認爲萬物之道理皆備於吾之本心（心即理），因此將依據本心之體認發揚的内在道德自立放在最優先的位置，而將外在的格物窮理作爲次要的補充手段，即認爲只有"尊德性"才是學問之根本。因此針對朱熹的"去短集長"意見，陸九淵用"元晦欲去兩短，合兩長，然吾以爲不可，既不知尊德性，焉有所謂道問學"③予以了反駁。總之，陸九淵以發明本心的"尊德性"工夫爲宗旨，將先立本體放在第一位，而朱熹則較爲重視"道問學"，將格物窮理的工夫作爲學問的入門手段。朱、陸間學問的側重點雖有不同，但其"成聖成賢"的根本目的則是一致的。

　　元代南方朱學的代表人物吴澄（號草廬，1255—1330）爲了糾正朱熹後學（陳淳、饒魯等）流於支離破碎的章句訓詁之學的弊病，指出爲學應該以德性爲根本④，即應該沿着先求之自己的本心然後讀書的爲學次序，似乎傾向於陸九淵心學的立場，但其"尊德性"與"道問學"的具體内容還是朱熹的"主一持敬"與"讀書窮理"工夫⑤，並將"尊德性"與"道問學"視作本末、體用的關係。其實如上所述，朱熹提倡"去短集長"，在陸九淵的影響下，晚年思想中已經有了這種傾向⑥。其後，明代朱子學者程敏政（號篁墩，1446—1499）編纂了《道一編》，從朱、陸的文集中輯録了諸多言論來比較其異同，提出了朱、陸開始相異，中途半信半疑，最終趨於一致的"早異晚同"説，指出朱熹與陸九淵晚年都採取取長補短的態度而趨於一致。此説是基於其調停朱、

---

① 參見《宋元學案》卷四十九《晦翁學案下》附録，第1582頁。
② 朱熹《晦庵先生朱文公文集》卷五十四《答項平父》："大抵子思以來，教人之法唯以尊德性、道問學兩事爲用力之要。今子静所説，專是尊德性之事，而熹平日所論，卻是道問學上多了。……今當反身用力，去短集長，庶幾不墮一邊耳。"《朱子全書》第二十三册，第2541頁。
③ 《陸九淵集》，第400頁。
④ "朱子於道問學之功居多，而陸子静以尊德性爲主。問學不本於德性，則其蔽必偏於言語訓釋之末，故學必以德性爲本，庶幾得之。"宋濂撰《元史》卷一百七十一《吴澄傳》，中華書局1976年版，第4012頁。
⑤ 《宋元學案》卷九十二《草廬學案》："若曰徒求之五經，而不反之吾心，是買櫝而棄珠也。此則至論。……學者來此講問，每先令其主一持敬，以尊德性，然後令其讀書窮理，以道問學。有數條自警省之語，又揀擇數件書，以開學者格致之端，是蓋欲先反之吾心，而後求之五經也。"《宋元學案》第四册，第3041頁。
⑥ 陳榮捷先生指出："以尊德性爲本，而與道問學交相爲用，可謂之朱子晚年定論矣。"其實南宋大儒王應麟已經指出："觀朱文公《答項平甫書》'尊德性、道問學'之説，未嘗不取陸氏之所長。"（《宋元學案》第二册，第1583頁。）陳榮捷先生進而還以此批評了向來學者（吴澄、王守仁、黄宗羲）認爲朱熹偏於"道問學"一邊的看法，其實朱熹的高徒陳淳已經指出："先生平日教人，'尊德性'、'道問學'固不偏廢，而著力處卻多在'道問學'上。江西一派，只是厭煩就簡，偏於尊德性上去。先生力爲之挽，乃確然自立一家門户，而不肯回。"（《宋元學案》第二册，第1582頁。）陳榮捷説參見氏著《朱子新探索》，第188～189頁。

陸兩派之論争的主觀願望,與實際情況不盡符合。其實"鵝湖之會"後,陸九淵雖然吸收朱熹的意見提倡讀書的"道問學"工夫,但仍然終生固守其以"發明本心"的"尊德性"爲宗旨的立場。

其後,明代心學的集大成者王守仁(號陽明,1472—1529)指出,陸九淵重視"尊德性"的同時也没有捨棄讀書窮理的"道問學"工夫,只是其教法與普通人不同,强調對自身(本心)之"大本達道"(本體)的體認①,其"先立乎其大者"的説法還是出自孔孟之言論而並非虚説,即使是引起世人非議的"易簡""覺悟"之説,其實也與佛教之説有本質區别;另一方面,朱熹提倡兼顧居敬與窮理、"尊德性"與"道問學"兩方面,並有"存心""存天理"的"尊德性"主張,因此不能説其學問"支離",其所强調的章句訓詁、格物致知的"道問學"工夫,其實是爲了糾正當時學者顛倒下學而上達之爲學順序的"躐等""妄作"之弊病對症下藥的主張,只是後來學者們往往偏於一邊而產生了"支離滅裂"的弊病,但這並非朱熹自身的責任②。王守仁承認朱、陸雙方皆爲"聖人之徒",並反駁了世人對朱、陸二人之指責,當然其真實意圖還是在於替世人對陸九淵的指責作辯護,並顯示其自身學問(陽明學)並不違背朱子學。

黄宗羲、黄百家父子等人繼承南宋末年以來的朱、陸合一論,在編纂《宋元學案》時對此問題也進行了詳細探討。例如,卷五十八《象山學案》中陸九淵的小傳之下收録有黄氏父子的案語及全祖望的文章《淳熙四先生祠堂碑文》,三位編纂者對於朱、陸異同的看法在其中有充分的體現。又卷五十七《梭山復齋學案》陸九齡的附録中,對於體現朱、陸"尊德性"與"道問學"主張的"踐履"與"講學",黄百家、顧諟、楊開沅皆有案語加以討論。其中有不少值得我們注意的觀點。以下從三個方面論述黄氏父子等編纂者的詮釋及其思想立場。

(一)"易簡"與"支離"

首先,黄宗羲在陸九淵小傳後的案語中③,比較了朱、陸兩家的思想異同,即陸九淵以"尊德性"爲宗,將立本體放在優先地位,朱熹則以"道問學"爲宗,將格物窮理的工夫作爲學問的入門手段。黄宗羲進而簡要叙述了朱、陸"鵝湖之會"與"無極太極之辯"的主旨④,特別是"鵝湖之會"上朱、陸雙方圍繞着爲學方法展開了激烈辯論,陸九淵將自己的"尊德性"主張視作簡

---

① "人謂某不教人讀書,如敏求前日來問某下手處,某教他讀《旅獒》、《太甲》、《告子》'牛山之木'以下,何嘗不讀書來。只是比他人讀得别些子。"《陸九淵集》,第446頁。
② 《王文成全書》卷二十一《答徐成之(壬午)》,吴光、錢明、董平、姚延福編校《王陽明全集(新編本)》第二册,浙江古籍出版社2010年版,第845～847頁。
③ 卷五十八《象山學案》,《宋元學案》第三册,第1885～1888頁。
④ 黄宗羲在其案語中將"鵝湖之會"與"無極太極之辯"的前後順序弄顛倒了,後來編纂者王梓材在其案語中對其進行了更正。卷五十八《象山學案》,《宋元學案》第三册,第1886頁。

捷有效的"易簡工夫"①,將朱熹的"道問學"主張視作煩瑣破碎的"支離事業"②。其後朱、陸又圍繞周敦頤《太極圖》及《太極圖説》展開了激烈辯論。最終朱學一派將陸學視爲"禪學",陸學一派將朱學視爲"俗學",兩派如水火不相容般地爭辯不已,其流弊不可勝言。但在黄宗羲看來,朱、陸二人都繼承了濂洛之道統,各秉公心提倡其自得之學,並不是有意相互對立。二人之學問只是在入門方法的先後順序上有所不同,其實兩者都是兼顧"尊德性"與"道問學"的。黄宗羲進而還與程敏政《道一編》中的做法一樣,從朱、陸的文集中輯録了許多言論,證明朱、陸晚年都反省了自身的短處而吸取對手的長處,强調朱、陸二人到了晚年終於趨於一致了("早異晚同"説)。最後,黄宗羲還引用其父黄尊素之語批評了朱子學者批判陸學的過激言論。

　　黄百家繼承黄宗羲的朱、陸合一論,在其案語中叙述了朱、陸"道問學"與"尊德性"的思想主旨,又從道統論出發論述了朱、陸思想的殊途同歸,進而與王守仁《朱子晚年定論》的做法一樣輯録了朱熹取長補短的多條言論批評了後儒的門户之見③。卷五十七《梭山復齋學案》在輯録了理學史上被視爲朱、陸論争開端的著名事件"鵝湖之會"上陸九齡、陸九淵與朱熹的唱和詩(朱熹之詩實作於"鵝湖之會"之後三年)之後,黄百家依據程敏政《道一編》中的案語指出朱、陸各自偏向"道問學"與"尊德性"的一邊而產生"訓詁"(煩瑣支離)與"無言"(狂妄太簡)的弊病,然後又引朱、陸晚年之語强調了二人學問之殊途同歸,即認爲朱、陸早年思想雖異,其後相互切磋取長補短,到晚年終於趨於一致④。另一方面,黄百家强調學問的關鍵在於反求之於本心,"尊德性"是"道問學"的前提與目的,而"道問學"不過是"尊德性"的手段罷了⑤。由此可見,黄百家受王守仁與程敏政所謂朱、陸"早同晚異"説的影響,在傾向於陸九淵心學的同時主張朱、陸合一。

　　全祖望在其《淳熙四先生祠堂碑文》中指出朱、陸因其各自學問淵源(楊時、謝良佐)的不同⑥,其教人的出發點雖有所不同,但朱學中有陸九淵所强調的"踐履"之説,陸學中也有朱熹

---

① 《易·繫辭傳》:"易則易知,簡則易從。……易簡而天下之理得矣。"滕復認爲出自《周易》的"簡易"精神是中國哲學及儒學精髓,並詳細論述了陽明學的思想立場,還指出作爲陽明學先驅的陸學也貫穿了此"簡易"法則。參見滕復《陽明學説與中國傳統哲學的精髓》,收入《論浙東學術》,中國社會科學出版社 1995年版,第 176～186 頁。
② 顧春指出朱陸"尊德性"與"道問學"論争之原因在於朱陸教育思想、方法上的對立,即"易簡"與"支離"的對立。參見顧春《來源·争論·特性——陸九淵教育思想三論》,教育科學出版社 2003 年版,第 96 頁。
③ 黄宗羲原著,全祖望補修《宋元學案》第 3 册,第 1888 頁。
④ 對照參看程敏政《道一編》卷一,吳長庚主編《朱陸學術考辨五種》,江西高校出版社 2000 年版,第 18～19 頁;黄宗羲原著,全祖望補修《宋元學案》第 3 册,第 1872～1873 頁。
⑤ 卷十七《横渠學案上》:"學不求諸心,則無所歸宿。道問學者,所以尊德性也。然不能尊德性,問學如何去道。"黄宗羲原著,全祖望補修《宋元學案》第 1 册,第 706 頁。
⑥ 卷五十八《象山學案》,《宋元學案》第三册,第 1888～1889 頁。

所强调的"講明"(講學)之说①,兩者只是在入門的側重點上有所不同罷了。而且朱熹曾經批評了繼承中原文獻傳統的金華吕學(吕祖謙、吕祖儉兄弟爲代表)的博雜弊病,並强調了"反約"的重要性②。由此可見,稱朱學是"支離之末學"的觀點是不對的。同樣,陸九淵也曾經批評其弟子包揚(字顯道)專重"尊德性"的道德踐履而以讀書爲阻塞仁義的言論,强調踐履與讀書不可偏廢③。由此可見,稱陸學爲"頓悟之禪學"也是不對的。全祖望進而指出,讀書窮理必須心中有主宰方才能够不迷惑,不可只致力於泛觀博覽,因此陸九淵才教人發明本心,這一主張是基於孟子的四端擴充説,同時也與湖湘學派的"察識端倪"之説相符合,也就是説發明本心樹立本體之後涵養省察的工夫才好下手,因此與佛教之頓悟是不同的。這樣,全祖望在調和朱、陸異同的同時爲陸學作了辯護。

楊開沅在其案語中首先叙述了"鵝湖之會"上朱、陸論爭的主旨④,即朱熹的方法在於從"博覽"(博文)即廣泛窮究事物分殊之道理入手,然後"反約"(約禮)即省悟到天地萬物之理本同⑤;而陸氏兄弟的方法則在於首先發明人生來的本心(仁義禮智之善性),然後再博覽即廣泛涉獵知識。兩者正好相反,所以容易產生爭端。朱熹嫌陸氏的教法太過簡略,陸氏則嫌朱熹的教法煩瑣破碎。其實朱、陸二人都繼承了濂洛之道統,各秉其公心而提倡自身體貼出來的學問,並不是有意相互對立。楊開沅進而還引朱熹的《祭陸子壽教授》説明朱、陸晚年之合一(早異晚同)。其實陸九齡(字子壽)與陸九淵(字子静)兄弟之間也存在差異,"鵝湖之會"之前及會上,陸九齡基本贊成其弟陸九淵的主張,但在"鵝湖之會"之後,陸九齡逐漸轉向朱熹的"道問學"立場了,而陸九淵則一直堅守其"尊德性"優先的立場。

(二)"踐履"與"講學"

如前所述,陸九淵以"尊德性"爲宗而朱熹重視"道問學"。朱熹的"道問學"主張具體體現在"講學"(讀書窮理)之中,陸九淵的"尊德性"主張具體體現在"踐履"之中。所謂"踐履"是指"人情事勢物理"上的工夫,不在於辨別物價之高低或事物之真偽等研究客觀事物之道理,其實是發明天賦善性(天理)的倫理道德實踐⑥。换句話説,具體知識的探求與道德之養成並没

---

① "爲學有講明、有踐履。《大學》致知、格物,《中庸》博學、審問、慎思、明辨……此講明也。《大學》修身、正心,《中庸》篤行之,《孟子》終條理者聖之事,此踐履也。"《陸九淵集》,第160頁。
② 朱熹《晦庵先生朱文公文集》卷三十一《與張敬夫》,《朱子全書》第二十一册,第1333~1334頁。
③ 《陸九淵集》卷六"書"《與包顯道》,第85頁。
④ 卷五十七《梭山復齋學案》,《宋元學案》第三册,第1875頁。
⑤ "聖人之教學者,不過博文約禮兩事爾。博文,是'道問學'之事,於天下事物之理,皆欲知之。約禮,是'尊德性'之事,於吾心固有之理,無一息而不存。"《朱子語類》第二册,第569頁。
⑥ "格物是下手處。伯敏云:'如何樣格物。'先生云:'研究物理。'伯敏云:'天下萬物不勝其繁,如何盡研究得?'先生云:'萬物皆備於我,只要明理。'"《陸九淵集》,第440頁。

有直接必然聯繫①。陸九淵特別重視發明本心的工夫,將朱熹的追求事物具體知識的工夫視作支離破碎、玩物喪志之"俗學"的原因也在於此。另一方面,朱熹在其《答張南軒》中雖稱贊了陸氏兄弟的人品,但對陸氏兄弟廢棄講學而專致力於踐履的偏向感到不滿,認爲如果只注重省察本心的"尊德性"工夫的話,就會使爲學的規模狹窄,最終會流入專任本心的禪學異端中去,因此強調了講學的重要性②。這可以説是朱子學者對心學的普遍指責。

對於朱熹的上述看法,黃百家指出在"踐履操持"的道德實踐上立腳並没有什麼問題,朱熹所批判的廢棄講學、狂妄自大雖説會拖累"踐履操持",但如果走向另一個極端專務"講學"的話,其弊病反而可能較專務"踐履操持"要更大一些。可見黃百家認爲"踐履"與"講學"二者可以並行不悖而不相矛盾,同時又認爲如果非要做選擇的話,可能"踐履操持"的弊病還要小一些③。繼而編纂者之一的顧諟在其案語中指出朱熹其實並不是批判"踐履操持"會流入異端,只是不滿陸氏兄弟狂妄自大,又舉朱熹對"北宋六先生"之一的司馬光的評價爲例,認爲朱熹並非專重致知(講學)而輕視力行(踐履),同樣陸氏兄弟雖重"尊德性",但也没有忽視致知④。總之,朱熹雖重視致知(講學),但並未輕視力行(踐履),只是強調"知先行後"罷了。另一方面,陸九淵雖重視踐履,但也没有忽視講學,只是將立本休(尊德性)作爲講學讀書的前提與目的罷了⑤。

值得注意的是,黃百家的上述説法其實另有深意。即明代中晚期以來,伴隨着陽明學的流行,在全國範圍内興起了"會講"(或稱"講會")⑥一類的講學活動,這些"會講"大抵皆是談論形而上的心性義理,往往與現實相遊離,其流弊招致了明代亡國(所謂"清談誤國")的惡果。黃百家所説的專務"講學"之弊病當是針對明代亡國的慘烈教訓而發。這並非只是黃百家的個人看法,其實是明末清初的一股時代批判思潮。這一思潮在各派中均有反映。如傾向於朱子學的顧炎武致力於以程、朱理學來糾正陽明後學的流弊,提倡"行己有恥"與"博學於文"並行。"行己有恥"即指道德踐履工夫,"博學於文"則是以朱子學格物致知的工夫來糾正心學末

---

① 朱熹的道問學包含與道德實踐相關的工夫及與道德無關的純知識的探求這兩個方面,陸九淵其實只是反對後者。參見牟宗三《從陸象山到劉蕺山》,上海古籍出版社 2001 年版,第 26 頁。
② 朱熹《晦庵先生朱文公文集》卷三十一《答張敬夫》,《朱子全書》第二十一册,第 1350 頁。
③ 卷五十七《梭山復齋學案》:"百家謹案:從踐履操持立腳,恐不得指爲大病。但盡廢講學,自信太過,正是踐履操持一累耳。若使純事講學,而於踐履操持不甚得力,同一偏勝,較之其病。孰大孰小乎?"《宋元學案》第三册,第 1875 頁。
④ 卷五十七《梭山復齋學案》,《宋元學案》第三册,第 1875 頁。
⑤ "講學固無窮,然須頭頭分明,方可講辯。"(《陸九淵集》卷四,第 50 頁。)"如讀書接事間,見有理會不得處,卻加窮究理會,亦是本分事,亦豈可教他莫要窮究理會。"《陸九淵集》,第 84 頁。
⑥ 參見陳來《明嘉靖時期王學知識人的會講活動》,收入《中國近世思想史研究》,商務印書館 2003 年版,第 338 頁。

流專求諸心的偏向①。傾向於陽明學的黄宗羲也對明末講學内容之空疏進行了嚴厲的批判,一方面又借用講學的教育形式,提倡在以六經爲大本而史書爲輔助的"明經通史"基礎上反求諸心的經世致用(包括科學技術)實學②。因此全祖望才評價黄宗羲的教育業績説:"凡受公之教者,不墮講學之流弊。"③由此可見,黄氏父子在傾向於心學思想的同時,又受明清之際時代思潮的影響,對王學末流的講學流弊予以了批判。

(三)"禪學"與"俗學"

以朱熹爲代表的理學派繼承了程頤的"聖人本天,釋氏本心"觀點,將心學視作"明心見性"的禪學④;以陸王爲代表的心學派則繼承了程顥的"只心便是天"的觀點⑤,將理學視作"二本支離"之俗學。兩派相互責難,其流弊直到清代也未曾停息。然而在黄宗羲看來,儒、佛之差異只在於"天理"二字上,儒者(程朱)其實與禪學一樣將理歸於天地萬物,而將明覺(知覺)歸於本心,同時又不像釋氏那樣專任本心,而強調求理於天地萬物之中⑥。由此可知,程、朱偏

---

① 葛兆光《中國思想史》第一卷《七世紀前中國的知識、思想與信仰世界》,復旦大學出版社2001年版,第403~404頁。
② 全祖望《鮚埼亭集外編》卷十六"記一"《甬上證人書院記》,朱鑄禹匯校集注《全祖望集匯校集注》中册,上海古籍出版社2000年版,第1059~1060頁;吳震《明代知識界講學活動繫年:1522—1602》,學林出版社2003年版,第40頁;吳光《黄宗羲與清代浙東學派》,吳光主編《陽明學研究叢書》,中國人民大學出版社2009年版,第85~87頁。
③ 全祖望《鮚埼亭集》卷十一"碑銘六"《梨洲先生神道碑文》:"公謂明人講學,襲語録之糟粕,不以六經爲根柢,束書而從事於遊談,故受業者必先窮經。經術所以經世,方不爲迂儒之學,故兼令讀史。又謂讀書不多,無以證斯理之變化,多而不求於心,則爲俗學,故凡受公之教者,不墮講學之流弊。"朱鑄禹《全祖望集匯校集注》上册,第219頁。
④ "儒者之學,大要以窮理爲先。蓋凡一物有一理,須先明此,然後心之所發,輕重長短,各有準則。……若不於此先致其知,但見其所以爲心者如此,識其所以爲心者如此,泛然而無所準則,則其所存所發,亦何自而中於理乎?且如釋氏擎拳豎拂、運水般柴之説,豈不見此心?豈不識此心?而卒不可與入堯舜之道者,正爲不見天理而專認此心以爲主宰,故不免流於自私耳。前輩有言,聖人本天,釋氏本心,蓋謂此也。"(朱熹《晦庵先生朱文公文集》卷三十《答張欽夫》,《朱子全書》第二十一册,第1314頁。)"吳仁父説及陸氏之學。曰:只是禪。初間猶自以吾儒之説蓋覆。"《朱子語類》第八册,第2978頁。
⑤ "心只是一個心,某之心,吾友之心,上而千百載聖賢之心,下而千百載復有一聖賢,其心亦只如此。心之體甚大,若能盡我之心,便與天同。爲學只是理會此。"《陸九淵集》,第444頁。
⑥ 《姚江學案》黄宗羲撰《王守仁傳》:"或者以釋氏本心之説,頗近於心學,不知儒釋界限只一理字。釋氏於天地萬物之理,一切置之度外,更不復講,而止守此明覺。世儒則不恃此明覺,而求理於天地萬物之間,所爲絶異。然其歸理於天地萬物,歸明覺於吾心,則一也。向外尋理,終是無源之水,無根之木,總使合得本體上,已費轉手,故沿門乞火與合眼見闇,相去不遠。先生點出心之所以爲心,不在明覺而在天理,金鏡已墜而復收,遂使儒釋疆界渺若山河,此有目者所共睹也。"《明儒學案》上册,第181頁。

於"本天",而釋氏偏於"本心",陸王心學則從其"心即理"的立場出發強調"心"這一認識主體的主觀能動性,將依據格物的天理體認與依據致知的良知擴充合而爲一,從而將儒學的發展推進到了一個新的階段。因此心學並非"本心"之禪學。

需要指出的是,黃宗羲的上述主張實際上是基於其"一本萬殊"思想史觀。即"道"是儒家各派的共通之物而非一門一派之私有物,各學派從各自立場出發提倡其自得之學問,其實只不過是大道(一本)之一斑(萬殊)罷了。因此想要獲得聖賢之道的話,就必須求之於百家各派之中,而不應僅取其中任何一家(包括朱子學)之言以爲道之全體[①]。關於這一點,可從《宋元學案》中黃氏父子等編纂者在調和朱、陸等各學派之異同的同時,又重視學問之自得創見的思想立場中體現出來[②]。另一方面也反映了宋元明時期陸、王心學的傳承對於以黃宗羲爲首的清代浙東學派的影響。其中黃宗羲的恩師劉宗周是明代心學的殿軍,而全祖望的座主(科舉的考試官)與學友李紱則是清代陸學的代表人物。黃宗羲、全祖望不僅受浙東心學傳統的影響,黃宗羲還特別推崇以"經史並重""兼收博取"爲特色的浙東金華文獻之學(呂學),全祖望則推崇同鄉四明朱學的代表黃震與王應麟的學問與人品。特別是王應麟那樣以文獻之學融會貫通所有學問、學派的做法可說是全祖望一生的事業。

綜上所述,朱學中的"尊德性"是"存心""主敬"的内心涵養工夫,而"道問學"則是"致知""窮理"的外部格物窮理工夫,主要來自程頤的居敬窮理及張載的德性聞見並行的工夫論。陸學中的"尊德性",其實與程顥"識仁"的本體工夫論之間一脉相承,均是對本心(天理)的發揚。朱子學中的"尊德性"主要是保持心之誠敬狀態的意思,而不像陸學那樣強調發明本心的本體工夫。陸學的爲學工夫主要是倫理道德的踐履,而與朱學的追求事物的具體知識的"講學"工夫有所不同。朱、陸在"尊德性"與"道問學"的爲學宗旨、"易簡"與"支離"的教育方法、"踐履"與"講學"的教育內容等方面的差異,其實源於各自對"尊德性"與"道問學"理解之不同。朱、陸的"禪學"與"俗學"之論爭,可追溯至程頤的"聖人本天,釋氏本心"與程顥的"只心便是天"

[①] 黃宗羲《南雷詩文集(上)》"碑誌類"《朝議大夫奉敕提督山東學政布政司右參議兼按察司僉事清溪錢先生墓誌銘》:"蓋道非一家之私,聖賢之血路,散殊於百家。求之愈艱,則得之愈真,雖其得之有至有不至,要不可謂無與於道者也。……所至各異,其求道之心則一也。"(沈善洪主編《黃宗羲全集》第10册,浙江古籍出版社2005年版,第351頁。)黃宗羲《明儒學案序》:"盈天地間皆心也。人與天地萬物爲一體,故窮天地萬物之理,即在吾心之中。後之學者錯會前賢之意,以爲此理懸空於天地萬物之間,吾從而窮之,不幾於義外乎?此處一差,則萬殊不能歸一。夫苟工夫著到,不離此心,則萬殊總爲一致,學術之不同,正以見道體之無盡也。奈何今之君子,必欲出於一途,剿其成説,以衡量古今,稍有異同,即詆之爲離經畔道。時風衆勢,不免爲黃芽白葦之歸耳。夫道猶海也,江淮河漢以至涇渭蹄涔,莫不晝夜曲折以趨之,其各自爲水者,至於海而爲一水矣。使爲海若者汰然自喜曰,'咨爾諸水,導源而來,不有緩急平險,清濁遠近之殊乎?不可謂盡吾之族類也,盍各返爾故處。'如是,則不待尾閭之洩,而蓬萊有清淺之患矣。今之好同惡異者,何以異是。"黃宗羲《明儒學案·卷首》,第7頁。

[②] 李明友《一本萬殊——黃宗羲的哲學與哲學史觀》,人民出版社1994年版,第113~115、140~144頁。

的主張,而陸、王心學其實是從"心即理"的立場出發,將"本天"與"本心"合而爲一,從而使儒學得到了發展。

[**作者簡介**] 連凡(1982—),男,湖北孝感人。日本九州大學文學博士(中國哲學史專業),現任武漢大學哲學學院副教授,研究方向爲中國哲學史、比較哲學和古典文獻學。

宋元金華義理子學探微*

李小白

內容提要 宋元金華學人以融合匯通的姿態對待各派學術,自覺運用義理觀念對子部書籍進行解讀。由於金華學人大多具備理學背景,在闡揚義理的宗旨下,他們對傳世子書重新加以甄別、取捨和詮釋,儒家義理觀念不但成爲統攝、駕馭子學的出發點和最終歸宿,還在某種程度上使子學走向了義理化的道路。

關鍵詞 義理子學 詮釋 義理 婺學 宋元

中圖分類號 B2

婺州(今金華地區)地處浙東,梁朝稱金華郡,隋朝始稱婺州,"唐初爲婺州,又改東陽郡。宋爲保寧軍,元至元十三年,改婺州路"①。兩宋之際,中原文獻南移,婺州名儒接踵,人文薈萃,有"小鄒魯"和"東南文獻之邦"的稱譽。域内"山川之美,人物之盛,風俗之善,爲浙東諸郡最"②,當地人文、自然景觀交相呼應,境内府縣壤地相連,加之北通杭州,便於物資、人員及文化交流,使金華自南宋以降便是士人聲氣互通的集中地。婺學的構成,先是在南宋經金華吕祖謙、唐仲友及永康陳亮等三人各自所創性理之學、經制之學及事功之學奠其基,再由"金華四先生"何基、王柏、金履祥和許謙於宋元之交傳下朱學嫡脉,婺學由此不可避免地帶有濃厚的理學色彩。由金華學人開出的婺州學脉,"自東萊吕成公傳中原文獻之正,風聲氣習,藹然如鄒魯"③,儒學師教風氣濃厚的地域文化色彩漸次生成。入元之後,婺學更是形成約四代的以師緣爲中心的學脉授受關係,加强了婺學内部的文化聯繫和對外的文化輻射,使婺州成爲真正意義上的東南文獻之邦。子學作爲傳統的四部之學,在婺學濃厚理學色彩的影響下,也

---

* 本文係國家社會科學基金青年項目"元代行政管理下漢傳佛教社會研究"(項目號:19CZJ008)階段性成果,受河南師範大學博士啓動課題資助。
① 宋濂《元史》卷六十二《地理志》,中華書局1976年版,第1497頁。
② 康熙《金華府志·序》,《中國地方志集成·浙江府縣志輯》第49册,上海書店1993年版,第2頁。
③ 宋濂《宋濂全集》卷三十九《題蔣伯康小傳後》,人民文學出版社2014年版,第864頁。

有一個義理化的發展過程，這是學界較少注意到的問題①。本文就此論説，疏謬之處，祈請方家指正。

一、宋元婺州學人的子學論説

義理子學是一種以理學爲研究子學的指導思想，具有"以理闡子，以子證理"的子學闡釋特色。伴隨着宋代理學的發展，理學對子學的滲透越來越深入。經史兼修的理學家們對子部書籍的論述，深化了近世諸子學的文化内涵。經由理學家對子學的闡釋，子學被納入義理的範疇進行討論。儘管宋元子學哲理性内容得以充實，但子學原有的個性特徵卻遭掩蓋。受元代重視融合匯通的學風影響，子學隨理學"流而爲文"，轉而成爲儒學的附庸。這點在婺州這種區域文化重鎮表現得較爲典型。

如所周知，宋代學術門户較之元代要嚴格得多，不過在經歷了朝代更迭和統治族群變動之後，整個學術的發展格局發生了較大變動。原有的學術門户被打破，學人提倡文道並重，主張融合匯通和轉益多師。士人的學緣關係因此得以交叉和發生變異，各派學術團體也呈現出複雜、多元的特點。元代學術也較多的以融合匯通的面目示人。理學上調和、融匯朱、陸成爲潮流，學人吸收各家學術特色，參合變化，打通門户壁壘，轉益多師，選擇了不同於宋人門户謹嚴的學術取向②。南宋金華學人中以吕祖謙、唐仲友、陳亮等三人成就較大，"宋南渡後，東萊吕氏紹濂、洛之統，以斯道自任。其學粹然出於一正；説齋唐氏則務爲經世之術，以明帝王爲治之要；龍川陳氏又修皇帝王霸之學，而以事功爲可。爲其學術不同，其見於文章亦各自成家"③，"婺之學，陳氏先事功，唐氏尚經制，吕氏善性理，三家者，唯吕氏爲得其宗而獨傳"④。婺學又經朱熹弟子黄榦門人"金華四先生"擴大規模，入元後，當地士人大多受朱、吕之學影響，彼此又因親緣、鄉緣、師緣、友緣、政緣等結成複雜的交際網絡，如戴良所言："某等之於先

---

① 歐陽光《論元代婺州文學集團的傳承現象》(《文史》1999 年第 49 輯)及徐永明《元代至明初婺州作家群研究》(中國社會科學出版社 2005 年版)就婺學以師緣爲脈絡形成的代際關係進行了詳細論述。但從整體角度論述宋元之交金華士人的行止去就等問題仍需參考方勇《南宋遺民詩人群體研究》(人民出版社 2000 年版)及鄒艷《月泉吟社研究》(人民出版社 2012 年版)等論著。學界較多地從儒家經學、理學等方面論述金華之學，此類著述已有相當的積累。由於子學隱藏於理學的話語場域背後，學者對婺學的子學面向有所忽視。其中，從理學角度論述金華子學問題的專論，僅有方勇《莊子學史》第二、三册(人民出版社 2016 年版)的部分内容具備參考價值。黄靈庚《宋濂融貫衆説集婺學之大成》(《江南文化研究》第 5 輯，學苑出版社 2011 年版)部分内容涉及了金華諸子學，惜其論述不多。
② 查洪德《元代理學"流而爲文"與理學文學的兩相浸潤》，《文學評論》2002 年第 5 期。
③ 宋濂《宋濂全集》附録二《潜溪録》卷四《經籍考》，第 2720 頁。
④ 黄溍《黄溍集》卷十一《送曹順甫序》，浙江古籍出版社 2013 年版，第 411 頁。

生,或以姻親而托交,或以鄉枌而叨契,或以弟子而遊從,或以友朋而密邇。"①元代婺州作家群基於這種同門、同里、姻親、同宦等交遊關係,加上轉益多師,打破了原先門户森嚴的師緣結構,使婺學呈現出區域文化整合會通的典型特徵②。

不但如此,舉凡元代文學、子學與理學之間,都有融合匯通的態勢。婺州理學"流而爲文"和子學義理化都可視爲這一趨勢發展的結果。清人黄百家評元代金華之學"流而爲文"現象時説,"金華之學,自白雲一輩而下,多流而爲文人。夫文與道不相離,文顯而道薄耳",又言及元中後期以至明初婺學文人化趨勢,"北山一派,魯齋、仁山、白雲既純然得朱子之學髓,而柳道傳(柳貫)、吳正傳(吳萊)以逮戴叔能(戴良)、宋潛溪(宋濂)一輩,又得朱子之文瀾,蔚乎盛哉"③。在這樣的背景下,元代婺學在各個方面都以理學爲思想指引,理學觀念順利融合到子學相關論述之中。我們將南宋吕祖謙與陳亮關於子書的議論拿來,對比元代婺州學人的相關子學論述,從中不僅可以看到子學義理化的發展脉絡,還能得窺元人對子學富於創造性的論述。

(一) 吕祖謙與陳亮針對《文中子》的討論

《文中子》一書是隋人王通門人記載乃師言論的子學著作,"文中子講道河汾,門人咸有記焉"。因是書存世版本互異,陳亮"以暇日參取阮氏龔氏本,正其本文,以類相從,次爲十六篇……以爲王氏正書",爲《文中子》一書釐定篇次。陳亮從事功的角度對此書內容進行了分析,指出王通"智不足以盡知其道,而師友之義未成,故朝論有所不及"。王通的影響力有限,直到北宋才由程頤發揚其潛德,"以爲隱君子,稱其書勝荀揚"。陳亮隨後從《春秋》學的角度論證義利之辨,感慨"天地之經,紛紛然不可以復正,文中子始正之,續經之作,孔氏之志也,世胡足以知之哉"④! 從序言可知,陳亮本人對《文中子》一書揄揚有加。

吕祖謙對此並不贊成,他認爲陳亮在《文中子序引》中所言"第其間頗有抑揚過當處",尤其針對陳亮所説《文中子》"荀揚不足勝","孔孟之皇皇,蓋有迫於此矣",再有"續經之作,孔氏之志也,世胡足以知之哉"等説法,"此類恐更須斟酌"。吕氏分別就此予以辯駁,先討論陳亮言論所用文字是否妥帖的問題,"蓋荀揚雖未盡知統紀,謂之不足勝,則處之太卑",又就"孔孟之皇皇,蓋迫於此矣"中的"迫"字提出"似未穩"的意見,又將書中所謂"續經之意"拈出,指出范仲淹將世人"誠不足以知之"的內容"忽得之於久絶之中","自任者不免失之過高",並對陳亮對此書的"論次筆削","定爲王氏正書"的自信有所質疑,認爲這樣做"蓋

---

① 戴良《戴良集》卷七《祭方壽父先生文》,吉林文史出版社2009年版,第80頁。
② 徐永明《元代至明初婺州作家群研究》,第22頁。
③ 黄宗羲《宋元學案》卷八十二《北山四先生學案》,中華書局1986年版,第2727頁。
④ 陳亮撰,鄧廣銘點校《陳亮集》卷二十三《類次文中子引》,見《鄧廣銘全集》第五卷,河北教育出版社2005年版,第200頁。

非易事,少遼緩之爲善"①。

陳亮對自己的見解頗爲自信。他"以《中説》方《論語》,以董常比顔子,及門人言而名朝之執政者,與老儒、老將言而斥之無婉辭"是讀《文中子》者的通病,指出書中模仿《論語》,比類顔子之處,"往往過多",這説明此書因爲是弟子抄録王通言論而成,其中某些内容如"以佛爲聖人,以無至無迹爲道,以五典潛、五禮錯爲至治","此皆撰集《中説》者抄入之",目的是"將以張大其師",卻因此弄巧成拙,"不知反以爲累"②。就是因爲原書内容多由摻雜其他内容而成,影響到了學者對《文中子》本書的理解。陳亮對此進行説明,言外之意是説吕祖謙並不能真正理會自己編次《文中子》的本意。

吕、陳二人關於子書的討論,涉及個别子書的版本流衍、文獻辨僞、思想闡述等方面的問題。從陳氏的言論可知,他仍是堅定的以儒學爲立場評判子部書籍,吕祖謙甚至要比陳亮更進一步地維護儒學的尊嚴。陳氏從《春秋》大義的角度分析先秦諸國征戰的歷史背景,而吕氏則就陳氏某些"似未穩"的判斷予以合乎儒家立場的批評。上述内容都反映出吕、陳二人關於子部書籍的基本態度。

(二) 元代婺州學人的子學叙述

元代學術異於其他時代的特殊之處在於其"文倡於下"和"融合匯通"思潮特點。元朝統治者漢文化水準低下,政府在文化上的作爲相當有限,社會治理和思想管控處於較低水準,又因爲長期不舉行科舉,南方士人仕進之途狹窄,士人學在民間,"學道本於經,而旁通曲究"者較爲普遍,學術活動較爲自主③。在這種較爲自由的學術風氣影響下,婺州學人對子學的叙述發生了某種異於前代的轉移。

在朱學嫡傳許謙筆下,道家莊子與佛家空性之説擁有同等價值,理學家傳統的批判語調發生變化,"學唯爲己……或笑談,資釋氏之空性;或遊戲,假莊生之寓言"④,"知本先而末後,乃旁通而曲暢。稽理亂,鑒興亡,涉百氏,獵騷莊"⑤。在此處,諸子與《離騷》、佛家等無差别。我們瞭解到,由元入明的義烏王禕曾論及元代儒學之盛,指出婺州學者金履祥、許謙師徒都可被納入一流的理學家之列,"程氏之道至朱氏而始明;朱氏之道至金氏、許氏而益尊……金氏、許氏之爲經,其爲力至矣,其於斯道,謂之有功非耶?"⑥金履祥論及子學的内容儘管較少,但其

---

① 陳亮撰,鄧廣銘點校《陳亮集》卷二十三《附·答陳同甫書》,見《鄧廣銘全集》第五卷,第200頁。
② 陳亮撰,鄧廣銘點校《陳亮集》卷二十三《書類次文中子後》,見《鄧廣銘全集》第五卷,第200頁。
③ 許謙《跋潘明之所藏吾丘衍書素書》,《全元文》第25册,江蘇古籍出版社1998年版,第39頁。
④ 許謙《回潘縣尉啓》,《全元文》第25册,第8頁。
⑤ 許謙《復張子長文》,《全元文》第25册,第13頁。
⑥ 王禕《擬元儒林傳論》,《全元文》第55册,第771頁。

義理化的史論則"兼括《易》《詩》《春秋》之大旨,旁及傳記諸子百家"①,延續了朱熹、陳亮、呂祖謙的義理化史學思維。金履祥筆下所及諸子著作也視同材料和佐證,並無太多發揮。從其批判司馬光、劉恕等人的史著觀點來看,金履祥對諸子著作持有保留意見,"顧其(指司馬、劉二人)志不本於經,而信百家之說,是非既謬於聖人,此不足以傳信"②。

　　從其門人許謙的文章來看,所作文章,注重文采,斐然可觀,語涉老莊或者是模仿老莊文意的文章不少,但他作爲理學家的立場並未因此發生改變,"道備於六經、《語》《孟》,學者舍是則無所歸"③。結合時代背景來看,元初江南士人在經歷了破國亡家之後大多不願仕進,遺民意志較爲突出。士人隱遁於老莊哲學之中,以前賢自況,抒發遺世獨立的隱逸情懷。許謙爲躲避官府對他的徵召,寫出頗具莊子文意的遁詞,"夫鳥俯而啄,仰而窺,終日經營而不能飽;莫寄於一枝,而有風雨之憂、鷹鸇之虞;方且搶然而飛,嘎然而鳴,悠然而自得也……蓋其樂放曠而畏拘檢也"④。再有,直引《莊子》文句婉拒徵召,"莊周曰:'風之積也不厚,則其負翼也無力。'以尺寸之翼,駕尋丈之風,而欲以是干青霄,薄飛鵬,不爲蜩鷽之頗也幾希矣"⑤。

　　類似許謙這樣經歷過宋元鼎革的故宋遺民,寧願在殘山剩水中以道自適,也不願接受元廷的辟舉。這種情況在元初江南頗爲普遍,如浦江遺民方鳳與吳思齊、謝翱等人曾仿照科舉程式,組織以"春日田園雜興"爲主題的詩歌聯賽,將儒道合一的代表陶淵明作爲吟詠對象,表達不仕新朝的遺民立場。他們的精神源泉來自老莊,這也能回答爲何許謙慣於引用《莊子》作爲他婉拒官府徵辟的理由。莊子的精神哲學成爲這一時期支撐婺州學人的精神支柱。元初遺民群體寄情山水詩酒,四處遊歷,聯絡故交,借此抒發因個人遭際而產生的憤懣與艱於治生的無奈。這一時期的金華作家,多有借老莊、禪理排遣的詩文,如方鳳的一些詩句,"人生本來浮""大觀物物齊""吾心太虛闊,儻然萬象具"以及"盆歌疏達慕莊生""手把南華讀一過,詩思徒湧如春波",甚至有"不惜逍遙投杖屨,何妨磅礴解衣冠"的曠達文句⑥,着實可見莊子的精神已然融貫於方鳳的生活世界,成爲他能夠從破國亡家的切己苦痛中挣扎而出的精神動力。

　　歐陽光認爲,分析元代婺州文學集團的構成,可結合師緣關係劃分爲四代,首代以方鳳爲盟主,謝翱、吳思齊等人爲核心的故宋遺民作家;第二代則是入元後成長起來的方鳳門人群體,其中以黃溍、柳貫爲核心,包括吳萊、方樗、方梓等輩;第三代婺州學人臻於鼎盛,湧現出以宋濂爲盟主,包括王禕、胡翰、戴良等核心成員的婺州作家;第四代則是以宋濂弟子寧海人方

---

① 許謙《上劉約齋書》,《全元文》第 25 册,第 21 頁。
② 許謙《通鑒前編序》,《全元文》第 25 册,第 37 頁。
③ 許謙《跋潘明之所藏吾丘衍書素書》,《全元文》第 25 册,第 39 頁。
④ 許謙《上宋經歷書》,《全元文》第 25 册,第 16 頁。
⑤ 許謙《上李照磨書》,《全元文》第 25 册,第 17 頁。
⑥ 方鳳著,方勇輯校《方鳳集》,浙江古籍出版社 1993 年版,第 2、4、48、39、48 頁。

孝孺爲盟主的一批學人①。徐永明在此基礎上,按照代際關係,分別開列出婺州作家群的簡歷,便於勾勒彼此複雜的交遊關係②。隨着故宋遺民的陸續凋零,婺州二代學人崛起,金華學脈完成代際過渡。其中像黄溍、柳貫、吴萊等人活躍於元代相對穩定的歷史時期,他們的社會身份發生轉化,遺民性降低,加之元朝重開科舉,許多人不僅接受了元朝的官職還不遺餘力地推行所謂"盛世文學",婺州文風因之發生改變。

元人重視反思宋亡教訓,對理學的空疏有深刻認識,"以學術誤天下者,皆科舉程文之士,儒亦無辭以自解矣"③,"道學之名立,禍天下後世深矣"④。元人批評理學空疏,提倡經世之學的文章不勝枚舉。整個元代的文化政策與政治環境以實用主義爲立場,理學所謂天理性命之説並不爲統治者所欣賞。學者變爲文人是大勢所趨,越早與政治結合的學術流派,其文人化也就越早。即便是堅持隱居不仕的婺州學人,一旦其後學預備參加科舉或走入社會,流爲文人也是不可避免的。理學在元代與其他學問相互浸潤,原本相比於理學地位較低的其他學問如諸子之學的地位由此抬升。元代中後期士人研習子部書籍漸成風氣,如柳貫,從其"幼有異質,穎悟過人……自經史百氏、兵刑律曆、數術方技、異教外書,靡所不通",可知柳貫於子書不廢研習,經史子集全然不廢的博學傾向似已成爲婺州學人的共識。柳貫重視化用子書内容入詩文之中,入詩者,如"吹萬豈其情","太上乃忘言,吾歸抱吾素";入文者,如其與危素的書信中所談,"願一求之群聖人之經以端其本,而參之以孟、荀、揚、韓之書以博其趣,又翼之以周、程、張、邵、朱、陸諸儒先之論以要其歸,涵養益密,識察益精,則發之文章,自然極夫義理之真,形之歌詠,自然適夫性情之正矣",明顯可知柳貫以儒家典籍爲根本,參合諸子,廣覽博收,充分進行經子互動的義理化子學觀念。他仍是基於理學的立場,理學爲體,諸子爲用,目的是借經子互動進入所謂"光明博大之域"⑤。所學内容雖然龐雜,卻是柳貫進入理學"光明博大之域"的重要手段。諸子等學在此語境下是作爲"術"的角色而存在,並非柳貫心中的"道",道術關係本不對等,明顯可知其立論的目的所在。

吴師道關於子書的若干學術筆記值得重視。吴氏的子學觀點一本於朱子,"吾之所信,則有朱子之評在"⑥,並"因朱子之言"爲立場,評析諸如《子華子》《荀子》《揚子》《文中子》《太玄經》等子部書籍。吴氏評析此類書籍的基本方法是從文獻本身出發,參合諸如二程、朱熹、葉適等人意見,分析所見文獻的版本及其内容是否"牴牾乖剌"。舉吴氏辨析《子華子》一書爲例,吴師道先引朱熹《與杜叔高書》稱《子華子》一書有"非常可笑者",專意"考朱子疏辨其可笑

---

① 歐陽光《論元代婺州文學集團的傳承現象》,《文史》1999年第49輯。
② 徐永明《元代至明初婺州作家群研究》,第4~8頁。
③ 謝枋得《疊山集》卷六《程漢翁詩序》,《四部叢刊續編》本。
④ 郝經《與北平王子正先生論道學書》,《全元文》第4册,第158頁。
⑤ 柳貫《柳貫集》,浙江古籍出版社2014年版,第7、13、363頁。
⑥ 吴師道《書揚子後》,《全元文》第34册,第196頁。

之實",而對那些認爲《子華子》一書"爲是者之杠錯其心",爲此吳師道先從朱子、晁公武二人以爲是宋代士人僞作的原因出發證僞,"因其中多《字書》淺謬也"。《字説》本爲王安石所撰,由於其中有較多臆測牽强的解釋,頗遭學界詬病。但吳師道並未從文字本身考辨此書,而是選擇就《子華子》所涉内容進行辨僞,"愚謂其僞之顯然易辨者,孔子遇程子傾蓋見《家語》,子華子説韓昭僖侯見《莊子》",二事經吳師道分析後,指出"戰國去孔子世遠,二人而合一;苟以《莊子》爲寓言,則陸德明云魏人者,必非妄也"。此時,吳師道將葉適異於常人的觀點拿出,説葉適"最尊信"此書,對古人所非者,葉適則以爲正確,這令吳師道很不解,"不識其何説也"。再如此書的後序作者,及文中所引《吕氏春秋》的内容,吳師道判定爲"依托爲之","剽掠可以驗也",最終證實朱子所言的正確,"輒因朱子之言而摭其遺"①。不過,四庫館臣提供的意見同樣值得重視。四庫館臣肯定此書爲後世所造,但不同意前人一概否定的極端態度,"今觀其書,多采掇黄、老之言,而參以術數之説",儘管在成書時,作者故意"掩剽剟之迹,頗巧於作僞",但整部書與儒家觀點頗爲相合,"然商榷治道,大旨皆不詭於聖賢。其論黄帝鑄鼎一條,以爲古人之寓言,足正方士之謬。其論唐堯土階一條,謂聖人不徒貴儉,而貴有禮,尤足砭墨家之偏。其文雖稍涉曼衍,而縱横博辨,亦往往可喜"。是書"殆能文之士發憤著書,托其名於古人者",最後肯定此書的價值,"諸子之書,僞本不一。然此最有理致文彩,辨其贋則可,以其贋而廢之則不可"②。

我們也注意到吳師道會自覺按照理學的觀點分析子書,如其對《荀子》的判讀就反映了這一點。吳氏"因讀《史記》諸書紀荀子歲月而有所疑",參考唐仲友關於荀子年歲和《荀子》一書的考定,並不以爲然。唐氏所考荀子年歲,"蓋立一説",吳氏批評唐氏關於"性惡"的説法,"唐論邐縮而不敢盡,末謂李斯、韓非非師之過",認爲唐氏"大本已失","何其異也",最終上升到從"心術之微,固可即此而見矣"的義理角度進行批判。

從更明確的義理角度分析子部書籍的婺州學人,當以吳萊爲典型。宋濂在《浦陽人物記》中提到吳萊的子學修養,"翻閱子書百餘家,辨其正邪,駁其僞真,援據爲的切可傳。四方學者一時多師之"③。吳萊善於從經史並重的立場辨析諸子,他的立論依據一出於史,所以顯得證據確鑿,頗具説服力。如其討論諸子生成的歷史背景時説:"自戰國以來,先王之治日以遠甚,聖人之教若罔聞知。士之紛騰馳驟於天下者,曾無常有之善心,而唯磨厲其舌,肆爲讒説,莫之能恤。析言則離於理,破律則壞於法,亂名則喪其實,改作則反其常。此固先聖王之所必誅而不以聽者,而戰國之世乃安然而行之……戰國之士,不復知有義理之當然,而唯以利害相勝。"不僅得出"惜乎,孔孟之道久矣不明於世"的感慨,還倡議對諸子之學僅作瞭解其人其事

---

① 吳師道《題子華子後》,《全元文》第 34 册,第 130 頁。
② 永瑢《四庫全書總目》卷一一七子部雜家類,中華書局 1983 年版,第 1007 頁。
③ 宋濂《宋濂全集》卷九十六《浦陽人物記》,第 2269 頁。

即可,不必深究其文,"戰國其文,而非欲戰國其學也"①。吳萊的經學修養奠定了他考察先秦諸子的基礎,這點要結合其學問出處來講。吳萊學問的根柢在《春秋》經,較專注於史事考辨,"年二十四,以《春秋》舉上禮部……著書有《尚書標説》六卷、《春秋世變圖》二卷、《春秋傳授譜》一卷……他如《詩傳科條》《春秋經説》《胡氏傳考誤》未完",從中可知其學問出處②。

儘管吳萊對先秦諸子持保留意見,但從其行文與閱讀來看,明顯可以感受到先秦諸子對其文風的形成所產生的影響,"年未冠,以朝廷有事倭夷,撰《論倭》千七百言,議論俊爽,識者謂有秦漢風"③。吳萊所作《形釋》《改元論》《秦誓論》等論文,從其文氣、語言、風格等角度考察,秦漢文風對其影響頗深,側面反映出吳萊對先秦諸子的熟悉程度,符合傳記之中對其諸子閱讀史的記載。例如吳萊頗不贊成南宋以降士人諱言或倡言兵法的兩歧態度,"縉紳逢掖之士,浸恥言兵,兵日弱矣"。一是"苟取古人之糟粕,而強謂我知兵,是即趙括之不知變也",二是"以孫、吴、韓、白韜略機權而言兵",對兵家從權謀機巧討論兵法的方式不能苟同,要求"凡吾儒者之言兵,本以仁義言兵",提倡"蓋仁義云者,實當世用兵講武之本也"④。吳萊還試圖調和儒家與諸子之間的關係,先是回顧"春秋戰國之世,聖人不作,處士橫議,天下之雜治方術者,不爲不多。是故老與易並稱,儒與墨並譽"的歷史背景,指出後世學者"或欲援儒而入於彼,推彼而附於儒"的做法,不僅混淆了學派之間的區别,還造成後世引諸子思想入儒學典籍的做法。實際上,吳萊從古今人物共通的觀念角度,説出"必也,天下人心之義理無古今,無彼我,無華夷,無内外,雖欲一混而大同之,亦可也",意圖從義理的角度調和諸子内在的矛盾⑤。吳萊這樣説似乎僅限於口號,其本人並沒有提出妥善方式解決經、子之間的内在分歧。

吳萊充分意識到先秦各國紛紛推行富國強兵戰略的目的,各國對鼓吹施行仁政的儒家學説並不在意,"春秋戰國之際,士大夫咸昧於義理之中,而專以利害爲説"⑥。在吳萊看來,荀子之學也因其靈活調整策略而成爲子思、孟子所譏諷的"小儒","猶習於戰國之俗,而不純於堯舜周孔之道","或言王,或言霸,或言強國,務使世主擇焉以爲政,則又時變其道,以曲從之"。這種靈活的方式尤爲吳萊所不齒,"道可變乎? 是徒苟冒而寙惰,繆學而飾説,既病乎人,且厲乎己也"。吳萊承認"戰國之世,去聖日遠,而諸子之説紛起。私意揣摩,強辨相勝",結果導致"荀卿子號爲儒者,而未純於聖人",荀子弟子輩又"自叛"於儒,"視儒者之學,輕而非也。亦陷於刑名、法術之末"。吳萊認爲荀子應對這一狀況的出現負責,"荀卿子亦不爲無過也哉"⑦!

---

① 吳萊《吳氏戰國策正誤序》,《全元文》第 44 册,第 40~41 頁。
② 宋濂《宋濂全集》卷九十六《浦陽人物記》,第 2270 頁。
③ 同上,第 2269 頁。
④ 吳萊《新安朱氏新注黄帝陰符經後序》,《全元文》第 44 册,第 61 頁。
⑤ 吳萊《石塘先生胡氏文抄後序》,《全元文》第 44 册,第 71 頁。
⑥ 吳萊《讀公孫龍子》,《全元文》第 44 册,第 127 頁。
⑦ 吳萊《讀韓非子》,《全元文》第 44 册,第 127 頁。

韓非師從儒者卻自陷於法家之説,荀子作爲其師,應負有一定的責任。而且,還認爲荀子遠離了孔子之道,"至於荀卿,則知一返孟氏,而復以人性之善者爲惡,豈不遠吾聖人之道哉"①!

吴萊對先秦子書有着深刻的閲讀體驗,並能就所讀内容作出相應判斷。這種判斷也是基於維護儒家固有的對文王、武王仁義形象而做的辯護。如其就《吕氏春秋》中談到"伯夷自北海而歸周,至岐陽,文王已卒,武王即位,使召公奭盟微子,使周公旦盟膠鬲",就此提出與《史記·伯夷列傳》中不同記載的疑問,"由是伯夷去之以自潔,隱焉而餓死,豈其然乎"!隨即通過排比史事,尋求《吕氏春秋》與《史記》不同記載的合理化解釋,而所謂合理化解釋類似從義理角度的推論,前提認定武王派遣召公奭、周公旦二人與殷人微子、膠鬲的結盟爲真,以此證明伯夷歸周的合理之處。儘管吴萊是從史事排比的角度論證此事,但分析其内在旨趣則明顯可以感受到理學家特有的思想律動。

吴萊關於先秦子書的論述,試圖從自身的生存情景中尋求對先秦歷史情境的真實理解,所以我們看到吴萊的關於子書的閲讀貫徹了"辨其正邪,駁其僞真,援據爲的切可傳"的原則,其中史學考辨的内容占了多數,所得出的結論也因其充分論證而顯得較爲可信②。很明顯,吴萊試圖通過辨析先秦子書賦予理學一種外向型的價值取向,在閲讀和評價子部書籍等問題中取得與理學内在觀念的某種契合。尤其在承襲吕學經史並重的學術理念的基礎上,以史學辨析的方式,尋求一種通過社會和禮儀制度的變遷,表達從無序走向普遍秩序的社會關懷。這是吴萊試圖以學術的道德實踐性統合先秦諸子,實際上也是義理化思維在其子書閲讀過程中的顯著印記。

針對先秦諸子進行義理分析是金華學人的典型判讀方式。作爲婺學的集大成者,宋濂相關文章的内在脉絡較爲明確地貫徹了這一點。實際上,宋濂的理學修養遠超其文學成就,但他的理學家面目卻往往被文名所掩蓋,不過從其"吾心與天地同大,吾性與聖賢同貴"一語便可知他的理學根柢③。方孝孺對乃師也有這樣的評價:"道術可以化天下,而遇合則安乎命也;該博可以貫萬世,而是非不違乎聖也。無求於利達,故金門玉堂而不以爲榮;無取於患難,故遐陬絶域而中心未嘗病也。卓然間氣之挺出,粹然窮理而盡性也。事功言語傳於世者,乃其緒餘;而其所存之深、所守之正,撓之而不倚,挹之而不罄也。"④梳理宋濂所屬的學緣關係,宋濂兼祧吕學、朱學、事功之學等學脉,可視爲婺學的集大成者。宋濂本人對先秦諸子的意見及其個人子學著作,是討論他在子學義理化方面的重要參考。

我們注意到,婺州學人一般將性理之學作爲評價戰國諸子的標準,以此衡量諸子彼此間自相矛盾的説法。柳貫、黃溍、吴萊等人以六經爲立場的子學評判標準影響到了宋濂。柳貫

---

① 吴萊《讀孔子集語》,《全元文》第44册,第128頁。
② 宋濂《宋濂全集》卷九十六《浦陽人物記》,第2269頁。
③ 宋濂《宋濂全集》卷九十《自題畫像又贊》,第2138頁。
④ 方孝孺《翰林學士承旨潛溪先生像贊》,見黃靈庚校點《宋濂全集》第5册,第2544頁。

主張爲學應"求之群聖人之經,以端其本,而參之以孟荀揚韓之書,以博其趣,又翼之以周程張邵朱陸諸儒先之論,以要其歸"①。黄溍從經學角度評價其他學問的立場更爲堅定。宋濂曾與同學論學時回憶黄溍的學術立場,"士無志於古則已,有志於古,舍群聖人之文何以法焉?斯言也,侍講先生(即黄溍)嘗言之",而且所謂"聖人之文",亦即"凡所以正民極、經國制、樹彝倫、建大義,財成天地之化者"②。在此立場上,宋濂强調"學文以六經爲根本,遷固二史爲波瀾,二史姑遲遲,盍先從事於經乎"③,經學構成了宋濂思想的基本底色,這點是毋庸置疑的。

考慮到宋濂思想譜系的複雜性,他本人也曾不止一次地反思個人的學術歷程,在涉及子學的認識方面有必要在他更爲複雜的思想圖景中展開。宋濂59歲時曾説:"余自十七八時,輒以古文辭爲事,自以爲有得也。至三十時,頓覺用心之殊微,悔之。及踰四十,輒大悔之。然如猩猩之嗜屐,雖深自懲戒,時復一踐之。五十以後,非唯悔之,輒大愧之;非唯愧之,輒大恨之。"④宋濂年少時熱衷古文辭,於書無所不讀,三十歲以後轉變學問方向,年近五十對自己又有了更爲清醒的認識。對比他的自傳,明顯可以看出宋濂學問轉換的輪廓,先是以六經大義作爲"存心""著書""言談"的根本,中年後轉換到服氣養生的道家之學,期間對佛教也有深入研究,用作韜晦之資⑤。

宋濂融合佛道思想入文便是這一思路的直接反映。對待道家學説,宋濂將之納入所謂"列仙之儒"的範疇予以解釋,"道家者流,秉要執本,清虛以自守,卑弱以自持,實有合於《書》之'克讓',《易》之'謙謙',可以修己,可以治人。是故老子、伊尹、太公、辛甲、鬻子、管子、蜎子與夫兵謀之書,咸屬焉"⑥。至於説佛教,宋濂三十二歲便有"閲盡一大藏教"的特殊經歷。他的佛學修養遠超同儕,並爲當時知名禪僧千岩元長所贊許,二人結爲方外之交長達三十餘年,"締爲方外之交垂三十年……雖纏於世相,不能有所證入,而相知最深"⑦。

宋濂分别在48歲、49歲遭遇戰亂時完成了《龍門子凝道記》和《諸子辨》兩書。有學者指出此書並非單純意義上的辨析諸子著作真僞的作品,而是反映儒家心性之學,講究修身養性,傳承金華學脉的代表作⑧。從這個意義上説,宋濂所作兩書的目的是借論述諸子學的形式,闡發自身的儒學精神,也就是子學義理化的另類表達。宋濂在《諸子辨》文末題記中説:"作《諸子辨》數十通,九家者流頗具有焉。孔子門人之書,宜尊而别之,今亦俯就其列者,欲備儒家者

---

① 柳貫《柳貫集》卷十三《答臨川危太樸書》,第363頁。
② 宋濂《宋濂全集》卷三《華川書舍記》,第75頁。
③ 宋濂《宋濂全集》卷二十三《白雲稿序》,第471頁。
④ 宋濂《宋濂全集》卷二十四《贈梁建中序》,第492頁。
⑤ 宋濂《宋濂全集》卷十六《白牛生傳》,第294頁。
⑥ 宋濂《宋濂全集》卷八《混成道院記》,第162頁。
⑦ 宋濂《宋濂全集》卷七十三《普利大禪師塔銘》,第1755頁。
⑧ 黄靈庚《宋濂的闡述性理之作——〈龍門子凝道記〉〈諸子辨〉辯證》,《浙江社會科學》2014年第12期。

言。"①宋濂辨析諸子，將諸子與儒學之間親疏遠近的關係作爲排列、評價子書價值高低的標準，目的是闡述性理，從而服務於儒學。分析《諸子辨》也能清楚地看到這一意圖。

《龍門子凝道記》一書頗具子書性質，以至於四庫館臣列此書爲"道家言"。顯然四庫館臣没有充分理解這一時期理學思維下子書義理化的時代特徵，僅就字面意思便作出了判斷。宋濂追求從儒學大義的角度理解六經和所讀典籍，從其"年近五十，絶不事方策，日唯熙熙，仰觀俯察，若有所自樂者"②，這種化有形之典册入無形之心性體悟之中的做法，不正是理學家心性之學的典型要求嗎？這一時期的宋濂，心性之學已臻於爐火純青的境界。所寫《龍門子凝道記》《諸子辨》二書，正是宋濂心性之學的典型呈現。舉若干實例進行論證，如其在《龍門子凝道記》卷末題記所言："皆一時念慮所及之言……當求聖人之遺經，益精研而箋記之，以贖前者不知妄作之罪。"③明人徐禮分析宋濂的學脈傳承之後，所言更爲透徹："觀其自謂濂、洛之學，鼎立爲三：武夷之學，則主於知行；廣漢之學，則嚴於義利；金華之學，則自下學而上達。雖教人入道之門或殊，而三者不可廢其一也。其所憂則有之，憂之如何？如孔子而已。觀其在龍門之日，著書立言，有及乎此，雖若不敢以斯道自任，亦見其有不得而辭者矣。"④宋濂以儒家性理之道自任的態度不僅昭然若揭，而其理學家的精神底色更是顯而易見。

至於説《諸子辨》的性質，歷來有所謂"辨僞"和"明道"兩歧的説法。實際上，所謂辨僞之説並没有深入瞭解宋濂撰寫此書的真正意圖。如果從宋元以來金華學脈的發展角度看待，《諸子辨》作爲一部"衛道之書"而非"辨僞之書"的性質就顯而易見了。"《諸子辨》一書並無辨僞之意，它所講的'辨'，並非真僞之辨，而是儒家的正宗思想與諸子'邪説'之辨，是以儒家思想爲旨歸，決定對諸子的存留取捨，使道術咸出於一軌。"⑤宋濂辨析諸子的立場昭然若揭。宋濂使道術咸出於一軌的意願，因爲得到朱元璋的支持，而落實到明初的國家改革活動之中，明初國家意識形態的强化與金華學人這種理念存在明確關聯，值得從朝代更迭與士人思想觀念存續的角度予以深度闡發。

二、婺州學人子學闡釋的義理特徵

諸子著作在金華地區的收藏與閲讀相當普遍，反映了子學在當地具備的良好基礎。宋元之際胡長孺曾提及地方府州縣學大多藏有子部書籍，"郡縣之學皆有尊經閣，以藏群經，與凡

---

① 宋濂《宋濂全集》卷七十九《諸子辨》，第 1915 頁。
② 宋濂《宋濂全集》卷九十五《龍門子凝道記》，第 2236 頁。
③ 同上，第 2238 頁。
④ 徐禮《龍門子凝道記序》，《宋濂全集》第 5 册，第 2708 頁。
⑤ 王嘉川《布衣與學術》，商務印書館 2005 年版，第 207 頁。

訓詁注釋之書,以及諸子、史論、文集亡慮數千萬卷,少者亦數千百卷"①。胡氏所言不無誇張,但從元朝公私藏書的情況來看,元代藏書量遠超前代,萬卷以上的藏書家,北宋有28家,南宋有30家,元代有37家,見於文獻的藏書家,北宋62家,南宋64家,元代則有72家②。士人對子書的閱讀也呈普遍趨勢,許謙曾不無自得地描繪當時士人的讀書生活,"學唯爲己……或笑談,資釋氏之空性;或遊戲,假莊生之寓言"③。元人讀書較少功利心,學在民間,更能體會讀書之樂,涉獵也就更廣,對子部書籍的閱讀與理解趨於多元,但整體而言,理學思維下的子書詮解是主流,從而有助於區域性文化思潮的分析成爲可能。

宋元金華義理子學特徵主要表現於以下幾點:

其一,以經學爲基礎,統御子學。與宋濂同在黄溍門下的王子充,在其華川書舍中,"上自群聖人之文,下逮諸子百家之文,咸萃舍中,日冥搜而精玩之,大肆其力於文",不過王子充這一讀書方式並不爲宋濂所支持。宋濂從"文"與"道"的角度論證如果致力於諸子之文將會對"先王之道"產生不利影響,"自先王之道衰,諸子之文人人殊",然後從管子、鄧析、列子、老子、墨子、公孫龍子、莊子、慎子、申子、韓非子等作文特點出發,指出戰國世變之下"文日以多,道日以裂","各以私説臆見嘩世惑衆,而不知會通之歸,所以不能參天地而爲文",達不到宋濂所謂六經之文的標準。批判諸子之文的同時,宋濂提出了作文標準,"故濂謂立不能正民極,經國制,樹彝倫,建大義者,皆不足謂之文也"。宋濂的觀點得自黄溍、吴萊等人,在他們看來,性理之學視角下的諸子之學,遠不能達到"聖人之文"的經世效果,後世學習諸子之文的作家面對"聖人之文","不無所愧",此外還高揚道統,推舉理學,"上下一千餘年,唯孟子能辟邪説,正人心,而文始明。孟子之後,又唯舂陵之周子、河南之程子、新安之朱子完經翼傳而文益明爾"④。義理化視角下,諸子之學站到了儒學的對立面,宋濂的這種觀點接續了自宋初邢昺《論語疏》中"異端,諸子百家之書"的立場。

從北宋中期以後興起的以儒家義理爲導向,闡發古代典籍的思潮,較早地出現在史學領域。採用義理甄别史料,並將諸子思想作爲靶向進行批評,即便是司馬光也不能例外。司馬光曾在《史剡》"由餘"條提及秦穆公曾用由餘之言,施行戎狄之策,意圖避免因爲實行禮樂法度而導致的"上下交爭,怨而相篡弑"的局面,採用戎狄之法,"上含淳德以遇其下,下懷忠信以事其上",最後達到"遂霸西戎"的結果。但司馬光則將經學義理的觀念投射到這則史料上,不僅貶低秦穆公采用胡俗,成就秦國霸業的歷史作用,"治人國家,舍詩、書、禮、樂、法、度無由也……雖亡國無難矣,若之何其能霸哉",特别需要指出的是,司馬光將老莊後學作爲攻擊的

---

① 胡長孺《尊經閣記》,《全元文》第13册,第544頁。
② 劉洪權《論元代私人藏書》,《圖書館》2001年第4期。
③ 許謙《回潘縣尉啓》,《全元文》第25册,第8頁。
④ 宋濂《宋濂全集》卷三《華川書舍記》,第76頁。

目標,猜測"是特老莊之徒設爲此言,以詆先王之法,太史公遂以爲實而載之,過矣"①。司馬光直接認爲此事是老莊之徒的虛構,本身就暴露了他論證過程的臆斷之處,與史學求真的立場相悖。這種主觀性的推測,不僅罔顧了由餘所言內亞遊牧部族首領與臣屬之間"淳德、忠信"的真實關係,還有意識地將諸子作爲立論的反面對象,從中可見到北宋儒者對待子學的態度。子學不僅被義理所統御,還是以反面的角色出現。

近代蜀中劉咸炘曾批評:"宋人之於史,本偏重於議論,孫(復)、石(介)、胡氏(瑗)之習既深入人心,而晦翁之學又行於世,故空持高義,以褒貶人品,而不察事勢,乃成宋、元以來之通風。"②由史學領域興起的義理化風潮,經過南宋浙東史學的代表,如呂祖謙、葉適等人提倡,經史合併,同歸理學指導。金華學人對子學的研究同樣受這一趨勢波及,子學義理化或者説是經學思維下觀照的子學因此得以展開。從前文對金華學人子學論述的相關梳理來看,子學義理化真正意義上在金華學人中鋪陳開來是在元代,尤其是從金華學脈的第二代人物如柳貫、黃溍、吳萊開始。

義理子學的發展,吳萊可以作爲典型案例進行分析。王東認爲義理史學的興起,與《春秋》學的盛行密切相關③。吳萊的學術背景中,《春秋》經扮演了重要角色。吳萊關於部分先秦子書的論述,不僅用義理甄別子書的內容,還將義理作爲判讀、組合和詮釋子書的標準和指導思想。秉持儒家義理,用以判讀先秦典籍,在宋元學人之中頗爲常見。皮錫瑞曾指出,宋人解《尚書》,"專持一理字,臆斷唐虞三代之事。凡古事與其理合者,即以爲是,與其理不合者,即以爲非"④。元代理學流而爲文,突破了宋代學術門户森嚴的情况,理學家轉變角色而爲文人的情况相當普遍⑤。這種文人化的轉變儘管有許多時代原因,但由於突破了前代理學自設的藩籬,學者爲提升文章技巧,不得不廣爲涉獵,一定程度上削弱了宋代以來束縛子書閲讀的理學化主張。宋元學者,尤其是與政治較爲疏遠的金華學脈,重視經學,采用義理統御其他諸學的基本主張並未改變。金華學人認爲子部之學的研讀必須是學者治經而有餘力方能爲之。強調六經重要性的論述,在金華學人的文集中比比皆是,不勝枚舉。

其二,運用義理的觀點闡釋子學,子學成爲儒學的附庸和抨擊對象。宋元金華學人對理學的堅持是一貫的,他們強調義理的存在,閲讀子部書籍也是以義理爲立場,進行多種角度的闡釋。有《春秋》學背景的吳萊,本就注重從義理史學的角度看待先秦歷史。在討論諸子著作何以生成的歷史原因時,吳萊首先注意到"自戰國以來,先王之治日以遠甚,聖人之教若罔聞知"的歷史背景,從義理的角度批評"戰國之士,不復知有義理之當然,而唯以利害相勝"而罔

---

① 司馬光《傳家集》卷七三《史剡》,《文淵閣四庫全書》本,臺北商務印書館 1986 年版。
② 劉咸炘著,黃曙輝編《劉咸炘學術論集・史學編》,廣西師範大學出版社 2007 年版,第 523 頁。
③ 王東《宋代史學與〈春秋〉經學——兼論宋代史學的理學化趨勢》,《河北學刊》1988 年第 6 期。
④ 皮錫瑞《經學通論・書經》,中華書局 1954 年版,第 71 頁。
⑤ 查洪德《理學背景下的元代文論與詩文》,中華書局 2005 年版,第 28 頁。

顧義理的做法。把當時流傳的儒學拿來作對比,指出孔孟之學"自先王道德教化之治,本諸人心,播於簡册,充衍洋溢,遠而未斬",因此之故,"春秋之世,鄭之賢大夫且能善於辭令,應對諸侯,鮮有敗事",甚至孔門"言語"一科因爲子貢等儒門後學傳播廣泛,對名家、縱橫家等輩頗有影響,"公孫衍、張儀、陳軫、樓緩、蘇秦、秦弟代、厲之流",批評他們"譎邪之説,罔知義理,而慎倒錯繆之一時,口煩之移人,固有非後世膚見謏聞者之所可逮及",感慨"先聖王道德教化之澤,一旦而遂至於此"①。這種不但認爲子學與儒學有着派生關係,還從根本上對諸子學術予以貶低的態度,在金華學人中頗有市場。前文宋濂對同門王子充也讀子書的批評態度便是由此而來。

經過宋元學者對子學的閱讀和批判,理學對子學的滲透達到相當程度的自覺。元代理學流而爲文,理學家文人化的趨向相當明顯,金華學人強調從六經的角度作文,宋濂在《六經論》中強調"六經者,所以筆吾心中所具之理故也",天理、人心與六經因此論而達到統一。對諸子文獻的閱讀,宋濂采用考察著録源流,關注材料的來源與流衍變化,對諸子思想内容、文字風格乃至相關史實等内容予以辨僞和評價,其系統的考辨無不是基於性理之學,將儒家義理作爲評判諸子著作的唯一標準。實際上,宋濂對諸子著作的考察,與其説是辨僞的,不如説是借辨析諸子之機,宣揚儒家性理之説,他的《龍門子凝道記》和《諸子辨》透露出的思想主旨正是以此爲基礎②。諸子之學應在儒家經學、理學之下是宋濂的基本態度,"諸子所著,正不勝譎,醇不迨疵,烏足以爲經哉",經的地位自不待言,"無所謂學經者",可以爲聖爲賢,無論是面對政事、富貴、貧賤、患難都能遊刃有餘,"窮足以爲來世法,達足以爲生民準"③。經子關係中,子學明顯是作爲對比和批評的對象。

金華學人還將子學的研究與道德修養進行聯繫,他們筆下的子學問題表現出倫理化的傾向。以理學家自況的金華學人認爲,先秦諸子由於背離儒家的倫理觀念而天然地具備了道德"原罪"。這種問題集中凸顯在於諸子的"重利輕義"問題上,"戰國之士,不復知有義理之當然,而唯以利害相勝"④。"當戰國之時,士多以遊説縱橫、攻戰刑法之説行……儒墨並稱,百家雜説混淆之矣"⑤,高揚儒家仁義之説,以此貶低戰國士人的攻戰刑法之説,"凡吾儒者之言兵,本以仁義言兵,而深不欲以孫、吳、韓、白韜略機權而言兵",指出"蓋仁義云者,實當世用兵講武之本也"⑥。依據董仲舒"正其誼不謀其利,明其道不計其功"的説法⑦,對待子學中大量強

---

① 吴萊《吴氏戰國策正誤序》,見《全元文》第44册,第41頁。
② 黄靈庚《宋濂的闡述性理之作——〈龍門子凝道記〉〈諸子辨〉辨證》,《浙江社會科學》2014年第12期。
③ 宋濂《宋濂全集》卷十二《經畬堂記》,第226頁。
④ 吴萊《吴氏戰國策正誤序》,見《全元文》第44册,第41頁。
⑤ 吴萊《孟子弟子列傳序》,見《全元文》第44册,第53頁。
⑥ 吴萊《新安朱氏新注黄帝陰符經後序》,見《全元文》第44册,第61頁。
⑦ 班固《漢書》卷五十六《董仲舒傳》,中華書局1962年版,第2524頁。

調功利主義的内容,理學家們無不强調從"明道正誼"的角度立論,强調對經學的堅持,反對將時間精力投入到子書的閲讀研究之中,這種觀點在明初方孝孺那裏得到强化,他僅僅是選取子書中某些符合儒家義理的内容,其他的都要燒掉才甘心,如其《讀鄧析子》一文就説,"予擇其可取者二百言著於篇,餘皆焚之"①。修養的道德化和功利訴求的完全對立,借由理學家們的一貫强調而走向了極端。

餘　　論

理學經過數代人的努力,經史、經子關係皆被賦予了一套帶有儒家義理的價值觀念,組成了中國文化史發展過程中的重要一環。宋儒試圖將義理加諸他們所要處理的任何問題之上,表現出强烈的懷疑精神和變革心態,從而有别於漢代以來的儒學研究範式。子學本身具備的思想内涵在與理學家所秉持的義理觀念接觸時,諸子原本的思想内涵被掩蓋和改造,甚至在儒家義理的語境下被理學家樹立爲批判的對象。這是經子、經史之間存在較大差異的地方。宋代以後的子學,已經是被理學涵化之後的子學,勉强可以稱之爲義理子學。義理子學把原來的子學個性進行了改造,這一特性在宋元金華學人之中有明顯的反映。義理子學是理學家自覺地依據儒家義理觀念,對子部書籍進行甄别、取捨和詮釋,借子書闡明義理,以義理統御子書或將子書進行義理化的批判。金華學人通過對義理與子書内容的往復印證,增强其對義理的體認與理解,從而堅定義理作爲個體生命價值重要支撐的内涵作用。金華一脈學人對子書的詮釋活動,不但明確了子書之於自身價值世界的關係,還能透過這種批判性的精神活動確立占主導地位的儒家文化價值體系的實踐意義。

[作者簡介] 李小白(1986—　),男,河南息縣人。華東師範大學中國語言文學流動站博士後,現爲河南師範大學歷史文化學院副教授,主要從事諸子學、歷史文獻與元明社會文化史研究,發表論文 10 餘篇。

---

① 方孝孺《遜志齋集》卷四《讀鄧析子》,寧波出版社 2000 年版,第 114 頁。

嚴儒法之辨　以平恕爲尚

——宋恕思想論衡

[新加坡] 嚴壽澂

内容提要 宋恕(平子)論學宗旨,可一言以蔽之,曰嚴儒法之辨。以爲三代以後,實乃法家之天下,因其"抑弱扶强"故也;儒之所以爲儒,端在以不忍人之心,行不忍人之政,其根基在一"恕"字。而洛閩之徒,實則陽儒陰法。以肩輿爲譬,彼等情在"輿中黨",不在"肩者黨"。平子種種議論,即由此而發。晚年則思想一變,由鼓吹立憲、共和,轉而爲主張改進專制。衡時度勢,循名責實,故其論漸卑而漸切歟。

關鍵詞 宋恕(平子)　恕　不忍　儒家　法家　洛閩

中圖分類號 B2

宋恕(1862—1910),温州平陽人。原名存禮,字燕生。改名恕,後改名衡,字平子,號六齋。自其改名,可見其學術宗尚,即以平恕爲尚①。楊際開君有《清末變法與日本——宋恕政治思想》②一書,時有獨見,閲后受益良多,然而其論點或有筆者難以苟同者。兹不揣淺陋,對宋平子思想略作探討,與楊君之作角度不同,或可收相得益彰之效。

一、嚴儒法之辨

平子《六字課齋卑議·賢隱篇·洛閩章第七》云:

---

① 馬叙倫《召試經濟特科平陽宋君別傳》謂:"君晚年再改名衡,字曰平子,或謂其慕漢張平子之爲人,則不然。君遊歷半國中,又嘗至日本,自貴官人下至隸圉,咸與之習,無加損,問中失疾苦,塙然知天下事。慨乎世之行議多矯激不平,致天下日壞不可救,故寄其恉於名字,亦足悲矣!"胡珠生編《宋恕集》,中華書局1993年版,第1075頁。
② 楊際開《清末變法與日本——宋恕政治思想》,上海古籍出版社2010年版。

> 儒家宗旨，一言以蔽之曰"抑强扶弱"；法家宗旨，一言以蔽之曰"抑弱扶强"。洛閩講學，陽儒陰法：談經則力攻故訓；修史則大謬麟筆；誣貞詩爲邪淫，醜詆夏《序》；惡《禮運》之聖論，敢擯游《傳》；自謂接孟，實孟之賊。背此"聞誅一夫"之說，樹彼"臣罪當誅"之誼；背此"殃民不容"之說，奉彼"虜使其民"之教。道統、帝統，日事忿爭；上智、上仁，悉遭橫貶。貪祿位而毁高隱，畏刑戮而毁孤直，憚讀書而毁通人，短用武而毁良將。善均，而出於其黨則極稱之，出於非其黨則深刺之；惡均，而出於其黨則曲諱之，出於非其黨則痛斥之。嫉妒阿私，但務尊己；强詞拒辨，薄躬厚責。忠恕之風，於斯蕩然。末流虛憍益甚，詐僞益多，廉恥全亡，惻隱盡絕。而憑藉巍科，依倚貴勢，諛頌程朱，以媚當時，竟得號爲理學之魁、儒林之特者，自元、明來，何可勝道。哀哉理學，乃藪逋逃。彼真理學，安得不滅迹埋名，空山夜哭，尚友兩生，神交沮、溺也！①

對理學的批判，可謂嚴厲。然而篇終又提出"真理學"，可見他所反對的是世俗以理學名者，而漢代的魯兩生，孔子並時的長沮、桀溺，看破世道的黑暗，以不合作潔身自好，以求減殺世界的共業，如此方可視爲"真理學"。

其中最堪注意的兩句話是："抑强扶弱"，"抑弱扶强"，儒、法之別即由此以判。在篇末《自叙》中又道："儒術之亡，極於宋、元之際；神州之禍，極於宋、元之際。苟宋、元陽儒陰法之説一日尚熾，則孔、孟忠恕仁義之教一日尚阻。"②蔡元培《五十年來中國之哲學》揭出"抑强扶弱"二語，可謂得其驪珠。又引《自叙》中此數語，卻説道："可見他也是反對宋元煩瑣哲學，要在儒學裏面做'文藝復興'的運動。"③則似未得其環中。須知平子所致詬於洛閩者，絕不是所謂"繁瑣哲學"，而在於其缺乏寬容平恕。蔡氏以其西方哲學概念來説平子思想，可謂失之毫釐，謬以千里。

《洛閩章》後的《漢學章第八》云：

> 洛閩禍世，不在談理，而在談理之大遠乎公；不在講學，而在講學之大遠乎實。近時通人，救以漢學，實事求是，考據精詳，寸積銖累，艱苦卓絕，有功古籍，良非淺鮮。然諸通人譏切洛閩，惡其談理之不公，非惡其談理也；惡其講學之不實，非惡其講學也。及風氣既成，華士趨名，於是漸多但治小學而不治經史，但閱序目而不閱原書之輩。此輩胸中，恆乏理解，乃始以談理爲厲禁，講學爲大訞，然猶藉曰"空談不如實踐，口講不如躬行"，未敢公然逾閑蕩檢。及老師益遠，大誼益微，於是輕薄少年，紈綺子弟，或稍識篆隸，或家富舊槧，莫不依草附木，自號"漢學"；則且以實踐爲迂，

---

① 《宋恕集》，第128頁。
② 《宋恕集》，第159頁。
③ 蔡元培《五十年來中國之哲學》，《蔡元培選集》，浙江教育出版社1993年版，第91頁。

以躬行爲腐,以信厚爲可笑,以淫盜爲無傷,敗群壞俗,聲望反隆,及其聞政事,發議論,則莫不深中洛閩之毒,無殊帖括之儔。①

對當時漢學的批評,可謂甚切當。

早於平子數十年的沈垚(1798—1849,字子敦),自烏程(今浙江吴興)之都下,發現京師風氣敗壞,在其《與孫愈愚書》中論京師風俗云:

> 大概近日所謂士,約有數端:或略窺語録,便自命爲第一流人,而經史概未寓目。此欺人之一術也。或略窺近時考證家言,東鈔西撮,自謂淹雅,而竟無一章一句之貫通。此欺人之又一術也。最下者文理不通,虚字不順,而秦權漢瓦,晉甓唐碑,掇拾瑣屑,自謂考據金石,心極貪鄙,行如盜竊。斯又欺人之又一術也。三者同一欺人,而習語録者最少,習考證者亦以無所得食,大不如昔者之多矣。唯最下一術,則貴公子往往行之,而因以取科第、致膴仕者,踵相接也。②

足可與平子論漢學風氣者相參。二者之不同,在於子敦不攻宋學。而批評當時盛行的金石考據之學爲貴遊子弟走捷徑的憑藉,則二者無異。咸、同以降,經曾滌生(國藩)提倡,理學一度重興,則在子敦身後了。

平子最不滿於洛閩宋學者,在於其不講"恕"字。其《六字課齋津談·尊孔類第二》曰:

> 或問余:"爲人、爲學、爲文之宗旨,有一言可以括乎?"曰:"有之,即吾師(指俞樾)所訓之'恕'字也。"或曰:"爲人可以'恕'字爲宗旨,爲學、爲文亦可以'恕'字爲宗旨乎?"曰:"如心爲恕,讀古今書必切按原文,思古今事必設身處地,絶不稍蹈周後明前陋習,此爲學之恕也。"著書專代世界苦人立言,窮至民情,無幽不顯,數千年來偏私相承之論誓不附和,傷風敗俗、導淫助虐之詞誓不偶作,此爲文之恕也。③

要之,爲人必須講恕道,即將心比心,抑强扶弱。以此原則用於爲學,則必須議論平實,言而有當;用於爲文,則務必"代世界苦人立言",即同情弱者,爲其呼籲。這一立場,平子可謂持之終身。他所以終身服膺俞曲園(樾)者,以此。曾云:"以余所聞,當世名士史談,唯曲園先生明燭千古,别具通識。餘子莫不深中洛閩之毒,良可慨也。"④又謂:"俞曲園先生非但儒學超越百

---

① 《宋恕集》,第 129 頁。
② 《落帆樓文集》卷八,《吴興叢書》本,第 23 頁。
③ 《宋恕集》,第 51～52 頁。
④ 《六字課齋津談·史類第五》,《宋恕集》,第 61 頁。

代,佛學亦超越百代。"①推崇可謂備至。

錢賓四(穆)有《前期清儒思想之新天地》一文,指出清朝前期"少數較爲積極的學者,於研究經史義理之餘……或迫於良知,以一吐在喉之鯁爲快,爲被壓迫奴役之平民階層一抒正義之聲……其精神直可上追晚明諸遺老"。以戴東原(震)爲例,在其晚年名著《孟子字義疏證》中説道:"古之爲理也,就人之情欲求之,使之無疵之謂理。今之言理也,離人之情欲求之,使之忍而不顧之謂理。"又説:"尊者以理責卑,長者以理責幼,貴者以理責賤,雖失謂之順。卑者幼者賤者以理争之,雖得謂之逆……人死於罪,猶有憐之者。死於理,其誰憐之。"凡此"都是東原極憤激的話。其實他的立場,還是極平恕,還是同情弱者,爲被壓迫階層求解放,還是一種平民化的呼聲"②。平子《六字課齋卑議·自叙》謂,年十四"誦王伯安(守仁)氏《遺書》,深喜其'反心不安,雖言出孔子,未敢以爲是'之説"③。可見其思想,正是從這一脉絡相承而來。

平子以爲,三代之治,至秦一變。漢朝"師秦爲治,儒者自幼至老,習聞法家之義,先入爲主,衆咻畢生,其不認賊作子者鮮矣","唐、宋之韓、歐、程、朱,認賊作子尤甚"④。又以爲:"儒家宗旨有二:尊堯、舜以明君之宜公舉也,稱湯、武以明臣之可廢君也。三代下,二者之義不明,而在下者遂不勝其苦矣。"⑤其矛頭所向,正是秦、漢以降的大一統政治。故曰:"三代時諸侯屬天子,除新封子弟各國外,不過如朝鮮、安南之屬我大清,官制、服制率皆仍舊,一切政法聽其自主,所定者貢獻之禮而已。"又曰:"《戴記》中古聖微言甚多,所恨者秦、漢間法家議論亂入亦甚多。"同時,他絕不主張恢復封建,認爲"廢封建"乃"功德事",且其事"非創於秦","三代前即已封建與郡縣並行"⑥。其所主張的,其實就是減少中央集權,實行地方自治,以爲這是所謂三代政治的實質所在,與今日歐美政治並無二致。他因此主張,中國改革的初步,是恢復三代:"中國欲步武泰西,必先復三代,由三代然後進於泰西。"⑦他甚至以爲:"周後明前儒家之學漸行於歐羅巴洲,法家之學盛行於亞細亞洲,非但中國也,印度、波斯及諸小國皆受法家之禍。嘗疑孔子生前已有'乘桴浮海'、棄絕此土之意,或身後神識渡海生西,不昧來因,仍創儒教彼土衆生罪業輕淺,遂得漸行其學歟!"⑧如此議論,今日視之,真匪夷所思矣。

然而平子議論的出發點,畢竟在於惻隱之心之不容已,説道:

---

① 《六字課齋津談·宗教類第十》,《宋恕集》,第78頁。
② 錢穆《中國學術思想史論叢(八)》,臺北東大圖書公司1990年版,第1頁、6~8頁。參看拙作《"思主容""渙其群""序異端"——清人經解中寬容平恕思想舉例》,載《近世中國學術思想抉隱》,上海人民出版社2008年版,第118~147頁。
③ 《宋恕集》,第39頁。
④ 《六字課齋津談·九流百氏類第十一》,《宋恕集》,第81~82頁。
⑤ 見孫寶瑄《忘山廬日記》,引自《宋恕集》附錄《〈忘山廬日記〉録宋恕言行》,第1037頁。
⑥ 《六字課齋津談·讀經類第三》,《宋恕集》,第53頁。
⑦ 《〈忘山廬日記〉録宋恕言行》,《宋恕集》附錄,第1044~1045頁。
⑧ 《六字課齋津談·尊孔類第二》,《宋恕集》,第52頁。

余曾作《發惻論》,分篇别章,凡數萬言,極陳民間男女疾苦,幾於無幽不顯。以多歸咎漢、宋諸儒,未敢寫定問世。然時舉論中一、二條語人,鮮有不惻然欲下淚者,乃益信孟子"惻隱皆有"之說。特中人以下,雖有此心而氣味甚淡。苟無人焉發之,則淡者漸無;苟有人發之,則淡者漸濃。淚乎,其惻隱之濃氣所結成歟。①

論朱子《通鑒綱目》,有云:"紫陽《綱目》,號繼《春秋》,其書法揚抑,平心按之,多不中理。余昔年甫十一,即能摘駁多條,長閱數過,不滿滋甚。一言以蔽之,曰:深中法家毒。"②可見他之所以斥責陽儒陰法的洛閩之儒,原因正在於此輩過分强調上下尊卑之分,而忽視了儒之所以爲儒的根本,即"以不忍人之心,行不忍人之政"(《孟子·公孫丑上》)。

要之,宋儒議論之弊,如史家吕誠之(思勉)所指出,在於"嚴階級"及"尊君權"。誠之以爲:"宋儒所謂禮,實不可行於世,讀吕氏之《藍田鄉約》('藍田四吕',即北宋吕大忠、吕大鈞、吕大臨、吕大防所制訂),便可見之。古代社會,階級較後世爲嚴。宋儒率古禮而行之,實於後世情形有所不合,人心遂覺其不安,人人皆覺其所行爲不近情。後來戴東原所攻擊,專在於此。"至於其"尊君權,與其嚴階級同弊。固由晚唐五代,毁冠裂冕,有以激之;亦其拘守古人成法太過,謂欲求治,必如古人所爲。古代君權本尊,宋人持論,遂不覺其太過也。宋學開山孫明復(復),作《春秋尊王發微》,即大昌尊君之義,且謂有貶無褒。其持論之酷如此"。至於王陽明,議論"較宋儒爲弘通",然而依然認爲"先王之法,可行之萬世而準,則仍未免蓬之心。率此行之,必致仍以先王之法爲本,以吾之意見,略加參酌,自謂可行之當世,而仍未必有當於世人之情耳"③。按所論至爲明通。宋平子一面反宋儒,一面主張恢復三代之治,還是認爲三代先王之法與西方政教不異,略加參酌,仍可適用於今日,以此進階,可漸至於西方之治。與吕誠之所批評的王陽明之説,其弊正相類似。

二、除隔閡,開議院

《六字課齋津談·議論類第七》云:"或問議論之美。余曰:'平實而已。'三代以上,名人議論皆極平極實。秦、漢至唐,漸不平實。宋後議論,益多有意求奇,空而不切,而平實之風幾亡,蒼生之禍益烈矣。"④

議論不平實的表現,在於一個"隔"字,其病"十分沈重"。得病"非始於今日也,始於周衰

---

① 《六字課齋津談·議論類第七》,《宋恕集》,第67~68頁。按:《發惻論》原著未見。
② 《六字課齋津談·史家類第六》,《宋恕集》,第62頁。
③ 吕思勉《理學綱要》,華東師範大學出版社1996年版,第200、201頁。
④ 《宋恕集》,第64頁。

而逐代沈重"。例如:"男不知女之種種奇苦。"同爲女性,"姑不知媳之苦,媳不知姑之苦"。同爲姑,同爲媳,彼此之間,皆不知對方之苦。"同爲男矣,民之種種奇苦,官不知也。""同爲官矣,京官不知外官之苦,外官不知京官之苦。"文武官殊途,彼此之苦,亦兩不相知。同爲外官,總督、巡撫不知布(政)、按(察)之苦,"道府不知州縣之苦"。同爲民,"士不知商之苦,商不知農之苦"。同爲士,此縣彼縣,此家彼家,其苦亦不相知。總之,"彼此相譏,大半影響,隔病沈重,而天下之議論幾於全不足信矣"①。

這一段話,可說是道出了大一統郡縣制下彼此隔閡的實情。郡縣制度下,"以奉行中央政府之法令爲原則,非中央法令許其辦理之事,彼皆不能擅自興作"②。清代此弊尤甚。乾隆御製《書程頤論經札子後》說道:"夫用宰相者,非人君其誰乎?使爲人君者,但深居高處,自修其德,唯以天下之治亂,付之宰相,己不過問……此不可也。且使爲宰相者,居然以天下之治亂爲己任,而目無其君,此尤大不可也。"③可見其時中央政府所要求於各級官吏的,就是做好本分的事,其他無須操心,也沒有資格操心。在此情形下,官、民之間,官與官之間,互相隔閡,那是勢所必至的了。

在此須指出的是,清代中葉以後,除君主外不準任何人以天下爲己任,士大夫議論之"空而不切",深層次原因當即在此。而宋平子對此似未涉及。他所提出的藥方是:"設身處地,實事求是"的"八字湯"。又以爲:"人身有清濁混之症,議論亦有清濁混之症。混症與隔症相因,唯其隔,所以混也。"又謂"生平所聞當世人議論,求其不病隔、病混者,幾如塞北之梅、嶺南之雪,即密友亦多未能全免"。自謂"千言萬語絕不稍犯此二字焉。此則余之寸有所長也"④。其自許之高,自信之深,即此可見。

其對治之方,則是:"專就一人論善惡,不稍牽涉其父母、兄弟、妻子;專就一事論善惡,不稍牽涉其人之他事;斯爲混字症去盡之候。""欲求不混,須先求不隔;欲求不隔,要在實事求是,不以想當然論人而已。"又說:"歐洲諸國所以治平者,議論無此隔字症與混字症也。"⑤又以肩輿爲譬,說:"一切事皆有肩者、輿中之二種議論矣。儒家,肩者黨也,法家,輿中黨也,其初如是。後世儒家之議論專抑肩者而黨輿中,蓋陽儒而陰法矣。"又謂:"士大夫見余所著之《卑議》,多不以爲然;使民間匹夫、匹婦皆識字而能看《卑議》,則四百兆人之中,當不止三百九十兆人泣數行下也。"⑥足見其自負深體民間疾苦,爲匹夫匹婦代言,今語所謂"接地氣"是也。而且他的認同不在"輿中黨",而在"肩者黨",故其種種議論,不論是否得當,都不是爲國家,也不

---

① 《六字課齋津談·議論類第七》,《宋恕集》,第65頁。
② 吕思勉《中國文化診斷一說》,收入《吕思勉論學叢稿》,上海古籍出版社2006年版,第410頁。
③ 引自錢穆《中國近三百年學術史·自序》,臺灣商務印書館1990年版,第2頁。
④ 《六字課齋津談·議論類第七》,《宋恕集》,第65~66頁。
⑤ 同上,第66頁。
⑥ 同上,第67頁。

是爲士大夫階層着想，而是爲升斗小民，爲窮苦無告者着想。在清末主張維新人士中，如此人物似不多見。

《忘山廬日記》作者孫寶瑄觀察到一個事實，即："余主持議院之説，詢之守舊老儒，每多以爲是者。而與喜談新政諸公言之，反皆目爲緩圖。余自是不敢薄視舊黨。"①這段話的含義是：喜談新政者，旨在富國强兵，而這必須由國家主導，認爲普通百姓因循守舊，難與圖始，故開議院之事，只能俟諸來日，非當前急務。一個例子是李希聖。其《政務處條議明辨》謂："變法雖搜括無害，不變法雖不搜括，民不免於坐困。"孫寶瑄指出："余謂其言近是，而有語病。蓋外國取財於民，非搜括也。民自公舉一人，斂合衆人之財，故無騷擾之弊。今謂變法則可以搜括，此王安石之變法也，民受其殃矣。王安石變法，尚專制，不取決於公議，病根在此。"②而守舊人士，熟讀儒書，腦中常有一個堯舜公天下的觀念，可惜當時並未有投票公舉之法，而今既然從西方傳來此一良法，能使中國先聖治天下的理想得以實現，又豈可拒絕采用？清末合肥蒯光典(1857—1910)即認爲，當時中國最大的問題是"爲天下得人難"，而古代聖王"明目達聰，夢卜形求，無非爲得人起見"。"與衆共之"，"國人皆曰賢而用之"，自古著爲明訓。"至我朝康熙之時，尚用廷推枚卜之典，亦有舉賢自代之例"。"論其精意，與現在憲法祖國之英國議員政府之義，絲毫不爽"，只是"當時未定人民投票之制"而已。民主政治源自希臘，希臘城邦人口稀少，故能推行直接民主，後來地域漸大，勢不能行，只好作罷。經歷了多年黑暗之後，才發現投票選舉制度，"此固生民之不幸，亦聖君賢相之遺憾也"。今日西人既然發明了這一制度，傳入中國，彌補了"聖君賢相之遺憾"，如何能不加采用？③

宋平子的看法與此不異。孫寶瑄日記光緒二十四年(1898)六月二十八日，與平子論變法事。平子謂："日本變法之初先設議事所，舉國人議事，蓋真得變法之要訣矣。俄雖僅圖富强，不伸民權，然仍設上院議士，唯所舉者皆貴族耳。可知欲振興諸務，實事求是者，非議院不能有成。今之操議院緩立之説者，皆大誤天下也。"孫氏對此不表贊同，以爲今之民多愚，一旦開議院，八股必不能廢。平子反駁説，議院若開，"時文不廢亦無害"，其理由是：有了議院，主試者"必由公舉"，"所舉者雖不必驟獲碩學淵德之士，而庸劣陋惡頑暗之人必漸少"。於是應試者亦必多讀書，"讀書者多，民智漸開，公理日明"，必有廢除八股之一日。"今不開議院，僅改時文爲策論，雖足一新耳目，而主試非人，則棄取非法。棄取非法，則衆心不爲鼓舞，日久必至攻策論如時文，仍無補於天下。"其間升降，關係甚巨④。孟子曰："人之有德慧術知者，恒存乎疢疾。獨孤臣孽子，其操心也危，其慮患也深，故達。"(《孟子·盡心上》)宋平子足以當之。

---

① 孫寶瑄《忘山廬日記》"光緒二十四年(1898)年十月二十八日"，上海古籍出版社1983年版，第279頁。
② 孫寶瑄《忘山廬日記》"光緒二十七年(1901)十月二日"，第421頁。
③ 蒯光典《憲法演説録存》，《金粟齋遺集》卷四，沈雲龍主編《中國近代史料叢刊》第三十一輯，臺北文海出版社1969年版，第250～254頁。
④ 《〈忘山廬日記〉録宋恕言行》，《宋恕集》，第1045～1046頁。

平子孤臣孽子之心,其念兹在兹者,不在"輿中黨",而在"肩者黨"。故其《六字課齋卑議》首篇即曰"民瘼",首章則曰"患貧",顯然有鑒於當時中國普遍民窮,所謂"百姓不足,君孰與足"(《論語·顔淵》),説道:

> 夫民爲邦本,本固則邦無危象;食爲民天,天足則民無離志。自古及今,未有十室九空而不釀亂,家給人足而不成治者也。是以百姓不足,動有若之嗟;訓農通商,致衛朝之富。海外望國,深明斯理,故極力求富而藏之於民,蓋與法家富國之旨殊矣。

更以爲,富强之術有兩類,一是孟子儒家的,一是商鞅法家的,一藏富於民,一國家壟斷,二者旨意殊異,"萬無可通"。咸、同軍興以來,對內横徵暴斂,對外因互市而利權外洩。"農田水利之政,苟爲弗修;天地自然之藏,尚多未發。禮義生於富足,凍餒忘其廉恥。《詩》云:'民之貪亂,寧爲荼毒!'可爲寒心者也。"①

而欲藏富於民,則須通上下之情,不使有隔閡,那就必須有"學校、議院、報館",此三端實"爲無量世界微塵國土轉否爲泰之公(似當作'三')大綱領","三大綱領既舉,則唐虞、三代之風漸將復見,英、德、法、美之盛漸將可希矣"。又以爲:"白種之國,獨俄羅斯無議院,故俄最不治。黄種之國,獨日本有議院,故日本最治。然俄國雖無議院,尚有學校、報館,不治則不治也,然而異乎黄種不治之國矣。"②同時必須有言論、結社等的自由:"今宜播告天下:許官民男女創立各種學會。""今日本及白種諸國,皆任官民男女立會講學",各科各目,不可勝舉。"學會最多者,其國最治;次多者,國次治;最少者,國最不治;無學會者,國不可問矣。"學會若興,則必君子道長,小人道消,"山澤盗匪"之類自將消散於無形③。

然而上下隔閡之弊既除,貧富差距未必因此而減少。欲均貧富,藏富於民,而不是藏富於大戶,國家調控之力爲不可少。放眼今日世界,歷歷可證。吕誠之對此有精闢的分析:

> 然借國家之力以均貧富,亦必行之以漸,而斷非一蹴所能幾。何也?藉國家之力,以均貧富,則國家之責任必大。爲國家任事者,厥唯官吏。服官之成爲謀食之計舊矣。監督不至,焉不胺民以自肥?監督苟嚴,又懼殿長立而馬益癯也。況夫監督官吏者,亦官吏也。任事之官吏不可信,爲得可信之官吏,而任以監督之責乎?④

---

① 《六字課齋卑議·民瘼篇·患貧章第一》,《宋恕集》,第118頁。
② 《六字課齋卑議·變通篇·議報章第七》,《宋恕集》,第137頁。
③ 《六字課齋卑議·變通篇·學會章第五》,《宋恕集》,第136頁。
④ 吕思勉《中國近世文化史補編》,收入《吕著中國近代史》,華東師範大學出版社1997年版,第278頁。

這一段話，對於大一統官僚制下的弊病，分析透徹。絕非有了學校、議院、報館，此問題便能迎刃而解。

三、男女平等，族群平等

平子在前述《學會章第五》中，特別提出官民男女一視同仁，可見其重女權。他認爲"赤縣極苦之民有四，而乞人不與焉"。一曰童養媳："貧户爲多。此等舅姑，目不識丁，尤多獸畜人女。大約被舅强污者十之三四，被姑虐死者十之三四，虐傷者且十之六七。"一曰娼："莠民盜人婦女，賣入娼家，開寮莠民酷刑逼娼，不從者死。復有莠民父及後母、伯叔、兄弟及夫，刑逼其女、其侄、其姊妹、其媳、其妻妾賣娼，不從者死。民之無告，於斯爲極。而文人乃以宿娼爲'雅事'，道學則斥難婦爲'淫賤'。"平子對此痛斥道："宿娼爲雅，何事非雅？且既以爲雅，己之妻女何不許作'雅人'？"道學斥爲"淫賤"，則爲"道學之喪心"。"夫彼身墮莠手，不從，則有炮烙、寸磔之刑，假使正叔（程頤）、仲晦（朱熹）作婦女身，同彼遭遇，寧死不從，吾未敢必，乃責世間婦女以必盡能爲睢陽（張巡）、常山（顔杲卿）耶？"洛閩諸儒責人，"不設身處地，而動加醜詆"，實乃商鞅、李斯之"定律"也。一曰婢，一曰妾："婢妾，富户爲多。夫彼不幸而爲貧女，非與吾母、吾祖母同類者乎？何忍賤等動植之物，辱加買賣之名，且斷其父母兄弟天性之恩愛耶？且婢被主人强污者十之六七，被主母虐傷者者亦十之六七，虐死者十之三四，其苦亞於童養媳及娼。"至於妾，"被主人、主母虐傷或死者十之一二，其苦較婢爲少，然究不能不列入極苦之民類也"。

對治之方，第一，"宜嚴禁童養媳"。"其現有童養媳年未滿十六者，悉令交還父母家，或送善堂；查無舅污、姑虐諸弊者，俟及年，給完姻；查有諸弊者，除由官將該女擇良改配外，仍追懲該獸行舅姑"。第二，"專設巡查逼娼員役，嚴密查拘盜賣、逼娼諸莠男女，審實，斬立决"。還須設定律例："如舅姑、本夫確有逼娼情事，許本婦格殺無罪，並建坊旌表其節。"至於"婦女自願爲娼及犯淫到案者"，由官府"判令爲娼"，更須"別其車服"，"重其捐稅"，以困辱之。第三，"嚴禁買婢，其現有之婢，由官悉數發價代贖，改作雇工，去留聽便"。第四，若欲取妾，"須備六禮，與娶妻同"。妻妾之間爲"敵體"，"不得立買賣文據，斷母族往來"。"無論夫、妻、妾，彼此相害，一體抵死。"極苦之四弊，於是可以除去①。爲女性大聲疾呼，設想周到，從中可見其痌瘝在抱之情。

要解放婦女，須有結婚及離婚的自由。平子說道："夫婦爲人倫之始，善男娶惡女，善女嫁惡男，終身受累，而女尤苦；即同爲善類，而性情歧别，相處亦不樂。"因此，須"改定嫁娶禮律"：凡有親父母者，須由親父母作主，同時仍須男女雙方"於文據上親填願結，不能書者畫押"。若無親父母者，悉聽"本男女自主"。還須"嚴禁非本生之母及伯叔兄弟等强擅訂配"。"趙宋以

---

① 《六字課齋卑議・變通篇・救慘章第三十四》，《宋恕集》，第151～152頁。

前,夫有出妻之禮,妻有請去之禮,離聖未遠,尚遺仁俗。元、明以後,禁苛再適。於是夫妻、姑媳或難共居,欲出不能,欲去不得,逼成相戕,比比皆是,殘忍之風,於斯爲極。"故"宜定三出、五去禮律":所謂三出指"舅姑不合,出;夫不合,出;前妻妾之男女不合,出。皆由夫作主"。而且不論何種原因欲出妻妾者,"均須用三出中名目禮遣回家,不許傷雅"。所謂五去:三項與三出同,其餘兩項,一是妻妾不合,一是歸養父母,"皆由妻妾作主"。不論何種原因欲去,"均須用五去中名目,禮辭而去"。若無這五去禮律,"則爲妻妾者,不幸而遇獸行或盜賊之舅姑與夫,無由拂衣自絶,歸潔其身,唯有與之俱獸,與之俱盜,否則必死,死又不得旌表。此世界豈非人世界歟?人世界何乃有此慘也"?言之可謂痛切。然後又説,欲行此三出、五去禮律,"必先使民男女皆通經誼,重復唐虞、三代風俗,使被出者、自去者易於改適",不受社會歧視①。可見宋平子者,發自惻隱之心之不容已,旨在社會改革。

爲保障寡婦權益,須改進析産繼承律例。平子以爲,漢後陋儒,以親在析産爲薄,數世同居爲厚,"於是家庭之内,大抵惡强者惰且奢而樂,善弱者勤且儉而苦,老父寡母制於子婦,孤姪孀嫂制於强弟,善弟制於惡兄,同居一門,苦樂天壤",使天下之人趨於惡强,是爲陋儒之罪。故須嚴定各業男女析産律例,"以扶勤儉善弱而抑惰奢惡强"。又,無子由姪承産,"最滋骨肉爭端",致使婦人以無子爲大戚,於是及早私買異姓之風熾盛,"是律例驅民使多亂姓也"。故承祀律例宜改:"凡民無子者,任擇同姓五服以外姪輩或姪孫輩,及外甥、内姪、外孫等一人承祀。禁不許同姓五服以内承祀,則孤寡枉死之苦可絶,而私買亂姓之風亦可清矣。"②可見對社會民情風俗之重視,其驅動力還是在同情弱者,爲天下窮民呼籲。

族群之間,亦須一視同仁,消除任何形式的歧視。當時"國内深山窮谷之民多種",如黎、苗、傜、僚,"被以醜名,視若獸類,永不施教,絶其仕進"。受地方官吏差役的淫虐,偶爾反抗,則被以叛亂之名,"發兵屠掠,妄張勞績","此多種民,言語不通,文字不識,任屠任掠,沈冤莫訴"。但是此輩"種民",風俗與漢人稍殊,自有其倫常。與昔日的戎狄,父死妻其後母者,畢竟不同。瓊州的黎民,尤爲"馴良",爲何要如此對待他們?如"張廣泗以長圍餓死數十萬,席寶田以湘軍焚滅十之八,爲彼族大劫。其小劫則幾於無歲無之,殊大遠乎一視同仁之義矣"!至於"臺灣生番,以人爲糧,自當別論"。然而聽説"其俗男不再娶,女不再嫁",那也可以"因其已明而啓其未明"。"若夫秦隴以西,漢、回雜處",而所謂回民,其實與漢民無甚差別,只是"教規略異"。而官府每加以歧視,若與漢民爭訟,"百難一勝",以至釀成巨案,"流血成川"。對此族群偏見及歧視,必須破除,官文書中一切"回""黎""苗""傜""僚"等字樣,應悉數削除,"一律視同漢民"。至於臺灣"生番","不能不殺以止殺","然亦宜開學校以漸化之"③。凡此主張,皆自不忍之心發出。

---

① 《六字課齋卑議·變通篇·倫始章第三十二》,《宋恕集》,第149~150頁。
② 《六字課齋卑議·變通篇·析産章第三十三》,《宋恕集》,第150~151頁。
③ 《六字課齋卑議·變通篇·同仁章第三十六》,《宋恕集》,第153~154頁。

四、輕刑與更律、帥信

平子以爲，"今日本及白種各國，咸務輕刑，以教民仁。或竟廢死刑；或雖有死刑，而死之之法，非閉絶養氣使之漸死，即對腦槍擊使之立死"。而其時中國尚有磔、斬、絞之刑，"乃使之求死而不得之刑也，仁者所不忍聞，而何忍行之，是教民忍也"。二者相去，何止天壤。諸國刑如此其輕，犯者反甚少；中國刑如此其重，而犯者反甚多。那就是法"必行"與"不必行"之異。聲稱："將欲必行，必先輕刑；刑之不輕，行無可必，理勢然也。"同時又指出，赤縣神州，民俗之壞已久，立即廢除死刑，勢所不能。但商鞅、李斯遺法，"必不可用"。"今宜先除磔、斬、絞刑及連坐律，死刑改用閉氣、槍擊新法，大小案件概不牽累本犯祖孫、父子、叔侄、兄弟、夫婦等倫屬，大改刑律，務使輕而必行"①。總之，刑法必須明確，不可隨意出入，此爲"必行"；又必須大改，使之棄重就輕，絶不可使犯者求死而不得。

其立論的出發點是孟子所謂"人皆有不忍人之心，先王有不忍人之心，斯有不忍人之政"②，中心在一"恕"字。故《卑議》末篇爲《基礎篇》，只有兩章，即《更律章》《帥信章》。以爲此乃前述種種議論的基礎所在。其第一章云：

> 今律除旗人、民人交涉外，多沿明律。明律源出商鞅、蕭何，法家慘刻，儒者所嗟，欲復唐虞、三代之治，必自更律始。今宜開議律局於京師，博徵赤縣及朝鮮、日本、白種諸國通人，討論百王律法得失，酌定新律，務合孔、孟之旨。變法家之天下爲儒家之天下，其必於更律基之矣。③

"變法家之天下爲儒家之天下"一句，乃平子改革的鵠的，一切議論的基石。而欲達成此一目的，其基礎則是"更律"。

更律的必要條件是在上者的守信。首引孔子"自古皆有死，民無信不立"(《論語·顔淵》)之語，贊歎道"有味哉！有味哉"，而後説道：

> 夫香港，一極小荒島耳，上海英、法、美租界，縱橫十餘里耳，自歸英國及作租界以來，百業之盛，得未曾有。各處蕪萊、瓦礫之區，一作租界，民居無不頓密；而内地大城荆棘滿目，中原景象，尤極蕭條。外國招工，民趨爭先，本國動役，民逃恐後。沿

---

① 《六字課齋卑議·變通篇·輕刑章第十六》，《宋恕集》，第141～142頁。
② 《六字課齋卑議論·自叙印行緣起》，《宋恕集》，第117頁。
③ 《宋恕集》，第155頁。

海之民,出洋謀食,稍有積蓄,率憚言旋,依他族如父母,畏本國如虎狼,豈有他哉!赤縣官商,鮮克有信,而白種官商,大概有信,故民多願居西官治下,願與西商結交耳。①

這段話道出了一個根本問題,即民之歸往與否,端賴在在上者之守信與否。

科舉制度下的"取士功令",凡違背朱(朱熹)注者必斥。而洛閩所謂理,與孔孟之理固是大不相同。士子一旦考上,做了官,必須謹守當今律例,而這和"洛閩之理又復絕異"。而且官員、幕府、吏胥、衙役,都有"密傳心法","律外有律,例外有例","密傳律例之理與印行律例之理,又復絕異"。如此情形之下,民又如何能起信?因此,使民起信爲當務之急。"今欲使下無不信之民,必先使上無不信之官。若仍是上下交欺,諱深飾巧,則今日之赤縣,亦永爲今日之赤縣而已矣。"②求治之情之切,溢於言表。

餘論:理想與現實之間

赤縣神州之所以如宋平子之所言,實有其歷史的原因在。呂誠之對此,有極好的説明:

秦漢以後,代表國家之主權者,所當嚴加監督者,乃在官僚。處於監督之地位者,爲數太少;而應受監督者爲數太多,其勢必不能遍。好在此時,官吏已不能不奉朝廷之法令,則莫如將所辦之事,減至最小限度,如此,則官僚無所藉以虐民,而現狀易於維持矣。此爲放任政治之真諦。秦、漢以後,值寬閑之時,而能實行此種政治者,往往可以獲小康。漢之文、景,即其代表也。秦、漢以後之政局,不容求益,只能消極的求免害。故其設官,非爲治事起見,乃爲控制起見。故治官之官日益,治民之官日減。顧亭林譏之,而不知其時之政事固如此也。③

這是對中國歷史的一個綜合的大判斷,非胸羅全史,且好學深思者不能道。

宋平子亦有見於此,認爲"據亂世治法尚安静,興事過繁,民無不擾。觀古循吏,多有此意"④。又曰:

---

① 《宋恕集》,第155頁。
② 同上,第155~156頁。
③ 呂思勉《本國史提綱》,《呂思勉遺文集》,華東師範大學出版社1997年版,第643頁。
④ 《〈忘山廬日記〉録宋恕言行》,《宋恕集》,第1048頁。

> 據亂之世治天下不唯宜與民休息,且宜與官休息。何謂與官休息?蓋今之談經世者,如整頓釐金與錢漕,必曰杜中飽;整頓營伍,必曰裁虛額。此二事名甚正,然行之則民愈不勝苦。何也?凡天下文武職員正唯廉俸不足以贍家,不得已而有中飽,有虛額。今一概禁之,彼豈甘餓死,將更百計以擾於民耳。近聞徵釐收漕者徵斂輒倍,而各處防營每每誣良爲盜以肆勒索,皆不得已爲之,强半杜中飽、裁虛額之所致也。故知與官休息而後可與語治據亂之天下。①

足見他對當時實情了解甚切。同時亦見其以"恕"待人,包括對官員,亦是將心比心。然而他所抱理想成分畢竟太多,尤其是對所謂唐虞、三代之治,接受了上古黃金時代的神話,對西方諸國的實際情形,亦不免有隔膜。而且其對治之方,有一先決條件,即必須大大增强國家權力,並須對各級官員實施有效監督,然而其恢復三代之治的主張,客觀上要求削弱國家權力。兩難局面於是形成:要短期内與日本及白種諸國争一日之短長,必須增强國家權力,而要變法家之天下爲儒家之天下,則須重社會而輕國家。要之,中國二千餘年來的種種制度,是爲山河一統之世,而不是爲列國並争之世所設立,如吕誠之所説,旨在控制,不在治事。這一切要在短期内改變,談何容易!

相比之下,章太炎的看法要切實得多。其《自述學術次第》説道:

> 余於政治,不甚以代議爲然,曩在日本,已作《代議然否論》矣。國體雖更爲民主,而不欲改移社會習慣,亦不欲盡變舊時法制,此亦依於歷史,無驟變之理也。清之失道,在乎偏任皇族,賄賂公行,本不以法制不善失之。舊制或有拘牽瑣碎,綱紀猶自肅然。明世守法,雖專制之甚,亂在朝廷,郡縣各守分職,猶有循良之吏。清世素不守法,專制之政雖衰,督撫乃同藩主,監司且爲奴虜,郡縣安得有良吏乎?逮乎晚世變法,惑亂彌深,既惡舊法之煩,務爲佚蕩,以長駕遠馭爲名,而腐蠹出於鈞府,魚爛及於下邑,夫焉能以舊法爲罪也?尚新者知清政之衰,不知極意更其污染,欲舉一切舊法盡廢夷之。主經驗者又以清政爲是,踵其貪淫,而不肯循其法制。斯猶兩醫同治一疾,甲斷爲熱,乙斷爲寒,未知陰陽隔並,當分疏而治之也。②

宋平子欲先復三代,然後進至於泰西之治,當然要改移社會習慣,盡變舊時法制,若以太炎之見,顯然不切實際。太炎認爲:

> 今日言治,以循常守法爲先,用人亦當叙次資勞,不以驟進。法雖有疵,自有漸

---

① 《〈忘山廬日記〉録宋恕言行》,《宋恕集》,第1041頁。
② 引自傅傑編校《章太炎學術史論集》,雲南人民出版社2008年版,第475頁。

進改良之日。若有法不守，其精粗又何足言？誠能守法不回，雖未臻上治，而倒行逆施之事鮮矣。資勞故非至善，驟欲破格，適長奔競之門。且破格本以求材，而今日高材固少，就有數人，陰相鼓舞，其用自呈，又焉用驟進也？故爲政於今日，兩言蔽之：以資勞用人，以刀筆吏守法。雖然，中國民志之弱，民德之衰久矣。欲令富強如漢唐，文明如歐美者，此正夸父逐日之見。吾輩處之，正能上如北宋，次如東晉耳。①

太炎的冷靜判斷，確有先見。中國欲走上富強康樂之途，非百年不爲功，後來的事實足可證明。

然而宋平子得益於名家之學，凡事常能綜核名實。自謂曰："余生平痛惡法家之學而深好名家之學，束髮即然。年長尤甚。所見古今史志體例及官名、地名、書名，一切恒言之類，鮮有不心以爲陋者。檢近歲談録，名家言殆居十之四五，因摘出別編，題曰《宋氏名家言》。"②是書今未見，但由此可知，其論事常能奉名家言爲圭臬，循名責實，不爲空言所惑。

前述《卑議》《津談》等著於戊戌變法前（1987、1895），而《忘山廬日記》所摘録者在1897年及1898年（戊戌變法之年）。嗣後平子思想又變，其《書宋季鄧文行先生〈伯牙琴〉後》（作於卒前二年，即1908年，可說是晚年定論）③，自述二十年來"政說凡四變"：先是"聞無政府主義之說而獨好之，獨演之，已乃知其萬不可行於今禹域也"；而後"降而爲共和之說"，"已乃知其猶萬不可行於禹域也"；再降而主張君主立憲之說，已而亦知其萬不可行於禹域；最後"則降而演專制改進之說"。凡此四變，"其愈趨而愈卑哉，抑漸卑而漸切歟"。而當時"海内學者盛慕日本、英、德諸國之立憲，或瑞士、美、法諸國之共和"，大聲疾呼者日衆。"然而其說雖美，其效竟安在也？其間接之效雖彰，其直接之效竟安在也？"因此，他正告海内學者不可"但求說美而不求效，或但求間接之效而不求直接之效"。他以公羊家"三世"之說爲依據，認爲所謂太平世即無政府主義，莊子一派所主張者；所謂升平世，即共和主義、立憲主義，子游、孟子一派所主張者；所謂據亂世，仲弓、荀子一派所主張者。三派學說"各適其用"，視時代需要而定。而今日的禹域，"民族開明之度"，與日本、英、德相比如何？與瑞士、美、法相比又如何？怎能驟行立憲主義或共和主義？職此之故，今日中國若欲改進，必須"先演荀氏"，"姑置共和、立憲而先恃專制"④。如此論調，與今日所謂新權威主義，是否略有幾分相似？

章太炎以爲，中國民德之弱、民志之衰久矣，欲令富強如漢唐，文明如歐美，談何容易，吾

---

① 章太炎《莿漢微言》，《章氏叢書》本，第72頁。
② 《六字課齋津談·九流百氏第十一》，《宋恕集》，第89頁。
③ 《伯牙琴》，宋遺民鄧牧（字牧心，卒後私謚曰"文行先生"）之詩文集，有《知不足齋》叢書本、中華書局1959年標點本。此書《吏道》云："得才且賢者用之，若猶未也；廢有司，去縣令，聽天下自爲治亂安危，不猶愈乎？"（標點本，第6頁。）故平子以其爲無政府主義之作。
④ 《宋恕集》，第431～432頁。

輩今日所能希冀者,"上如北宋,次如東晉耳"。平子晚年,昔日之理想仍在,然而歷經世變之餘,得出的結論是:不可躐等,先務是改進專制,逐步走向立憲與共和。認爲"政説有通有别",就"通説"而論,不但立憲、共和,"雖無政府主義固亦可以發揮";就"别説"而論,"則審世爲要",不可以己之學説誤國。"苟徒以政見所至,悍然驕矜,遍傲同族,妄薄前哲,則豈唯立憲、共和之説,言(言偃,即子游)、孟以後二千年來蓋未嘗絶;雖無政府之説,莊氏(指莊子)以後二千年來亦何嘗絶哉? 盍觀《伯牙琴》! 盍觀《伯牙琴》!"①其友人章太炎曰"自揣平生學術,始則轉俗成真,終乃回真向俗"②,"回真向俗"四字,宋平子亦約略近之。

[作者簡介] 嚴壽澂(1946—),男,上海人。華東師範大學碩士,美國印第安納大學博士。上海社會科學院歷史研究所及美國克萊蒙研究生大學(Claremont Graduate University)宗教學院經典詮解研究所(Institute for Signifying Scriptures)特約研究員,於新加坡南洋理工大學兼任數門課程。治學領域爲中國學術思想史與古典文學,旁涉政治思想及宗教學。近年刊有專著《百年中國學術表微:經學編》《詩道與文心》《近世中國學術思想抉隱》《近世中國學術通變論叢》及期刊論文多篇。

---

① 《宋恕集》,第432頁。
② 章太炎《菿漢微言》,第73頁。

梁啓超：先秦諸子亦有"教智之言"

——梁啓超認識論思想簡論

蔡志棟

内容提要 "新民子"梁啓超充分結合先秦文獻，從認識對象、認識的基本過程、認識論的環節和認識能力等方面入手，全面地討論了真理何以可能的問題。對於整個認識過程，梁啓超結合《詩經》，將認識對象區分爲自然世界和人類世界。從這個基本區分出發，他批評了先秦法家在歷史觀上的態度，突出了歷史領域人的自由意志的積極作用。梁啓超認爲，認識自由的起點是實踐，他高度贊賞清代顏、李學派的"因行得知"論。在真理問題上，梁啓超也嚴厲地批評了朱熹的真理觀，主張回歸孔、孟的真理論。他認爲，真理也即認識自由的獲得不以知天下之事無巨細爲前提，而以認識主體自身特長之所在爲轉移。換而言之，即便在某一領域獲得正確的認識，也可謂獲得了認識自由。認識自由絕非要求你認識全天下所有事。在認識論的環節上，結合先秦諸子，梁啓超對科學方法論的内在環節、演繹法和歸納法、假設和驗證，以及群己之辯等，均有所涉及。對於認識能力，梁啓超除了對於一般的理性、經驗等表示其觀點之外，還討論了直覺、判斷力等當時不爲人所注意的問題。

關鍵詞 梁啓超 真理 先秦諸子 認識論 顏李學派

中圖分類號 B2

在晚年所作《科學精神與東西文化》的演講中，梁啓超指出，"科學精神之有無，只能用來横斷新舊文化，不能用來縱斷東西文化。若說歐、美人是天生成科學的國民，中國人是天生成非科學的國民，我們可絕對的不能承認。拿我們戰國時代和歐洲希臘時代比較，彼此都不能

---

* 本文係教育部人文社會科學研究一般項目"實踐智慧視野下的馮契哲學研究"（批準號：19YJA720001）、國家社科基金重大攻關項目"當代中國哲學史(1949—2009)"（批準號：11&ZD085）的階段性成果。

説是有現代這種嶄新的科學精神,彼此卻也没有反科學的精神"①。這段話明確地點出了梁啓超判斷先秦科學思想的基本立場。

他還認爲,墨學充分地討論了認識論的諸多問題:

> 在吾國古籍中,欲求與今世所謂科學精神相懸契者,《墨經》而已矣,《墨經》而已矣。《墨子》之所以教者,曰愛與智。《天志》《尚同》《兼愛》諸篇,墨子言之而弟子述之者,什九皆教愛之言也。《經上》《下》兩篇,半出墨子自著,南北墨者俱誦之,或述所聞,或參己意以爲《經説》,則教智之言也。《經》文不逾六千言,爲條百七十有九。其於智識之本質,智識之淵源,智識之所以浚發運用,若何而得真,若何而墮謬,皆析之極精,而出之極顯,於是持之以辨名實,御事理,故每標一義訓,其觀念皆頴異而刻入,與二千年來俗儒之理解迥殊別,而與今世西方學者所發明,往往相印,旁及數學、形學、光學、力學,亦間啓其扃秘焉。蓋嘗論之,《墨經》殆世界最古名學書之一也。②

然而,這並不意味着先秦思想在認識論上毫無瑕疵。梁啓超指出,先秦思想缺乏邏輯思想"中國雖有鄧析、惠施、公孫龍等名家之言,然不過播弄詭辯,非能持之有故,言之成理,而其後亦無繼者"③。

這一切均構成了我們討論梁啓超認識自由思想與先秦諸子關係的基本背景。

一、主客、知行與有限的真理

認識自由的獲得,離不開對認識過程和認識環節的探討。在這個意義上,討論認識過程和認識環節就是在討論認識自由。

對於整個認識過程,梁啓超首先將認識對象區分爲自然世界和人類世界。他認爲,自然界存在着必然性或者説規律,可以通過實踐獲得知識。這個觀點是以事理統一爲本體論前提的,所謂"有物有則"。梁啓超認爲先秦時代的《詩經》表達了這個思想。他説:"《詩經》説:'天生烝民,有物有則。''物'是事物,'則'便是理。(以秉持爲經常曰則,以各如其區分曰理。)'則'存於'物'中,舍事物而言理,便非聖賢所謂理了。"④

---

① 梁啓超《科學精神與東西文化》,吴松等點校《飲冰室文集點校》(第六集),雲南教育出版社 2001 年版,第 3300 頁。
② 梁啓超《〈墨經校釋〉序》,《飲冰室文集點校》(第五集),第 3100 頁。
③ 梁啓超《論中國學術思想變遷之大勢》,《飲冰室文集點校》(第一集),第 236 頁。
④ 梁啓超《戴東原哲學》,《飲冰室文集點校》(第五集),第 3146 頁。

不過,這是梁啓超比較籠統的説法。在"有物有則"的論述中,嚴格地説,"何謂物"這個問題没有得到有效的闡釋。"物"既可以是自然界之物,也可以是人類世界之物(梁啓超分别稱之爲"自然系"和"文化系"①),後者往往表現爲歷史和文化。事實上,梁啓超認爲人類歷史之中並無"則"(規律、必然性)的存在。他説:

> 因果是什麽?"有甲必有乙,必有甲才能有乙,於是命甲爲乙之因,命乙爲甲之果"。所以因果律也叫作"必然的法則"。(科學上還有所謂"蓋然的法則",不過,"必然性"稍弱耳,本質仍相同。)"必然"與"自由"是兩極端,既必然,便没有自由,既自由,便没有必然。我們既承認歷史爲人類自由意志的創造品,當然不能又認他受因果必然法則的支配。其理甚明。②

雖然我們可以説歷史既是人類自由意志創造的,又受着必然性的支配,兩者之間並無矛盾,因爲所謂自由意志並不是對必然性的違背,而是嚴格的遵守。這段話反而反映出梁啓超在自由意志和歷史必然性之間非此即彼的僵化思路;但是,就其本身而言,這段話還透露了一個信息:要區分自然界和人類世界。兩者所適用的規律是不同的。(因此,所適用的認識方法也不同。這點下文會展開。)

從這個基本區分出發,梁啓超批評了先秦法家在歷史觀上的態度。他認爲,法家的最大目的,在"不隨適然之善而行必然之道"。這是錯誤地將自然界的法則運用到人類世界之中。因爲所謂的"必然"指的是有一成不變的因果律存在,它可以協助我們預料將來。其情形就像一加一必爲二,氫氧化合必爲水也。梁啓超的批評理由還是將必然性和自由作出嚴格區分:"夫有必然則無自由,有自由則無必然。兩者不並立也。物理爲必然法則之領土,人生爲自由意志之領土,求必然於人生,蓋不可得,得之則栽人生亦甚矣。"③

如果換一個角度看以上言論,梁啓超似乎在否定作爲對必然性認識的自由。因爲他明確認爲必然性和自由是對立的。雖然他説的是人類世界如此。可是如果將此觀點擴展出去,其意思似乎也是在説,"自然系"存在必然性,但没有自由;"文化系"存在自由,但没有必然性;因此,我們即便討論自由,也和必然性無關。從這個角度看,本文對於梁啓超自由觀的討論值得質疑。不過,這種指向本文合法性的批評未必成立。因爲梁啓超在此所説的自由主要指的是自由意志,而非我們作爲一種規範性研究框架的認識自由。

梁啓超認爲,這種認識自由的起點還是實踐。他高度贊賞清代顔、李學派的"因行得

---

① 梁啓超《研究文化史的幾個重要問題》,《飲冰室文集點校》(第六集),第3356頁。
② 同上,第3354頁。
③ 梁啓超《先秦政治思想史》,東方出版社1996年版,第192頁。

知"論。①

《大學》裏面説:"致知在格物,物格而後知至。"梁啓超認爲,這句話解决了"人的知識從那裏來呢?我們用什麽方法才能得着知識呢"②這些問題。相比於歷史上宋明理學等思潮的解釋,梁啓超認同顔、李學派的解釋。顔習齋的解法如下:

> 李植秀問"格物致知"。予曰:知無體,以物爲體,猶之目無體,以形色爲體也。故人目雖明,非視黑視白,明無由用也;人心最靈,非玩東玩西,靈無由施也。今之言致知也,不過讀書、講問、思辨已耳,不知致吾知者,皆不在此也。譬如欲知禮,任讀幾百遍禮書,講問幾十次,思辨幾十層,總不算知,直須跪拜周旋,親下手一番,方知禮是如此。譬如欲知樂,任讀樂譜幾百遍,講問思辨幾十層,總不能知,直須搏扮擊吹,口歌身舞,親下手一番,方知樂是如此。是謂"物格而後知至"。……格即"手格猛獸"之格。……且如這冠,雖三代聖人,不知何朝之冠也,雖從聞見而知爲某種之冠,亦不知皮之如何暖也。必手取而加諸首,乃知如此取暖。如這蔽蔬,雖上智老圃,不知爲可食之物也,雖從形色料爲可食之物,亦不知味之如何辛也。必箸取而納之口,乃知如此味辛。故曰,手格其物而後知至。(《四書正誤》卷一)③

梁啓超認爲,顔習齋的解釋,將"致"字當作《左傳》裏"致師"的"致"字來解,當作《孫子兵法》裏"致人而不致於人"的"致"字來解。引致知識到我跟前,叫作"致知";知識來到了跟前,叫作"知至"。這段話的要點在於肯定"知識的來源,除了實習實行外是再没有的"④。他否定了先天知識的存在:"習齋以爲,書本上説這件事物如何如何,我把這段書徹頭徹尾看通了,這種知識靠得住嗎?靠不住。别人説這件事物如何如何,説得很明白,我也聽得很明白。這種知識靠得住嗎?靠不住。憑我自己的聰明,把這件事物揣摩料量,這種智識靠得住嗎?靠不住。要想知識來到跟前(知至),須經過一定程式,即'親下手一番'(手格其物)便是。换而言之,無所謂先天的知識,凡知識皆得自經驗。"⑤

這裏的曲折在於,梁啓超通過肯定顔、李學派對《大學》"格物致知"論的解釋,表達了自己的認識起點甚至是知識的檢驗標準的觀點,這個起點或者標準就是行(實踐)。不過,具有才子氣味的梁啓超在用語上並非十分嚴格。今日我們會説,經驗也區分爲直接經驗和間接經驗。梁啓超所説的讀書以及聽他人傳授指的是間接經驗,而自身的揣度則類似於内省。所

---

① 梁啓超《顔李學派與現代教育思潮》,《飲冰室文集點校》(第五集),第 3116 頁。
② 同上,第 3114 頁。
③ 同上。
④ 同上,第 3115 頁。
⑤ 同上。

以,嚴格地說,梁啓超是在主張知識都來自直接經驗。但是,仔細的區分之下我們會發現,實踐和直接經驗還是具有某些差別。在某種意義上,内省經驗也可以是直接經驗,雖然在此梁啓超力圖否定内省的重要性,但就直接經驗本身而言,它顯然包括内省經驗。從這個角度看,梁啓超的措辭比較疏漏。但其基本意思還是比較清楚的:知識來源於實踐,並且以實踐作爲評判標準。

認識過程以獲得真理而暫告完成。和在知行關係問題上否定宋明理學,回歸先秦儒學一樣,在真理問題上梁啓超也嚴厲地批評了朱熹的真理觀,主張回歸孔孟的真理論。

梁啓超認爲,真理也即認識自由的獲得不以知天下之事無巨細爲前提,而以認識主體自身特長之所在爲轉移。換而言之,即便在某一領域獲得正確的認識,也可謂獲得了認識自由。認識自由絶非要求你認識全天下所有事。這個思想很重要。

在論述方式上,梁啓超也借助對顔、李學派的評論來達成如上論點,而顔、李學派則通過回歸先秦的文本來闡述其思想。當然,當梁啓超引用顔習齋的觀點時,已經表明他對顔、李學派這種觀點的認同。

朱熹追求的是全面的真理,要求掌握所有的知識,以爲這才是真理:"上而無極太極,下而至於一草一木一昆蟲之微,亦各有理。一書不讀,則闕了一書道理。一事不窮,則闕了一事道理。一物不格,則闕了一物道理。須着逐一件與他理會過。"(《朱子語類》卷十五)[①]

對此,梁啓超批評道:"朱子這種教人求知識法,實在荒唐。想要無所不知,結果非鬧到一無所知不可。何怪陸王派說他'支離'呢?"[②]他同意顔、李學派對朱熹的批評。李恕谷說:

> 朱子一生功力志願,皆在此數言,自以爲表裏精粗無不到矣。然聖賢初無如此教學之法也。《論語》曰:"中人以下,不可語上。""夫子之言性與天道,不可得聞。"《中庸》曰:"聖人有所不知不能。"《孟子》曰:"堯舜之知而不遍物。"可見初學不必講性天,聖人不能遍知一草一木也。朱子乃如此浩大爲願,能乎?(《大學辨業》)[③]

很清楚,李恕谷對朱熹的批評正是以回歸先秦儒家的思想爲表現的。他的意思是,真理並不要求遍知一草一木,而是根據自身的特性有所知即可。後者在如下言論中表現的更明顯。顔習齋曾問一門人,自度才智如何?那人答道:"欲無不知能。"習齋說:

> 誤矣。孔門諸賢,禮、樂、兵、農各精其一。唐虞五臣,水、火、農、教各司其一。

[①] 轉引自梁啓超《顔李學派與現代教育思潮》,《飲冰室文集點校》(第五集),第3116頁。
[②] 同上。
[③] 同上。

後世菲資，乃思兼長，如是必流於後儒思著之學矣。蓋書本上見，心頭上思，可無所不及，而最易自欺欺世。究之莫道一無能，其實一無知也。①

梁啓超認爲，以上言論表明，"顔、李對於知識問題，認爲應該以有限的自甘，而且以有限的爲貴"②。所謂"自甘"某種程度上也就可以看作是獲得了真理之後的自由狀態。這種狀態自有其長處，主要表現爲從認識主體自身的特點來考慮認識自由問題。如果完全繼承朱熹的觀點，雖然其精神可嘉，但不僅事實上做不到知曉天下所有之事，而且還會嚴重挫傷獲得真理之後的自由感。因爲，按照那種全面的真理觀，沒有達到生命盡頭、宇宙盡頭那一刻，人是不可能獲得認識自由的。從這個角度看，顔、李學派有限的真理觀（按照顔習齋的説法，其思想源頭爲孔、孟）使得認識自由成爲可能。

然而，顔、李學派的這個洞見又深受其狹隘的實踐觀所束縛。梁啓超正確地指出，顔、李學派認爲"想確實得到這點有限的知識，除了實習外，更無別法"③。從以上引文也可以看出，顔習齋認爲書本知識和内省知識還是可以達到朱熹的全面真理的——"蓋書本上見，心頭上思，可無所不及，而最易自欺欺世"④。也就是説，顔、李學派對全面的真理的批評具有一定的正確性，但是，其理由卻站不住脚。其實，不僅直接經驗不可能達到全面而無遺漏，間接經驗和内省知識也不可能做到包羅萬象；所謂的包羅萬象很可能只是内省知識的幻象。

梁啓超繼承顔、李學派而又超越之。他認爲真理不僅是有限的，也是經驗和思辨的綜合。梁啓超沉痛地批評純經驗論者説：

> 今之論人論事者，一則曰經驗，再則曰經驗。夫經驗誠可貴也，非經驗無以廣儲俗識，而俗識實學識所取資也。雖然，苟無相當之學識，而唯日日馳逐於經驗，則經驗之能致用者有幾？是故有萬不可犯之原則而貿貿然犯之者，有極易遵之原則而落落然置之者，故往往用心甚善，用力甚勤，而反招惡果。惡果相襲，猶不省覺，甚則歷受惡果之煎迫，猶不肯認爲自招也。⑤

雖然梁啓超的這段話直接針對的是晚清民國時期"論人論事者"，但如果聯繫上文顔、李學派的基本觀點，此話顯然也可以指向他們的完全經驗論。梁啓超認爲，完全經驗論導致的很可能是種種"惡果"，也即没有實現認識自由。反過來看，認識自由之實現，需要學識和經驗的綜

---

① 梁啓超《顔李學派與現代教育思潮》，《飲冰室文集點校》（第五集），第3116頁。
② 同上。
③ 同上。
④ 同上。
⑤ 梁啓超《良知（俗識）與學識之調和》，《飲冰室文集點校》（第四集），第2393頁。

合。梁啓超承認學識也來自經驗，但是，它對經驗也有反作用，此即指導經驗能够真正致用。

梁啓超對顔、李學派知行關係論的糾偏某種程度上已經涉及認識的内在機制了。此爲下文討論的内容。

二、認識的環節

寫作了《歐遊心影録》且喊出"科學萬能論破産"的梁啓超自然並不迷信科學，然而，這並不妨礙他將科學知識作爲知識的典範①。當然，正如上文所言，梁啓超將世界分爲"自然系"和"文化系"，認爲這兩種認識對象在某些方面涉及的認識環節和能力是不同的。如果將兩者綜合起來，或許可以看出梁啓超所判斷的認識環節和能力之大概。

科學一定意義上是認識真理的典型表現，所以從科學方法之中可以看出認識的各個環節。

梁啓超在《清代學術概論》論述清代諸老的考證學方法時較全面地展示了他對科學方法的理解。雖然在這本著作中他没有論及先秦諸子和這些科學化了考證學方法之間的聯繫，但是，由於這些資料能够展現梁啓超科學方法的概貌，構成了我們進一步討論的基礎，故予以簡述。

梁啓超認爲，清代諸老之所以能够在考證學上取得巨大成績，根本原因就在於貫徹了"科學研究法"，其中分爲"注意""虚己""立説""搜證""斷案""推論"六大環節。他説：

> 然則諸公曷爲能有此成績耶？一言以蔽之曰：用科學的研究法而已。試細讀王氏父子之著述，最能表現此等精神。吾嘗研察其治學方法：第一曰注意。凡常人容易滑眼看過之處，彼善能注意觀察，發現其應特别研究之點，所謂讀書得間也。如自有天地以來，蘋果落地不知凡幾，唯奈端能注意及之；家家日日皆有沸水，唯瓦特能注意及之。《經義述聞》所厘正之各經文，吾輩自童時即誦習如流，唯王氏能注意及之。凡學問上能有發明者，其第一步工夫必恃此也。第二曰虚己。注意觀察之後，既獲有疑竇，最易以一時主觀的感想，輕下判斷，如此則所得之"間"，行將失去。

---

① 嚴格地説，這裏所説的科學是自然科學。不過，從某種角度看，梁啓超也是陷入了某種自我矛盾。他認爲"文化系"的對象不完全適用歸納法，但是，在《清代學術概論》中，他認爲清代的考證學家充分地發展了科學方法，其中的核心就是歸納法。但是，衆所周知，考證學指向的，本質上是"文化系"的内容。如果我們執着於這個矛盾，梁啓超的認識論思想便似乎一無所是。但是，我們還是相信雖然梁啓超常常"不惜以今日之我戰昨日之我"，他還是貢獻了關於認識論的很多洞見的。本書之立論並不在於尋找先賢的疏漏，只要有一得之見，皆會進入我們的討論範圍，哪怕這些洞見會被論主自身否定掉。

考證家決不然,先空明其心,絕不許有一毫先入之見存,唯取客觀的資料,爲極忠實的研究。第三曰立說,研究非散漫無紀也,先立一假定之說以爲標準焉。第四曰搜證,既立一說,絕不遽信爲定論,乃廣集證據,務求按諸同類之事實而皆合,如動植物學家之日日搜集標本,如物理化學家之日日化驗也。第五曰斷案。第六曰推論。經數番歸納研究之後,則可以得正確之斷案矣。既得斷案,則可以推論於同類之事項而無閡也。①

其中第三"立說"、第四"搜證"和第五"斷案"其實也就是假設和驗證:

> 科學家定理與假說之分也。科學之目的,在求定理,然定理必經過假設之階級而後成。初得一義,未敢信爲真也,其真之程度,或僅一二分而已,然姑假定以爲近真焉,而憑藉之以爲研究之點,幾經試驗之結果,寝假而真之程度增至五六分,七八分,卒達於十分,於是認爲定理而主張之。其不能至十分者,或仍存爲假說以俟後人,或遂自廢棄之也。凡科學家之態度,固當如是也。②

以上所論不僅展示了清代考證學家的研究方法,而且一定程度上也展示了科學方法論的內部環節。

不過,梁啓超認爲與考證學聯繫在一起的科學方法具有兩大不足:

1. 其研究對象爲歷史上的文本,而不是自然界。"本朝學者,以實事求是爲學鵠,頗饒有科學的精神,而更輔以分業的組織。惜乎其用不廣,而僅寄諸瑣瑣之考據。……故曰其精神近於科學。"③只是"近於",而非"便是"。

2. 側重於歸納法,忽視了演繹法。梁啓超認爲,清代考證學家的治學方法"純用歸納法"④。他將歸納法的内在環節也加以展示,從而豐富了科學方法論。

> 夫吾固屢言之矣,清儒之治學,純用歸納法,純用科學精神。此法此精神,果用何種程式始能表現耶? 第一步,必先留心觀察事物,覷出某點某點有應特別注意之價值;第二步,既注意於一事項,則凡與此事項同類者或相關係者,皆羅列比較以研究之;第三步,比較研究的結果,立出自己一種意見;第四步,根據此意見,更從正面旁面反面博求證據,證據備則沕爲定說。遇有力之反證則棄之。凡今世一切科學之

---

① 梁啓超《清代學術概論》,上海古籍出版社 1998 年版,第 45~46 頁。
② 同上,第 36~37 頁。
③ 梁啓超《論中國學術思想變遷之大勢》,《飲冰室文集點校》(第一集),第 273 頁。
④ 梁啓超《清代學術概論》,第 62 頁。

成立,皆循此步驟,而清考證家之每立一説,亦必循此步驟也。①

雖然在此梁啓超在措辭上似乎將歸納法和科學精神完全等同起來了,但這並不意味着梁啓超本人忽視了演繹法。事實上,他對清代的研究方法有一個批評,此即忽視了演繹法:"清學正統派之精神,輕主觀而重客觀,賤演繹而尊歸納,雖不無矯枉過正之處,而治學之正軌存焉。"②不過,從這種措辭中,也可以看出,梁啓超較多地認同歸納法,而對演繹法並不高度贊賞。

這當然和梁啓超對演繹法的認識相關。一般認爲,演繹法所能得到的結果是確定無疑的,但梁啓超指出,演繹法所遵循的大前提本身是值得質疑的,因此其推論未必確實。比如"凡人皆有死,我是人,所以我也會死"的演繹推論,梁啓超指出,"若使'凡人皆必死'之大前提有絲毫不確實,則'故我亦必死'之一斷案,亦將不確實。寢假有人焉,以特別試驗,而見有若干少數不死之人,則安知我不在彼少數者之内也? 故倍根以爲此種論法,導人於武斷之途者也。"③

梁啓超認爲歸納法反而能夠尋得真理。比如"我也會死"這個結論,可以采用歸納法研究:"今以歸納法研究之,而見夫墨子死也,孔子死也,孟子、荀卿死也,宋牼、禽滑厘死也,亞里士多德、倍根死也,乃至往古來今之人無一不死也,於是而凡人必死之一前提,乃爲鐵案而不可移,而故我必死之一斷案,亦可以自信。此其術之所以爲進步也。"④"故演繹法只能推論其所已知之理,而歸納法專以研窮其所未知之理。"⑤梁啓超認爲,在歸納法的問題上,西方以培根爲代表,而中國早在先秦時期墨子就提出了相關的觀念。"倍根氏所以獨荷近世文明初祖之名譽者,皆以此也。而數百年來,全世界種種學術之進步亦罔不賴之,而烏知我祖國二千年前,有專提倡此論法以自張其軍者,則墨子其人也。"⑥

梁啓超對歸納法和演繹法的認識不無商榷之處。

從創造新知識的角度看,歸納法似乎比演繹法好;然而,這並不能認爲演繹法不能創造新知識。以上文"凡人皆有死"的演繹推論爲例,"我會死"當然包括在這個大前提之中。可是,當我們通過演繹法明確將"我會死"這個命題突出,某種意義上也是創造了新知識,即將隱含在大前提中的内涵加以揭示。

從推論的必然性的角度看,無疑歸納法所得是蓋然的,演繹法所得是必然的。從這個角

---

① 梁啓超《清代學術概論》,第62頁。
② 同上,第105頁。
③ 梁啓超《子墨子學説》,《飲冰室文集點校》(第一集),第335頁。
④ 同上。
⑤ 同上,第336頁。
⑥ 同上。

度看,當梁啓超説"而見夫墨子死也,孔子死也,孟子、荀卿死也,宋牼、禽滑厘死也,亞里士多德、倍根死也,乃至往古來今之人無一不死也,於是而凡人必死之一前提,乃爲鐵案而不可移"①,他錯了。從那麽多歷史人物之死不能邃然推導出"凡人必死"。如今,歸納法不能得到必然性,這個認識已經是常識了。

不過,從梁啓超自己所舉的例子中可以看出,真理的獲得需要歸納法和演繹法這兩種方法結合起來。"我會死"是以"凡人皆有死"爲前提,但這個前提的獲得離不開歸納。事實上,梁啓超在解釋墨子的"三表法"時明確認爲,"三表法"説明的是演繹法和歸納法的結合才是探尋真理的途徑。

梁啓超綜合了墨子論及"三表法"之處,認爲它分爲三法,第一法和第二法又分爲甲乙兩種:

> 第一法:
> 甲——考之於天鬼之志
> 乙——本之於先聖大王之事
> 第二法:
> 甲——下察諸衆人耳目之情實
> 乙——又徵以先王之書
> 第三法:發而爲刑政,以觀其是否能中國家人民之利②

梁啓超認爲,這三法之中,第一法之甲,第二法之乙,皆屬於演繹法;第一法之乙,第二法之甲,與第三法,就是歸納法。"是故墨子每樹一義、明一理,終未嘗憑一己之私臆以爲武斷也,必繁稱博引,先定前提,然後下其斷案。又其前提亦未始妄定,必用其所謂三表、三法者,一一研究之,而求其真理之所存。若遍舉之,則全書五十七篇中,無一語非是也!"③換而言之,梁啓超認爲,雖然正如其前文所説,墨子已經有了和培根相媲美的歸納法思想,但在真正進行推理時,他貫徹的是綜合了歸納法和演繹法的"三表法"。換而言之,雖然在具體的推理個案中所得的結論未必爲必然,但是,至少梁啓超認爲,墨子結合演繹法和歸納法來進行推理,可以使得結論更加嚴密,走向真理。

梁啓超認爲,歸納法和演繹法綜合的思想不僅體現在墨子那裏,而且也體現在儒家的《大學》裏面。他認爲,所謂"格物致知"就是講的演繹法和歸納法的結合。他説:

---

① 梁啓超《子墨子學説》,《飲冰室文集點校》(第一集),第336頁。
② 同上。
③ 同上。

俗識者，恃直覺與經驗之兩種作用而得之者也；學識者，恃概括分析與推定之三種作用而得之者也。例如磨剃刀使薄則犀利，平峻阪使紆則易登。此兩事者，由俗眼觀之，截然不相蒙；由學者觀之，則一事而已，即物理學上銳其鍥子之理也。學問之天職，在分析事物，而知其組織之成分，然後求得各種事物共通之點，概括綜合之以尋出其原則，復將此原則推之凡百事物，所謂格物致知，所謂一以貫之者，於是乎在矣！①

這裏，梁啓超對於直覺和經驗似乎有所不滿，稱之爲"俗識"。然而，我們可以暫且不管這個，而從下面的言語中可見，格物致知便是從分求通，然後再用此通用的原則規範其餘事物。這就是歸納法和演繹法的結合。

但是，梁啓超認爲，相對於培根而言，雖然《大學》也涉及了歸納法和演繹法等認識環節，不過在實證這一點上比較欠缺。他說：

　　綜論倍根窮理之方法。不外兩途：一曰物觀，以格物爲一切智慧之根原。凡對於天然界至尋常至粗淺之事物，無一可以忽略；二曰心觀，當有自主的精神，不可如水母目蝦，倚賴前代經典傳說之語，先入爲主以自蔽，然後能虛心平氣，以觀察事物。此倍根實驗派學說之大概也。自此說出，一洗從前空想臆測之舊習，而格致實學，乃以驟興。如奈端因蘋實墜地而悟吸力之理，瓦特因沸水蒸騰而悟汽機之理，如此類者，更僕難盡。一皆由用倍根之法，靜觀深思，遂能製器前民。驅役萬物，使盡其用，以成今日文明輝爛之世界。倍氏之功，不亦偉乎！朱子之釋《大學》也，謂必使學者即凡天下之物，莫不因其已知之理而益窮之，以求致乎其極。至於用力之久，而一旦豁然貫通焉，則衆物之表裏精粗無不到，而吾心之全體大用無不明矣！其論精透圓滿，不讓倍根。但朱子雖能略言其理，而倍根乃能詳言其法。倍根自言之而自實行之；朱子則雖言之而其所下工夫，仍是心性空談，倚虛而不征諸實。此所以格致新學不興於中國，而興於歐西也！②

由於朱熹詮釋的文本爲《大學》，所以這段材料也能爲我們所用。換而言之，梁啓超認爲《大學》的格物致知不能走向空談心性，而應該征諸實際。

事實上，梁啓超明確表示，中國先秦以來的一大弊病就是物理實學之缺失。不僅《大學》如此，諸子百家皆有此病。他指出："中國《大學》，雖著格物一目，然有錄無書；百家之言雖繁，而及此者蓋寡。其間唯墨子剖析頗精，但當時傳者既微，秦、漢以後，益復中絶。唯有陰陽五

---

① 梁啓超《良知(俗識)與學識之調和》，《飲冰室文集點校》(第四集)，第2392頁。
② 梁啓超《近世文明初祖二大家之學說》，《飲冰室文集點校》(第一集)，第392~393頁。

行之僻論,跋扈於學界,語及物性,則緣附以爲辭,怪誕支離,不可窮詰。"①

當然,必須强調的是,梁啓超並不認爲培根代表了現代認識論思想的高峰。因爲他雖重視實驗,但缺乏假設的環節。而從前文可知,梁啓超認爲假設和驗證應該是認識論的重要環節。在此,他主張需要引進笛卡爾。他認爲,朱熹在某種程度上反而表達了要重視假設的思想。他説:

> 笛卡兒嘗語人曰:"實驗之法,倍根發之無餘藴矣。雖然,有一難焉,當其將下實驗之前,苟非略窺破一綫之定理,懸以爲鵠,而漫然從事於實驗,吾恐其勞而無功也!"此言誠當。蓋人欲求得一現象之原因,不可不先懸一推測之説於胸中,而自審曰:此原因果如我之所推測,則必當有某種現象起焉。若其現象果屢起而不誤,則我之所推測者是也;若其不相應,則更立他之推測以求之。朱子所謂因其已知之理而益窮之也。故實驗與推測常相隨,棄其一而取其一,無有是處。吾知當倍根自從事於試驗之頃,固不能離懸測。但其不以此教人,則論理之缺點也。故原本數學以定物理之説,不能不有待於笛卡兒矣。②

意思甚明。

假設和實驗,一方面可以看作是演繹法和歸納法的結合的另一種運用,另一方面也可以看作是認識主體自身所提出的假設擴展到群體中去得到檢驗。這種檢驗,一方面當然離不開實證,另一方面也可以是理性的辯駁和維護。正是在這個意義上,認識環節也包含了群己之辯。

早在《變法通議》中,梁啓超就提出了認識過程中的群己之辯的環節。他説"群之道,群形質爲下,群心智爲上"③,"道莫善於群,莫不善於獨。獨故塞,塞故愚,愚故弱;群故通,通故智。智故强"④。這個觀點一直伴隨着梁啓超。多年以後,他還認爲"合衆人之識見以爲識見則必智,反是則愚"⑤。

衆所周知,群道是中國素來的話題,荀子就對此作出了很好的説明。但是,梁啓超是從認識論的角度來論述群道的,而荀子則是從政治哲學和倫理學的角度來加以言説。事實上,梁啓超採取的論證也讓我們看到了荀子的痕迹。梁啓超説:"虎豹獅子,象駝牛馬,龐大傀碩,人

---

① 梁啓超《論中國學術思想變遷之大勢》,《飲冰室文集點校》(第一集),第236~237頁。
② 梁啓超《近世文明初祖二大家之學説》,《飲冰室文集點校》(第一集),第393頁。
③ 梁啓超《變法通議》,《飲冰室文集點校》(第一集),第38頁。
④ 同上。
⑤ 梁啓超《論商業會議所之益》,《飲冰室文集點校》(第三集),第1327頁。

檻之駕之,唯不能群也。"①這不正是荀子"義論"的首句嗎?②

換而言之,梁啓超充分地認識到真理、認識自由的獲得是以群己之辯爲基礎的。不過,值得注意的是,梁啓超注重認識過程中的群己之辯,並非意味着他完全以人數之多寡作爲判斷真理的標準。他認同顔、李學派的觀點:"習齋説:'立言但論是非,不論異同。是,則一二人之見不可易也。非,則雖千萬人所同,不隨聲也。'(《習齋言行録》卷下)"③梁啓超似乎重視是非而不論異同。這兩種判定真理的標準之間的差别是,前者是包含了更多的判斷真理的標準,而以符合論爲主。後者則主要分爲兩種:一種是以前人、聖人的言論爲標準,一種是以多數人的言論爲標準。嚴格地説,這兩者作爲判斷真理的標準都是有不足之處的。但是,梁啓超對於認識機制的複雜性的認識也有不足之處。因爲即便是是非論,也包含着某種異同論。無論是符合論還是效果論,都離不開多數人。

可見,群己之辯絶非要求認識主體含糊其辭,而是更加要求其堅持自己的主張。從另外一個角度看,這也就是思想自由的表現。因此,群己之辯也就涉及理性的辯駁:"思想是要自由的,但卻不能囫圇,卻不能模棱,對於和自己不同的見解,必要辯駁,或者乃至排斥。辯駁、排斥,不能説是侵人自由,因爲他也可以照樣的辯駁我,排斥我。"④這也就意味着放棄歷史上某些霸道的做法:"我們不贊成韓愈的態度,因爲他要'人其人,火其書';不贊成董仲舒的態度,因爲他要'絶其道,勿使並進'。"⑤其中顯然包含着對先秦思想自由狀態的肯定以及對後世大一統思想格局的批評。

三、認 識 能 力

以上所論科學方法論的内在環節、演繹法和歸納法、假設和驗證,以及群己之辯等,主要涉及認識論的環節。在認識的過程中,不僅需要討論認識對象、認識的基本過程、認識論的環節,還涉及認識能力等問題。在這個問題上,梁啓超除了對於一般的理性、經驗等表示其觀點之外,還討論了直覺、判斷力等當時不爲人所注意的問題。

---

① 梁啓超《變法通議》,《飲冰室文集點校》(第一集),第38頁。
② 荀子説:"力不若牛,走不若馬,而牛馬爲用,何也? 曰:人能群,彼不能群也。人何以能群? 曰:分。分何以能行? 曰:義。故義以分則和,和則一,一則多力,多力則强,强則勝物。故宫室可得而居也,故序四時,裁萬物,兼利天下,無它故焉,得之分義也。故人生不能無群,群而無分則争,争則亂,亂則離,離則弱,弱則不能勝物;故宫室不可得而居也,不可少頃舍禮義之謂也。"(《荀子·王制》)此即荀子之"義論"。
③ 梁啓超《顔李學派與現代教育思潮》,《飲冰室文集點校》(第五集),第3112頁。
④ 梁啓超《戴東原哲學》,《飲冰室文集點校》(第五集),第3142頁。
⑤ 同上。

關於直覺,上文曾指出梁啓超認爲,直覺與經驗構成的是"俗識",理性的歸納法和演繹法構成的是"學識"。雖然他認爲"俗識"也是"學識"的基礎,但他更多地對"俗識"持輕視、批評態度①。但是,嚴格地説這是在"自然系"裏面對直覺的立場,在"文化系"裏,則要重視直覺。他説:

> 現代所謂科學,人人都知道是從歸納研究法産生出來。我們要建設新史學,自然也離不了走這條路。所以我舊著《中國歷史研究法》極力提倡這一點,最近所講演《歷史統計學》等篇,也是這一路精神。但我們須知道,這種研究法的效率是有限制的。簡單説,整理史料要用歸納法,自然毫無疑義,若説用歸納法就能知道"歷史其物",這卻太不成問題了。歸納法最大的工作是求"共相",把許多事物相異的屬性剔去,相同的屬性抽出,各歸各類,以規定該事物之內容及行歷何如。這種方法應用到史學,卻是絕對不可能。爲什麽呢? 因爲歷史現象只是"一躺過",自古及今,從没有同鑄一型的史迹。這又爲什麽呢? 因爲史迹是人類自由意志的反影,而各人自由意志之內容,絕對不會從同。所以史家的工作,和自然科學家正相反,專務求"不共相"。倘若把許多史迹相異的屬性剔去,專抽出那相同的屬性,結果便將史的精魂剥奪净盡了。因此,我想,歸納研究法之在史學界,其效率只到整理史料而止,不能更進一步。然則把許多"不共相"堆疊起來,怎麽能成爲一種有組織的學問? 我們常説歷史是整個的,又作何解呢? 你根問到這一點嗎,依我看,什有九要從直覺得來,不是什麽歸納演繹的問題。②

可見,梁啓超已經認識到歷史學研究當中直覺的重要性,不過,這並不意味着梁啓超完全否定科學方法在歷史學裏面的地位,至少他承認整理史料還是需要科學方法的。

問題的另一方面是,以上言論反映了梁啓超的某些偏見。在科學研究領域,並非只有歸納法和演繹法、假設和驗證、理性的討論等環節。歸納所得的結論,即從具體的事例到抽象的結論之間的跳躍,假設的産生,甚至驗證方法的尋得,直覺也在發揮作用。對於這點,其後賀麟説的相當詳盡。

與直覺處於類似神秘地位的是判斷力。

梁啓超認爲,判斷力的養成需要三個前提:"想要養成判斷力,第一步,最少須有相當的常識;進一步,對於自己要做的事須有專門智識;再進一步,還要有遇事能斷的智慧。"③其中最關鍵的是第三步。梁啓超認爲,常識和學識的堆積並不能産生判斷力。因爲"宇宙和人生是活

---

① 梁啓超《良知(俗識)與學識之調和》,《飲冰室文集點校》(第四集)第 2392 頁。
② 梁啓超《研究文化史的幾個重要問題》,《飲冰室文集點校》(第六集),第 3353 頁。
③ 梁啓超《爲學與做人》,《飲冰室文集點校》(第六集),第 3333 頁。

的,不是呆的,我們每日所碰見的事理是複雜的,變化的,不是單純的,印板的。倘若我們只是學過這一件才懂這一件,那麽,碰着一件沒有學過的事來到跟前,便手忙腳亂了。所以,還要養成總體的智慧,才能得有根本的判斷力。"①梁啓超雖然沒有對何謂判斷力作出明確界定,但是,從這段話中可見,判斷力就是對於沒有學過的特殊事務的應對能力。

在哲學史上,對判斷力作出巨大貢獻的是康德。康德把判斷力區分爲規定性的判斷力和反思性的判斷力,前者和認識論密切相關。他指出,"如果把一般的知性看作規則的能力,判斷力就是把事物歸攝於規則之下的能力,即辨别某種東西是否從屬於某條所予的規則(cssus datae legis 所予規則的事例)之能力。"②從這個角度看,梁啓超和康德所說的判斷力具有一定的相似性,針對的都是特殊的事物。不過,康德同時指出,"判斷力卻是只能得到練習而不能得到教導的一種特殊才能"③。换而言之,康德認爲判斷力不可學。與之不同,梁啓超比較籠統,他認爲判斷力是可以培養的,除了以上三個步驟之外,還需要培養總體的智慧。"這種總體的智慧如何才能養成呢? 第一件,要把我們向來粗浮的腦筋,着實磨練他,叫他變成細密而且踏實。那麽,無論遇着如何繁難的事,我都可以徹頭徹尾想清楚他的條理,自然不至於惑了。第二件,要把我們向來昏濁的腦筋,着實將養他,叫他變成清明。那麽一件事理到跟前,我才能很從容,很瑩澈的去判斷他,自然不至於惑了。"④顯然,這種總體的智慧其實也就是科學方法的運用和内化。

梁啓超認爲,判斷力是智育的核心。他批評當時的教育不僅忽略了情育和意育,而且最致命的是,"至於我所講的總體智慧靠來養成根本判斷力的,卻是一點兒也没有"⑤。他認爲,先秦時代儒家所提出的"知者不惑,仁者無憂,勇者無懼"之"三達德"中,"知者不惑"說的就是智育。判斷力的養成真正達到了這個目標,實現了先秦儒家的追求——"以上所說的常識、學識和總體的智慧,都是智育的要件,目的是教人做知者不惑"⑥。

[作者簡介] 蔡志棟(1978—),男,上海人,中國哲學博士,現爲上海師範大學哲學系副教授。目前研究方向爲中國近現代哲學史、思想史。

---

① 梁啓超《爲學與做人》,《飲冰室文集點校》(第六集),第 3334 頁。
② [德]康德著,韋卓民譯《純粹理性批判》,華中師範大學出版社 2000 年版,第 182 頁。
③ 同上。
④ 梁啓超《爲學與做人》,《飲冰室文集點校》(第六集),第 3334 頁。
⑤ 同上,第 3335 頁。
⑥ 同上,第 3334 頁。

現代諸子學發展的學科化路徑及其反省

——從胡適、魏際昌到方勇

劉思禾

內容提要 諸子學是中國傳統學術的一個分支,而學科是相對獨立系統化的現代科學知識體系。諸子學在中國現代社會的學科化,是其進入到現代學術體系的路徑。本文以胡適、魏際昌、方勇三代學者的諸子學研究爲例,來瞭解這個進程的基本脉絡,並分析這一路徑的得失,希望有助於思考諸子學傳統在現代中國學術體系中的身份問題。

關鍵詞 諸子學 學科化 胡適 魏際昌 方勇

中圖分類號 B2

在晚清以來的學術發展中,諸子學最初是作爲傳統學術的一個分支存在的。清儒的諸子學研究是其經學研究的一個擴展,章太炎的諸子學研究已經形成基本框架,不過仍舊在舊學科體系中,與經子關係、今古文問題糾纏在一起。與章太炎同時的梁啓超,他在《時務學堂學約》中把諸子學置於"溥通學"中,與經學、公理學、中外史志相並立,而張百熙負責制定的《欽定京師大學堂章程》中"文學科"即包括經學、史學、理學、諸子學、掌故學、詞章學等。這些理解都没有把諸子學學科化,因而諸子學無法納入現代學術體系①。隨着大學體制的建立和完善,學科的發展成爲傳統學術研究的必然路徑,諸子學也不例外。1913年初,民國教育部公布《大學令》《大學規程》,對大學所設置的學科及其門類作了原則性規定,共分爲文科、理科、法科、商科、醫科、農科、工科等七科,其中文科分爲哲學、文學、歷史學和地理學四門②,諸子學如同經學一樣,在現代學制中失去了名分。在這種學術體制之中,學科是相對獨立的科學知識

---

① 在王國維《奏定經學科大學文學科大學章程書後》中,則没有給經學、諸子學位置,而是整體結構上相當接近後來的中文系、哲學系分科。

② 以上請參左玉河《從四部之學到七科之學——學術分科與近代中國知識系統之建立》,上海書店 2004 年版。

體系,是大學的組織細胞。在人文學科中,哲學系中的中國哲學史學科與諸子學的學科化關係最爲密切,中文系的先秦散文史、歷史系的先秦思想史也和諸子學相關①。1914 年北京大學設立哲學門,1919 年改爲哲學系,同年胡適的《中國哲學史大綱》出版。胡適此書的意義在於把諸子學帶入新階段,賦予諸子學一種現代的學術形態。從此諸子學以及佛學、理學傳統都進入了哲學史論述之中,諸子學獲得了現代論述形態,這就是諸子學的學科化。在胡適同時代,以傳統形態進行的諸子學研究雖然還有很多,不過已經無法在大學體制中容身②。諸子學原有的學術形態已然成爲缺乏制度支撑的邊緣性學問了,而由現代學制的學科代替。從此諸子學主要進入了中國哲學史形態,這是理解現代諸子學研究的關鍵。

由此可見,現代諸子學研究受到學科化路徑影響極爲深遠,如何理解諸子學在現代學術體系中的身份,這是非常關鍵的問題。然而,這一問題還没有獨立化地加以討論過。在本文中,我們以諸子學研究的三代學者胡適、魏際昌、方勇爲個案③,對其各自的研究發展加以分析,以幫助我們思考諸子學當代發展的路徑問題④。

一、胡適:現代諸子學學科化的發端

胡適是現代中國學術的奠基人之一,其在中國哲學史的研究上是有"開山"的意義的⑤。胡適的中國哲學史研究是以其在美國哥倫比亞大學的博士論文(後出版爲《先秦名學史》)爲

---

① 我們估計,從研究的成果來看,哲學史學科體量最大,文學史次之,思想史又次之。諸子學的學科化主要體現在中國哲學史的學科化之路上。
② 民國有陳柱、胡耐安、羅焌等學者在大學教授諸子學,也有很多稱作"諸子學"的著作,不過這些都不是學科内的法定内容,而是對文史哲分科的補充。何况它們的影響遠没有中國哲學史、文學史影響大。關於民國時代諸子學研究的情况,可參陳志平教授《諸子學的現代轉型——民國諸子學的啓示》(《"新子學"論集》,學苑出版社 2014 年版),以及張京華教授給江瑔《諸子卮言》所作《弁言》(華東師範大學出版社 2000 年版)。
③ 嚴格講,從胡適到方勇應該有四代學者,只是因爲大陸獨特的情况,實際上只有三代。不過無論是三代還是四代,從學術的邏輯發展上來看,其内在的脉絡是一致的。
④ 爲行文方便,此文一概不稱三位學者爲某某先生。
⑤ "開山"是胡適自己的説法,胡適説:"所以我這本哲學史在這個基本立場上,在當時頗有開山的作用。"參胡適《中國古代哲學史》臺北版自記,上海古籍出版社 2013 年版。實際早在京師大學堂時期,就有哲學門的設立,一般認爲謝無量的《中國哲學史》寫作時間最早。不過學術界公認,胡適的《中國哲學史大綱(上卷)》是中國哲學史學科建立的標誌。比如當代學者的意見:"我們説,胡適的《中國哲學史大綱》是中國哲學史學科建立的標準是並不過分的。"參耿志雲、王法周《中國哲學史大綱·導言》,上海古籍出版社 1997 年版。關於胡適在現代史上的評判,可參余英時《中國近代思想史上的胡適》,聯經出版事業公司 1984 年版。

基礎的①,這表明他的理論與方法都借自於西方哲學訓練。不過,很多人都看到,胡適的研究也是建立在晚清以來的諸子學研究成果上的②。胡適著《諸子不出王官説》,又有《中國哲學史大綱(上卷)》③,於現代諸子學研究是巨大的範式轉型。胡適諸子學研究顯示的意義是,如何在學科化的道路上改造諸子學傳統,這是現代學術建構在諸子學傳統上的表達。

《諸子不出王官説》作於 1917 年 4 月,正是他博士論文答辯的前一個月,發表在這年 10 月號的《太平洋雜誌》上,後來作爲附録收入第一版《中國哲學史大綱(上卷)》④,此文給予當時學界巨大的衝擊。顧頡剛説:

> 仿佛把我的頭腦洗刷了一下,使我認到了一條光明之路。從此我不信有九流,更不信九流之出於王官,而承認諸子之興起各有其背景,其立説在各求其所需要。⑤

此文可以視作胡適中國哲學史研究的前提,是對傳統諸子學觀念的批駁。傳統上關於諸子學的主流看法有二:一來自劉向、歆父子及班固在《漢書・藝文志》中的表達,認爲諸子學是經學的支與流裔,後世如《隋書・經籍志》《四庫全書總目提要》等皆沿襲此説。一是二程、朱子的表達,認爲諸子之學是異端,這在《近思録》《朱子語類》及後世宋濂《諸子辨》、熊賜履《學統》、張之洞《勸學篇》中都沿襲下來。二者在抨擊諸子學説上相同,對於諸子學之評判則略有區別,大致後一種説法更爲嚴厲,視諸子爲異端。中國哲學史論述,没有胡適駁斥劉、班以來

---

① 胡適《先秦名學史》,原名爲《中國古代邏輯方法的發展》,發表於 1917 年。1922 年由上海東方圖書公司出版英文本。1983 年由學林出版社出版中譯本。1991 年 12 月,中華書局收入"中國近代人物文集"叢書。
② 胡適受惠於章太炎,他自己就提到了(《中國哲學史大綱》再版自序)。同時代的學者也都有此看法,如 1921 年,東南大學教授柳詒徵在《論近人講諸子之學者之失》中指出胡適的《中國哲學史大綱》與章太炎的承襲關係,説"胡適之好詆孔子與章同"。錢穆在《國學概論》中説:"故清儒雖以治經餘力,旁及諸子,而篳路藍縷,所得已尠。至於最近學者,轉治西人哲學,反以證説古籍,而子學遂大白。最先爲余杭章炳麟,以佛理及西説闡發諸子,於墨、莊、荀、韓諸家皆有創見。績溪胡適,新會梁啓超,繼之,而子學遂風靡一世。"(第 322~325 頁。)侯外廬就認爲,"胡先生《哲學史大綱》把西周以前的東西一筆勾去,與《孔子改制考》第一卷相似"。章太炎"以中國學説,實導源自周秦諸子,爲後來胡適之所本"(《中國近代啓蒙思想史》,第 60~61、182 頁。)。
③ 胡適《中國哲學史大綱(上卷)》1919 年 2 月由上海商務印書館出版,1930 年收入"萬有文庫",書名改爲《中國古代哲學史》。1958 年臺北商務印書館重印,胡適增加一篇《〈中國古代哲學史〉臺北版自記》,書後增加一篇"正誤表",其他内容没有變化。本文所引用的《中國哲學史大綱(上卷)》及《中國古代哲學史》,爲上海古籍出版社出版的"百年經典學術叢刊"之《中國古代哲學史》2013 年版。此版依據臺北商務印書館 1958 年版改排。
④ 其後又收入《胡適文存》一集二卷及《古史辨》(卷四)。
⑤ 顧頡剛《古史辨》第四册序,上海古籍出版社 1981 年版。

的傳統看法,其學科的合法性就成了問題。也正是有了胡適這樣的論斷,諸子學傳統就成了中國哲學史的論述對象,而不是經學的附庸或者先王之道的非正統論說。這樣諸子學傳統就真正成爲主角,進入到現代中國學術的論述中。我們比較章太炎的諸子學研究,這一點就看得清清楚楚。章太炎還堅持諸子出於王官說,故無法真正脫出舊有的學術格局,諸子學的思想意義也就無法真正體現。

胡適的諸子不出王官新說,跨過宋儒之論,是對《漢書·藝文志》諸子出於王官說的全面反省。其引述《漢志》諸家出於某官之論後,以爲:

> 此所説諸家所自出,皆漢儒附會揣測之辭,其言全無憑據,而後之學者乃奉爲師法,以爲九流果皆出於王官。甚矣,先入之言之足以蔽人聰明也。夫言諸家之學說,間有近於王官之所守,如陰陽家之近於古占候之官,此猶可說也。即謂古者學在官府,非吏無所得師,亦猶可說也。至謂王官爲諸子所自出,甚至以墨家爲出於清廟之守,以法家爲出於理官,則不獨言之無所依據,亦大悖於學術思想興衰之迹矣。

然後分述四點理由:

> 第一,劉歆以前之論周末諸子學派者皆無此説也。
> 第二,九流無出於王官之理也。
> 第三,《漢書·藝文志》所分九流乃漢儒陋説,未得諸家派別之實也。
> 第四,章太炎先生之説亦不能成立。

其中第三點論説尤以其名學的見解爲要點:

> 古無九流之目,《藝文志》强爲之分別,其説多支離無據。如晏子豈可在儒家,管子豈可在道家?管子既在道家,韓非又安可屬法家?至於《伊尹》《太公》《孔甲》《盤盂》,種種僞書皆一律收錄。其爲昏謬,更不待言。其最謬者,莫如論名家,古無名家之名也,凡一家之學,無不有其爲學之方術,此方術即是其"邏輯"。是以老子有無名之説,孔子有正名之論,墨子有三表之法,《別墨》有墨辯之書,荀子有正名之篇,公孫龍有名實之論,尹文子有刑名之論,莊周有《齊物》之篇,皆其"名學"也,古無有無"名學"之家,故"名家"不成爲一家之言。(此説吾於所著《先秦名學史》中詳論之,非數言所能盡也。)惠施、公孫龍,皆墨者也。觀《列子·仲尼》篇所稱公孫龍之説七事,《莊子·天下》篇所稱二十一事,及今所傳《公孫龍子》書中《堅白》《通變》《名實》諸篇,無一不嘗見於《墨辯》,皆其證也。其後學散失,漢儒固陋,但知掇拾諸家之倫理政治學説,而不明諸家爲學之方術。於是凡"苛察繳繞"之言,概謂之"名家"。名家

之目立,而先秦學術之方法論亡矣。劉歆、班固承其謬説,列名家爲九流之一,而不知其非也。先秦顯學,本只有儒、墨、道三家,後世所稱法家如韓非、管子皆自屬道家。任法、任術、任勢,以爲治,皆"道"也。其他如《吕覽》之類,皆雜糅不成一家之言。知漢人所立"九流"之名之無征,則其九流出於王官之説不攻而自破矣。

胡適在文中説:"明於先秦諸子興廢沿革之迹,乃可以尋知諸家學説意旨所在。知其命意所指,然後可與論其得知之理也。若謂九流皆出於王官,則成周小吏之聖知定遠過於孔丘、墨翟。此與謂素王作春秋爲漢朝立法者,其信古之陋何以異耶?"的確,不否定諸子出於王官,則無法論説諸子之思想,更遑論"中國哲學"了。

胡適在後來寫作《中國哲學史大綱(上卷)》時,也繼承《論諸子不出王官説》的態度,對司馬談、劉歆、班固的六家、九流説也不予接受:

> 這個看法根本就不承認司馬談把古代思想分作"六家"的辦法。我不承認古代有什麽"道家""名家""法家"的名稱。我這本書中從没有用"道家"二字,因爲"道家"之名是先秦古書裏從没有見過的。我也不信古代有"法家"的名稱,所以我在第十二篇第二章用了"所謂法家"的標題,在那一章裏我明説,"古代没有什麽'法家'"。……我以爲中國古代只有法理學,只有法治的學説,並無所謂"法家"。至於劉向、劉歆父子分的"九流",我當然更不承認了。①

在 1919 年出版的《中國哲學史大綱(上卷)》中,胡適對於諸子學有了新的看法。作爲現代學術的經典,《中國哲學史大綱(上卷)》雖然在序言中談到中國哲學史的全部内容,提及佛學、理學等等,但是從内容來看,《中國哲學史大綱(上卷)》主要内容還是先秦的諸子學。他在序中提到對於他研究助力最多的,就是清儒,對於晚清以來特別是章太炎的諸子學研究非常推重。《中國哲學史大綱(上卷)》從老子開始,包括孔子、孔門弟子、墨子、楊朱、別墨、莊子、荀子以前的儒家,以荀子爲結尾,最後談到古代哲學的終局,根本就是一部先秦諸子的"哲學史"。

那麽,六經可否作爲哲學史的對象? 關於把經學驅逐出哲學史研究,胡適的看法主要是從文獻學角度論述的,胡適在導言中認爲,《周易》"是一部卜筮之書,全無哲學史料可説",而《詩經》只用作"當日時勢的參考資料"②,故而中國哲學史當從老子、孔子開始論述。這當然是疑古思維下的解釋。不過,即使今天我們已經有了比較詳盡的前諸子思想研究,我們也仍舊

---

① 胡適《中國古代哲學史》,第2~3頁。
② 同上,第15頁。

要説,前諸子時代的思想仍舊與諸子思想有根本的不同①。因而,我們可以説胡適中國哲學史研究的根基就是諸子學。在胡適其後的《中古思想史》研究中,他仍舊是以漢魏六朝諸子學爲中心的。

胡適的哲學史革命是以諸子學研究爲實質的,而給予諸子學傳統一個現代的形態,這是其最重要的貢獻。這個現代學術形態就是系統的邏輯論説。蔡元培在《中國哲學史大綱》序言中,特意提到形式問題:

> 第二是形式問題:中國古代學術從没有編成系統的記載。《莊子》的《天下》篇,《漢書·藝文志》的《六藝略》《諸子略》,均是平行的紀述。我們要編成系統,古人的著作没有可依傍的,不能不依傍西洋人的哲學史。所以非研究過西洋哲學史的人不能構成適當的形式。②

其後蔡元培用"證明的方法""扼要的手段""平等的眼光""系統的研究"來評價胡作,其中"系統的研究"最爲關鍵,也是這個意思。對於現代諸子學研究而言,這的確是一種範式的轉移③。胡適對於自己的工作也非常自覺,他要"抓住每一位哲人或每一個學派的'名學方法'(邏輯方法,即是知識思考的方法)",認爲"這是哲學史的中心問題"④。這被認爲是胡適對於中國現代學術的巨大貢獻⑤。

一般人都會注意到胡適的研究對於開創哲學史學科的意義,而從現代諸子學發展的角度來看,胡適論説諸子學同樣具有巨大的範式意義,其要點在於:

(一) 反對經學尊於子學,而把經學排斥出視野。

(二) 反對諸子出於王官説,而認爲諸子學是應時而作的"哲學"。

(三) 反對儒學尊於諸家,而平視諸子。

---

① 當代學者金觀濤給出另外一個解釋:"在孔子之前,中國文化尚未定型,直到孔子才完成了中華文明以道德爲終極關懷的文化創造,使中華文明成爲區別於世界其他文明的一種文明類型,並且延續至今。在文化哲學上,把這種根本性的文化轉化叫作'超越突破'。""全面否定儒家道德價值的道家,具有與儒家同樣的超越視野,因而儒道兩家爲中國文化的主流思想。"參金觀濤、劉青峰《中國思想十講(上卷)》,法律出版社 2015 年版,第 15、51 頁。

② 胡適《中國古代哲學史》,第 1 頁。

③ 余英時《中國近代思想史上的胡適》:"《中國哲學史大綱》是一部建立典範的開風氣之作。"臺灣聯經出版事業公司 1984 年版。

④ 胡適《中國古代哲學史》,第 2~3 頁。

⑤ 關於胡適在現代學術發展上對於推動邏輯思維的意義,以及當時學術界對之的反應,可參劉夢溪《中國現代學術經典·總序》中的論述,河北教育出版社 1996 年版。

其中反經學獨尊、反儒家尊於諸家,在章太炎處已發其端①,至胡適則盛發其意,而風靡當世。而其論説諸子不出王官,則清掃了傳統上諸子學依附於經學的陳見,而給予其獨特歷史的地位,這是真正革命性的見解。此説的意義在於掃清哲學史學科建立的障礙:如果諸子學皆出於王官,則王官學爲中心,而諸子學爲末流,研究諸子學不過是依附而已,這無論如何是無法接受的。廢除諸子出於王官説,則諸子皆爲哲學家,而諸子著作皆爲哲學作品,諸子時代則爲一哲學家時代,也就是胡適早年看到的梁啓超所論"黄金時代",這當然是一個革命性的也是順理成章的論斷了②。而反對儒學獨尊,平視諸家,這是胡適繼承章太炎的做法,而給予諸子以平等的地位(客觀上也是平視諸家),這是一個巨大的進步。把孔子與諸子並立,儒家和諸家並立,這恢復了早期諸子學的格局,是對班固以來傳統觀念的革命,從而接上了戰國末年至西漢初年莊子後學、《吕覽》《淮南子》和司馬談諸人的傳統。如此,則諸子學之上再無"如日中天,垂型萬世"(《四庫全書總目·經部總叙》)的經學,儒家再不優於道、墨、名、法、陰陽諸家,孔子與老子、墨子、莊子、荀子相類而已。胡適也能注意到諸子各家之差異,而不像《論六家要指》《漢書·藝文志》及民國時期羅焌等人追求各家的和同,這也是很重要的地方。從此學問再無等級,是非皆本義理,於是諸子學成爲中國哲學叙述的主體,以至有"婢作夫人"的謔語③。

　　胡適的看法在當時就引起了巨大的討論,其關鍵就在平視諸子之上。《中國哲學史大綱》以老子爲先,以孔子次之,這是犯了大忌的。梁啓超首先提出《老子》作於戰國説,表示不同意胡適的看法。之後引發了關於老子其人其書的大討論。諸多學者如錢穆、馮友蘭、馬叙倫、高亨、郭沫若、羅根澤、唐蘭等都投入到了這場大討論中。胡適在1935年寫作《評論近人考據老子年代的方法》一文,對於持老子晚出者提出批評④。因爲孔、老先後不僅是一個學術史問題,還涉及了對中國文化基本格局的看法⑤。胡適在晚年回顧關於老子其人其書的討論時談道:

　　　　二三十年過去了,我多吃了幾擔米,長了一點經驗。有一天,我忽然大覺大悟

---

① 章太炎把孔孟作爲儒家的内容,這是很大的突破,這與其古文經學家的立場有關,可參黄燕强《章太炎諸子學思想研究》論經子關係部分,武漢大學2015年博士論文。
② 胡適説:"這一部學術思想史(《中國學術思想變遷之大勢》)中間闕了三個最要緊的部分,使我眼巴巴的望了幾年。我在那失望的時期,自己忽發野心,心想:'我將來若能替梁任公先生補做這幾章闕了的中國學術思想史,豈不是很光榮的事業?'我越想越高興,雖然不敢告訴人,卻真打定主意做這件事了。"參《四十自述》,《胡適文集》(1),北京大學出版社1998年版。
③ 胡適在《中國古代哲學史》導言中説,"於是從前作經學附屬品的諸子學,到此時代,竟成專門學。一般普通學者崇拜子書,也往往過於儒書。豈但是'附庸蔚爲大國',簡直是'婢作夫人'了。"這是在叙述晚清以來的學術之變。實際上直到胡適一代人,諸子學才真的成爲主流,當然,是以現代的形態完成的轉變。
④ 見《史學年報》第4期。後收入《古史辨》第6册,上海古籍出版社1981年版。
⑤ 相關討論可參考《古史辨》第4册、第6册,以及熊鐵基等編《二十世紀中國老學》第三章,福建人民出版社2002年版。

了！我忽然明白：這個老子年代的問題原來不是一個考據方法的問題，原來只是一個宗教信仰的問題！像馮友蘭先生一類的學者，他們誠心相信，中國哲學史當然要認孔子是開山老祖，當然要認孔子是"萬世師表"。在這個誠心的宗教信仰裏，孔子之前當然不應該有個老子。在這個誠心的宗教信仰裏，當然不能承認有一個跟着老聃學禮助葬的孔子。（《中國古代哲學史》臺北版自記）

胡適以倡導懷疑精神著稱，而他對於老子其人其書的態度則一直沒有發生變化，這應該和他的文化觀念有關。他能夠平視諸子，這一思路體現了真正的現代精神。此後的先秦思想論述，如梁啓超、李源澄、羅根澤、江瑔，無不把孔子和諸子並立，這是現代學術的一個標誌。而如劉咸炘、孫德謙、羅焌諸人，仍舊堅守班固舊轍，不以孔子爲諸子，不過也是最後的堅持了。由此可見，孔子之地位，孔子與經學儒學之關係，實在是經子之爭最關鍵之問題。孔子爲經學之依附，還是諸子學之先導，關乎其在中國文化史上的定位，也關乎先秦思想的基本格局。胡適新説是對孔子歷史地位的一次重估，從此一切論説在研究者面前平等相待，這是真正的現代學術精神，對於傳統觀念而言無疑是一次大開放，至今仍是諸子學研究的基石。胡適的這一看法，在新的出土材料的支撐下，更顯示出卓越的歷史意義。

總結而言，胡適的現代諸子學研究功績有二：第一，提出一種現代視野下的平等主張。今天，我們可以批評胡適以西方爲經，而下視中國，不過此點我們可以克服，而其真正現代的學術精神不能丟掉，不能拜服在古人一家獨尊意識之下。其二，胡適真正賦予了諸子學傳統以理論性，這表現爲邏輯方法、成體系性。諸子學傳統的理論化是其現代發展最重要的成果①。當然，從今天的立場來看，胡適的理解也存在嚴重問題②，其論説建立在反經學基調上，其對先秦學術的論説以諸子爲中心，完全忽略了早期經學③。這是哲學史模式所限制，也是反經學思潮下的自然反應。晚清以來經學衰敝，劉歆僞經説橫行，以至現代學制建立後，經學地

---

① 我們看蔣伯潛、羅焌、孫德謙、王蘧常、江瑔、李源澄諸人的諸子學研究，就會發現這些未曾學科化的研究在理論性上完全無法和胡適、馮友蘭諸人相比較。在現代學術專業化的背景下，學科化是必由之路。諸子學的學科化是必要的，關鍵在於如何學科化。
② 對於胡適《中國哲學史大綱》的批評，從梁啓超、章太炎、李季等，包括當代學者的意見，都很嚴厲。不過，正如梁啓超最後所説："我所批評的，不敢説都對，假令都對，然而原書的價值，並不因此而減損。因爲這本書自有他的立脚點，他的立脚點很站得住。這書處處表現出著作人的個性，他那敏鋭的觀察力，緻密的組織力，大膽的創造力，都是'不廢江河萬古流'的。"這是中肯的評價。
③ 前諸子時代的學術是否就是經學？孔、老肯定不是從天上掉下來的，可是那個源頭是複雜多元並且與子學的屬性並非同質。簡單説，孔、老不僅是偉大傳統的繼承者（如《漢志》所説），也是一個新傳統的發起者（如朱子、余英時説）。在思想的意義上，後者是高出於前者的（梁啓超説），這是我們今天的看法。今天諸子學的新發展，就在於彌補恰切的問題意識之缺失。

位一落千丈,"五四"後甚至有學者把經學工作稱爲化驗糞便(周予同語)①,可見一時之風氣。故而在胡適以降的研究中,經學是缺失的,經學所蘊含的價值是缺失的。而經學範式所包含的價值性、整體性和基礎性,連帶着早期經學中的孔門後學都喪失掉了,以至於無人注意大小《戴記》之價值,公羊、穀梁之意義,更遑論討論早期經學與諸子學之關係。這較之班固以子學依附經學,同樣是矯枉過正。其次,胡適的諸子學研究有諸子學之實,而無諸子學之名,諸子學内在的理性和精神不見了。從此之後,中國哲學史、先秦哲學史代替了諸子學成爲研究的模式。而中國哲學史是以移植西方的方式建構的,故而其喪失了諸子學自身的問題意識,這就使得現代諸子學研究無法真正找到"原問題與原方法"。胡適的中國哲學史研究之於現代諸子學發展,這些是其先天的隱憂,需要進一步推進的②。

固然,人們可以批評胡適諸子學研究的理論性不足以適應諸子學自身,但是援西方哲學的方法和精神進入諸子學傳統,這是只能進不能退的道路③。這裏的關鍵問題是,學科化的改造之於諸子學傳統,究竟該如何進行。胡適先發其端,當有後來者繼之。

二、魏際昌：先秦散文史形式下的思想史研究

文史哲分科是傳統學術"轉化之學"(左玉河語)的結果,諸子學不僅是哲學史的研究對象,也是中國文學史的研究對象,表現爲先秦散文研究。魏際昌的研究,體現了這一思路。由於魏際昌是胡適的弟子,他的研究與胡適的研究顯示出演進的特質,因而具有獨特的個案意義。

魏際昌,出身貧寒之家,幼年受祖父教育,遂有讀書之志。1932 年考入國立北京大學中國文學系,1935 年又考入國立北京大學研究院中國文學部,師從胡適研究中國古代文學。"七七"事變爆發後,魏際昌和大部分青年學生一樣,輾轉於南京、湖南、廣東、重慶,以教書辦學爲業。建國後歷任西北大學、天津師範學院、河北大學教授,承前啓後,在文教事業上作出很多貢獻。

---

① 周予同《中國經學史講義》朱維錚"代前言"引周予同早年文章《僵屍的出祟——異哉所謂學校讀經問題》,上海文藝出版社 1999 年版。
② 關於胡適在中國傳統思想實現現代轉型的貢獻,韋政通在《胡適思想綱要》中説:"代表美式思想的杜威哲學,所給予胡適的限制,不但使他與西方的傳統思想隔離,即使對中國傳統思想中的超知識部分,也缺乏親和之感和深度的認識,因此他一生的學術生命中,根本洋溢不出中西兩大傳統結合的智慧。"這大概代表了很多人的看法。韋政通説轉引自曠新年《中國現代思想史上的胡適》,《讀書》2002 年 9 期。
③ 當代很多學者呼籲合理的學科化與學際整合,一些大學如南京大學也在嘗試跨學科培養,這是對現代學科化的修正,而不是否定。這是正確的方向。

魏際昌的時代，現代學科體系已經比較完備，其受教育於中文系，其碩士論文是《桐城派小史》，其後工作也是在各大學的中文系，故而其學術研究有明顯的學科特徵。魏際昌專於散文、詩歌和訓詁研究，在屈賦、漢魏六朝賦、先秦兩漢散文、明清散文、兩漢訓詁學領域都有卓越的研究。對於諸子學研究，魏際昌有很深的淵源，他早年在大學講授諸子學、諸子概論，其諸子學研究是胡適研究的自然延伸。只不過，在現代學科下，諸子學成爲哲學史和文學史研究的對象，在中文系中對應的是散文史研究。魏際昌的諸子學研究就是在中文系中以先秦兩漢散文史、訓詁學史的模式下完成的，這是學科化的自然結果。

　　和胡適一代人不同，魏際昌並沒有經子之分的觀念，他是在現代學科的意義上思考問題的："詩説《三百》尊毛傳，文重先秦愛老莊。"（《暑期古代文學講習會開課誌喜》[①]）他的研究顯示了諸子學研究在學科化道路上的深入。不過，魏際昌的研究並不是狹隘的中國文學史研究，他一直以文史之學看待自己的研究，並且自覺匯通文史：

> 也許會有人説：《尚書》《周官》，史料史論，這是史學上事，我們是搞文學的，管它作甚？殊不知"文猶史也，史猶文也"（《論語·顔淵》），無本不立，無文不行。（《先秦散文研究》）

這裏所説的史不僅是史學之意，也是思想史之意。他在作先秦散文史研究時，也滲透了思想史研究的意味，這是需要特別注意的。

　　魏際昌的諸子學論著包括《先秦散文史》《論孟研究》《法家論叢》以及《先秦諸子的名學研究》等。其中，像《先秦諸子的名學研究》很明顯是繼承和修正胡適的諸子學研究。魏際昌的研究在學科化的道路上深化了諸子研究。

　　《先秦散文研究》的提綱中很明確提出研究對象：

> 所謂"散文"系對韻文（也包括駢文）而言，最早的作品當然是《尚書》，下限的書籍則爲《吕覽》，其間的"群經""諸子"我們不想按照它們所屬的學派來分類，只看文體。但在研究的時候，卻是"義理、辭章、考據"三者並重，而以辭章之學爲主的。甚至連訓釋它們的文字（如"傳、注、箋、疏"之類）都不輕易放過，漢儒、宋儒、清儒的全用。爲了探索它們發生發展的情況，不能不從表現的形式入手，然後再根據"内容決定形式"的創作規律，更進一步認識其思想性、政治性，藉以完成研究的任務。換言之，即是從語録問答、紀傳行狀、論説辯議、批判月旦、律例法則、雜記小説、疏證訓釋，以及辭賦銘頌等等文體之中，找尋其作爲儒、墨、名、法、道德、陰陽的學派思想，並側重文章特色、寫作手法。

[①] 按本文所引魏際昌材料，除特別説明者之外，均爲其手稿。

這是很明顯的文體學和訓詁學的研究思路。

魏際昌所構想的散文研究主要有以下部分：

1. 從《爾雅》《説文》《方言》《釋名》等字書中，探索訓詁文的特點。
2. 《論》《孟》研究，用以交代"語録問答"文的本源及其影響。
3. 編年體的《左傳》，它是不傳《春秋》的。國别載記的《國語》《國策》另列。
4. 斐然成章的《管》《墨》《老》《莊》《荀》《韓》作爲論説文來講，是各有千秋的。
5. 《公羊》《穀梁》分别講求"大義，微言"，是"批判、月旦文字"的代表。
6. 條條框框"章則律例"的《儀禮》《周禮》，禮法分明，鬱鬱乎文。
7. 典章制度，政治理論，人物事例兼而有之的《禮記》，《禮運》《學記》等篇最上。
8. 散見於諸子中的遺聞逸事，古代傳説，美不勝收，未可等閒視之。
9. 荀賦、屈賦和宋玉的《九辯》乃辭賦之祖，在韻散之間。
10. "文章，經國之大業，不朽之盛事"應該是以散文爲主體的。温故知新，數典不能忘祖；推陳出新，重在古爲今用。以此作爲先秦散文的結語。

這種思路兼重訓詁、文藝性和思想分析，是文學史研究的範疇，不過和一般的先秦散文研究還是有所區别的。

關於對諸子的文體和訓詁研究，在《〈論〉〈孟〉研究》對文章章法的研究中非常突出。魏際昌反對《論》《孟》文體零散的看法，他以語録問答體來概括《論》《孟》，又以《論語》爲語録問答體，以《孟子》爲獨自説教的長篇語録體，這些在語體分析上都細緻深入。他認爲："作爲'語録問答體'的《論》《孟》，並不是什麽'雜亂無章'的'零篇斷簡'，只要我們認真地研究一下，是不難發覺它們内在聯繫的所在的，特别是關於思想性和行爲上的東西，因爲，儘管它們不編年可是紀事；不作系統的論述，卻有層出不窮的記言，即以《論語》的中心思想'仁學'和它的主要載記'教育工作'而言，那是多麽完備而又空前哪！"魏際昌對於《論語》文體有細緻的分析：

《論語》的文字，明確簡練、以少勝多這是我們曉得的，而其最爲特色之處，卻在於大量地精當地運用了：1. 之、乎、者、也、矣、焉、哉、與（即歟字）、諸、已，這樣的語氣詞；2. 蕩蕩、戚戚、洋洋、巍巍、便便、侃侃、硜硜、滔滔、堂堂一類的重言，令人有口吻傳神之感，因而達成了循聲知義，感受親切的功能；3. 還有一些短語疊句，如"沽之哉，沽之哉"（《子罕》），"彼哉，彼哉"（《憲問》），"時哉，時哉"（《鄉黨》），"觚哉，觚哉"（《雍也》），好像加重了語氣的"重言"一樣，朗誦起來，就是今天也能够使人仿佛其情調的淪沈呢。照説此類手法本爲《詩》《書》之所擅長，《論語》竟然空前的加以發展（"雙聲，疊韻"的字詞除外），這足以説明"語録問答"文體的不同凡響了。

再從它的篇章結構的形式上説，也是多式多樣應有盡有的。如：

1. 開門見山,一句話就解決問題的:"當仁不讓於師。"(《衛靈公》)
2. 主動發問引起下文的:"子路問事君,子曰:勿欺也,而犯之。"(《憲問》)
3. 耳提面命不許駁回的:"由,誨汝知之乎!知之爲知之,不知爲不知,是知也。"(《爲政》)
4. 兩兩對比一目了然的:"君子懷德,小人懷土;君子懷刑,小人懷惠。"(《里仁》)
5. 散見整結並無二義的:"剛,毅,木,訥,近仁。"(《子路》)
6. 主句在前,隨後分列的:"子不語,怪,力,亂,神。"(《述而》)
7. 短語同出,各不相屬的:"志於道,據於德,依於仁,遊於藝。"(同上)
8. 演繹推理首尾系連的:"齊一變,至於魯;魯一變,至於道。"(《雍也》)
9. 層層下跌,有條不紊的:"賢者辟世,其次辟地,其次辟色,其次辟言。"(《憲問》)

起承轉合,搖曳多姿,麻雀雖小,肝膽俱全。不怪此後的古文作家始終奉之爲小品的圭臬的。

對孟子的分析,則舉了三個例子來說明《孟子》的章法,通過"孟子見梁惠王"章分析語助的使用,通過"有爲神農之言者許行"章分析論説技巧,通過"孟子致爲臣而歸"章分析段落安排,這都顯示了魏際昌諸子散文研究的特點。

在散文史研究之中,魏際昌的諸子研究顯示出回歸文獻與原始語境的特徵,這是學科化之後諸子學研究的複雜形態。他的學術形態還有傳統上博通的意味,這些説到底還是學科化與中國傳統學術如何接洽的問題①。在先秦散文研究中,魏際昌是四部兼治的,如他對劉歆及今古文問題的關注,對周公問題的關注,這顯然是一般散文史無法觸及的。魏際昌的做法和他在北大所受的訓練密切相關②。從學科發展的角度來看,這樣的處理也許不夠精純,不過從古典學問的研究角度來看,對於古典時代基本問題的弘通把握是研究專門問題的基礎,否則專業化的結果就是狹隘化和缺乏根基。胡適在《中國哲學史大綱》自序中談到哲學史的目的需要述學作爲根本功夫:"述學是用正確的手段、科學的方法、精密的心思從所有的史料裏面,求出各位哲學家的一生行事、思想淵源沿革和學説的真面目。"③在魏際昌的研究中,他遵循了這一原則,大幅回到諸子學文獻的内在脈絡中,如其在《先秦諸子的名學問題》《論孟研究》《法

---

① 陳平原、左玉河都談到現代學術的專業化傾向,所謂通人變爲專家。陳平原説見《中國現代學術之建立》,北京大學出版社 1998 年版。
② 魏際昌在北京大學學習期間,除了胡適之外,還受到錢玄同、馬叙倫、劉文典、沈兼士、劉半農、周作人的影響。此外,高亨對他也有很大影響。這些都有助於理解魏際昌研究諸子的進路。請參《魏際昌年譜》(稿本)。
③ 胡適《中國古代哲學史》,第 6 頁。

家論叢》中顯示的。這是與胡適諸子學研究的一個不同之處,顯示了學科體制下的諸子學研究變遷。

由於更傾向於從原有脉絡分析諸子學,魏際昌對於胡適的"諸子不出王官説"的説法則從章學誠之説,而不認同胡適之説:

> 六經如此,諸子也不例外,因爲後者的"文""理"不過是前者的派生和演變。《漢書·藝文志》道:"諸子十家,其可觀者九家而已。皆起於王道既微,諸侯力政,時君世主,好惡殊方,是以九家之術,蜂出並作,各引一端,崇其所善,以此馳説,取合諸侯,其言雖殊,譬猶水火,相滅亦相生也。《易》曰:'天下同歸而殊塗,一致而百慮。'今異家者各推所長,窮知究慮以明其指,雖有蔽短,合其要歸,亦六經之支與流裔。"按東周以前並無私人著述之事,只有"官師"執掌着典章制度。《説文》:"官,吏事君也,從宀從𠂤,𠂤猶衆也。此與師同意。"《廣雅·釋詁》:"師,官也。"這是因爲古者政教不分,官師合一,故二者異名而同訓,也就是《曲禮》所説的"宦學事師"。大道不行,師儒立教。《周禮·天官》:"師以賢得民,儒以道得民。"(儒有六藝以教民衆)就是它的歷史情况。至於諸子之文源出"六藝",則章學誠分析得最爲詳盡。道體無所不該,六藝足以盡之。諸子之爲書,其持之有故而言之成理者,必有得於道體之一端,而後乃能恣肆其説以成一家之言也。

故而,魏際昌據章學誠説,以爲老子説本"陰陽",申韓"刑名"本於《春秋》教也,縱橫學派出於《詩》教,而引其説曰:"九流之學,承官曲於六典,雖或原於《書》《易》《春秋》,其質多本於《禮》教,爲其體之有所該也。及其出而用世,必兼縱橫,所以文其質也。古之文質合於一,至戰國而各具之質;當其用也,必兼縱橫之辭以文之,周衰文弊之效也。"(《先秦散文研究》引《文史通義·詩教》)當然,魏際昌在肯定章學誠之説的同時,也指出其文弊説的不足,而肯定諸子文體發展的意義。現代學術界討論諸子與王官學關係的問題,至胡適發其端,引起學術界巨大討論,至今不息[①]。胡適批判《漢志》舊説,對於章學誠的九流出於六藝説也不以爲然。魏際昌則頗信服章氏之説,其態度可以視作是對胡適新説的一個否定。而其理由,當與胡適過分依賴外部理據有關。我們看魏際昌《先秦諸子的名學研究》,也能得到類似的結論。

《先秦諸子的名學研究》是魏際昌用力頗深的一篇論文,遍論先秦諸家之名學,而與胡適之説頗有不同,此可見魏際昌諸子研究的基本特徵。在解釋何爲名學時,魏際昌認爲:

---

① 諸子與王官學關係的討論,可參馬榮良《關於諸子是否出於王官的論争———一段學術史的考察》,華東師範大學 2003 年碩士論文。當代學者的最新討論,可參李若暉《諸子出於王官學評議——春秋時期世官制度之崩頽與諸子興起》,傳統中國研究國際學術討論會,2007 年。

> 什麼叫作"名學"？可以説就是"字學"，也就是"訓詁學"。這種學問唯獨我們中國才有，而且起源極早。

乍一看，今天的我們不由得很吃驚，名學何以是訓詁學？晚清民初新學建立，乾嘉之風漸遠，名學早就以邏輯學的方式進行研究，如乃師胡適的《先秦名學史》就是研究名學或邏輯的名著①，名學與訓詁二者應是絕然不同的。不過細看，我們發現魏際昌的思路頗有意味。魏際昌用訓詁來解説名學，他的先秦諸子名學研究是先秦諸子的訓詁學研究，這與胡適的思路是不同的，可説是在中文系訓練下的研究。不過，此篇並非只講訓詁，也講到諸子的邏輯思想，這和胡適就很接近了。如果我們再細讀，能看出訓詁與邏輯相結合的努力，這是魏際昌在研究方法上對胡適的一種自覺修正。

《先秦諸子的名學研究》全文以孔子、墨子、孟子、荀子、老子、莊子、韓非子、尹文子爲例，依次解説各子的名學。其在講孔解子時，談到孔子的倫理思想、道德思想、政治思想、軍事思想、教育思想。在解説道德思想時，以仁爲關鍵，兼論仁、禮關係，其中就以訓詁爲方法：

> 孔子最主要的道德規範乃是"愛人""泛愛衆"的"仁"（語見《論語·顏淵》《學而》。泛，普遍的意思。衆，多也，三人爲衆。仁，二人相人偶也。從字形上就反映着，在社會之中不只有己，還有別人，彼此依存，是應該互相關懷的）。僅就《論語》而言，談到"仁"的地方多至五十八條，其字凡一百〇五見。所以，我們才説，它是孔子人生哲學的中心思想。

魏際昌在講解墨子時，認爲墨子有文字訓詁的"名學"，及等於"認識論"的"三表法"，這在方法上就是訓詁與邏輯兼説。他羅列了墨子及後學對故、體、知、材、慮、止、必、仁、行、義、禮、忠、孝、信、平、同、中、方、日中、景、纑、次等的解説，由訓詁而論邏輯，一一加以分析。又以牛馬爲例詳細分析了類的意義：

> 以牛有齒，馬有尾，説牛之非馬也，不可（因爲在這一生物形象上兩者並無差異）。是俱有（蓋牛有下齒，馬有後齒也。《公孫龍子·同變》篇：謂牛無尾者，以其有尾而短耳，非寔無尾也），不偏有，偏有無。曰：牛（樸字）之與馬不類，用牛有角（這才是最顯著的差異），馬無角，是類不同也。若舉牛有角，馬無角，以是爲類之不同也，是狂舉也（孫云：公孫龍子亦有正舉狂舉之文，以意求之，蓋以舉之，當者爲

---

① 胡適在《中國古代哲學史》臺北版自序中説："我這本書的特別立場是要抓住每一個哲人或者學派的'名學方法'（邏輯方法，即是知識思考的方法），認爲這是哲學史的中心問題。"雖然胡適也多次引用清人的研究成果，也大講辨僞和訓詁，但是其核心的方向卻是邏輯。

正,不當者爲狂。此書《經説》通例,凡是者曰正曰當,非者曰狂曰亂曰詩,義與公孫龍略同。此疑當作以是爲類之同也,是狂舉也。而衍一不字,則不得爲狂舉矣)。猶牛有齒,馬有尾。或不非牛,而非牛也(此言有齒之獸與牛相類,或不得謂非牛,而實非牛也),則或非牛或牛而牛也可(疑當作:則或非牛而牛也可。言或有非牛而與牛相類,則亦可謂之牛也)。故曰:牛馬,非牛也,未可(此言兼舉牛馬,則不得謂非牛。猶公孫龍子云:羊言牛非馬。張惠言曰:牛馬,豈得非牛)。牛馬牛也,未可(此亦兼舉牛馬,既兼有馬,則又不可竟謂是牛。張曰:牛馬,豈得謂牛)。則或可或不可,而曰牛馬牛也,未可,亦不可(言可不可兩説未定,竟指謂牛馬之爲牛者未可,亦非也。張云:有可者,今但言未可,是亦不可。三皆不辨其兼,故不可)。且牛不二,馬不二,而牛馬二(前云數牛數馬,則牛馬二數牛馬,則牛馬一),則牛不非牛(張云:專牛則牛),馬不非馬(張云:專馬則馬),而牛馬非牛非馬,無難(張云:兼牛馬,則非牛非馬,是則無可難矣)。

魏際昌據此認爲:

> 他(墨子)這裏雖在反復的玩弄着"是"和"非"、"可"或"不可"加上"牛""馬"這倆個名詞之後的種種不同的解釋,但卻一點兒也不違背肯定與否定的規格,實事求是的合乎語法的"判斷",是什麽就是什麽,完全没有"詭辯"、"臆斷"的情況。

這是對墨子訓詁和邏輯的肯定。

魏際昌在講解孟子、荀子、老子、莊子、關尹子時也是如此,均能從訓詁出發,來談論諸子的思想。這裏的關鍵是,他注意到了訓詁和邏輯之間的相關性,這是非常重要的:

> "夫物芸芸,各復歸其根,歸根曰静,静曰復命,復命曰常,知常曰明。"(十五章)此章"曰"字下面的"静""復命""常""明"不也是"名"? 是概念,是訓詁? 只不過换了個説的方式(關於結構上的)而已。
>
> 韓非之説"刑名",關於"法""術""勢"等,都是數語破的,等於定義,提綱挈領,確切不移的,如:"法者,編著之圖籍,設之於官府,而布之於百姓者也","故法莫如顯"。"術者,藏之於胸中,以偶衆端,而潛御群臣者也","而術不欲見"(《難三》)。"柄者,殺生之制也;勢者,勝衆之資也。"(《八經》)"勢重者,人主之淵也。"(《内儲説下·六微》)"賞罰者,利器也,君操之以制臣,臣得之以擁主。"(同上)"夫利者,所以得民也;威者,所以行令也;名者,上下之所同道也。"(《詭使》)

魏際昌認爲,這些解説乾脆簡明,非常的周延,就説它是訓詁文字,也不算過。這樣,所謂訓詁並不僅僅是文詞的解說而已,而是邏輯分析的基礎,甚至是導引,這是魏際昌諸子研究的關鍵點。對於一般的中國哲學史研究而言,這種看法不應視作中文系訓練的一種"成見",而應是克服哲學史研究大而無物的重要原則。

依照這條道路,魏際昌在諸子學研究中進入古典文獻內在的脈絡,因而發現了很多哲學史研究無法看到的東西。如他在《先秦散文研究》中解釋"王"的研究,非常具有方法論的意義①:

> 這個作爲上古最高統治者代稱的"王"字,從漢唐以來就訓釋爲"王,往也,天下所歸往也","大也,若也,天下所法","主也,天下歸往謂之王"(分見《釋名》、《白虎通》、《廣韻》、《正韻》等字書)。孔子最初怎麽解釋的呢?他說:"一貫三爲王。"(《説文解字》所引)董仲舒曰:"古之造文者,三畫而連其中謂之王。三者,天、地、人也,而參通之者,王也。"(同上)按"王""往"疊韻,"參"韋昭注《國語》曰"三"。我們這裏需要解決的,還不只是它的"聲訓"和"通假"的問題。首先是説明字形的"三畫"及"連其中"的"一直",到底是怎麽回事。我們盡可以説,孔、董兩人的"一貫三"之言,是有其充分的根據的。這釋作"天、地、人"的"三才",和最高統治者"一貫"的"天道",實在無法不承認它是構成"王"字的"天經地義"了。縱令它是漢人徵引孔子的舊説,難免有因時變通望文生義之處。儒家之外,道家的《老子》同樣給了足夠的補充哪:"天得一(數之始,物之極)以清,地得一以寧","萬物(人爲萬物之靈)得一以生,侯王得一以爲天下貞(正也,事之幹也)。"換言之,也未嘗不是"道生一,一生二,二生三,三生萬物"的自然的結合着人事的現象,王弼説得好:"故萬物之生,吾知其主。""百姓有心,異國殊風,而得一者王侯主焉。"《老子》又道:"故道大、天大、地大、王亦大。"(王弼注云:天地之性人爲貴,而王是人之主也,雖不職大亦復爲大,與三匹,故曰王亦大也。)域中有四大(指道和天,地與王而言)而王居其一焉(處人主之大也)。人法地,地法天,天法道,道法自然(王弼云:法謂法則也。人不違地乃得全安,法地也;地不違天乃得全載,法天也;天不違道乃道全覆,法道也;道不違自然乃得其性。法自然者,在方而法方,在圓而法圓,於自然無所違也。自然者,無稱之言,窮極之辭也)。其實這裏所說的"自然",不過是孔子也談過的"天何言哉?四時行焉,百物生焉,天何言哉"(《論語·陽貨》)的自然規律,古人鬧不清楚,才如此這般地講得神乎其神而已。可是,無論儒家還是道家,最終都不得不把它落實到人,尤其是老百姓的最高統治者"王"的身上,所以,我們才認爲:他們的話是相得益彰的。

---

① 按:魏際昌關於"王"的研究或與顧頡剛、楊向奎《三皇考》(《古史辨》第 7 册)、羅根澤《古代政治學說中的"皇"、"帝"、"王"、"霸"》(《諸子考索》,人民出版社 1958 年版)有一定的關係,而研究思路則是其一貫堅持的。

魏際昌進一步通過文獻的關聯,分析王與皇、帝、天子的相關性,並且據《白虎通》《禮記·諡法》《鈎命訣》等指出:帝王、皇君不過是一種爵位、名稱,並不是神聖不可侵犯的,要根據皇王們的功績與表現來論定。那些不關懷老百姓疾苦的,不夠稱爲"皇帝",起碼在道德標準上是這般看待的。如東漢章帝召集儒生"會白虎觀講議五經同異,親自稱制臨決"(《後漢書·章帝紀》)的"奏議"即如此,可見古人對於王、皇、天子確實有嚴肅的道德約束。

一般的,人們會把訓詁和邏輯分屬於不同的學科,而在魏際昌的研究中,訓詁和邏輯是交融在一起的。由上面一段引文可見,魏際昌博徵先秦兩漢各種材料,由訓詁入手,證之以孔、老之説,而得出思想史的結論,這是非常精彩的分析。較之一般的哲學或者散文研究,真是切入肌理,有理有據,取材廣泛,而論斷卓絶,這是非常精彩的。這樣的諸子學研究,單從方法上來講,也是非常有意義的。

魏際昌的研究可以看出中文系訓練下研究諸子學之特色,這些看法和方法是一般先秦哲學史學科不能也不會做的。這是對胡適研究的一個很重要的修正,即中國思想自身邏輯的討論應該與傳統訓詁學相聯繫,而不是單從一般字句出發敷衍西式的邏輯。魏際昌研究諸子名學,與胡適的重心不同,顯示出對於古典文本自身脉絡的重視。這除了和學科分工有關之外,恐怕和對胡適研究的自覺反省有關。

由於時代的局限,魏際昌的諸子研究在材料的判定上有時偏於疑古(如對劉歆相關問題的判斷,相信《國語》爲其僞撰),有時又過分相信古籍(如使用《孔叢子》《孔子家語》《尹文子》等材料)。當然,直到今天,這些文獻問題也還沒有解決,研究者同樣要面對如何選擇材料的問題。另外,由於衆所周知的原因,魏際昌研究中也有很多意識形態的痕跡,這是那個時代學者的歷史痕跡,今天看來大多數都沒有意義了。不過,去除掉這些問題,魏際昌的研究還是呈現出自己的特點。他能夠深入諸子文獻內部,以諸子的問題意識爲主綫,同時體現出思想史的關懷,在散文史的形式中進行思想史的工作,其研究顯示了諸子學傳統在學科化進程中的演變。這是諸子學研究在胡適之後的發展,其回到文獻自身脉絡、注重邏輯與訓詁的結合,對於我們反省哲學史模式的諸子學研究是有意義的。不過,在處理諸子學的現代身份上,魏際昌仍舊在中文學科內部發掘其思想內涵,這與胡適一樣,仍舊無法回到真正的諸子學研究範疇。

和胡適門下的著名學者相比,魏際昌不是那麽顯眼的人物。他在抗戰亂離之中棲身湘粵,無法著書;建國後在歷次運動中反復檢討所謂歷史問題,也根本無暇研究。魏際昌的諸子學研究並沒有做出特別突出的成績,這是那個時代學者的不幸。不過,他的研究在其學生方勇那裏得到發展,從而承上啓下,把現代諸子學發展向前推動一步。

三、方勇:諸子學的正名及現代學術形態的探索

當代的哲學史研究和文學史研究都有對以往研究的方法論反省,其中就包括對學科化體

系與傳統學術之間關係的討論，如對中國哲學合法性的討論①。在新一代學者的視野中，如何找到符合傳統學術脉絡的學術形態是一個需要清理的方法論問題。在諸子學研究中，這一問題在方勇的研究中體現出來。

方勇，1983年開始跟隨魏際昌攻讀碩士研究生，其後以莊子學術史研究成名，著有《南宋遺民詩人群體研究》《莊子學史》（三卷本、增補六卷本）、《莊子纂要》等。他也是大型諸子文獻叢書《子藏》的總編纂，諸子學專業輯刊《諸子學刊》的創始人和主編。方勇的學術志業有一個重心，就是推動諸子學在當代的發展。縱觀方勇的諸子學研究，從近代以來的學科化道路上向回走，從諸子學術史研究過渡到諸子學研究，並最終重新確立諸子學的名目和研究宗旨，以追求"新子學"爲學術發展方向，這是對胡適、魏際昌學科化道路的一個回調。

方勇對當代諸子學的推動大端有四：諸子學文獻的集成，以《子藏》編纂爲中心；諸子學術史系列，推動諸子各家各書的學術史研究；以《諸子學刊》爲中心，結合國內外學術會議，聚合和培養諸子學研究力量；從現代諸子學的理念出發，提倡"新子學"。這四方面分別從文獻、學術史、研究隊伍和理念出發，全面開拓諸子學研究。這裏專門介紹其"新子學"思想，並涉及諸子學術史研究。

方勇的諸子學研究是從莊子學術史開始的，其研究有明確的方法論自覺，就是對哲學史模式的放棄。方勇的這種做法，和他繼承胡適的古典研究思路有關，也和其博士後合作導師褚斌傑先生的建議有關。褚先生認爲一般的哲學史無法含納古典研究的很多內容，故而建議方勇以莊子研究本身的歷史爲中心。在此意識之下，方勇的莊子學史研究幾乎是竭澤而漁式地搜索、整理歷代莊子研究文獻。諸如隋唐陸德明的《經典釋文》，在莊學史上的意義非凡，但是在哲學史上完全無法加以處理，方勇能夠對此做通盤的研究，顯示出學術史研究模式的真正意涵。其他類似的情況還很多，如醫學、文學、理學與莊子的關係等等。方勇研究莊子學史，取材不厭其煩，論説但求圓融。這種學術史寫作模式不同於一般的哲學史式的寫作，更能體現歷代莊子研究的真實面貌，從而革新了莊子研究的樣貌。在此之後，方勇又明確提出"新子學"的主張，這才真正擺脱前人，而努力重振諸子學的傳統。

2012年，方勇在華東師範大學先秦諸子研究中心舉辦的"先秦諸子暨《子藏》學術研討會"上，提出了"爲諸子學全面復興而努力"的主張②，就是對治學科化之下諸子學研究有實無名的問題。其後，2012年，在《"新子學"構想》一文中明確提出"新子學"主張③。從此，"諸子學"之名重新回到現代學術的論域，諸子學研究也開始重新回歸自身。實際上，"新子學"不僅是學術研究的新體系，也是對傳統文化重構的理解，即如何評價諸子學傳統以及重新理解中國思

---

① 參彭永捷主編《中國哲學學科合法性論集》，河北大學出版社2011年版。
② 方勇《爲諸子學全面復興而努力——"先秦諸子暨〈子藏〉學術研討會"紀要》，《光明日報》國學版2012年4月23日。
③ 方勇《"新子學"構想》，《光明日報》國學版2012年10月22日。

想的内在結構。"新子學"的提出,是對現代學科化諸子學研究的繼承,更是對其所作的反省①。

對於諸子學的學科化道路的分析,方勇是很自覺的:

> 現代學科體系推動了諸子學長足發展,但是諸子學畢竟是中國的古典學問,有自身的問題意識和方法。這些特徵是否在現代學科系統下得到展現,這有一個疑問。就現有的研究成果來說,諸子學研究大都是在中國古代史、中國哲學史和中國文學史的框架下完成的,真正以諸子學面目出現的不多。從諸子學研究的隊伍來看,現有諸子學的研究主力,一是古籍所和中文系專注於古籍整理的學者,一是哲學系的學者,再有就是歷史系思想史研究者和中文系古代文學研究者。從事諸子文獻整理的學者都受過古代文獻整理訓練,爲諸子研究提供了堅實的基礎。中華書局的《新編諸子集成》系列是傑出的代表,我們所從事的《子藏》也屬於這樣的工作。哲學系以及思想史專業的學者主要做諸子學的現代解讀,特別是諸子哲學思想的研究。古代文學的研究者則從文學的角度來研究諸子,如諸子散文的研究。由於分屬於不同的學科,不同領域之間的研究成果缺乏共用機制,學者之間也很少聯繫。同時,由於受到專業的限制,學科的慣性,學者們在諸子研究過程中有的囿於過去的模式,無法突破,表現爲研究對象過於集中,研究的方法歸於單一。這些都不利於諸子學發展。我經常和諸子學界的學者交流,很多人都表達了對現有諸子研究的不滿。大家都認爲諸子學要發展,就要突破現有的學科限制,擴大學界的交流,在研究方法上更注重綜合性,作一種跨學科的研究。諸子學要發展,諸子學界迫切需要一個穩定、多元的學術群體,在相互溝通之中凝聚共識。除了人文學者之外,我們還希望進一步讓社會學科領域的學者參與進來,進一步形成一個諸子學研究多家共鳴的格局,這是藏在我們心底很久的理想。②

---

① 在建國之後以及"文革"之後的學術研究中,大陸有很多以諸子學爲名的研究著作,如童書業《先秦七子思想研究》(中華書局 2006 年版)、馮鐵流《先秦諸子學派源流考:對先秦諸子學術活動的新認識》(重慶出版社 2005 年版)、徐仁甫《諸子辨正》(中華書局 2000 年版)、孫開泰《先秦諸子精神》(鳳凰出版社 2010 年版)、郭齊勇《諸子學通論》(商務印書館 2015 年版)、方銘《戰國諸子概論》(學苑出版社 2012 年版)、高正《諸子百家研究》(中國社會科學出版社 2011 年版)、林存光《先秦諸子思想概述》(遼海出版社 2015 年版)、王澔《先秦諸子新探》(齊魯書社 2015 年版)等等。港澳臺地區的研究也有一些,如鄧國光《聖王之道——先秦諸子的經世智慧》(中華書局 2010 年版)、鄭良樹《諸子著作年代考》,(國家圖書館出版社 2001 年版)、陳曾則《周秦諸子講義》(臺灣文聽閣圖書有限公司 2010 年版)等等。不過,立足革新諸子學研究,並且有重要影響者,只有方勇的"新子學"主張。

② 在 2014 年"新子學"國際學術研討會上的發言。其他學者如劉韶軍,對此問題也有一定的認識,參《論"新子學"的内涵、原理與構架》,《"新子學"國際學術研討會論文集》,華東師範大學先秦諸子研究中心 2013 年。

方勇對諸子學現代學術形態的反思,集中在對於近代以來以西方學術來比附上。中國哲學史是諸子學研究最主要的模式之一,諸子學從胡適開始,實際上已經改造爲中國哲學史。因而,方勇的反思,主要集中在反思哲學史模式:

> "孔子成了最時髦的共產主義者,又成了新大陸挽近的行爲派的心理學家",或"以愛因斯坦的'相對論'解釋《老子》"(馮友蘭《中國哲學史》)。至於以格致論公輸之巧技、平等比墨子之兼愛,或以孔學效耶教、《淮南》列電力者,更是不一而足。結果是使子學漸漸失去理論自覺,淪爲西學理念或依其理念構建的思想史、哲學史的"附庸":既缺乏明確的概念、範疇,又未能建立起自身的理論體系,也沒有發展成一門獨立的學科,唯其文本化爲思想史、哲學史的教學與寫作素材。因而當時羅根澤就想撰寫《由西洋哲學鐵蹄下救出中國哲學》一文,以揭穿這種中國哲學家披上西洋外衣的把戲(見《古史辨》第四册羅根澤前序)。(《"新子學"構想》)

其後,根據諸子學發展的新進展,方勇對此一問題又有進一步的思考,他着重討論了先秦時代的基本思想形態:

> 近代以來,先秦哲學史對此提供了系統的知識圖景,而這些工作在今天看來猶有未及。哲學史的範式預設了諸子學研究的範本,研究的興趣多着力於形上學,諸子學本來的問題意識和思想綫索被遮蔽了,而我們實則應於原生中國意識的定位上再多下工夫。除了學術觀念的更新,考古學發現同樣重要。我們有機會認識古人完全無法想象的先秦時代,如禪讓風氣與今文學發展的關係,孔孟之間、老莊之間的學術鏈條,黃老學的展開等,這些是傳統時代無從想象的。諸子學的發展譜系,遠較司馬談《論六家要指》《漢書·藝文志》複雜,各家的共通性非常大,相互的影響極深。因而,當代實具備了回歸中國思想原點的極佳契機。(《三論"新子學"》)

對於諸子學與現代學術體系的關係問題,方勇提出要回歸原點,重新審視諸子學的問題意識和方法。現代以來的學科化諸子學研究往往喪失了諸子學的原問題意識,於是諸子的著作只是爲了證明和發揮現代學術觀點,這是學術界反省現代學術發展的一個共識。方勇不再把諸子學視作一種古代的材料,而是將之視爲包含着中國古代基本洞見的原典,需要不帶偏見地去承認和發展的智慧體系。這一看法,並不否認現代學術所應當具備的客觀性和理論性特質,因而,發掘諸子學和諸子學現代化應該是同步的,這最後體現爲學科化與傳統形態的融通,方勇認爲:

> 面對現代學術中世界性與中國性的衝突,"新子學"的主要構想是以返歸自身爲

方向,借助釐清古代資源,追尋古人智慧,化解學術研究中的内在衝突。所謂返歸自身,就是要平心靜氣面對古人,回到古代複合多元的語境中,把眼光收回到對原始典籍的精深研究上,追尋中國學術的基本特質。這是"新子學"研究的目的。由此我們寧願對學界一向所呼籲的中西結合保持冷靜態度。中西結合雖則是一個良好的願望,其結果卻往往導致不中不西的囫圇之學。這一後果表明,任何真正的學問都有堅實的根基。没有根基的綜合從來都是没有生命力的。(《再論"新子學"》)

如何處理傳統學術發展與西學的關係一直是糾纏在現代中國學者心中的大問題,也是約束和影響着所有研究者的時代語境。不同於胡適以西方模式來組織哲學史,或者魏際昌以散文史形態講述思想史問題,方勇更自覺地回到對原始語境與原始問題的追問上:

> "新子學"當然會關注西學,我也深知這是一個西學盛行的時代,但是我們的工作重心還在中國性的探索上,在中國學術的正本清源上。"新子學"並未限定某一種最終結果,但是我們的方向在這裏,逐級地深入,慢慢地積累。我相信這是一個有希望的方向。這就是"新子學"面對學術内在糾纏的自我定位。(《再論"新子學"》)

方勇在對待諸子學傳統上不同於胡適,而能以魏際昌的態度對待,他以經子並治爲研究諸子學的前提。經子並治是對胡適以來哲學史化的諸子學研究的一個撥正,其關鍵是重新承認早期經學與諸子學之間的共生關係。同時,在諸子學具體研究的方法上,方勇提出原理化和社會科學化兩種思路,這是應對學科化進程,對諸子學發展的現代化的一種探索:

> "新子學"認爲,關於元典時期的研究範圍實應涵括諸子各家,旁涉早期經學,這樣就能跳出經、子二分的傳統觀念,回歸原點。我們主張以《春秋》《周易》《論語》《老子》爲基礎,這可能是激發創造的新典範;再旁及《孟子》《荀子》《莊子》《墨子》和《韓非子》等其他經典,形成元文化經典的新構造。……其一是研究的原理化。原理化要求不再局限於儒、道、墨、法、陰陽、名六家的框架,而是以問題爲中心,做一種會通的研究。要抓住核心觀念疏通古今,融入現代生活中加以討論。諸子學具有恒久的意義,在於其洞見了文明中的基本事實,其解決問題的方案可能不是唯一的,但最切近中國社會。其二是研究的社會科學化。以往的研究都偏於哲學化,我們應該更多注意運用社會科學方法解釋古典文本。現代社會與傳統社會的不同在於,這是一個高度"人工化"的社會,一切現象都需要社會科學的視角才可以理解。古典時期的智慧需要結合諸如經濟學、政治學、管理學、社會學的方法來闡釋,才可能具有實際的解釋力。(《三論"新子學"》)

方勇還特別强調了諸子學的價值意義,這是在胡適、魏際昌之外,對於諸子學一種價值上的肯定。胡適以材料看待諸子學,魏際昌把諸子學理解爲統治階級的意識形態,方勇在當代思想的背景下,高度重視諸子學傳統,這是中國思想界逐步肯定本土資源在諸子學上的體現。他認爲:

> 我們認爲,傳統文化研究的方向應該是對治現代性,而非論證現代性。從哲學史的範式中走出來,把重點從知識構造轉出,重新喚醒傳統資源的價值意義,讓經典回到生活境遇中,這是關鍵。當然,這不是説把古人的話頭直接搬到現在,也不是説不顧及現代社會的主流價值,一味復古。喚醒價值,是指在傳統價值中找到適應當代的形式,並與現代價值做有效溝通。(《三論"新子學"》)

在方勇這裏,價值化不是回到諸子學的傳統形態,而是在專業化的路徑上回復其價值意義。這就指出了諸子學研究的最終目的。諸子學研究,最終是爲了諸子學本身,而不是成爲學科化的一個產品。

最後,方勇提出了建立系統的"'新子學'學術體系"的主張,同時闡釋了其原則和步驟:

> 簡而言之,"新子學"就是試圖擺脱哲學等現代分科體系的窠臼,建立以諸子傳統爲研究對象,具有相對獨立研究範式的現代學術體系。這是"新子學"的目標。……"新子學"需要破除歷史上的種種偏見,也需要反省現代學術的盲點,其要點就是探索中國文明形態的基本特徵。這很可能顛覆我們以往對諸子學、經學以及對先秦時代的一般看法,從而在思想的層面上對於"何者爲中國"做一個回答。……"新子學"工作包括三個部分:文獻,學術史,思想創造。這是逐步深入的研究步驟,也是並進的三個方面。①

總而言之,提出建立新的學術體系,標誌着方勇的諸子學研究從學科化的路徑中脱出,同時也是對諸子學研究學科化路徑的辯證的繼承。他重新把諸子學正名化,並且提出"新子學",主張諸子學學術體系的建立,這是對胡適和魏際昌研究的真正推進。其所論的"新子學"的理念、方法、框架,經過學者的討論,顯示出勃勃生機②。從胡適的學科化努力,到魏際昌的修正,再到方勇的返本開新,顯示了現代諸子學研究經歷了學科化洗禮後的某種新生態。

---

① 方勇《新子學:目標、問題與方法》,《光明日報》2018年4月7日。
② 關於"新子學"的研究,可參《"新子學"論集》(學苑出版社2014年版)及《"新子學"論集(二輯)》(學苑出版社2017年版)。此外,2017年在臺北舉辦了第五屆"新子學"國際學術研討會,2018年在韓國舉辦了第六屆"新子學"國際學術研討會。

結　語

　　本文以胡適、魏際昌、方勇三代學者爲例,通過展示他們的諸子學研究,來回顧近百年來諸子學學科化發展的歷程。胡適最早建立了一個諸子學的學科化範式,魏際昌對此體系做了若干修正,而方勇則反思這一體系,倡導回到諸子學自身傳統之中。這一歷程,從一個側面顯示了近百年來中國傳統思想資源所經歷的"現代化"轉型。本文希望借助這一歷程,討論一個重要的方法論問題: 諸子學在現代學術體系中的身份問題,即諸子學應該以什麼樣的形態進入到現代中國學術體系之中[①]?

　　諸子學在現代學術中實際上有兩種形態,一種是學科化的中國哲學史、先秦哲學史,以及先秦散文史等等,這些是諸子學研究的主流。另外一種則表現爲提名爲諸子學的著作,如民國時期陳柱《諸子概論》、劉汝霖《周秦諸子考》、陳鍾凡《諸子書目》《諸子通誼》、江瑔《讀子卮言》、李源澄《諸子概論》、孫德謙《諸子通考》、羅焌《諸子學述》《經子叢考》、蔣伯潛《諸子通考》《諸子學纂要》、胡耐安《先秦諸子學》等等,這些學者追隨清儒及章太炎的思路,仍舊停留在前學科化的路徑上。1949 年之後,兩岸三地也有一些類似的著作。無疑的,前一類著作在現代學術史上影響深遠,在學術體系中居於主流,而後一類著作只是處於邊緣地位,影響很小。如果不是專業的研究者,對於後一類著作基本是不知道的。這一情況反映了諸子學在現代發展的基本境況: 脱離了學科化主流的諸子學發展是沒有能力應對現代的要求的[②]。

　　那麼,如何評價從胡適開始的諸子學學科化的研究呢? 從胡適以來的現代諸子學研究取得了豐碩的成績,不過其都是在中國哲學史、先秦哲學史、中國文學史、中國思想史的模式下

[①] 現代學科體系對於傳統學術研究的影響是非常明顯的,我們可以舉一個例子說明此事。筆者曾和程章燦老師談過自己的觀察:"比較哲學系對於古代典籍的研究,中文系的研究倒是更好的處理辦法。"程老師表示同意。此外,譚家健著《墨子研究》,其中的後記談到,"一位朋友看過部分書稿之後,十分友善而誠摯地對我說: 你這是中文系的講法",而"所謂'中文系講法',按照我的理解,主要就是按照墨家本身所提出的問題去講。例如墨家十論,皆逐一設章論述。套用當代文藝理論新術語來說,或許可以叫作'文本的闡釋'。與中文系講法不同的應是哲學系的講法。我曾請教過朋友,那主要是按研究者的哲學觀點對墨家加以分析和綜合,所論述的命題更具有理論性。如唯心與唯物,辯證法與形而上學,天與人,知與物,心與性,義與利,動機與效果,思維方法,認知路綫等等"(貴州教育出版社 1995 年版,第 510～511 頁)。諸子學研究,受到學科的限制而顯示出不同的面貌,這在華東師範大學先秦諸子研究中心舉辦的歷次國際國內學術會議上看得也非常明顯。

[②] 左玉河把中國現代學術分爲兩個類型: 移植之學與轉化之學(《從四部之學到七科之學——學術分科與近代中國知識系統之建立》,上海書店 2004 年版)。從諸子學來看,還有一種保留傳統形態的學術。也就是說,諸子學在現代的發展,以學科化爲一種形態,以傳統諸子學爲另外一種形態。

完成的。對於胡適開創的哲學史模式,哲學史研究者自己也在反省之中①。彭永傑教授在《關於中國哲學史學科的幾點思考》一文中談道:"中國哲學史學科領域內這種'漢話胡說'的模式,雖然取得了看似輝煌的學術成就,卻導致了一種我們不得不面對的尷尬後果:經過學者們的辛勤耕耘,中國哲學史被詮釋爲新實在論、實用主義、生命哲學、意志主義、唯物史觀、現象學,直至後現代主義,唯獨成爲不了'中國哲學'的歷史。國人對於中國傳統不是更易於理解和更加親近了,而是更加不解、更加疏遠了。到目前爲止的中國哲學史研究實踐,只是使這門學科成爲'哲學在中國',而始終無法做到使其成爲'中國底哲學'。"②就諸子學研究而言,在現代學術轉型過程中,諸子學一直有其實而無其名③,諸子研究一直在哲學史、文學史的範式下進行。學科化是諸子學進入現代學術的門徑,也是制約和扭曲諸子學研究的窠臼④。現在的問題是:如果諸子學發展必須帶着學科化的鐐銬來跳舞(借聞一多語),如何保證其內在思想的原發性和表達方式的現代性,這是關鍵。

我們認爲,可以有兩種思路來應對。第一:如果諸子學還是一種有效的論說話語,是否可以放棄哲學史模式,而回到諸子學⑤? 堅持諸子學的自身身份,同時又堅持學科化方向,那麼"諸子學"自身作爲學科就不可避免⑥。不過,這一點不僅涉及諸子學本身學科建構的問題,還涉及當代中國學術體系的結構變化,需要足夠的時間⑦。第二:如果我們不拘泥於學科之

---

① 近年來,中國哲學史研究界在討論中國哲學史合法性問題,對中國哲學史的學科合法性問題展開討論,可參鄭家棟《"中國哲學"的"合法性"問題》,原載《世紀中國》《中國哲學年鑒》(2011),轉載於《中國社會科學文摘》2002 年 2 期。最新的討論請參郭齊勇編《問道中國哲學——中國哲學史研究的現狀與前瞻》,九州出版社 2014 年版。
② 彭永傑《關於中國哲學史學科的幾點思考》,《中國社會科學院院報》2003 年 6 月 5 日。
③ 嚴格説來,如果説諸子學的實是指諸子學的原問題與元方法,那麼諸子學的實也是缺失的。不過,我們説哲學史模式下的研究有其實無其名,大致是指諸子學作爲研究對象與研究内容在學科中是存在的,只不過缺失了諸子學的名義。
④ 關於文史哲學科劃分對於傳統學術研究的弊端,可參斯日古楞《中國近代國立大學學科建制發展研究(1895—1937)》,"文史哲不分家,社會科學與自然科學相融合是傳統學科的最大特色,在新的歷史條件下,值得思考'學科的正當性是否必須與傳入中國的西方近代學術分科接軌'的問題",廈門大學教育研究院 2012 年博士論文。
⑤ 張京華教授在《先秦諸子學基本資料序》中表達了從中國哲學史回到諸子學的想法:"余早歲問學,半在乾嘉、半爲西學。時聆聽湯一介先生開講'魏晉玄學',於'哲學範疇'一語意念頗深。其後滬上學友高峰兄每誡余中國學術以'生生'爲大道,初不似西洋之'哲學',心有所悟,遂有離乎'先秦哲學'而轉入'諸子學'之想。"(http://www.doc88.com/p-17460912657.html)
⑥ 關於諸子學學科化的思考,可參林其錟《略論先秦諸子傳統與"新子學"學科建設》,《新子學論集》,學苑出版社 2014 年版,第 98 頁。
⑦ 這個問題和國學以及經學的合法性一樣,擺在我們面前。國學、經學以及諸子學有沒有學科的合法性呢?關於這方面的思考,還可參郭齊勇《試談"國學"學科的設置》,《光明日報》2010 年 8 月 25 日。

名的話,校正一個世紀以來的諸子學學科化之路,"恰切的理論性"或許是一個關鍵點。諸子學研究是一個複雜的體系,不過追求理論性當是其核心。哲學史研究加强了諸子學的理論品質,但是代價是喪失了諸子學的問題意識。把諸子學的理論思考重新校正回到自身"恰切"的問題意識和問題域之中,這或許是解決諸子學學科化問題的辦法。方勇關於"新子學"的論説提供了一些綫索,很多問題需要進一步研究。

無論如何,諸子學的學科化已經無法回頭,把諸子學自身理解爲現代學術範式,找到更好的形態來論説諸子學,這是一個艱巨的任務,也是百年來諸子學現代轉化工作的下一步。這需要學者的思考,還有很多工作要做。梳理從胡適、魏際昌到方勇這條綫索,希望能够給我們提供更多的啓示。

[**作者簡介**] 劉思禾(1973—   ),男,遼寧凌源人。文學博士,現爲東北師範大學古籍所講師。主要從事先秦諸子學和道家思想研究,著有《清代老學史稿》等。

臺灣近三十年兩漢諸子古籍整理成果及其檢討

(臺灣) 陳惠美

内容摘要 本文分析臺灣近三十年兩漢諸子古籍整理成果,並提出檢討意見。本文所指的近三十年,爲 1987 年至 2017 年之間,所謂的"古籍整理",以學者對兩漢諸子之著作或古注,所作的校勘、注釋、輯佚、編輯研究論著目録、編輯叢書等工作爲範圍,至於有關兩漢諸子思想體系、哲學要旨之闡釋發揮等,則不在本文討論範圍内。本文參考各種目録索引,蒐集臺灣近三十年來對於兩漢諸子文獻整理的成果,依其整理的形式,分爲"點校""注譯""補缺""編輯研究論著目録""編輯叢書"五大類,然後依兩漢諸子之年代先後,加以列次,以呈現出臺灣近三十年兩漢諸子古籍整理成果,並探討其得失。

關鍵詞 兩漢諸子 文獻整理 子部古籍整理
中圖分類號 B2

前　　言

章太炎説:"所謂諸子學者,非專限於周秦,後代諸子亦得列入,而必以周秦爲主。"[①]學界探討"諸子學",泰半以先秦諸子爲主,胡楚生《四十年來臺灣地區子部古籍校釋整理之成果及其檢討》[②]一文統計出 1951 年至 1990 年,臺灣地區校釋子部古籍的專書,共有九十種,屬於先秦時代的有六十三種,約占全部專書的百分之七十,由此可見一斑。漢代諸子學對於本派學

[①] 章太炎《諸子學略説》,雲南人民出版社 2008 年版,第 216 頁。
[②] 胡楚生《四十年來臺灣地區子部古籍校釋整理之成果及其檢討》,《書目季刊》第 30 卷第 2 期(1996 年 9 月),第 13 頁。

說的繼承與發展雖具有延續性,但慢慢融合了其他各家學派的思想,漢代學術在先秦學術的基礎上,經過一系列的發展與整合,奠定了中華文化的走向,在整個中國學術史上具有關鍵地位。從事研究工作,需有完善的資料才能豐富學術論文的内容,因此本文以兩漢諸子的古籍整理爲考察對象,期能呈現兩漢諸子的古籍整理成果,以利兩漢學術研究之推展。近年來大陸地區整理古籍的成果十分豐碩,礙於篇幅,本文僅以臺灣地區爲討論範圍,胡楚生先生有專文探討臺灣地區1951年至1990年間校釋子部古籍的成果,已將這四十年間臺灣地區出版的古籍校釋專書及發表於刊物上的文章一一列出,校釋古籍時多半會同時進行補缺的工作,胡先生一文也一併討論了"補缺"的成果,所以本文不再重複這些内容,蒐集資料的斷代標準爲1987年至2017年。目前四部之學中的"子部"包含"儒家、兵家、法家、農家、醫家、天文算法、術數、藝術、譜録、雜家、類書、小説、釋家、道家",已不同於《漢志·諸子略》的"九流十家",對於"諸子"的界定隨時代變革其涵蓋範圍愈見擴增。雖説討論"諸子學"多以先秦時期的"九流十家"爲主,但兩漢存世的子部典籍已爲數不多,因此本文從廣義的角度來討論"兩漢諸子",只要是被收入四庫"子部"的兩漢典籍都是本文的考察對象。

黄永年《古籍整理概論》全書分"底本、影印、校勘、輯佚、標點、注譯、索引、其他(撰寫序跋、編製附録)"八個部分①,探討古籍整理的方法。劉兆祐《文獻學》一書的第四章第一節《整理文獻的方法》將整理文獻的方法分爲"校勘、編輯目録、注釋、輯佚、編纂、考佚、補缺"②。由此可知影印古籍加以出版、點校、注譯、輯佚、補缺、編輯目録、編纂叢書都是整理古籍的方法。本文以這些整理古籍的方法爲綱,參考各種目録索引,蒐羅出臺灣近三十年兩漢諸子古籍整理成果,除了能瞭解有哪些成果可以善加利用外,也可以借此明白今後該如何在前人的基礎上,發明更有效的方法整理古籍。

一、臺灣近三十年兩漢諸子古籍點校、注譯、補缺之成果與檢討

《漢書·藝文志·總序》説:"(成帝)詔光禄大夫劉向校經傳、諸子、詩賦;步兵校尉任宏校兵書;太史令尹咸校數術;侍醫李柱國校方技。每一書已,向輒條其篇目,撮其指意,録而奏之③。"所謂"録",就是"書録",或稱"叙録"。劉向現存的叙録,如《管子叙録》《晏子叙録》《列子叙録》《孫卿子叙録》《韓非子叙録》《鄧析子叙録》《戰國策叙録》《山海經叙録》等,從中可看到

---

① 黄永年《古籍整理概論》,上海書店出版社2001年版。
② 劉兆祐《文獻學》,三民書局2007年版,第249~309頁。
③ 班固《漢書》,中華書局1962年版,第1701頁。

劉向校勘古籍的經過①，由此可知校勘是整理古籍的重要工作之一。所謂"補缺"，即指古籍本身卷帙不完整或内容殘缺，從其他文獻中蒐羅出遺佚的内容，期能恢復原書樣貌的工作，當屬古籍整理之範疇。"標點、校勘、注釋、翻譯、補缺"都是使古籍更具可讀性的方法，因此本節所蒐集的臺灣近三十年兩漢諸子古籍整理成果，將"標點、校勘、注釋、翻譯、補缺"放在同一類加以分析討論。

（一）劉安《淮南子》

陳麗桂《新編淮南子》，鼎文書局 2002 年版。

本書分上下兩冊包含"導論""校注與語譯""附錄"三部分，導論對"劉安之生平與著作、《淮南子》之思想要論"有深入的論述，本書爲(臺灣)"國立"編譯館《新編諸子叢書》其中一本，依《新編諸子叢書》的規範以先校後注爲原則。本書後附有"劉安年譜""歷代學者對《淮南子》之評價"。

（二）桓寬《鹽鐵論》

陳弘治《新編鹽鐵論》，鼎文書局 2001 年版。

本書包含"導論""校注與語譯""附錄"三部分，導論的部分論述"鹽鐵會議的緣起、與會人員的介紹、編撰成書的梗概、辯論內容的提示、關於參考的書目"，本書爲(臺灣)國立編譯館《新編諸子叢書》之一，依《新編諸子叢書》的規範以先校後注爲原則。本書後附有"序文""題識""《鹽鐵論》提要"。

（三）劉向《新序》《説苑》

陳茂仁《新序校證》，中正大學中國文學系博士論文 1999 年版，後交由花木蘭文化出版社於 2007 年出版。

本書蒐羅《新序》各版本，以北京圖書館藏宋刻本爲底本，並輔以前人校勘成果，對《新序》一書重新校證，且利用類書、古注的引文輯補了《新序》遺文。

陳茂仁《定縣漢簡"儒家者言"校〈新序〉四則》，《書目季刊》第 35 卷第 2 期，2001 年 9 月，第 21～27 頁。

陳茂仁《〈新序〉佚文輯補》，《國立編譯館館刊》第 29 卷第 1 期，2000 年 6 月，第 87～100 頁。

---

① 如《列子叙錄》云："光禄大夫臣向言：所校中書《列子》五篇，臣向謹與長社尉臣參校讎，太常書三篇，太史書四篇，臣向書六篇，臣參書二篇，内外書凡二十篇，以校。除復重十二篇，定著八篇，中書多，外書少，章亂布在諸篇中，或字誤：以盡爲進、以賢爲形，如此者衆，及在新書有棧。校讎從中書，已定，皆已殺青。"（劉向撰，姚振宗輯《七略別錄佚文》，《續修四庫全書》本，上海古籍出版社 1995 年版，第 568 頁。）

陳茂仁《敦煌寫卷〈籯金〉增輯〈新序〉佚文一則》,《書目季刊》第 48 卷第 1 期,2014 年 6 月,第 45~47 頁。

唐以前史書載《新序》三十卷,宋以後載爲十卷,奪缺於世者多有,陳茂仁教授時時留意《新序》遺文,完成博士論文之後,又持續利用新資料對《新序》校證、補遺,對於完善《新序》一書極有貢獻。

左松超《新譯說苑讀本》,三民書局 1996 年版。

左松超《說苑集證》,國立編譯館 2001 年版。

左松超《說苑集證》2001 年版爲 1972 年臺灣師範大學國文研究所博士論文《說苑集證》之修訂本,作者對於《說苑》的成書、《說苑》和《說苑雜事》及其他相關書的關係等,已有不同看法,因此修訂了博士論文中的部分文字。2001 年版《說苑集證》較 1972 年版多了《前言》①《說苑考佚》②《論儒家者言及其與〈說苑〉的關係》等內容。本書蒐羅《說苑》的各種版本,以商務印書館《四部叢刊》影印平湖葛氏傳樸堂藏明抄本爲底本,裒集衆說,定其字義。《說苑考佚》利用類書、古注輯錄《說苑》佚文六十三條,佚注十五條,其中三十八事,皆舊輯所無,所輯佚文,凡諸書引用文字有異同者,逐句加注於其下,以備查考。

(四) 揚雄《法言》

朱榮智《新編法言》,臺灣古籍出版社 2000 年版。

本書包含"導論""校注與語譯""附錄"三部分,導論對"揚雄傳略及著述、揚雄之學術思想"有深入的論述,本書爲(臺灣)國立編譯館《新編諸子叢書》其中一種,依《新編諸子叢書》的規範以先校後注爲原則。本書後附有"歷代學者對揚雄之評價""揚雄之年譜"。

(五) 王充《論衡》

蕭登福《新編論衡》,臺灣古籍出版社 2000 年版。

本書分上中下三册,包含"導論""校注與語譯""附錄"三部分,導論的部分論述"王充《論衡》其人其書",本書爲(臺灣)國立編譯館《新編諸子叢書》其中一本,依《新編諸子叢書》的規範以先校後注爲原則。本書後附有"《論衡》佚文""現存王充《論衡》版本及校注""歷代與王充《論衡》一書相關之史料""王充年譜"。

---

① 作者於 2001 年版《說苑集證·自序》末加上了下列説明:"《自序》中有些觀點,如《說苑》的成書,《說苑》和《說苑雜事》及其他相關書的關係等,作者已有不同看法,請參讀《前言》及附錄《論儒家者言及其與〈說苑〉的關係》二文,《集證》中部分文字亦作了相應的修改。"(左松超《說苑集證》,(臺灣)國立編譯館 2001 年版,第 37 頁。)

② 作者原發表於《中國學術年刊》第 1 期(1976 年 12 月),第 163~180 頁。

(六) 徐幹《中論》

蕭登福《新編中論》,臺灣古籍出版社 2000 年版。

本書包含"導論""校注與語譯""附錄"三部分,導論的部分論述"徐幹其人與《中論》一書",本書爲(臺灣)國立編譯館《新編諸子叢書》其中一本,依《新編諸子叢書》的規範以先校後注爲原則。本書後附有"徐幹年譜""現存徐幹詩文""類書引《中論》""《中論》引經籍考""歷代志書所見《中論》著錄情形、現存版本及近代研究概況""《中論》一書歷代書序校序及題記""徐幹及《中論》歷代所見相關資料"。

胡楚生《四十年來臺灣地區子部古籍校釋整理之成果及其檢討》:"可知四十年(1951—1990)來,臺灣地區,對於子部古籍作出校釋整理的專書,共有九十種,其中屬於儒家的有三十種,屬於道家的有三十二種,此外法家六種,名家三種,墨家七種,雜家七種,兵家四種,其他二種。……九十種子部專書,如以子書所屬的時代而言,則屬於先秦時代的有六十三種,約占全部專書的百分之七十,屬於兩漢的有二十一種,其他魏晉南北朝有三種,隋唐有一種,宋元明有二種①。"在 1951 年至 1990 年間臺灣地區兩漢時期的子部校釋類專書有二十一種,近三十年來銳減至八種。胡楚生文就觀察到,1951 年至 1960 年間發表者計有十二種,1961 年至 1970 年間發表者計有二十六種,1971 年至 1980 年間發表者計有四十種,1981 年至 1990 年間發表者計有十二種。臺灣的子部古籍校釋呈現衰退的現象,胡楚生先生對於此一衰退現象提出"學者們對於子書研究的興趣,已經逐漸轉變爲思想義理的探索,其中原因,一方面,固然是由於子書校釋,功夫積累,如有一二大成的作品出現,後來的學者們,再想要踵事增華,已難有所踰越,只好另尋他途,作爲研究的方向。另一方面,也是由於時代的改易風氣的轉變,一般基礎性及較爲艱苦的校釋整理工作,已較難引起青年學人的研究興趣"②。這段分析十分中肯,道盡臺灣近三十年來子部古籍校釋整理嚴重衰退的原因。

二、臺灣近三十年兩漢諸子研究論著目錄編輯之成果與檢討

編纂目錄,是保存文獻、整理文獻的重要方式之一。《漢書·叙傳》:"秦人是滅,漢修其缺,劉向司籍,九流以別。爰著目錄,略序洪烈。述藝文志第十。"③劉向卒,其子劉歆,卒其父

---

① 胡楚生《四十年來臺灣地區子部古籍校釋整理之成果及其檢討》,《書目季刊》30 卷 2 期(1996 年 9 月),第 13 頁。
② 同上,第 13~14 頁。
③ 班固《漢書》,中華書局 1962 年版,第 4244 頁。

業,將群書分爲六藝略、諸子略、詩賦略、兵書略、術數略、方技略,編爲《七略》一書①,於是宮中藏書得以傳存。劉兆祐《中國目錄學》②認爲目錄的功用主要有八項:一是明治學的途徑;二是考典籍的存佚;三是辨一書的真僞;四是考典籍的篇卷;五是審一書的性質;六是知佚籍的梗概;七是知典籍的板刻;八是考學術的源流。由於目錄可以在文獻的流傳過程中,產生如此多的功用,因此歷代學者無不重視編纂目錄的工作。

臺灣地區編纂子部目錄最知名的爲嚴靈峰,1960年間就陸續編纂了《老列莊三子知見書目》③《墨子知見書目》④《管子晏子知見書目》⑤等子部目錄,後又出版《周秦漢魏諸子知見書目》共6册(正中書局1975—1978印行),本書目除了根據已編成之《老列莊三子》《墨子》《管子晏子》三種知見書目,補充修正外,並網羅遺佚,收錄中外不同文字所撰諸子專著六千餘種,共錄老子、列子、莊子等先秦諸子以迄秦漢魏諸子共六十二家。每種書分別記載其書名、卷數、作者姓氏略歷、著作年代、内容概述、辨正疑誤處,不同版本分别臚列,孤本、善本及罕見的書注明庋藏地點,佚書則記載其收藏原委。該書目第六册收載六個重要目錄爲附錄,分别是:"重要諸子版本目錄""歷代重要藏書志、讀書志目錄""有關諸子札記隨筆目錄""重要子彙叢書版本目錄""此書著錄各種叢書所收諸子目錄""散落海外周秦漢魏諸子知見書目錄"。顧力仁認爲本目錄具有以下特點,"(1) 兼容並蓄古今中外子學研究,除便於按圖索驥,並知研究成果;(2) 著錄精審,原書存、闕、殘皆據實注明,書存而並未經眼則稱未見;(3) 態度負責,各書詳記其不同版本,所根據書志的出處都予標明,若有不明者則暫闕,以免讀者徒勞尋檢;(4) 書末所附6種目錄兼作本書索引,同是了解諸子研究的重要目錄;(5) 撰者在校後記屢述知見各書的錯亂脱誤以及各叢書記載不實之處,有助於考訂辨證"⑥。

近三十年來臺灣編輯專科研究論著目錄的風氣十分盛行,如林慶彰教授《經學研究論著目錄(1912—1987)》(漢學研究中心1989年版)、《經學研究論著目錄(1988—1992)》(漢學研究中心1999年版)、《經學研究論著目錄(1993—1997)》(漢學研究中心2002年版)、《經學研究論著目錄(1998—2002)》(漢學研究中心2013年版),陳麗桂教授《兩漢諸子研究論著目錄(1912—1996)》(漢學研究中心1998年版)、《兩漢諸子研究論著目錄(1997—2001)》(漢學研究中心2003年版)、《兩漢諸子研究論著目錄(2002—2009)》(漢學研究中心2010年版),林麗真教授《魏晉玄學研究論著目錄(1884—2004)》(漢學研究中心2005年版),林慶彰教授《朱子

---

① 班固《漢書》,中華書局1962年版,第1701頁。
② 劉兆祐《中國目錄學》,五南書局2002年版,第5~20頁。
③ 《老列莊三子知見書目》,臺灣中華叢書編審委員會1965年出版。
④ 《墨子知見書目》(1),學生書局1969年出版。
⑤ 《管子晏子知見書目》見於《(臺灣)國立中央圖書館館刊》5卷3~4期合刊本(1972年12月),第33~55頁,及6卷1期(1973年3月),第33~54頁。
⑥ 胡述兆主編《圖書館學與資訊科學大辭典》綫上版網址http://terms.naer.edu.tw/detail/1682191/.

學研究書目(1900—1990)》(文津出版社1992年版),吳展良教授《朱子研究書目新編(1900—2002)》(臺灣大學出版社中心2005年版),黃文吉教授《詞學研究書目(1912—1992)》(文津出版社1993年版),林玫儀教授《詞學論著總目(1901—1992)》("中研院"中國文哲研究所籌備處1995年版),鄭阿財、朱鳳玉教授《敦煌學研究論著目錄(1908—1997)》(漢學研究中心2000年版)都是臺灣近年來編輯專科研究論著目錄的代表作。

陳麗桂教授專精於先秦兩漢學術思想,1995年在臺灣師範大學國文研究所開設"兩漢諸子研討"課程時,有感於兩漢諸子研究資料尚未有人整理,乃率學生廣蒐博採,以蒐集臺灣、香港、大陸兩岸三地學者之研究成果爲主,旁及國内所能收集到的日文論著,間亦有美國哈佛大學燕京圖書館、耶魯大學圖書館、加州大學柏克萊分校東亞圖書館所收藏之有關兩漢諸子研究之專書、期刊論文、報紙論文、論文集論文、博碩士論文、學術會議論文、"國科會"獎助論文等,分類排比,設有"兩漢學術思想通論""陸賈與《新語》""賈誼與《新書》""晁錯""公孫弘""劉安與《淮南子》""司馬遷與《史記》""董仲舒與《春秋繁露》""桑弘羊、桓寬與《鹽鐵論》""劉向與《新序》《説苑》《列女傳》""嚴遵與《老子指歸》""揚雄與《太玄》《法言》""桓譚與《新論》""王充與《論衡》""王符與《潛夫論》""鄭玄""荀悦與《申鑒》《漢紀》""徐幹與《中論》""仲長統與《昌言》""《黃帝内經》""《白虎通義》""《太平經》""《老子河上公注》""《老子想爾注》""《周易參同契》""黄老思想""陰陽五行""讖緯"等二十八個大類,其下再依論著性質歸入"考據""綜述""義理""其他"四個子類中,分類井然、收錄廣泛、著錄翔實、便於使用,廣受學界好評。自1998年由漢學研究中心出版《兩漢諸子研究論著目錄(1912—1996)》後,於2003年、2010年又陸續出版了《兩漢諸子研究論著目錄(1997—2001)》(漢學研究中心2003年版)、《兩漢諸子研究論著目錄(2002—2009)》(漢學研究中心2010年版),三部延續性目錄收錄時間長達一世紀,所收條目一萬三千餘筆,民國以來兩漢諸子研究發展脈絡昭然可見。

漢學研究中心順應科技發展趨勢,將其出版的《經學研究論著目錄(1912—1987)》《經學研究論著目錄(1988—1992)》《經學研究論著目錄(1993—1997)》《經學研究論著目錄(1998—2002)》《兩漢諸子研究論著目錄(1912—1996)》《兩漢諸子研究論著目錄(1997—2001)》《兩漢諸子研究論著目錄(2002—2009)》《魏晉玄學研究論著目錄(1884—2004)》《敦煌學研究論著目錄(1908—1997)》以電子資料庫[①]方式提供民衆檢索,檢索方式有"全文檢索""類目瀏覽""關鍵詞查詢""作者、書/篇名、期刊/論集名索引瀏覽",除了可以利用關鍵詞、作者等方式查詢外,其中"類目瀏覽"保留紙本目錄的特質,對於這個領域全然陌生的初學者,可利用"類目瀏覽"認識該領域的學術特色及發展概況,以達"明治學的途徑"之功效。漢學研究中心將《兩漢諸子研究論著目錄(1912—1996)》《兩漢諸子研究論著目錄(1997—2001)》《兩漢諸子研究論著目錄(2002—2009)》這三編目錄彙整爲同一資料庫,只要有網絡的地方隨時都能無償檢索該資料庫,有功於兩漢諸子學術研究之推廣。

---

① 漢學研究中心"專題資料庫"網址 http://ccs.ncl.edu.tw/g0107/ExpertDB.aspx.

三、臺灣近三十年兩漢諸子叢書編輯之成果與檢討

　　圖書文獻之所以能够彙集成書，流傳至今，很重要的一個環節，就是"編纂"，如類書、叢書、詩文總集，都是採用編纂方法，類輯資料，編訂而成，因此"編纂"是古籍整理的重要方法之一。"編輯叢書"就是把多種不同的書叢聚在一起，"編輯叢書"在古籍整理及保存上，有着極大的貢獻，許多卷帙較少的古籍，或未單獨印成專書的作品，如未收入叢書，很可能早已失傳，如《説郛》《稗海》等叢書，就收録了許多零篇殘卷的筆記小説。先秦至宋元的古籍，到了明清時期多數被刊刻入叢書裏，"叢書"將各家著作彙聚在一起，自然方便於索取作品，目前流傳的版本也以叢書本居多，叢書在文獻的流通傳布上，有重要的地位。綜合性叢書從南宋開始發展，專科性叢書的起源則可上推至先秦時期的"六經"，到了明代後期叢書的刊印才大量發展，清代刻印的叢書則遠遠超越前代，直至今日，古籍叢書的編印風氣未歇。林慶彰老師主編的《近現代新編叢書述論》一書的簡介提及："近現代新編叢書，一方面繼承了歷代叢書的優點，收集了許多著作；一方面也呈現了當代學術發展的特長，反映了時代現象，形成了獨具特色的叢書面貌。不只在典籍的保存與整理上有重大貢獻，也對近、現代各學科的研究，提供了莫大的助益。"① 以子部叢書來説，1965 年起嚴靈峰編印多套子部叢書，1965 年《無求備齋老子集成初編》、1970 年《無求備齋老子集成續編》、1971 年《無求備齋列子集成》、1972 年《無求備齋莊子集成初編》、1974 年《無求備齋莊子集成續編》、1975 年《無求備齋墨子集成》、1977 年《無求備齋荀子集成》、1980 年《無求備齋韓非子集成》、1982 年《無求備齋老列莊三子集成補編》，這些叢書係以無求備齋的皮藏爲主，不足處則假自海内外各公私立圖書館或藏書家，凡同一書有多種版本，則擇優影印，並以最古者爲主，這些叢書均原件影印，保存各書舊觀。嚴靈峰這幾套子部叢書面市後，彙聚各時期老莊專著於一編，方便研究者求書。

　　近三十年間臺灣地區叢書的編印也持續發展中，如文听閣圖書公司出版了多套大型叢書②，2010 年出版的《民國時期哲學思想叢書》第一編收書共二百七十種，主要收録了民國時期(1912—1949)有關先秦兩漢諸子學、魏晉玄學、唐宋元明理學、清代及近代哲學等研究專著。其中，一至十七册爲諸子通論，十八至六十九册爲先秦諸子各家，七十至七十九册爲漢魏諸子，八十至九十四册爲唐宋明哲學，九十五至一百二十册爲清代及當代哲學。兩漢諸子學

---

① 林慶彰主編《近現代新編叢書述論》，學生書局 2005 年版，本段文字引自該書封底摺頁之内容簡介。
② 文听閣圖書公司近年來出版了《民國時期經學叢書》(林慶彰教授主編)、《民國文集叢刊》(林慶彰教授主編)、《民國時期語言文字學叢書》(許錟輝教授主編)、《民國詩集叢刊》(王偉勇教授主編)、《民國時期哲學思想叢書》(林慶彰教授主編)、《民國小説叢刊》(吴福助教授主編)、《晚清四部叢刊》(林慶彰教授主編經部，賴明德教授主編史部，劉兆祐教授主編子部，張高評教授主編集部)等多套大型叢書。

的部分收有吳承仕《淮南舊注校理》、盧錫榮《讀淮南子》、呂傳元《淮南子斠補》、沈雁冰《淮南子選注》、中華書局編《淮南子精華》、徐德培《鹽鐵論集釋》、劍鳴廬主人《鹽鐵論新詮》、汪榮寶《法言義疏一、二》、支偉成《標點注解揚子法言》、陶樂勤標點《論衡》、劉盼遂《論衡集解》，將民國時期的兩漢諸子學著作彙爲一編，有利於考察民國時期對兩漢諸子學的研究成果。

1999 年黄錦鋐教授主持《新編諸子叢書》的工作，這套叢書以校注、語譯諸子專書爲主。本叢書每册內容分"導論""校注與語譯""附録"三部分，"導論"包含作者傳略、思想介紹等。"校注與語譯"部分，以先校後注爲原則，校正文字以《四部叢刊》爲底本，《四部叢刊》所無者，以主要善本爲底本，並參考其他有關典籍，以定取捨。"附録"包含該書之資料彙編、作者簡明年譜、重要參考書目等。本叢書收有王冬珍、徐文助、陳郁夫《新編管子》（鼎文書局 2002 年版），王更生《新編晏子春秋》（臺灣古籍出版社 2001 年版），王冬珍、王贊源《新編墨子》（鼎文書局 2001 年版），廖吉郎《新編荀子》（鼎文書局 2002 年版）、張素貞《新編韓非子》（鼎文書局 2001 年版），陳麗桂《新編淮南子》（鼎文書局 2002 年版），陳弘治《新編鹽鐵論》（鼎文書局 2001 年版），朱榮智《新編法言》（臺灣古籍出版社 2000 年版），蕭登福《新編論衡》（臺灣古籍出版社 2000 年版），蕭登福《新編中論》（臺灣古籍出版社 2000 年版），蔡崇名《新編人物志》（臺灣古籍出版社 2000 年版），何淑貞《新編抱朴子》（鼎文書局 2002 年版），黄錦鋐《新編肇論》（臺灣古籍出版社 2000 年版），江建俊《新編劉子新論》（臺灣古籍出版社 2001 年版），蔡宗陽《新編顔氏家訓》（鼎文書局 2001 年版）。

目前臺灣所編輯的叢書，並没有專屬於兩漢諸子的叢書，若能將歷代學者對兩漢諸子的校注和輯佚成果彙爲一編，纂輯成兩漢諸子叢書，相信對於推廣兩漢諸子學的學術研究發展，必有助益。

結　　語

雕版印刷術發明前，書籍以抄寫方式流通。傳抄過程，除了疏忽而造成的抄寫錯誤外，還可能由於文字的異體、假借等狀況，而產生了異文的現象，校勘工作應運而生。有了雕版印刷術之後，多數書籍以雕版梓行，刊本的錯字雖然比抄本少，但是訛誤仍在所難免。古書訛誤，除之文字間彼此歧異以外，尚有兩書同載一事，而彼此牴牾的情況。如《淮南子·原道訓》"昔者夏鯀作三仞之城，諸侯背之，海外有狡心"，今本高誘注云"八尺曰仞"[1]。清末學者陶方琦説[2]，考《覽冥訓》高誘注云"百仞，七百尺也"，《説林訓》高誘注亦云"七尺曰仞"，其他如注《吕

---

[1] 劉文典《淮南鴻烈集解》，中華書局 1989 年版，第 14 頁。
[2] 陶方琦《淮南許注異同評》卷一"昔者夏鯀作三仞之城"條，《續修四庫全書》本，上海古籍出版社 1997 年版，第 6 頁。

氏春秋·功名》《適威》等篇,皆云"七尺曰仞",與《原道訓》一仞八尺的訓解不合。爲《淮南子》作注,除高誘外,尚有東漢許慎。許書久佚,但不少文句羼入高誘注中。況且許慎撰《説文解字》,對於"仞"字的解釋"伸臂一尋八尺",可證所謂"八尺曰仞",當是許注而非高誘注。上述例證,是前輩學者窮究群籍,冥心搜討而得,在當時的信息條件下,所能憑藉的僅僅只是口誦心識,或者平日勤於抄撮,所得成果定然有限。古籍數字的建置,對於此類文獻材料的辨正疑僞,大有助益。古籍數字化資料,是在"文物文獻""圖書文獻"之外,另一種形式的文獻,現代學者稱之爲"電子文獻"。電子文獻檢索速度快,資料容易存取、複製、傳遞,受時間、空間、人爲等因素的影響也相對較小,因此適合用來作爲資料比較的工作。

陳金木曾以《四部叢刊·論語集解》檢索《論語鄭氏注》"①爲例,試圖對"以電子資料庫從事古籍輯佚"這項議題的可行性進行實務的操作。該文在實際操作《四部叢刊電子全文檢索版》時,給予的檢索條件是:全文檢索,輸入檢索字串"鄭玄曰",檢索範圍的書名條件爲"論語",檢索"注釋文字"。檢出結果與紙本《論語集解》逐一檢覈,完全匹配者共 100 條,漏輯者僅 2 條,其餘缺字、異體、錯字各若干條。證明電子資料庫運用在古籍輯佚上,是一個可以期盼的未來。對於研究古代學術,輯佚諸書實有莫大的價值。1970 年間,許多學者從事於唐以前經學之研究,如黃永武《許慎之經學》(1970 年臺灣師範大學國文研究所博士論文)、李威熊《馬融之經學》(1973 年政治大學中國文學研究所博士論文)、李振興《王肅之經學》(1976 年政治大學中國文學研究所博士論文)、胡自逢《周易鄭氏學》(1966 年臺灣師範大學國文研究所博士論文)、陳品卿《尚書鄭氏學》(1973 年臺灣師範大學國文研究所博士論文)、柯金虎《魏晉南北朝禮學書考佚》(1984 年政治大學中國文學研究所博士論文)、黃慶萱《魏晉南北朝易學考佚》(1972 年臺灣師範大學國文研究所博士論文)、徐芹庭《魏晉七家易學之研究》(成文出版社 1977 年版)、程南洲《東漢時代之春秋左氏學》(1978 年政治大學中國文學研究所博士論文)、沈秋雄《三國兩晉南北朝春秋左傳學佚書考》(1981 年臺灣師範大學國文研究所博士論文)等,均得清人輯佚之助益不少。兩漢諸子專著亡佚者衆,若能善用當今所建置的"電子文獻",在前人的輯佚成果上,重新校輯這些佚著,對於兩漢諸子學的學術研究,應可開出新的局面。

[作者簡介] 陳惠美(1973—),女,臺灣臺南人。臺灣中國文化大學中國文學研究所博士,現爲臺灣中國文化大學中國文學系中國文學組副教授。著有《高似孫研究》《清代輯佚學》《〈古今圖書集成·經籍典〉徵引文獻考論》,點校有《袁鈞集》,發表學術論文數十篇。

---

① 陳金木《電子資料庫與古籍輯佚——以〈四部叢刊·論語集解〉檢索〈論語鄭氏注〉爲例》,《明道通識論叢》第 6 期(2009 年 5 月),第 45～64 頁。

集老學文獻之大成

——評《子藏·老子卷》

陸永品

  由陳鼓應先生任主編、國家圖書館出版社出版的《子藏·道家部·老子卷》凡精裝 16 開 120 册,近日已與讀者見面。該卷圖書内容豐富,印刷清晰,裝幀精美,這是古籍整理領域又一重要成果,必將受到傳統文化研究者與愛好者的關注。

  《子藏》工程是一項重大的古籍整理工程,集歷代子學文獻之大成,其整理對象涉及隋唐之前子書五十餘種,將全面搜集新中國成立之前歷代關於它們的注疏、研究、評賞等類型的文獻。到目前爲止,法家部、名家部、道家部、雜家部部分或全部子學文獻已經陸續面世,引起了較大反響。此次出版的《老子卷》是該工程的第四批成果,也爲《子藏》"道家部"劃上了一個圓滿的句號。

  《老子卷》標誌着老學文獻整理的新突破。《老子》文化地位崇高,古人早就展開過相關文獻的搜集整理工作,《道藏》是這方面的代表性成果。到了現代,臺灣地區和大陸地區的學者也都有編纂《老子》文獻集成的努力,取得了突出的成績。老學文獻整理是古籍領域的一個經典難題,它給後繼者留下不斷挑戰的空間,《子藏》團隊在前人的基礎上又對這一難題發起了新的挑戰。

  那麽,何謂"新挑戰""新突破"? 這就要從老學文獻整理的難點講起。具體來看,這一難題主要集中在以下幾方面。

  第一,文獻數量繁多。《老子》文本僅五千言,可能是衆多子書中篇幅最短的,但在民國之前,歷代關於《老子》的注疏僅見諸著録的便有七百餘種,即使是它們中有許多已亡佚,但目前留存的部分在規模上依然十分龐大,將它們一一搜集起來談何容易? 而且在浩如煙海的老學文獻中,各種著作的留存情況又有着極大的差異。一些古代"暢銷"的老學著作留存了大量的本子,它們版本情況各異,品質高下參差,如何從中挑選出最適宜的本子來收録,這是一個難題。而與之相反,古代還有一些老學著作較爲生僻,歷史上流傳的本子不多,有些在現在已成孤本,如何將這些老學史上的遺珠搜羅殆盡,這同樣是個難題。

  第二,文獻形態多樣。老學文獻的主體是注疏類著作,其數量之多上文已略述大概,但就算把它們收集完畢,集成工作也不能算是臻於完備,因爲我們還要考慮到其他形態的老學文獻。具體來説，由於《老子》的經典地位，古代常有對於《老子》的評賞本、批校本，這類形態的老學文獻在排印上有困難，多被之前的整理者忽略，怎樣把它們呈獻給讀者，這是個問題。另外，古代還有一些學術筆記也涉及許多對《老子》的考據，但它們都是筆記的一部分，在古籍目録上常缺乏直接明確的標識，無法像尋找注疏那樣按圖索驥，只能下一番披沙揀金的硬功夫，在大量可能的古籍中翻閲挑選，這也是一個難點。以上諸多樣態的老學文獻數量也不可小覷，而且它們代表了明清時期的學術特色與成就，對當代老學研究有極大價值，絶不能被忽視，能否把其中的精華部分收全，這也是等待學者來挑戰的難題。

第三，版本系統複雜。《老子》作爲一部經典已有兩千餘年的傳播史，從出土的郭店簡本、馬王堆帛書本和北大簡本來看，它在戰國時期流傳的情況很複雜，漢代與今本相近，但仍有很多字句有差異，而在之後漫長的傳播歷程中，由於無數次傳抄、刻印，逐漸衍生出了一個龐大複雜的版本系統。不同的版本間字句存在些許差異，而由於《老子》言約義豐的説理特徵，這些差異常會造成對《老子》思想不同的闡發，這時對版本的梳理、優劣的評定就極爲重要。换句話説，如果没有版本方面的工作，即使相關文獻搜羅得再完備，讀者也可能會在書山文海中陷入迷惑，如同操作機器缺乏説明書，難以將其最大功效發揮。

這三大難題如同一道道關卡，等待着人們來挑戰、闖關，慶幸的是，《子藏》團隊面對這三類大難題給出了令人滿意的答卷。

首先，面對着規模龐大的老學文獻，《老子卷》依舊秉持了《子藏》"全且精"的編纂原則。一方面，在過去幾年中，《子藏》團隊在充分考察現有文獻書目所載歷代史料的基礎上，還多方搜集各種稀見本，力圖將歷代《老子》研究的全貌展現給讀者，其中所收如宋人吕知常《道德經講義》，明人田藝蘅《老子指玄》、印玄散人《老子尺木會旨》等，均爲難得一見的文獻資料。同時，也是本着求"全"的原則，《老子卷》還特別重視《老子》不同版本的收録，較爲系統地反映《老子》版本的傳承次序。而另一方面，爲了求"精"，《老子卷》編纂也特別注意對於不同版本的甄别。對於存世傳本，並非一味昧古，而是綜合考察相關底本的差别，慎重選擇。總之，在"全且精"理念的指導下，《老子卷》已接近既無遺漏又無冗餘的目標，它收書多達457種，遠超嚴靈峰《無求備齋老子集成》(初編、續編)所收的250餘種和熊鐵基主編的《老子集成》的265種，爲目前各類《老子》文獻集成中數量最多者，這使老學文獻得到了極爲完善的整理。

其次，《老子卷》還兼顧到各類特殊形態的老學文獻，這讓該成果更加接近"全面完備"的預設目標。比如，關於評點本、批校本、稿鈔本，《老子卷》收録了陳仁錫刻本《老子奇賞》、容庚校跋舊抄本《道德經》、孟芳氏校跋抄本《老子道德經》、莫友芝校跋影抄宋山草堂本《纂圖附釋文重言互注老子道德經》等重要文獻，採用影印的方式將其原貌呈現給讀者。此外，《子藏》團隊還耙梳了王念孫《讀書雜志》、俞樾《諸子平議》等清代學術札記，將關於《老子》的考據成果從中析出，使它們得以被現代人更充分地利用。

再次，對於歷代老學著作複雜的版本狀況，《子藏》團隊還將在《老子卷》的基礎上撰寫專門的提要。爲各子書的集成撰寫提要是《子藏》工程規劃中的一項，這個工作對於《老子卷》來説意義尤其重大。因爲《子藏》提要是要將著者生平、世次、爵里，悉爲臚列，並詳論著作之内容、版本之流變，這意味着提要撰寫者將在通覽《老子卷》各書的基礎上，以整體的眼光來分析各書的特色所在與版本優劣，由此一來，讀者在面對各書間的異文時便知取捨，不至於因爲一字之差而在《老子》的哲學迷宫中迷路。《老子卷》的提要還尚未面世，我們對它充滿期待，相信它將是《老子卷》的點睛之筆。

　　陳鼓應先生曾將《子藏》工程比作在青藏高原上修鐵路，以此展示其難度之大，那麽《老子卷》則可謂是其中重點攻堅的路段。《子藏》團隊給出《老子卷》這份答卷是相當令人滿意的，它的出版給學界帶來了更豐富的資料，這對於老學研究的意義不言而喻，同時它的圓滿完工也使《子藏》向最終的勝利又挺進了一步。

　　《老子》有云："圖難於其易，爲大於其細。"《子藏》團隊在《莊子卷》等部分的編纂中積累了豐富經驗，這些都爲編《老子卷》做了充分準備，亦可謂是"圖難於其易"，在具體實施時又從每個細微之處做起，亦可謂"爲大於其細"。筆者希望《子藏》團隊能再認真總結《老子卷》的經驗，秉持這種狀態挑戰下一個難題，有朝一日終能打通最後關卡，建成《子藏》大廈，爲國內外學術界留下一座寶藏，爲當代中國文化樹立一座豐碑。

　　[作者簡介] 陸永品(1936—　)，男，安徽宿縣人。1963年畢業於復旦大學中文系，現爲中國社會科學院文學研究所研究員，主要從事先秦兩漢和唐宋文學研究，著作有《老莊研究》《莊子通釋》《莊子詮評》(合著)等。

暨南大學"諸子學的當代開展與創新"高端論壇綜述

黄 效

2018年12月7日至9日,由暨南大學哲學研究所主辦的"諸子學的當代開展與創新"高端論壇在廣州暨南大學成功舉辦,來自中國社會科學院、清華大學、中山大學、華東師範大學、中南大學、暨南大學、華中師範大學、西北師範大學、首都師範大學、華南師範大學等十多所高校的三十多名學者參加論壇。

大會期間,與會學者圍繞論壇主題進行了深入的交流和熱烈的討論。其內容既有對傳統諸子學的詮釋,也有對諸子學在當代開展的思考,緊扣本次論壇融匯文史哲、貫通傳統與現代的宗旨。大會主要在先秦諸子學的人物與著作的考證、文本的研讀、諸子思想的梳理、近現代諸子學的發展等方面收穫了許多新的成果。

一、諸子學考辨

這方面内容包括文本考證、人物考證和綜合考證等。西北師範大學趙逵夫教授經過對尉繚子其人其書進行考辨後認爲,"《尉繚子》一書的作者尉繚,爲六國之末至秦始皇前期的人物,他的生年不會早於魏襄王中期","今本《尉繚子》中的前九篇和第十二篇《戰權》,應是在安釐王繼位以後的三十來年中完成的","信陵君因竊符救趙居於趙國十年……這一時期尉繚應該有著作,也會對已成的文稿有所補充修改","安釐王三十年信陵君返魏合五國之軍攻秦,應該是尉繚在軍事、外事等方面的第一次實踐。今本《尉繚子》中八篇軍令中的後四篇,可以肯定,是這一時期著作的留存","景湣王六年,當秦王政解去吕不韋相國之職時,尉繚到了秦國,爲秦王政上書,即《原官》一文……《原官》之外,《治本》《兵教(上)》《兵教(下)》《兵令(上)》《兵令(下)》和今存八篇令文中的前四篇是這一時期的著作"。趙逵夫先生的發言和文章,詳細考證了《尉繚子》一書的作者以及各篇的成書時間問題,對我們理解、運用和把握《尉繚子》

一書具有十分重要的意義。

清華大學丁四新教授就《莊子・齊物論》歷來解讀中存在的三處疑問進行了深入探賾，他運用出土文獻與傳世文獻互證的"二重證據法"，旁徵博引，多角度論證了"篇題'齊物論'只能作'齊物-論'讀，而其他諸種讀法都屬於誤讀"；"不亡以待盡"應爲"不化以待盡"；《齊物論》的"蛇蚹、蜩翼"應當根據《寓言篇》破讀爲"蛇蛻、蜩甲"等觀點。這對我們深刻理解和把握《齊物論》，乃至整個莊子的思想，都是實實在在和非常重要的推進。

暨南大學高華平教授對墨子生卒年作出重新考證，他認爲"墨子的生卒年可由對與之相關人物和事件的綜合考辨中確定。由於墨子與魯陽文君的年齡相當，魯陽文君又與楚平王的太子建之子白公勝的年齡相近，白公勝生於公元前525年至公元前520年之間，故可由此確定墨子的生年。墨子最後一次來到楚國，當在楚惠王四十二年（公元前447年）至四十四年（公元前445年）之間，時年七十二歲以上，故孫詒讓所謂墨子'年壽必逾八十'之説是可以成立的。墨子八十歲時，約當楚惠王五十一年（公元前438年）。這個卒年，約與孔子弟子曾參（曾參卒於公元前436年）相近；和子思（子思約卒於公元前402年）則相距稍遠。"高華平教授的這一考證，解決了學術界長期存在爭議的關於墨子生卒年的疑案，考證綿密，可以一錘定音，堪稱驚豔和卓絶，毫無疑問會對整個墨學的研究產生深遠的影響。

山西師範大學衛雲亮博士就孔子與葉公、白公的關係進行考論，他認爲："孔子遊楚期間，先後與葉公、白公兩位楚國大夫有過交往。孔子向葉公提出'近悦遠來'的爲政理念，其視野並非只局限在葉地，而是基於整個楚國的歷史傳統與現實國情而發。孔子適葉的真正目的是要通過葉公的推薦結識楚昭王，從而爲其仕楚奠定基礎。一如之前在齊國、衛國、陳國的出仕情形；孔子與白公確曾有過交往，《吕氏春秋》《淮南子》的記載是可信的。從孔子與這兩位楚國大夫的對談可以看出，無論是葉公孝從屬忠的正直觀念，還是白公孝大於忠的復仇哲學，都與孔子'以禮制中'的思想有着根本的不同。"也在某個側面推進了孔子思想的研究。

二、學術爭鳴與學派演變

此次會議還就先秦諸子學派間的學術爭鳴展開了熱烈討論。暨南大學高華平教授就墨家對先秦諸子的學術批評作了專題發言，他認爲"儘管墨子思想與儒家有密切的淵源關係，但墨子仍然對'儒之道足喪天下者四政焉'提出了批評；而墨子後學甚至還有對孔子本人的攻擊。墨家的'兼愛''尚賢''右鬼''非命'諸論，則主要是針對道家楊朱學派'爲我''不尚賢''無鬼'及'安於性命之情'之説的批評。在墨子時代，儘管陰陽、縱橫、法、名、農、雜等其他諸子學派尚未正式形成，但它們的某些思想觀點卻已經存在，故《墨子》中也不乏對陰陽、縱橫、法、名、農、雜及小説家等諸子學派觀點的學術批評"。高華平教授系統而又詳細地呈現了墨家對當時各家學説的態度，對我們理解先秦的學術爭鳴無疑具有重要作用。暨南大學劉依平博士則從漢宋之爭的角度，探索了經學的内部結構，他認爲"經學内部存在三個彼此關聯的主要部分，即：經文學、經義學和經用學。經學内在結構的彼此關係，爲經學之發展提供了内生性動力，也推動了經學的歷史演變"。

另外，還有關於學派的發展演變方面的討論。首都師範大學白奚教授就陰陽家學派的一個重要理論來源進行探討，他認爲"馬王堆帛書《黄帝四經》將春秋以來的陰陽觀念運用於指導社會活動，提出了'四時教令''陰陽刑德''陰陽災異'和'陽尊陰卑'的重要思想，奠定了黄老道家陰陽思想的理論基礎，並在《管子》和《吕氏春秋》中逐步得到了細化和發展。黄老道家對陰陽思想作出了關鍵性的推進，對此後陰陽家學派的創立有重要的意義"。這對我們瞭解黄老道家的生成發展具有重要的啓示作用。南通大學許富宏教授從音韻角度來研究《漢書·藝文志》所載《尉繚子》的學派歸屬問題，北京外國語大學褚麗娟博士從清末來華傳教士"發現兼愛"的角度來討論近代以來儒墨關係的演變，角度新穎，富有啓發性。

三、思想的解讀與闡釋

此次會議的另一主要内容是諸子思想的解讀與闡釋，涉及儒、墨、道、法、雜等各家思想。在儒家思想解讀方面，深圳大學王順然博士從孔子所説的"三月不知肉味"這句話的時間意義和心理狀態入手，發掘了這句話隱含的豐富語境，並在此基礎上，進一步探討了周秦樂教的特質與價值。中國社科院趙金剛博士從經史互動當中解讀孟子思想，他"采取經史互動的視角，嘗試補全《孟子》文本之外的'歷史世界'，對孟子與當時諸侯的言論進行再分析，着力突出孟子思想'切實'的一面。"華南師範大學雲龍博士則着重討論了孔子的歷史意識，他認爲"孔子發現了歷史中所内涵'德義'本質，從而超越巫史，將歷史所本具的先天必然性予以點化提升，開顯出歷史的一貫之道"。

在道家思想解讀方面，中山大學劉湘蘭教授以《老子河上公章句》《老子想爾注》爲中心，對東漢《老子》注對《老子》思想宗教化的文學策略進行了深入探討。劉湘蘭教授的這一研究將文學、哲學及宗教（道教）思想結合起來，是"老學"研究的一種創新。暨南大學黄燕强副教授則探討了章太炎《齊物論釋》的平等思想，他認爲"章太炎《齊物論釋》旨在發明'一往平等之談'，他爲此建立了平等的形上學基礎，論述了'無我證真'而通向平等的工夫論，且創立了平等的世間法，使'不齊而齊'的平等理論轉化爲現實的社會秩序"。此外，中南大學胡棟材博士從莊子的"天籟""三變"説入手，探討了莊子的音樂思想，他認爲"莊子雖然不是就音樂自身而言音樂，但他無疑開啓了音樂的最高境界與聆樂的工夫，無論是嵇康的'聲無哀樂'之論，還是以古琴爲首的中國音樂所追求的自然平淡之境，可以説都始源於此"。貴州師範大學鹿博博士則對莊子哲學主體性思想進行了重新詮釋，她認爲"有關莊子哲學主體性思想的討論應該擺脱主、客對立的研究立場，充分理解莊子乃是在蘄求'與物爲春'的前提下重建個體特殊性。"華南師範大學劉體勝副教授則以憨山和船山的《莊子·人間世》注解爲例對二者的三教匯通論進行了解析。

在墨家思想讀解方面,中山大學張豐乾副教授從墨子思想對制定哲學規程的意義討論墨學的價值,他認爲墨子"是儒家的第一個反對者,並開始了哲學的反思。因此他制定了哲學的論題和辯論的條件。道家哲學大部分的核心概念都是來自墨子與儒家的爭論"。法家思想方面,中國政法大學解啓揚教授、華南師範大學陳志揚教授專門就法家韓非思想的現代性和幾種意蘊進行闡述。解啓揚教授認爲,"從現代性視域審視韓非子法思想,發掘其中的現代性基因,運用哈貝馬斯的現代性思想,昌明傳統,融化新知,使韓非子法思想現代化,既是中國傳統思想的現代綿延,又是中國傳統的創造性轉生"。陳志揚教授認爲:"韓非獨特的學説與苦難憂患的一生,是後世古人不願回避的話題,生發出愛國抑或叛國、孤憤著書、險薄刻核、國之治道四個向度的解讀影像。前二相論韓非,後二相論韓學。四相的構建,折射出古人家國情懷、君臣遇合、仕與隱、治國理念等文行出處的大是大非問題。上述四相的讀解暴露出士大夫獨立人格的缺乏,以及將學説與人品混爲一談的邏輯錯誤。此外,韓非之文澤被後世,但文士形象在價值上遠遜上述四相。"雜家思想方面,深圳大學陳晨博士就《淮南子》一書的主旨進行了探討,她認爲《淮南子》"最終構造出了一個以'道'爲核心,能够涵容天地人乃至萬事萬物的宇宙圖式"。他們的文章都是從思想的解讀與闡釋方面,推動我們對先秦諸子的深入理解。

四、諸子學的現代轉型與創新

諸子學研究的目的乃在於實現中國傳統學術的現代轉型與創新。此次會議上有從近代視角,有從現代視角,有從西方視角,有從不同學科之間進行思考與創新。近代視角的,如華中師範大學劉韶軍教授在近代的新舊時代轉變中考論諸子學的轉型,認爲"學術研究中的諸子學領域,同樣也受到時代轉變的深刻影響,而形成了歷史上從未有過的轉型樣態。這一轉型,使中國歷史上傳統的諸子研究從形式到內容都發生了根本性的變化,並且一直延續到今天,仍未有根本性的變化出現"。取類似視角的還有貴州大學陳中副教授,他從清末民國時期的蜀中天才學者劉咸炘對諸子學的研究入手,認爲"劉氏眼中的諸子學是道體與學術及信仰與思想之間的甄別和交涉,其價值可能在於催發現代諸子學及中國哲學以至於世界哲學在此種交涉中之思"。華北電力大學王威威教授從中國哲學的合法性、中國自身的學術傳統、中國古代哲人的致思對象、中國哲學的固有問題與先秦諸子關注的核心問題等角度,探討了"彌合各學科界限、重現中國傳統學術文化的整體性"的可能。取類似視角的還有華僑大學薛子燕博士,她以"整理國故"運動爲綫索,以歷史學的現代學科轉型和史學的方法論自覺爲內容,對近代科學方法對人文學術的影響進行了分析。從西方哲學的視角觀照中國諸子學的則如寧波大學彭傳華教授和中山大學劉偉博士的探討,彭教授從語言哲學的角度對孔子思想進行探微,劉博士則認爲諸子學可以看作是一門言説道理的知識類型等等。他們的討論從各個方面對諸子學的研究進行了反思、回顧或拓展,因此也具有重要的意義。

　　總之,本次論壇從不同的角度對諸子學研究的重要問題進行了探討,推進了我國諸子學的研究,一定程度上代表了當前諸子學研究的最新動態和高度。大會最後由中國社科院的羅傳芳教授做總結報告,她從中西哲學的特點出發,系統地回顧了諸子學在中西哲學互動中的發展歷程,高屋建瓴地指出了未來諸子學研究應注意的問題和努力的方向,對學術界未來諸子學的研究具有重要啓示。

　　[作者簡介] 黄效(1989—　),男,廣西平南人。暨南大學文學院中國古典文獻學博士生。主要從事先秦諸子學研究,已發表學術論文6篇。

四論"新子學"

方　勇

　　關於"新子學"的討論歷時數年,學術界對於"新子學"的概念界定、學科內涵、文化立場等已有了深入而系統的思考,在"新子學"與儒學研究的對話及其在東亞語境中的普適性研究也取得了一定成績。在此基礎之上,有必要切入諸子學内部,做一個整體性的分析。本文主要辨析傳統諸子學的諸種舊説,分析諸子時代的思想主題,並且以軸心時代的文明形態研究爲參照,進一步探索"新子學"的發展方向。

辨《漢志》諸説

　　關於諸子學的傳統看法是由漢儒塑造的,保留在《漢書·藝文志》中。劉向、劉歆父子及班固於此各有貢獻。劉向著《别録》,劉歆裁之爲《七略》,班固則采《七略》有所損益而成《漢志》。三人中劉歆是關鍵人物,他總《别録》二十卷爲《七略》七卷,以《輯略》總述宗旨,叙定古今,可謂"辨章學術,考鏡源流"(章學誠語),實爲漢人所作之中國思想文化史論。其以先王之道統六藝,尊經卑子,重儒而斥百家,可謂漢代正統儒者之通見。我們這裏集中討論經子關係論和子學源起論。

　　劉歆的諸子學體系是對三代及秦漢學術的一次總結,其關鍵是以六藝該先王之道,此即尊經;而以諸子該戰國學術,以子學爲六藝之"支與流裔",此即卑子,這是劉氏的經子關係説。劉氏以六藝爲先王之道,而以孔門專之,此説並非歷史事實。戰國諸子爲創一家之説,皆稱先王之道,各家無不如此。孔子稱堯舜禹,墨子贊大禹,道家稱上古帝王。此外,經非儒家一家所專,早期經學發展有多條綫索,各家皆有經典化的努力,六藝之外,最典型的就是《墨經》《黄帝四經》,《老子》也有經的地位,解釋經典的紀傳體在戰國也漸趨成熟。漢儒崛起,要重新解説歷史,至劉向、劉歆父子,六藝成爲壟斷性的先王之道,其他各家不過是道下之"術"。其曰:"王道既微,諸侯力政,時君世主,好惡殊方,是以九家之術,蜂出並作。"(《漢志·諸子略》)由是抬高"六經",以之爲唯一的先王之道,而判諸家爲子學,遂成經尊子卑之分。劉歆又進而離析六藝與儒家之别、儒家與諸家之别,以貶低諸子時代的思想傳統。於是,就有了一個黄金時代在前,戰國陷入黑暗,漢代重歸光明的宏大叙事。劉歆以當代眼光重構歷史,離析經學、儒學及子學,這一扭轉奠定了後世的一般看法,掩蓋了歷史事實。憑藉《漢書》的崇高地位,經尊子卑的看法遂由此世代傳承。

除了經子關係,劉歆體系還以王官解釋諸子學的源起,以爲諸子學出於王官。所謂王官,即王之守官所執之學,與先王之道相對,是劉歆依據《周禮》想象的周代官學。劉歆在學術史上的重大影響就是今古文經學公案,他力争古文經學的地位,推崇《周官》。因劉歆認爲其是周公致太平之書,故稱之爲《周禮》。依當代多數學者看法,《周禮》是戰國後期的著作,並非周初作品。劉歆以《周官》爲依據,在史料的真實性上就站不住。然而劉歆此説自采入《漢志》,歷來無人懷疑,《隋書·經籍志》、鄭樵《校讎略》即據此説而擴充之,晚近章學誠、汪中、龔自珍、章太炎、劉師培亦主此説。直到清末曹耀湘始疑之,而胡適著《諸子不出於王官論》,成爲系統反擊劉説的第一人。胡適認爲,劉歆以前之論周末諸子學派者皆無此説,九流無出於王官之理,《漢志》所分九流乃漢儒陋説,未得諸家派別之實。胡適此論引發了當時的一場大討論,不僅涉及學術史,更關乎各人的文化立場。今天,學者或者完全不相信諸子出於王官之説,或者對其有所修正。實際上,即使我們能夠證明子學某一派和周代官學有一定的聯繫,也無法證成劉歆所説的源流關係。其一,諸子學有不同的來源,非周文可概括;其二,周代官學的性質和諸子學的性質是不同的,二者是兩個時代的不同學術形態,諸子學更具有超越精神與理論品格。總之,諸子源起的問題需要重新思考。

今天理解諸子時代學術,需要擺脱《漢志》舊説。三代——學界所説的巫史時代——不是儒家一家獨享的資源,而是諸子共享的,如《莊子·天下》所論"百家之學時或稱而道之"。諸家之分派不是官守之遺,而是對王道或周文重建有不同想象,皆有其理,皆有其據,皆有其歷史之發展。諸子不同的思潮或流派,及其不同的主張,當然與上古文化有關,卻並非其"支與流裔",而是進入了思想發展的新階段。三代思想在實際的政治社會之中,所謂"君師政教合一"(章學誠語),並没有真正抽象出來。諸子學則具有根本性、普遍性,是思想發展的一大進步,謂之軸心時代是合理的。此問題的大關節在對孔子的定位上,今文家以孔子附上古王者系列,宋儒以孔子爲發明道統之聖人,諸子學則以孔子爲諸子之一,既非頂點,也非中樞。依此,我們應回到一種多元框架之中,在通觀之中理解早期中國。胡適平視諸子,建立了理解古典學術的現代框架。我們在《三論"新子學"》中提出《周易》、《春秋》、孔老、諸子並觀,則在經子兼治上更進一步。後來又提出以諸子學、早期經學與數術之學爲研究對象,就是希望打破《漢志》舊局,以通觀諸子時代思想。此即所謂"新子學"。

周文重建之争

在德國哲學家雅斯貝爾斯所稱的"軸心時代",即公元前 500 年前後,世界上的各個文明都面臨着挑戰。與猶太、古希臘、古波斯諸文明所面臨的挑戰不同,中國面對的是一個大規模文明體的衰落與重建問題。夏商周三代特別是周文明的衰落,是諸子思想興起的背景。中國文明因爲有三代文化的强烈自覺,故而建立一個和以往文明同樣偉大甚至更偉大的文明的意識極爲强烈。思想史家史華慈已經看到此點,他認爲這是中國文明和軸心期其他文明的重要區別。諸子時代作爲文明的轉型期,上承新石器晚期以來的早期文明,下開兩千多年的帝制時代,展開了極具原創性的思想歷程。因而,可以從"周文重建"引發的思想爭論去理解諸子學。其根本問題在於文明重建的依據與路向之爭,涉及如何評價周文、文明建構的基本原則及路徑、對精英群體的定位等等。對這些問題鏈的不同解答,就構成了諸子不同的思想譜系。其他文明所追問的諸如存有的實相、苦難的解脱、上帝意志的實現、善惡的永恒鬥爭等問題,都不是中國哲人最關注的。"周文重建"之爭和《淮南子》"救弊"之學的説法相近,但實際上有所不同。諸子各家並不是救周文之弊而已,而是有着各自獨特的文明建構路徑,這一點只有站在當代視角上才能看清。

在關於新的文明形態的思想競賽中,首先有新舊兩條路向,這一點梁啓超在《中國法理學發達史論》中已談到。舊的路向繼承周文,而新的路向則要變革周文。新舊之爭是周文化繼承者的路向之爭,舊的路向代表是儒家,新的路向代表是墨家和法家。孔子思考的是周文的復興,故曰:"吾其爲東周乎?"又云:"齊一變至於魯,魯一變至於道。"對孔子而言,最重要的是恢復傳統,而不是變革傳統。所以,子路譏諷他迂腐,固守名教,他則譏彈子路之不學。孟子和荀子能適應時代,但他們在諸如禪讓的合法性等一些基本問題上也同樣是保守的。真正對周文做出革新的是墨家和法家。墨家發起了第一波攻擊,抨擊周文之禮樂,又以兼愛、尚賢打擊儒家之親親原則。法家則專門修正政治體系的運行法則,以法來代替禮,以加强行政效率。吴起治楚,"明法審令,捐不急之官,廢公族疏遠者,以撫養戰鬥之士"(《史記》本傳)。《商君書》談時勢之變:"上世親親而愛私,中世上賢而説仁,下世貴貴而尊官。"韓非更明言"廢先王之教"(《問田》)。這些都指向周人之禮樂秩序。總之,墨家和法家發起的對周文的攻擊,是中國文明轉型的巨大推動力。正是在這兩股思潮的論證之下,周文的正當性才被削弱,墨家呼唤的賢者居其位的思想對於後來的荀子及今文經學產生了巨大的推動力,法家則論證了中國早期官僚體系的思想模型。漢代之後,墨家無存,然其精義已深入中國文明。法家之精神則長久隱伏在中國歷史中,成爲帝國體系的内在依據。

圍繞着周文重建,還有更重要的論爭,我們姑且借用郭沫若在《十批判書》中的提法(勞思光也有類似的説法),稱之爲南北之爭。儒家、墨家和法家都是周文化系統内部的流派,可以用中原系來表示,而道家則代表了南方的邊緣系統,如楚國、徐國、宋國(殷之後裔)、吴越等。那些受到周文化影響的邊緣地帶文化人,由於其地處文明中心之外,對文明形態往往有新的思考。如何理解文明發展的基本問題,是道家思想的關鍵。老子提出的"象帝之先""自然""無爲""小國寡民",莊子之"齊物""渾沌""不治之治",黄老學之兼及道法,其基本思路都在思考有別於周文的另外一種文明形態。老子、關尹、列子、莊子、屈原,以及《漢志》中道家類的諸多楚地作者,包括提出大同説的儒家激進派之吳人言偃,以及匯通齊楚百家的稷下學派,西漢時代的淮南學術團體,都有相近的精神氣質,而與周文異質。如果説儒家、墨家、法家追問的是人文的不同形態,那麽道家所質疑的就是人文本身,認爲人文是對某種更根本的東西的背離,而這與中原系統是根本衝突的。南北之争是關於重建周文最重要的論争,包含着諸子時代最重要的理論思考。這一問題在秦漢之後仍舊是中國思想的重要母題。

諸子學的新舊與南北之争,關乎周文重建的不同方案,這是諸子時代論争的根本。諸子各家在戰國中後期有一個會通的過程,不過其義理的差異性仍舊存在。儒、道、墨、法諸家推動了三種歷史實踐,分别表現爲秦之法治、漢初黄老之無爲政治,以及武帝之後的儒學治國。從後世來看,周秦之變最後的總結者是儒家,不過道家和法家等諸家並没有消亡,各有其發展的歷史,並在後世不斷回響。諸家各有其道路,各有其義理,因而中國文化不是一般所論之中心根幹和枝葉的關係,而是不同的根幹匯融發展的多元關係。這不僅已被上古考古證明,也是諸子時代的事實,在當代更會重焕生機,與世界各大文明之不同源流會通並觀。

文明之思想溯源

法國歷史學家布羅代爾在《文明史》中提及,一個文明的基礎就是爲一群人所共同遵守的某種東西。他以西方與伊斯蘭世界婦女地位的差異爲例,説明每一文明中的日常現象往往有其深厚的歷史依據。同理,在中國社會中,很多我們習焉不察的現象,可以追溯到古典時代,以探明其特殊性的來源。按照西方的標準,中國文明是一個世俗化的文明,實際更準確地説是追求人文化成的文明。肯定人文特性,追求以人文的力量致"天下文明"(《易·乾·文言》),這是軸心時代就奠定的基本文明特徵。在諸子時代,人的地位而不是神的地位是軸心期突破的中心。古人講天人,講天地人三才,就是把人作爲一極,以人文世界的思考爲中心,由此展開天人、性情、政教、華夷的討論。中國文明的這一特點,表現在各個方面。對形上和本體的追問同樣存在,但是並不把這個單獨作爲對象,而總是把它和人的關係作爲核心問題。天/道是作爲文明體的裁決者或者文明體的命運出現的,表現爲一種連續的關係,天人關係以及由此展開的心性關係也是這樣。而對德性的推崇是中國文明的顯著特色,德性往往被視作一種達成整體性的素質/能力,既是實存也具有價值。Being a man 和 Becoming a man 是不同的,"知道什麽"和"知道怎麽"也是不同的,根據就在德性上。思想最終落在對人類文明體的追求上,於是有關於"天下"和"大一統"的想象。這意味着,最重要的是知道如何處理天/道與人的關係,從而達成一種整體的文明形態,此即中國文明的基本形態。

　　我們認爲,文明的建立是以差序爲根基,還是以齊同爲根基,這是深入理解中國文明的關鍵所在。一般所稱道的堯、舜、禹、湯、文、武、周公,象徵着一種偉大的文明傳統。其中所體現的縱向差序的觀念,應爲其基石。即,無論神學的、政治的秩序還是社會倫理的秩序,以至於精神的、觀念的秩序,都是等級式的,存有/價值的差序是一切的根基。這一序列是真實客觀的、不可動搖的、不可懷疑的。在古代經典如《詩》《書》中,多以上下來表達此意。《尚書·堯典》曰:"光被四表,格於上下。"《詩經·大雅》:"文王在上,於昭於天。"《大克鼎》銘文:"肆克□於皇天,瑣於上下。"清華簡《厚父》:"天降下民,設萬邦。"上下就是一種差序,神聖的天在上,是一切的保證者,而人間在下。由天上至人間,天命的下達總是導向聖賢的責任。這一基本思想,在後世不斷發展,形成一整套有關天命、德性、制度的體系性論述,於是三綱五常式的剛性秩序成爲文明的基石。這種建構性的文明理解成爲後世的主流。與上述文明建構思路不同的是另一種叙述,這種思路是反周文的,但是不能解釋爲反對一切文明形態,其所探索的乃是另外的文明道路。思想家們圍繞"道"設想了一種新的文明秩序,就是無序列的序列,無名義的名義,無造作的操作,這是一種最樸素的文明形態,提倡最弱的政治運作與最稀薄的價值體系,指向一種反文明建構的思路。與建構不同,強調"無爲";與教化不同,強調"無言"。無爲與無言都是"無"的一種實現,其中心已不在執政者,而在作爲文明主體的社會本身。故而,對於一般文明發展的做法,諸如中心化、等級制、嚴格善惡之分、劃分精英與民衆,都抱一種否定態度。相對應的就是,主張遠離人文,去序列化,無中心,齊一萬物,含混主義,尊重事物本來的樣貌,設想一個依其本性自然活動的場域。這是另外一種關於文明的思考。歷史上很多人物和主張都可以歸於此類。通過上面描述的兩種文明路向,我們希望可以揭示中國文明的形態特徵。深入把握這一基本特質,是"新子學"研究的一個方向。

　　"新子學"不僅要理解中國,還要處理文明與現代性的關係。不同文明體的現代化,不僅僅是現代價值的伸張,也是和古典價值相融通的過程。而這一過程所觸及的主題,在多元文明中是不同的。比如,宗教傳統與科學主義的衝突是很多文明現代化的重要課題,而這在中國基本是不存在的。就中國文明而言,現代化有很多獨特的主題需要處理,最主要的就是如何對接其內在的文明張力。比如,等級制在哪個意義上是需要維繫的?需要把德性作爲政治的根基嗎?需要建構現代形態的形上學以支撐傳統文化嗎?個人原則與民權原則能在多大程度上校正原有的中心化原則傾向?顯然,這些是複雜而獨特的問題。現代原則並不是完全取代古典原則,而是和這些原則構成一種新樣能。要理解這些問題,首先要回到中國文明的源頭,把握其基本形態,以比較視域來進行綜合性、還原性的思想研究,形成相對獨立的學術體系,然後一一加以比勘,做出合理的解說。這需要精密而耐心的思考,也將交付於時間來檢驗。

　　構建當代的文明認同,探索中國傳統與現代性的關係,關鍵在於把這一問題放在合理的框架之內。無論是回到宋明時期的心性論與道統論,還是重新回到經學的封閉系統,或者完全無視中國文明自身的獨立性格,恐怕都無法應對當代的挑戰。諸子時代是中國文明轉進的關鍵期,後世的文明特質都可以在此找到原點。從多元文明的視角溯源諸子學,從中國文明的現代發展推進諸子學,有希望對時代挑戰做出有效回應。《詩》云:"溯洄從之,道阻且長。""新子學"其修遠兮!

(原載於《光明日報》2018年10月13日11版,
作者單位:華東師範大學先秦諸子研究中心)

爲"新子學"再進一解：
藉造論開發經中義蘊
——以《孟子》"聖之時者"章爲例

（臺灣）曾昭旭

內容提要 "新子學"之所以有別於舊子學者，在於更重視分析思維、概念操作、理論建構，但仍當念念不忘所有概念分析皆是源於實踐之體會，其言說可供人於其間藏修息遊，騁其遐思，而有見道之體悟。當代"新子學"之方法論要點有二，其一是對"道之觸動"之省察，其二則是回到經典原文。試作一番環繞此觸動之思考、分析、整理、建構，作出客觀如理之表達。上述之主旨，本文試以《孟子》"聖之時者"章爲例加以說明。

關鍵詞 新子學　理論建構　實踐體會　孟子　人格類型學

中圖分類號 B2

引言：如何落實即子即經之定性定位？

2017年10月，"第五屆'新子學'會議"在臺北召開，筆者應邀參加，發表《爲"新子學"定性定位》一文，略謂子學之根本定位在即子即經，而其定性則在即理顯道，此乃相對於史部之即事顯道、集部之即情顯道而言。三者皆與經（道之所寄）有相即之關係，而子學則以説理爲特出，故性質近於哲學，亦即長於藉哲學思辨以彰顯經中以實踐體驗爲主而本質屬不可言説之道也。然雖如此，其與經之關係仍屬相即，故云即子即經，或即理即道，蓋亦即知即行、即言説即實踐之謂也。

因此"新子學"之所以有別於舊子學者，雖以回應西方哲學之衝擊故，更重視分析思維、概念操作、理論建構，以補傳統子學之不足；但仍當念念不忘其即子即經之本懷，所有概念分析皆是源於實踐之體會，亦是爲未來之實踐作準備，而非徒逞其知識興趣。以是在方法上當更善用辯證思維，以出入於分析與非分析（實踐體驗）之間；以圓成方法與本體，或工夫與本體之相即爲一體之道之圓義也。

唯上一文之所論,或本文以上之扼述,仍只是一原則性的釐清與肯定;如何落實以構成或促成新一代子學恰如其分之作爲與成績,則尚未及討論。因此藉本次新子學會議之機緣,擬作更進一步之探討。

一、以子證經之方法論釐定

(一) 經子關係之再釐定

前一文雖對經子關係已作最基本之釐定(即理顯道之相即關係),但仍有可進一步説明者。於此吾人不妨即借《莊子·天下》之論百家諸子與先王道術之異同來説明。

按《天下》篇論先王之道術,即所謂内聖外王之道,其要即在其性質乃屬純、全、一、備、通,即所謂大體;以今語言之,亦即扣緊宇宙人生之實存也,此全體實存即謂之道。而百家諸子處道術爲天下裂之後,"不幸不見天地之純,古人之大體",只能"判天地之美,析萬物之理,察古人之全",卻"寡能備於天地之美,稱神明之容",亦即"多得一察焉以自好",遂不免成爲"往而不反"的"一曲之士"①。亦即遺落了純、全、一、備、通之實存,而遁入有限且自我封閉之語言世界或理念世界也。

但依《天下》篇之批判,先王之道(通人)與百家之學(專家)似屬絶不相及之兩橛。此於當時實情,固亦相近;但若如理而言,則二者不必然對立矛盾。即其人固可同時是專家亦是通人,其學可一方面精察道或聖人之一體,亦同時通於全體。原來一曲之士非因他"得一察焉",而是在他因此而"自好";亦即"往而不反"(分析之後忘了適時放下分析),以致執一體以爲全體也。因此,只要從事諸子之學者,能自覺地出入於分析與非分析之間,活用辯證之思維,既精修密察其分析思辨能力,亦不廢生活實踐、心性修養之工夫,便能兼備專家通人兩重身份,不背即子即經之本懷,而善盡即理顯道之責任矣!

(二) 原典身份之再釐定

據上所論,人若能自覺而不執,便能即子即經,而子亦經矣!《論》《孟》《老》《莊》即其尤也。其言雖一方面是對道之議論分析,但同時亦即是道之指點與呈現,即同一語句即同時具兩重身份,其一是語言(主分析鋪陳),其二是道(主象徵指點)。即《莊子》盛言之言與道之辯證,或顯處是言隱處是道,或道在言外亦在言中也。

如此形態之言説,若從言説本身來看,即是其言説總留有許多言之不盡的餘韻,即所謂含蓄,所謂留白,所謂言有盡而意無窮。亦即其言説非只是平面之言説,而亦是立體之宇宙,可供人於其間藏修息遊,騁其遐思之所在。而若從著作者來看,則是因其著作緣自對道的體驗

---

① 上引俱見《莊子·天下》,郭慶藩《莊子集釋》,臺北華正書局1997年版,第1069頁。

領悟,故即使只就某一端予以分析論列,亦自有對全體感通之情滲透其中,而足以散發出一種難以言喻的召喚,而令讀者爲之感動興起。再從讀者來看,則是閱讀行爲不僅止於感官頭腦的理解,而更有生命心靈的觸發,在若有會心之際,引動人對自家整體生命經驗的反省梳理,從而釐清疑似、打通淤塞、照亮昏暗,乃至湧現生命的整體存在感,而有見道之體悟。而所以能有此啓發靈智、伐毛洗髓之功,究之不過是言說中涵有道而已,即所謂即子即經也。

(三) 從六經注我到我注六經之著述情懷

據上節所論,子學著作之所以即子即經,其義遂可有更清楚之釐定,此即子學作品之所以著述,根本即緣於爲經中所涵之道所觸動啓發,所疏通洗滌,然後心中油然湧現對經中某觸動點之感悟、思維、引申、勘入,從而不容已地欲對之有所回應、申論、說解、發明,遂爲之著文成篇,以相印證,於是道亦在其文中,與經中義理後先相續,而其性質地位亦與經差堪相侔矣!

換言之,其著述之内容,即使不足以稱純、全、一、備、通,而只得一體、備一說以自名(於此稱子而非經),但只要根本態度不執此一得以自好,而精神血脉可上通於道,且於道之一體亦不無發明印證之功,則名雖子而實亦可侔於經矣——所謂即子即經也!

若此之著述,就其與經與道血脉相連而言,乃不妨即以"六經注我,我注六經"以名之。六經注我者,藉經中之道以疏導我之生命、啓發我之靈智也! 我注六經者,以我之體道經驗去印證經中義理也! 而克實言之,啓導我者不必爲原始之"六經",亦可以是後人之繼作(如《論》《孟》《老》《莊》、宋明諸子乃至今人體道之著),只要其中有道,自亦足以啓導我,我亦可繼作吾文以與之相印證。於是後先相續,遂構成一從道統到學統之宗傳譜系。此於文學(如鍾嶸《詩品》斷言某人之詩出於某)、禪學(如一花五葉之傳燈)皆然,於儒學當更不例外。

(四) 當代"新子學"之方法論特色

在即子即經之主題下,前三小節所論,皆重在其所以即經,今當再論其所以即子。

如本文引言所論,當代"新子學"所以有別於舊子學者,在回應西方哲學之衝擊,當更重視分析思維、概念操作與理論建構。亦即:舊子學之共同形態,在徑以一己之體道經驗去呼應道與歷史經典。雖亦不無說理,仍屬直抒義理,而罕見就經典之某一重點或課題,作分析性之展開以形成結構性的理論。而當代"新子學"則當以學術論文之形式,爲印證經典及其所涵之道,作別開生面之表現也。

當然,本文仍願再次強調:此乃是在即子即經之前提下所作之概念分析、理論建構。若有違經典本懷,無涉人性常道,則分析再精,徒爲戲論,亦有愧於子學之名矣。

因此,當代"新子學"之著作,當然是興發於讀歷史經典時的"道之觸動",遂對與此觸動有關之文字浮現一與道有關之問題感,與順此以勘入之深思,逐漸形成一可能的理論架構,終於表諸文字,成就作品。

在此一歷程中,要點有二。其一是對"道之觸動"之省察。這當然要回到個人的生命經驗,去作一體驗性之回顧,即宋明儒所謂"驗諸身心",亦屬於前文所謂"六經注我"之階段。於此須夠誠實夠懇切,才能對自我生命乃至人性的普遍常道更增清明的感悟與理解,而油然起欲有以回應之念,即由六經注我漸過渡到欲以我去注六經也。

至於要點之二,則是回到與此觸動相關之經典原文,試作一番環繞此觸動之思考、分析、整理、建構,以期能對一己之觸動内涵,以及由此延伸到對道或人性普遍常道之感悟與理解,作出客觀如理之表達。於此,要義乃在客觀理論性之表達而非主觀感想性之表達——有別於舊子學之特色所在也!

二、據經造論之實踐:以《孟子》"聖之時者"章爲例

上節所述,實即筆者長久以來,由六經注我進而以我注六經之心得報告,蓋亦一種中國式的詮釋學循環也。筆者因此寫成之論文亦頗不少,例如據《論語·爲政》"道之以政"章,構造一"人生需求層級理論",以謀生活動(謀食)爲初階,文化活動(謀道)爲進階,以表述孔子的成人之學,並據此以與馬斯洛之需求理論對照,而見出儒學之德性的自我實現,有勝於西方才性的自我實現之所在。

又如據《孟子·滕文公上》"父子有親"章,爲五倫設計一理論架構,乃是以兩組判準(上下抑平行、主情抑主理)區分出四種人倫基本型,而以兩縱綫兩橫綫構成之井字圖形表示,遂得上下而主情之父子倫、上下而主理之君臣倫、平行而主情之兄弟倫、平行而主理之朋友倫;至於夫婦倫,則在井之中央,亦即處縱橫之交、情理之間也。吾即據此論各倫之應有本質、諸倫之理論先後、中西文化選擇爲主導倫理之差異及因此各顯勝場之故,並據以檢討傳統倫理之不足所在。

又如據《論語·憲問》"仁者不憂"章,構造一工夫論與輔導學之程序理論。略以"仁者不憂,憂則不仁;何以解憂? 以仁解憂"爲第一階,亦即儒家慎獨之教也。若不能及時反本,便將引致"智者不惑,惑則不智;何以解惑? 以智解惑"之第二階,亦即佛家以般若智度脱煩惱之教也。而若不能及時自悟,便將引致"勇者不懼,懼則不勇;何以解懼? 以勇解懼"之第三階,亦即耶教藉堅强之信仰以蒙救贖之他力宗教也。徐復觀先生嘗判儒主憂患意識,佛主惑業意識,耶主恐懼(怖慄)意識,亦可印證。

以上略舉數例以明據經造論之義,下文即爲配合本文主題,舉《孟子》"聖之時者"章爲例,作較詳盡之展開。

(一)《孟子》"聖之時者"章之通經指點

《孟子·萬章下》有云:

孟子曰："伯夷,聖之清者也;伊尹,聖之任者也;柳下惠,聖之和者也;孔子,聖之時者也。孔子之謂集大成。集大成也者,金聲而玉振之也。金聲也者,始條理也;玉振之也者,終條理也。始條理者,智之事也;終條理者,聖之事也。智,譬則巧也;聖,譬則力也。由射於百步之外也,其至,爾力也;其中,非爾力也。"①

　　此則原典明顯有兩個關鍵詞語,即"聖之時者"與"集大成",而兩者語意則可互相補足,而俱指向内聖外王,一體全備,即《莊子·天下》所謂純、全、一、備、通也。就中"聖之時者"主眼在"時",亦即道德方向靈活而應幾之抉擇,乃扣緊始條理所謂"智之事"。而"集大成"之主眼則在"集",亦即綜括諸端法門(如清、任、和)而有一總體性之實現,乃更重在呼應終條理所謂"聖之事"。當然,兩者雖各有所顯而實相涵,故"聖之時者"亦涵終之聖,"集大成"亦涵始之智;蓋必如此始足以稱一體全備也。但雖俱屬全備一體,畢竟仍各有所顯;於是吾人遂可借此二詞語釐訂出二概念,以分析性地點出儒之所以為儒之本懷所在。

　　於此仍不妨先回到《莊子·天下》之批判百家諸子,其中獨無孔子。原因不難理解,顯然即在置孔子之地位於道術尚未為天下裂之前,屬内聖外王之大體,具純全一備通之本性。吾人若亦據此以為儒定位,則當說儒非百家諸子之一家一子,亦不可以某一有限本質為儒定義,而只能隨機就某一側面切入以指點。而"集大成"與"聖之時者"即是對儒之所以為儒之恰當指點語,而非有明確定義之概念語,或實無概念內容之空概念,即所謂無相之相也。

　　就中"集大成"一語,重在藉靜態的義理內容切入以指點(猶如老子藉有之一端去指點道)。意即:儒實無任一確定之內容足以標示其為儒之所以為儒之本質者(亦即不可定義也);儒乃是對天下各家所有之人文業績、創造成果,皆由衷肯定、接納、欣賞、贊歎,並願認真學習、消化,以期將之一一融入儒或中華文化之大家庭,以圓成一和諧之整體,即所謂集大成也。

　　於此必有人質疑:若然,則儒全無自家創造,豈非盡屬剽竊?吾人將答曰:兼融百家,固不排除其中亦可有自家之創造,只是不據任一有限之人文內容以標識自我而已。其次,儒其實亦正有一屬性為諸家所無唯儒獨有者,即善能將各家之人文內容安排在恰當之位置,使各家如《中庸》所謂"萬物並育而不相害,道並行而不相悖"②,而共成一雍穆和諧、活潑優美之大秩序,即所謂禮樂文明,即所謂集大成也。此無特色之特色,豈非即儒家或中華文化之最大特色所在嗎?

　　至於"聖之時者"一語,則重在藉動態的當機善擇切入以指點(猶如老子藉無之一端去指點道)。意即:儒實無一恒常之行動程序足以標示其之所以為儒之風格者(亦是不可定義);儒乃是在各種可能的規格程序中,看眼前當下現在此一刹那,那一種規格程序最為恰當相應

---

① 《孟子·萬章下》,《四書章句集注》,臺北鵝湖出版社1984年版,第315〜316頁。
② 《中庸·三十章》,《四書章句集注》,第37頁。

而即選用之而已。此即孔子所謂"無適也,無莫也,義之與比"①,或孟子所謂"大人者,言不必信,行不必果,唯義所在"②。因此,在前幾後幾之間,其所選擇並無一可預見之規律,而只是由一一偶然而獨立之選擇所串成之事實之流(而非因果序列)。故後先關係,是變而不是動(故《易》之義是變而非動)。此亦可說之爲無程序之程序,較諸"集大成"之爲無相之相之總體相,"聖之時者"無寧更切近儒之核心精神(猶如道家分別從無與有切入指點道,而無更爲切近),故《易》義仍以時最爲微妙也。

當然,如前所言,"集大成"與"聖之時者"既非實有所指涉之概念,而是分就不同側面切入以指點之象徵(以象徵意),則就其所指點而言,實是同一不可說之道或實存。故二者關係乃是相涵相攝相即而爲一體(猶《老子》所謂:無與有乃"同出而異名,同謂之玄"③),即王船山所謂"兩端而一致"④,即中國哲學方法論上最爲特色之辯證思維也。孟子亦以此動、靜兩端(以兩端涵萬端)指點出孔子不可界定之人格(所謂"蕩蕩乎!民無能名焉"⑤),吾人亦正可引申之以指點六經與儒與中華文化之總體存在及其精神也。此之謂通於經亦即上達於道之指點也。

(二)《孟子》"聖之時者"章之人格類型學建構

上節先從"聖之時者"章開展出藉指點以通經之一面內涵;當然這已不是原文已顯示之純指點,而是加上先概念分析再消融此概念分析之辯證歷程(先建立一静一動、一始一終之對偶性概念,再說二者相涵相即),以更清晰地從兩端指點一致之道。此即經學子學化或哲學化之表現也。

但上節之討論僅扣緊原典中之兩個關鍵詞語("聖之時者"與"集大成"),對襯托此二關鍵詞語之部分,即聖之清者之伯夷、聖之任者之伊尹、聖之和者之柳下惠,尚未暇顧及。然則就此而言,原文有蘊涵什麼可待開發之處嗎?

筆者以爲,此處蘊涵有一人格類型學之架構,而且是一種儒家式的人格類型學。吾人正可據此章,在其核心主題(即上節所述之通經指點)之外,更延伸出此一旁枝之理論架構,以與科學的人格類型學作一比勘,而見出儒學之特色與勝場。

首先,吾人可將三子之類型(聖之清、任、和)與孔子之類型作出概念性之區別,即三子之類型是屬於有明確定義與有限內涵之科學性概念,孔子之類型則相反的是屬於無確定內涵,亦不能定義之空概念(非概念之概念),亦即只是一道德學或心性學之指點也。

---

① 《論語·里仁4》,《四書章句集注》,第71頁。
② 《孟子·離婁下》,《四書章句集注》,第292頁。
③ 《老子》一章,《老子王弼注》,臺北河洛圖書出版社1974年版,第2頁。
④ 語見王夫之《尚書引義》:"兩端者,究其委之辭也;一者,泝其源之辭也。"《船山全書》第二册,岳麓書社1992年版,第358頁。
⑤ 《論語·泰伯8》,《四書章句集注》,第107頁。

三子類型之概念定義,以孟子之言表示:聖之清者即"目不視惡色,耳不聽惡聲,非其君不事,非其民不使,治則進,亂則退";聖之任者即"何事非君?何使非民?治亦進,亂亦進";聖之和者即"不羞污君,不辭小官,進不隱賢,必以其道。遺佚而不怨,阨窮而不憫"。當然此非正規嚴謹之定義,但至少已表示這是可以定義的。至於三子之足以稱聖,其義實非儒家之仁者聖者,而應理解爲"極致之典型"(相當於西方僅存於上帝心中之 Idea)。"聖之清者"即於清此一人格類型而言,伯夷足以爲極致之典範也。

　　而綜合清、任、和三類型,實表示了一種人格之三分法,即表示人格中之三種結構性成分,藉此足以説明每一具體人格之内涵,皆不外此三種成分以不同比例之組合。於是即可構成一種人格類型學,以爲分析每一具體人格之工具。

　　按一般人格類型學,可有二分法(如陽剛陰柔、理性感性、外向内向之分)、三分法、五分法(如木火土金水五型)、十二分法(如十二星座)等等,而以三分法最爲普遍。三分法中之最知名者厥爲血型之 A、B、O,此外更有據體型(神經型、脂肪型、筋骨型)、氣候(熱帶、溫帶、寒帶)、文化體之發展階段(草創期、成熟期、衰落期)以爲三分標準者。而上述諸系統皆依相同次序列舉其三型,可比對參看,如神經型相當於 A,脂肪型相當於 B,筋骨型相當於 O 等等。

　　於是吾人回看孟子所提之人格類型三分法,亦有同樣之呼應,此即:清相當於 A,和相當於 B,任相當於 O。而可納入三分法之大家庭中與各種三分法人格類型學通郵。於此所呈現之意義,即在孟子之學,未嘗無分析之内涵、科學之成分,只是未予充分展開而已。其實細察《孟子》全書,孟子頭腦之清楚、概念之明晰、理論架構(雖只具雛形)之完整,實足贊歎,而不愧爲亞聖。此處之人格典型三分,其一例耳。但蘊涵之重要意義,乃在孟子已爲儒學之理論化或現代化,奠定堅實之基礎,此即:在指點實存(道)、直指本心之前,須先作好明確之分析。蓋必先有分析,然後才能消融、超越分析以顯道,才能完成兩端一致之辯證思維也。尤其在"聖之時者"一章,孔子之爲聖之時者,實必須在三子之分析性類型學之基礎上,才能充分彰顯者。此正本章原典之所以可貴也。

　　於是吾人再回顧孟子對孔子聖之時者之人格形態之述説,乃是:"可以速而速,可以久而久,可以處而處,可以仕而仕。"此論孔子去國之道,出處之節,與之前論三子之事君使民,當然是同一論題而單顯孔子與三子不同之特殊形態。但若針對三子人格類型之概念本質之清、任、和而論,則孔子特殊之人格形態正可改説爲:"可以清而清,可以任而任,可以和而和。"於是孔子之獨特形態,遂與三子之類型,構成一微妙之關連,而共成一特殊之人格類型學,即不妨稱之爲"儒家式的人格類型學"。

　　此特殊之人格類型學之組成,可分兩個部分,其一即三子以其清、任、和構成一具分析結構性之靜態理論。其二即孔子以其聖之時者之動態呈現所表示之道德生活之實踐主體也。此兩部分乃以實踐主體爲本而構成一心與身或道與器相即爲一體之辯證關係;從而使如此理論亦成爲兩端相即之辯證性理論也。

　　此義再詳言之,即在儒家式的人格類型學,靜態結構之部分並非理論之主體,而僅具備以待用之從屬地位。理論之主體，乃是落在道德實踐者身上，即聖之時者之聖人也。於此聖遂不是某類型之極致呈現義（如聖之清者任者和者），而是具體人格之圓滿義。而且此所謂圓滿，亦不是指結構之完美無缺，而是指其人生心動念、舉手投足，無不恰當。此即以聖之時者來表示，亦即當清時清，當任時任，當和時和也。於是清、任、和之類型結構，遂只成爲烘托圓滿人格、説明聖之時者何以爲時之憑藉，亦猶如《老子》所謂"有之以爲利，無之以爲用"①。利者即憑藉義，用者才是主體義。即"有之"（包括形體、知識、結構性理論）乃"無之"所藉以呈現發用之具也。而此聖之時者之主體部分，當然是非分析而只堪指點之部分，亦即指實存之道或自由無限心也。

如此兼具非分析之道與分析性之器，而兩者相即爲一體之理論形態，即可稱爲辯證性理論，而有別於純屬分析性之知識理論。尅就人格類型學而言，即所謂"儒家式的人格類型學"也。吾人即據《孟子》"聖之時者"章而見出其中有此理論形態之藴涵，而嘗試通過現代之分析性思維予以充分表出者也。

結　　語

以上所述，即站在"新子學"之立場，不背即子即經之本懷，爲據經造論之課題，所作之討論與例示。而造論者則須具備兩項條件或素養，始足勝任。其一即現代學者所當須具備之概念分析、理論建構之能力，亦即"新子學"所以爲新之部分。其二即傳統儒者所當須具備之心性修養、道德實踐之工夫，亦即"新子學"所以爲子，而不背即子即經本懷之部分。蓋無前者無以開新運而成新業，無後者則無以承道統而踵前賢。此志吾久存心中，幸藉第七届子學會議之緣，略述一得之愚，以與與會諸賢相勉云爾。

[作者簡介] 曾昭旭（1941—　），廣東大埔人。臺灣師範大學國文系、所畢業，文學博士。曾任高雄師範大學國文研究所長、中央大學中文系主任、淡江大學中文系教授、《鵝湖月刊》主編，現任淡江大學中文系榮譽教授。著有《孔子的人格世界》《王船山哲學》《在説與不説之間——中國哲學之思維與實踐》《讓孔子教我們愛》《儒學三書》《經典·孔子·論語》《老子的生命智慧》《充實與虛靈——中國美學初論》《我的美感體驗》《因爲愛所以我存在》《從電影看人生》等40餘部。

---

① 《老子》十三章，《老子王弼注》，第12頁。

"新子學"就是"新中國哲學"嗎?

歐明俊

内容提要 研究哲學史的學者多認爲"新子學"就是"新中國哲學"即新時代的中國哲學研究和創造。中國哲學史學科以理論重構爲目標,這種觀點也不是没有道理,但將"新子學"僅僅限定在當代哲學學科範圍内,與傳統"子學"没有關係,且排除其他學科,是對"新""子""學"的狹隘化理解。當代新哲學只是"新子學"的重要部分,但不是全部。"新子學"的倡導正是"反思"現代獨立的哲學學科對傳統諸子學的肢解,突破其狹隘性。"子學"主要爲"義理之學",内部又有考據之學、辭章之學、經濟之學,都是"新子學"的"題中之義"。應該强調"新子學"是新的哲學創造,但"新子學"不僅僅是哲學,不等於哲學,更不等於當代哲學。"新子學"包括衆多學科,是綜合之學、整體之學、全體之學,是一開放的體系,應充分國際化,只要與中國"子學"有關,都屬於"新子學"研究範圍,至少應做關聯性研究。

關鍵詞 新子學　新中國哲學　義理之學　整體之學　反思

中圖分類號 B2

自 2012 年 10 月 22 日方勇先生在《光明日報》"國學版"上發表《"新子學"構想》一文,首次提出並系統闡發"新子學"概念以來,學界反響熱烈,筆者也有幸參與討論。其中,研究哲學史的學者多認爲"新子學"就是"新中國哲學"即新時代的中國哲學研究和創造。中國哲學史學科以理論重構爲目標,這種觀點也不是没有道理,但"新子學"不僅僅是哲學,不等於哲學,更不等於當代哲學。僅僅局限於哲學學科來看待"新子學",是一種狹隘化理解,因此有討論的必要。

一

臺灣方萬全先生認爲,子學最精彩的部分是它的哲學性,子學進行多元發展,但哲學絶對是子學優異性所在①。臺灣曾昭旭先生認爲，子部就是哲學，重在凸顯人生經驗中的理②。2018年3月，陸建華先生《"新子學"斷想——與方勇先生商榷》認爲，從傳統的"子學"的定義來看，"新子學"可以說是"新子"之"學"，也即新的哲學家、思想家所建構的哲學與思想或者學問，也可以說是研究"新子"哲學、思想的學問。如果把"新子學"理解爲"新"的"子學"，從傳統的子學的定義來看，則可以指由"新子"所建構的"新"的"子"之"學"，其實質也是"新子"之"學"；也可以指研究"新"的"子"之"學"的學問，其實質也是研究"新子"哲學、思想的學問。無論在何種意義上，"新子學"都是奠基於"新子"之上的，不存在沒有"新子"的"新子學"。他認定方勇先生的"新子學"是沒有"新子"的，說沒有"新子"，哪來"新"的"子學"？陸先生認爲"新子學"就是當代的哲學研究，認爲每一代"子"相對於前一代的"子"都是"新子"，每一代"子學原典"相對於前一代"子學原典"都是"新子學原典"，每一代子學相對於前一代子學都是"新子學"。在此意義上，我們現在這個時代需要建構的"新子學"就是在我們現在這個時代的"子"所創造的"新子學原典"的基礎上建構出來的③。

　　2018年6月26日至29日，韓國"第六届'新子學'國際學術研討會"上，美國學者劉紀璐教授《從"新子學"到"新中國哲學"》首先肯定"新子學"已經由方勇先生的"一家之言"成爲當代學人探討學術轉型和思想建設的學術公器。但提出目前"新子學"的走向需要調整，主張應以培養當代的"諸子"爲重心，而不是僅僅發揚傳統的"諸子學"，應以所有中國傳統思想爲今日開創新思想的跳板，尋找思想者自己獨創"一家之言"的可能性。她主張不必要區分國學與西學，亦不必區分經學和子學，因爲這樣的區分"無異於在當代中國哲學思維中選擇性地排斥異己，自限路綫"，而"新子學"會成爲另一個思想僵化、固步自封的學術體系。"新子學"必須是傳統子學的現代化，真正喚醒諸子時代的自覺精神，爲學術研究注入生命，爲道德實踐提供根據。今日應有我們的"諸子百家"，今日的思想家應該本身是融匯各家思想，貫通古今中外，而自成一家的"子"，要發展有中國特性的哲學，這才應該是"新子學"的目標，現在是我們再度創造中國哲學高潮的時代。"諸子"的英譯應該是 philosophers，而"新子學"的英譯就是 new philosophy，要從"新子學"轉化爲"新中國哲學"。劉紀璐教授"新子家"的期許非常有文化使命感和擔當精神，是一種理想的"新子學"。她認爲諸子是哲學的研究對象，不是其他學科的研究對象，"新子學"就是"新中國哲學"，即新的中國哲學④。劉教授站在哲學立場上論"新子學"，旨在強調"新子學"的理論性、思想性和創造性，反思和警惕過於看重"純學術"而淡化思想創造，強調"新子學"的當代性和民族性，同時強調開放性和國際性，重視與西學對話，主張

---

① 劉思禾《對話"新子學"——兩岸"新子學"系列學術對話紀實》，《光明日報》2018年1月13日第11版。
② 同上。
③ 《光明日報》2018年3月24日。
④ 劉紀璐《從"新子學"至"新中國哲學"》，韓國《神明文化研究》2018年第4輯《第六届"新子學"國際學術大會特輯》，第23～30頁。

"新子學"研究者應該是"思想者",自己獨創"一家之言",呼籲新的"諸子百家"出現。這些認識十分深刻,筆者也深表贊同。但有些觀點,筆者未敢苟同。

方勇先生《"新子學"構想》特別倡導諸子學全新的生命形態——"新子學",強調它將堅實地扎根於傳統文化的沃土,建立起屬於自己的概念與學術體系,以更加獨立的姿態坦然面對西學。同時,它也將成爲促進"國學"進一步發展的主導力量,加快傳統思想資源的創造性轉化,實現民族文化的新變革、新發展,爲中國之崛起貢獻出應有的力量,呼籲構建中國學派①。可見,方先生的"新子學"明顯包含了"新子"之"學"。其實,"新發展"就是"新子學",只是"新"的程度不同。即使沒有包括"新子",也不能說就不是"新子學",對傳統"子學"的"新"認識、新評價和新發展,即是"新子學"。對"新"的內涵理解因人而異,不能將"新"字僅僅限定在當代,認爲現代以前的子學絕對不能稱作"新子學"。任何創新都離不開傳統基礎,不存在絕對的"新",應在繼承中創新。"新"並不意味着拋棄"舊",傳統子學的一切皆應繼續研究,並繼承其精華。

其實,不少學者早已強調"新子學"包括"新子"之"學",曹礎基先生《"新子學"懸想》強調指出:"對諸子思想的重新解讀和揚棄,'詮釋舊子學元典',屬於新之子學。對傳統思想的重新尋找和再創造,'創造新子學元典',則屬於新子之學。"②"新子學"涵蓋"新"之子學與"新子"之學。筆者《"新子學"概念的界定》也強調"新子學"是"新子"之學,"新子學"應該有"新子家","新子學"研究者要有宏大的學術理想,有文化擔當精神,提升創新能力,追求思想高度,成"一家之言",即研究者本身要努力進入到"新子"行列,這是理想境界的"新子學"③。上述觀點與劉紀璐教授的觀點是一致的,不同的是,劉教授強調"新子"之學等於當代新的哲學。

陸建華先生強調:"馮友蘭先生所謂的中國的新的哲學應該就是具有子學特質的、新的子學也即新子學——'新子'無所依傍、所原創的哲學。"④馮友蘭論的是"西化"的中國哲學,實際上只是傳統子學的主要部分,但不是全部,馮友蘭的學術路數是西方的,而不是傳統的。因此認爲馮友蘭的"新的哲學就等於新的子學也即新子學",是"誤讀"了馮友蘭。陸建華先生強調,馮友蘭先生認爲中國的新的哲學的誕生標誌着"貞下起元",這意味着"重新開始","創構"出新哲學。馮友蘭先生心目中的"新子",不僅是哲學家、思想家,其哲學、思想還要是"創構"的⑤。

方勇先生《"新子學":目標、問題與方法——兼答陸建華教授》認爲"新子學"是一種新學術體系,當然意味着諸子學的新發展,亦即"新的諸子學",同時也包含"新諸子"之學,二者並

---

① 《光明日報》2012 年 10 月 22 日。
② 葉蓓卿編《"新子學"論集》第一輯,學苑出版社 2014 年版,第 120 頁。
③ 《中國社會科學報》2013 年 6 月 28 日。
④ 《光明日報》2018 年 3 月 24 日。
⑤ 同上。

非一種非此即彼的對立關係,而是存在着相生共促的密切關聯。没有新的思想體系的建構,即無所謂"新子學",傳統諸子學也會失去方向;同樣,没有深入的傳統諸子學研究,又何談新思想體系?故而"新子學"將文獻研究、學術史研究和思想研究(義理研究)統一起來,包納並舉。"新子學"試圖擺脱哲學等現代分科體系的窠臼,建立以諸子傳統爲研究對象,具有相對獨立研究範式的現代學術體系,這是"新子學"的目標。這是一條新的路徑,突破晚清以來的學術分科體系,真正發掘中國古典傳統,建立一種基於傳統問題意識與概念的學科體系。"新子學"之"新",是對學術分科體系的反思,對原有諸子學研究的推進,也可以視作是一種回溯,期待在現有學術分科體系之外,形成一個古典研究的學術新生態。"新子學"的問題意識就是理解"中國性",不同於近代以來哲學學科的方向,回歸中國性,並不意味着拒絶西方學術,更不意味着一種自我封閉,而是強調拒絶把西方學術作爲理解諸子時代思想的前提,要讓諸子自身説話,而不是我們替諸子説話,讓其各自發言,這才是真正的諸子精神①。方勇先生的"新子學"重在"反思"近百年來過於"西化"的"分科"的諸子學研究之弊,特別是哲學肢解諸子學之弊,嘗試建構新的話語體系,救治"失語症",這是思維和觀念上的突破。

二

任何學科的最高思想,都可以認爲是哲學,如文藝哲學、經濟哲學、政治哲學、教育哲學,任何學科都有哲學。如果從這個角度理解"廣義哲學",可以認爲"新子學"就是"新中國哲學",將每一門學科都包括進來。但是劉紀璐教授的"哲學"是學科獨立後的哲學,也就是套用西方哲學觀念,符合的部分取用,不符合的部分去除。認爲"新子學"完全是新的,僅指當代人研究當代哲學家,或自創哲學,與傳統"子學"没有關係,排除其他學科,將"新子學"限定在當代哲學範圍内,是對"新""子""學"的狹隘化理解。

"哲學"學科獨立時,胡適《中國哲學史大綱》、馮友蘭《中國哲學小史》都是以西方哲學學科概念來套中國傳統子學。自胡適、馮友蘭以來,傳統諸子學被肢解爲不同學科,難免變得支離破碎。劉紀璐、陸建華等學者堅持胡適一派觀念。學者思維不同,專業訓練不同,知識結構不同,一般習慣於限定在自己的學科範圍内思考問題。跳出學科來思考,能看到没有跳出學科的人看不到的問題,"不識廬山真面目,只緣身在此山中",跳出廬山看廬山,反而可能看得更清楚。西方學科分類越來越細,教育學、政治學、法學、軍事學等學科各自獨立,都不屬於哲學學科範疇,但都屬於"新子學"。

方勇先生《"新子學"構想》"反思"現代學者多以西學爲普世規範和價值,按照西方思維、邏輯和知識體系來闡釋諸子。如胡適《中國哲學史大綱》"不能不依傍西洋人的哲學史"。馮

---

① 《光明日報》2018年4月7日。

友蘭《中國哲學史》也説:"哲學本一西洋名詞,今欲講中國哲學史,其主要工作之一,即就中國歷史上各種學問中,將其可以西洋所謂哲學名之者,選出而叙述之。"結果是使子學漸漸失去理論自覺,淪爲西學理念或依其理念構建的思想史、哲學史的"附庸":既缺乏明確的概念、範疇,又未能建立起自身的理論體系,也没有發展成一門獨立的學科,唯其文本化爲思想史、哲學史的教學與寫作素材。因而當時羅根澤就想撰寫《由西洋哲學鐵蹄下救出中國哲學》一文,以揭穿這種中國哲學家披上西洋外衣的把戲(見《古史辨》第七册羅根澤前序)①。方勇先生《"新子學"申論》强調"新子學"是對現代學術分科式研究的修正。指出在現代學科框架下,子學主要是哲學史(思想史)的研究對象。他反思,哲學史研究畢竟是一門移植的學科,最初就是剪裁中國材料來填充西方形式,這就帶來了諸多問題。哲學史學科和子學有着不同的問題意識、研究方法和表達形式。哲學史依據西方哲學的定義,使用邏輯重構的手段梳理傳統中純思的層面,而子學屬於複合多元的學術系統,純粹的思辨僅僅是其中的一個部分,根本上還需要對中國文化的現實做出反應。强調只有突破學科的限制,由"哲學史"進入到一般所謂的"歷史學""政治學""經學""文獻學"中去,實際是進入到古代學術的原初語境中去,才有可能理出古代學術的綫索來②。

方勇先生《再論"新子學"》説:"'新子學'的概念,具有一般意義和深層意義兩個不同的層面。從一般意義上説,'新子學'主要是相對於'舊子學'而言的。它一是要結合歷史經驗與當下學術理念,在正確界定'子學'範疇的前提下,對諸子學資料進行全面的收集和整理,將無規則散見於各類序跋、筆記、札記、史籍、文集之中的有關資料,予以辨别整合,聚沙成丘;二是要依據現代學術規範,對原有的諸子文本進行更爲深入的輯佚、鈎沉、輯評、校勘、整合、注釋和研究;三是要在上述基礎上,闡發出諸子各家各派的精義,梳理出清晰的諸子學發展脉絡,從而更好地推動'百家争鳴'學術局面的出現。""就深層意義而言,'新子學'是對'子學現象'的正視,更是對'子學精神'的提煉。所謂'子學現象',就是指從晚周'諸子百家'到近代'新文化運動'時期,其間每有出現的多元性、整體性的學術文化發展現象。這種現象的生命力,主要表現爲學者崇尚人格獨立、精神自由,學派之間平等對話、相互争鳴。各家論説雖然不同,但都能直面現實以深究學理,不尚一統而貴多元共生,是謂'子學精神'。"③方先生所謂"深層意義"層面的"新子學",是正視"子學現象",提煉"子學精神",從關於諸子文本的整理轉向諸子思想研究的産物。"新子學"是對傳統諸子學的全方位整理和研究,文獻整理和思想研究都重要,但不僅僅是哲學研究。

方勇先生《三論"新子學"》强調"返歸元典時代",意味着學術研究方式的轉型。他指出,近代以來諸子學研究主要採取了哲學史模式,體現爲"中國哲學"的知識系統,其最大的興趣

---

① 《光明日報》2012 年 10 月 22 日。
② 《探索與争鳴》2013 年第 7 期。
③ 《光明日報》2013 年 9 月 9 日第 15 版。

则在構造形上學。站在"新子學"的角度上,"中國哲學"事實上成爲現代性敘事的構件,其在知識上的貢獻遠大於價值上的。他强調,"傳統文化研究的方向應該是對治現代性,而非論證現代性。從哲學史的範式中走出來,把重點從知識構造轉出,重新唤醒傳統資源的價值意義,讓經典回到生活境遇中,這是關鍵"①。

方先生强調,首先,"新子學"作爲一種新的學術建構,要注意一種整體語境,要從根源處思考,反思仍舊以"哲學"方式去研究諸子學,可能在很多根本問題上没有辦法進行開拓。其次,在有關諸子學發展與現代學制建構的關係上,關鍵是不回避學科限制,在跨學科研究中找到出路,要注意研究的原理化和社會科學化②。"新子學"的倡導正是反思哲學學科對諸子學的肢解,突破其狹隘性。

方勇先生《"新子學":目標、問題與方法——兼答陸建華教授》認爲,從胡適、馮友蘭開始的中國哲學史研究,可以稱作現代的諸子研究,但其實質並非"諸子學"研究,而是"中國哲學史"研究。"新子學"就是試圖擺脱哲學等現代分科體系的窠臼,建立以諸子傳統爲研究對象,具有相對獨立研究範式的現代學術體系。作爲現代學術體系的"新子學",包括諸子問題的通盤研究,加以學科化。它不是像哲學、文學那樣的學術分科,而是諸如敦煌學、海外中國學那樣成熟的學術體系③。

方勇先生提倡"新子學",就是在反思胡適、馮友蘭以來將"子學"當成哲學研究的狹隘性,反思用西方哲學概念來套諸子學的弊端,矯正學科分類把子學分割開來的弊端。要重回傳統學術整體之學路子,現代學科分類越來越細,各個學科,各自爲政,互不干涉,産生弊端。當然也不可能完全回到過去,當代學科分類已經無法改變,在必要時能够打破學科分類疆界,使學科之間互相交叉、滲透、融合。如《墨子》,只論其哲學思想,軍事學就不該論嗎?迷信西方學科分類,把諸子狹隘化了。諸子百家,博贍通貫,包含衆多學科,僅將子學作爲哲學,不符合哲學範疇的内容就視而不見。"新子學"目的之一就是糾弊,救時弊,就是糾正近代學科獨立將子學視爲單純哲學學科帶來的狹隘性。從學科獨立來說,"新子學"什麽學科都是,只是研究每一家偏重不同,例如研究《孫子兵法》,是軍事學,但也講究邏輯,爲邏輯學。

玄華認爲,大體而言,"新子學"應該包括兩個層面,即哲學性"新子學"和學術文化性"新子學"。第一個層面,即理論層面,它是我們在面對自身與世界時基本思維方式的變革,是以此而産生的一種全新的哲學,可以稱之爲"新子學"哲學。第二個層面,是指在這種全新哲學的觀照下,對學術文化所進行重新發現、梳理、建構和發展,可以稱之爲"新子學"學術文化工程④。哲學性"新子學"只是"新子學"的一部分或稱重要部分,但不是全部。

---

① 《光明日報》2016年3月28日第16版。
② 劉思禾《對話"新子學"——兩岸"新子學"系列學術對話紀實》,《光明日報》2018年1月13日第11版。
③ 《光明日報》2018年4月7日。
④ 玄華《關於"新子學"幾個基本問題的再思考》,《江淮論壇》2013年第5期。

子學就是哲學嗎？《墨子》中有哲學，還有軍事學，是獨立的學科門類。諸子百家中的醫家、兵家、農家等，對應現在學科分類中的醫學、軍事學、農學等。子部中的佛、道二氏，即現在所説的宗教學。傳統諸子包含各種學科，怎麽能僅將其看作哲學呢？

三

陸建華先生《"新子學"斷想——與方勇先生商榷》批評説："無論是傳統的子學，還是馮友蘭先生所言的子學，都側重於哲學、思想的層面，而方先生所謂的子學則主要屬於文獻整理的層面"①，排斥文獻學屬於"新子學"。"新子學"僅包括哲學這一觀點明顯與學術史的實際不相符，義理、辭章、考據、經濟四種學術路徑都是"新子學"的研究對象，都是"新子學"應該包括的。不同的學科有不同的學術路徑，《四庫全書總目》卷九十一《子部總叙》曰："自'六經'以外立説者，皆子書也。"②蕭統《〈文選〉序》曰："老、莊之作，管、孟之流，蓋以立意爲宗，不以能文爲本。"③阮元《〈四六叢話〉後序》曰："周末諸子奮興，百家並騖，老、莊傳清浄之旨，孟、荀析善惡之端，商、韓刑名，吕、劉雜體，若斯之類，派别子家，所謂以立意爲宗，不以能文爲本者也。"④"子學"以"立説""立意"爲宗，爲"義理之學"，但"義理之學"内涵遠遠大於哲學，僅僅將"子學"理解爲哲學，明顯是狹隘的。傳統學術没有學科概念，只有不同的文獻分類概念和學術路徑。"新子學"就是單純的哲學？先秦諸子研究就是哲學研究嗎？"義理"就是理論，可以説以哲學爲主，但不僅僅是哲學，不應以哲學排斥其他學科。

文獻是研究基礎，是必要的，不應排斥文獻研究，但不能局限於文獻研究。要善於從文獻中發現問題，從而形成新的思想和理論體系。實際上，方勇先生之所以要倡導"新子學"，就是因爲發現諸子學文獻整理層面研究的局限性，故而强調"新子學"將文獻研究、學術史研究和思想研究（義理研究）統一起來，包納並舉，從而提升諸子學研究的理論品格和思想深度。

歷代諸子研究以及現當代諸子研究，很多都是研究目録、版本、校勘、辨僞等文獻學內容。文獻學即考據之學，"新子學"應該研究諸子文獻。研究哲學史的部分學者缺乏文獻意識，認爲文獻研究不應屬於諸子研究範圍，只應該研究諸子思想，研究文獻就不是子學。如果研究《莊子》，目録、版本、校勘、辨僞知識都不懂，提都不提，那還研究什麽呢？戴震强調學術研究從識字辨音始，其《孟子字義疏證》批判程朱理學，表面上看是簡單的傳統"小學"路徑，但是戴震闡發"以

---

① 《光明日報》2018 年 3 月 24 日。
② 永瑢等《四庫全書總目》，中華書局 1965 年版，第 769 頁。
③ 蕭統編，李善注《文選》，上海古籍出版社 1986 年版，第 2 頁。
④ 孫梅輯《四六叢話》，商務印書館 1937 年版，第 1 頁。

理殺人"等觀點,就是在注釋過程中表達自己的思想①。文獻研究是表達思想的前提和基礎,不是可有可無的,爲何《爾雅》成爲"十三經"? 就是因爲不懂《爾雅》,便無法理解經學。

"新子學"的"新",包括新材料,如新出土文獻、新的整理文獻。"新子學"要充分利用新出土文獻,如晏昌貴《從出土文獻看先秦諸子的五音配置》一文由諸子談及"五音"②,涉及音樂學知識,不是哲學。新出土文獻與傳世文獻關係,一般都是用傳世文獻,不會關注考古新成果。新出土文獻中有道家、道教典籍,要利用這些新材料,如裘錫圭《出土文獻與古典學重建》一文論及《老子》中《德經》《道經》的前後位置③。海外諸子文獻的發掘整理是"新子學"新的開拓。文獻整理是"新子學"非常重要的一部分,不能滿足於文獻層面的研究,但不應該否認文獻研究的價值。

子學也是"辭章之學",《莊子》《荀子》《列子》屬於子部,本身就是文學。站在文學立場上,用"純文學"觀念進行研究,先秦諸子散文研究只是諸子研究的一面,只重視語言藝術、結構特色等文學部分,忽視了邏輯、思想等方面。"純文學"是由西方傳入的文學觀念,認爲文學是抒情、審美、藝術,用這種觀點套在先秦諸子研究中,只能看到諸子一面。歷代關於莊子的著作,有很大一部分是"辭章之學",是文學研究,講莊子行文的精妙,而不是莊子思想。很多學科都在研究莊子,對莊子的研究不能僅僅局限於哲學。學科獨立以來,梁啓超《中國近三百年學術史》、錢穆《中國近三百年學術史》皆没有論及文學,將文學排斥到學術體系之外,周作人、陳寅恪等都認爲文學不應該列入學術體系,這是受西方影響而產生的"新觀念",現在的子學研究自然而然地延續了這一觀念,基本上不論"辭章之學"。"新子學"也應該包括諸子的文學研究,從文學角度對諸子進行研究應該是"新子學"的"題中之義"。

"經濟之學"就是重視學術的功用,子學是"經濟之學",即經世致用。《史記·太史公自序》引司馬談《論六家之要指》曰:"夫陰陽、儒、墨、名、法、道德,此務爲治者也。"④班固《漢書·藝文志》視道家爲"君人南面之術"⑤。朱元璋親自注解《道德經》,《〈御注道德真經〉序》贊曰:"斯經乃萬物之至根,王者之上師,臣民之極寶。"⑥孫德謙《諸子通考·自序》曰:"諸子者,實用之學。"⑦老、莊之學爲治國之道,是帝王學,是統御天下之術,屬政治哲學範疇,老莊的治國理念,"無爲而治","無爲"修飾"治","治"是中心詞,"無爲"是"治"的一種手段,通過"無爲"達到治理天下的目的。莊子是相對主義者,生活在戰國時代,列國紛争,"令從天子出"變爲"令從

---

① 參見歐明俊《重新認識和評價"乾嘉學派"》,《中國社會科學報》2011 年 2 月 22 日第 6 版。
② 《中原文化研究》2015 年第 3 期。
③ 《光明日報》2013 年 11 月 14 日。
④ 司馬遷《史記》,中華書局 1959 年版,第 3288~3289 頁。
⑤ 班固撰,顏師古注《漢書·藝文志》,商務印書館 1955 年版,第 28 頁。
⑥ 朱元璋注《御注道德經》,中州古籍出版社 2015 年版,第 2 頁。
⑦ 孫德謙著,陳志平、胡立新校點《諸子通考》,岳麓書社 2013 年版,第 2 頁。

諸侯出",各家都認爲自己"解民於倒懸",傳播自己的思想。《莊子》認爲天下混沌一體是最好的狀態,就是因爲各家太強調差異性,都認爲自己的思想是絶對真理,所以導致天下大亂,生靈塗炭。莊子懷疑一切,想回到過去"無爲而治"的時代。諸子百家著書立説,提出自己的治國理念,每一家都認爲應該采用自己的理念來治國。即使我們認爲老、莊是最消極的,但也是"經濟之學",不是純粹的哲學。《論語》《孟子》藴含治國思想,孔子"知其不可爲而爲之",周遊列國;法家提倡用法治理國家;墨家提倡犧牲自己,拯救社會。每一家都有自己的一套"救世良方",都是爲現實服務,但又都存在片面性。

"子學"主要爲"義理之學",但不是純粹的"義理之學","子學"内部又有考據之學、辭章之學、經濟之學,這四大學術路徑,都是"新子學"的"題中之義"。應提倡"新子學"回歸傳統學術理念、學術路徑。

四

"新子學"必須強調"中國性",中國學術有"中國性",西方學術也有"西方性",科學無國界,學術文化有國界,這是毋庸諱言的。必須強調的是,"新子學"要争取中國學術在國際學術整體格局中的話語權,要發出"中國聲音",但同時強調争取的不是話語霸權。同時要強調"世界性""國際性","新子學"的"中國性"和"世界性"不是對立的關係,兩者完全可以融爲一體。"新子學"研究既要着眼於中國,又要有開闊的國際視野。太過重視西洋學術,歐風美雨,依傍西學,崇洋媚外,挾洋自重,固然不對。諸子學"元典"是中國傳統文化中比較早、比較純的,是漢民族所特有的。但東漢以後,佛教進入中國,便吸收、接納佛教内容。理學是新儒學,把佛教一些内容吸收進來,中、印學術融合。晚明時,西方基督教進來,中、西學術融合。近代日本"東學",對應西學,就是融合西學形成的日本新學。近代以來,中、日新學融合。

外國語言非常重要,即使有世界眼光,而不懂外國語,原版著作讀不懂,則創新有限。世界已經融合,"新子學"不能僅僅局限於純中國哲學,不能局限於本土傳統,排斥其他。"新子學"應有國際視野,世界眼光。純粹的康德、黑格爾哲學當然不是"新子學"所要研究的内容,但是嚴復、梁啓超、王國維等人如何把康德哲學、黑格爾哲學與本土哲學相結合,"新子學"完全可以研究。"新子學"應該充分國際化,成爲一個開放的體系。

"新子學"不能完全局限於純粹的傳統,也不能排除西學。現在國際一體化趨勢明顯,在研究"新子學"時,不僅要做到"跨語際"研究,要關注國外不同語言的研究成果,還應該做到"跨國界"研究,與世界各國的學者交流會通。應關注國際漢學界的研究動態,這是新時代的"新子學",與傳統子學研究不同,要關注國際學術界對"新子學"的研究,做關聯性研究,如研究莊子與康德、黑格爾等關係,"子學"在海外的傳播與接受等。諸子學對韓國、日本影響廣泛深遠,韓國學者金白鉉《21世紀"新子學"與新道學的研究課題》認爲,"新子學"不僅是中國的哲學,也是世界性的哲學,"21世紀'新子學',尤其是新道學必須要開出全球性的天下之學"①。開放,包容,"海納百川,有容乃大",不孤立,不封閉,絶不能僅僅局限於中國,更不能就中國當代哲學而論中國當代哲學。現在交通方便,信息交流便捷,信息科技迅猛發展,多元文明交匯,全球化時代,"新子學"不能離開世界學術而孤立發展,應主動積極接受西方理論,注意互動,中學、西學平等對話,而不是自我中心,排斥他者,也不求"話語霸權",我們要思考的是有無水準和資格與西方對話。

諸子只是"文本",不同學科眼中不一樣。先秦諸子學本來渾然不分,包羅萬象,近代以來,從西方引進學科分立,哲學、倫理學、社會學等,學科獨立以後,子學重新定位,幾乎包括所有學科。諸子就像一棵大樹,砍下來一根樹枝是哲學,另一些樹枝是邏輯學、倫理學、經濟學、軍事學、文學,等等。如《論語》,治國思想屬於政治學,很多部分是教育學,孔子也談到文學、音樂等學科,《莊子》是哲學,《墨子》《孟子》是邏輯學,《孫子兵法》是軍事學,《管子》是經濟學,等等。研究"新子學",不能滿足和局限於某一學科,各學科學者都應參與。"新子學"應是整體之學、全體之學,有完整的體系,要把握諸子百家的整全性,走向文化整合,也不能滿足於就諸子學論諸子學,還應注重關聯性研究,一切有關諸子學的都值得研究。倡導"新子學",是爲了反思之前研究的片面性,應提倡"會通",即融會貫通,跨學科,不能對本學科以外的視而不見②。

"新子學"不能滿足於"我注六經"式的研究,應該不斷加入"新子",嚴復、康有爲、梁啓超、王國維、蔡元培、章太炎、梁漱溟、馬一浮、熊十力、胡適、錢穆、馮友蘭、賀麟等人,皆爲"新子",唐君毅、牟宗三、徐復觀、方東美、張君勱、張申府、殷海光、饒宗頤、成中英、余英時、杜維明、劉述先、蔡仁厚、陳鼓應、李澤厚等,也可稱爲"新子"。研究"新子學"的人以後也可能成爲新的"子",會有思想深刻的人成爲被研究者。應該"成一家之言",不僅僅要研究思想,更應該創造思想,這才是"新子學"研究最偉大、最有意義的地方。"新子學"要有這種學術情懷,要有遠大宏偉的目標和理想追求,努力使自己變成"新子",每個人都在創造歷史,只是有大小之分。

"新子學"不能滿足於"純學術"研究,要有當代擔當,關心現實,"人文關懷",一種救世情懷,面對現實生活和社會問題,爲了中華民族偉大復興,思考從子學中學習智慧。還要關心未來,超越時代,要有"終極關懷",超越功利性,更要有天下情懷,思考整個世界、整個人類的命運,"新子學"的學術使命是神聖的。

結　　論

將"新子學"限定在哲學範圍内,僅指當代人研究當代哲學家,或自創哲學,與傳統"子學"

---

① 《諸子學刊》第九輯,上海古籍出版社2013年版,第266頁。
② 參見歐明俊《跨界會通——論"新子學"的創新途徑》,《暨南學報》2018年4期。

没有關係,排除其他學科,是對"新""子""學"的狹隘化理解。新哲學只是"新子學"的重要部分,但不是全部。"新子學"的倡導正是反思現代獨立的哲學學科對傳統諸子學的肢解,突破其狹隘性。子學主要爲"義理之學",子學内部又有考據之學、辭章之學、經濟之學,這四大學術路徑都是"新子學"的"題中之義"。可以説"新子學"以哲學爲主,爲核心,首先是哲學,或主要是哲學,應該强調"新子學"是新的哲學創造。但"新子學"不僅僅是哲學,不等於哲學,更不等於當代哲學。不應局限於哲學學科來狹隘化理解和研究"新子學"。"新子學"包括衆多學科,是綜合之學、整體之學、全體之學。"新子學"必須强調"中國性",同時要强調"世界性","新子學"是一開放的體系,應充分國際化,有中國"新子學",有東亞"新子學",有"漢字文化圈"的"新子學",有世界華人華文"新子學",有國際漢學界的"新子學",有漢語著述的"新子學",有外語各語種著述的"新子學",只要與中國"子學"有關,都屬於"新子學"研究範圍,至少應做關聯性研究。

[**作者簡介**] 歐明俊(1962—　),男,安徽五河人。文學博士,現爲福建師範大學文學院教授、博士生導師,兼任中國歐陽修研究會會長、中國古代散文學會副會長、中國陸游研究會副會長、中國詞學研究會常務理事、《斯文》副主編等。主要從事古代詩文及學術思想史研究。著有《古代文體學思辨録》《詞學思辨録》《古代散文史論》《宋代文學四大家研究》等。

諸子學研究的一個重要問題：
從解讀到闡釋

——論諸子學研究的深化與提升

劉韶軍

内容提要 諸子學深入研究的一個必備條件是對諸子書的文本進行深入細緻的解讀與闡釋，爲完成好這個任務，首先必須按歷史主義的精神做到忠實於文本原意，同時還要有現代主義的意識，能據時代的要求對諸子原書的文本之中包含的豐富思想内涵進行現代性的闡釋。其次，要在闡釋學的理論指導下，對諸子書的文本做到從本然到應然的深入闡釋，以求完整地探尋其中的思想義理。再次，對諸子思想學説中提出的主張和觀點進行闡釋與解讀時，要充分注意其中具有的理據，以求證實這些主張與觀點的可靠性。最後，要把分散的各家諸子的研究整合爲一個整體來進行研究，不再分割這個思想整體，這樣才能看出不同的諸子之間的關係與差異，從而更爲深入地認識諸子的思想。

關鍵詞 諸子 文本 思想 闡釋

中圖分類號 B2

諸子學的研究在現代條件下，從根本上説，應該從傳統的諸子學研究進步到現代的諸子學研究。欲達這一目的，從研究諸子傳留下來的著作文本的角度看，有一個重要的問題需要注意。這就是本文題目所説的——從解讀到闡釋的問題。

我所説的解讀，是對諸子著作文本的閱讀性理解，即認真地一字一句地對諸子著作文本進行閱讀並做到徹底地理解。其要求是忠實於諸子著作文本的本意或原意，且儘量完整準確地閱讀並理解。我所説的闡釋，則是在對諸子著作文本的解讀的基礎上，對諸子所論述和提出的種種問題從現代條件更爲深入地進行分析論述。其要求是超出諸子當時的觀點、主張，使諸子所論及的問題在現代觀念與理論的基礎上得到深化和提升，不再停留於諸子當時的思考層次。

解讀是諸子學研究的基礎和前提，是必不可少的步驟。闡釋是諸子學研究的提升與發展，也是當今學術研究需要創新和深化的地方。在現代條件下對諸子學的研究，必須從過去比較重視的解讀層次上升進化到闡釋的層次,這才可以稱爲現代的新的諸子學研究,而與歷史上的舊的諸子學研究區分開來,而這也正是現代的新的諸子學研究必須完成的任務。

從解讀到闡釋,在我看來,有如下幾個方面的問題需要説明:在研究的時代性上,要做到從歷史到現代的提升與發展;從對諸子著作文本的内涵理解上,要做到從諸子所論的内涵之本然到所關涉的問題的内涵之應然的提升與發展;在諸子思想的分析上,要做到從諸子當時的觀點與主張的理解與總結到對這些觀點與主張的理據(理由、根據、邏輯等)做出論證與分析的提升與發展;在諸子的相互關係上,要做到從對個别的諸子的研究到全部的諸子的整體性研究的提升與發展。而這四個方面的探討,有着一個共同的目標,就是把對諸子學的研究從一般化的解讀性研究提升到更爲深刻和完整的闡釋性研究上來,由此促進現代諸子學研究的進步。

以下就這四個方面分别予以説明與論述。

一、從歷史到現代

所謂歷史,就是歷史上的諸子所處時代及其學術在思想文化上的整體背景以及諸子在這樣的歷史條件與背景下對所關注的種種問題的論述及其觀點與主張。簡單地説,就是諸子的思想觀念在歷史上的原本狀態。所謂現代,就是今天的學者研究歷史上的諸子時所處的時代及其學術在思想文化上的整體背景。諸子的歷史情況,是必須首先研究清楚的。現代學者研究歷史上的諸子的思想,則必須與現代的實際情況緊密聯繫,不能使現代學者對諸子的研究脱離現代社會的種種情況,要把諸子學中包含的種種問題放到現代社會的視野中進行全新的審視與分析研究。

在學術研究的方法與觀念上,存在着歷史主義與現代主義的區分。根據英國所出版《楓丹娜現代思潮辭典》[①],其中第 265～266 頁有對"歷史主義"的解釋:"本來指一種研究方法,強調所有歷史現象的獨特性,認爲對每一個時代應該按照它自己的觀念和原則來加以解釋。從反面説,對人過去的行動不應該按照信仰、動機和對歷史學家自己所處時代的評價來加以解釋。"

這種歷史主義的研究方法與觀念是拒絶研究者根據自己的信仰、動機和時代觀念來解釋歷史,只按歷史當時的觀念來解釋歷史。而此書第 364 頁有對"現代主義"的解釋:"在神學上,指的是根據對《聖經》的考據和科學發現的結果以及對現代文化的條件等方面的考慮來使教義現代化的運動。"

---

① [英] A.布洛克、O.斯塔列布拉斯主編,中國社會科學院文獻情報中心譯《楓丹娜現代思潮辭典》,北京社會科學文獻出版社 1988 年版。

所謂神學，是指神學研究，即對基督教義的學術研究。現代主義與歷史主義正相反，不是局限於歷史當時的觀念以解釋歷史，而是要求研究者根據新的研究成果和現代文化的觀念來解釋教義，使之現代化。初看二者不可調和，各執一義，其實可以統一。這是因爲對歷史（包括歷史上的諸子及其思想學説等）的解釋以研究和弄清楚當時的真實情況（即歷史上的諸子所論説的本意或原意）爲基礎，但不能停留在這一步，還應根據現代的條件與思想觀念和理論學説來對歷史（即諸子當時所論説的思想内容）進行更進一步的深入的分析與考察，以求發現其中的合理内涵與不合理的成分，並根據現代社會發展的需要對歷史上的諸子的思想學説進行現代化轉化和加工，把其中的合理内涵用現代學術的思想理論加以更高層次的論證與闡釋，使之成爲可以爲現代社會服務的思想資源。因此歷史主義的研究是整個研究的基礎與第一步，但不能説是學術研究的全部與終止處，在歷史主義的研究成果的基礎上，還應把它放到現代社會條件下進行審視，做出學術上的研究分析、判斷與評價。這就要用到現代主義的觀念和方法。所以説此二者初看是矛盾與對立的，但仔細從整個學術研究的過程與要求來看，則二者都不可缺，而應互補以相輔相成。

黑格爾在其《歷史哲學》的序言中把史學分成幾種[①]：原始的歷史、反省的歷史、哲學的歷史。

原始的歷史，是直接記録歷史的方法，反省的歷史主要爲批判的歷史和各種專門史，如藝術史、法律史、宗教史等。所謂批判的歷史，已經是研究者用自己的思想觀念來對歷史進行分析評判，相當於前面所説的現代主義的研究方法。據黑格爾説，反省的歷史中的批判的歷史有一個特點，即"著史的人"用他的"鋭利的眼光"，"從史料的字裏行間尋出一些記載裏没有的東西"。黑格爾説，法國人的歷史著作中多有這類研究的成果，"貢獻了許多深湛和精闢的東西"，而德國人則把它上升爲"高等的批判"，即研究者過度使用了自己對歷史的批判（也是一種闡釋），黑格爾反對這種高等的批判，認爲它們"不過是就荒誕的想象之所及，來推行一切反歷史的妄想謬説。……就是以主觀的幻想來代替歷史的紀録，幻想愈大膽，根基愈是薄弱，愈是與確定的歷史背道而馳，然而他們卻認爲愈是有價值"。可知，歷史主義是必要的，現實主義則不能過度使用，否則就會走向妄想謬説而與真實的歷史背道而馳，這是没有價值的。

黑格爾作爲德國人，認爲反省的歷史還不夠，他提出了哲學的歷史之方法。所謂哲學的歷史，本質上就是對歷史進行哲學的思考，思考世界歷史各大事變的推動者或指導者（或稱爲領袖），思考歷史是怎樣由精神和理性所領導、指導、推動的。他認爲哲學的歷史不是研究歷史的"純屬外表的綫索，不是那種浮而不實的結構，而是探討歷史中各種事實和動作的内部指導的靈魂"。可知哲學的歷史也是一種反省的歷史，只不過反省的高度上升到哲學的層次，要爲歷史的發展找出其背後的哲學原理性的東西。但這仍屬現代主義的研究方法。因爲研究

[①] 参見王造時譯《歷史哲學》，三聯書店1956年版，第7～9頁。上海世紀出版集團1999年重印本與該版一樣。

者所憑藉的哲學學說與觀念,都是研究者的時代所具有的,是與所研究的歷史(包括諸子的思想學說)不一樣的。

總起來說,反省的批判的歷史的研究方法,都是研究者根據他的時代的思想理論學說和觀念等來對歷史進行分析觀察與評價,本質上都屬於現代主義的方法。只不過不能過度,不能不顧歷史的事實之根基。在諸子學的研究中,也應如此。

不管怎樣,歷史主義與現代主義這兩種方法論與思想觀念,對於現代的諸子學研究是有重要啟發意義的。我們既不能只顧追究諸子的理論學說思想觀念的歷史真實與原貌,也不能憑著研究者主觀的想法來對歷史上的諸子學的豐富內容進行沒有根基的幻想式評判與分析。而應把這二者適當地結合起來,用歷史主義的觀念研究清楚諸子思想內容的本來內涵(本意),用現代主義的觀念方法徹底闡釋諸子的思想學說所涉及的重大學術問題。用前者作扎實的根本,用後者作創新的研究。這就是歷史與現代的結合,就是從歷史走向現代的應有之含義。

二、從本然到應然

歷史主義與現代主義的結合,是從歷史的不同階段及其發展變化的角度來看問題的。而從本然到應然,則是從解釋學的角度來看問題的。

所謂本然,是指諸子在歷史的特定時段所論說的思想內容之本來意旨。所謂應然,是指諸子所論說的思想內容中包含的問題應當怎樣分析論述與解決。本然,是歷史主義所要解決的問題。應然,是現代主義所要解決的問題。本然與應然表明歷史與現代在本質上是統一的。

美籍華人學者傅偉勳在1987年冬季號《知識份子》發表了他提出的"創造的解釋學",主要是討論如何解釋中國古代思想的認知方法問題。傅偉勳的"創造的解釋學",是從現代西方闡釋學衍生出來的變種,是結合中國古代思想史研究的實際而生發出來的思想闡釋方法。此種方法比傳統的思想史研究方法有獨到的可取之處,值得瞭解。而他所說的對中國古代思想的研究,正可用來說明今天所討論的諸子學的研究。

傅氏提出的解釋學的基礎是哲理解釋時的觀點轉移之理。所謂"觀點轉移",就是對古代思想家的原典可以做出不同的解釋,因此現代的研究者對古代思想家的原典不能局限於它的原有思想進行說明,而要對其原有思想的深層結構進行發掘,要突破原有思想,發展到客觀的解釋學的描述層次。傅氏的創造的解釋學分為五個層次:

實謂層次,即由研究者弄清楚原思想家的著作原文及字面意義,這一層次還不能瞭解原思想家實謂之後的哲理內容。因此必須超過實謂層次而進至第二層次:意謂層次。

意謂層次,是要研究者弄清楚原思想家在實謂層次之後意謂什麼。實謂與意謂間存在著距離,原思想家也不一定能解決他意謂了什麼。故研究者要推敲探索,以澄清隱藏在實謂之後的意謂。但在意謂層次,人們很難取得一致的意見,即不可能獲得純客觀的瞭解和解釋。如何對所謂的意謂而由不同的研究者形成的不同解釋進行判斷?這就必須進到更高的層次:蘊謂層次。

蘊謂層次,是指原思想所言説的東西可能蘊涵了什麽?爲此研究者必須系統地瞭解對這一思想家的歷史上形成的解釋傳統。以研究《論語》的哲理蘊涵爲例,首先要遍查自魏晉時期何晏《論語集解》直至清代劉寶楠《論語正義》等歷代的重要注釋書,以瞭解整個解釋史上的主要内容和學者們不同的解釋方法,由此爲基礎,才有可能發現《論語》可能蘊藏的種種哲理深義。通過蘊謂層次的探索,才能克服意謂層次上的主觀片面的淺陋之見及其解釋方式,然後才可以進至更高的層次:當謂層次。

當謂層次,就是研究者超越已有的解釋史,而由自己判定歷史上的各種解釋的價值所在,包括認清其中的正確的説法與錯誤的説法,這被稱爲"當謂判斷"。在當謂判斷的面前,將逼使原思想家説出他本應説出的話。爲此必須能在其原有思想的表面結構之下發掘出其深層結構,由此即可進至必謂層次。

必謂層次,就是超越原思想家的思想意境,達到"由我(即現代的研究者)爲他(即古代的思想家如諸子)開創的思想傳統説出什麽"的層次。所謂由我爲他説什麽,即指由現代的研究者爲歷史上的諸子等思想家説出他們未曾説出的思想,也就是在歷史上的諸子的思想學説的基礎上説出他們的思想中所包含的更深層次的意旨。

從實謂、意謂、蘊謂、當謂而到必謂,這就是傅氏"創造的解釋學"的主要見解。他的意思是説對古代思想家如諸子的研究要在思想内涵的闡釋上不斷深入,論證出一層層更爲深奧而不顯現的思想。但這種層層深入的闡釋學,基礎還是諸子著作文本中的本來含有的意旨,此後的層層深入,都不能離開也不能違背這種本來含有的意旨,只是在這些本來的意旨的内涵中不斷深化思考而把所涉及的問題從較淺的層次闡釋到較深的層次。這也正是從歷史向現代的發展和演進。如果没有這種發展和演進,也就不可能形成綿延數千年而不斷的學術解説史和思想闡釋史。

然而我們可以不必按照傅氏所分的五個層次來看這個問題,完全可以把它簡化成兩個層次,即本然與應然。本然是諸子當時所論説的思想内容之本來情況,應然是現代的研究者對諸子所論説的思想内容進行深入分析論證後形成的應該怎樣的認識與論述。只對諸子思想内容的本來情況進行分析研究,在諸子研究上還是不夠的,只能説是諸子研究的第一個階段的任務。在完成這個任務之後,還要在此基礎上繼續深入分析研究,以探求諸子在他們的論説中提出的種種重要問題及其解決方法,達到應該如何正確解決這些問題的地步。

如在老子思想的研究中,在本然層次,我們可以根據《老子》的文本分析出其思想主旨是主張聖人式侯王以自然無爲的觀念來治理國家和天下,不要像當時的現實中的侯王那樣從個人私欲出發而不顧人民死活的竭澤而漁式的統治。但對現代的研究者來説,弄清楚這一本然的情況還不夠,還要繼續根據現代社會的條件與思想理論來探討這個聖人式侯王自然無爲以治國的問题,是不是合理的、可行的? 是不是還有不充分的地方,還有不切實際的地方? 如果其中有合理的成分,有可行的因素,則在現代社會條件下又應如何根據這樣的思想來治國理民? 這些問題就都屬於應然層次,需要現代的研究者根據現代社會的實際情況來從理論上予以闡釋和論證。

其實這種情況,在《老子》解釋史上已有例證。如近代的嚴復,曾寫有《老子評點》,在其中他根據近現代西方學術的思想理論,對老子思想進行了與歷史上的解釋都不一樣的新闡釋,如他在翻譯赫胥黎《天演論》時,認爲斯賓塞所說的"治",根本意旨就是"任天",這就是黃老道家所說的任乎自然("猶黃老之明自然"),而這種"任天"(任乎自然)不是單純哲學觀點,而是對於人類社會及其發展進步有着重要意義的一種規律——"凡人生保身保種合群進化之事,凡所當爲,皆有其自然者,爲之陰驅而潛率"①。

他又把"任天"的"天"與《老子》的"天"聯繫起來,認爲就是順乎自然的進化:

> 凡讀《易》《老》諸書,遇"天""地"字面,只宜作"物化"觀念,不可死向蒼蒼摶摶者作想,苟如是必不可通矣。②

而《老子》五章說的"天地不仁,以萬物爲芻狗,聖人不仁,以百姓爲芻狗",就是指聽任自然(任天),嚴復認爲《老子》此章所說,正是"《天演》開宗語",而遵循這一思想的政治,就是最好的政治,即"法天者,治之至也"③。基於這樣的理解,嚴復認爲《老子》第五章的王弼注,最符合西方的進化論之旨:"此四語,括盡達爾文新理,至哉王輔嗣。"④

類似的例子在嚴復《老子評點》中還有很多⑤,這說明嚴復對《老子》的闡釋已從《老子》所說的"本然"向他所理解的"應然"提升,而他理解的"應然",則來自他所處的時代,即他所處的"現代"所提供給他的學術思想。這又說明,所謂應然,又是隨着時代的發展而發展的,不是一成不變的,所以需要不同時代的學者不斷地研究和探索。

我在研究《太玄》時,需要對《太玄》的思想進行解釋。因爲宋代的蘇軾說過,揚雄的《太玄》不過是"以艱深文淺易",照此說來,《太玄》就没有什麽深刻的思想内容了。但是如果按照從本然到應然的研究方法來探討《太玄》中的思想内容,就會發現情況並非如此。在研究中,我曾論述過自古以來就爲人們經常討論的一個普遍性的問題。即根據闡釋學的認識,文獻的文本作爲表達思想與更多内容的載體,與所要表達以及所包含的内容之間並不是完全相等

---

① 見嚴復譯《天演論》,科學出版社1971年版,第22頁。
② 見嚴復《老子評語》第七章,嚴靈峰《老子集成》本。
③ 嚴復《老子評語》第五章評語。
④ 同注③。這裏所說的"四語",是指王弼爲《老子》五章"天地不仁"所作注:"天地任自然,無爲無造,萬物自相治理,故不仁也。"
⑤ 參見劉韶軍《嚴復〈老子評點〉與西方思想》,《武漢大學學報(人文科學版)》2001年第6期。

的,也就是说,古代思想家(諸子)的著作及其文本所承載的思想内容遠遠多於文本字面所能表達的意思,而這正是中國古人早就説過的,並非我的新見。《周易·繫辭》載夫子曰:"書不盡言,言不盡意。"這説明由文字所組成的"書",不能完全表達作者所要説的話(言),作者所要説的"言",也不能充分表達他的思想(意)。這並不是説"意"完全不可見,而是説僅靠"言"不能充分瞭解"意",要充分瞭解"意",就要超出"言",進行更爲深入的思考與分析。所以《繫辭》又説"立象以盡意,繫辭焉以盡言",所謂的"盡意",就是通過"象"來充分理解其"意",不是説"象"本身就能完全表達出其"意"。所謂的"盡",要靠人的思維和分析來完成,僅靠"象"是不能自動"盡"其"意"的,不然的話,人的思考與分析也就不必要了。

言不盡意,在中國古代學術史上是一個重要命題,注重思辨的學者對此都非常重視,如《莊子·天道》説:"世之所貴道者書也,書不過語,語有貴也,語之所貴者意也,意有所隨,意之所隨者,不可以言傳也。而世因貴言傳書,世雖貴之哉,猶不足貴也,爲其貴非其貴也。故視而可見者形與色也,聽而可聞者名與聲也。悲夫!世人以形色名聲爲足以得彼之情。夫形色名聲,果不足以得彼之情。"

"書"由"言"和"語"組成,而"言"與"語"的寶貴在於它所表達的"意",但"意"不能完全由"言"來傳達。一般人只重"書"和"言""語",不知"書"和"言""語"不足以表達"意"。真正可貴的不是"書"和"言""語",而是"書"和"言""語"之外的"意",即郭象注釋時所説的"其貴恒在意言之表"。"意言之表"即言語之外的"意"。《莊子·外物》又説:"言者所以在意,得意而忘言,吾安得夫忘言之人而與之言哉!"也是説"言"與"意"不是簡單相等的,需要另外思考獲得其"意",而且能得"意"的人非常難得,所以才希望有這種人出現而與之交流。

在魏晉玄學時代,人們仍然關注這一問題,如王弼《周易略例·明象》説:

> 象者出意者也,言者明象者也,盡意莫若象,盡象莫若言。言生於象,故可尋言以觀象,象生於意,故可尋象以觀意。意以象盡,象以言著,故言者所以明象,得象而忘言,象者所以存意,得意而忘象。

在"言"與"意"之外又提出"象","象"不是"言",但性質上與"言"差不多,都有可見性,都是用來表達"意"的,即所謂"出意"。不管是"象"是"言",讀者最終是要通過它們來得"意","象"與"言"是得"意"的媒介,但不能等同於"意",其完整的"意"在"象"與"言"之外,當然"象"與"言"本身也表達一定的"意",但不是全部的"意",所以達到得"意"的目的之後,"言"與"象"都不再重要,都可以忘掉,這與莊子的思想一致,也是中國古代思想家認同的一種思維方法與目標。

與王弼同時的荀粲也説:

> 理之微者,非物象之所舉也。今稱立象以盡意,此非通於意外者也,繫辭焉以盡言,此非言乎繫表者也。斯則象外之意,繫表之言,固蘊而不出矣。

認爲"意"是"理之微者",是在"象"之外的,而且是"藴而不出"的,所以僅靠"象"或"言"是不能直接獲得的,必須通過人們的思考才能獲知之。

在闡釋諸子思想的"本然"時,已有"言不盡意"的問題,而要闡釋出"應然"層次的内涵,就更應注意"言不盡意"的問題。這説明要對諸子思想闡釋到"應然"層次,必須對"言不盡意"的"意"有更深刻的理解。歷史上的諸子之"言"有不盡的"意",這是諸子當時已有的"本然"之"意",而在現代的研究者看來,諸子的"言"與"意"又是不完整的,還需要現代的研究者從中發掘更深更多的"應然"之"意"。

如筆者在注釋《太玄·中首》的"初一"的贊辭"昆侖旁薄,幽"、測辭"昆侖旁薄,思之貞也"時,首先把其中的文本從訓詁上弄清楚,即:昆侖同渾淪、混沌、渾沌,原義爲渾沌未分,茫茫一團。此處用爲動詞,意爲籠括一切,混沌一體。旁薄同旁魄、旁礴,言廣博宏大,此用爲動詞,謂混同籠括。幽,幽隱不現。唐代王涯注:"幽者,人之思慮幽深玄遠也。"

在此基礎上説明《太玄·中首》初一的本然之意,是謂賢人之思籠括一切而幽隱未現,他人對此是未之知的。根據《太玄》排列組合的規律,初一爲"思之微",即人的思索之始萌微弱階段。由此可知這裏説的"昆侖旁薄,幽",是説賢人君子之思,此時尚處於始、微狀態,故曰幽。但此時的思是無所不包的,故曰"昆侖旁薄",意謂其思籠括一切事物,但幽隱不現,不表現出來,外人並不能知曉其人所思的内容。

揚雄又在《太玄·文》中引用《中首》此句另加解釋,綜合起來,其意更明。《文》説:

或曰:"昆侖旁薄幽,何爲也?"
曰:"賢人天地思而包群類也。昆諸中未形乎外,獨居而樂,獨思而憂,樂不可堪,憂不可勝,故曰幽。"
又説:"昆侖旁薄,大容也。"
"昆侖旁薄,資懷無方也。"

這都證明揚雄的意思是説賢人之思籠包天地萬類,大容資懷,無方無盡,然而其思昆(混)於中心而不現於外,獨居獨思,幽隱難漏。這正是古代哲人深沉思索世界根本之道的寫照。要對揚雄這一説法進行闡釋,還不能停留在此一步,於是又根據黑格爾的説法加以進一步的闡釋,以求出其中的"應然"之意。

黑格爾在《小邏輯》第三版序言説:"愈徹底愈深邃地從事哲學研究,自身就愈孤寂,對外愈沉默。"又説:"以謹嚴認真的態度從事於一個本身偉大的而且自身滿足的事業(Sache),只有經過長時間完成其發展的艱苦工作,並長期埋頭沉浸於其中的任務,方可望有所成就。"[①]

黑格爾的説法,與《太玄》此語甚爲相似。由此可以證明揚雄所説的話,其應然之意蓋

---

① [德]黑格爾著,賀麟譯《小邏輯》,商務印書館1980年版,第30頁。

謂古人的哲學思考籠括一切,獨思不現,憂樂兼之。可是現代人往往鄙薄古代人思想的籠統含混,認爲那種思想有欠清晰,不够完滿。其實,世界的根本之道,古人無法説清楚,現代人也無法説清①。古代人的這種廣含概括性的思考,所注重的是世界和事物的本質大道,而不是糾纏於問題的細枝末節,可以説這正是哲學思考的特性。若皆清晰具體,那就不是哲學的方法與理論,而是具體科學的研究與理論了。如老子的道、揚雄的玄、黑格爾的絶對精神等,人們可以給它一個具體的形象、細節的描摹和準確的規定嗎？所謂世界的本質、物質、規律諸語,也都不是可以具體想見其形象的。但它們是客觀存在的,普遍有效的,同時又都是抽象的。若無籠括一切的思考,怎會認識到這一類籠括一切的根本之道？哲學既是對於一切存在(包括物質的存在和精神的存在)的普遍本質的思考,從根本上説,就不能不是這種籠括一切的思考。古代人早在幾千年以前已對世界萬物的普遍本質進行了深刻思考,得出了卓越的結論,時至今日,人們仍然不能推翻它們,只能予以補充、糾正,或予以更精緻的解説而已。譬如現代人批評老子的道,但現代人並不能否認世界存在着一個根本之道——無論説是本質,説是規律都無不同——存在於客觀之中並發揮着作用,道是客觀的,無論物質和精神都是客觀存在的,道是超越二者之上的更大的範疇,不可拘於更低的觀念去限定它。

  現代人還認爲古人的思想是直觀的,其實直觀就是哲學的抽象方法,對客觀世界及其根本規律的認識,不用抽象是無以見之的。如"道"這類概念,誰能不用直觀抽象的方法而直接具體地看到它？又如對於萬物的認識,也必須是抽象直觀的方法才能得出這樣的概念。透過物象而探索其內其後的不可具體而見的道理,這是一種深思,離了抽象和直觀,也是無法完成的。

  通過這樣的闡釋,就把揚雄《太玄·中首》所闡述的哲人思考的特點揭示出來了,而這是《太玄》並沒有直接説明的,只是用一種特定的古代語言表達了這樣一種思想,而現代人可以通過其他不同的理論學説來對《太玄·中首》的這一思想進行闡釋,由此説出其中的應然之意。

  從本然到應然,應該是現代諸子學研究上非常重要的問題,需要研究者從更廣泛的學科理論與思想方法予以實踐,不能局限於某種固定的學科體系進行單方面的研究與分析。而且所謂應然的闡釋,也不是一成不變的,而是隨着時代與社會的發展進步,隨着各學科的學術研究不斷發展而逐步成熟和完善起來的。但這一任務則不是不可懷疑的,也是必須由現代的研究者們努力去從事和完成的。

---

① 正因爲如此,所以西方20世紀的哲學轉向,就從思考論證哲學的本體問題轉向到論證這類問題的語言學和邏輯學上來,其根本原因就是西方思想家從二千多年的思想史的實踐中認識到,對於哲學的本體論問題是無法説清楚的。而他們之所以如此,又是因爲哲學家們論述問題時的語言和邏輯還存在着不少沒有解決的問題,所以要從語言學和邏輯學上尋找突破。

三、從主張到理據

在現代的諸子學研究中,還要注意一個問題,即從主張到理據的問題。所謂主張,是指諸子著作文本中提出來或論述到的各種思想觀點及其主張。所謂理據,是指這些思想觀點及其主張中的理據。理據分爲兩個方面,一個是理由、依據,一個是根據理由和依據闡發爲思想觀點與主張的邏輯。理由與依據,在諸子的論説中可以根據其文本而找出,但邏輯則是文本不能充分説明的,所以必須由研究者根據諸子論説的著作文本加以分析,從中析出諸子闡述自己的思想觀點主張時的内在邏輯。

對諸子論説的主張中含有的邏輯的分析與證明,是一個複雜的問題。必須要研究者具有扎實的邏輯思維能力和相應的豐富知識。邏輯本身是現代西方學術中非常重視的一門學科,而這在中國歷史上的諸子學者那裏並没有清楚的概念。但他們在闡述自己的思想觀點和主張時,仍然遵循着一定的邏輯,不然就無法得到讀者的理解與贊同。

但這種邏輯往往是隱性的,並没有像現代邏輯學那樣給出明晰而完整的邏輯推理過程以及使用概念時的内涵定義與外延説明。因此研究者在這種不給予充分的邏輯證明的思想觀點及其主張面前,必須經過研究者自己給予嚴密清晰的邏輯分析。

只有把諸子論説的思想觀點及其主張中含有的邏輯梳理清楚,才能對它的思想觀點及主張的理由與依據給以明確的認定。而這兩方面的考證與梳理,是現代研究者研究歷史上的諸子的思想觀點與主張時必須完整予以分析與思考的,不能隨意缺少和捨棄之。

因此,仔細地完整地分析與論證諸子思想主張中的理據,是現代諸子學研究中的重要問題,而且是難度很大的問題。需要研究者具備足夠的思維訓練和知識儲備。

而對諸子思想觀點及其主張的理據的深入全面的分析梳理,又是使現代學者研究歷史上的諸子時從歷史到現代、從本然到應然所不可或缺的步驟。尤其是對諸子思想的應然層次的研究,如果能從諸子的思想主張的理據入手加以疏證,才能保證關於諸子思想主張的應然的研究的可靠與準確。

筆者在 2001 年由湖北教育出版社出版的《楚地精魂——楚國哲學》中曾分析了范蠡的行動哲學的思想主張,重點探討了范蠡的行動哲學中的理據與邏輯。

范蠡是楚國人,他和朋友文種到越國幫助勾踐治國、用兵、復仇,他並没有把自己的思想主張寫成一部著作,而是通過與勾踐的對話而不斷表達出來的。根據他與勾踐的對話,我們知道他提出的治國主張是三項原則[①]:

[①] 所據文獻資料是《國語·越語》《吴語》的相關内容。

> 夫國家之事，有持盈，有定傾，有節事。

爲什麽他認爲治國需要三項原則，他馬上解釋其中的理由：

> 持盈者與天，定傾者與人，節事者與地。

這説明他認爲治國者必須解決三方面的問題，國與天、國與人、國與地。他的這一主張的理由是：一個國家的存在與安全，在古代社會條件下，是與天、人、地三者密切關聯的，三者都是國家存在與安全的重要因素，一個都不能忽略和輕視。

作爲現代的研究者來説，如何分析其中的邏輯呢？

對於天，首先應該理解爲自然環境及自然規律。治理國家最重要的問題就是正確認識國家所處的自然環境以及自然環境發展變化的根本規律。因此，在處理國家與天的關係時就要以持盈爲第一原則。所謂持盈，就是道家老子所説的"持而盈之，不如其已。富貴而驕，自遺其咎。功遂身退，天之道"，以及"保此道者不欲盈"。盈就是滿，治理國家要符合這個國家所處的自然環境所給予的條件，不能不顧這種自然條件而一意孤行。這是持盈的一層意思。不欲盈，就是治國時要讓各項措施不達到極端盈滿的程度，包括不能富貴而驕，要能功遂身退等。這都是持盈和不盈滿的原則的規定，治國者必須遵守之。所以范蠡認爲治國時處理與天的關係，要遵守持盈即不欲盈的原則。

范蠡在爲越王説明持盈與天的道理時，針對越王欲搶先進攻吴國的想法，認爲越王的這一決定是不符合持盈原則的，其理由與根據是"天時不作而先爲人客，人事不起而創爲之始，此逆於天而不和於人"。其中的邏輯是：人的作爲不能與天（自然）的規律相違背，天時不到，有些事就不能做。在這裏，還把國家與人的關係問題一併説明了。治國者做事要符合"天時"，即自然客觀環境的條件與形勢。不能不顧天時情況而盲目有所作爲，采取一些冒進的行動。這是治國要持盈與天的理由，其根據就是天時。而同時又要顧及到人的問題，所以又説"人事不起而創爲之始"是不可取的。把與天和與人兩個因素綜合起來考慮，越王想搶先對吴國采取進攻行動，既不符合天時，也不符合人事的條件。人事的條件就是"人事不起"的意思。放在這裏，作爲范蠡主張的一個要素，其邏輯是：治國者要做某種事，必須得到人們的回應與擁護，才能把這件事做成做好。如果人事不起，即人的因素還不夠，那麽即使天時已到，也是不能貿然采取行動的。

如果既不合乎天時，又不合乎人事條件，就盲目采取行動，那就是"逆於天而不和於人"。由此可知范蠡持盈的主張的理據就是既要不逆於天而合乎天時，又要得到充分的人事方面的條件，使治國者的行動與國民的意願相"和"。這樣看來，范蠡的治國主張之理據在於國家及其行動與天、人的相互關係，其邏輯在於治國及采取某項行動必須符合天時條件與人事條件，若不符合，就不能貿然采取任何行動，尤其是對外用兵這種對於國家來説特别重大的行動。

范蠡治國主張中的持盈與天的原則,本質上是與老子的思想一致的,如《老子》説"不敢爲天下先","不敢爲主而爲客,不敢進寸而退尺……禍莫大於輕敵,輕敵幾喪吾寶"等,這又説明范蠡治國主張的持盈原則的理據之一是道家的老子思想。他之所以以道家的老子思想作爲自己幫助越王治國以求向吴國復仇的決策的理據,其中的邏輯是他已認真研究過道家老子的思想及其中的主張與邏輯。這也可看作范蠡治國主張的理據與邏輯的來源之一。

此處范蠡還明確説明了"持盈者與天"原則的根本理據是"天道":

> 天道盈而不溢,盛而不驕,勞而不矜其功。

所謂天道,就是自然規律。自然事物如果滿盈就必然會有溢出的後果,而溢出就是平衡狀態的破壞,是自然界對一切滿盈狀態的懲罰。所以治國者要遵守盈而不溢的天道,即把滿盈保持在不至於溢出的程度,從而避免溢出的災禍。根據這一理據,范蠡的邏輯就是:因爲天道盈而不溢,所以人的做事(包括治國)就要"盛而不驕,勞而不矜其功"。進一步闡釋之,就是人道要與天道一致,不能違背天道。前面明確説天道如何,後面則省略了"人道"二字,而説"盛而不驕"等。這裏面的邏輯就是人道必須符合天道,必須遵守天道。

如果進一步進行分析,還可以看出范蠡這些主張中的更深的邏輯:天(自然)是無情的,所以它能按照天之道行事,而人是有情的,所以人往往不能保持冷靜而科學的態度,讓感情主宰了自己的行動,因此人(治國者是人)在成功之時和盛滿之際,非常容易產生驕矜之心,不能保持與天道的一致,而做出不正確的行動。唐代魏徵的《諫太宗十思疏》,正是告誡唐太宗不要做出或延續不合乎天道的驕盈之行,可以説是這一邏輯的實際例證。魏徵勸誡太宗的十條,並沒有説明其理據,如果聯繫到范蠡的持盈者與天的主張,就可以説這就是魏徵《諫太宗十思疏》的理據。

范蠡在論述"持盈者與天"這一治國主張時,已涉及"與人"的問題,但那還是作爲"持盈者與天"原則的輔助性理據,而在定傾者與人這一治國主張中,則主要説明"與人"原則在治國上的理據與邏輯。"定傾者與人"這一原則主要用於形勢危殆時,這與持盈者與天的理據與邏輯是有所不同的。持盈主要還是要治國者在國力相對盈盛強大時不要頭腦發熱而驕傲狂妄自大,從而不顧後果地盲目地采取重大行動。而定傾者與人原則,則主要是用於挽狂瀾於既倒,穩定即將傾覆局勢的,這正與持盈時的國家狀態相反。所以要闡釋"定傾者與人"的主張,可以發現其主要理據是國家處於虛弱狀態。

所謂定傾,是指國家就要傾覆,如何挽救國家的危急。處理這種情況的原則就是"與人"。其理據就是靠人的因素來挽救國家的傾覆危亡。因爲國家已處於傾覆危急狀態,實際上是因爲沒有做到"持盈者與天"的原則,才會有這樣的後果,所以這時的要務是靠人力來挽救國家的危難,而不能再靠天時。其邏輯就是:挽救國家傾覆危急,只能靠人力來補救天災造成的禍難,因爲此時國家的危難已不能再靠天時來扭轉了。

范蠡還説明了"定傾者與人"的具體辦法,即如何靠人力挽救國家傾覆危急:"卑辭尊禮,玩好女樂,尊之以名。如此不已,又身與之市。"

這樣看來,定傾者與人的邏輯也就清楚了:當時越國敗於吳國,這就是越國的傾覆危急。要挽救這一禍難,既然不能靠天時,只能靠越國的人力,但這時的靠人力並不是再靠越國的士兵來與吳國作戰,而是靠越國的其他人的力量來挽救越國亡國的更大災難。所以,要向大兵壓境的吳國暫時表示屈服,以示弱的姿態,要求與敵人媾和,以换取生存的餘地,然後再圖後計。這時的與人之措施,是無所不用其極,甚至包括越王本人也需要到吳國去為人質或做更卑賤的事。用越國的人來做這些事,才能保住越國不被滅國,這就是范蠡"定傾者與人"原則的邏輯。

定傾者與人所以能夠成功的邏輯還在於:一是可以讓對方得到滿足,並利用人性中的憐憫心,使之一時心軟,不斬盡殺絕;二是由此可使本國獲得最後一綫的生存可能性。只有這樣,才能保證越國存在並且在將來不斷努力而謀求東山再起。

范蠡治國的第三原則是"節事者與地",其理據之一,是如《史記·越王世家》的《索隱》所解釋的:"與地"是因為"地能財成萬物"。定傾是靠人力保住了國家不被滅亡,之後還要努力奮起,以求復仇。怎樣才能達到這一目標?范蠡的理據是靠地的生成萬物的能力來使越國重新復興而變強。地能財成萬物,這是中國古代的常識,所以范蠡以此作為復興越國的根本辦法,而依靠地能財成萬物的理據,其可行之路是"事","事"指越國存國之後應該做什麼。

他把所要做的"事"與"與地"聯繫起來的邏輯説得非常清楚:

唯地能包萬物以為一,其事不失,生萬物,容畜禽獸,然後受其名而兼其利。美惡皆成,以養其生。

即土地能容納萬物,給萬物提供生存生長的空間,對萬物一視同仁,無偏無愛,使萬物各自生長,又各有其用。這裏面還有一層邏輯,即告訴越王勾踐,要想東山再起,反攻吳國,一定要有充足的物資基礎,而大地就能提供所需的各種物資。

但如何用大地提供的各種物資,並不是光憑蠻幹就能奏效的,也要遵循一定的原則,所以范蠡又來説明人應如何利用萬物:

時不至,不可強生。事不究,不可強成。自若以處,以度天下,待其來者而正之,因時之所宜而定之。

而這又是范蠡主張"節事者與地"的内在邏輯所在,即:萬物可以為人所用,但人不可違背自然規律而用萬物。所謂自然規律就是范蠡所説的"時"和"事"。萬物的生長都按一定的時節,這就是自然的規律。人用萬物,必須"不逆天時",不可急功近利,不可揠苗助長,要等萬物按照自然的時節(此即所謂"時"),按照自己的生長規律,完全生長成熟之後(此即所謂"事"),才可加以利用。所以人對萬物的態度,應該是"自若以處"。自若就是自如,自如以處,就是在籌備所需要物資的過程中,一定要不急不躁,按照萬物的自然生長成熟過程,循序漸進,按部就班,不得妄動。

順其自然,也不是一味地等待,啥事不幹,人們要在順乎自然規律的前提下積極組織人力,發展生產,以豐富大地的物資:

> 同男女之功,除民之害,以避天殃。田野開闢,府倉實,民衆殷。無曠其衆,以爲亂梯。

根據這種邏輯,范蠡讓越王勾踐努力調動越國一切勞動力從事人的生產與物的生產,逐漸積聚物質財富與人力資源。堅持一段時間,就能恢復國力,實現復仇大業。

生產發展了,物資豐盛了,人力充足了,是不是馬上就可向吳國發動反攻而大舉開戰呢?並不是這樣簡單。"節事"原則還包括第二層內容:

> 時將有反,事將有間,必有以知天地之恒制,乃可以有天下之成利。事無間,則撫民保教以須之。

這裏的邏輯是:時勢的發展終會走向它的反面,比如原來吳勝越敗,吳强越弱,這是時勢的一種形態,但不會永久如此,事物的發展到達一定的極點,就會向反面轉化。越國在聚集民力,發展生產之後,就會逐步由弱到强,雙方力量對比就會逐步發生變化。這就是"時將有反"。時勢雖然終有反向轉化的趨勢,但要采取行動,則還要等待對方國家內部出現可乘之隙。因爲越國由弱到强,吳國不一定由强到弱,它還具有一定的實力,所以越國雖然力量增强了,與吳國相比,還是勢均力敵,不能貿然開戰。這就要等待吳國內部出現毛病,給越國以可乘之機。這就是"事將有間"。間即間隙,即對方可以鑽的空子。事情的發展,總是這樣的,所以說是"天地之恒制"。恒制可以理解爲常規。作爲一國君主,能知這樣的客觀常規,按照客觀常規進行決策,采取行動,才能得到"天下之成利"。如果對方內部尚未出現裂痕縫隙,沒有可乘之機,則己方只能"撫民保教以須之"(須即等待)。這時的撫民保教,就是繼續做好己方的工作,使準備更爲充足,力量更爲强大,待到時機一來,就能在決戰中處於更爲主動有力的位置。

根據范蠡這些説法,可以看出"節事者與地"的邏輯包括"節"與"地"兩個方面,而"節"與"地"又都包含着主觀與客觀兩方面的涵義。

節,一方面是指事物發展的時機或時節,這是客觀方面的涵義,另一方面則是行事有節,不可只按主觀意志,不顧客觀形勢,要順乎事勢的發展,不可超前也不可滯後,等待事物走向反面,等待事物轉化。這是主觀方面的涵義。

地,一方面是指土地包容萬物,爲萬物的生存與生長提供條件,這是客觀方面的涵義。另一方面,是要順乎土地的特性,利用土地產生萬物的客觀規律,通過人的勞動而生產各種物資。這是主觀方面的涵義。

節事原則的另一個邏輯在於:節事和與地都不是一次性的措施,不可能一勞永逸,二者都是長期的活動,需要持之以恒地進行下去。因爲要讓事物走向反面,促進事物出現轉化,不是一兩次行動,在短時期就可以完成的。生產也好,國家實力的增長也好,都要無限次反復進行,要長期堅持,才會得到成效的。

范蠡節事者與地原則的最大理據在於:中國古代是農業社會,土地是最爲重要的生產資料,是產生一切物資財富的源泉。一個國家要想做任何事情,都要有一定物質基礎。平時的國計民生,要靠土地所產生的物資財富,戰時的軍需戰備,同樣也要靠土地產生的物資財富。而其可行的邏輯在於:在危難形勢下,通過"定傾者與人"的原則,獲得了苟延殘喘以圖恢復的機會,下一步的任務就是恢復實力,以圖反攻取勝。在當時的條件下,只有靠以土地爲基礎的農業生產,這就是范蠡節事者與地的理據,而如何實現節事者與地原則的種種做法,就包含了這一原則的種種邏輯。

本節以范蠡治國三原則的主張,説明了如何分析其中的理據與邏輯,由此就可以充分解讀范蠡的思想,而把這些思想主張放在現代社會條件下,就可以從范蠡所説的本然提升到應然,而這樣的分析就能爲現代的諸子學研究提供有益的成果作爲可以參考的資源,這樣才能使現代的諸子學研究具有更重要的意義。

四、從分散到整體

分散,是指諸子既爲多家,所説所論都是分散的,並没有集中起來合成一套有系統的完整的思想學説及其觀點主張。這是歷史上的諸子的著作文本及其思想的存在形態之最大特點。

整體,是指現代研究者研究歷史上的諸子的思想學説及種種主張時,不應受這種分散形態的制約,而應通過種種現代的學術研究的科學手段與方法,把諸子的著作文本及其思想學説及主張視爲一個整體,而在資料處理上和内容研究上把處於分散狀態的諸子的著作文本及其思想學説整合爲一個有機的整體。可以按照諸子所論問題爲綫索,把諸子的著作文本及其思想學説與主張等加以資料整理,而使分散的諸子論説綜合爲一個整體,這樣在研究其中的思想内容時,就能融會貫通,把表面分散而實際爲同一問題的諸子學説聯繫起來加以研究與闡釋,這樣就能使對各個諸子的單獨研究提升到整體研究而形成更高更深的視野與見解的層次,避免只見樹木而不見森林的現象,避免盲人摸象的弊病,因此,這是現代諸子學研究必須重視的一個問題。

有關的詳細論述,筆者已經撰述了《論"新子學"的整合研究及其拓新意義——以〈莊子〉研究爲例》的文章,刊登在華東師範大學先秦諸子研究中心主辦的刊物《諸子學刊》第十六輯上,有興趣者可以參閱,此處就不贅述了。

　　[**作者簡介**] 劉韶軍(1954—　),男,山東掖縣人。現爲華中師範大學歷史文化學院歷史文獻研究所教授,主要從事古籍整理與研究及中國學術史、思想史研究。著有《太玄集注》《日本現代老子研究》《儒家學習思想研究》《楚地精魂——楚國哲學》等。

在韓"諸子學"發展的反省與重建

——兼談引進"新子學"的必要性

[韓國]姜聲調

内容提要 本論文題目爲"在韓'諸子學'發展的反省與重建",旨在探論韓國"諸子學"發展的概況(包括"諸子學"的傳韓時期、韓國"諸子學"的發展概況)、韓國"諸子學"發展的反省與重建等問題。就"諸子學"發展歷程而言,可以檢討反省之處主要有"客佔主位""獨尊不容""重方法論"等三方面;重建之道在於"回歸文本""搜集文獻""正解原義"三種途徑。在反省與重建之餘,若韓國"諸子學"要與時代的變化趨勢同步發展,應該參考相關研究的新動向、推動跨學科研究相涉互動,借助其成果信息化及其跨國交流才能實現。此外,韓國"諸子學"若要轉型發展,必須參考"新子學"的研究活動,正視時代變化的趨勢與要求,借鑒古今與東西學術的研究體系、跨學科研究的新動向、成果信息化及其跨國交流,進行不斷的解構與建構工作,日益求新,全力以赴,才能更上一層樓。

關鍵詞 韓國 諸子學 新子學 在韓諸子學概況 反省與重建

中圖分類號 B2

緒 言

本論文探論韓國"諸子學"發展的概況(包括"諸子學"的傳韓時期、韓國"諸子學"的發展概況)、韓國"諸子學"發展的反省與重建等問題,並對其未來的轉型發展作了進一步展望。其實,撰寫這一篇論文要歸功於方勇教授。2018年6月份方教授來韓參加"第六屆'新子學'國際研討會"時,開會前一天在從仁川機場接機後前往江陵原州大學的長途汽車上、在開會當天上午去野遊中車上,以及送行時在去仁川機場的高鐵上,陸陸續續地暢談韓國"諸子學"發展的問題。方教授對此頗感興趣,建議我規劃撰寫有關韓國"諸子學"的論文,因着方教授的不斷鼓勵,才有本文的完成。此一課題的主要功用有六:(1) 有助於正眼看韓國的"諸子學"研究;(2) 可檢討韓國"諸子學"研究的現況;(3) 可反思韓國"諸子學"及其轉型;(4) 可使韓國

"諸子學"發展到高端;(5)可爲韓國的"人文學"研究提供理論體系;(6)可提供給韓國"人文學"研究自我調整的機會。

本論文以"在韓'諸子學'發展的反省與重建"爲題,全力搜集從三國鼎立時期前後到21世紀初期相關資料,研究分析,歸納重組,並將作進一步探論。其重點是從韓國歷代"諸子學"發展階段所現反省與重建問題,獲得轉型發展的機會。希望透過這一探論,對相關問題作出相對客觀、合理的論述,有助於解決問題,並推動韓國"諸子學"轉型發展。

一、韓國"諸子學"發展的概況

所謂韓國"諸子學",是指"諸子學"從中國傳入到韓國,穿越三國前後到高麗末期、朝鮮時期及現代的時空背景,受到各代歷史發展所帶有政治因素的影響,呈現一些不同環節造成的特殊面貌,既有中土成分,也有本土成分的學術思想體系。其發展的概況,大約可分爲"諸子學"的傳韓時期、韓國"諸子學"的發展概況等兩方面。

(一)"諸子學"的傳韓時期

截至目前,關於"諸子學"的傳韓時期,大抵有衛滿歸化說、置漢四郡說、三國時期說三種。"衛滿歸化說"即秦末漢初戰亂之際燕人衛滿帶領千餘難民亡命古朝鮮,改服穿着,出塞至東①,因此"諸子學"東傳。"置漢四郡說"其證據是2009年在平壤市貞柏洞出土樂浪郡初元四年(前45)的木簡,記載《論語》第十一卷《先進》、第十二卷《顔淵》二篇②,是一種"諸子學"已傳韓的證明。"三國時期說"即百濟有引進"諸子學"的紀錄,如將軍莫古解引用《老子》諫言於太子,如《三國史記·百濟本紀》"近肖古王"(346—374在位)條說:"將軍莫古解諫曰:'嘗聞道家之言,知足不辱,知止不殆,今所得多矣。何必求多,太子善之,止焉云云。'"③又如《舊唐書·東夷百濟列傳》說:"其書籍有'五經'、子、史,又表疏並依中華之法。"④而後又有過王仁把《論

---

① "滿亡命,聚黨千餘人,魋結蠻夷服,而東走出塞"(《史記·朝鮮列傳》卷一百一十五,《史記會注考證》,臺灣洪氏出版社1986年版,第1231頁),"其後四十餘世,朝鮮侯準僭號稱王。陳勝等起,天下叛秦,燕、齊、趙民避地朝鮮數萬口。燕人衛滿,魋結夷服,復來王之"(《三國志·魏志·東夷傳》卷三十,臺灣洪氏出版社1984年版,第848頁)。

② 見柳秉鴻《由考古學領域所得的成果》,《朝鮮考古研究》,朝鮮1992年2月。

③ 見金富軾、金鍾權《三國史記》下,首爾明文堂1988年版,第461頁。此則引自《老子》四十四章:"知足不辱,知止不殆,可以長久。"

④ 《舊唐書》卷一百九十九,第3625頁。2005年在韓國仁川桂陽山城的百濟遺迹裏發掘出一塊《論語》木簡,其製作時間被定爲百濟漢城首都期(前18—475),是"諸子學"在三國時期傳韓的最有力證據。

語》《千字文》二書傳日①之事,都可作爲韓國接受"諸子學"的證明②。高句麗接受"諸子學"比百濟晚一些,其於小獸林王二年(372)接受佛學、儒學,成立太學,以經爲主,教育子弟。其中的"儒學"很有可能包括《論語》(屬於"諸子學")。《三國史記·高句麗本紀》"寶藏王"條説:"(三年三月)蘇文告王曰:'三教譬如鼎足,缺一不可。今儒釋並興,而道教未盛,非所謂備天下之道術者也。伏請遣使於唐,求道教以訓國人。'……太宗遣道士叔達等八人,兼賜老子《道德經》,王喜取僧寺館之。"③新羅則有金後稷引用《老子》諫言於真平王(579—631在位)的記載,如《三國史記·列傳》説:"今殿下日與狂夫獵士,放鷹犬,逐雉兔,賓士山野,不能自止。老子曰:'馳騁田獵,令人心狂。'"④又如公元568年刻成的《真興王巡守碑》銘文中,就寫道:"純風不扇,則世道乖真;玄化不敷,則邪爲交竞。是以帝王建號,莫不修已以安百姓。"其中"修已以安百姓"一句,來自《論語·憲問》⑤。史書所載其二事例是最好證明,其後有些人到唐留學而揚名於中土,回國後發揮其所長,代表人物有金仁問(629—694)、金陸珍(770—?)、崔賀(生卒年不詳)、金穎(850—?)、崔致遠(857—?)等。還有些人在國内接受漢學而出仕於唐朝,貢獻於漢學的本土化,代表人物有薛聰(655—?)、强首(?—692)、金弼奧(或稱金弼奚,生卒年不詳)、金憲貞(750—?)等,都是一家言者也⑥。由此可知,新羅與唐朝已有一定的交流,若因此接受"諸子學",實在是不足爲奇的事情。

根據歷史記載可推斷"諸子學"傳韓最早是"置漢四郡"時期,最晚是"三國鼎立"時期,應是一種合乎情理的看法。

(二) 韓國"諸子學"的發展概況

韓國"諸子學"的發展,大約可分爲三國鼎立時期前後到高麗末期(包括接受期、開展期)、

---

① "十六年春二月,王仁來之,則太子菟道稚郎子師之,習諸典籍於王仁,莫不通達。所謂王仁者,是書首等始祖也"(見舍人親王《日本書紀》卷五"應神天皇"條,連敏秀等譯《日本書紀》,首爾東北亞歷史財團2013年版)。"百濟國主照古王,以牡馬一疋、牝馬一疋付阿知吉師以貢上。……又科賜百濟國,若有賢人者,貢上。固受命以貢上人和邇吉師,《論語》十卷、《千字文》一卷,並十一卷"(見太安麻呂《古事記》卷三"應神天皇"條,姜蓉子譯《古記事》,首爾化爲見識的知識2012年版)。
② 見姜聲調《試論韓國"儒學"與"諸子學"》,《諸子學刊》第十六輯,上海古籍出版社2018年版,第244頁。
③ 見金富軾、金鍾權《三國史記》下,第479頁。
④ 見金富軾、金鍾權《三國史記》下,第516頁。此則引自《老子》十二章:"馳騁田獵,令人心發狂。"
⑤ 引自《三國史記·新羅本紀》卷第五"真興王二十九年"條(見金富軾、金鍾權《三國史記》上,第117頁)。此則引自《論語·憲問篇》四十二章:"子路問君子。子曰:'修己以敬。'……曰:'修己以安百姓。修己以安百姓,堯舜其猶病諸?'"
⑥ 引自筆者《在韓後三國時代以前金石文所見〈莊子〉印記述論》一文,見《中國語文論叢》第84輯,首爾中國語文研究會2017年12月,第210頁;《在韓後三國時代以前的"諸子學"初探——以後三國鼎立時期前金石文"諸子學"印記爲中心》,見《中國學報》第82輯,首爾韓國中國學會2017年11月,第357頁。

高麗末期到20世紀初期(包括發展期、恢復期、轉變期)、20世紀中期到21世紀初期(包括轉型期、反思期)等三個階段①,各階段的情形略述如下:

自三國鼎立時期前後至高麗末期,包括接受期、開展期。從中國引進"諸子學"以後,歷經三國鼎立時期、後三國鼎立時期至高麗末期,其發展的條件環境逐漸成熟,故能營造出一個從事研究的平臺。

接受期,是指自"衛滿歸化"時期至"置漢四郡"時期,也稱"傳韓期"。根據現有記録,可以確定"諸子學"最早傳韓的時期是置漢四郡期。之前,雖然"諸子學"傳韓時期還有"衛滿歸化説",可是目前仍未有發現相關文字記載。所以這一説法,缺乏依據,不足爲信,至今只能當推測。既然如此,"諸子學"最早傳韓時期只能往後推,現在因爲缺乏足供證明的文獻,因而"諸子學"傳韓宜暫定爲置漢四郡期。而至三國鼎立時期,"諸子學"傳韓一事在歷史紀録中有據可證,這一點從服務於政治教育目的接受的儒學(包括《論語》《孟子》),以及"諸子學"本身可以證實。

開展期,是指自三國鼎立時期至高麗末期。在本土思想的基礎上,道、儒、佛三家學術思想合流而落腳於三國及高麗,其中儒學、佛學扮演起極其重要的角色。即佛學服務於修身、信仰方面,成爲宗教思想理念,它在整個意識形態上起了一種社會作用;儒學服務於政治、教育方面,成爲治國思想理念,它在部分意識形態上起了一種社會作用。而儒學的涉及層面頗爲廣泛,除了修身、信仰方面以外,其餘則一律靠儒學處理一切,包括用來治國的典章制度、教化人倫、改善風俗等方面。在這一宗教、政治背景下,雖然"諸子學"不能説未有受到任何一些影響,可是其影響是間接、局限性的,而不是直接、整體性的。所以這一時期學人對"諸子學"研究與發揮,擁有很自由的氛圍、開闊的空間。

自高麗末期至20世紀初期,包括發展期、恢復期、轉變期。從宋朝引進"程朱理學"代言"儒學(後稱'新儒學')",與政治結合,發揮力量,一時成爲宗教信仰、政治教育的主導理念。

發展期,是指自高麗末期至朝鮮中期,也稱"埋没期"。至高麗末期,安珦在中土接受程朱理學並抄録朱熹所撰《四書集注》本帶回介紹給國内,影響所及,推陳出新,學風轉變,以程朱理學爲基礎的儒學,逐漸流行於高麗末到朝鮮時代,以《四書集注》本爲主試作一翻刻,從此代替單行本《論語》《孟子》而流傳。而進入到朝鮮時代,當朝借鑒於前代(高麗)的弊端,以儒學爲主導思想理念,公布《學令》②,獨尊一家,其餘諸家一律列爲異端學而排斥,控制一切學術思

---

① 此則筆者在《試論韓國"儒學"與"諸子學"》一文的《内容提要》中,曰:"韓國'諸子學'的發展,可分爲三國鼎立時期前後到高麗末期、高麗末期到20世紀初期、20世紀初期到21世紀初期三個時期。"見《諸子學刊》第十六輯,第242頁。

② 閔鍾顯《太學志·學令》卷七説:"常讀'四書五經'及諸史等書,不挾《莊》《老》、佛經、雜流百家子集等書,違者罰。"見《韓國文集叢刊》第3册,首爾民族文化推進會1993年版,第83頁。

想的平臺。尤其當朝最高官學"成均館",以"四書五經"爲主,一律不讓人接納其餘注解,僅僅靠朱熹注解進行教學,並施行科舉選拔人才。雖然儒學(即程朱理學)走一種轉型發展之路①,可是陷於墨守成規的漩渦,陶醉其中,難以發揮理智而脱離成規。因此,從學術發展來看,儒學獨尊剥奪學術持有開放性、多樣性的面貌②,不但阻礙儒家本身的發展,而且阻礙"諸子學"的發展,可説是一種學術思想的弊端。

　　恢復期,是指自朝鮮中期至後期,也稱"重回期"。當朝初期到中期的"辟異端"之風發揮威力,進入中後期在知識階層中多少有所緩和放鬆,往來中朝的重臣趁機把諸子書籍帶進國內,因而有一些人得以進行諸子學研究。不過,除了《老子》《莊子》專著以外,當時人就以明沈津所編《百家類纂》爲底本,閱讀各家學術,相關撰著涉及諸子書評、讀書心得等③,便是反映出那時的"諸子學"水平。這一嘗試恢復了三國時期到高麗末期間的"諸子學",意義重大而深遠,功不可没,從而開啓一新思路,營造平臺,提供給外來學術思想發展的養分與機會。即先後從中土傳來實學、陽明學、考據學等,影響朝鮮學術界,與既有主導地位的朱子學相衝擊,開啓學術趨勢轉變的序幕。

　　轉變期,是指自19世紀至20世紀初期,也稱"統合期"。雖然朱子學風主導朝鮮學術界,可是有一些人標榜獨自發展的路綫,敢於一掃舊風,謀求變化,務學求新,獲得了歷來罕見的學術成果。所謂"務學求新",先肯定前人的成果,後否定前人的成果,兩者等於學習到質疑的反思過程,就與黄錦鋐師曾在上課時講過的"吸收—發展—改造—創新"道理一脉相承④。經過這一經營過程,"諸子學"從限於儒家(《論語》《孟子》)、道家(《老子》《莊子》)一路發展到後

---

① 朝鮮"儒學(性理學)"有了三次轉型,即從"道學"到"禮學",從"禮學"到"實學",從"實學"到"節義學"。
② 朝鮮中後期在朝掌權得力的老論勢力以程朱理學爲學術思想體系,相與對立的南人小論勢力以老莊學、陽明學爲學術思想體系,各自發展,朱注相異,其結果造成一種互不兩立的局面。至肅宗時,老論領袖宋時烈把尹鑴(《中庸注解》)、朴世堂(《思辨録》)等看作"斯文亂賊",並以此破壞學術,排斥打壓,趕盡殺絶。在這一時代背景下,朝鮮學術界逐漸出現成熟代替陳舊學術思想的氛圍,賴於此形成一新思想體系,就在朱子學當中萌芽,即"實學"。
③ 筆者《試論韓國"儒學"與"諸子學"》一文曾説:"引人注目的,是李晬光(1563—1628)的《芝峰類説》、許筠(1569—1618)的《惺所覆瓿稿》、許穆(1595—1682)的《記言》等書列入了諸子群書目録,他們都有往來中國的行跡。可貴的是他們都留下了相關'諸子學'的文字,如李晬光在《芝峰類説·經書部二·諸子》中對《老子》《莊子》《列子》《管子》《關尹子》《申子》《文子》《淮南子》《吕氏春秋》等書作了引述評論,抓住重點,簡述扼要,頗有見地。許筠的《惺所覆瓿稿》記載他看了諸子全書後一篇寫出的讀書心得,並於各子後附其內容。許穆的《記言》記載他入金山寺閱讀諸子書後,給各家寫了讀後札記性質的《談評》。"見《諸子學刊》第十六輯,第255頁。
④ 見黃錦鋐老師《儒家的發展知識》,《國文學報》1986年15期,第1～9頁。

出專精的高端①。照此,諸家反映出所處時代的學術發展趨勢,其撰著卻仍然承襲着18世紀的發展面貌,就是停留於各子書評、讀書心得等。遺憾的是,無論消耗多少心血力量,當朝試圖一掃朱子學風的影響,仍有力不從心之感,這依舊是一件難以做到、不可抗力的事情。而在韓突破朱子學風還必須等候西學的傳來,借此建立一些新的學術思想體系,並奠定研究"諸子學"的基礎,這對後一學術發展階段有預備工作的價值意義。

自20世紀中期至21世紀初期,包括轉型期、反思期。西學傳來後,就發揮影響力並一路蔓延,學風轉變,縱橫天下,已超過半個世紀。而"諸子學"借助於西學發展,獲得一定成就之際,反而流於墨守方法論、偏離文本的結果。因此,"近十年來,'諸子學'研究者嘗試努力重回文本,搜集文獻,整理出版,營造新研究的生態環境"②。

轉型期,是指20世紀中期至後期,也稱"模擬期"。除了國內從事的研究者以外,有些人留學於臺灣、日本等地,就以"諸子學"爲專業獲得文憑,而後回國扮演跨國交流的角色,借此"諸子學"研究熱逐漸升溫,產生研究範圍擴大、人員增加的效果。而"諸子學以古今或東西爲重點轉型面貌,其始賴於西學建立學術體系,以方法論爲主進行研究,一研究就一個多世紀,從中產生了重大問題,造成了忽略文本的陋習風潮。再説,過於講究方法論,就研究成果而言類型多樣,卻難免有偏離文本精神的矛盾"③。韓國學術界動不動用以西學方法論籠罩"諸子學",牽強地去從事研究,好像在韓服褲子上穿着西裝上衣一樣,不但東西不搭調,而且不和諧,簡直是一副讓人笑死的景象。有些學者勇敢地從西學方法論中脱離出來,把它當作一種手段看待,並嘗試去構思一套古今承接、東西結合的研究規範(即學術思想體系)。

反思期,是指20世紀後期至21世紀初期,也稱"復興期"。關注轉型期的問題,在韓、中國學術界花心費力地謀求解決之道,從有效、實際兩方面得出其方案。一是有效方案,即回歸

---

① 根據筆者《試論韓國"儒學"與"諸子學"》一文説:"申綽的《老子旨略》一書收録於《石泉遺稿》,從陽明學、實學的角度與立場注解《老子》,努力追求一種做人爲真實敦樸的形象。可惜至今其書只剩餘《序》文而已。洪奭周(1774—1842)的《訂老》一書收録於《淵泉集》,就以儒解老,批評《老子》,卻指出老子與孔子非二法,並行不悖,互補齊全,和諧爲一的道理,每次其批評到最後提舉孔子教誨才是萬世之法而作結。洪氏認爲孔子所言'以德報怨'就等於老子所言'修德以忘怨'。另外,這一階段從事研究的'諸子學',有法家《商子》的事例。如丁若鏞的《秦孝公用商鞅之法》一文,從《李斯列傳》所載'孝公用商鞅之法'作一起點論述其富國强兵專靠流血刻骨之法而得成的道理,收録於《與猶堂全書》。可貴的一點,是丁氏解釋經書不拘'諸子學'任何一家,保持開放的心態,客觀合理地接受群家學説。洪奭周的《諸子精言跋》,涉及諸子各家的辨書真僞、評論人物、評估價值、文藝批評等方面,並以此給學人提示一系列閱讀"諸子學"的視角,收録於《淵泉集》。"(見《諸子學刊》第十六輯,第260~261頁。)丁若鏞主導這一學風,無疑是一位該階段具有代表性的人物。
② 引自筆者《試論韓國"儒學"與"諸子學"》一文,見《諸子學刊》第十六輯,第265頁。
③ 引自筆者《在韓國如何推廣"新子學"》一文,見《諸子學刊》第十三輯,上海古籍出版社2016年版,第350頁。

原典、奠定基礎;二是實際方案,即搜集文本、解釋翻譯。這是從事研究"諸子學"的起始點,有了初步的了解後,借助新規範的學術思想體系,才能進行深入的研究工作。所謂"東亞'諸子學'",是指最近韓國、中國學界所定"新子學"的研究範圍、方向。這是因爲"諸子學"研究不能局限於中國,所以其範圍、方向應該納入韓國、日本、越南、印尼、新加坡、馬來西亞等研究圈域。這樣才算是一門可稱"新"的"諸子學"。

"諸子學"傳韓以來大約可分爲三國鼎立時期前後到高麗末期、高麗末期到20世紀初期、20世紀中期到21世紀初期等三個階段,各階段受政治與宗教的影響,經歷不同的歷史路程。就"諸子學"發展而言,有時暢行無阻,有時遭受阻礙,難免有一些值得檢討反省之處。

二、在韓"諸子學"發展的反省與重建

上述韓國"諸子學"的斷代問題顯示了一些發展中值得檢討反省的地方,如何去切實地進行檢討反省的工作,並規劃可以讓諸子學界接受的重建事業,刻不容緩。就其發展情形而言,大約可分爲幾個歷史階段加以反省。

(一) 在韓"諸子學"的反省

首先,探論的是檢討反省的問題。歷史發展是一種有時風調雨順、有時風風雨雨,曲折不斷,難以掌握的變化過程。自三國鼎立時期前後至21世紀初期,學術界出現了一些不同類型的弊端,"諸子學"也不例外受到了或多或少的影響,大約有客佔主位、獨尊不容、重方法論等方面。兹分述如下:

其一,是"客佔主位"的事例。從國外接受的學術思想逐漸擴大而占上風,不久替代本土學術思想,以便團結力量、治理國家,成爲治國的主導理念。高句麗爲始設置"太學",其後新羅設置"國學"(施行"讀書三品科"),而至高麗時期,設置國子監(施行"科舉制度"),就是最好證明。在本土思想的基礎上,道、佛、儒三家學術思想合流而落腳於三國及高麗時期,從中儒學、佛學扮演起極其重要角色。即佛學服務於修身、信仰方面,成爲宗教思想理念,它在整個意識形態上起了一種社會作用;儒學服務於政治、教育方面,成爲治國思想理念,它在部分意識形態上起了一種社會作用①。其餘學術在各朝代内就都有發展空間,比較自由地從事研究,如有本土學術、仙學、讖緯學及包括儒家的"諸子學"等②……自三國鼎立時期至高麗末期,雖

---

① 此則在筆者《試論韓國"儒學"與"諸子學"》一文中説:"自三國至高麗時期,以佛學爲宗教思想理念,服務於修身、信仰精神;以儒學爲治國思想理念,服務於政治、教育現實。"見《諸子學刊》第十六輯,第244頁。
② 關於這一點,筆者在《試論韓國"儒學"與"諸子學"》一文中曾説:"儒家以《論語》《孟子》《荀子》爲主;道家以《道德經》《列子》《莊子》爲主;法家以《管子》《尹文子》《韓非子》爲主;雜家以《吕氏春秋》《淮南子》爲主,以此來從事研究。"見《諸子學刊》第十六輯,第246頁。

然各學術思想間從未有獨佔平臺、排斥他家、剥奪機會等情形,只有諸家合流、自由發展等情形,可貴的是互相不抵觸,互輔相成,和諧共存,可自由地研究諸家學説。可惜的是由於佛儒二學盛行,研究者不易接觸"諸子學"文獻,故其發展、推廣難免遇到一定的制約與阻礙。

其二,是"獨尊不容的"事例。至高麗末期,當朝儒學家安珦(1243—1306)在元朝首次接觸到朱熹的著作,專心抄録,帶回國内,程朱理學賴以引進,這是理學正式傳入高麗的開端①。而朝鮮時代一掃前朝亡國之風,抑佛崇儒,施行改革,公布《學令》,除了"四書五經"及諸史等書外一律禁止閲讀,違者嚴罰。再加上官學内有"辟異端"傾向,即以朱熹注解爲主教學一切儒學經典,一律不容其餘各家,有獨霸天下學術之嫌。由此,即使是在私底下自行從事研究他家學術的學者也照樣得看朱《注》,不難想象獨尊一家之流弊是多麽厲害。更惡劣的是,朝鮮初期(即 15 世紀)訓詁、士林派並立,進入 16 世紀士林派得勢而分裂,其大脉稱爲東人、西人,而小脉稱爲南北人(屬於東人)、老小論(屬於西人)②。主"理"或"氣",各執一端,形成"栗谷學派"與"退溪學派",後來承襲"栗谷學派"的"尤庵學派"得勢,"尤庵學派"代理"栗谷學派"與"退溪學派"開戰,後人稱之爲"四色黨争"。而"諸子學"相關事例,就有加罪戴帽爲"斯文亂賊"之嫌。即對朱《注》持有不同見解、從事研究他家學術的學者,就被一口咬定爲"斯文亂賊",迫害加罪,破壞名譽,放逐到隔世辟處。雖認爲朱《注》有疑義,仍閉着眼接受,盲目隨從,以非爲是,害人爲最,可謂萬世之弊。

其三,是"重方法論"的事例。西學傳來後,韓國學術界"正視'西勢東漸'的趨勢,要尋找轉型發展的動力,因而接受西學(西方哲學)以及與此結合來從事研究的生態環境。從漢文學界、中國學界兩方面進行轉型的工作,向着不同趨向,走着不同進程,各自成就顯然頗爲懸殊。漢文學界依舊堅持着舊的觀點,固守傳統方法,不願推陳出新,久而久之,故步自封,再也未有出現超越前人的成果;中國學界則持着面貌一新的觀點,納入西學方法論,主動以新代舊,轉型成功,日益發展,一次次出現有别於前人的成果"③。而現代"韓國學術界,隨着時代潮流要盲目地趕上注重速度與效率的趨勢,力求科研成果的增加,不顧内容,亂寫成篇,計數爲最,難免流於相對忽略品質的學術風氣。遺憾的是,這樣的學術風氣對於研究者產生不良的影響:不能徹底掌握原材料、無法正本清源,進而營造一些以研究方法論爲法門的學術風潮,能使之利用處理到順手成章罷了。久而久之,這一風潮導致了一種不良的學術氛圍與趨勢,不少從事研究者不理智地迷惑沉醉於其中,惡習重演,真的是一件悲哀的事情。其惡劣的程度,難以形容,讓人擔憂"④。這一矛盾情形,便是一種迫切需要解决的課題。

---

① 金宗瑞、鄭麟趾《高麗史·世家》卷三十"忠烈王十五年十一月壬子"條與《安珦列傳》(釜山東亞大學出版社 1965 年影印版,第 1786 頁)均有記載。
② 所謂東人包括南、北人;西人包括老、小論,即南北人、老小論合稱爲"四色"。
③ 引自筆者《試論韓國"儒學"與"諸子學"》一文,見《諸子學刊》第十六輯,第 261 頁。
④ 引自筆者《在韓國如何推廣"新子學"》一文,見《諸子學刊》第十三輯,第 354 頁。

如上所述，在韓國"諸子學"史上有"客佔主位""獨尊不容""重方法論"等三點檢討反省之處，都是"諸子學"發展上的蔽障。徹底檢討反省這三點，才能進行一切相關重建的工作，由西學體系向相容體系轉型，能使韓國"諸子學"謀求古今、東西結合的發展。

（二）在韓"諸子學"的重建

檢討反省韓國"諸子學"之際，必須要有一周到的反思過程，才能着手進行其重建的工作。反思重建首要考慮的，是要解決檢討反省過程中所出現的一些問題，其解決之道大約有回歸文本、搜集文獻、正解原義等三點。茲分述如下：

其一，是"回歸文本"的問題。這一問題涉及以西治學、重回原典兩方面，所以從這兩方面去進行一種恢復性的反思工作，正是"諸子學"發展的重點。其實，這是韓國學術界同樣涉及的問題，説不説，動不動，藉以西學進行一切從事研究的事宜。學術研究不從原文出發，開始就有問題，原文問題導出其他問題，環環相扣，惡性循環，疏漏之處防不勝防，如畫蛇添足，如盲人摸象，其成果不一定合乎文本。而韓國"諸子學"在此種學術風氣之下前進半個多世紀的歷程，流風所及，造成東、西學不和諧的局面。本土學術在古今轉向的問題上還没做出抉擇，又面對"西勢東漸"的巨浪，不斷衝擊之際，未經深思熟慮而貿然接受西學，因而出現一堆矛盾的現象。其解決之道好比污水變成清水的道理，灌溉引進"源頭活水"最爲重要，重回文本，先打好基礎，而後痛下功夫，才能避免各種矛盾現象，而使原典的發揮比較可靠。

其二，是"搜集文獻"的問題。"搜集文獻"應包括挖掘資料、搜集整理、歸納分類、編纂成書等方面，專靠這一項才能確定諸子善本、掌握歷代注疏，從而奠定從事研究的基礎，可説是一件次要緊的事情。其起步要溯及韓國三國鼎立時期前後，下及高麗末期、朝鮮時期，盡力搜集"諸子學"相關資料，此外，應力求揭示其入手點、資料庫及發展情形，如金哲範的《朝鮮知識分子閱讀諸子書及其接受的情況》[1]、尹武學的《朝鮮朝時期接受先秦諸子學的情形》[2]、姜聲調的《在韓後三國時代以前的"諸子學"初探》與《試論韓國"儒學"與"諸子學"》[3]等。高麗時代以前，"諸子學"有關文獻幾乎消失不見，就只在金石文上保留一定的相關資料，讓後學追究其文字印記。所以，筆者在《在韓後三國時代以前金石文所見〈莊子〉印記述論》一文中説道："由於其所寫手段、所在位置有利於保存，跨時一千多年還維持着一定的面貌，也許就像等人一系列的從事研究似的。即其所寫手段是金石、紙板，所在位置是佛門聖地。就因爲如此'雖然歷經國有三分、改朝换代、百姓起義及外侵等戰火，可是碑、記幸好保存到今。'"[4]而從高麗時期到朝鮮時期，遺留一堆堆足夠的"諸子學"相關資料而流傳，版本完整，書册齊全，搜集起來自

---

[1] 見《漢文學報》第 17 輯，首爾 Wooli 漢文學會 2007 年。
[2] 見《韓國哲學論集》第 25 輯，首爾韓國哲學史研究會 2009 年。
[3] 見《中國學報》第 82 輯（首爾韓國中國學會 2017 年）、《諸子學刊》第十六輯（上海古籍出版社 2018 年版）。
[4] 見《中國語文論叢》第 84 輯，首爾中國語文研究會 2017 年 12 月。

然不費力。

其三,是"正解原義"的問題。"正解原義"包括注解字句、翻譯原文等方面,編撰出一系列精校精注本書,可以爲後學提供入門"諸子學"上的方便。過後,從事研究"諸子學"也要有"正解原義"的過程,賴於此正確地把握文本的意思,這是最重要的一步。就注解字句而言,我們必須排除一些閱讀古文的障礙,如語言文字、文言句法、詞義義項、義理思想、史實名物、寫作背景等方面①。歷代注疏經典,有時過度重視詞章,有時過度拘泥考據。西學傳來後,用其方法論,分析章法結構,追究義理思想,專靠它來注解諸子。就翻譯原文而言,我們要把其範圍擴大爲整個"諸子學",參考朝鮮至今所累積相關資料,舊注新譯,重新作翻譯。而其工作就以初步入門者與專業研究者爲對象編撰一系列相關著作,否則難以獲得一定的效果。自身爲外國人,我們不得不重視這一項翻譯工作,有責任爲後學提供方便,讓他們順利地入門"諸子學",後人才有可能勝過前人,一代比一代好。

如上所述,反思重建韓國"諸子學"一事應該從"回歸文本""搜集文獻""正解原義"等三方面進行,並且要附加翻譯工作才能達到目的。所謂"目的"係指一種轉型,順着營造研究"諸子學"的條件環境,整體地規劃相關學術體系,並應將其發展到更高一層的地步。爲此,"近十年來,韓國'諸子學'界積極地採取行動去改善一系列情形後,其實有一定的改善,如搜集整理文獻資料、擴大研究範圍、改進研究方法等。但是,韓國'諸子學'的研究最集中於儒學方面,其後雖擴及道家、法家、墨家、縱橫家等,仍然有輕重之分。而由於韓國'諸子學'多少有着守舊學風的成分,與西學交流並進,經過一世紀多的發展進程,未免走進一條墨守方法論之路,故應及時一掃不良風氣。因此,借鑒'新子學'研究的新思潮,與此一同前進,互相切磋砥礪,並肩作戰,肯定會獲得一定的新學術成果。"②那麼,韓國"諸子學"應該關注哪些"新子學"的發展動向,效法影響,兩相互動,促使之轉型發展到高端呢? 所謂"轉型"一詞,即指"現代轉型",是意味着舊體系要解構,新體系要建構,並將以此力求一新"諸子學"體系之意。此則要有一定的前提,應是從一種新視角去理解現下"諸子學",奠定本位,營造平臺,從事研究,且須持有客觀、合理性面貌,使之重新成爲"人"的學術。對其理解,陳成吒説道"對'諸子學'的歷史與當下,乃至未來,必然會有全然不同的理解。首先,當我們發現'諸子學'的特性後,從根本上劃分出'經性'和'子性',這爲建構'新諸子學'體系找到了學理上的依據。……其次,在重新確定其基本構成後,對其發展史就會有重新認知。過去沒有自覺'經性'、'子性'的存在,無法看

---

① 關於這一點,筆者在《教學"漢文講讀"教科所面臨的疑義問題——以王念孫解釋"學而不思,則罔;思而不學,則殆"二句的考辨爲中心》一文中説:"《論語》一書的章句有微言大義,若大義從事,在注解文義時就會偏離文本原義,誤導讀者理解文本,阻礙後學瞭解其章句大義。唯有通篇理解原文體系,兼顧詞語詞性、句法結構、詞義義項、文字義理,認真細心地從事注解工作,才能合乎文本大義。"見《中國語文論叢》第89輯,首爾中國語文研究會 2018 年 10 月,第 294 頁。

② 引自筆者《試論韓國"儒學"與"諸子學"》一文,見《諸子學刊》第十六輯,第 262 頁。

清'儒學'在經子之間的特殊性。……最後,明確了'諸子學'的發展基礎與基本方式。基礎是文本,基本方式是社會化大生産"①。理解了這些方面,還要進一步認識到"諸子學"現代轉型的考慮點,首先是"對於古代漢語,要徹底理解,並對古代學者喜歡采用的書不盡言、言不盡意的表達方式,要能透徹理解,然後加以細緻認真的思索分析,運用詮釋學的理念與方法從中詮釋出豐富的題中之義。其次是對古代諸子分散的、隨感的、不分學科的、未採取理論形式的、没有形成專題的、没有形成系統體系的種種論述中所隱涵的思想内容,要能根據和應用現代學術的各種學科的理論與方法等加以研究和詮釋。此外,還應注意到,對於古代諸子學的研究,還要有更廣更高的視野,即'諸子學'的思想觀念與智慧,不是與國家、社會、個人的實踐相脱離或相隔絶的,而是緊密相關的。……具體説到'諸子學'的現代轉型,還有一點也需要注意,即要能夠跳出古代諸子思考的命題範疇或範式,建立一套符合現代學科理念的研究範疇與範式,把有關問題整理成符合現代學科理念與命題的形式,不能仍舊用古代諸子所用的命題與論題。……在'諸子學'現代轉型過程中,還需要建立一套正確解讀古代諸子思想學説及其觀念的科學思維模型。……最後一個問題是,如何整合龐大衆多的歷代諸子著作及其文獻中的複雜内容與資料? 這也是現代轉型問題中的一環,不可忽視"②。陳氏、劉氏兩位的見解出自肺腑,頗有見地,妥當可從。然而雖然他們對"諸子學"的認識與理解有一定卓越的地方,可是仍未有涉及很重要的一點,就是跨越學科、科學整合兩方面的問題。轉型問題不得不解決這兩方面的問題,纔算進入一條星光燦爛的發展、創新之路,所以筆者曾在《"新子學"與跨學科學術研究鳥瞰》一文中提過其跨學科研究的進程。同樣,"諸子學"轉型發展也要有一定的進程,"如規範化、科學化、具體化、多元化、普及化等。即規範化是指過去與現在相接互應地體現具有韓國傳統的學術研究體系;科學化是指人文學知識借助於各種科學知識解決學術研究的問題;具體化是指抽象的學術思想成分轉變爲具體並辨識'虛幻'與'真實';多元化是指相對客觀合理的範圍條件下將把古今與傳統相接、東西與現代相應;普及化是指研究者與大衆共同參與從事文學化、大衆化兩方面的事情,並以此落實於韓國'諸子學'而分享。"③據此,韓國"諸子學"的轉型發展必須借助於近十年來的"新子學"成果的新面貌,同時也踏實地借鑒前人遺留的衆多成果進行研究,跨學科範圍,與科學整合,試作一文檔信息化及其跨國交流,並將馬不停蹄地催促改造創新的腳步一路向前發展。

---

① 引自陳成吒(筆名玄華)《關於"新子學"幾個基本問題的再思考》一文,見《諸子學刊》第十輯,上海古籍出版社 2014 年版,第 434～435 頁。由"經性"與"子性"劃分原則而言,"關於如何處理'儒學'的歸屬問題,也變得更爲簡單。此前在面對'儒學'歸屬問題時,總左右爲難。即使把它歸入'諸子學',也只是依從古代四部劃分原則而言,在根本上未脱離經學體系範疇。現在我們則可以依從'儒學'自身所具有的'子性',明確其子學身份"(同上)。
② 引自劉韶軍《論"諸子學"的範疇、智慧及現代條件下的轉化》一文,見《諸子學刊》第十三輯,第 98～99 頁。
③ 此則稍有改動原文之處,見《諸子學刊》第十三輯,第 265 頁。

結　語

　　在韓"諸子學"的發展經歷漫長的歷史過程,有時順風發展,有時逆水淹没,風水輪流,不斷變化,就像是一齣悲樂交叉的戲劇似的。"在韓'諸子學'發展的反省與重建",是一項有總結發展、反思重建、轉型高端性質的課題。針對這一課題,本文首先介紹了"諸子學"傳韓時期的幾種説法,而後以韓國"諸子學"發展的概況爲基礎進一步説到其發展歷程上的反省與重建問題,即檢討反省之處有"客佔主位""獨尊不容""重方法論"等三方面;反思重建之道在於"回歸文本""搜集文獻""正解原義"三種途徑。而其反省與重建之餘要謀求一條轉型發展之路,韓國"諸子學"如何發展到更高一層,筆者曾在《韓國"莊學研究"之簡介》一文中説道:"這裏就需要一些條件,如研究資料的完備、研究能力的加强、研究角度的調整、研究視野的擴大、研究交流的常例化等。"①還有一點,爲使韓國"諸子學"與時代的變化趨勢同步發展,必須參考相關研究的新動向、推動跨學科研究相涉互動,借助其成果信息化及跨國交流才能做到。特別是,"諸子學"研究的新動向一事必須參考"新子學"方面的活動,它"主張重回文本、廣搜文獻、編成子藏,舉辦發佈會及研討會,順利地推廣到中國內外,其發展已走上轉型高端之路"②。故關注"新子學"研究成果,與之並肩作戰,互補相成,定可進入一條轉型發展到高峰之進程。

　　總之,韓國"諸子學"轉型發展,必須正視時代變化的趨勢與要求,借鑒古今與東西學術的研究體系、跨學科學術研究的新動向、成果信息化及其跨國交流,進行一不斷的解構與建構工作,日益求新,全力以赴,才能更上一層樓。

[作者簡介] 姜聲調(KANG SEONG JO:1966—),男,韓國全羅南道人。臺灣師範大學文學博士,現任職於韓國圓光大學校教育大學院。致力於老子、莊子、蘇軾學術思想的研究,著有《〈莊子〉内七篇之宇宙觀研究》《蘇軾的莊子學》《實用中國語語法》等書,發表關於老莊、蘇軾的論文及注釋學論文數十篇。

---

① 見《書目季刊》第43卷第1期,臺北學生書局2009年版,第89頁。
② 引自筆者《從"新子學"視角談〈論語〉章句的疑義問題——以王念孫解釋"學而不思,則罔;思而不學,則殆"二句的考辨爲中心》,《第六屆"新子學"軌迹學術大會論文集——21世紀國際化視角看"新子學"與中國學》,韓國江陵原州大學人文學研究所、神明文化研究院2018年6月。

"新子學"研究：
歷史、現狀、問題與建議

刁生虎　白昊旭

内容提要 2012年10月方勇在《光明日報》發表《"新子學"構想》一文，正式提出"新子學"的概念和構想。此後，"新子學"在學界經歷了一個由提出到受關注再到引發熱烈討論的漸進性過程。衆多學者在當今新時代、新環境的大背景下，針對"新子學"之内涵，"新子學"與傳統經學、儒學、國學、西學及新儒、道、墨、法、雜家之關係，"新子學"之意義，"新子學"之精神，"新子學"之研究方法，"新子學"之當代發展路向、使命與傳播，"新子學"理念下的實踐等諸多問題展開了廣泛而深入的討論，逐漸建構起"新子學"的理論框架。當前"新子學"研究尚存在三個需要完善的問題：一是構建問題；二是平衡傳統與當代、中國性與世界性問題；三是傳播問題。對此，"新子學"研究者需要：一是擴充並深化對"新子學"基礎類議題的思考，以開放包容的心態面對質疑，尋求完善之道；二是把返歸自身與當下之勢相結合，堅守中國文化本位，同時將西方優秀研究方法本土化，重建中國學術話語體系；三是打通學科壁壘，利用現代科技與傳播方式，使"新子學"走向大衆化、民間化。

關鍵詞　新子學　歷史　現狀　問題　建議
中圖分類號　B2

先秦子學誕生於禮崩樂壞、戰争頻仍的春秋戰國時期，先秦諸子深切關注當時的社會現實，對天下蒼生懷有濃厚的人文關懷，致力於解決當時的社會問題，在精神層面構築起理想世界的模本，闡發一系列治世、修身學説。這些學説構築起先秦繁榮的文化盛景，對塑造中國人的精神世界產生了深遠影響。基於子學的重要性，從古至今中國學界對子學的研究從未中斷。當今，我們處於全球化的新時代，因而反映當今時代新特點的"新子學"呼之欲出。2012年10月華東師範大學先秦諸子研究中心主任方勇在《光明日報》"國學版"發表《"新子學"構想》[①]一文，明確

[①] 方勇《"新子學"構想》，《光明日報》2012年10月22日國學版。

提出"新子學"的概念和構想,隨即受到國內外學術界的廣泛關注和熱烈響應。由此,有關"新子學"的研究在國內外學界迅速展開。有鑒於此,拙文試圖對"新子學"研究的發展歷程進行回顧,對"新子學"研究現狀及學術成果進行梳理,在此基礎上對"新子學"研究存在的問題進行反思並提出建議,唯願爲今後相關研究提供些許借鑒。

一、研究歷史回顧

中華優秀傳統文化是當代中國文化復興的基礎,"新子學"繼承傳統"子學精神",承擔着激發新時代百家爭鳴的使命。"新子學"自 2012 年被方勇提出後,其研究就獲得了國內外學術界廣泛的關注。短短數年,有關"新子學"的討論此起彼伏,"新子學"話題已經成爲當前學術界乃至社會的熱點且成果頗豐。

(一) 方勇有關"新子學"論述的發表情況

華東師範大學方勇作爲"新子學"理念的首倡者與奠基人,對"新子學"的誕生與階段性發展具有關鍵性作用。其有關"新子學"的文章每每發表,都引發了學術界對子學研究的熱烈討論與深刻思考。

2012 年 10 月 22 日,方勇在《光明日報》上發表《"新子學"構想》,初步確立了以"新子學"作爲子學未來發展方向的設想,探討了子學的產生發展與"新子學"的内在聯繫,明確了"新子學"對待西學應該秉承主次有別的態度,對待國學應該尋求創造性的轉化與發展等基本觀點。

2013 年 7 月,方勇在《探索與爭鳴》雜誌上發表了《"新子學"申論》,該文在 2013 年華東師範大學"'新子學'國際學術研討會"討論成果的基礎上,進一步明確了三方面内容:一是"新子學"是中國現代學術之新視角,對重新界定經、子關係,對現代學科分科式研究的修正都具有重要影響;二是中國學術傳統的主流是複合多元,現代中國的文明秩序是百家共鳴,"新子學"應該打破儒學獨尊的學術氛圍與理解方式,以開放包容的心態去看待中國學術資源,挖掘傳統學術中的獨特智慧;三是"新子學"的產生具有必然性,與當代中國學術轉型、多元世界與多元社會的現實有着重要聯繫,同時在新的時代背景下,"新子學"也承擔着以返歸自身的方式發掘中國學術基本特性與重要價值的歷史使命。同年 9 月,方勇在《光明日報》發表了《再論"新子學"》,指明了"新子學"不僅是對"子學現象"的正視,而且是對"子學精神"的提煉,"新子學"開放、包容、平等的理念亦是"國學"發展的要義,"新子學"面對當前時代,要處理好中國學術轉型、多元與會通、世界性與中國性等問題。這些論述明確了"新子學"在當今時代中的學術定位。

2015 年 11 月 9 日,方勇在《光明日報》發表了《契合子學全面復興——〈諸子現代版叢書〉總序(摘要)》,指明諸子文獻的整理乃是全面復興子學之根基,《諸子現代版叢書》以"新子學"

開放包容的學術理念爲指導,兼顧經子,順應了時代的要求和子學發展的規律,這套書的出版是對"新子學"理念的踐行,同時預示着當今子學發展已經步入"新子學"階段。同年 12 月 10 日,《名作欣賞》的編輯對方勇先生進行了專訪,在專訪中,方勇就"新子學"的意涵與推廣、諸子學的發展歷史、"新子學"對傳統思想資源的繼承及對其他思想資源的開發、"新子學"與中華文化之重構、"子學精神"的核心理念、"新子學"在國內與海外的傳播等問題進行了詳細地論述,這些論述構建出比較完整的"新子學"理論框架,爲"新子學"的後續發展明確了方向。

2016 年 3 月 28 日,方勇在《光明日報》上發表了《三論"新子學"》,認爲傳統文化研究與創新必須要回到中國思想的原點,先秦時代的諸子學傳統即是關鍵,"新子學"依托傳統思想,彙聚當代理念,是中國傳統學術發展、轉型與創新的必由之路。"新子學"對傳統文化的重構關鍵在於要把握住先秦時代思想的結構,處理好時代與傳統、中國性與世界性的問題。該文章將"新子學"與當代中國學術發展相聯繫,從"新子學"的角度對中國學術進行了前瞻性的思考。同年 8 月 2 日,方勇在《光明日報》發表了《水之積也不厚,則其負大舟也無力》,文章將《莊子·逍遥遊》中的名句"水之積也不厚,則其負大舟也無力……風之積也不厚,則其負大翼也無力"與十八大以來,習近平總書記提出的中國夢、"兩個一百年"偉大目標相聯繫,探討了中國當今學術在國家民族層面應該承擔的歷史使命與責任,這種具有宏觀性、戰略性的思考對"新子學"學術定位、理念本質與發展方向的確立具有深遠的影響。

2017 年 3 月,方勇在《名作欣賞》發表了《追溯原點,重構典範,全面復興諸子學》,就"新子學"多元性的特點進行闡述,旨在應對當今社會多元化發展格局,推動新時代百家爭鳴的出現。

2018 年 4 月 7 日,方勇在《光明日報》上發表了《"新子學":目標、問題與方法——兼答陸建華教授》,在"新子學"研究五年發展與陸建華《"新子學"斷想——與方勇先生商榷》①質疑之聲的基礎上,對"新子學"基本問題,即"新子學"的確切內涵,"新子學"研究的中國性、世界性與綜合性,"新子學"文獻、學術史與思想創造的工作規劃等進行了一次系統的階段性梳理與總結,明確了借助"新子學"尋求中華民族文化發展的大方向的目標。同年 4 月 15 日,方達、方勇共同在《暨南學報》上發表了《"新子學"與"新子學主義":由學術體系到實踐方向》,旨在推動"新子學"的學術理論研究向"新子學主義"的實踐行爲轉換,使"新子學"研究進一步深化。

(二) 有關"新子學"研究的學術會議舉辦情況

2012 年 4 月 13 日,由華東師範大學先秦諸子研究中心主辦的"先秦諸子暨《子藏》學術研討會"在上海召開,中國諸子學會、中國莊子學會宣布成立。《子藏》總編撰、華東師範大學先秦諸子研究中心主任方勇教授當選中國諸子學會、中國莊子學會首任會長。在本次會議上,方勇首次提出"全面復興諸子學"②的口號,獲得與會學者的一致認可和高度贊賞,從而爲隨後

---

① 陸建華《"新子學"斷想——與方勇先生商榷》,《光明日報》2018 年 3 月 24 日。
② 方勇《"新子學"構想》,《光明日報》2012 年 10 月 22 日國學版。

"新子學"理念的正式提出奠定了堅實基礎。在此基礎上,同年10月22日,方勇在《光明日報》發表《"新子學"構想》一文,明確提出"新子學"的概念,力圖通過"新子學"這一概念闡釋諸子學復興的途徑及其在中華民族偉大復興中所應承擔的文化責任,對深入研究諸子學説具有重要的啓發性作用。

2012年10月27日,華東師範大學先秦諸子研究中心首次主辦的"'新子學'學術研討會"在上海舉行。蘇州大學王鍾陵、復旦大學徐志嘯、陳引馳、劉康德等、上海大學郝雨、香港浸會大學陳致等30多位專家應邀參加會議。此次會議主要有三方面的内容:一是圍繞"新子學"的基本問題(内涵、地位)展開討論;二是針對"新子學"推陳出新的方式進行闡釋;三是對"新子學"的可行性和必要性、文化意義和現實意義進行探討。在會上,衆學者都肯定了"新子學"的提出對當今中國社會和文化發展的價值,重點討論了"新子學"的學科屬性、學術體系及未來發展前景。雖然本次會議尚未理清"新子學"的具體内容,但與會學者均爲"新子學"的發展積極建言獻策,爲"新子學"的興起奠定了基礎。

2012年12月1日,上海大學、寧夏銀川市文聯《黄河文學》雜誌社聯合主辦的"新媒體時代民族文化傳承——現代文化學者視野中的'新子學'研討會"在上海召開,來自復旦大學、中國傳媒大學、上海大學、香港浸會大學、蘇州大學的數十位學者參加了會議。與會學者從自己擅長的專業領域出發,闡明了自己對"新子學"的認識,豐富了學術界對"新子學"的認識。

2013年4月13日至14日,由華東師範大學先秦諸子研究中心主辦的首届"'新子學'國際學術研討會"在華東師範大學隆重召開,來自中國大陸、港澳臺地區以及新加坡、日本、韓國等國家130多位諸子學專家共同參與討論,會議共輯録100餘篇論文。圍繞"新子學"這一中心議題,就子學定位、"新子學"界定、"新子學"傳播與發展等問題展開深入研討。

2014年4月12日至4月13日,華東師範大學先秦諸子研究中心舉辦"諸子學現代轉型高端研討會"。130多位來自中國大陸和港澳臺地區、韓國、馬來西亞、新加坡等國家和地區的學者共同參與了本次會議。他們對"新子學"的發展歷程、"新子學"理念内涵的界定、"新子學"未來前景的展望及其社會價值展開了深入的研討。

2014年11月9日,由郝雨發起舉辦的"'新子學'與現代文化:融入與對接——新媒體時代'子學精神'傳承與傳播"學術研討會在上海大學樂乎樓舉行。本次會議彙聚了文史哲和新聞傳播領域的學者,呼籲不同學科背景的專家學者共同參與探討"新子學"未來發展前景。跨學科視野成爲本次會議最大亮點。在當今世界已經進入了互聯網時代的大背景下,新媒體在我們每個人的生活中起到日益重要的作用,因此以新媒體作爲宣傳"新子學"的陣地,充分利用新媒體的優勢,對"新子學"理論的普及、"新子學"精神的繼承及傳播起到了至關重要的作用。

2015年4月17日至19日,由華東師範大學先秦諸子研究中心、中國諸子學會(籌)主辦的"第二届'新子學'國際學術研討會"在上海召開,來自世界各地120多位諸子學專家學者參與會議。這次會議重點闡述了四個内容:一是"新子學"的哲學理路與未來建構;二是諸子學中治國理念與資源的現代轉型與創新；三是傳統諸子學的當代價值；四是以多元精神指導"新子學"研究。

2016年10月22日臺灣高東屏區域教學資源中心在臺灣屏東舉辦"2016'新子學'國際學術研討會"。中國大陸和港澳臺地區、韓國、馬來西亞等國家40餘名學者應邀參加會議，對"新子學"各抒己見。本次會議是大陸以外地區首次舉辦關於"新子學"的專題討論會，其主要內容是關於"新子學"內涵與"新子學"地域差異性，增加了"新子學"研究的深度和廣度，加深了海峽兩岸的思想交流和文化共鳴。

2016年11月28日，廈門大學、上海大學、河南省社科院在廈門筼筜書院聯合舉辦了"'新子學'深化：傳統文化價值重構與傳播國際學術研討會"。國內外70餘位專家學者針對"新子學"與傳統文化價值、"新子學"與當代核心價值觀、自媒體的碎片化與傳統經典閱讀的關係展開深入研討。

2017年10月27日至31日，方勇領銜大陸多所高校14位學者組成團隊奔赴臺灣，參加了一系列"新子學"學術對話活動：一是由臺灣中國文化大學中文系主辦的"第五屆'新子學'國際學術研討會"和由臺灣淡江大學中文系主辦的"2017兩岸'新子學'論壇"兩個正式學術會議；二是大陸"新子學"研究團隊先後與港臺"新儒家"名家及臺灣"中研院"經學研究名家舉行了兩場高規格的學術座談會。同年11月份，臺灣"新莊子學"研究團隊與華東師範大學先秦諸子研究中心在上海聯合舉辦了"海峽兩岸'新子學'座談會"，掀起兩岸"新子學"研究的新一輪高潮。

2018年6月26日至29日，由韓國國立江陵原州大學校、韓國道家道教學會、韓國道教文化學會、韓國中國學研究會聯合主辦，國立江陵原州大學校人文學研究所、神明文化研究院承辦的主題為"21世紀全球視野下的新子學與中國學"的"第六屆'新子學'國際學術研討會"在江陵原州大學召開。此次參會學者共有100多位，分別來自中國大陸及臺灣地區和韓國、美國、日本、新加坡等國，本次會議主要研討了三個問題："新子學"、道家道教思想新解、21世紀中國學。本次會議有助於推動各國文化交流，使"新子學"的發展更加國際化。

2018年10月24日至26日，由華東師範大學、浙江省浦江縣人民政府聯合主辦的"首屆諸子學博士論壇——'新子學'專題"在浙江省浦江縣舉行。來自中國社會科學院、北京大學、清華大學、華東師範大學等40多所高校的120餘名博士及青年學者參加，就諸子學的復興對於中華文化的傳承、諸子學術的革新、浦江諸子學的脈絡與成就等問題進行深入研討。這次會議標誌着"新子學"在青年學者群產生了重要影響，為"新子學"的未來發展儲備了後續力量。

2018年11月9日至12日，由華東師範大學先秦諸子研究中心舉辦的"現代諸子學發展與創新國際學術研討會——第七屆'新子學'國際學術研討會"在上海舉行。與會專家共120餘名，分別來自中國、美國、韓國、新加坡等國家和地區。本次會議就"新子學"發展、諸子學研究轉型、子學的當代價值等話題進行了深入討論，展現出當代諸子學的系統性、全面性與縱深感。

除上述以"新子學"爲主題的會議外,"新子學"還以相關議題的方式出現在其他會議之中,2014年10月上旬在韓國召開的"21世紀道家文化國際學術研討會"將"新子學"作爲研討會議題之一。2017年4月22日至23日,"第二屆莊子國際學術研討會暨《子藏》第三批成果新聞發佈會"在上海召開,來自中國大陸及港澳臺地區、韓國、新加坡等國家和地區的120餘位學者就"新子學"研究、莊學研究及《子藏》工程的成果進行研討。

(三) 學術期刊有關"新子學"的專欄及論文發表情況

自2012年方勇提出"新子學"始,海內外學術界都對這一學術概念產生巨大興趣,在此期間,有關於"新子學"的諸多學術論文如雨後春筍般紛紛湧現,衆多學術期刊亦對"新子學"研究成果抱有極大的熱情,保持着持續、高度的關注。

華東師範大學先秦諸子研究中心主辦、方勇主編的《諸子學刊》自2008年創刊以來,一直是子學研究的重要陣地,每年度刊發一至二輯,至今已出刊十七輯之多。2012年出刊的《諸子學刊》第七輯刊登了方勇的《爲諸子學全面復興而努力——在"先秦諸子暨〈子藏〉學術研討會"上的發言》一文,成爲"新子學"的初音,此後該刊陸續以專欄形式刊發了大量與"新子學"相關的研究著述。2013年出刊的《諸子學刊》第八輯、第九輯,2014年出刊的《諸子學刊》第十輯,2016年出刊的《諸子學刊》第十三輯等均刊登了諸多有關"新子學"研究的論述,包括許抗生的《談談關於建立當代"新子學"的幾點想法》、陸永品的《〈"新子學"構想〉體現時代精神》、王鍾陵的《建立中國學術的核心價值》、郭丹的《關於"新子學"的幾點淺見》、譚家健的《對〈"新子學"構想〉的建議》、新加坡嚴壽澂的《新諸子學與中華文化復興》、韓國姜聲調的《"新子學"要走進跨學科研究》等100餘篇,從而對"新子學"的發展脈絡給了相對完整的呈現。

《探索與爭鳴》在2013年就已經關注到"新子學"研究的重要價值,於第7期上刊登了方勇的《"新子學"申論》、聶學慧與劉思禾的《"諸子問題"與帝國邏輯的演繹》等兩篇論文。

《江淮論壇》在2013年第5期刊登了玄華的《關於"新子學"幾個基本問題的再思考》,在同年第6期刊登了曾建華的《"新子學"視域下士人與子學的主體間性詮釋》,在2014年第1期刊登了劉韶軍的《論"新子學"的內涵、理念與構架》、高華平《"新子學"之我見》,在同年第2期刊登了湯漳平的《"新子學"與中華文化之重構》等5篇論文。

《名作欣賞》以從本民族最初的文化源頭尋求解決當代人文化困境,推動古典文化與當代人精神需求融合爲目的,開闢了"先秦典籍新讀:'新子學'專題"專欄,在2015年第1期和第7期刊登了方勇的《"新子學"理念提出的前後脉絡》、逄增玉的《重建當代知識分子的"子學"精神》、郜元寶的《對"新子學"三個層面的思考》、景國勁的《"新子學"文化源流及其價值訴求》等4篇論文。

《河北學刊》在2015年第5期開設了"新子學研究"專欄,旨在探討新的歷史時期,中國當代與未來的思想基石及文化創造如何平衡歷史與現代之間的關係等問題,刊登了孫少華的《"新子學"與學術"新傳統"建設》、孫以昭的《"新子學"與跨學科、多學科學術研究》、劉思禾的

《探索前期中國的精神和觀念——"新子學"芻議》等3篇論文。

《人文雜誌》在2017年第5期上開設了"先秦文史新論：'新子學'與中華文化"專欄，刊登了方勇的《"新子學"與中華文化重構》、李洪衛的《論經學、"新子學"與哲學的當代並立——從當代中國思想學術與文化建設相互關係的視角考察》、謝清果的《新子學之"新"：重建傳統心性之學——以道家"見獨"觀念爲例》、方達與王寧寧的《論"新子學"何以成立——中西兩種視域的交融》等4篇論文。

《暨南學報（哲學社會科學版）》在2018年第4期開設了"新子學研究專題"專欄，刊登了方達、方勇等的《"新子學"與"新子學主義"：由學術體系到實踐方向》、張洪興的《中國文化"根性"與"新子學"》、歐明俊的《跨界會通——論"新子學"的創新途徑》等3篇論文。

《集美大學學報（哲社版）》一直對"新子學"研究成果密切關注，在2016年第3期開設了"'新子學'研究"專欄，從思考如何提升新時代的中華文化軟實力出發的角度，在專欄刊登了揣松森的《論"新子學"的内涵及其意義——兼談子學與經學之别》、郝雨的《"新子學"與現代文化：融入與對接》、孫廣與周斌的《從共同的問題意識探求子學的整體性——"新子學"芻議》、鄭作的《以諸子思想之源建構企業文化之魂——"新子學"精神與商道文化的對接與融合》等4篇論文。隨着"新子學"探討的進一步深入，《集美大學學報》2018年第3期再次開設"新子學研究"專欄，刊登了黃燕强的《"新子學"的思考與展望》、張永祥的《中西方視野下的"新子學"再思考》、張耀的《開放性："新子學"理論構建進程中的基本取向》、吳劍修的《被遺忘的現實：對於經學化思維的反思——以"新子學"的多元意識爲起點》等4篇論文。

《管子學刊》在2018年第4期開設了"'新子學'論壇"專欄，刊登了美國劉紀璐的《從"新子學"至"新中國哲學"》、謝清果的《新子學的當代轉向——以儒家道心、人心的博弈與當代自我傳播智慧爲例》、刁生虎的《"新子學"研究的回顧與反思》、郝雨的《"新子學"與民族文化復興大方向——兼與陸建華先生商榷》、歐明俊的《"新子學"的跨國界對話——第六届"新子學"國際學術研討會綜述》等5篇文章。

此外，由華東師範大學葉蓓卿主編，學苑出版社出版的2014年《"新子學"論集》及2017年《"新子學"論集》（二輯）對"新子學"相關學術信息進行系統地彙編，包括學術論文、筆談、會議紀要、訪談記録、新聞報導等150餘篇。

（四）各類報紙及網站有關"新子學"的專訪及文章發表情況

自"新子學"提出後，紙媒就以其專業性、準確性、即時性的特點成爲"新子學"宣傳的重要戰場，紙媒對"新子學"的傳播主要可以分爲三個層面：一是對"新子學"相關專家進行專訪，如2015年4月《中國教育報》記者專訪方勇的《精進開拓　推陳出新——方勇教授訪談録》，2016年12月《福建日報》記者專訪方勇的《"新子學"將助力當代思想文化建設》等；二是"新子學"會議綜述、專著出版及專家發言輯録，如2012年11月15日《文學報》刊登了郝雨的《"新子學"研討會在滬舉行》。《光明日報》對"新子學"一直保持着高度的關注，其於2013年5月

13 日刊登了崔志博的《"新子學"大觀——上海"'新子學'國際學術研討會"側記》,2014 年 5 月 13 日刊登了《新子學:幾種可能的路向——國内外學者暢談"新子學"發展》,同年 6 月 17 日刊登了玄華的《〈"新子學"論集〉出版》,2015 年 6 月 8 日刊登了劉思禾的《發掘諸子治國理念——第二届"新子學"國際學術研討會綜述》,2016 年 12 月 5 日刊登了陳志平的《海峽兩岸學者研討"新子學"》。2013 年 4 月 17 日《新疆經濟報》刊登了《發揚子學精神推動文化復興"新子學"國際學術研討會在滬召開》。2014 年 5 月 9 日《文匯讀書周報》刊登了方達、崔志博的《"新子學"穩步推進——"諸子學現代轉型高端研討會"紀實》。2015 年 5 月 4 日《中國教育報》刊登了《第二届"新子學"國際學術研討會深入探討——讓諸子智慧真正走入當代生活》等;三是對"新子學"理論的闡述,如 2012 年 11 月 2 日《文匯讀書周報》刊登了卿希泰的《"新子學"筆談》,2012 年 12 月 17 日《文匯報》刊登了郝雨的《"新子學"對現代文化的意義》,2013 年 6 月 28 日《中國社會科學報》刊登了歐明俊的《"新子學"概念的界定》,2013 年 7 月 23 日《深圳特區報》刊登了郝雨的《尋找中國文化真正發源起點》等。方勇在報刊上發表的文章在前文已有詳細闡述,兹不贅述。

與此同時,光明網、新華網、人民網、中國社會科學綫上、中國文學網、共識網、上海教育新聞網、四川綫上等諸多網站都對"新子學"研究的相關内容進行過詳細跟蹤報導。網絡平臺的介入,對"新子學"研究成果的傳播具有重要影響。

(五) 各級各類考試有關"新子學"的命題情況

"新子學"提出至今,其影響範圍已逐漸從學術界擴展到社會領域,暗示了"新子學"將逐漸從學術影響向社會影響的轉變,其中表現最爲明顯的是"新子學"成爲各級各類考試的命題内容,如 2018 年語文高考真題中出現了以"新子學"命題的現代文閱讀題,2018 年陝西公務員行測考試中以"新子學"學術體系的構成進行命題等。

由此可見,"新子學"理念已經逐漸從學術層面向社會層面擴散、深入,成爲當下中國聲勢浩大的文化現象與思潮。"新子學"研究也已步入嶄新階段,弘揚光大"新子學"的任務尚需要一代又一代有識有志之士的不懈努力。

二、研究現狀綜述

當前學術界對"新子學"的研究現狀大致可劃分爲七個層面:一是"新子學"之内涵;二是"新子學"與傳統經學、儒學、國學、西學及新儒、道、墨、法、雜家之關係;三是"新子學"之意義;四是"新子學"之精神;五是"新子學"之研究方法;六是"新子學"之當代發展路向、使命與傳播;七是"新子學"理念下的實踐。

(一)"新子學"之內涵

學界有關"新子學"內涵的探討可歸類爲兩個層面:一是"新子學"之研究對象;二是"新子學"之"新"的體現。

1. "新子學"之研究對象。"新子學"研究對象的劃定一直是"新子學"研究者們爭論不休的話題。主要涉及如下問題:(1) 子學是否包括方技類文獻。華東師範大學方勇《"新子學"構想》[①]對"子學"範疇有比較明確的定義:"子學之'子'並非傳統目録學'經、史、子、集'之'子',而應是思想史'諸子百家'之'子'。具體内容上,則應嚴格區分諸子與方技,前者側重思想,後者重在技巧,故天文演算法、術數、藝術、譜録均不在子學之列。"方先生強調"新子學"研究對象是諸子思想類著作,而非技藝類著作。而北京大學張雙棣《諸子學的復興與"新子學"的建立》[②]針對方先生將方技類元典置於"新子學"外的觀點,在宏觀上給予肯定,但他認爲不應排斥方技類著作中藴含的思想性内容,張先生的觀點對"新子學"的研究對象提出了新的思考,對方技類書籍中所提到的哲學思想給予足夠的重視。華東師範大學李似珍認爲方先生的觀點從論著收集的角度看是合理的,但從子學思考範圍看,不應該將思路限定得過於狹窄。她的《"新子學"的學術針對性、時代意義思考》[③]以戴震爲例,説明了子學原創的學術基礎方面的貢獻。安徽大學孫以昭《時代召唤"新子學"》[④]認爲思想史資料的確十分豐富,其存在的範圍也非常廣泛,方技、天文、歷數等書籍都涉及思想史的資料,作爲"新子學"研究者應對其加以甄别和處理。(2) "新子學"是"新之子學"還是"新子之學"。"新子學"研究者對這個話題的討論,共有四種觀點:一是"新子學"是"新之子學"。復旦大學郜元寶《對"新子學"三個層面的思考》[⑤]認爲方勇提出的"新子學"是"新之子學"毋庸置疑,而是否可以稱"新子學"爲"新子之學"尚有存疑,即當今學術研究的氣象是否已經達到"軸心時代",當今學者是否能夠成一家之言。但是郜先生認爲"新子之學"無疑是對未來學術研究的美好期待,即使當今時代尚無"新子之學",也應該有"新子之學"的期待。上海外國語大學陳福康《對"新子學"的一些思考》[⑥]認爲"新子學"一是面對舊子學,以新角度、新理論、新方法對其進行重新解讀;二是面對西學,建立獨立完整的概念和學術體系。福建師範大學歐明俊《"新子學"界説之我見》[⑦]認爲

[①] 方勇《"新子學"構想》,《光明日報》2012年10月22日國學版。
[②] 張雙棣《諸子學的復興與"新子學"的建立》,《諸子學刊》第九輯,上海古籍出版社2013年版,第46頁。
[③] 李似珍《"新子學"的學術針對性、時代意義思考》,《諸子學刊》第八輯,上海古籍出版社2013年版,第382~383頁。
[④] 孫以昭《時代召唤"新子學"》,《諸子學刊》第八輯,第391頁。
[⑤] 郜元寶《對"新子學"三個層面的思考》,《名作欣賞》2015年第7期。
[⑥] 陳福康《對"新子學"的一些思考》,《諸子學刊》第九輯,第79頁。
[⑦] 歐明俊《"新子學"界説之我見》,《諸子學刊》第九輯,第12~13頁。

當今"新子學",是從新觀念、新方法、新理論、新學科、新模式、新材料、新視角等層面去研究傳統諸子百家的學術理念、學術思想、學術精神,用當今的學術知識去擴充和延伸傳統子學的內容。二是"新子學"是"新子之學"。華中師範大學高華平《"新子學"之我見》①同意方先生所説的"子學之'子'並非傳統目錄學'經、史、子、集'之'子',而應是思想史'諸子百家'之'子'",但他認爲應該對"子"的範疇重新進行界定,如今"新子學"中的"子"不僅是指以往中國思想史上的"爲學"諸子,更應該指當代在自己擅長的學術領域有獨立思想和創新精神的知識個體。知識個體不必加以明確的學科歸類,無論是社會人文學科,還是自然學科,只要在學術上有獨立創新精神的人都可以稱作知識個體,"新子學"由此可以定義爲當代各個參與學術活動個體之"學術"。加州州立大學劉紀璐《從"新子學"至"新中國哲學"》②認爲"新子學"應該朝着"新中國哲學"的方向發展,以培養當代"諸子"作爲核心與重點。雖然"新子學"必須要建立於傳統子學關懷理念的基礎上,但這並不意味着今日諸子必須"照着講"或"接着講",而應該努力做到在"古哲的思想文化中獨創新言",面對當今世界學術領域新的挑戰與問題,提出與時俱進的理論成果與解決方案,成就一家之言。三是"新子學"包含"新之子學"和"新子之學"兩部分。方勇《"新子學"構想》③提出"'新子學'正是對諸子思想的重新解讀和揚棄,也是借重我們自身的智慧與認識對傳統思想的重新尋找和再創造。"這表明方先生認爲"新子學"包含"新之子學"和"新子之學"兩部分。華南師範大學曹礎基《"新子學"懸想》④對方先生的觀點持贊同態度:對子學經典進行詮釋,就屬於"新之子學";對子學經典再創造,提出對當代社會具有建設性意義的新思想,就是"新子之學"。福建師範大學郭丹《關於"新子學"的幾點淺見》⑤認爲"新之子學"是詮釋之子學,"新子之學"是立説之學,應該都在"新子學"的範圍內。四是"新子學"既不是"新之子學",也不是"新子之學"。三亞學院曾建華《"新子學"的本質與使命——圍繞子學與士之關係展開》⑥對"新子學"是否是"新之子學"還是"新子之學"這個爭論持否定態度,他認爲"'新子學'不是'新之子學',也非'新子之學',就學術層面看,'新子學'是以士人爲主體的子學的集大成,是立足於當下,着眼於未來,以期融通古今、貫注中西的子學文化工程;就思想層面看,'新子學'是新時期士人(學科士人與公共知識分子)精神世界的多元重構與角色轉換。如果説子學是社會史限定學術史的時代,那'新子學'便是學術史建構自我,刊定社會進程,並影響整個世界的時代"。

2. "新子學"之"新"的體現。"新子學"最重要的也是最突出的特點就是"新",此"新"體現

---

① 高華平《"新子學"之我見》,《江淮論壇》2014年第1期。
② [美]劉紀璐《從"新子學"至"新中國哲學"》,《管子學刊》2018年第4期。
③ 方勇《"新子學"構想》,《光明日報》2012年10月22日國學版。
④ 曹礎基《"新子學"懸想》,《"新子學"論集》,學苑出版社2014年版,第120頁。
⑤ 郭丹《關於"新子學"的幾點淺見》,《諸子學刊》第十三輯,上海古籍出版社2016年版,第45頁。
⑥ 曾建華《"新子學"的本質與使命——圍繞子學與士之關係展開》,《諸子學刊》第九輯,第126頁。

在三個層面：(1)"新子學"是新時代的子學。這是從"新子學"產生的時間和社會背景來給"新子學"下定義。方勇《"新子學"構想》①闡發"新子學"是在當今我國綜合實力不斷增強,全球化趨勢不可阻擋的大背景下產生,而"新子學"產生的動機是傳統子學與當前社會現實的交融。中國傳媒大學刁生虎等的《"新子學"斷想——從意義和特質談起》②對"新子學"的時間問題也提出了自己的見解。我們當今的時代特徵已經不同於傳統子學發生的時代特徵,傳統子學多發生於社會動盪的時期,社會的動盪使經學、政治的控制勢力減弱,子學得到很大的發展。而"新子學"是當今和平時代的產物,當代的文化發展不再依附於政治,同時伴隨着全球化的趨勢日益加強,文化多元的特徵日益顯著,"新子學"在開放包容的環境中更能得到長足的發展。孫以昭《時代召唤"新子學"》③對方先生的觀點表達了認同,他認爲"新子學"正是在當今經濟高速發展,文化交流更加密切、信息傳達方便快捷的時代中應運而生的。厦門大學謝清果《新子學之"新"：重建傳統心性之學——以道家"見獨"觀念爲例》④認爲"新子學"之"新"在於"以子學爲接引的思想資源,再造在當代的'百家争鳴'"。(2)"新子學"是新内容的子學。方勇認爲："子學之'子'並非傳統目錄學'經、史、子、集'之'子',而應是思想史'諸子百家'之'子'"以及"對諸子思想的重新解讀和揚弃,也是借重我們自身的智慧與認識對傳統思想的重新尋找和再創造"。復旦大學徐志嘯《"新子學"的核心在於新》⑤認爲"新子學"與舊子學本質不同在於"新的含義或概念"。其有兩種表現,一是繼承傳統子學並對其進行新闡釋；二是吸收西方學者對我國子學研究的優秀成果,爲傳統子學賦予新含義。刁生虎等的《"新子學"斷想——從意義與特質談起》⑥認爲,相比舊子學,"新子學"不僅分類更加明確,而且研究對象更加廣泛,將《論語》《孟子》等原本被朱熹劃分到經部的著作,現在重新劃歸子學的範疇。華中師範大學劉韶軍《論"新子學"的内涵、理念與構架》⑦認爲"新子學"之"新",新在學者們是在新的學科體系中經過不同學科的系統學術訓練而掌握其知識、理念、方法等。雖然研究材料和"舊子學"相差無幾,但是我們關注、認識和解讀的内容已經和"舊子學"完全不同。曹礎基《"新子學"懸想》⑧指出"新子學""不是新標點,不是新解釋,不是新考證,不是新編、新續,主要是新思想",没有新思想就没有"新子學"。上海社會科學院林其錟《"新子學"學科定位與雜家精神》⑨認爲"新子學"應該突破傳統子學研究的"九流"限制,所有爲中華民族文化作出突出

---

① 方勇《"新子學"構想》,《光明日報》2012年10月22日國學版。
② 刁生虎、王喜英《"新子學"斷想——從意義和特質談起》,《諸子學刊》第八輯,第370頁。
③ 孫以昭《時代召唤"新子學"》,《諸子學刊》第八輯,第391頁。
④ 謝清果《新子學之"新"：重建傳統心性之學——以道家"見獨"觀念爲例》,《人文雜誌》2017年第5期。
⑤ 徐志嘯《"新子學"的核心在於新》,《諸子學刊》第八輯,第379~380頁。
⑥ 刁生虎、王喜英《"新子學"斷想——從意義和特質談起》,《諸子學刊》第八輯,第371頁。
⑦ 劉韶軍《論"新子學"的内涵、理念與構架》,《江淮論壇》2014年第1期。
⑧ 曹礎基《"新子學"懸想》,《"新子學"論集》,第120~121頁。
⑨ 林其錟《"新子學"學科定位與雜家精神》,《中州學刊》2015年第12期。

貢獻的人,無論這些人是漢族還是少數民族,無論是否在"九流"之中,他們的著作都應該放在"新子學"的研究範圍内。這是"新子學"的學者首次關注到少數民族之"子",尤其是藏族對中華民族文化的貢獻。廣西民族師範學院李桂生《子學精神與"新子學"建構芻議》①針對新内容在前人的基礎上,補充了"世界諸子"的概念。"世界諸子"指在思想領域作出卓越貢獻的外國諸子,諸如蘇格拉底、亞里士多德、伏爾泰、康德等。(3)"新子學"是新方法的子學。主要有兩種觀點:第一,學科綜合研究法。林其錟《"新子學"學科定位與雜家精神》②對學科綜合研究法進行了介紹,"即打破文、史、哲、經隔閡,甚至也可以打通社會科學和自然科學的界限(即所謂'雜交'),進行綜合的研究"。子學產生時期,並没有出現學科的精細劃分,在諸子的經典著作中,我們可以看到諸多學科的混雜。如《墨子》有光學、力學、機械學的知識,《莊子》有地理學、養生學、生物學的知識。林先生認爲"綜合研究法"對研究子學是比較適合的方法,可以充分體現出子學的特點,這一觀點對"新子學"研究方法產生影響。刁生虎《"新子學"研究需做到四個統一》③認爲研究"新子學"必須做到"歷史與邏輯的統一、古今與中西的統一、理性與直覺的統一、宏觀與微觀的統一"。劉韶軍《論諸子學的範疇、智慧及現代條件下的轉化》④認爲"要能根據和應用現代學術的各種學科的理論與方法等加以研究和詮釋……現代學者研究諸子學的時候,必須具有現代多學科意識,在此基礎上形成多學科交叉和融會貫通的研究平臺或群體",同時他主張借用現代互聯網技術中提出的大資料概念,建立諸子學資料庫,充分利用先進的科學技術手段幫助研究者從海量的諸子學研究資料中迅速檢索與提取研究者需要的相關資料。孫以昭《時代召唤"新子學"》⑤"新子學"在研究傳統子學的時候,應該順應子學的特點,進行"多學科的綜合性大文化研究"。第二,采用西方方法論成果。臺北大學賴賢宗《"新子學"方法論之反思——基源問題研究法與創造的詮釋學的知識建構過程》⑥從勞思光的基源問題研究法與傅偉勳的創造的詮釋學入手,對"新子學"的研究方法提出新思路,强調文化的共同性與中西文化之間的互補性。劉韶軍《論"新子學"的内涵、理念與構架》⑦引傅偉勳創造的闡釋學方法,指出"新子學"闡釋有五個層次,即"實謂層次""意謂層次""藴謂層次""當謂層次""必謂層次"。歐明俊《"新子學"界説之我見》⑧認爲當代專家學者在研究傳統經典的過程中,可以借鑒西方研究方法,"用西方闡釋學來重新解釋諸子思想,用傳播學來研究子

---

① 李桂生《子學精神與"新子學"建構芻議》,《諸子學刊》第十三輯,第30頁。
② 林其錟《"新子學"學科定位與雜家精神》,《中州學刊》2015年第12期。
③ 刁生虎《"新子學"研究需做到四個統一》,《社會科學報》2012年12月13日。
④ 劉韶軍《論諸子學的範疇、智慧及現代條件下的轉化》,《諸子學刊》第十三輯,第99~100頁。
⑤ 孫以昭《時代召唤"新子學"》,《諸子學刊》第八輯,第391~392頁。
⑥ 賴賢宗《"新子學"方法論之反思——基源問題研究法與創造的詮釋學的知識建構過程》,《諸子學刊》第九輯,第95~112頁。
⑦ 劉韶軍《論"新子學"的内涵、理念與構架》,《江淮論壇》2014年第1期。
⑧ 歐明俊《"新子學"界説之我見》,《諸子學刊》第九輯,第12頁。

學的傳播,用接受學來研究其接受"。

(二)"新子學"與傳統經學、儒學、國學、西學及新儒、道、墨、法、雜家之關係

"新子學"上承先秦子學,用新的視野重新關注傳統,將子學與傳統經學、儒學、國學、西學及新儒、道、墨、法、雜家合理區分,重新定位子學爲當今學術主流。主要涉及如下問題:

1. "新子學"與傳統經學之關係。主要有兩種觀點:(1) 退經還子。方勇《"新子學"申論》①認爲經學在歷史上備受推崇,並非經學自身具有很高的學術價值,而是封建政治強權將其作爲維護統治的工具,因此單純從學術角度來看,子學無疑比經學更有價值。"新子學"的任務就是要突破傳統四部分類法,對納入經學的孔子、孟子等思想著作做離經還子的處理。華僑大學楊少涵《走出經學時代——儒家哲學現代化的範式轉換》②認爲儒學是子學的一部分,儒學研究者必須從"經"的態度與位置轉換至"子",去政治化、去神學化、去章句化,實現儒家哲學的現代化。李桂生《諸子形態的流變及諸子範圍的界定》③認爲"儒家經學之部分典籍實際上亦應歸於子的範疇",諸如《論語》《孝經》等儒家經典應恢復其子學本來之面目。(2) 經子融合,要肯定經學的價值。中國人民大學韓星《新國學的内在結構探析——以新經學、"新子學"爲主》④認爲經學對中華民族精神品質的塑造影響極深,今天各種社會亂象,並非是經學占據了統治地位而導致,恰恰是因爲經學地位衰退而造成的。因此我們"不但不能否定經學,反而應當重建經學的'權威'",應該抱着陳寅恪所説的"瞭解之同情"的態度對傳統的經學研究進行深刻的反思,正確客觀地看待經學發展繁榮的歷史,正確評估經學對當代社會發展的價值和意義,給經學與子學之關係客觀合理的定位。復旦大學李若暉《熔經鑄子:"新子學"的根與魂》⑤認爲"新子學"的建立和發展必須與經學相結合,從中華民族的本源文化出發,重鑄中華文化之魂魄。華東師範大學揣松森《論"新子學"的内涵及其意義——兼談子學與經學之别》⑥認爲反對經學絶對化,"並非反對它原初作爲社會實踐經驗結晶這個層面的内容"。但他對方先生的觀點也給予了支援,同意"新子學"是可以破除經學絶對化的一面。浙江省社會科學院哲學所徐儒宗《諸子學的揚棄與開新》⑦認爲:"六經和諸子都是中華傳統文化取之不盡的寶庫,其間並非對立關係,而是相濟相成的互補關係,大可不必揚此而抑彼……六

---

① 方勇《"新子學"申論》,《探索與爭鳴》2013 年第 7 期。
② 楊少涵《走出經學時代——儒家哲學現代化的範式轉換》,《探索與爭鳴》2013 年第 7 期。
③ 李桂生《諸子形態的流變及諸子範圍的界定》,《"新子學"論集》,第 429 頁。
④ 韓星《新國學的内在結構探析——以新經學、"新子學"爲主》,《諸子學刊》第九輯,第 239 頁。
⑤ 李若暉《熔經鑄子:"新子學"的根與魂》,《諸子學刊》第十三輯,第 291 頁。
⑥ 揣松森《論"新子學"的内涵及其意義——兼談子學與經學之别》,《集美大學學報》2016 年第 3 期。
⑦ 徐儒宗《諸子學的揚棄與開新》,《諸子學刊》第十三輯,第 81 頁。

經和諸子之間乃至子與子之間,都應將其置於平等的地位進行研究,就像人格平等那樣。"

2."新子學"與傳統儒學之關係。主要涉及兩個方面:(1)"新子學"要打破儒學的束縛。北京大學許抗生在"'新子學'國際學術研討會"①上談道:"中華民族文化是極其豐富多彩的,絶不是儒家一枝獨秀。要全面復興以諸子百家爲代表的中華民族優秀文化。"廈門大學王昀、謝清果等《還原、重構與超越——"新子學"視域下傳統文化傳播策略》②認爲"新子學"概念的提出,對我們當今學術界打破固有的以"儒學"作爲主導的傳統文化傳播框架提供了可能性。上海大學郝雨《"新子學"與"新儒學"之辨》③認爲"新子學"的提出,是將對傳統文化的研究歷來都局限於儒學的現狀,轉變成對諸子百家思想的研究。(2)"新子學"和儒學交融。方勇《"新子學"與中華文化重構》④提出:"當今時代,儒學必須要返回到原始儒學上去,將經學的成分儘量排去,之後,儒學中的子學精神將更鮮明地呈現出來,它將表現出平等、多元、善於應變、面對全球等新特質,由此,儒學又將會獲得鮮活的生命力。繼而,它將作爲子學中的一種在當代依舊發揮其重要作用,這種狀態下的儒學與'新子學'並不是針鋒相對,而是相輔相成,共同致力於中華文化的偉大復興。"這正體現出"新子學"對諸家學派相容並包的特質。河北保定學院何美忠《借力諸子　開拓中國學術新途徑》⑤認爲對"新子學"的提倡,不應該成爲當前"儒學熱"的對立面,甚至和儒學產生衝突,而應該彼此融合,在争鳴中共同推動中國學術事業和中國文化的向前發展。

3."新子學"與傳統國學之關係。有如下三種觀點:(1)"新子學"將主導國學。方勇《"新子學"構想》⑥認爲子學自近代以來已經逐漸成爲"國學"主導力量。"如今'新子學'對其進行全面繼承與發展,亦將應勢成爲'國學'的新主體"。傳統國學以經學爲主導,但經學長期受政治控制,導致傳統國學存在思想内容僵化保守、創新意識不足、表達形式單一的缺陷,但"新子學"主導下的"國學"將是一個思想多元碰撞和時代同步和諧的狀態。方先生目的在於打破經學在國學中的壟斷地位,而讓國學的發展更加多元化、開放化。張雙棣《諸子學的復興與"新子學"的建立》⑦對方先生的看法持肯定的態度,認爲相容並包的諸子學成爲國學的主幹,是順應時代和學術發展的事情。(2)"新子學"不能成爲國學的主導。中國社會科學院文學所譚家健《對〈"新子學"構想〉的建議》⑧認爲方先生提出的"新子學"只包括諸子百家思想史著作,

---

① 崔志博《"新子學"大觀——上海"'新子學'國際學術研討會"側記》,《光明日報》2013年5月13日。
② 王昀、謝清果《還原、重構與超越》,《諸子學刊》第九輯,第402～403頁。
③ 郝雨《"新子學"與"新儒學"之辨》,《諸子學刊》第十輯,上海古籍出版社2014年版,第439～440頁。
④ 方勇《"新子學"與中華文化重構》,《人文雜誌》2017年第5期。
⑤ 何美忠《借力諸子　開拓中國學術新途徑》,《諸子學刊》第八輯,第396頁。
⑥ 方勇《"新子學"構想》,《光明日報》2012年10月22日國學版。
⑦ 張雙棣《諸子學的復興與"新子學"的建立》,《諸子學刊》第九輯,第45～46頁。
⑧ 譚家健《對〈"新子學"構想〉的建議》,《諸子學刊》第八輯,第404頁。

並不包括中國古代的經學、史學、古代文學和古代自然科學史,但是"在傳統目錄學中,'新子學'之書只是傳統子部中的一小部分","新子學"是否可以成爲國學新主導或者國學新主體還需要謹慎考量。韓星《新國學的内在結構探析——以新經學、"新子學"爲主》[1]認爲"新子學"確實具有大力弘揚的必要性,但是我們也應該從史學角度客觀看待經學支配中國思想界兩千年的事實,對"新子學"給予正確的學術定位。林其錟對"新子學"成爲國學持有保留意見,其《略論先秦諸子傳統與"新子學"學科建設》[2]有言,"從歷史考察,'國學'的概念出現於清末,是針對'西學'提出的"。隨着我國愈發重視軟實力發展,國際上對於"中國學"的關注與日俱增,"中國學"的研究成爲國内外的熱門。"中國學"也可以稱爲"國學",但是這種"國學"的内容寬泛,觀點雜亂,很容易流於空泛。因此,我們當今提倡的"新子學"不一定要去爭做"國學"。(3)"新子學"主導的應該是"新國學"。高華平《"新子學"之我見》[3]認爲具有獨立之思想、自由之精神的知識分子的學術成果稱爲"新子學"。因此"新子學"必須主導有別於王官之學的"新國學"。

4. "新子學"與西學之關係。對此有兩種觀點:(1)研究"新子學"要慎重對待西學,正確處理好子學與西方文化學術的主次關係。作爲"新子學"的奠基者,方勇《"新子學"構想》[4]認爲"新子學"的主要構想是以返還傳統諸子思想爲方向,要平心靜氣、平等客觀地對待諸子百家,把目光重新收回到對元典的精細深入地研究上,挖掘中國學術的基本特質。方先生認爲"新子學"的研究一定要對中西結合保持客觀冷靜的態度。中西結合雖是中國學術界一直以來的美好願望,但是最後中學往往變成不中不西之學術。"新子學"提出的背景是中國幾千年的傳統文化和大國背景,因此,在面對强大的西方文化時,不能喪失自信心,坦然面對西方,真正建構起富有生命力的"新子學"體系。林其錟《略論先秦諸子傳統與"新子學"學科建設》[5]認爲:"'新子學'理論建構最爲核心的就是要從子學的實際出發,把握民族的思維模式、認知途徑和表達方式,擺脱對西方知識體系的依傍,建立具有民族特點的概念、範疇,形成理論體系,絶不能套用西學知識體系簡單尋找所謂的'對應點'概念、範疇加以移植、附會。那樣不僅無益,而且還會謬誤橫生。"何美忠《借力諸子 開拓中國學術新途徑》[6]以胡適爲例,對胡適借諸子學說移植西學觀念的做法進行駁斥,認爲這是一種缺乏文化自信的表現。何先生認爲中國學者須具備主體意識,以中爲主,以西爲輔,不能有文化移植思想。南陽師範學院張永祥《中

---

[1] 韓星《新國學的内在結構探析——以新經學、"新子學"爲主》,《諸子學刊》第九輯,第239頁。
[2] 林其錟《略論先秦諸子傳統與"新子學"學科建設》,《諸子學刊》第九輯,第53頁。
[3] 高華平《"新子學"之我見》,《江淮論壇》2014年第1期。
[4] 方勇《"新子學"構想》,《光明日報》2012年10月22日國學版。
[5] 林其錟《略論先秦諸子傳統與"新子學"學科建設》,《諸子學刊》第九輯,第54頁。
[6] 何美忠《借力諸子 開拓中國學術新途徑》,《諸子學刊》第八輯,第397頁。

西方視野下的"新子學"再思考》①認爲"新子學"應該植根於我們傳統思想文化與歷史文獻資料,在東西方文明、傳統與現代的糾葛中獲得自我價值。華東師範大學王寧寧《"新子學"對中國哲學反思的再深化——以西方哲學和中國哲學在知識論方面的結合爲例》②以當代知識論發展新方向,即理論知識與實踐知識的結合爲例,説明"新子學"發展應該正確處理中西文化,但是作者强調"用中國自己的方式解釋中國典籍和學術勢在必行"。(2)融合中西文化於"新子學"研究。南京大學李承貴《一種充滿生命力的新學説》③認爲"新子學"面對西學時要有客觀科學的站位,學術思想要開放,不要本位主義。高華平《"新子學"之我見》④針對方先生的觀點提出異議,認爲在當下全球化的時代,"新子學"面對"西學"時思考的似不應該是"擺脱二元對立思考的局限",而應該是我們如何進行中西文化交流、融合和不斷創新的問題。"在某個'新諸子'只一'子'的學術思想中,'西學'可以與他堅守的'中學'觀點相對應、甚至相對立;但在作爲整體的'新子學'中,'西學'應該已經融匯於其中、並已成爲它的一部分或它的血肉。從這個意義上講,'新子學'之'新',就在於它乃是一種不中不西、亦中亦西的學術。"賴賢宗《"新子學"方法論之反思——基源問題研究法與創造的詮釋學的知識建構過程》⑤認爲"新子學"的提出正是中西文化融合的體現,對擴大中國文化在世界的影響力有所助益。

5. "新子學"與新儒、道、墨、法、雜家之關係。郝雨《"新子學"與"新儒學"之辨》⑥認爲"新子學"概念的提出並非針對"舊子學",如果一定要給"新子學"找個挑戰對象,應該就是"新儒學"了。"新子學"和"新儒學"的根本區別就是:"新子學"不認爲儒家和儒學是中華文化的核心和根基,而認爲諸子百家的思想才是中華文化真正的源頭。文化多元化是當今時代發展的必然,因此,"新子學"的提出符合文化發展的潮流和趨勢。華北電力大學王威威《"新子學"概念系統的建構》⑦認爲,新儒家、新墨家、新法家等都是爲了使諸子百家中的某一家思想在當代得到獨特的展示與弘揚,"新子學"並不是諸子學派各自獨立發展後的簡單相加,而是在排除門户之見後,促進各家思想在争鳴中走向融合,從子學共通性的角度建構思想體系和邏輯框架,詮釋"新子學"的現代意義。林其錟《"新子學"學科定位與雜家精神》⑧認爲"新子學"發展

---

① 張永祥《中西方視野下的"新子學"再思考》,《集美大學學報》2018 年第 3 期。
② 王寧寧《"新子學"對中國哲學反思的再深化——以西方哲學和中國哲學在知識論方面的結合爲例》,"首屆諸子學博士論壇——'新子學'專題"會議論文。
③ 劉思禾《新子學:幾種可能的路向——國内外學者暢談"新子學"發展》,《光明日報》2014 年 5 月 13 日。
④ 高華平《"新子學"之我見》,《江淮論壇》2014 年第 1 期。
⑤ 賴賢宗《"新子學"方法論之反思——基源問題研究法與創造的闡釋學的知識建構過程》,《諸子學刊》第九輯,第 95～112 頁。
⑥ 郝雨《"新子學"與"新儒學"之辨》,《諸子學刊》第十輯,第 439 頁。
⑦ 王威威《"新子學"概念系統的建構》,《諸子學刊》第九輯,第 20 頁。
⑧ 林其錟《"新子學"學科定位與雜家精神》,《中州學刊》2015 年第 12 期。

應該學習雜家精神,取諸家之長,舍諸家之短。張雙棣《"新子學"與雜家》①贊同林先生的觀點,認爲"新子學"不要因襲雜家,而是借鑒雜家相容並蓄的做法,在諸子多元的基礎上,實現統合,成爲"新雜家"。浙江科技學院張涅《重審先秦諸子思想的當代價值——從新雜家的視角》②指出,在"新子學"的研究工作中,我們應當重視秦漢間雜家雜合諸説的觀念和方法,倡導新雜家。新雜家遵循陰陽發展變化的規律,又基於多元價值的認識,基於個體權益、責任、義務等的思考;吸納現代各家的學説,並融通西方文化精神和諸子思想,如此,新子學方能完成其歷史使命。

(三)"新子學"之意義

學界關於"新子學"的相關意義研究,可以概括爲四個方面:

1. "新子學"在子學發展過程中起到承上啓下的作用。李似珍《"新子學"的學術針對性、時代意義思考》③認爲"新子學"的提出體現了馮友蘭"接着講"的觀點,旨在做好傳統文化與現代社會思想之間的銜接。刁生虎等的《"新子學"斷想——從意義和特質談起》④認爲"新子學"具有重大的理論意義和實踐價值:第一,"新子學"是中國歷史文化發展的必然産物,是新時代文化的必然選擇;第二,"新子學"爲中國文化的未來發展提供了一種新的走向。

2. "新子學"爲當今學術思想和精神提供支撑。揣松森《論"新子學"的内涵及其意義——兼談子學與經學之别》⑤認爲"新子學"研究不僅有助於當代中國人找到心靈寄託,爲我國學術發展提供更廣闊、更有深度的思想材料,而且其争鳴多元的精神價值也符合當代多元化國際環境的要求,具有現實意義和價值。

3. "新子學"可豐富現代文化内涵,提供多元文化氛圍。郝雨《"新子學"對現代文化的意義》⑥認爲"新子學"將傳統文化研究以儒學爲主回歸到諸子百家的研究,爲在現代文化環境中實現民族文化繁榮提供契機,同時有利於我們從諸子百家中找到獨特的中國智慧。

4. "新子學"對當代社會主義核心價值觀的構建具有積極推動作用,中共浙江省嵊州市委宣傳部楊林水《"新子學"理論支持社會主義核心價值觀芻議》⑦談到"新子學"的當代價值時表示"'新子學'是對兩千年來人文科學研究領域優秀成果的創造性提煉與高度概括,與當今倡導的新思想——社會主義核心價值觀在思想淵源上一脉相承,兩者都以傳承和弘揚中華民族

---

① 張雙棣《"新子學"與雜家》,《"新子學"論集》(二輯),學苑出版社2017年版,第543頁。
② 張涅《重審先秦諸子思想的當代價值——從新雜家的視角》,《學術月刊》2013年第45期。
③ 李似珍《"新子學"的學術針對性、時代意義思考》,《諸子學刊》第八輯,第381頁。
④ 刁生虎、王喜英《"新子學"斷想——從意義和特質談起》,《諸子學刊》第八輯,第369~370頁。
⑤ 揣松森《論"新子學"的内涵及其意義——兼談子學與經學之别》,《集美大學學報》2016年第3期。
⑥ 郝雨《"新子學"對現代文化的意義》,《諸子學刊》第八輯,第399~401頁。
⑦ 楊林水《"新子學"理論支持社會主義核心價值觀芻議》,《諸子學刊》第十三輯,第208頁。

優秀思想文化爲目的。'新子學'既是系統學術理論,也是國民教育新理論,可以爲倡導社會主義核心價值觀提供强大的理論支援"。

(四)"新子學"之精神

在"新子學"提出之時,研究者們首先對先秦時期的"子學精神"進行了深入地挖掘與闡釋,歷經了一個不斷完善、全面的過程,逐漸催生了"新子學"精神。"新子學"精神以傳統"子學精神"作爲思想資源加以繼承,同時以新時代精神需要作爲轉型關鍵,其根本目的在於解决當今時代的精神困境,孕育新時代的百家争鳴。

方勇《再論"新子學"》①指出"'新子學'是對'子學現象'的正視,更是對'子學精神'的提煉……這種現象的生命力,主要表現爲學者崇尚人格獨立、精神自由、學派之間平等對話、相互競争。各家論説雖然不同,但都能直面現實以深究學理,不尚一統而貴多元共生,是謂'子學精神'"。方先生對"子學精神"的概括重在"多元"一詞,這也是衆多專家學者所公認的,但是除此之外,其他學者又對"子學精神"進行了新的概括和補充。東北師範大學張洪興《"新子學"芻議——以中國文化爲本位》②認爲子學精神的基本精神是實踐理性,一是子學理論是對現實的折射和反思,二是子學理論對人們的生活具有指導性,是詩化生活的體現。歐明俊《論"子學思維"與"子學精神"》③將"子學精神"和"史學精神"相比較,指出"子學精神"最重要的特點就是創新精神,並將"子學精神"進一步細化爲"大丈夫精神、執着精神、犧牲奉獻精神、尚氣節精神、仁愛精神、謙虚好學精神、科學精神、自由精神、獨創精神、争鳴精神、叛逆精神、懷疑精神、批判精神、擔當精神、會通精神、開放精神、和諧精神、自省精神、自律精神"一系列寶貴的精神品格。張永祥《反者道之動——從子學走向"新子學"》④認爲"子學精神"關鍵字是"自由"。他在文中引用了郭齊勇談子學精神自由性時所説的話,認爲郭氏之語"並非專爲子學精神而發,對子學精神的總結也顯得單一,但他對子學精神中最重要的自由精神的把握卻頗爲精當。事實上,先秦子學正是以天馬行空的自由思考、厚重不遷的獨特創造、天人合一的內向超越、憂時傷世的人文情懷以及和光同塵的和諧精神……形成了中國文明發展史上第一次'哲學的突破'"。曾建華《"新子學"的本質與使命——圍繞子學與士之關係展開》⑤主張"新子學"應該傳承子學的"反叛"精神,將傳統"經學"思維帶來的僵化落後消解掉。李桂生《子學精神與"新子學"建構芻議》⑥在前人基礎上又補充了一個實踐理性精神,這也是符合傳統"子學

---

① 方勇《再論"新子學"》,《光明日報》2013年9月9日。
② 張洪興《"新子學"芻議——以中國文化爲本位》,《諸子學刊》第八輯,第374頁。
③ 歐明俊《論"子學思維"與"子學精神"》,《諸子學刊》第十三輯,第12~21頁。
④ 張永祥《反者道之動——從子學走向"新子學"》,《諸子學刊》第九輯,第39頁。
⑤ 曾建華《"新子學"的本質與使命——圍繞子學與士之關係展開》,《諸子學刊》第九輯,第125頁。
⑥ 李桂生《子學精神與"新子學"建構芻議》,《諸子學刊》第十三輯,第28頁。

精神"的。謝清果《説説"新子學精神"》①認爲"新子學精神"主要有四個層面：一是"新子學精神"在於能够回應"新時代"命題；二是"新子學精神"在於能够蓄養"新民"；三是"新子學精神"在於能够締造"新境界"；四是"新子學精神"在於能够呼應"互聯網精神"。

（五）"新子學"之研究方法

關於"新子學"之研究方法，現有學界的思考如下：

方勇提倡"新子學"的研究要用中國方法解决中國問題，以返歸自身的方式，借助古人智慧化解學術研究中的内在衝突。② 張雙棣《諸子學的復興與"新子學"的建立》③認爲"新子學"的建立必須在全面復興諸子學的基礎上才能得以實現。林其錟《略論先秦諸子傳統與"新子學"學科建設》④認爲，建構"新子學"最核心的就是從子學實際出發，重視民族的思維模式、認知途徑和表達方式，擺脱對西學知識體系的依傍，建立具有民族特點的概念、範疇，形成理論體系。劉韶軍《論"新子學"的内涵、理念與構架》⑤認爲"新子學"有四個理念：一是以新的價值觀、方法等對舊子學進行全新的解讀、闡釋；二是在"新子學"的研究中，要把不同學科整合、貫通起來，儘量消除各個學科的相對局限性；三是在忠實於"舊子學"留存文本的基礎上對其中的豐富内容做出科學的闡釋；四是保持學術的獨立性和自由性，即不受任何學術之外的因素影響的子學研究。張洪興《"新子學"芻議——以中國文化爲本位》⑥認爲發展"新子學"要以中國文化爲本位，循中國文化之本。孫以昭《時代召唤"新子學"》⑦認爲"新子學"研究不能離開傳統的訓詁和義理兩個層面，但是也要和西學比照，同時重視多學科綜合性研究。王威威《"新子學"概念系統的建構》⑧認爲建構"新子學"不僅要重視子學的多元性，而且要重視其作爲一個整體的融合性和統一性。歐明俊《跨界會通——論"新子學"的創新途徑》⑨認爲"新子學"研究應該跨越學科、時代、不同學術路徑的疆界，會通學科、古今，彌合學術分裂，從整體之學的角度觀照"新子學"。臺灣淡江大學曾昭旭《爲新子學再進一解：藉造論開發經中義

---

① 謝清果《説説"新子學精神"》，《名作欣賞》2017年第3期。
② 這一觀點貫穿方勇先生對"新子學"研究的認識過程之中，方勇先生的《再論"新子學"》將其表述爲"返歸自身"，《三論"新子學"》將其表述爲"回歸原點"，《"新子學"：目標、問題與方法》將其表述爲"理解'中國性'"等。
③ 張雙棣《諸子學的復興與"新子學"的建立》，《諸子學刊》第九輯，第45頁。
④ 林其錟《略論先秦諸子傳統與"新子學"學科建設》，《諸子學刊》第九輯，第54頁。
⑤ 劉韶軍《論"新子學"的内涵、理念與構架》，《江淮論壇》2014年第1期。
⑥ 張洪興《"新子學"芻議——以中國文化爲本位》，《諸子學刊》第八輯，第375頁。
⑦ 孫以昭《時代召唤"新子學"》，《諸子學刊》第八輯，第391～392頁。
⑧ 王威威《"新子學"概念系統的建構》，《諸子學刊》第九輯，第19頁。
⑨ 歐明俊《跨界會通——論"新子學"的創新途徑》，《暨南學報（哲學社會科學版）》2018年第4期。

蕴——以〈孟子〉"聖之時者"章爲例》①一文在前文《爲新子學定性定位》的基礎上,就如何構成和促進新一代子學恰如其分的成績進行深入探討,曾先生認爲當代"新子學"研究者既要借經中之道觸發自我生命與心靈,開啓智慧,又要在即子即經的前提下重視分析、概念、總結與系統建構,"以我之體道之經驗去印證經中義理也",通過《孟子》"聖之時者"章的具體實踐,闡明"新子學"所以爲"新"爲"子",正需要現代學者將概念分析、理論建構之能力與修身養性、道德實踐之工夫相結合。張永祥《反者道之動——從子學走向"新子學"》②提出:一是要有大子學的歷史眼光,要將歷史性與多樣性統一;二是要有大學術的現代意識,既要繼承傳統學術研究思想的精華,又要汲取西方學術研究方法的優長;三是要有大文化的宏觀視野,在探索中確立文化發展新方向。玄華《"新子學"——子學思維覺醒下的新哲學與系統性學術文化工程》③認爲"新子學"的研究方法應該"以子學思維與精神爲核心,對萬物的思考已進入後現代主義階段。它摒棄人爲對本質的先驗設定,強調對現象本身的還原與分析,對事物採用内在性、發生性的探索。一切本身都是多元的,事物間是一個互涉文本的關係,沒有已死的過去本源,也沒有僵化固定的未來終點。一切都是在不斷的解構與建構、又重新解構與建構中發生。宇宙沒有先驗的唯一本源,人也沒有抽象固定的本質,都是在永不停休的進化發展中不斷實現與呈現"。

(六)"新子學"之當代發展路向、使命與傳播

"軸心時代"孕育而生的子學的本質是當下之學,子學傳統不僅是我國精神文明的財富,也是珍貴的世界文化遺產。"新子學"與子學一脉相承,其本質是借古人智慧積極應對當前社會的新問題、新挑戰。重視"新子學"在全社會的傳播,獲得國際認可,對我國增强文化軟實力和影響力具有重要作用。

1. "新子學"之當代發展路向。從"新子學"成立至今,衆多學者都對"新子學"發展路向問題作出諸多探討,主要包含三個層面的理解:一是把"新子學"文獻典籍整理工作作爲"新子學"研究的基礎性工程;二是"新子學"研究要與當前社會時代的發展緊密結合;三是"新子學"要走向世界,爭取自己的話語權。下面進行詳舉:

方勇自提出"新子學",就對其發展路向和研究方法進行過闡述,其《再論"新子學"》④就此歸納爲三個方面:一是要結合歷史經驗與當下學術觀念,正確界定"子學"範疇,對諸子學資料進行全面的收集和整理,將散落於各類文獻中的有關資料,進行彙集整合;二是依據現代學

---

① 曾昭旭《爲新子學再進一解:藉造論開發經中義蘊——以〈孟子〉"聖之時者"章爲例》,"現代諸子學發展與創新國際學術研討會——第七届'新子學'國際學術研討會"會議論文。
② 張永祥《反者道之動——從子學走向"新子學"》,《諸子學刊》第九輯,第40~41頁。
③ 玄華《"新子學"——子學思維覺醒下的新哲學與系統性學術文化工程》,《諸子學刊》第九輯,第89頁。
④ 方勇《再論"新子學"》,《光明日報》2013年9月9日。

術規範,對原有的諸子文本進行更爲深入的輯佚、鈎沉、輯評、校勘、整合、注釋和研究;三是闡發諸子各家各派的精義,梳理諸子學發展脉絡,從而更好推動"百家争鳴"學術局面的出現。方先生最新著述《四論"新子學"》①則通過梳理、辨析《漢志》諸説,以諸子時代的文明重建作爲參考,認爲"新子學"應該以多元視角觀照諸子學,在理解好中國文明的基礎上,更要處理好文明與現代性之間的關係。許抗生《談談關於建立當代"新子學"的幾點想法》②認爲建立當代"新子學"應分爲三階段:一是做好先秦子書古籍的整理工作;二是讀懂子書,深入研究,在前人研究基礎上,提出創新性見解;三是從當代社會的需要出發,建立符合當代社會的"新子學"思想體系。清華大學傅璇琮《繼往開來　創新學術》③從傳統元典、學術創新、國際視野三個層面闡釋了"新子學"的發展路向和方法:一是在傳統元典上,加快整理子學文獻,從綜合研究視角梳理"新子學"的發展演變軌跡;二是在學術創新上,對現有的、符合歷史實際的理論進行綜合、概括和總結,使研究者及時借鑒,在此基礎上推陳出新;三是在國際視野上,要尊重和熱愛"新子學"中所包含的民族文化價值,同時也要將"新子學"放在世界學術的背景下進行比較研究。在世界學術的大背景中要充分認識到"新子學"既是民族的,更是世界的。張洪興《"新子學"芻議——以中國文化爲本位》④認爲"新子學"發展主旨是尋找子學文化與中國現代化發展的契合點,在物欲横流、人心浮躁的社會中,充分發揮子學的文化價值,積極踐行子學精神。上海政法學院李有亮《重返中國傳統文化最佳生態現場——對"新子學"的一點理解》⑤認爲"新子學"就是帶領我們重新回歸先秦諸子的文化現場,繼承民族文化精神,以當今新媒體文化作爲語境,塑造新的中國現代文化生態環境。張永祥《中西方視野下的"新子學"再思考》⑥將"新子學"未來發展路向歸納爲四方面:一是全面整理子學相關文獻;二是對全部子學文獻進行全方位、多層次的史的梳理;三是"新子學"研究者應當擺脱對文獻材料的依賴,言以明道,爲中華民族偉大復興提供新的思想資源;四是超越東西方文化之争,對人類未來進行深沉思考是"新子學"的最終設想。東北師範大學郭强《重審·重構·轉换:新子學視域下諸子研究的三條路徑》⑦以《荀子》爲例,從《荀子》地位的再審視、《荀子》價值的再評議、《荀子》作用的再探討三個方面説明"新子學"研究者首先必須要平心静氣地深入諸子元典,重新構建元典價值,才能使中華傳統文化實現創造性的轉化與發展。吉林大學古籍研究所萬佳俊《"新子

---

① 方勇《四論"新子學"》,《光明日報》2018年10月13日。
② 許抗生《談談關於建立當代"新子學"的幾點想法》,《諸子學刊》第九輯,第67～68頁。
③ 傅璇琮《繼往開來　創新學術》,《諸子學刊》第九輯,第159～162頁。
④ 張洪興《"新子學"芻議——以中國文化爲本位》,《諸子學刊》第八輯,第375頁。
⑤ 李有亮《重返中國傳統文化最佳生態現場——對"新子學"的一點理解》,《諸子學刊》第八輯,第385頁。
⑥ 張永祥《中西方視野下的"新子學"再思考》,《集美大學學報》2018年第3期。
⑦ 郭强《重審·重構·轉换:新子學視域下諸子研究的三條路徑》,"首届諸子學博士論壇——'新子學'專題"會議論文。

学"的發展要注重出土文獻的整理和研究》①從"整理資料夯實研究基礎""正本清源'還諸子以原貌'""'跨界會通'再解諸子古籍""借助東風發揚中華文化'根性'"四個方面呼籲專家學者們重視出土文獻對"新子學"研究的意義。

2. "新子學"之當代使命。方勇《"新子學"構想》②認爲"我們倡導'新子學',正是對諸子思想的重新解讀和揚棄,也是借重我們自身的智慧與認識對傳統思想的重新尋找和再創造……中華文化的未來,必將是在繼承傳統的基礎上不斷地創新發展。諸子學作爲中華傳統思想文化的主體,必然是未來思想文化的重要組成部分,是促進中國重新崛起爲世界中堅的有生力量之一"。郝雨《"新子學"與民族文化復興大方向——兼與陸建華先生商榷》③認爲"新子學"不是一個簡單確指的研究對象,而是一個學術文化研究範疇,是復興民族傳統文化的一個大方向,這一課題並不僅僅屬於古代文化文學、古代哲學與古代思想史領域,而應該更加宏大,是現代文化研究者努力的方向。因此當代學者應該在"新子學"的感召下,打破學科之間、古今之間的壁壘,尋找中國文化真正的源頭,重啓中國百家爭鳴的文化局面。安徽大學陳廣忠《"新子學"的歷史使命》④概括了"新子學"當前的使命:繼承和創新。諸子學説是中國古代學者學術集大成之體現,與同期西方哲學家相比,亦是平分秋色,因此我們當代"新子學"應該繼承優秀的子學傳統;在深厚子學思想的基礎上,"新子學"應該廣泛吸納西學、佛學、中華各民族在各個歷史階段創造的文化優秀成果,推陳出新,建立有利於天下及中國發展的完整理論體系。上海大學葛紅兵《"新子學":如何與當代生活對接》⑤認爲"新子學"應與社會現實生活相對接,如何讓"新子學"更好地融入現代生活是我們應該思考的問題。曾建華《"新子學"的本質與使命——圍繞子學與士之關係展開》⑥認爲"新子學"的使命有兩個層次:一是從精神層面看,"將繼續秉承子學的'反叛'精神,全面而自覺地消解'經學'思維所帶來的思想專制與思維局限";二是從人才的角度看,"'新子學'是子學的自我突破,是傳統士人與近代公知逐漸轉化爲媒介知識分子的内在動力"。

"新子學"當代使命得到關注的同時,"新子學"研究者之素質和使命也得到社會的廣泛關注。該研究者是傳統子學思想的繼承者與創新者、"新子學"思想的踐行者與傳播者,因此其素質和使命感對"新子學"未來的良性發展至關重要。山西省社會科學院文學研究所耿振東

---

① 萬佳俊《"新子學"的發展要注重出土文獻的整理和研究》,"首屆諸子學博士論壇——'新子學'專題"會議論文。
② 方勇《"新子學"構想》,《光明日報》2012年10月22日國學版。
③ 郝雨《"新子學"與民族文化復興大方向——兼與陸建華先生商榷》,《管子學刊》2018年第4期。
④ 陳廣忠《"新子學"的歷史使命》,《"新子學"論集》,第240頁。
⑤ 葛紅兵《"新子學":如何與當代生活對接》,《名作欣賞》2015年第1期。
⑥ 曾建華《"新子學"的本質與使命——圍繞子學與士之關係展開》,《諸子學刊》第九輯,第125頁。

《實現中華民族偉大復興的"新子學"之"關注現實"的思考》①對"新子學"的研究者提出期望：一是希望研究者們不僅在各自擅長的專業領域發展"新子學"，讓"新子學"更加科學化和理論化，同時他們應該承擔起傳播"新子學"的重任，將"新子學"在當代社會中進行普及，使普通民衆都可以接受"新子學"；二是研究者要整理代表人類文明發展趨勢的古典著作，增強民族文化的自尊心和自信心，讓現代文化建立在傳統民族文化的基礎之上。孫以昭《"新子學"與儒學、經學的關係及其在傳統文化中的地位》②認爲當代"新子學"學者的神聖歷史使命就是推動"新子學"研究體系的最終確立，形成"東學西進"的局面。安徽省社會科學院《江淮論壇》雜誌社吴勇《以諸子的精神面對現實——"新子學"的任務淺議》③闡述了"新子學"研究者的任務：一是整理諸子學典籍和諸子精神面貌相結合；二是摒棄近代以來形成的民族文化虛無感和自負感，理性審視西學和中學的差異和共性，勇敢承認西學的長處與不足；三是認真研究中西方思維方式，吸收西方文化中與中國傳統文化共通之，發展出自身的新形態；四是思想既要高屋建瓴，也要腳踏實地，學者們在進行"新子學"研究時，要重視"新子學"與日常生活的聯繫，實現"新子學"理論到實踐的飛躍。寧波廣播電視大學蔣門馬《關於弘揚"新子學"的建議》④認爲中華民族傳統文化是治内的精神修養，重在涵養智慧、身心體悟，不在於理論的建構。學習傳統文化的人，尤其是"新子學"的研究者，都應該對傳統文化經典懷揣敬畏之心，以傳統文化滋養身心，指導人生，切實體會人生的幸福感。

3. "新子學"之傳播。在此方面主要涉及兩個層面的内容：(1)"新子學"之傳播方式。蘇州大學徐國源《關於"新子學"的幾點思考》⑤認爲"新子學"應該充分利用當今新媒體傳播媒介和技術手段，將"子學"豐富的思想義理以生動通俗的方式表達出來。韓國中央大學金把路《人工智能時代的新子學試探》⑥以數字人文的觀念作爲基礎，提出了"數字《子藏》""數字新子學""新子學人工智慧倫理模型"的設計構想，介紹了分析與解釋領域的文本挖掘、社會網絡分析、空間分析等數字分析方法及其在人文學的應用。蔣門馬《關於弘揚"新子學"的建議》⑦就傳播"新子學"提出了五點建議：一是基於翻譯者對子學元典的精深研究和對某一門外語的熟練掌握，重新將"新子學"元典翻譯成外文，推動"新子學"的海外傳播；二是創建"新子學"網上論壇，擴大"新子學"的影響力；三是在九年義務教育中納入傳統文化的學習和訓練，要求學

---

① 耿振東《實現中華民族偉大復興的"新子學"之"關注現實"的思考》，《諸子學刊》第十三輯，第174～175頁。
② 孫以昭《"新子學"與儒學、經學的關係及其在傳統文化中的地位》，《諸子學刊》第九輯，第220～221頁。
③ 吴勇《以諸子的精神面對現實——"新子學"的任務淺議》，《諸子學刊》第九輯，第166頁。
④ 蔣門馬《關於弘揚"新子學"的建議》，《諸子學刊》第九輯，第153頁。
⑤ 徐國源《關於"新子學"的幾點思考》，《諸子學刊》第八輯，第378頁。
⑥ 金把路《人工智能時代的新子學試探》，"現代諸子學發展與創新國際學術研討會——第七屆'新子學'國際學術研討會"會議論文。
⑦ 蔣門馬《關於弘揚"新子學"的建議》，《諸子學刊》第九輯，第152～158頁。

生熟讀背誦傳統文化元典,訓練學生以毛筆字進行書寫;四是在圖書作爲載體的基礎上,大力開發各種音像製品,尤其要運用好當今的新媒體,以電影、電視形象生動弘揚"新子學",達到事半功倍的效果;五是將無形的"新子學"思想精神轉化爲有形的物質商品,開發符合自己民族特色的產品。楊林水《"新子學"應如何進一步走向全球——淺談"新子學"的跨國傳播》①從傳播內容、傳播媒介、傳播主體和傳播模式四個方面對"新子學"傳播與推廣問題進行闡述:一是"新子學"要爲國學發聲,循序漸進;二是"新子學"應該展開媒介立體式傳播,既要繼續通過國際學術期刊、國際學術研討會等傳統媒介傳播"新子學",又要利用好互聯網等新媒體;三是華東師範大學應該將"新子學"作爲人文社科領域的重點項目,積極向國家申請立項,成立"國學國際傳播中心"等專門機構,注重和北京大學、清華大學、中國人民大學等兄弟院校合作;四是"新子學"傳播應該形成整體互動傳播模式,即人際傳播系統、大衆傳播系統和網絡傳播系統,這三個系統應該共同作用於"新子學"的傳播。上海大學李娟《文化自信與"新子學"大衆傳播——兼談新媒體格局下的經典文化傳播路徑》②認爲"新子學"的發展可以推動中華優秀傳統文化的傳播與普及,以 2018 年《中國詩詞大會》爲例,其成功要素主要是把握到了時代的脉搏、充分發揮了媒體導向作用、充分遵循了傳播規律、節目形式的創新與大衆化通俗化的走向、國家"文化自信"的強力推動等,"新子學"的傳播應該以此爲借鑒,大力推動"新子學"走向民間:一是把"新子學"上升到國家戰略,通過國家一定計劃、資金、政策引導等有效保證;二是充分發揮教育尤其是義務教育的作用;三是將新型主流媒體作爲"新子學"傳播的主要管道。上海財經大學高等教育研究所助理研究員陳祥龍《試論"新子學"教育中教材修編的相關問題——以儒家經典教材的演變切入》③詳細梳理了中國教材教本的發展史,明確了傳統教本與現代教材之間的差異之處。在"新子學"視域下,作者認爲現代教材編訂應該超越西方學科規範重新思考經典教材的價值,重新認識經典教材的地位。(2)"新子學"之傳播接受。"新子學"提出後,其理論研究在中國大陸及臺灣地區、日本、韓國、美國、新加坡等國家都產生重要影響,韓國圓光大學姜聲調《在韓"諸子學"發展的反省與重建》④通過詳細梳理韓國"諸子學"的發展概況,檢討目前韓國"諸子學"存在的"客佔主位""獨尊不容""重方法論"三方面問題,認爲重建之道在於"回歸文本","搜集文獻","正解原義"。作者在文中強調韓國"諸子學"

---

① 楊林水《"新子學"應如何進一步走向全球——淺談"新子學"的跨國傳播》,《"新子學"論集》,第 771~775 頁。
② 李娟《文化自信與"新子學"大衆傳播——兼談新媒體格局下的經典文化傳播路徑》,"首屆諸子學博士論壇——'新子學'專題"會議論文。
③ 陳祥龍《試論"新子學"教育中教材修編的相關問題——以儒家經典教材的演變切入》,"首屆諸子學博士論壇——'新子學'專題"會議論文。
④ 姜聲調《在韓"諸子學"發展的反省與重建》,"現代諸子學發展與創新國際學術研討會——第七屆'新子學'國際學術研討會"會議論文。

的重建應該借鑒"新子學"研究活動,在新的時代條件下,推動韓國"諸子學"的轉型與發展。

(七)"新子學"理念下的實踐

在"新子學"理念的指引下,現代學者開展了具體實踐:一方面以"新子學"理念對闡釋子學經典之前人著述加以評點,另一方面在"新子學"視域下對經典進行再闡釋,以期突破傳統與西方的桎梏,實現對經典本位的回歸。

1. 以"新子學"理念對闡釋子學經典之前人著述加以評點。山東大學鄧聯合《心志、文本及方法——王船山的老莊詮釋之學概觀》[1]認爲王船山一生的學術事業有二:一是闡釋儒家經典,重建儒學"正學";二是討伐各種"異端"之學。王船山老莊文本詮釋之學的文本形態可分爲狹義的内部性詮釋文本與廣義的外部性詮釋文本,在這兩種文本形態中,王船山對老莊之學的觀點常常發生變化,而這種變化產生的原因一方面是因爲王船山作爲儒者和遺民所具有的複雜心理,另一方面是因爲王船山的著述往往采用經典詮釋的方式,又重視"依循對象文本的固有理路以出己意"。王船山雖依據同一種詮釋方法,但是對《老子》的詮釋是摧破式,對《莊子》的詮釋是建構式,在中國哲學經典詮釋史上具有獨特性。暨南大學黃燕强《陳柱墨學思想探析》[2]認爲陳柱的墨學研究將傳統乾嘉"由字以通詞通道"的方法與民國學界應用西方現代學科體系的時代趨向融會貫通,其不僅"謹守乾嘉'由字通詞通道'的實證方法",而且吸取西方現代學科體系與哲學思想,將墨學思想内蘊轉化爲具體的教育學、政治學、文學等學科思想,在《墨子之經學》和《墨子與諸子之異同》中,從歷史角度討論墨學與六經、王官學及其他諸子學的關係問題。陳柱的墨學研究是近代墨學史上之代表。澳門大學鄧國光《超越學術話語霸權壟斷:唐文治先生"性理學"重建儒家話語典範意義初識》[3]從唐文治"性理學"發軔、《性理學大義》之編撰與意義、《紫陽學術發微》之編撰與價值、《陽明學術發微》之編撰與意義、《性理救世書》之編撰與意義五個方面闡釋了唐文治一生精研、實踐"性理學",化解學術專業或門户秉具之排他性,對學術話語之重建具有重要的意義,是值得尊重與弘揚的學術典範。國立江陵原州大學金白鉉《從老子栗谷注〈醇言〉談儒、道妙合》[4]通過栗谷摘抄《老子》中有關於性理學的2098言編爲《醇言》,探討性理學視域下儒道之間的妙合。華中師範大學肖海燕

---

[1] 鄧聯合《心志、文本及方法——王船山的老莊詮釋之學概觀》,"現代諸子學發展與創新國際學術研討會——第七届'新子學'國際學術研討會"會議論文。
[2] 黃燕强《陳柱墨學思想探析》,"現代諸子學發展與創新國際學術研討會——第七届'新子學'國際學術研討會"會議論文。
[3] 鄧國光《超越學術話語霸權壟斷:唐文治先生"性理學"重建儒家話語典範意義初識》,"現代諸子學發展與創新國際學術研討會——第七届'新子學'國際學術研討會"會議論文。
[4] 金白鉉《從老子栗谷注〈醇言〉談儒、道妙合》,"現代諸子學發展與創新國際學術研討會——第七届'新子學'國際學術研討會"會議論文。

《聞一多的莊子研究》①闡明了聞一多莊子研究本着對莊子的同情理解，在秉承傳統訓詁考據方法的同時，吸取西方哲學本位的理論與學術分科的方法，在校釋考證、文學成就、哲學思想、宗教精神四個層面取得了豐碩成果，在近代莊學史上的地位不容忽視。臺北中國文化大學王俊彥《唐代道教的氣論——以吳筠爲例》②以《玄綱論》爲主探討了吳筠對道、元氣、陰陽、神精等概念的理解與闡釋。吉林大學焦炯炯《初論譚嗣同〈仁學〉作爲新子學的先聲和經典文本》③從文化轉型、多元會通、返歸自身處理世界性與中國性三個方面論述了譚嗣同《仁學》與"新子學"在處理文化轉型、學術融合與中國性等問題上的相似性，肯定了譚嗣同《仁學》作爲"新子學"先聲和經典文本的價值。

2. 在"新子學"視域下對子學經典進行再闡釋。上海大學郝雨、路陽的《"新子學"視野下微觀解讀一例》④一文，對《論語·八佾》中孔子與子夏的一段對話進行了全新的解讀。作者認爲，"新子學"的提出，不僅爲傳統文化的傳承在大方向上提供了新的思路，也在微觀上爲那些容易產生混淆的文本解讀帶來了轉機。這應當成爲我們今後可以借鑒的研究方向。蘇州大學王鍾陵《〈天地〉篇"夫子問於老聃"寓言解》⑤采用逐字逐句精讀的方式，將該寓言中的字音、字義、文意進行梳理，辨析前家釋義與曲說，最終指明《天地》篇"夫子問於老聃"這一寓言"批駁'治道若相放'的有爲者，説明只有不去管理萬物，不去干預自然的運行，才能融入於自然的運轉之中"。賴賢宗《論老莊哲學的"人法"與"道生"》⑥主要闡述了"人法"與"道生"的向上之道與向下之道的詮解之檢討、論方東美等人關於"向上之道"與"向下之道"的詮釋、老子哲學的本體進路的詮釋、《莊子》對於老子哲學的本體詮釋之繼續發揮等四個方面，建構起"'道生'與'人法'的相互回環，也就是由'向下之道''道向萬物開展的途徑'與'向上之道''萬物向道回返的歷程的雙向循環'"，言明"'道生'與'人法'所開展的境域是老子對於生態、生活、生命的高度智慧的生命整體觀"。中國傳媒大學刁生虎《比較視域中的儒道生死學及其現代意義》⑦對儒道生死哲學進行

---

① 肖海燕《聞一多的莊子研究》，"現代諸子學發展與創新國際學術研討會——第七屆'新子學'國際學術研討會"會議論文。
② 王俊彥《唐代道教的氣論——以吳筠爲例》，"現代諸子學發展與創新國際學術研討會——第七屆'新子學'國際學術研討會"會議論文。
③ 焦炯炯《初論譚嗣同〈仁學〉作爲新子學的先聲和經典文本》，"首屆諸子學博士論壇——'新子學'專題"會議論文。
④ 郝雨、路陽《"新子學"視野下微觀解讀一例——重讀〈論語·八佾〉》，《"新子學"論集》，第500～510頁。
⑤ 王鍾陵《〈天地〉篇"夫子問於老聃"寓言解》，"現代諸子學發展與創新國際學術研討會——第七屆'新子學'國際學術研討會"會議論文。
⑥ 賴賢宗《論老莊哲學的"人法"與"道生"》，"現代諸子學發展與創新國際學術研討會——第七屆'新子學'國際學術研討會"會議論文。
⑦ 刁生虎《比較視域中的儒道生死學及其現代意義》，"現代諸子學發展與創新國際學術研討會——第七屆'新子學'國際學術研討會"會議論文。

了詳細地梳理,認爲儒、道生死哲學共同點有四:一是重生貴生,二是生死必然,三是生死自然,四是生死氣化。但在生死態度上,儒家重在樂生哀死,道家重在苦生樂死;在生死價值上,儒家重在倫理,道家重在自然;在生死超越上,儒家重在創造三不朽,道家重在體悟玄虚之道。處於互補狀態的儒道傳統生死學可以爲現代人建立系統的生死哲學和科學的生死觀念提供原則與思路,具有重大的理論意義與實踐價值。華東師範大學陳赟《天道與自由——〈莊子·逍遥遊〉對人類自由本質的探究》①從《莊子》文本出發,探討了自由的兩種内涵,在人的權能範圍之内,人必定是自由的,没有什麽可以阻礙人之自由體驗,在人的權能範圍之外,雖不能改變現實之境遇,但是可以通過改變主觀之認識,維持自由之狀態。由此可以看出《莊子》並不是追求一己之個人自由,而是追求"天地之正",《莊子》中的"聖人"並不僅是普通的個體人格,同時是政治秩序的代表,即"聖人是政治性的人格,他在自正性命的同時,給出常人自正性命的條件"。揚州大學賈學鴻《新子學的當代性與研究方法芻議——以〈莊子〉"逍遥"釋義爲例》②認爲"新子學"是以科學的研究方法,對傳統子學文獻進行符合時代需求的解讀。在"新子學"理念的指引下,賈女士從"逍遥"的語言屬性、意象内涵及"鯤鵬"的"逍遥"隱喻三個方面對文字溯源、細讀文本的研究方法加以闡釋與説明。中南財經政法大學張斌峰《墨子法治觀的現代闡釋》③闡明墨子的法治觀是"治法","治法"即以法之治,"治法"之法是爲"仁""兼愛""義正""尚同""天志""法天""中效""談辯"之法,在此基礎上,作者將墨子法治觀與現代法治觀相結合,認爲二者具有高度契合性,墨子的法治主張爲中國現代法治與和諧社會的建設提供了"本土資源"。廈門大學杜愷健《從"爲政在人"到"反身以誠"——"新子學"視角下〈中庸〉的政治傳播觀》④認爲"新子學"的重要思想之一就是繼承傳統子學"皆務爲治",面對新的社會問題與挑戰,能夠提出與時俱進的解決方案,基於這一視角,重點探討了《中庸》的政治傳播觀。福建師範大學林楨《"新子學"語境呼唤建構時代理想人格——以墨子的聖人觀爲觀照》⑤認爲墨子理想人格分爲代表個人與政治統一的終極理想人格與代表美善品格的一般理想人格,墨子本身在言行上與聖人保持高度的統一,墨子的聖人成分意識、等級意識對後代聖人觀具有巨大的啟發作用,墨子理想人格的觀念對當今建構主人翁意識的理想人格具有重要意義。

---

① 陳赟《天道與自由——〈莊子·逍遥遊〉對人類自由本質的探究》,"現代諸子學發展與創新國際學術研討會——第七屆'新子學'國際學術研討會"會議論文。
② 賈學鴻《新子學的當代性與研究方法芻議——以〈莊子〉"逍遥"釋義爲例》,"現代諸子學發展與創新國際學術研討會——第七屆'新子學'國際學術研討會"會議論文。
③ 張斌峰《墨子法治觀的現代闡釋》,"現代諸子學發展與創新國際學術研討會——第七屆'新子學'國際學術研討會"會議論文。
④ 杜愷健《從"爲政在人"到"反身以誠"——"新子學"視角下〈中庸〉的政治傳播觀》,"首屆諸子學博士論壇——'新子學'專題"會議論文。
⑤ 林楨《"新子學"語境呼唤建構時代理想人格——以墨子的聖人觀爲觀照》,"首屆諸子學博士論壇——'新子學'專題"會議論文。

三、問題與建議

任何學術思想和理念都有一個逐漸完善、成熟的過程,"新子學"理念和研究也不例外,其自2012年提出至今,尚處於一個不斷前進、深化的過程。當前的研究仍存在一些問題和不足,有待學界對此進行反思並提出完善之道。拙文嘗試談點不成熟的想法和建議,權做拋磚引玉之用。

其一,從前文綜述可見,"新子學"框架已經初步建立,並且部分學者已經開始嘗試在"新子學"視域下觀照子學經典以及相關研究著述,這無疑是"新子學"發展中取得的階段性突破與進步。但是我們亦發現"新子學"基礎類研究論文重複率較高,主要集中於"新子學"之意義、"新子學"之研究對象、"新子學"之精神等問題,後期學者對"新子學"基礎類問題的認識多是對早期"新子學"研究觀點的支持、反對或質疑,少有新的發現與獨特見解。諸如"新子學"之組成要素、"新子學"之理論框架、"新子學"之地域差異性等方面的文章尚不多見。這些問題涉及"新子學"理論的本質,同樣是"新子學"理論需要解決的關鍵性問題,也是初學者接觸"新子學"理論的必備知識。其次"新子學"諸多意涵還尚無定論,仍有待於學界達成共識。方勇本着謹慎、包容、開放的態度,並未對"新子學"下一個指示明確的定義,所以引發部分學者對"新子學"這一命題的質疑,如陸建華《"新子學"斷想——與方勇先生商榷》[①]一文對"新子學"進行了否定與質疑。面對質疑,方勇和郝雨均發表文章予以商榷,我們認爲這正是"新子學"相容並包的魅力所在,一個理論的誕生與發展必然是艱難而曲折的過程,"新子學"亦如是,我們應該正視質疑,從質疑聲中找到"新子學"建構的完善之道。

其二,雖然當今對"新子學"研究方法的討論很多,但是在具體研究中,尚需作進一步思考。當前"新子學"主要面臨的兩大研究難題分別是傳統與當代的平衡問題、中國性與世界性的平衡問題。"新子學"一方面不能局限於前人子學研究的傳統,只關注對子學元典整理校對、鑽研字義、疏通語義,而忽視子學對當今社會產生的實際影響和實踐效果。另一方面"新子學"不是西學,不能將西方的學術思想和方法照搬照抄,不遵從中國學術實際情況,在西學思想的框架下闡釋"新子學"。中國近代學術研究受到西學的影響過甚,因而導致中國近代學術界形成"不西學,無研究"的不良風氣。我們不能一味迷失在西學中,而失去本民族文化的獨特性,將"新子學"變成"不中不西的囫圇之學"。針對傳統與當代的平衡問題,我們可以借鑒陳寅恪"瞭解之同情"的觀點,即"蓋古人著書立説,皆有所爲而發。故其所處之環境,所受之背景,非完全明瞭,則其學説不易評論,而古代哲學家去今數千年,其時代之真相,極難推知。吾人今日可依據之材料,僅爲當時所遺存最小之一部,欲藉此殘餘斷片,以窺測其全部結

---

① 陸建華《"新子學"斷想——與方勇先生商榷》,《光明日報》2018年3月24日。

構,必須備藝術家欣賞古代繪畫雕刻之眼光及精神,然後古人立說之用意與對象,始可以真瞭解。所謂真瞭解者,必神遊冥想,與立說之古人,處於同一境界,而對於其持論所以不得不如是之苦心孤詣,表一種之同情,始能批評其學說之是非得失,而無隔閡膚廓之論"①。"新子學"研究首先要對子學元典有一個準確的認識和把握,這種精準認識並不只局限於疏通字句,而是回歸古人的語境,與古人無隔,從古人角度對子學元典進行深微解讀。其次要把握好當今時代的大勢,跳出子學原有思想理論的時代局限性,去粗取精,將子學思想内核同當今學術轉型、時代精神需要相結合,認識到"新子學"是當下之學、社會之學的本質,注重發掘"新子學"對當今社會發展的價值和意義,重視"新子學"應對當代社會問題與挑戰的重要價值。針對中國性與世界性的平衡問題,"新子學"研究者應該堅持中國學術文化本位,使"新子學"生長於中國學術文化傳統的沃土中,對西方優秀的研究方法,不能直接照搬照抄,而應該加以改造、創新,使之中國化、本土化,真正實現重建中國學術話語體系。

其三,"新子學"近幾年在國内外學術界的影響力呈明顯上升趨勢,甚至已經逐漸突破學術範疇,向社會範圍擴展,這是現階段"新子學"取得的重要成績與突破,但是我們認爲"新子學"作爲中華傳統文化與中國學術現代轉型的重要推助力之一,其影響力還遠遠不夠。從傳播地區與受衆看,"新子學"研究熱度主要集中於沿海發達城市或者文化底蘊較深厚的内陸地區,比如北京、上海、西安等地,從全國範圍看,參與討論的較少。對"新子學"抱有較高熱情的主要是高校的專家學者,而在媒體行業如此發達、便捷的今天,媒體、記者、微博紅人等這些宣傳能力更強,影響面積更大,有更多受衆、粉絲的群體,則很少參與其中。想要尋求這一問題的解決之道,我們首先應該追溯子學發展的歷史,子學產生於尚没有精細學科劃分的先秦時期,所以子學涵蓋的内容非常豐富,不僅包括思想性、哲學性和文學性的内容,同時還包括其他學科的知識,如《莊子》《墨子》等經典子學著作除修身、治世之學外,《莊子》中還包含地理、養生、生物等知識,《墨子》中還包含物理、機械等知識。因此,我們一方面可以呼籲目前參與研究的專業人員要拓寬自己的學科知識面,打通文史哲,增加自己的知識儲備,不要對自己擅長領域以外的知識抱有抵觸情緒和研究偏見;另一方面,我們應該賦予"新子學"跨界的能力,增強"新子學"對其他領域專家學者的吸引力。從傳播方式看,"新子學"目前有兩種傳播方式,一是以紙質作爲傳播載體,著書立說,但是弊端在於形式比較死板,缺乏趣味性;二是開辦講座、論壇和研討會等。這種方式的弊端主要是場地有限,與會人數也有所限制,導致"新子學"向普通人群的傳播力度減弱。這兩種方式與傳統的文化傳播方式一脈相承,儘管面對當今時代存在傳播弊端,但是這兩種方式的存在對把握"新子學"的準確性與專業性具有必要性,亦不可忽視。目前針對這一問題,我們應該在繼承傳統的傳播方式的基礎上,尋求突破之道,面對當今網絡化的新時代,"新子學"的宣傳應該充分利用互聯網、手機、Ipad等熱門的大衆傳媒先進技術與科技產品,增加"新子學"的宣傳方式,將"新子學"從象牙塔中釋放出來,打

---

① 陳寅恪《金明館叢稿二編》,上海古籍出版社1980年版,第247～252頁。

破其隔閡感與神秘感，使其大衆化、民間化。"新子學"從本質上看，也是中國傳統文化的一部分，因此可以借鑒當前熱門、受衆較多的文化類節目的推廣宣傳方式，如"國家寶藏""上新了·故宫"等。將"新子學"研究成果與動漫、影視劇、綜藝節目等傳播方式相結合，以藝術化的形式展示給廣大受衆，但是也要避免一味迎合大衆口味從而造成對"新子學"的過度消費與誤讀。

[作者簡介] 刁生虎(1975—   )，河南鎮平人。中國傳媒大學人文學院教授、博士生導師。主要從事先秦兩漢文學、易學與儒道文化、古代文論與美學研究。出版《莊子文學新探》等專著6部，發表《莊子的語言哲學及表意方式》等學術論文160餘篇。

白昊旭(1994—   )，河北廊坊人。中國傳媒大學人文學院碩士研究生。主要從事先秦兩漢文學與諸子學研究。曾在《西北民族大學學報》等學術刊物上發表學術論文4篇。

東西文化視野中的"新子學"

——韓國"第六屆'新子學'國際學術研討會"綜述

劉思禾

"第六屆'新子學'國際學術研討會"近日在韓國國立江陵原州大學舉行。來自中國大陸及臺灣地區,以及韓國、美國、日本、新加坡等國家的100餘位學者,針對"新子學"的發展以及中國學研究諸問題,進行了討論。

東亞語境與"新子學"的國際意義成爲本次會議的一個亮點。韓國中國學研究會顧問池在運教授指出,韓國文化深受中國儒家文化特別是朱子學的影響。朱子學對於古代朝鮮具有深刻促進作用,同時也帶來了一些問題。"新子學"作爲一種新的學術思潮,對韓國學術界的中國學發展有重要意義。江陵原州大學金白鉉教授則以神明觀念來討論東亞的現代性建構問題。他認爲,神是具有內在性和超越性的自然而然的虛靈之道,明是外在性和超越性的目的理性,因此,具有超越性的內神與外明可以通而爲一,聖與王通過具有超越性的神明而可以妙合。質言之,內在性的聖與外在性的王通過具有超越性的神與超越理性主體的明才可以妙合,而成爲原於一的道術,這就可以爲東亞世界在面對西方時的文化發展提供一個方向。韓國成均館大學朴榮雨教授特別提到朝鮮歷史和朱子學的關係。他認爲,朱子學爲朝鮮半島提供了一個正統思想體系,在鞏固李氏朝鮮晚期的統治的同時,也造成了很大的負面效應。李氏王朝時代思想最重要的特點是朱子學的生活化,儒家的價值系統在兩班家族生活中體現得淋漓盡致。在李氏王朝後期,曾有韓國儒者尋找孔子原意的努力,但是都沒有重要影響。當代韓國中國學也仍舊保留很多這樣的情況。韓國圓光大學姜聲調教授則討論了韓國的思想與"新子學"的關係。他認爲,對於現代韓國中國學的研究而言,諸子學的開放性是一個重要的通道。"新子學"理念對於打破韓國學界固有的儒學至上觀念很有意義。諸子學發展對於韓國思想而言有兩種可能,一種是對原有的思想體系的衝擊和調整,另一種就是諸子學所倡導的多元學術精神成爲主流。日本熊本縣立大學山田俊教授對"新子學"的思路給予很高評價,他認爲日本的漢學界有必要關注"新子學",並就相關問題展開深入討論。與會學者共同認爲,諸子學傳統以及"新子學"的探索都不僅僅是中國的,也是東亞文化圈所共用的,從東亞視角來看"新子學"的發展,對於其現代使命能夠有更深的理解。

與會學者還深入討論了"新子學"與西方思想、中國現代學術體系的關係問題。針對華東師大方勇教授關於"新子學"的論述,美國加州州立大學劉紀璐教授認爲,"新子學"基於對傳統經學心態的批判,但是其對於自身的發展目標則有不同構想。嚴格地説,方勇教授的思路不夠革命化、創新化。劉教授認爲,"新子學"應該轉化爲"新中國哲學",其重點不再區分經學、子學,不再強調提倡諸子以應對儒家獨尊,而是以所有中國傳統思想爲今日開創新思想的跳板,尋找思想者自己獨創一家之言的可能性。劉教授以意大利學者 Roberto Esposito 的《活生生的哲學:意大利哲學的根源性與現實性》爲例,説明不同文化傳統與當代哲學發展的關係:"這種追根溯源,保存傳統關懷,而同時拓展新地,建立自成一家的活生生的哲學,才是今日我們應該提倡的'新子學'。對中國哲學不要做狹義的理解,而要發展有中國特性的哲學,就必須把中國獨特的宇宙觀及世界觀講清楚。"因而,她認爲,"諸子"的英譯應該是 philosophers,而"新子學"的英譯就是 new philosophy。在這個意義下,"新子學"就是新中國哲學,是中國哲學在二十一世紀尋找新思潮。針對劉紀璐教授"新子學"的翻譯問題,與會學者提出不同意見,認爲要注重中國術語的自身脈絡,而不必一定以西方的術語來翻譯。還有學者概括了當前"新子學"的四種翻譯方法,即純粹的拼音翻譯(xinzixue),以哲學來翻譯(philosophy),以一般的術語來翻譯(Thought master),以及使用半英文半拼音的方式翻譯(Neo-Zixue)。這裏的關鍵問題是如何使用中國固有的術語來表述中國的思想。針對方勇教授提出的新學術體系的提法,劉紀璐教授也提出疑問:"新子學"研究和中國哲學研究的差異究竟在哪裏? 方勇教授認爲,如果把"新子學"和中國哲學當成是古代思想傳統的研究路徑,那麼的確没有必要强分二者,而是要合觀共進。"新子學"所以提出自己的看法,還在於對於中國哲學研究的既有模式抱一定的反省態度,而期待有一個新的變革。當然,"新子學"並不是也不可能包攬古典研究,而是在現有的學術格局之内做一個必要的學術分工,追求現代問題不妨礙深究古代智慧,立足西方資源也不妨礙有中國立場。不同學術格局之間的交流互動,才可能真正推動中國思想研究的發展;解決當代的實際問題,關鍵還在各司其職,共同努力。

在本次會議中,"新子學"的研究方法與研究路徑也是與會學者討論的重點。韓國圓光大學李慶龍教授認爲,以社會科學方法研究諸子學,是對玄學化研究思路的一種改進,有助於在研究深度和成效上推動諸子學發展。他以中國的國野制度與孟子性善論的關係以及老子小國寡民思想與戰國早期城市發展爲例,説明對戰國時代諸子思想的研究要落在具體的歷史語境中,同時需要借助當代社會科學方法加以解釋。他也特别提到戰國時代重視經濟增長和重視國家分配這兩種不同的思想路綫。而與會的其他學者則討論了戰國時代國家規模擴大與莊、孟到荀、韓的思想演進之間的内在關係,認爲從莊、孟到荀、韓的思想演進可能不是順延的,而是一種思想格局的翻轉,其根本原因就在於當時國家規模演進帶來的制度變革壓力。這些看法和方勇教授提出的"新子學"研究要注重社會科學化與原理化的認識是一致的。華中師範大學劉固盛教授非常贊同"新子學"的學術理念,他提到各個時代的子學是不同的,古代有古代的子學,近代有近代的子學,當代則應該有當代的子學。他反對獨尊儒術的主張,同時認爲"新子學"之"新"可以開放討論,要重視哲學界和思想史界學者的意見,特別是不同的意見,讓學術界同人發表意見,在討論中達成共識。

此次第六屆"新子學"國際學術研討會以"新子學"討論爲中樞,廣泛涉及中國思想研究,尤其突出當代世界語境,對於"新子學"發展以及韓國的中國學研究具有推動作用。與會學者認爲,"新子學"作爲一個當代學術討論的範例,不僅要面對當代中國的語境,也要注意到不同學術脈絡,要注意到當代問題意識以及文化間的交流與碰撞。本次學術會議對於瞭解東亞思想格局以及中國學術的跨國性,對於推動各國學者之間的"新子學"交流,對於當代韓國中國學研究的發展,都具有重要意義。

(原載於《光明日報》2018 年 7 月 28 日 11 版,作者單位:東北師範大學古籍研究所)

《子藏》編纂與諸子學的當代發展

——2017年5月19日在北京大學中文系的講演

方　勇

各位老師，各位同學：

　　大家好！很高興能有機會來作這次講演，今天要和大家一塊探討一下《子藏》與諸子學發展的問題。之所以選這個題目，某種程度上是因爲它在故地重遊時有種紀念意義。所謂"故地重遊"，是指我之前在北大中文系跟隨褚斌傑先生做過兩年博士後，這裏的一草一木我還是比較熟悉的，而這期間我的課題恰好是"莊子學史"，之後則以此爲基礎拓展至整個諸子學研究，構建出了我現在的學術格局。所以這裏很像一個起點，現在回到這裏和大家分享我最近的研究狀況，頗有做"述職報告"的意思，也算是紀念那兩年的美好時光，來感謝褚先生的栽培之恩和諸位中文系前輩、同事的支持、幫助。

　　我們現在要說的諸子學，它是一個既傳統又新興的學科。説它傳統是因爲它的源頭可上溯至先秦諸子的時代，是我國傳統學術的重要組成部分，而説它新興，則是因爲它在近現代中國學術、文化轉型的過程中得到了全新的發展，被賦予了不同於古代的理論價值和研究範式。這種狀態下的諸子學有着歷史的厚重，又有着現實的活力，研究者對它應當充滿信心，但是如果要從更嚴格的眼光去審視，這兩方面又都存在着問題。它有着悠久的傳統，但它的源頭和高潮都在先秦，對於它之後的發展，國人的認知很模糊，在他們的意識中，子學的歷史似乎是一個虎頭蛇尾的歷史，甚至少數學者也基於此來質疑子學是否參與了中國文化主流的構建。另一方面，它借現代學術的東風，呈現出新的生命力，但很多研究方法都是一種探索，尚存爭議，比如以西學知識隨意比附子學的研究方法，我們很難靠它們再開闢諸子學的新途。故而現代研究者對諸子學有自信心，也有緊迫感，自信來自沉寂了千年的子學在現代迎來了快速的復蘇，緊迫來自我們還要追求"諸子學的全面復興"，要消除復興道路上的各種問題。

　　"諸子學的全面復興"是我在2012年的學術研討會中提出的口號，這一提法之後得到許多學者的回應，因爲這不是一個空洞的口號，它呼應着諸子學界先賢和今人的諸多實質性努力。早在民國時期，諸子學研究的先行者羅根澤先生便意識到當時正處勃興中的諸子學存在的問題，他曾提出"從西洋哲學的鐵蹄下救出中國哲學"，針對的就是時人拿諸子與西學妄爲比附的問題,同時他還大致設想了諸子學研究的五條新路徑,理念在當時也是頗爲超前。幾十年之後,在當時還是設想的課題現在已經被充分探究,諸子學的學術成果已經相當豐富,而且在理論研討外,以諸子學爲中心的各種學術活動正在被實踐,其中包括創建實體的研究機構、創辦長期的學術刊物、出版系列的學術叢書、召開大型的學術會議等等。這些努力對諸子學理論探討都有直接的推動作用,我們傾力爲之,是很有意義的。不過,還有兩種活動蘊含的意義更爲長遠,這便是我們現在正進行的《子藏》工程和"新子學"探索,它們的價值不僅體現在推動諸子學研究的深入,更在於能應對前文提到的重大問題,助力於"諸子學的全面復興"。

《子藏》是一項專門針對子學著作的大型古籍整理工程,它收集了從先秦到南北朝的各類子書,以及新中國之前人們對它們的校讎、注釋、研究的專著。其收錄文獻的形式也是豐富而全面,目前所知有關各子的白文本、注釋本、節選本、抄本、校注本、批校本以及專題論著等都在搜求範圍之內,並擇其善者而收錄之。《子藏》工程的價值不僅在於整理文獻,它更大的意義在於彰顯子學的文化,這正如《佛藏》《道藏》之於佛教、道教的作用。正是有這種文化訴求,我們在《子藏》之後又進行理論升華,提出了"新子學"理念,和《子藏》一樣,"新子學"也不是單一的純學術工作,它着眼於對傳統中國文化的重審和當代中國文化的重構。《子藏》和"新子學"都有着高遠的立意,故而它們對諸子學的發展有着無可比擬的價值,下面,我以《子藏》工程爲主,對這方面的價值進行詳細的分析。

一、《子藏》與子學傳統

首先分析一下《子藏》對於紹續子學傳統的意義,這正對應着開頭提到的第一個方面的問題。在我們一般人對於古代學術的認知中,每一時代都有其代表性的學術形態,比如先秦的子學、兩漢的經學、魏晉的玄學、隋唐的佛學、宋明的理學、清代的樸學。我們提到子學,首先會想到先秦,但先秦之後的時代,我們印象中便只有經學、玄學等其他學術,子學似乎再也沒有回到學術的主流中,子學在這段時間發展如何,我們很難從前人的研究成果中得到清晰明確的認識,故而在一般人對於國學的認知中,子學的傳統似乎有個巨大的斷裂,而且是一個將近兩千年的斷裂。我們現在常説文明的開新需要回顧這個文明的軸心時代,但我們回顧我們自己的軸心時代——先秦子學時代的時候,卻發現它有些模糊和隔閡,這跟軸心時代年代久遠有關(其他文明亦有類似情況),但子學傳統的"斷裂"在其中也產生着重要的作用。衆所周知,西方文藝復興時代回顧的是古希臘這個軸心時代,兩個時代雖然也相隔千年之久,但古希臘的文化被之後的拜占庭帝國(東羅馬)很好地保存,這爲文藝復興的巨匠回顧古希臘的輝煌提供了寬廣的橋梁,由此可見連綿不斷的傳統對於文化的復興和文明的開新有着多麽重要的意義。我們現在做的《子藏》也有這種價值,蕭漢明先生認爲《子藏》這個工作"如果説得大一點,相當於歐洲十六世紀文藝復興時代所做的事情"①。具體來看,《子藏》的一個重大意義在於它能讓看似斷裂的子學傳統從歷史的長河中再次浮現。在我們的印象中,子學在先秦後便不再是學術的主流,但這並不意味着它就此停滯,如果我們深入歷史文獻中去耙梳就會發現,後世還有大量繼承先秦諸子著述形態的子書,亦有大量校勘注解諸子著作的成果,更有不計其數的零散評述解析分佈在各類書籍中,它們總量巨大,但卻又與其他類型的文獻混同在一起,深潛於歷史長河的底層,不爲人所注意。《子藏》把這些內容搜尋整合起來,向世人展示了其龐大的體量,比如,它的首批成果《子藏·道家部·莊子卷》便收錄了相關著作 302 部,共 162 册,這是很出乎一般人意料的,之前大家以爲嚴靈峰先生所輯的《莊子集成》172 部已經很全、很多了,沒想到《子藏》又發掘了比它將近多一倍的材料。當然,《莊子卷》只是一個開始,《子藏》其他幾批成果正在陸續發佈,預計整個《子藏》完成之後,將能收錄近 4 000 種著述,共出版約 1 300 册,整個體量大致和《四庫全書》相當。這讓我們看到子學在先秦後亦有着豐碩的成果,雖然它不是主流,但仍凝聚了後世學者巨大的心血與智慧。而且還應該看到,這些成果的分佈範圍又廣泛涵蓋了後世的各個朝代,其中,關於先秦諸子的注解闡發在歷代自然都屢有新作問世。此外,各代也都湧現了各具特色的成果,其典型者如:漢魏六朝的子書,不僅承襲着先秦諸子著述的形態,也傳承着他們"立言"的精神;唐代相關的類書與抄本,雖然可能只是記錄諸子著作中的某一文段,但對校勘意義極大;宋代相關的刻本,作爲某些子書的最早刻本,版本價值極高;明代關於諸子文本的文辭評賞,發掘了諸子文章的文學價值;清代關於諸子文本的考據,見解精闢,常有不刊之論;民國相關的專題研究,以現代學術路徑展開研究,對我們有極大的啓發,可見子學在先秦的高峰後,在歷代也有着新的發展,它作爲一種傳統,不僅體量龐大,也是延綿不絕、屢屢開新,它在歷史長河中雖然潛於底層,但卻是一股洶湧而綿延的波流。從這方面看,子學在先秦的高潮過後,它的傳統並未斷裂,仍以蓬勃之勢暗自發展,最終迎來了在近現代的復興。先秦和近現代兩處子學高峰之間並不是空白,只是人們被煙雲浩渺的歷史文獻遮蔽視野,未能看到下面所掩蓋的過渡主綫,那麼《子藏》就是追求把這條隱的綫給凸顯出來,接上這個在人們印象中已經"斷裂"的傳統。當然這意味着《子藏》要深入歷史文獻的煙雲中去耙梳摸索,蘊含着極大的工作量與各種不可預測的因素,故而陳鼓應先生把《子藏》工程和"青藏鐵路"工程相類比②,以說明其難度之大,但基於復興子學的使命感,無論路有多艱難,我們也要走下去。

當然,我們如此努力地凸顯這一傳統的連續性,不僅只是爲了發揮其象徵意義、給諸子學研究增加自信,更是爲了幫助現代的學者更好地去認識先秦諸子的思想世界,畢竟我們在回顧的是軸心時代,《子藏》所搜集的歷代子學研究材料是我們返本開新的重要憑藉。這些材料

---

① 梁樞《〈子藏〉:爲諸子繼絕學——華東師範大學〈子藏〉工程巡禮》,《光明日報》2010 年 7 月 19 第 12 版"國學"版。

② 同上。

之所以重要,一則因爲它們的豐富性,二則因爲它們的時代語境與先秦諸子更接近,没有我們現代人那種强烈的隔閡感。這種接近又不僅體現在版本源流或語言訓詁上,更體現在某些問題意識深層的相通上。還是以《莊子》爲例,現代學者基本將《莊子》置於現代學術體系中來研究,將《莊子》文本和各自學科的專業知識結合,哲學、文學、社會學、政治學等學科學者都對它作出了不同的闡發,得出了很多有價值的論斷,但它們能否反映莊子整體、本真的思想面貌,這也有待商榷,因爲學者們大多通過近人的注本來理解《莊子》原文,但莊子思想如同迷宫,僅憑這些簡單表面的注釋就能疏通它嗎?即使是現在比較通行、權威的《莊子集解》《莊子集釋》,也多是以解釋局部文句見長,對文章的整體脉絡和思想的整體結構論述較少,這跟清代朴學學風有關。可見,僅以這類材料爲憑藉,今人分學科的研究更易出現斷章取義的情況。這時,《子藏》中搜集的其他相關著作便能體現出它們的獨特價值,比如陸西星的《南華真經副墨》、釋德清的《莊子内篇注》、林雲銘的《莊子因》、宣穎的《南華經解》、劉鳳苞的《南華雪心編》等等,這些專著的一個共同特點是,除了解釋字義而外,更致力於莊子整體思想以及文章整體脉絡的研究,能幫助學者全面深入地把握《莊子》。《子藏》其他幾批成果所收録的類似著作還有很多,對於研究其他諸子的思想同樣有着巨大的幫助,可以説,這條子學傳統的重現爲今人把握先秦諸子的真脉提供了重要綫索。正是意識到這些著作如此巨大的學術價值,《子藏》項目組在編纂它們時一直秉持全且精的理念,"全"就是要把這類著作儘量全部搜尋出來呈現給學界,所謂"精",就是要像《四部叢刊》一樣,盡可能選擇最好的版本,讓版本來體現其學術價值。此外,爲了方便學界更好地使用這套叢書,《子藏》項目組還會爲每種著述撰寫提要,考述著者生平事迹,揭示著作内容,探究版本流變情況。先按各個系列出版提要單行本,並在單行本出齊後匯總爲《子藏總目提要》。這些在文獻整理的基礎上精心撰寫而成的提要,可以很好地起到學術導航的功用。可以相信,通過我們這些努力,《子藏》將會成爲打通先秦諸子思想世界的新橋梁。

除了探究先秦諸子思想外,這條傳統本身也極具思想史價值。通過研究這些文獻,我們能發現,歷代人對諸子文本的闡釋都或多或少地滲透着各自時代的思想,而諸子思想經過這種闡釋也與各時代的思潮發生融合,共同參與了中國文化的構建。所以,我曾經説過,子學從來都是當下之學,它如同鮮活的生命體,不斷發展演變,這一過程貫穿了中國歷史,影響了中國文化。之前我們多强調諸子思想如何在先秦這個"源"上影響着中國文化,而通過《子藏》我們看到了子學傳統在先秦後歷代思想史上的重要地位,便能意識到它也在"流"上塑造着中國文化。

當然,這種塑造不僅反映在文本闡釋的層面上,也體現在歷代思想家對於諸子思想的借鑒與應用上,這些都處於更隱性的層面,僅靠《子藏》搜集文獻是無法將其完全展現的,所以配合《子藏》工程,我們研究中心還有諸子學術史、接受史的研究計劃,現在我的博士生和博士後都在做這方面的研究,每一人針對某一子在某一時代的傳播、研究、應用情況進行詳盡的梳理,側重諸子思想與各時代思潮的互動,力圖更全面地展示諸子思想對後世中國文化的定型所發揮的重要塑造作用。此外,我們提出的"新子學"理念,也是追求以這方面的歷史事實爲基礎,對此進行理論上的升華,從而完成對中國傳統文化的重審,進而實現對當代文化的重構。這些都是題外話,我們之後再進行詳細討論,還是回到《子藏》本身意義上來看,可以説,《子藏》爲我們重現的這一子學傳統是對諸子學自身的一種完善,也是對中華文明史的一種豐富。

二、《子藏》與子學開新

以上分析的是《子藏》對於子學傳統的意義,屬於往回看,下面我們應該嘗試着往前看,分析《子藏》對於諸子學研究局面開新的作用。文獻的整理對於一門學科的發展有着重要的意義,這是被無數事實驗證的學術規律。傅璇琮先生在《子藏》研討會上曾列舉過很多學術史的例子説明這一點,認爲宋詩高峰的出現實際上與宋人對唐詩的編纂、刻印分不開,清代宋詩派、同光體詩的形成、發展同樣如此,都與當時宋集的大量編纂、刻印有關;再以《四庫全書》爲例,這部大型古籍叢書的編纂以及《總目提要》的撰寫也都大大促進了當時學術的發展和繁榮,影響遍及方方面面。傅先生的論述能給予我們很大啓發,我們有理由相信《子藏》作爲繼上述重大文化工程後的又一文獻寶庫,它對諸子學發展必然起到長久的推動作用。就像敦煌藏經洞的發現造就了敦煌學一樣,《子藏》的出現必然帶來諸子學新一輪的發展。

具體來説,這種新發展最直接地體現在諸子學新的學科增長點上。由《子藏》搜集整理的諸多文獻材料本身就是一種重要的研究對象,上文已經提到了它們的學術價值和思想史價值,我們除了利用它們外,也要對此做一番詳細的研究,一則展現古典學術的特色與成就,二則爲當代諸子學研究範式的創新提供借鑒。還是以莊子學研究爲例,《子藏》的《莊子卷》將爲莊子研究打開新的世界,學者在此基礎上有很多課題可以發掘,比如可以專題的形式集中探尋莊子某一理論在後世的變遷,可以分學派、分宗派的形式集中探討各派的莊子學,可以地域或時代的形式集中描述某一空間或某一時間段的莊子學,還可以對某一部有創見、有影響的莊學著作進行個案研究等等,這種廣闊的開拓空間無疑會吸引更多學者投入更多精力加入到莊子的研究中來。當然,不惟莊子學,《子藏》其他幾批成果同樣會給其他諸子的研究注入全新的活力。之前,這些子學著作都淹没於浩瀚的歷史文獻中,極少被人所注意,《子藏》將它們全面系統地呈現給學界,學者在其中必然會發現更多新的課題,爲諸子學研究開啓新局面。

而從長遠來看,《子藏》對諸子學的開新還有更深層的影響,這主要反映在理論層面上。我們現在發展諸子學,不能僅追求"量"的增加,更要追求"質"的飛躍,這種"質"的飛躍便是一種諸子學研究理論或理念的革新,這就涉及了我們提出的"新子學"理念。"新子學"同樣是推動諸子學發展的一個至關重要的元素,它致力於擺脱哲學等現代分科體系的窠臼,建立以諸子傳統爲研究對象,具有相對獨立研究範式的現代學術體系。學科化是諸子學在現代發展的必然命運，章太炎《諸子學略論》、陳柱《諸子概論》等以"諸子"命名的著作很多都是承襲傳統子學的範疇和問題，未能以現代學科化的眼光進行深入系統的理論建構，諸子學沒能在他們手中融入現代學術，之後胡適、馮友蘭等人關於中國哲學史的論著雖然將諸子學帶入了現代學術，但諸子學本身也付出了支離割裂的代價。"新子學"就是要吸取這兩方面的經驗，爲諸子學發展開一條新途，把諸子學打造成像敦煌學、海外中國學一樣的綜合性學術門類，在現代學術體系下謀求一個獨立的地位和完整形態。我們的《子藏》工作，恰是與這種努力相呼應，它把相關的文獻整合聚集起來，正反映着"新子學"對獨立形態的訴求，在這方面，它可以被視爲"新子學"理念的物質載體，經過這種整合而形成的龐大文獻集成，對於"新子學"的探索無疑會增加更多的理論自信。而《子藏》內部的結構劃分也契合了"新子學"對獨立研究範式的追求，《子藏》並沒有依照現代學科體系把子學文獻分爲政治、哲學、軍事等門類展開搜集，在這方面我們主要還是承襲了傳統的十家劃分法，並參考《道藏》以"部"命名，形成"道家部""法家部""名家部"等門類，這能很自然地體現子學內在的紋理脉絡。並且我們將文獻搜集的標準定在思想性著作上，原來子部的醫卜數術等技藝性作品都不收錄，這更能突顯諸子作爲思想家的本質。這些劃分原則和選擇標準並非率然爲之，這背後的考慮是跟"新子學"相呼應的。"新子學"理念是《子藏》項目啓動後提出的，但《子藏》早在籌劃時其整體的思路中便有了與"新子學"相通的意識。此外，"新子學"還追求發掘"子學精神"，以此作爲諸子學發展的核心理念，增強諸子學自身的標識性，而這種發掘的過程必然要經歷一個博采約取的階段，《子藏》所提供的龐大體量文獻正是爲這一工作提供了很好的基礎。可見，《子藏》和"新子學"分别在文獻和理論兩方面齊頭並進，共同推動諸子學向獨立完整的形態發展。

"新子學"關注諸子學的自身建設，究其本源，其實也是爲了助力中國文化的建設。"中國性"是"新子學"理論探討的一個重要關懷，諸子時代在中華文明的發展史中有獨特地位，諸子所討論的問題影響着中華文明的進程，"新子學"就是要在這一基礎上進一步探索中國文明的基本形態。這時的《子藏》便能配合着"新子學"發揮出其獨有的作用，因爲它是以子學爲綫索而對中國兩千年來的學術文獻進行的整理，它是中國古人在這方面智慧的結晶，也是一座蘊藏着中國文化真精神的寶庫。上文所提到的"諸子問題"大都經由這類文獻得以保存並深化，《子藏》收錄的子書白文自然忠實地呈現了這類問題在當時争鳴的原貌，而它所收錄的相關注釋闡發則展現了後世對這些問題的深化。之所以有這種"深化"，這跟子學的學術形態有密切關係。子學本身就有一種不迷信權威的精神，故而子書的相關注析與經書注解不太相同，經注強調師法規矩，少有突破，而注子書則没有這麼多框框，作者秉持着自主思考與批判意識，能和諸子形成一種"對話"，將問題進一步向深層推進。而這種深化的過程，也是中華文化積澱發展的過程，《子藏》數以千計的相關著述整合起來更是展現了中國文明整體的演進。而"新子學"應該在此基礎上梳理這些問題，分析這些"對話"，進而將這類"對話"繼續下去，將子學打造成貫通中國傳統文化的橋梁與重構中國當代文化的基石。另外，我在《三論"新子學"》

中又提出了"新子學"要"重構元典""喚醒價值"①,它們跟當代中國文化重構關係更爲切實緊密,"重構元典"的想法爲中國文化經典加入了更多諸子著作,《子藏》中相關的研究注解將會發揮無可比擬的參考價值,而"喚醒價值"則突出諸子思想對當代實踐的指導意義,但這仍要配合《子藏》的文獻才能使之發揮最大功效。綜上,爲了諸子學全面的復興,"新子學"要突出諸子學的獨立完整形態及標識性的"子學精神",《子藏》便是承載這一理念的物質實體,同時,"新子學"又追求發現"中國性"以及重構典範、喚醒價值,《子藏》便是啓發這些創新的源泉。《子藏》與"新子學"配合,將爲子學開創新局面發揮更大的作用。

結　　語

進行至此,我的演講也接近尾聲,在最後,我想借這次故地重遊的機會來梳理一下我治學經歷和學術源頭的問題,因爲我感覺我每一段經歷都在指引着我向現在的學術格局發展,不同的經歷賦予了我多樣的學術源頭,而這些源頭又都匯通於我莊子學及諸子學的研究。具體來看,我出生於浙江浦江,那裏是個人才輩出的地方,如明代有開國文臣之首宋濂,而宋濂著有《諸子辨》一書,它是古代重要的諸子學研究著作,而它兼顧文獻辨析與義理闡發,更是與我們現在諸子學努力的方向一致。至於我的祖先方鳳,他是宋末元初重要的遺民詩人,他堅持隱逸的志趣,作品中有很多《莊子》的印記,這種偏好也影響到了我的莊學研究。在碩士研究生階段,我追隨河北大學魏際昌先生,魏先生研究先秦兩漢文學,在他的指導下,我對這一時期的典籍有了較深入的把握,爲之後專治子學打下了基礎。而魏先生的導師則是胡適先生,胡先生爲諸子學的現代轉型作出了開創性貢獻,諸子學多元平等的精神與胡先生的思想傾向也很契合,我們現在調整、發展他的研究路徑,也是對胡先生、魏先生這脈學統的延續。在博士研究生階段,我跟隨吳熊和先生研習唐宋文學,這讓我對唐到清代的文獻情況有了較全面的瞭解,爲之後撰寫《莊子學史》和編纂《子藏》鋪平了道路,而且吳先生一直鼓勵我做大格局的學問,建議我在子學這塊領域上開疆拓土,對我的啓發和幫助特別大。之後來到北大中文系做博士後,開始進行《莊子學史》這個課題,成爲我學術生涯的全新起點,褚斌傑先生在這個過程中從整體思路上給了我很多指導,讓我很快找准了研究思路。而北大中文系又恰是胡適先生曾工作的地方,至今在這還能感受到他留下的影響力,這也時刻鼓勵我要有大的志向,做些像胡適先生那樣能掀起時代思潮的事。而出站之後,我來到華東師大工作,除了繼續《莊子學史》的撰寫,我也在思考諸子學的發展與時代思潮的問題,因爲華東師大中文系一直有理論創新的傳統,20世紀系裏老前輩錢谷融先生提出"文學是人學"的理念也是在思想界引起了很大的波瀾。正是在這種宏大目標的指引下,我把學術研究範疇由莊子學逐漸拓展至諸子學,

---

① 方勇《三論"新子學"》,光明日報2016年3月28日第16版"國學"版。

既而有了《子藏》和"新子學"等一系列的探索,逐步構建了現在的學術格局。所以談到這,我感到我自身的學術向現在這個方向發展,有自己主觀的選擇,但更多的似乎是命運冥冥中的引導,有了這些緣,進而結出這些果。所以最後我還要借這次機會向過去幫助過我的各位導師和前輩以及同事表示感謝,爲了不辜負諸位的厚愛,我還會在諸子學這條路上繼續前行,爲實現"諸子學的全面復興"而努力!

(本文由博士生張耀據講演録音整理而成)

圖書在版編目(CIP)數據

諸子學刊. 第十九輯 /《諸子學刊》編委會編；方勇主編；華東師範大學先秦諸子研究中心主辦. —上海：上海古籍出版社，2019.9
 ISBN 978 - 7 - 5325 - 9330 - 9

Ⅰ. ①諸… Ⅱ. ①諸… ②方… ③華… Ⅲ. ①先秦哲學—研究—叢刊 Ⅳ. ①B220.5 - 55

中國版本圖書館 CIP 數據核字(2019)第 191262 號

諸子學刊(第十九輯)

《諸子學刊》編委會　編
方　勇　主編
華東師範大學先秦諸子研究中心　主辦
上海古籍出版社出版、發行
(上海瑞金二路 272 號　郵政編碼 200020)
(1) 網址：www.guji.com.cn
(2) E-mail：guji1@guji.com.cn
(3) 易文網網址：www.ewen.co
啓東市人民印刷有限公司印刷
開本 787×1092　1/16　印張 27.25　插頁 2　字數 578,000
2019 年 9 月第 1 版　2019 年 9 月第 1 次印刷
ISBN 978 - 7 - 5325 - 9330 - 9
B·1110　定價：118.00 元
如有質量問題，請與承印公司聯繫